泉州年鉴 2015

泉州日记

2014年泉州每一天

泉州市地方志编纂委员会 编

QUANZHOU YEARBOOK

方志出版社
Publishing House of Local Records

图书在版编目（CIP）数据

泉州年鉴. 2015. 泉州日记 / 泉州市地方志编纂委员会编. --北京：方志出版社，2015.9
ISBN 978-7-5144-1706-7

I.①泉… II. ①泉… III. ①泉州市-2015-年鉴 IV. ①Z525.73

中国版本图书馆CIP数据核字（2015）第226412号

泉州年鉴（2015）·泉州日记

编　　者： 泉州市地方志编纂委员会
责任编辑： 刘方圆
出 版 人： 冀祥德
出 版 者： 方志出版社
地址 北京市朝阳区潘家园东里9号（国家方志馆4层）
邮编 100021
网址 http://www.fzph.org
发　　行： 方志出版社发行中心
（010）67110500
经　　销： 各地新华书店
印　　刷： 福州远榕印刷有限公司
开　　本： 889×1194　　1/16
印　　张： 23.4
字　　数： 947千字
版　　次： 2015年9月第1版　　2015年9月第1次印刷
印　　数： 0001～2000册
ISBN 978-7-5144-1706-7　　**定价：** 200.00元

ISBN 978-7-5144-1706-7

『目录』

CONTENTS

2014

每日记事

1月1日

星期三
农历癸巳年十二月初一
温度：9℃—19℃
晴转多云

●第三次全国经济普查启动，泉州市划分普查小区4435个，选聘普查指导员和普查员9946人。

●即日起，泉州市住房公积金缴存职工可按规定提取住房公积金用于补充电梯增设所需资金。

●闽南本土第一部数字电影《柠檬的爱情》首映式在泉州万星国际影城举行。

●第八届海西模特大赛全省总决赛及颁奖典礼在泉州举行。

●2014年海口马拉松赛在海口青少年活动中心广场举行，泉州女选手肖培新获10千米赛冠军，陈诗芳、林晶晶分获半程赛亚军和季军。

●“八闽丹青奖”福建省书法双年展评审揭晓，泉州市书法家曾锦溪、王建强、李旭东、林景辉、陈超勇、吴国雄获金奖。

●国礼大师文泽艺术展在市区领SHOW天地开幕。

●观可——闽南传家风范展在市区领SHOW天地开幕。

●由闽南围棋联谊会主办，惠安县围棋协会、惠安东南棋院承办，泉州聚龙外国语学校协办的泉州市第三届“迎新杯”少儿围棋公开赛在泉州聚龙外国语学校举行。

●第五届“舒华杯”元旦千人跑活动在晋江市池店镇舒华股份有限公司举行。

●“茶都长安·倾城之梦”安溪2014年新年音乐会举行。

第三次全国经济普查全市划分普查小区4435个

第三次全国经济普查启动，泉州市划分普查小区4435个，选聘普查指导员和普查员9946人。该次普查的主要目的是全面调查了解国情国力，进一步查实服务业、战略性新兴产业和小微企业的发展状况。各级普查机构严格为普查对象保密，普查取得的数据信息和资料，严格限定用于普查目的，不作为任何单位对普查对象实施行政处罚的依据。全国性经济普查五年开展一次。该次全国经济普查时点为2013年12月31日，普查时期为2013年1月1日至2013年12月31日。普查对象是中国境内全部法人单位、产业活动单位和从事第二产业和第三产业的个体经营户。经过前期普查准备，泉州市完成第三次经济普查的普查机构组建、经费落实、普查指导员及普查员选聘、普查区划分与电子地图绘制、单位比对核查、宣传发动、业务培训等基础工作，并从是日起开展现场入户登记工作。从前阶段开展的单位核查初步结果看，泉州市共有法人和产业活动单位9.91万个，个体户42万户，两者均居全省首位。泉州市的登记工作在1月1日至3月31日间进行。普查人员佩戴统一的普查员证，使用移动电子终端采集设备（PDA），对所有普查对象进行入户登记、单位空间定位和基本信息核实，并拍摄营业执照、税务登记证和组织机构代码证三证或其他有关证照。普查数据上报后，各级普查机构对数据进行审核、检查、验收和汇总。6—8月，各级普查机构以公报形式向社会发布普查主要成果，并于7月至2015年7月进行普查成果的开发与应用。

旧楼增设电梯可提取公积金

即日起，泉州市住房公积金缴存职工可按规定提取住房公积金用于补充电梯增设所需资金。2013年“两会”期间，市政协委员提出《关于推进我市旧楼加装电梯惠民工程的建议》的重点提案，市政府出台《关于城市既有住宅增设电梯的指导意见》。市住房公积金管理中心随后出台既有住宅增设电梯提取公积金业务的配套细则。泉州市行政区域内的城市既有住宅增设电梯，符合市政府《关于城市既有住宅增设电梯的指导意见》文件有关规定的，相关业主及其配偶、子女、父母可提取住房公积金补充电梯增设资金。提取申请人尚有未结清住房公积金贷款的，还清住房公积金贷款本息满12个月后，即可申请提取住房公积金用于既有住宅增设电梯。办理提取手续时，须提供泉州市住房公积金（住房补贴）提取/转移申请表、本人身份证原件及复印件、提取申请人和业主合法关系证明原件及复印件等材料。业主及其配偶、子女、父母提取住房公积金用于增设电梯的，应一次性办理，最高提取额度不超过住房公积金账户余额的80%。所有申请人提取金额之和，不超过各业主应出资金额扣减其分摊使用的住宅专项维修资金后的余额。

闽南本土第一部数字电影《柠檬的爱情》在泉首映

闽南本土首部数字电影《柠檬的爱情》首映式在泉州万星国际影城举行。《柠檬的爱情》是一部时代感强烈的都市爱情励志电影，故事背景设定在闽南的某个城市，通过都市青年的视角，将情感、婚姻、家庭、职场、时尚、欲望和陷阱等尖锐话题与闽南文化元素融合起来。影片的创作取材于现实生活中正在发生的人和事，比如剧本为各个角色设定了激情和欲望并存的现代都市、贫穷但淳朴的农村两大鲜明的生活场景，让人物形象更加鲜活，让观众看完之后能从中对号入座，找到自己的影子。

泉州六书法家获福建省书法双年展金奖

由省文联和省书法家协会主办的“八闽丹青奖”福建省书法双年展评审揭晓，泉州市书法家曾锦溪、王建强、李旭东、林景辉、陈超勇、吴国雄获金奖。该次活动共评出10个金奖，大半由泉州书法家获得，显示泉州市书法家的整体实力。该次展览征集到作品1万多件，在设区市先进行初评、预展，参与度空前，更因评审机制的创新，在业界引起强烈反响。经过初评后有800件作品进入复评，主办方邀请国内名家组成评委会，并引入打分制。依据集体表决和打分确定151件入展作品。最后在展览现场，主办方又组织60位群众进行评审打分（占总分30%），与专家评分加总后，确定最终各奖项归属。该次活动还评选出20名金奖提名者，泉州市书法家赵炳坤、龚子猛、王伟阳、黄思魁、罗锦山、庄永堂、许贻群、黄加忠、庄崇宏、郭怀望等入选。

泉州市“美丽福建·宜居环境建设”视频会议召开

全省“美丽福建·宜居环境建设”视频会议结束后，泉州市随即召开视频会议，部署推进相关工作。市长郑新聪、副市长李建辉出席会议。郑新聪要求抓好六项工作：一是美丽乡村建设五年行动，要紧抓“六大工程”，突出示范带动，强化卫生考评，确保美丽乡村建设走在全省前列。二是城乡景观风貌提升，重点实施西街当代艺术馆、泉州滨水休闲绿道建设及景观提升等城区项目，抓好绿道网络建设和沈海高速、福厦高铁等沿线绿化以及特色景观廊道。三是棚户区和石结构房改造，要科学规划、分步实施、以点带面，争取国家、省系列政策叠加支持，加快改造步伐，同时开展14个城市社区环境综合整治。四是市政道路和管网建设，2014年计划新建改造城区雨污管网199千米、供水管网235千米、燃气管道90千米、市政道路180千米，并加强中心城区停车场建设。五是流域和旅游景区治理，开展跨境流域污染治理和小流域“赛水质”活动，推进旅游景区及周边环境的整体整治提升。六是“两违”专项整治，全市深入开展违法占地、违法建设专项整治行动，确保“两违”零增长，并加快处理历史遗留的违法建设。

市纪检监察系统“千人百日”业务知识竞赛举行

由市纪委、市监察局主办的市纪检监察系统“千人百日”岗位学习活动业务知识竞赛举行，全市有16支代表队参赛。经过第一阶段笔试形式的预赛，有6支代表队进入决赛。决赛通过必答题、限时题、抢答题、风险题四个环节的比拼，市直第一片区代表队获一等奖。该次竞赛旨在检验全市纪检监察系统“千人百日”岗位学习活动成果，推进纪检监察干部队伍自身建设，提高纪检监察干部的综合素质和履职能力。

《泉州市行政服务中心行政服务标准体系》发布

泉州市行政服务中心召开行政服务标准体系发布会，宣布该中心行政服务标准体系建成。它的建成标志着泉州市国家级行政服务标准试点建设取得阶段性成果。2012年12月，市行政服务中心获国家标准化管理委员会批准，成为国家级行政服务标准化试点单位。该中心与省标准化研究院合作，将企业标准化管理理念引入泉州市审批服务流程管理，采用福建省最新发布地方标准DB35／T 951—2013《行政服务中心标准体系与编制规则》进行体系构建和标准编制，形成含行政服务通用基础标准、行政服务提供标准和行政服务管理标准、行政服务工作标准四大子体系、共有标准1055项（其中自主制定952项，引用国家、行业和地方标准103项）的《泉州市行政服务中心行政服务标准体系》。该体系既充满泉州元素，又为泉州市服务型政府建设注入新内涵。

相关链接：自开展行政服务标准化工作以来，市行政服务中心管委会39个部门窗口总收件160185件，办结158376件，当日办结率60.4%；承诺件提前办结率97.9%，平均每天办结640件。2013年取消17个审批项目、依法新增4项、合并5项，对进驻中心审批项目的审批环节全部压减至5个以内，共减少150个环节，继续压缩审批时限218个工作日，减少申报前置材料36项。进驻中心审批项目的审批时限压缩至法定时限60%以内的占90.8%，压缩至法定时限40%以内的占61.4%。

闽台工艺美术大师德化陶瓷专场联展开幕

“天工荟萃——闽台工艺美术大师优秀作品联展·中国瓷都——德化省级以上大师专场”在中国闽台缘博物馆开幕。展览展出德化柯宏荣、邱双炯、许兴泽、陈桂玉、苏献忠5位国家级大师，许瑞峰、苏友谊等30位省级大师的陶瓷作品共44件（套），展览时间为1月2日至2月25日。主办方表示，闽台工艺美术大师优秀作品联展将保持常态化展出，每月推出闽台两地大师优秀作品的专场展览。

联展现场　（图/吴寿民）

1月2日

星期四
农历癸巳年十二月初二
温度：10℃—19℃
多云

●全省“美丽福建·宜居环境建设”视频会议结束后，泉州市随即召开视频会议，部署推进相关工作。

●市人大常委会党组（扩大）会议召开，传达市委十一届六次全体会议及全市经济工作会议精神，部署贯彻意见。

●全市人口计生工作会议召开，总结2013年泉州市人口计生工作情况，部署近阶段工作。

●市纪检监察系统“千人百日”岗位学习活动业务知识竞赛举行。

●《泉州市行政服务中心行政服务标准体系》发布。

●工信部2014年第1号公告发表，确认福建三安钢铁有限公司满足中国《钢铁行业规范条例》的标准要求。

●“天工荟萃——闽台工艺美术大师优秀作品联展·中国瓷都——德化省级以上大师专场”在中国闽台缘博物馆开幕。

●2014年台湾青少年内地寻根之旅冬令营在惠安县崇武中学开营。

●由泉州培元中学和泉州晚报社主办的高雅艺术进校园之新年音乐会举行。

●由石狮市文体旅游新闻出版局、永宁镇政府主办的“古卫情·永宁风”书画家艺术沙龙在石狮市永宁镇古卫城文化驿馆举行。

1月3日

星期五
农历癸巳年十二月初三
温度：13℃—20℃
小雨转阵雨

●市政府常务会议召开，贯彻市委十一届六次全会精神。

●周银芳检查“城市建设管理年小战役”进展情况。

●全市交通运输系统2014年安全生产会议暨春运工作部署会召开。

●“中国梦 我们共同的梦”泉州市直机关女性风采展示活动在市青少年宫举行。

●市科技局发出关于实施“燎原计划”的公告。

市政府召开常务会议贯彻市委十一届六次全会精神

市政府常务会议召开，贯彻市委十一届六次全会精神。市长郑新聪主持会议，市委常委、常务副市长林伯前，副市长陈荣洲、周真平、李建辉、陈灿辉，泉州军分区司令员林俊其，市政府秘书长吴友才参加会议。郑新聪指出，市委全会通过的决定明确泉州市今后改革的方向和要求；方案明确2014年改革的具体任务。全市各部门要抓紧研究细化，提出具体安排和举措，明确各项改革推进的预期目标、时间节点和责任人；各分管领导要在部门研究的基础上，抓紧做好横向和纵向的协调工作，布置和安排好各项改革任务。 郑新聪强调，要抓紧启动实施，分层面加以推进：由国家、省里主导的改革，市政府各相关部门要按照上级部署，及时研究、对接，做好落实；市里的特色改革，如民综改革的拓展、金融改革的深化、城镇化改革和工商登记制度改革等，要制定完善方案，启动实施，不断深化；县（市、区）的特色改革，要加强指导，全力推进，并积极帮助向上级争取政策和资金支持。郑新聪要求，全市上下要心往一处想，劲往一处使；市里的特色改革要做好顶层设计，并从体制机制上加以突破；要预先对改革产生的社会影响进行风险评估，在重大改革推出前，一定要有全面研判、详细预案，掌握相关信息，在改革推动的每一步，都要把稳定放在突出位置，以保持总体局面的稳定。

周银芳检查“城市建设管理年小战役”进展情况

市委副书记周银芳带队检查中心市区2013年“城市建设管理年小战役”活动进展情况，市领导李建辉、吴共湖参加检查。周银芳检查泉秀街云鹿路节点改造、刺桐路示范街创建、普贤路拓改、滨江北路景观整治提升、西郊社区道路修复及排水改造工程、市城管办监督指挥中心“数字城管”平台建设运行等情况，听取江滨北路沥青路面修复工作汇报。周银芳要求细化“小战役”施工组织方案，加大人力、设备的投入，强化督促检查，确保项目按时序进度推进。示范街的创建工作要结合文明社区的创建统筹进行，使创建文明城市工作更上一层楼。项目完成后，周边的绿化景观要跟上，达到美化环境的效果。对“数字城管”平台运行中存在事件处理不及时的问题，要研究一套能够快速响应、及时解决的办法。要扩大“小战役”的成果，通过花小钱、办实事，为群众排忧解难。

泉州市直机关女性风采展示活动举行

由市直机关妇工委、市直机关工会、泉州住房公积金管理中心、市妇女儿童活动中心主办的“中国梦 我们共同的梦”泉州市直机关女性风采展示活动在市青少年宫举行。该活动是2013年启动的市直机关女性“奋发工作 幸福生活”文化节系列活动之一。 2013年，泉州市直机关妇工委开展市直机关妇女工作“一系统一品牌”创建活动和市直机关女性“奋发工作 幸福生活”文化节等系列活动，得到市直机关各级妇女组织的广泛支持和积极参与，建立和完善“市直机关女子艺术团”及机关女性文艺人才数据库，建立市直机关女子时装表演队，举办国画、书法培训班，开设“美丽大讲堂”、心理健康巡回讲座等，让机关女性在丰富自身业余文化生活的同时提高个人素养。

市科技局发出关于实施“燎原计划”的公告

市科技局发出关于实施“燎原计划”的公告，即日起到2月28日面向全国各高校、科研院所、创新团队等公开征集产业转型升级重大关键技术解决方案，中标技术解决方案纳入泉州市民营企业转型升级科技创新重大项目的，给予100万元以上的资金支持。“燎原计划”针对泉州产业急需攻关的重大技术创新需求，重点支持可供行业共享的共性关键技术、面向数控装备控制技术与集成技术开发等11类关键技术展开征集。主办方组织专家对征集到的技术解决方案进行初审，每个入围方案将有2万元经费支持，并邀请申报单位到泉州进行技术洽谈、答辩论证，经过有关部门联席会讨论、征求社会意见后，最终确定入选参与竞争性招投标的方案。方案确定中标后，由中标方案承担企业与高校、科研院所进行项目对接，并由企业一方向市科技局提出项目申请，由市科技局按照重大科技项目管理办法规定拨付项目经费。

市委组织部专题学习市委十一届六次全会精神

市委组织部召开专题学习会，传达学习市委十一届六次全会和全市经济工作会议精神，对全市组织系统学习贯彻会议精神作出部署。会议要求，全市各级组织部门要认识学习贯彻市委十一届六次全会和全市经济工作会议精神的重要意义，准确把握“改革”和“服务”两个关键词，通过认真学、结合学、持续学，迅速掀起学习热潮。要把会议精神作为党员教育、干部培训的重要内容，有计划、分步骤地抓好党员干部的培训和轮训工作。要站在全局高度，围绕加快实施“三大战略”，在工作要求、工作布局和工作重点上主动对接、主动融入、主动作为，提高组织工作服务改革发展的水平。要以会议精神为指导，立足实际、超前谋划，以更高的站位、更宽的思路、更实的措施推动组织工作创新发展，为泉州市争当全面深化改革“排头兵”提供组织保证和人才支撑。

全市排污费征收年入库近8000万元

2013年以来，泉州市围绕创建生态市及污染减排工作两大目标，坚持开展勤查重罚，严厉打击环境违法行为，各项工作稳步推进，取得良好成效。2013年，在重点污染源的监管上，市环保监察支队采取灵活机动的错时执法方式，不定时、不定点、不定人、不通知地实施突击监察。截至2013年11月底，全市出动人员32457多人次，检查企业13742家次，立案查处360件，罚款1811.57万元。泉州市环保专项行动工作有序展开，陆续开展铅酸蓄电池专项整治、合成革行业专项整治、九十九溪流域建陶行业专项整治、选矿厂尾矿库专项检查、重点污染源专项检查、印染行业专项整治、河流型饮用水水源地专项检查等一系列专项整治工作。依法依规足额征收排污费，至2013年11月底，全市排污费征收入库金额7827.46万元。泉州市还着力推进重点污染源自动监控系统规范管理，实施第三方专业运行维护管理新机制。推进泉州市减排监测体系建设，减排监测体系建设考核居全省第二。

《泉州市工商联（总商会）60周年纪念册》出版

由市工商联（总商会）主席许连捷主编，市工商联（总商会）和泉州晚报社《泉州商报》编辑部联合编著的《“中国梦·泉商情”——泉州市工商联（总商会）60周年纪念册》出版发行。该书系统、全面地讲述市工商联（总商会）成立60年来的历程，展示市工商联（总商会）在服务非公经济领域所做出的贡献。该书通过对各县（市、区）工商联、镇级商会、同业公会、异地商会及部分典型企业的集中展示，展现出纵横开放的泉商大网络。书中选择三位不同历史时期的三位工商联工作者以真实、宝贵的人物记忆还原一段历史，介绍其所处时期的市工商联（总商会）所面临的机遇、挑战和主要工作。

泉州市古玩商会成立

泉州市古玩商会成立大会在泉州鲤城酒店举行。泉州历史悠久，文化资源深厚广博，有许多弥足珍贵的民间文化古物。泉州市古玩商会是由古玩艺术品经营店包括陶瓷、铜器、玉器、家具、石雕、书画、木雕、奇石、根雕、天珠、乐器、钱币、纸币、杂件、金银器、寿山石、紫砂壶、文房四宝、装裱店、油画店、佛具店、工艺店的经营者，以及收藏家、鉴定家、研究者和爱好者自愿组成的全市性行业商会。商会的成立旨在提高古玩收藏爱好者的品位和技艺，逐步规范民间古物的保护与收藏，促进泉州文化产业有序健康发展，加强与海内外包括港澳台同胞古玩文化联谊与沟通。

囧囧动漫形象系列主题雕塑展举行

4—15日，囧囧动漫形象系列主题雕塑展在市区领SHOW天地举行。JONJON囧囧是福建金豹动画设计有限公司旗下原创动漫品牌之一，是全球首创由汉字“囧”演变而成的动漫形象，作品网络下载次数超过4亿多次，获“2012年中国动漫十大形象”、文化部“2012年度国家动漫品牌建设和保护计划”、2011年CCG中国原创动漫游戏大赛最佳网络动漫形象等。该次展出的是JONJON囧囧“十年”浪漫爱情主题系列雕塑，用十对雕塑作品讲述王子与公主般浪漫的爱情故事，缔造一个唯美的童话世界。

1月4日

星期六
农历癸巳年十二月初四
温度：12℃—18℃
多云转晴

●市委组织部专题学习市委十一届六次全会和全市经济工作会议精神。

●全市2013年排污费征收入库近8000万元。

●《泉州市工商联（总商会）60周年纪念册》出版。

●泉州市古玩商会成立。

●4—15日，囧囧动漫形象系列主题雕塑展在市区领SHOW天地举行。

●由永春人林伊婷担纲女主角的电视剧《兵临村下》在山东卫视开播。

1月5日

星期日
农历癸巳年十二月初五
温度：10℃—17℃
多云转晴

●市政协十一届三次会议开幕。

●市委、市政府公布2014年将兴办的33个为民办实事项目。

●市十五届人大四次会议主席团第一次会议召开。

●市十五届人大四次会议预备会召开。

●十一届市政协第十三、第十四次主席会议和常委会第十二次会议召开。

●5—9日，郑新聪到市人代会鲤城、泉港、石狮、晋江、南安、惠安、安溪、永春、德化等代表团，和市政协工商联（二）组，听取代表、委员的意见建议，一起审议、讨论市政府工作报告及其他报告。

●参加市政协十一届三次会议的委员分组讨论十一届市政协常委会工作报告和市政协十一届二次会议以来提案工作情况报告。

●由网友自发组织的“寻钢丝·行救助”钢丝善行团全国万里行救助活动在石狮市德辉广场举行。

市政协十一届三次会议开幕

中国人民政治协商会议第十一届泉州市委员会第三次会议在泉州影剧院开幕。市政协主席杨俊峰，副主席许连捷、吴其湖、苏小青、骆沙鸣、王祖耀、李冀平、王瑞强、陈益，秘书长洪川夫在主席台前排就座。出席大会祝贺并在主席台就座的有市领导黄少萍、郑新聪、陈海基、周银芳、陈沈阳、沈耀钦、许昆贞、翁祖根、刘卫国、陈庆宗、林伯前、陈万里、洪泽生、潘燕燕、陈全顺、吕竞、王远东、张建生、陈荣洲、周真平、李建辉、陈灿辉、林万明，市中级人民法院院长林贻华，市检察院检察长欧秀珠等。应邀参加大会并在主席台就座的还有：在泉全国政协委员；市政协历届主席、副主席；市委统战部、市各民主党派、工商联负责人；总工会、共青团、妇联、侨联等人民团体负责人；华侨大学、仰恩大学、泉州师院、福炼公司、中化泉州公司、中国闽台缘博物馆、泉州海关、泉州出入境检验检疫局的主要负责人；部分港澳地区的泉籍全国政协委员、省政协常委、市政协常委；部分特邀委员；在泉省政协常委；各县（市、区）政协主席；其他代表性人士等。受市政协第十一届常委会委托，杨俊峰向大会作工作报告。报告从五个方面阐述一年来十一届市政协常委会的工作特色和显著业绩。2014年，常委会工作的总体思路是：紧密团结在以习近平为总书记的中共中央周围，高举中国特色社会主义伟大旗帜，按照省委、市委的决策部署，坚持团结和民主两大主题，认真履行政协职能，发挥协商民主重要渠道作用，更加主动自觉地服务科学发展、促进社会和谐，为打造泉州经济升级版、改革创新示范区、生态宜居幸福城作出新贡献。市政协要开展学习活动，增强责任意识；积极协商议政，服务全面深化改革；突出两大主题，凝聚加快发展合力；持续关注民生，促进社会和谐；加强自身建设，提高履职服务质量。

杨俊峰作市政协工作报告
（图/吴寿民）

市委市政府公布2014年为民办实事项目

市委、市政府公布2014年33个为民办实事项目：一、继续扩容城镇中小学校1万个学位；二、新建公办幼儿园20所；三、建设20个青少年社会教育活动中心；四、继续实施300名贫困残疾儿童康复救助工程；五、为1800名特困失能老人提供政府购买服务；六、建设250个城乡居家养老服务中心（站）；七、为336户农村低保家庭建设安居房；八、建设20个农村老年体育活动中心；九、继续实施“关爱女孩”五项工程；十、开展“计生特殊家庭”关爱行动；十一、深化“美丽乡村”六大工程；十二、扶持培育10个老区特色产业示范项目；十三、扶持30家市级农民专业合作示范社；十四、解决规划内15万人的饮水安全问题；十五、推进新一轮“菜篮子”工程建设；十六、实施农村道路安全保障和提级改造工程；十七、改造农村公路危（病）桥20座以上；十八、搬迁地质灾害隐患点57处94户449人；十九、实施29个土地整理项目；二十、实施农民健康工程；二十一、进一步提升公交服务水平；二十二、改造提升中心市区卫生基础设施；二十三、开展中心市区内涝积水整治；二十四、实施内沟河排污口截污改造工程；二十五、进一步加强中心市区停车场建设和管理；二十六、继续推进市区电能优化和农网建设升级改造工程；二十七、实施泉州无线城市提升工程；二十八、新建40条市区全民健身路径；二十九、建设城市安全信息系统（三期）；三十、建设20个闽南文化生态保护区整体性保护重点区域（首期）；三十一、实施洛阳古桥周边环境综合整治；三十二、扶持文艺精品公益性演出；三十三、继续帮助驻泉州部队“两中心一基地”“四个一好”建设。

钢丝善行团全国万里行救助活动在石狮市举行

由网友自发组织的“寻钢丝·行救助”钢丝善行团全国万里行救助活动在石狮市德辉广场举行，石狮永恒阳光爱心馒头店获赠10万元捐款。钢丝善行团是由网友自发组织的民间捐助爱心行善团体，成员来自五湖四海、各行各业。石狮永恒阳光爱心馒头店自2011年8月开始免费赠送馒头给贫困人群。

市十五届人大四次会议开幕

泉州市第十五届人民代表大会第四次会议在泉州影剧院开幕。会议执行主席黄少萍、陈海基、洪泽生、潘燕燕、陈全顺、吕竞、王远东、张建生、吴春林在主席台前排就座。主席团其他成员，市长郑新聪，省人大常委会农业与农村工委主任李建国，市政协主席杨俊峰，市委副书记周银芳，市人大常委会党组副书记陈万里，市委常委陈沈阳、沈耀钦、许昆贞、翁祖根、刘卫国、陈庆宗、林伯前，泉州军分区司令员林俊其，以及市领导陈荣洲、周真平、李建辉、陈灿辉、林万明、许连捷、吴共湖、苏小青、骆沙鸣、王祖耀、李冀平、王瑞强、陈益，市中级人民法院院长林贻华，市检察院检察长欧秀珠，泉州师院党委书记游小波，仰恩大学校长朱秀文，老领导施永康、胡美金、林大穆、尤垂镇、涂瑞南、薛祖亮、傅圆圆、林文麟、林荣取、余茂桂、何锦龙、吴汉民、宋长青、王文泰、洪辉煌、孙增福、魏坚、黄源水、陈家富、颜伟劲、吴群德、陈敬聪、傅福荣、陈元殿、陈立德，部分参加市政协会议的港澳侨台人士等在主席台就座。主席团常务主席、会议执行主席、市人大常委会主任陈海基主持会议。

郑新聪作市政府工作报告

市长郑新聪代表市政府向大会作工作报告。报告分为三个部分：一是2013年政府工作回顾；二是扎实做好2014年政府工作；三是努力建设法治政府和服务型政府。郑新聪指出，2013年，全市全力以赴保稳、求进、攻坚，经济运行健康平稳，软硬实力明显增强，城乡建设协调推进，民生保障有效加强，较好完成市十五届人大二次会议确定的目标任务。一年来主要工作成效有八个方面：一、思忧患谋长远，发展思路更加清晰；二、稳增长调结构，经济运行持续向好；三、抓调度促落实，重大项目强力推进；四、激活力求突破，“两项改革”成效初显；五、强基础重统筹，城乡面貌不断改善；六、创特色集亮点，文化发展成绩斐然；七、惠民生增和谐，社会建设同步加强；八、优服务提效能，依法行政深入推进。展望新的一年，郑新聪提出，2014年政府工作的总体要求是：高举中国特色社会主义伟大旗帜，以邓小平理论、“三个代表”重要思想、科学发展观为指导，全面贯彻落实中共十八大和十八届三中全会精神，坚持稳中求进、改革创新，加快经济转型、社会转型、城市转型、政府转变，实施“深化五大战役重点行动计划”，全力打造泉州经济升级版、改革创新示范区、生态宜居幸福城。2014年经济社会发展的主要预期目标是：地区生产总值增长10.5%左右，农业总产值持平，工业增加值增长12%；公共财政总收入增长12%，公共财政预算收入增长12%；全社会固定资产投资增长20%；外贸出口增长10%，实际利用外资（验资口径）持平；城镇登记失业率控制在2%以内；社会消费品零售总额增长14%，居民消费价格涨幅控制在3.5%左右；人口自然增长率控制在省下达指标之内；城镇居民人均可支配收入增长9%，农民人均纯收入增长9.5%，完成年度节能减排任务。为确保各项目标任务的完成，郑新聪强调要抓好八个方面工作：一、突出创新转型，打造经济升级版；二、突出先行先试，打造改革创新示范区；三、突出项目带动，增强长远发展能力；四、突出“三农”工作，推进城乡统筹发展；五、突出产城融合，打造宜居幸福城；六、突出文化引领，建好“东亚文化之都”；七、突出环保优先，创建国家生态城市；八、突出民生保障，健全公共服务体系。

会议还审查泉州市2013年国民经济和社会发展计划执行情况及2014年国民经济和社会发展计划草案的报告，审查泉州市2013年预算执行情况及2014年预算草案的报告。

会议现场

（本版图片/吴寿民）

1月6日

星期一
农历癸巳年十二月初六
温度：9℃—18℃
晴

●市十五届人大四次会议开幕。

●郑新聪就全市人民关注的“‘东亚文化之都’建设发展”接受泉州晚报社记者专访。

●6—7日，陈海基与所在的惠安代表团共同审议政府工作报告和计划、预算报告。

●市政协十一届三次会议第二次全体会议召开。

●市政协十一届三次会议第三次全体会议召开，听取市中级法院和市检察院工作情况通报。

●周银芳到永春代表团与代表们一起审议政府工作报告和计划、预算报告。

●市十五届人大四次会议财政经济审查委员会召开会议，审查市政府提出的计划和预算报告，讨论财政经济审查委员会关于计划和预算报告的审查报告（草案）。

●6—7日，出席市十五届人大四次会议的代表分组审议市政府工作报告和计划、预算报告。

●人力资源和社会保障部、国家发展和改革委员会在北京召开全国价格工作先进集体和先进工作者表彰大会，泉州市物价局获全国价格工作先进集体称号。

●省“点线面”攻坚计划和村庄环境综合整治工作专家考核组到永春县五里街镇大羽村进行考核验收。

1月7日

星期二
农历癸巳年十二月初七
温度：12℃—20℃
多云

●市十五届人大四次会议第二次全体会议召开。

●市十五届人大四次会议主席团第二次会议召开。

●市政协十一届三次会议第四次全体会议召开，就泉州市经济发展、城镇建设、生态保护、文化旅游、民生改善等工作建言献策。

●市政协港澳委员、特邀委员、异地商会委员座谈会召开。

●市政协“爱心助医行动”启动。

●参加市政协十一届三次会议的委员分组讨论市政府工作报告和计划、预算报告，以及市中级法院和市检察院的工作情况通报。

●由安踏公司设计打造的冬奥会“冠军龙服”发布。

●黎明职业大学学生社区（宿舍）党建工作指导委员会成立大会暨授牌仪式举行。

●纪念俞大猷诞辰510周年学术论坛在洛江区举行。

●7—16日，第八届“党报送祝福 春联抒真情”活动举行。

●“南安110”微信公众平台上线。

市十五届人大四次会议第二次全体会议召开

会议现场

市十五届人大四次会议第二次全体会议召开，市人大常委会主任陈海基作市人大常委会工作报告，市中级人民法院院长林贻华作市中级人民法院工作报告，市检察院检察长欧秀珠作市检察院工作报告。主席团常务主席、会议执行主席、市人大常委会副主任洪泽生主持会议。会议执行主席周银芳、洪泽生、潘燕燕、陈全顺、施永康、林大穆、傅圆圆、洪辉煌、孙增福、魏坚、苏庆赐、许文贵、郑灵、洪自强、张永宁、陈荣法、黄南康、肖汉辉、朱团能、林锦明、吴深生、樊晓本在主席台前排就座。市委书记黄少萍，市人大常委会主任陈海基，市长郑新聪，市人大常委会党组副书记陈万里，市委常委陈沈阳、许昆贞，市人大常委会副主任吕竞、王远东、张建生，副市长林万明，主席团其他成员，市中级人民法院院长林贻华，市检察院检察长欧秀珠，泉州师院党委书记游小波，仰恩大学校长朱秀文，老领导尤垂镇、涂瑞南、薛祖亮、何锦龙、吴汉民、宋长青、王文泰、黄源水、陈家富、颜伟劲、吴群德，市人大常委会秘书长吴春林等在主席台就座。陈海基在作市人大常委会工作报告时指出，2013年，市人大常委会在中共泉州市委领导下，坚持以邓小平理论、“三个代表”重要思想、科学发展观为指导，深入学习贯彻中共十八大、十八届三中全会精神，围绕市委打造“泉州经济升级版、改革创新示范区、生态宜居幸福城”三大战略目标，依法履行地方国家权力机关、代表机关、工作机关的职责，先后召开常委会会议7次，主任会议12次，听取和审议“一府两院”工作报告17项，开展执法检查和视察9次，依法任免、批准任命国家机关工作人员57人次，顺利完成市十五届人大二次会议确定的各项任务。一年来，市人大常委会工作成效主要体现在四个方面：一、强化大局观念，有力推动经济社会健康发展；二、强化创新理念，切实增强监督工作成效；三、强化主体地位，充分发挥人大代表作用；四、强化责任意识，不断提升依法履职能力。陈海基强调，新的一年，市人大常委会要深入学习贯彻中共十八大、十八届三中全会和习近平的系列重要讲话精神，按照市委部署要求，坚持党的领导、人民当家做主、依法治国有机统一，围绕深化改革的目标任务，勇于探索，积极实践，推动人大工作与时俱进。要在开好人代会和常委会上下功夫，保证代表和常委会组成人员充分行使各项法定职权。要在增强监督实效上下功夫，健全和落实“一府两院”由人大产生、对人大负责、受人大监督制度。要在发挥代表作用上下功夫，发挥代表联系群众、反映民意、集中民智的作用。要在人大制度理论研究上下功夫，在推进人大工作理论和实践的创新上取得新成果。要在加强和改进自身建设上下功夫，开展党的群众路线教育实践活动，提高常委会依法履职水平。要在中共泉州市委的领导下，发挥地方国家权力机关作用，为泉州争当全面深化改革“排头兵”、加紧实施“三大战略”、全面建成小康社会而努力奋斗。

陈海基作市人大常委会工作报告

林贻华作市中级人民法院工作报告

欧秀珠作市检察院工作报告

港澳特邀异地商会政协委员座谈会召开

市委、市政府召开港澳委员、特邀委员、异地商会委员座谈会。市领导黄少萍、郑新聪、陈海基、杨俊峰、周银芳、翁祖根、林伯前、陈全顺、陈荣洲、许连捷、吴共湖、苏小青等参加座谈，市长郑新聪主持会议。会上，近百名港澳委员、特邀委员、异地商会委员共叙乡情乡谊、共商发展大计。发言中，委员们对市政府工作报告给予高度评价，并就加快环湾城市建设、优化发展环境、密切世界泉商联系、推进两岸交流合作、建好“东亚文化之都”、加强生态环境保护和“美丽乡村”建设等工作建言献策。在听取发言后，市委书记黄少萍向长期关心支持泉州发展的各界人士表示感谢。黄少萍指出，无论是改革开放初期的以“侨”起步，还是历年来各项事业走在全省前列，都凝聚着海内外乡亲对泉州的热爱和奉献。希望异地商会、海外侨亲继续支持家乡发展，与家乡人民齐心协力，共同打造美丽泉州、幸福泉州。各地各相关部门要重视委员们提出的意见和建议，认真梳理，抓紧落实。能解决的马上就办，一时无法解决的要在发展中找对策，不断优化行政服务，吸引更多大项目、好项目纷至沓来，尽快落地、早出效益。

座谈会现场

第八届“党报送祝福 春联抒真情”活动举行

7—16日，由泉州晚报社、市书法家协会、市老年书画研究会、泉州晚报社书画研究院、福建广电网络集团泉州分公司主办的第八届“党报送祝福 春联抒真情”活动举行。70余名书法家分别到部分广电网络营业厅以及惠安县崇武镇、泉港区峰尾镇、泉州台商投资区百崎回族乡、晋江市深沪镇、永春县石鼓镇、石狮市永宁镇、南安市石井镇、丰泽区东海街道等地，举办21场活动，为各地群众现场书写、送出上万副春联。

南安警方推出微信报警服务

“南安110”微信公众平台上线。该平台具有消息推送、警情线索收集、便民服务查询、数据采集等功能。通过“南安110”微信平台，警方能以文字、图片、语音、视频等方式与市民互动，市民只需用智能手机扫描“南安110”二维码，或者搜索微信公众号“南安110”，即可加入南安市公安局微信平台。该平台分为“110举报”“110服务”“110宣传”三大模块。“110举报”又分为“线索举报”和“交通拥堵上报”两个选项。如果市民遇到紧急情况，且不方便拨打电话，可通过“线索举报”报警，警方将在第一时间受理；如在行车中发现拥堵情况，亦可将情况向警方反映，民警可迅速定位举报人的地理位置坐标，及时处理。此外，市民还可选择“公安网上办事服务大厅”“交通违章查询”“110联动查询”等项目，在网上办理户政、出入境和交管等业务，查询交通违章情况，获取110联动单位电话号码等。

市政协“爱心助医行动”启动

活动现场

在市领导黄少萍、郑新聪、杨俊峰、周银芳、陈沈阳、沈耀钦、许昆贞、翁祖根、林伯前等和广大政协委员的见证下，市政协“爱心助医行动”启动。市委书记黄少萍指出，市政协“爱心助医行动”是一项惠及百姓、造福社会的公益行动，将产生良好社会效应。近年来，泉州慈善事业发展迅速，整体水平走在全国前列，市政协委员们在用心经营实业的同时，热心公益事业，积极履行社会责任，这份爱心善举值得敬佩。市卫生部门要做好谋划，把爱心善款用在最需要的地方，推动医疗卫生事业健康发展，满足群众的医疗需求。市政协主席杨俊峰希望借此善举，引导更多爱心人士关心关注卫生事业，为助力民生建设、促进社会和谐再作新贡献。市政协“爱心助医行动”设立市慈善总会“政协爱心助医基金”，用于捐助市直医院大楼建设、科室建设、医疗器械购置和捐助基层卫生院建设。启动现场收到首批捐款4050万元。

由安踏公司设计打造的冬奥会“冠军龙服”发布

距冬奥会开幕1个月之际，以“冠军的心，永不止步”为主题的2014年索契冬奥会中国体育代表团领奖服——“冠军龙服”发布仪式在北京举行。作为中国奥委会合作伙伴的安踏公司设计打造的冬奥会“冠军龙服”与公众见面。国家体育总局局长助理、中国奥委会副主席晓敏，国家体育总局和中国奥委会相关部门负责人，国际奥委会委员、冬奥会冠军、冠军基金发起人杨扬，中国第一位冬季奥运会奖牌得主、前速滑名将叶乔波，运动员代表庞清、佟健、彭程、张昊、于静、张虹等出席“冠军龙服”发布仪式。冠军龙服揭晓后，晓敏与安踏体育用品有限公司董事局主席兼首席执行官丁世忠进行冠军龙服交接仪式。冬奥会运动员将身披融汇历史与时尚的安踏冠军龙服登上冬奥最高领奖台，向全世界展示中国运动员的风采。

相关链接：“冠军龙服”工艺采用中国传统的织锦技术，将北京北海九龙壁九条不同形态的龙形象印刻在领奖服上；后背China字样延续伦敦奥运会银边立体设计并根据汉字宋体描绘China，凸显中国特色。

（本版图片/吴寿民）

1月8日

星期三
农历癸巳年十二月初八
温度：14℃—23℃
多云转小雨

●市政协十一届三次会议闭幕。

●黄少萍到泉州晚报社和泉州广播电视台看望慰问新闻工作者。

●市十五届人大四次会议主席团第三次会议召开，听取并审议计划、预算报告的审查报告（草案）。

●十一届市政协召开第十五次主席会议和常委会第十三次会议。

●出席市十五届人大四次会议的代表分组审议市人大常委会工作报告和市中级法院工作报告、市检察院工作报告。

●由市政协“爱心助医行动”捐助的首个项目——泉州市第一医院城东新院许书典教学楼奠基。

●8—24日，市渣土办开展建筑废土沙石运输交通安全整治“回头看”督查工作。

●海峡两岸清水祖师文化节暨首届世界（安溪）清水祖师文化联谊会在安溪县开幕。

●由中华文化促进会、凤凰卫视主办的“智慧东方——2013中华文化人物”颁授典礼在澳门举行，泉州市木偶剧团团长王景贤获该年度“中华文化人物”称号。

●8—18日，由文化部恭王府管理中心主办的“莲生妙相——连紫华德化瓷塑作品展”在北京恭王府举行。

●是日为“腊八节”，泉州开元寺、承天寺和少林寺等寺庙举行感恩赠粥活动。

市政协十一届三次会议闭幕

会议现场　（图/吴寿民）

市政协十一届三次会议在泉州影剧院闭幕。市政协主席杨俊峰，副主席许连捷、吴共湖、苏小青、骆沙鸣、王祖耀、李冀平、王瑞强、陈益，秘书长洪川夫在主席台前排就座。市领导黄少萍、郑新聪、陈海基、周银芳、陈沈阳、沈耀钦、许昆贞、翁祖根、林伯前、陈万里、洪泽生、潘燕燕、陈全顺、吕竞、王远东、张建生、周真平、李建辉、陈灿辉、林万明，市中级人民法院院长林贻华，市检察院检察长欧秀珠等在主席台就座。杨俊峰主持闭幕大会。会议听取市政协十一届三次会议提案初审情况报告，审议通过《中国人民政治协商会议第十一届泉州市委员会第三次会议决议》。杨俊峰指出，本次会议是在全市深入学习贯彻中共十八届三中全会和习近平系列重要讲话精神，筹划、推动全面深化改革的新形势下召开的一次会议。委员们围绕推动深化重点领域改革、经济社会发展、民生改善和政协工作等，积极建言献策，提交大会发言材料41篇、提案560件。中共十八届三中全会对全面深化改革作出战略部署，对人民政协履行职能、开展工作提出许多重大课题和新的更高要求。市政协各参加单位、全体委员和政协机关，一要把学习贯彻三中全会精神与做好新形势下的政协工作结合起来，与服务和促进全面深化改革的实际结合起来，通过深入学习，认识全面深化改革的重大意义，坚定改革的信心和决心；坚持学以致用，把学习成果转化为推动改革发展的能力，为服务科学发展，促进社会和谐贡献力量。二要认识开展党的群众路线教育实践活动的重要意义，积极参与，解决突出问题，增强活动实效；积极建言献策，协助市委、市政府做好协调关系、理顺情绪、化解矛盾的工作，为教育实践活动的顺利开展营造良好的社会环境；以开展教育实践活动为契机，大兴学习探讨、联系群众和调查研究之风，为全面深化改革注入新的正能量。三要拓展协商民主形式，探索专题协商、对口协商、界别协商、提案办理协商的形式和方法，拓宽群众有序政治参与渠道，推动构建多层次、全方位协商格局；围绕经济社会发展的重大问题和涉及群众切身利益的问题，开展各种协商活动，增加协商密度，提出意见建议；增强协商实效，对委员的协商建言，及时向党委、政府反映，并注重协商成果的转化和运用，更好地体现社会主义协商民主的优势和价值。

海峡两岸清水祖师文化节在安溪县开幕

由市政府、省闽台交流协会、省闽南文化发展基金会主办，安溪县政府协办的，以“千年祖师，清水佑民”为主题的海峡两岸清水祖师文化节暨首届世界（安溪）清水祖师文化联谊会在安溪县开幕。台湾、香港、澳门和东南亚等地的海内外清水祖师信众1500多人与会。上午，清水祖师圣像开光典礼在弘法道场举行。全国政协委员、中国佛教协会常务副会长、五台山住持释妙江法师主持颂典仪式。随后清水祖师民俗醮典活动举行。开幕典礼上，举行《安溪清水岩》高清数字电影首映、奖杯转赠仪式；安溪县清水祖师慈善会成立仪式；清水祖师文化联谊会启动仪式、授旗仪式；蓬莱镇政府与金门县药用植物学会合作备忘录签约仪式等。下午，“世界清水祖师信仰文化”国际学术研讨会在安溪县城举行。

相关链接：是日开光的清水祖师圣像身高9.9米，加上帽子和底座总高15米，用花岗岩雕成，由祖籍安溪的知名雕塑家、福州大学厦门工艺美术学院马心伯教授设计，历时三年建设而成，是国内最大的清水祖师雕像。

文化节启动仪式　（图/郭冰德）

市十五届人大四次会议闭幕

市十五届人大四次会议在泉州影剧院闭幕。会议执行主席黄少萍、陈海基、陈万里、洪泽生、潘燕燕、陈全顺、吕竞、王远东、张建生、吴春林在主席台前排就座。主席团其他成员，市长郑新聪，市政协主席杨俊峰，市委副书记周银芳，市委常委陈沈阳、沈耀钦、许昆贞、翁祖根、林伯前，副市长陈荣洲、周真平、李建辉、陈灿辉、林万明，市政协副主席吴共湖、苏小青、骆沙鸣、王祖耀、李冀平、王瑞强，市中级人民法院院长林贻华，市检察院检察长欧秀珠，仰恩大学校长朱秀文，老领导施永康、林大穆、尤垂镇、涂瑞南、傅圆圆、何锦龙、吴汉民、宋长青、洪辉煌、孙增福、魏坚、黄源水、陈家富、颜伟劲、吴群德等在主席台就座。主席团常务主席、会议执行主席、市人大常委会副主任陈万里主持会议。会议表决通过《关于泉州市人民政府工作报告的决议》《关于泉州市2013年国民经济和社会发展计划执行情况及2014年国民经济和社会发展计划的决议》《关于泉州市2013年预算执行情况及2014年预算的决议》《关于泉州市人民代表大会常务委员会工作报告的决议》《关于泉州市中级人民法院工作报告的决议》《关于泉州市人民检察院工作报告的决议》《关于进一步加强我市食品安全监督管理议案的决议》。会议号召，全市人民团结在以习近平为总书记的党中央周围，深入学习、全面贯彻中共十八大、十八届三中全会和习近平系列重要讲话精神，在中共泉州市委领导下，以邓小平理论、“三个代表”重要思想、科学发展观为指导，全面落实市委十一届六次全会的部署，突出创新转型、打造经济升级版，突出先行先试、打造改革创新示范区，突出项目带动、增强长远发展能力，突出“三农”工作、推进城乡统筹发展，突出产城融合、打造宜居幸福城，突出文化引领、建设“东亚文化之都”，突出环保优先、创建国家生态市，突出民生保障、健全公共服务体系，努力建设法治政府和服务型政府，为泉州发挥福建“东部”作用，争当全面深化改革“排头兵”，加紧实施“三大战略”，全面建成小康社会而努力奋斗。

闭幕式现场　（图/吴寿民）

市政府2014年第一次全体会议召开

市政府2014年第一次全体会议召开。市领导郑新聪、林伯前、陈荣洲、周真平、李建辉、陈灿辉、林万明，市政府秘书长吴友才参加会议。市长郑新聪指出，要增强改革创新的意识，提升工作的主动性、创造性和实效性。一要解放思想，以思想解放扫除障碍，用改革的办法推动创新，落实泉州市全面深化改革的决定及2014年重点领域改革方案，抓好“金改”“综改”及各县（市、区）改革试点。二要突出重点，实施“深化五大战役重点行动计划”。其中，产业转型升级行动计划，要突出培育龙头、提升存量，引进龙头、扩大增量，为小微企业发展拓展空间。宜居环境建设行动计划，要抓好“点线面”攻坚延伸拓展、“美丽乡村”建设等重点工作。城乡基础设施提升行动计划，要加快完善交通、能源、市政、水利、信息、环保等基础设施。现代农业加快发展行动计划，要落实泉州市加快推进现代农业发展的实施意见，发展以设施农业为重点的现代农业。民生工程行动计划，要集中新增财力，集中人力物力，每年滚动解决一批民生方面的急迫问题。三要讲究方法，向政策要机遇、要红利，把握群众工作的主动权、主导权，加强协同协作，勇于面对困难，善于攻坚克难。郑新聪强调，要以落实论英雄。比拼干劲，勇于担当，争创一流，激励干事；比拼服务，抓好企业帮扶、项目落地、审批改革、环境整治；比拼效率，早开局、快节奏、抓当前；比拼形象，突出转变作风，强化问责问效，严守廉政关口。

1月9日

星期四
农历癸巳年十二月初九
温度：11℃—17℃
阴转多云

- 市十五届人大四次会议闭幕。
- 市政府2014年第一次全体会议召开。
- 市十五届人大四次会议第三次全体会议召开，选举陈万里为泉州市第十五届人民代表大会常务委员会副主任。
- 市十五届人大四次会议主席团第四次会议召开。
- “和谐泉州·温馨工会”工会干部大走访大慰问活动启动。泉州工会系统共筹集1300万元，计划慰问1万名困难职工、困难劳模等。
- 报载，全市320个年度在建重点项目确定。

1月10日

星期五
农历癸巳年十二月初十
温度：9℃—14℃
阴转多云

●泉州市2014年第一季度新闻季谈会召开。

●华侨大学机电及自动化学院徐西鹏研发团队一科研成果获国家科学技术进步奖二等奖。

●“刺桐花讲堂”开讲。

●全市老年大学（学校）年会召开。

●“公安110”宣传活动日。泉州首批10名小语种接警志愿者接受聘请，成为泉州公安指挥情报中心的志愿接警力量。

●是日起，市消防部门组织32个检查组，对辖区所有商品批发市场、农贸市场、大型商场、超市等进行排查整治。

●《泉州晚报》全文刊发《中共泉州市委关于贯彻党的十八届三中全会和省委九届十次全会精神全面深化改革的决定》。

●10—19日，“海派星辉——百年沪上名家书画展”在市区源和1916创意产业园举行。

●石狮市行政服务标准体系发布。

●德化县版权协会揭牌成立，此系全省首个县级版权协会。

泉州市2014年第一季度新闻季谈会召开

泉州市2014年第一季度新闻季谈会召开。会上，市委、市政府相关部门向媒体传达市“两会”精神，通报市委、市政府近期中心工作和第一季度新闻宣传重点。会议指出，过去一年，各级驻泉州媒体、市直新闻单位和各县（市、区）宣传部门、媒体单位积极支持配合市委、市政府工作中心，为泉州各项重点工作的推进营造良好的舆论氛围。2013年，海内外70多家主流媒体共刊登（播）涉及泉州的重头新闻、专题5000多篇（条）。新的一年，希望新闻媒体一如既往地关注、支持、宣传泉州，为泉州新一轮的改革发展鼓与呼。持续做好中共十八届三中全会精神、“2014东亚文化之都•泉州”以及市委、市政府各项中心工作的宣传报道。在宣传报道中唱响主旋律，坚持党性原则；打好主动仗，坚持服务大局；牢记宗旨使命，坚持关注民生，继续为泉州科学发展、跨越发展提供精神动力和舆论支持。

华侨大学首获国家科学技术进步奖

中共中央、国务院在北京人民大会堂举行2013年度国家科学技术奖励大会。由华侨大学机电及自动化学院教授、博士生导师、脆性材料加工技术教育部工程研究中心主任徐西鹏领衔，华侨大学作为第一完成单位申报的“石材高效加工用金刚石磨粒工具关键技术及应用”成果，获国家科学技术进步奖二等奖。此系华侨大学自建校以来获得的首个国家级科研成果奖。

“刺桐花讲堂”开讲

由市妇联和泉州社区大学（泉州电大）主办的社区文化品牌项目“刺桐花讲堂”开讲，福建省江夏学院党委常委、副校长叶文振作题为《做一个幸福的当代女性》的专题讲座。叶文振通过多学科的视角，用大量事例阐述幸福的含义，系统地解释影响幸福的主要因素，分析提高当代女性幸福感的主要途径。作为面向老百姓的公益活动，“刺桐花讲堂”旨在传播终身教育理念，弘扬泉州传统文化，提升市民文化科学素质。该讲堂不定期邀请省市名家、名师及各行业、各领域的领军人物作为主讲嘉宾，为市民提供丰富多样的精神盛宴。

全市老年大学（学校）年会召开

全市老年大学（学校）年会召开，传达省老年大学年会精神，总结回顾2013年办学情况，研究部署新一年工作任务。会议要求，各有关部门要，突出重点，抓好老年远程教育，扩大覆盖面；抓好专业学会建设，打造新亮点；抓好宣传总结工作，增强影响力。加强领导，形成合力，持续推动老年大学工作再上新台阶。会议表彰市一级11所老年大学（学校）“示范校”、40个老年远程教育工作先进集体和100名先进个人。

“海派星辉——百年沪上名家书画展”举行

10—19日，由上海崇源雅集以及海派美术馆主办，泉州拓文画廊协办的“海派星辉——百年沪上名家书画展” 在市区源和1916创意产业园举行。选择该次参展的艺术家及其作品，都在海派书画史上具有很强的代表性，既有像赵之谦、任伯年、吴昌硕、张大千这样的开宗立派的第一代海派大师，也有以吴湖帆、谢稚柳、程十发、陈佩秋等为代表的新中国成立后的第二代海派大师；既有以陈家泠、杨正新、张桂铭、张培础、江宏、方少青等为代表的当代实力派名家，也有以洪平涛、鲍莺、吴晨荣、王瑛等为代表的新一代中青年海派画家，充分展示海派书画的发展面貌。

德化县成立全省首个县级版权协会

德化县版权协会揭牌成立，此系全省首个县级版权协会。近年来，德化县版权管理部门运用版权保护陶瓷产业，取得显著成绩，被国家版权局授予“全国版权保护工作示范单位”，被联合国知识产权组织列入推动版权工作优秀案例示范点，2013年最高人民法院授予德化县部分知识产权民事纠纷案件管辖权，实现版权就地办理、就地维权。德化县版权协会作为德化众多陶瓷企业、各类作品创作者、使用者和政府部门、相关组织沟通协调、信息交流、共赢发展的平台，将为德化陶瓷产业不断创新、健康发展、服务经济建设、繁荣文化事业、开创有序竞争创造更有利的条件。

省十二届人大二次会议泉州代表团召开全体会议

省十二届人大二次会议泉州代表团召开全体会议。市委书记黄少萍，市人大常委会主任陈海基，市长郑新聪，市人大常委会副主任陈万里、陈全顺，市政协副主席陈益等以代表身份参加会议。黄少萍主持会议。会议推选黄少萍为泉州代表团团长，陈海基、郑新聪、陈万里、陈全顺、陈益为副团长。全团分为4个组，并确定各组召集人。会议酝酿大会主席团和秘书长名单草案、议程草案；传达代表团召集人会议精神；成立代表团临时党支部，传达省“两会”党员负责人会议精神。

省市联合召开见义勇为英雄模范座谈会

省见义勇为基金会、市见义勇为工作协会联合召开见义勇为英雄模范座谈会。省市两级见义勇为基金会（协会）为受市级以上表彰的见义勇为英雄模范（先进个人）及牺牲勇士家属颁发26万元左右的慰问金。据统计，历年来泉州市受市级以上表彰的见义勇为模范（先进个人）有69名，其中10余人在救人时或与歹徒搏斗中牺牲。2004年3月11日晚，泉州中行员工许少强下班后，路遇一女青年被歹徒抢劫。许少强不顾个人安危，在与犯罪分子搏斗中牺牲。当年，许少强被省、市追授“见义勇为先进分子”称号，同时被批准为革命烈士。2013年，许少强的母亲和妻子先后患病，医药费不菲，家中生活困难。该次省市见义勇为基金会（协会）送来的慰问金解了许家的燃眉之急。省市两级见义勇为基金会（协会）负责人还到惠安县和泉港区，走访慰问牺牲勇士张惠进和烈士刘荣兰的家属。

“我心中的那片海”
摄影大奖赛开机仪式和“滨海健跑”微型马拉松赛举行

由泉州晚报社、市摄影家协会、海悦府主办的海悦杯“我心中的那片海”摄影大奖赛开机仪式和“滨海健跑”微型马拉松赛在市区丰海路海悦府营销中心举行，有数百名摄影爱好者和运动爱好者参加。“滨海健跑”微型马拉松赛旨在让体育锻炼与海居生活巧妙融合，倡导美景、美宅、健康、活力的生活理念。海悦杯“我心中的那片海”摄影大奖赛旨在宣传“东亚文化之都”泉州，展示“海上丝绸之路”起点城市优美的自然景观、独特的民俗风情，让摄影艺术家用光影与色彩，诠释对泉州海文化的感悟，激发对泉州景色新的灵感。参赛作品以反映泉州海滨自然风光、风土民情、历史古迹和泉州人的精神风貌为主线。

林山中“觉•系列”书画作品展举行

11—15日，由泉州第五中学主办，鲤城区文联等单位协办的林山中“觉•系列”书画作品展在市区威远楼举行。该作品展系泉州五中艺术节系列活动之一，展出林山中“觉•系列”书画作品数十件，以简易、变易、和不易“三易”为篇章，展示作者艺术创作的意念。

相关链接：林山中，1990年毕业于厦门大学美术系，系泉州五中美术书法高级教师、泉州市鲤城区美术家协会常务理事、鲤城区中国画研究会学术委员、三世七太极拳传人，2008年曾参加央视十套《探索发现》栏目《中华武功》的拍摄。

德化县受邀参加中国县域经济城乡统筹对比研讨会

由中国城市科学发展促进会、中国县镇经济交流促进会和中央党校课题组主办的中国南北欠发达县域经济城乡统筹对比研讨会在北京召开，德化县作为福建省首个统筹城乡发展试点县受邀参加。北京大学方极城市规划研究院院长李金恒、中央党校课题组组长赵素芬、航天科工集团17所党委书记张敏、中央党校教授张克敏等参加研讨会。研讨会围绕县域经济城乡统筹主题，从理论上探讨县域经济城乡统筹的变革过程、存在问题、应有对策，交流各地在开展城乡统筹工作中的好思路、好方法、好措施、好经验。德化县负责人作题为《从“大城关”入手，推进城乡统筹发展,致力打造全国新型城镇化示范县》的工作情况介绍。与会专家学者对德化县通过市场主导、政府引领、改革创新和政策支持，提升承载辐射能力、统筹发展能力、公共服务能力，促进产业升级、空间优化、社会进步、百姓富裕、生态提质、体制健全，打造集约、智能、绿色、低碳的新型魅力城市，形成紧凑城区、开敞乡村的城乡格局的做法给予高度评价。

1月11日

星期六
农历壬辰年十二月初一
温度：10℃—16℃
阴转小雨

●省十二届人大二次会议泉州代表团召开全体会议。

●省见义勇为基金会、市见义勇为工作协会联合召开见义勇为英雄模范座谈会。

●厦门市关工委联合泉州市关工委牵头发起，由瑞之路厦门眼镜科技有限公司赠送100副眼镜给泉州青少年、“五老”人员及教师等。

●海悦杯“我心中的那片海”摄影大奖赛开机仪式和“滨海健跑”微型马拉松赛在市区丰海路海悦府营销中心举行。

●11—15日，林山中“觉•系列”书画作品展在市区威远楼举行。

●11—19日，网络潮品鞋服特卖会在中国鞋都电商中心（晋江鞋都电商园）举行。

●2014年美丽永春冬泳联谊赛在永春师范学院举行。

●德化县受邀参加在北京召开的中国南北欠发达县域经济城乡统筹对比研讨会。

●中国共产党党员，原市委台工部部长、离休干部王敬萱因病逝世，享年84岁。

1月12日

星期日
农历癸巳年十二月十二
温度：10℃—18℃
多云

●12—15日，出席省十二届人大二次会议的泉州代表团分组和集中审议省政府工作报告，计划、预算报告和省人大常委会、法院、检察院工作报告。

●泉州GDP夺全省十五连冠。

●12—13日，塔吉克斯坦、哈萨克斯坦、乌兹别克斯坦和吉尔吉斯斯坦四国驻华使节到泉州访问。

●报载，全市开展节前价格检查。

●“‘情定尊湖’青春泉州行 共圆同心梦”公益集体婚礼在泉州台商投资区举行。

●由市教育局、市体育局、泉州晚报社主办的“匹克杯”泉州市第五届大学生篮球联赛在华侨大学闭幕，黎明职业大学、电力职业学院、华侨大学分获冠亚季军。

●全省2013年度凤凰垂钓俱乐部总决赛在永春县垂钓基地举行。

●12—20日，蔡永辉“话说闽南”漫画展在泉州晚报大厦举行。

省十二届人大二次会议
泉州代表团分组和集中审议省政府工作报告

12—15日，出席省十二届人大二次会议的泉州代表团分组和集中审议省政府工作报告，计划、预算报告和省人大常委会、法院、检察院工作报告。副省长徐钢、郑晓松，全国人大法律委员会委员倪英达，省老领导刘德章，泉州代表团团长黄少萍，副团长陈海基、郑新聪、陈万里、陈全顺、陈益等以代表身份参加审议。部分省直部门负责人先后到泉州代表团听取审议，回应代表提出的意见建议。代表们肯定一年来省“一府两院”和省人大常委会的工作，并围绕建设海上丝绸之路经贸文化合作先行区、建设东亚文化之都、加快石结构房改造、推进新型城镇化建设、全面深化改革、推动产业创新转型、保障和改善民生、加强生态环境建设等话题踊跃发言，提出许多建议。通过审议，代表们对福建发展充满信心。

泉州GDP夺全省十五连冠

省十二届人大二次会议开幕。会上，省《政府工作报告》指出：初步统计，2013年全省生产总值实现增长11%，达到21910亿元。其中泉州全市生产总值5250亿元，占全省近1/4的份额，连续十五年居全省首位。2013年泉州市生产总值增长11.5%；公共财政预算收入346.4亿元，增长18%；全社会固定资产投资2500亿元，增长24%；外贸出口158亿美元，增长27%。国家“金改区”建设有效推进。当选首届“东亚文化之都”，成功举办2013世界闽南文化节。新对接重点项目342个，总投资3257亿元，一批大项目、好项目建成投产。环湾城市建设不断推进，城镇化率61.5%。城市名片不断刷新，继续获国家卫生城市、全国科技进步先进城市、全国综治“长安杯”等称号。

中亚四国驻华使节到泉州访问

12—13日，塔吉克斯坦、哈萨克斯坦、乌兹别克斯坦和吉尔吉斯斯坦四国驻华使节到泉州访问，了解泉州经济、社会发展所取得的成就，并就加强中亚地区国家与泉州的交流合作进行探讨。全国友协副会长李建平陪同访问。使节团团长、塔吉克斯坦驻华大使拉希德•阿利莫夫表示，泉州是一个有内涵、有魅力的城市，是中国改革开放的一面镜子，期待能在人文及经贸方面加强与泉州的交流合作。

相关链接：泉州与中亚国家的交往源远流长，自宋唐时期起，作为“海上丝绸之路”起点的泉州就与包括中亚国家在内的伊斯兰国家有着密切的文化、经贸往来。2012年起，泉州晋江陆地港中亚五国国际物资交易中心棉花交割交易市场从乌兹别克斯坦进口棉花，在新疆阿拉山口经铁路运送至晋江陆地港，每年进口量达1万吨以上，标志着海峡西岸经济区通过欧亚大陆桥多式联运与中亚五国国际物资交易的成功对接。随着“共建‘丝绸之路经济带’”构想的提出，泉州与中亚地区各国经济联系将更加紧密。

全市开展春节前价格检查

春节在即，市物价部门就消费集中期的民生价格、区域性强的特色商品和服务价格、新兴生产生活性服务业价格开展检查，严格查处违法行为，并对列入监管范围的单位逐一建立价格诚信档案。旅游业方面：加强对具有地方民俗、民族特色商品价格的监控，严肃查处以低价招揽顾客、以高价结算、价外加价及串通涨价、变相涨价等违法行为。对旅游热点地区，加强对旅行社旅游线路报价及旅游餐馆、星级宾馆、景点景区门票、旅游购物点、游乐项目等价格的监管，严肃查处零负团费、价格欺诈、价格串通等违法行为。新兴服务业方面：加强对网络购物、快递、洗车、保洁等新兴服务业价格的监控。网络购物价格检查，重点关注大型电商企业的宣传和海报，依法查处误导性价格标示、虚假的原价标示、价格附加条件不明示等违法行为。

“青春泉州行 共圆同心梦”集体婚礼举行

由市委文明办、市总工会、团市委、市妇联、泉州晚报社、泉州台商投资区党工委党群工作部、市婚庆行业协会主办的“‘情定尊湖’青春泉州行 共圆同心梦”公益集体婚礼在泉州台商投资区举行。26对新人、准新人在众人的祝福声中喜结连理。该活动旨在倡导健康、文明的婚姻观念，展示青年人传承文明、追求时尚的生活方式和精神风貌，引导广大青年积极投身泉州新一轮建设。

市委召开常委会议专题研究为民办实事项目

市委召开常委会议专题研究为民办实事项目，市委书记黄少萍参加会议。会上，缓解市区"停车难"的提议首度被列入为民办实事项目。黄少萍指出，缓解"停车难"，工程量大、投入高、建设周期长、操作难度不小，但既然是关乎民众的迫切需要、城市的畅通大计，就考验着党委、政府的责任与担当。要分阶段实施，不仅让有车族"停得舒心"，更要保证人行道、非机动车道和居民小区通道不被挤占违停，让无车族"行得畅通"，让泉州真正成为品质之城。2014年，市委、市政府将"进一步加强中心市区停车场建设和管理"和"进一步提升公交服务水平"同步列入33个为民办实事项目。各相关部门抓紧研究措施，规划和论证项目选址。市城乡规划局市政科着手梳理一批公共停车场项目备选点，充分挖掘市区现有空地资源或现状地面停车场，建设机械式立体停车楼，特别是向停车资源最紧缺、最急需的核心商圈、医院倾斜。交通管理部门采取更加灵活机动的办法，增加临时停车位：在确保"不影响行人、车辆通行"的前提下，充分挖掘道路潜力，在部分学校周边设置即停即走的临时停车泊位，在一些居民小区较为集中的支路施划限时停车泊位。要求民警除确实影响通行或安全的情况外，一般情况下夜间不对居民小区周边支路的占道停车行为贴单处罚。市国资委、交通运输集团透露，2014年泉州市投入4000多万元，购置80部新能源公交车，其中20部用于更新40路公交线，52部用于新辟4条公交线，8部用于增开5条公交夜班线路。6月前，制定完成优化市区和环湾公交线路方案，扩大开发区、商业区、工业区、校区、旅游区"五区"的公交覆盖面。加密和延长8条公交线路的服务时间，尝试推行"定制"公交及开通校车服务。全面使用GPS监管调度系统，统一驾驶员服务标志，落实维修保洁安全责任制，提升公交乘车环境。

相关链接：2014年年初，交通管理部门摸底调查，中心市区的鲤城、丰泽汽车保有量约17.5万多辆，但市区内环路以内的停车泊位仅3.93万个（其中，配建停车泊位11378个，公共停车泊位13380个，路内停车泊位4618个，临时场地停车泊位9933个），而按照国际上通行的城市停车位合理配比关系，小型汽车与停车位的合理配备比例为1：1.3，按此换算，市区停车泊位需求应为22.1万个。

2014年泉州市关爱外来工"四海一家"联欢晚会举行

由市委宣传部、市总工会、市委文明办、市文广新局、市交警支队、中国移动泉州分公司、市邮政局主办，丰泽区总工会、市工人文化宫、市职工艺术团承办的2014年泉州市关爱外来工"四海一家"联欢晚会在泉州匹克集团公司举行。匹克集团、格林集团等十多家企业职工观赏由市职工艺术团演出的泉州高甲戏、木偶戏、南音等本土传统文艺节目。

泉州市首届兰花创意文化节在南安市举行

由泉州市创意产业协会、南安市林业局、南安市文化体育新闻出版局、南安市霞美镇政府主办，福建万年青市政园林装饰工程有限公司承办的泉州市首届兰花创意文化节在南安市霞美镇西山村万年青兰花创意文化园举行，展出春兰、墨兰、蕙兰、寒兰等近百种兰花。该活动还融入字画、木雕、瓷雕、翡翠、红木、茶道、香道等内容，力争达到相辅相成、交相辉映的创新效果。活动期间举行的兰花创意文化交流会，每天均有兰花专家现场讲解；组织泉厦漳咏兰书法笔会以及春节特别活动、花灯会、南安市乡村旅游节定点参观等活动。

"新石狮少年奖学奖教"行动启动

石狮市锦尚商会启动"新石狮少年奖学奖教"行动，此系全国首个面向外来务工人员子女的奖学奖教行动。该项奖金累计100万元，用于五年内的奖学奖教工作。其中，20万元用于奖励获"优秀新石狮少年"的外来工子女；30万元用于奖励获"新石狮少年育才奖"的优秀老师；10万元用于"新石狮少年英才专项奖"；30万元用于奖励子女获"优秀新石狮少年"荣誉的家长（锦尚企业员工）；10万元用于每年教师节鼓励获奖师生。每年春节前，锦尚商会评选出"优秀新石狮少年"，每人奖励1000元；每年教师节评选30名获"新石狮少年育才奖"的优秀老师，每人奖金2000元。"新石狮少年英才专项奖"则分别用于奖励在石狮市级以上比赛中，获三等奖以上名次的锦尚镇小学或中学的"新石狮少年"。

1月13日

星期一
农历癸巳年十二月十三
温度：10℃—16℃
阴转小雨

●市委召开常委会议专题研究为民办实事项目。

●由市委宣传部、市总工会、市委文明办等单位主办的2014年泉州市关爱外来工"四海一家"联欢晚会在泉州匹克集团公司举行。

●由市对外交流协会主办的"东亚文化之都泉州"摄影展在新加坡开幕。

●13—19日，市假日旅游协调小组组织开展旅游市场大检查。

●泉州市首届兰花创意文化节在南安市霞美镇西山村万年青兰花创意文化园举行。

●第七届金门马拉松比赛举行，华侨大学学生邱文涛获两岸大学生路跑组男子总成绩第一名。

●"新石狮少年奖学奖教"行动启动。

●晋江市成立首支见义勇为志愿者服务队——晋江市出租车司机见义勇为志愿者服务队。

●由永春县慈善总会和县工业区管委会主办的"永春县工业区慰问外来员工活动"举行。

1月14日

星期二
农历癸巳年十二月十四
温度：8℃—14℃
阴转多云

●陈沈阳带领春节慰问团慰问驻泉部队。

●全市发展改革暨重点项目建设、交通运输工作、统计工作视频会议召开。

●全市安全生产目标责任制落实情况汇报会召开。

●工业和信息化部总经济师周子学带领调研组到石狮市调研推进信息消费试点建设情况。

●鲤城区海滨街道“春风送暖 关怀新市民”活动举行，将面向社会募集到的近万件衣服全部送给需要的新市民。

●石狮市政府与西安工程大学政校企合作项目深入对接洽谈会暨“西安工程大学石狮研究院”签约仪式在石狮市举行。

●石狮市宝盖镇杆头革命历史纪念馆开馆。

全市发展改革暨重点项目建设交通运输工作统计工作视频会议召开

全市发展改革暨重点项目建设、交通运输工作、统计工作视频会议召开。会议指出，2013年，全市发改、交通、统计系统全力以赴保稳、求进、攻坚，较好完成全年各项目标任务。其中，发改系统充分发挥好综合协调、引领带动作用，在产业转型、项目建设、“三维”招商、向上争取资金支持等方面成效明显。交通运输方面，全年完成交通固定资产投资166.97亿元，占年度计划的119.27%，居全省第一位。莆永双永段、仙永段、南石高速建成通车，全市基本实现大多数乡镇半小时、边远乡镇1小时内上高速。市统计调查系统率先将全省统计专网延伸至乡镇，“四上”企业（规模以上工业企业、资质等级建筑业企业、限额以上批零住餐企业、规模以上服务业企业）联网直报率达100%。2014年，全市发改系统要按照已确定的各项主要预期指标，重点做好分析形势落实政策、促进投资稳定增长、加快推进产业升级等工作。交通运输系统着要力打造“综合交通、快速交通、智慧交通、绿色交通、平安交通、和谐交通”，构建“公众便捷出行服务体系”和“现代交通物流服务体系”。统计调查系统要重点开展经济普查，为全市经济社会发展提供优质统计服务。

全市安全生产目标责任制落实情况汇报会召开

全市安全生产目标责任制落实情况汇报会召开。会议透露，与2012年相比，泉州市2013年安全生产形势持续向好。发生事故2599起，比上年下降19.4%；死亡502人，下降17.3%；受伤1587人，下降28.8%；直接经济损失3334万元，下降19.7%；发生较大事故2起，减少8起。在重点推进的道路交通安全综合整治方面成效显著，全市涉酒交通事故起数和死亡人数分别下降75.4%和83.85%。泉州市还深化安全生产标准化建设，全市参加安全生产标准化建设的企事业单位（含个体工商户）达91811家，工贸行业有351家企业完成网上申报，232家实现达标，超额10%完成达标任务。全市排查安全隐患46379条，已整改44170条，整改率达95.2%。

“西安工程大学石狮研究院”揭牌

石狮市政府与西安工程大学政校企合作项目深入对接洽谈会暨“西安工程大学石狮研究院”签约仪式在石狮市举行。会上，石狮市负责人和西安工程大学党委书记刘江南为“西安工程大学石狮研究院”揭牌；石狮市政府与刘江南签订设立“西安工程大学石狮研究院”合作协议。根据协议，西安工程大学石狮研究院将采取“1（石狮研究院）+N（若干个中心等）”的模式，发挥政校各自优势，促进双方在技术及产品的开发、科技成果的转化应用，引进技术的消化吸收、技术改造的攻关咨询、纺织、服装科技信息交流及培训教学等方面开展深度合作，促进教育与生产相结合，推动企业技术进步。计划先启动四个项目，包括设立西安工程大学服装创意设计工作室，建立染整研发公共平台，推进校企合作办学，开展人才交流合作。

石狮市宝盖镇杆头革命历史纪念馆开馆

石狮市宝盖镇杆头革命历史纪念馆开馆，展示杆头村及周边村落民主革命斗争史和海内外先贤革命事迹。此系泉州首个专门展示农村革命斗争历史的村级纪念馆。该馆分石狮市革命斗争史纵览、杆头革命斗争史、中共塔山区工委的建立及斗争情况等几部分，介绍当年杆头村一带建立党支部、宣传革命真理、开展武装斗争和输送革命干部的历史。

相关链接：杆头村是石狮6个革命老区基点村之一，当年群众十分支持革命工作。1939年，由当地热心华侨筹资兴建的“官山小学”开办，在小学任教的何必然、何开秦等人是中共地下党员。在他们的指点下，杆头村施能初等进步青年开展地下活动，而后发展成“抗丁同盟”。1947年4月，施能初等人成立杆头村“平民支部”。“平民支部”成立后，为革命斗争做出重要贡献。他们护送受伤地下党员，帮忙运送枪支弹药，散发革命宣传材料，还配合晋江县工委、塔山区工委开展武装斗争。“官山小学”董事长施性炕是一名归国华侨，不仅让学校作为地下党员的活动场所，还从经济上支持革命活动，购买枪支给“平民支部”。归国省亲的华侨施纯川曾出资为被抓的党员作保。华侨施能灯将房屋作为地下党员的活动场所。

第一季度防范重特大生产安全事故电视电话会议召开

全国、全省安全生产电视电话会议后，泉州市随即召开第一季度防范重特大生产安全事故电视电话会议，贯彻全国、全省会议精神。会议要求，各级各部门要认清形势绷紧弦，持续深化道路交通安全、消防安全、建筑施工安全等重点领域专项整治；加强危险化学品、烟花爆竹等易燃易爆物品的安全监管；加强季节性疫病防控和食品卫生监管；深入开展安全生产和公共安全宣传教育，倡导文明过节新风。要立足当前抓开局，在所有地区、所有行业领域、所有生产经营企事业单位和人员密集场所深入开展节前安全生产大检查“回头看”。要突出重点抓治本，健全责任体系，提升本质安全，夯实基层基础，把各项安全生产工作抓紧抓好、抓出成效。

泉州市千名企业家和百名管理者素质提升培训三年计划启动

从2014年起至2016年，泉州市启动千名企业家和百名管理者素质提升培训三年计划，采取“请进来”和“走出去”相结合的形式，培训一大批企业高级管理人员和服务工业企业的政府机关中层以上经济管理干部。此外，为进一步扶持、服务好规模以下小微工业企业的发展，泉州市决定开展“万家企业成长工程”小微企业成长库申报工作，重点对自主创新能力强、市场前景广、成长性好的小微企业在融资、项目申报、技术改造、资源配置、管理培训等方面予以重点扶持和服务。

泉州物流商会成立

泉州物流商会成立大会暨第一次会员大会举行，翁国泉当选首任会长。泉州物流商会以“传承‘海上丝绸之路’文明，构建并优化‘陆、海、空、电子’立体化物流产业”为目标，将整合物流资源，实施物流行业发展规划和布局；提出物流政策建议；统计发布行业信息；组织各类培训，参与质量管理和监督；指导、帮助企业改善经营管理；接受委托，组织科技成果鉴定和推广应用；制定并监督执行行规行约；参与制定、修订行业标准；组织企业信用等级评价，推进银企融资授信等工作，促进泉州物流业向专业化、网络化、信息化和标准化发展。

相关链接：泉州市现有物流企业超300家。2013年，7家物流企业发起成立泉州物流商会，呼吁全市港口、码头、船东、仓储、运输、公共代理、快递等各类物流企业共同组建商会。至是日，泉州物流商会有会员企业80家。

泉港区奖励中小学特色教育

泉港区出台《泉港区加强中小学特色学校创建工作实施方案》。根据相关规定，从2014年起，每年安排50万元专项资金用于表彰奖励一批特色教育先进学校和个人。其中，30万元采取“以奖代补”方式补助学校特色专项经费；20万元用于奖励特色教育先进个人和优秀学生。

全市首家农民专业合作社联合社成立

安溪县龙涓乡6家合作社自发成立全首家农民专业合作社联合社。联合社全称安溪县龙涓内灶茶叶专业合作社联合社，成员出资总额五百万元。联合社由内灶茶叶专业合作社与内灶农作物病虫害防治服务专业合作社及赤片金笑佛、长其、碧乾、西林4家茶叶专业合作社共同发起成立，根据章程，联合社在依照茶园面积向各家合作社支付茶园租金的基础上，根据占股比例进行二次分配，派发经营红利。安溪县工商局相关负责人表示，以联合社的形式，由发展较好的合作社对小型合作社进行整合，通过“大手拉小手”的形式，加强农业企业与龙头企业的合作，可降低各项农业生产成本，形成主导产业规模，掌控市场话语权。同时，还有利于解决资金短缺、产业链融合度低等问题。为支持这种新型农业经营体制改革创新，安溪县工商局出台全省首个农民专业合作社联合社注册登记指导意见。联合社成立后，原来各农业合作社的生产资料、市场渠道、品牌、技术等实现资源共享。以前合作社既要管生产又要管销售，精力和规模都有限，现在联合社成立后发挥各合作社的优势，形成专业的管理团队、销售团队、技术指导团队，提高效率，降低成本，专业化程度更高，管理更加规范。

1月15日

星期三
农历癸巳年十二月十五
温度：7℃—15℃
晴

●全国、全省安全生产电视电话会议后，泉州市随即召开第一季度防范重特大生产安全事故电视电话会议，贯彻全国、全省会议精神。

●泉州市闽粤赣边区革命史研究会年会暨中共泉厦临工委成立六十五周年纪念大会召开。

●泉州物流商会成立。

●报载，泉港区奖励中小学特色教育。

●15—16日，晋江市2014年“三下乡”活动在灵源街道灵水社区和磁灶镇苏垵村举行。

●安溪县龙涓乡6家合作社自发成立全市首家农民专业合作社联合社。

1月16日

星期四
农历癸巳年十二月十六
温度：7℃—15℃
晴

●省十二届人大二次会议闭幕。泉州代表团提交建议145件、议案1件。

●第三批省派泉州驻村干部座谈会在永春县召开。

●住房和城乡建设部发布命名通报晋江市成为2013年全省唯一通过命名的国家园林城市。

●2014年度市直110社会联动工作座谈会召开。

●2014年春运首日，市政府组织开展春运检查，对检查中发现的不足之处通过现场办公，提出解决对策。

●16—28日，市委文明办和市助学志愿者协会组织志愿者到泉州客运中心站及晋江长途汽车站，为旅客提供志愿服务。

●“爱泉州·让阅读浸润梦想”读书征文活动启动。

●全市公安派出所及辖区交巡警部门开展“酒驾”整治统一行动。

●“乐满香港”异域文化巡礼活动在市区领SHOW天地创意园区举行。

●16—17日，由惠安县委宣传部牵头的“我们的中国梦——文化进万家”暨文化科技卫生“三下乡”活动在该县螺阳镇后田村和山霞镇山霞村举行。

●16—17日，永春县委宣传部牵头组织相关部门到锦斗镇、玉斗镇开展文化、科技、卫生“三下乡”活动。

●泉州台商投资区洛阳镇举行昭惠庙重修落成庆典。

第三批省派泉州驻村干部座谈会在永春县召开

第三批省派泉州驻村干部座谈会在永春县召开。受市委书记黄少萍委托，市委副书记周银芳参加座谈并讲话。周银芳指出，各级党委及相关部门高度重视扶贫开发工作，各位省派驻村干部扎根农村三年，在十分有意义的工作中做十分有意义的事情，带富一个村、带强一套班子、带出一股好风气、带动一套工作机制的推广，圆满完成驻村各项任务，取得可喜成绩，市委、市政府对驻村工作队专门作出记功决定，他们的工作经验和典型事迹值得学习借鉴、宣传推广。周银芳强调，扶贫开发工作任重道远，必须倍加努力，目前全市还有30个扶贫开发工作重点乡镇和300个市级扶贫开发工作重点村。各级各部门和广大干部要贯彻落实中央、省、市决策部署，把握扶贫开发重点，全面加强农村基层组织建设，发挥典型示范带动作用，推动泉州市贫困村帮扶整顿转化工作。座谈会上，第三批省派泉州驻村干部领队介绍三年来的帮扶工作情况。自2011年以来，省派泉州扶贫干部为11个驻点村筹措帮扶资金2亿多元，平均每个村1838万元；到2013年年底，实现平均村财收入、农民人均年收入分别比帮扶前增长13倍和1.7倍。与会人员还参观第三批省级扶贫重点村永春县东平镇文峰村。

晋江市成为国家园林城市

住房和城乡建设部发布《关于命名2013年国家园林城市、县城和城镇的通报》，晋江市成为2013年全省唯一通过命名的国家园林城市。国家园林城市是中国城市园林绿化领域的最高奖项，体现一座城市在规划设计、景观保护、绿地建设、生态环境等方面的水平。2005年，晋江成功创建“省级园林城市”，2012年申报创建“国家园林城市”。近年来，晋江以市财政投入为主，建立多元化投资渠道，逐年加大园林建设维护资金投入，推动城市园林绿化发展，并按照“全市一城”理念，坚持生态优先，构建“三廊多斑，两带三湾，绿网穿插，山海相拥”的城乡一体化城市绿地系统，初步形成城市独特、鲜明的绿化个性。同时，利用山、水自然资源，拥山亲水建园，园林建设融入当地特色文化元素，彰显文化古韵。

“爱泉州·让阅读浸润梦想”读书征文活动启动

由市教育局主办，市青少年宫、泉州一凡书城协办的“爱泉州·让阅读浸润梦想”读书征文活动启动。市教育局推荐多本洋溢浓浓“泉州味”的书籍，鼓励学生结合读书活动，利用春节走亲访友和社会实践，交流阅读感想及实践体验，并以读后感的形式参与征文活动。征文阅读范围可在推荐书目中选择，文章力求主题鲜明，观点正确，文字精练，体裁不限（诗歌除外）。活动旨在落实立德树人根本任务，增进学生对泉州文化的了解，培养学生阅读热情，提升学习能力，坚定爱国信念，提高学生的政治思想觉悟、文化素养和实践能力。

“乐满香港”异域文化巡礼活动举行

由丰泽区政府、市旅游局、市文广新局等单位主办，香港贸发局福州代表处作为支持单位的“乐满香港”异域文化巡礼活动在市区领SHOW天地创意园区举行，领SHOW天地·妙街开街典礼同时举行。该活动为近年来泉州规模最大的香港文化主题体验活动。活动通过景观布置、主题展馆、文艺演出、名家讲座、经典角色巡游等，让市民身临其境地感受香港独特的地域文化，丰富市民文化生活。活动为期1个多月，跨越春节和元宵，并作为庆祝泉州获评“东亚文化之都”的系列推广活动之一。

泉州洛阳桥昭惠庙重修落成庆典举行

泉州台商投资区洛阳镇举行昭惠庙重修落成庆典。昭惠庙位于中国古代四大名桥洛阳桥桥头，坐北朝南，占地300多平方米。庙内外尚存9方碑记石刻，对研究洛阳古桥的历史有参考价值。昭惠庙1979年被列为县级文物保护单位，1988年被列为国家级文物保护单位洛阳桥之附属，2002年，被泉州列为“海丝”申报世遗的考察点之一。洛阳昭惠庙曾于明嘉靖、万历，清道光、咸丰年间进行四次修葺。新中国成立后，又有较大规模维修。近年来，因白蚁侵害，部分木构件严重损坏，面临倒塌危险。2012年11月，昭惠庙作为“闽南文化生态保护示范区”示范点，按照建筑原型，以不改变原结构，充分利用旧构件，修旧如旧的原则，破土动工。2013年4月，开始重修，历时近一年。

市人大常委会党组（扩大）会议召开

市人大常委会党组（扩大）会议召开，学习贯彻省十二届人大二次会议精神。市人大常委会主任、党组书记陈海基，副主任陈万里、洪泽生、潘燕燕、陈全顺、王远东，秘书长吴春林参加会议。陈海基要求，市人大常委会要贯彻落实省十二届人大二次会议精神，结合工作实际推进人大工作与时俱进。在改进监督方式上，要对照省人大常委会就改进监督方式提出的六条措施指导工作，适时向社会公布相关报告、审议意见及其研究处理情况，以推动问题整改和提高监督质量，增强监督实效。2014年尤其要在“两院”的监督工作上下功夫，将监督落到实处，维护司法公正，营造社会信法守法氛围；要及时学习研究“两院”司法工作新动向及社会热议问题，改革创新监督方式，有效推动打击渎职犯罪，反腐倡廉；要结合实际提出与改革有关的法律条款修改意见，使地方改革有法可依、有法必依。陈海基指出，要着重从提高代表履职能力、探索形成发挥代表作用的机制、增强代表工作活力等方面努力，增强代表主体作用。市人大常委会全体成员要严格自律，带头落实十八届中央纪委三次全会和中央政法工作会议精神，做好党风廉政建设。

全市农业农村工作视频会议召开

全市农业农村工作视频会议召开。市委副书记周银芳、副市长林万明参加会议。周银芳要求，要以中共十八届三中全会和中央、全省农村工作会议精神为指导抓好农村工作，增强做好“三农”工作的责任感和紧迫感，坚持分类指导、系统推进，开创泉州市农业农村工作新局面；要围绕重点任务抓好农村工作，突出深化农村重点领域改革、确保粮食安全和农产品质量安全、完善农村基本经营制度、大力发展现代农业、推进扶贫开发和“美丽乡村”建设，确保全市农民人均纯收入增长9.5%，实现农业强、农村美、农民富；要运用科学方法抓好农村工作，实行农村“136”工作法，紧盯城乡一体化目标谋划思路，建立农村经济发展机制、农村社会发展和治理机制、农村发展保障机制“三项运行”机制，实行工作有任务、责任有落实、实施有办法、实绩有考评、优劣有奖惩、困难有帮扶“六有”举措。各级党委（党组）要强化对“三农”工作的领导，关爱农业农村战线的干部和各类专业技术人才，深入了解、及时解决“三农”工作的热点难点问题，推动全市农业农村工作再上新台阶。

市政府组织检查春节市场供应和食品安全价格工作

市政府组织检查组到泉州商城广场新华都超市、泉州市蔬菜批发市场、新华洲水产批发市场、泉州海生冷库等地，检查春节市场供应和食品安全价格工作。春节期间，泉州将动员骨干粮油加工企业和各骨干粮店、军粮供应站、粮油批发企业增加采调粮油，尤其是小包装粮油储备，确保市区上市粮油品种达50个以上，上市粮油数量750万公斤，其中优质大米500万公斤、小麦粉100万公斤、食用植物油50万公斤、粮油复制品100万公斤。同时，引导种养户和115个省、市副食品调控基地合理安排生产，提高肉、蛋、菜、水产品等主要副食品上市供给量，重点扶持无公害蔬菜基地做好本地叶菜类的上市供应，缓解蔬菜供应压力。各农贸市场建立农残检测室，强化果蔬农药残留检测、水产品甲醛检测。并在中心城区的大型超市以及东门菜市场、新门菜市场建设肉品质量安全信息可追溯系统，市民可通过该系统轻松查询到所购肉品的产地、屠宰场、出厂时间等信息。启动全市138家平价商店，保障粮、油、蛋、蔬菜、肉类等群众基本生活必需的平价商品的供应、质量，确保价格降幅达10%以上。

泉州市2014年“三下乡”活动启动

由市委宣传部、市委文明办、市委讲师团、市文广新局、市卫生局、市司法局、市科技局、市科协、市人口和计生委、市农业局、市文联、泉州晚报社、泉州广播电视台、新华发行（集团）公司泉州分公司等单位主办的泉州市2014年文化、科技、卫生“三下乡”启动仪式暨春节慰问演出在安溪县虎邱镇举行。活动内容包括宣传咨询、义诊、赠书、赠电教器材、写春联和优惠售书等。

1月17日

星期五
农历癸巳年十二月十七
温度：9℃—18℃
多云转晴

●市人大常委会党组（扩大）会议召开，学习贯彻省十二届人大二次会议精神。

●全市农业农村工作视频会议召开。

●市政府组织检查组到泉州商城广场新华都超市、泉州市蔬菜批发市场、新华洲水产批发市场、泉州海生冷库等地，检查春节市场供应和食品安全价格工作。

●泉州市2014年文化、科技、卫生“三下乡”启动仪式暨春节慰问演出在安溪县虎邱镇举行。

●市工商联（总商会）十三届三次执委会召开。

●由泉州晚报社、市文联与兆基·光明城主办的“光明城·西街故事”征文大赛启动。

1月18日

星期六
农历癸巳年十二月十八
温度：8℃—16℃
晴转多云

●郑新聪、陈荣洲看望慰问困难群众。

●18—24日，首届海峡两岸高校大学生记者挑战赛在泉州举行。

●18—23日，第九届全国重点校男子篮球锦标赛在泉州侨乡体育馆举行。

●2014年“文化之都·幸福丰泽”系列文化活动之一柏斯新年音乐会举行。

●由惠安达利集团、惠安县慈善总会主办的福建达利集团第五届爱心敬老金发放仪式举行，活动为惠安县近8000名60岁以上的老年人发放爱心敬老金800万元，邀请近千名老年人代表参加敬老午宴。

郑新聪陈荣洲看望慰问困难群众

市长郑新聪、副市长陈荣洲到南安市康美镇、南安市社会福利中心、柳城街道、溪美街道和泉州市区看望、慰问困难群众。市政府秘书长吴友才等参加慰问。在困难道德模范黄秀珠家，郑新聪询问黄秀珠身体情况，勉励其子孙辈要传承和发扬黄秀珠50多年如一日照顾残疾小叔子的好家风，叮嘱村、镇干部平时要多关心道德模范家庭，帮助解决实际困难。在计生二女户黄玉凤家，郑新聪勉励孩子们好好学习、自强自立，嘱咐相关部门全力帮扶孩子上学。在南安市社会福利中心儿童福利院，郑新聪嘱咐医疗单位要与儿童福利院建立快速反应联动机制，及时为孩子们提供良好的医疗服务；相关工作人员要带着爱心、耐心、细心和责任心，抚育孩子们快乐成长。慰问中，郑新聪强调，各级各有关部门要把确保困难群众都能过上欢乐祥和的新春佳节作为重要职责，摆上党委、政府的重要议程，研究解决这部分群众的吃、住、穿、医等现实问题。要贯彻市委、市政府有关扶贫攻坚的部署和政策措施，把这部分群众的脱贫致富当做全面建设小康社会的重中之重，结合各户的实际情况，制定个性化的措施，帮其增加收入、改善生活。要引导困难群众立足自身，自强自立，在党委、政府和社会各界帮助下，力所能及地发展家庭经济，增强自身脱贫的能力。

首届海峡两岸高校大学生记者挑战赛在泉州举行

18—24日，由省青年联合会主办，市青年联合会、市台办、市学生联合会、华侨大学团委、中国青年报社福建记者站和台湾“中华杰出青年交流促进会”承办，泉州师范学院团委、泉州晚报社等单位协办的首届海峡两岸高校大学生记者挑战赛在泉州举行。两岸47所高校的约188名新闻传媒相关专业大学生参赛。作为2014年“千名台湾青少年福建行”及“东亚文化之都·泉州”开幕系列活动之一，挑战赛活动内容包括启动仪式、闽南文化专题讲座、县（市、区）采风、参赛作品现场展示、评比颁奖、座谈联欢等。活动期间，台湾高校学生与大陆高校学生结对，同吃、同住、同行，一起到中国闽台缘博物馆、世界闽南文化展示中心、开元寺、老君岩、泉州海外交通史博物馆、泉州少林寺、源和1916创意产业园、锦绣庄民间艺术园等景点，通过观看南音、提线木偶等独具闽南特色的艺术表演，深化对泉州“东亚文化之都”的认识，同时在互动中增进了解、加深感情。主办方还邀请闽南文化知名专家学者为两岸大学生记者举办有关闽南文化的讲座，增进台湾青年对中华文化、闽南文化的认识。两岸大学生记者分四个参赛组分赴晋江—惠安、安溪—南安、永春—泉港、德化—石狮进行考察采访。参赛的大学生记者根据自身的所见所闻所感，围绕“东亚文化之都·文化寻根之旅”主题，挖掘两岸同根同源的文化脉络，以各自的视角，创作新闻作品参赛。经过角逐，比赛评选出一等奖1名、二等奖2名、三等奖4名（均为团队集体奖）以及最佳新闻报道、最佳新闻通讯、最佳新闻评论、最佳现场展示、最佳新闻创意五个单项奖。由台湾大学工商管理学系四年级学生陈恒升带领的团队获首届海峡两岸高校大学生记者挑战赛总冠军。

挑战赛现场　　（图/吴寿民）

第九届全国重点校男子篮球锦标赛在泉州举行

18—23日，由国家体育总局篮球运动管理中心和全国中学生体育协会篮球分会主办，省体育局、市体育局承办的第九届全国重点校男子篮球锦标赛在泉州侨乡体育馆举行。该锦标赛是全国中学生体育协会篮球分会的重点赛事之一，全国12个省市20所体育重点中学的259名运动员参赛。北京师大泉州附属中学、深圳第二实验学校和石家庄二中分获冠亚季军。

1月19日
星期日
农历癸巳年十二月十九
温度：8℃—15℃
晴

●文化部副部长丁伟到泉州检查“东亚文化之都”建设工作。

●黄少萍与文化部副部长丁伟座谈。

●报载，泉州市在市直及鲤城、丰泽、洛江区实施定点零售药店试点动态考核管理试点。

丁伟到泉州检查“东亚文化之都”建设工作

文化部副部长丁伟带队到泉州检查“东亚文化之都”建设工作，参观世界闽南文化展示中心、后渚港，查看城市文化综合体规划所在地等，并召开会议，听取工作汇报。市领导郑新聪、陈庆宗、张建生、周真平、李建辉、李冀平等参加会议。市委常委、宣传部部长、教育工委书记陈庆宗汇报“文都”建设发展工作。丁伟希望泉州进一步提升发展自觉、文化自觉，让“东亚文化之都”建设成为推动城市发展的新工程、海外力量再动员的新抓手和凝聚人心的新纽带。要紧扣以人为本、格外重视文化传承的新型城镇化建设，共建“21世纪海上丝绸之路”的战略和为人民谋利的执政理念，发挥文化独特作用，推动城市的整体发展，谋求更大作为。要以“扩大开放、提升交流、留下遗产、造福民众”为指导思想，以更大气魄拓展同世界各国的经贸文化合作；借鉴国外现代城市发展理念，提升对外交流的数量、质量和效益；软硬件建设双管齐下，留下更多文化遗产；让民众全程参与建设过程，为百姓带来更好的生活空间、经济发展和文化环境，让“东亚文化之都”影响力永不落幕。丁伟逐一回应泉州提出的请求事项，表示文化部将大力支持泉州建好“东亚文化之都”。市长郑新聪表示，泉州将按照文化部和省委、省政府要求，全面提升“文都”建设理念，完善主体方案和分项内容。在文化部指导帮助下，办好各项主题活动，办出国家水平。同时，以“东亚文化之都”为载体，完善基础设施建设，推动城市长远发展，让百姓从中受惠。

丁伟在泉州检查“东亚文化之都”建设工作　　（图/吴寿民）

黄少萍与丁伟座谈

市委书记黄少萍与文化部副部长丁伟座谈，市领导翁祖根、陈庆宗参加座谈。黄少萍表示，泉州已成立“东亚文化之都•泉州”建设发展委员会。“东亚文化之都”建设离不开文化部和省委、省政府的支持，恳请文化部加强关心和指导，泉州将全力践行承诺，担起文化外交的光荣使命，推动泉州文化进一步繁荣发展。丁伟指出，这是一场史无前例的文化外交，作为开局者，泉州使命光荣、责任重大。对泉州而言，“东亚文化之都”不仅是文化繁荣的新机遇，更是城市建设、经济发展的重要抓手。希望泉州发挥体制优势和历史文化优势，推动“文都”建设与当前国家两项战略相结合：一是呼应新型城镇化“以人为本、格外重视文化传承”的题中之意；二是发挥“海丝”起点城市的优势，参与建设“21世纪海上丝绸之路”。相信泉州一定会擦亮“东亚文化之都”招牌，为国争光；凝聚海内外泉州力量，推动城市发展再上新台阶。

泉州市实施定点零售药店动态考核管理试点

市医保中心通过检查发现，部分定点零售药店超范围刷卡、套药和串换药品销售等违规行为呈上升趋势。针对这一苗头，泉州市逐步将管理模式由集中检查为主、不定期抽查为辅的模式，调整为日常常态化检查与12分制考核相结合的管理模式。调整后的管理模式主要包括，重新修订定点零售药店协议，使协议条款如处罚措施等更为细化；加强调查，摸清泉州市流通的医保目录内药品底数，加强医保备药率检查；开发定点零售药店常态化管理信息系统，将定点零售药店收费终端的IP地址、社保PSAM卡、收费员三者进行捆绑；建立12分制考核制的动态管控机制，实现处罚措施的即时实施和期满即时解除。调整后的管理模式在市直及鲤城、丰泽、洛江试点，并取得初步成效，定点零售药店摆放生活用品、日用品和化妆品现象大为减少；非医保定点药店收集社保卡后通过定点药店刷卡、定点零售药店套药和串换药品等现象也得到遏制。

1月20日

星期一
农历癸巳年十二月二十
温度：8℃—18℃
晴转多云

●国内首趟农民工返乡动车专列从高铁泉州站出发前往武汉。

●20—27日，鲤城、丰泽、洛江、泉港、泉州开发区等地开展“创卫巩固周”活动。

●20—26日，石狮市公安局开展“打盗抢、压发案”突击行动。

●未成年人健康成长法治保障研讨会在北京召开。晋江法院与民营企业协同创建失足未成年人帮教基地的做法，获“未成年人健康成长法治保障制度最佳事例奖”。

●“大美晋江”2014年新春文艺晚会在晋江市祖昌体育馆举行。

国内首趟农民工返乡动车专列从泉州出发

由市总工会和泉州晚报社等单位主办的“和谐泉州·平安返乡”活动启动。除继续采取包专列、包飞机、包汽车等方式送来泉务工人员回家过年外，经主办方申请，铁路部门特地增开的“泉州—武汉”动车专列，于是日下午3时24分载着353名“新泉州人”从高铁泉州站出发。该趟动车经停南昌西，是日晚11时04分抵达终点站武汉，全程7小时40分钟。

全市“创卫巩固周”活动开展

20—27日，鲤城、丰泽、洛江、泉港、泉州开发区等地开展“创卫巩固周”活动，对主次干道、商业街道、背街小巷、占道经营、农贸市场、建筑垃圾、停车管理等进行专项整治。在“创卫巩固周”，各区各有关单位需做好以下工作：开展环境卫生大扫除活动，清理各类卫生问题；开展环境卫生整治，对主次干道、主要商业大街、背街小巷等的环境卫生薄弱区域进行一次大范围的整治，确保不留死角；开展农贸市场整治，对中心市区所有农贸市场进行全方位排查整治，杜绝脏乱差现象；开展市容市貌整治，重点整治主次干道占道经营、乱摆摊设点；开展建筑渣土整治，杜绝建筑垃圾乱倾倒及渣土“滴洒漏”现象；开展停车秩序整治，加强路面巡查，及时劝导、纠正车辆乱停乱放现象；开展市政公用设施整治，集中开展对路面坑洼、污水溢流、绿化裸露等问题进行修补恢复。对于创卫巩固的成效，市、区两级创卫办（考评中心）强化督促，实行一日一考评一通报制度，追踪落实整改。

晋江法院与民营企业共建帮教基地获全国最佳事例奖

由中央综治办、共青团中央、中国法学会主办的未成年人健康成长法治保障研讨会在北京召开。晋江法院与民营企业协同创建失足未成年人帮教基地的做法，获“未成年人健康成长法治保障制度最佳事例奖”。近年来，晋江法院积极探索“政企联合未成年人帮教”模式，着力破解失足犯罪少年缓刑难、监管难、就业难、融入难等问题。自2005年以来，共帮助53名失足少年通过缓刑期考验重返社会。针对80%以上的外地籍失足犯罪少年“缺乏技能、经验、学历导致就业困难，进入社会容易走上犯罪道路”等实际情况，晋江法院提出“增缓刑、重教育、强管理”的挽救方案，发动民营企业力量共同关心未成年人成长。通过统筹考虑民营企业的工作环境、企业文化以及工作强度等因素，晋江法院挑选两家企业设立未成年人帮教基地，配备图书室、心理辅导室、帮教人员办公室等设施。晋江法院将符合条件的失足少年判处缓刑并送入企业帮教，根据失足少年表现，依法核减缓刑考验期或者依法撤销缓刑。企业党总支、企业工会负责具体管理，对失足少年实行同工同酬、技术指导，培养一技之长。关工委定期看望接受帮教的失足少年，及时掌握其生活、学习、工作及改造等方面的情况，提升帮教实效。晋江法院负责人表示，政企联合帮教模式解决缓刑失足少年的改造环境问题，帮教企业创造宽松环境和工作氛围，让失足少年在帮教过程中感受到社会的温暖和爱心，重燃希望之火。同时，也解决失足少年的工作问题。企业通过提供工作岗位，让其学习劳动技能，与其他员工同工同酬，培养失足少年成为自食其力的人。该模式的实行，增强失足少年的自我认同感和社会责任感，降低再犯罪率。

相关链接：2013年3月，中国关工委领导到晋江市视察“企业未成年人帮教基地”及“非羁押诉讼帮教基地”，肯定晋江法院“政企联合未成年人帮教”的成功模式，并致信最高法院，建议试点推行晋江法院未成年人帮教模式及经验。

“大美晋江”2014年新春文艺晚会举行

由省文化厅主办，晋江市委、市政府协办，省歌舞剧院、省杂技团、晋江市委宣传部、晋江市文体新局承办的“大美晋江”2014年新春文艺晚会在晋江市祖昌体育馆举行。省歌舞剧院共表演十余个节目，包括闽南语歌曲《爱拼才会赢》、泉州南音《望春风》和立足福州三坊七巷文化而创作的舞蹈《坊巷烛红》等。省杂技团带来三个高难度杂技表演：《竹林欢歌——抖杆》《绳技梦想向远方》《地圈穿越》。晋江高甲戏剧团表演高甲丑角《金童戏灯》，系晋江高甲戏剧团为参加央视戏曲频道元宵晚会而创作的节目。

市委市政府举行老干部新春通报会

市委、市政府在泉州影剧院举行老干部新春通报会，向全市老领导、老干部通报工作并致以新春问候。市长郑新聪，市委常委、组织部部长陈沈阳参加通报会。陈沈阳主持通报会。受市委书记黄少萍委托，郑新聪向全市老干部致以新春祝福。郑新聪指出，过去一年，在省委、省政府和市委的领导下，在全市老干部的支持和帮助下，全市贯彻落实科学发展观，谋划推动新一轮改革发展，全力以赴保稳、求进、攻坚，推动“两项改革”开好局、起好步，促进城乡统筹发展，加快提升文化软实力，致力保障改善民生，抓好自身建设，推动经济社会发展取得新成效。2014年，泉州市将坚持稳中求进、改革创新，加快经济转型、社会转型、城市转型、政府转变，实施“深化五大战役重点行动计划”，打造泉州经济升级版、改革创新示范区、生态宜居幸福城。具体落实中将突出把握好稳增长和促转型、推项目和抓改革、强产业和优城镇、百姓富和生态美的有机统一，创造泉州更加幸福美好的未来。泉州的发展离不开老领导、老同志长期以来的关心和支持。希望老干部继续发挥优势，热心关注、参与泉州改革发展，帮促党委、政府把各项工作做得更好。

首批外贸助保贷发放仪式举行

市外经贸局举行首批外贸助保贷发放仪式，28家企业通过外贸助保贷业务信贷审批，获得1.1亿元外贸助保贷。此后，泉州市将按照“成熟一批、发放一批”的原则，集中发放第二批、第三批外贸助保贷，直至信贷规模用完为止。为鼓励金融机构加大对外贸中小企业的信贷支持力度，缓解泉州市外贸中小企业融资难、融资贵问题，经市政府同意，2013年10月市外经贸局、市财政局采取“省、市、县”三级共同出资的方式，设立全省规模最大、总额4000万元的泉州市外贸中小企业助保金贷款风险补偿专项资金。风险补偿金以市外经贸局名义在建行泉州分行开立专户，实行封闭运行、专户管理、专款专用；建行泉州分行按风险补偿金的20倍以上额度安排发放外贸中小企业助保金贷款。2013年11月4日，市外经贸局、市财政局、市进出口商会与建行泉州分行签订《泉州市外贸中小企业助保金贷款业务合作协议》，建行泉州分行同意给予总规模8亿元授信额度。2014年1月6日，市助保金监督管理机构会同建行泉州分行建立“泉州市外贸中小企业助保贷企业池”，首批有52家企业入池。

相关链接：“泉州市外贸中小企业助保贷业务”是建行泉州分行与市政府合作，向无法提供足额有效担保，但入选“泉州市外贸中小企业助保贷企业池”的企业提供的一项信贷业务。该业务通过创新金融产品和担保方式，由需贷款企业缴纳一定比例的助保金，加上政府提供的政策性风险补偿资金，共同作为增信手段。入池企业只需提供不低于贷款额度40%的符合建设银行要求的抵（质）押或担保即可获得该贷款。

市侨联七届二次全委会召开

市侨联七届二次全委会召开，传达第九次全国侨代会和省侨联九届四次全委会精神，听取市侨联七届二次全委会工作报告。会议指出，2014年，全市侨联将围绕市委、市政府工作大局发挥泉州侨力资源优势，协助开展招商引资活动，推动更多侨资项目落地；广泛联心交友，在做好国内工作和老侨工作的基础上，积极创造条件走出去，为扩大海外联谊和港澳联谊工作牵线搭桥，持续涵养侨务资源；弘扬传播闽南文化、华侨文化，为“东亚文化之都”增光添彩；坚持为侨服务宗旨，把着眼点放在基层，强化乡村、社区侨联的服务功能，及时了解侨界群众所思所想，主动为侨排忧解难；加强侨联自身建设，扩大侨联组织覆盖面，增强侨联组织凝聚力，建设“侨胞之家”，为打造泉州经济升级版、改革创新示范区、生态宜居幸福城做出新贡献。

泉州四县（市）入选“2013年中国电子商务发展百佳县”榜单

阿里巴巴集团研究中心发布《2013年中国县域电子商务发展指数报告》，根据阿里巴巴电子商务发展指数排名，形成“2013年中国电子商务发展百佳县”榜单，泉州的石狮市名列第4位，晋江市列第23位，德化县列第49位，南安市列第92位。阿里巴巴电子商务发展指数是近年来阿里研究中心为及时、客观地记录和评价中国电子商务的发展，在经济体等方面进行研究，广泛征询专家建议，构建形成的指标体系。

1月21日

星期二
农历癸巳年十二月廿一
温度：8℃—14℃
多云转晴

●市委、市政府在泉州影剧院举行老干部新春通报会，向全市老领导、老干部通报工作并致以新春问候。

●全市工商行政管理工作会议召开。

●市外经贸局举行首批外贸助保贷发放仪式。

●市侨联七届二次全委会召开。

●泉州市四县（市）入选“2013年中国电子商务发展百佳县”榜单。

●泉港区文化、科技、卫生“三下乡”活动启动。

1月22日

星期三
农历癸巳年十二月廿二
温度：6℃—13℃
晴转多云

●市委召开常委会，传达十八届中央纪委三中全会和省纪委九届五次全会精神。

●市委召开常委会，传达省十二届人大二次会议、省政协十一届二次会议精神。

●郑新聪检查春运工作。

●泉州市城乡石结构房屋改造工作领导小组第一次成员会议召开，启动全市石结构房屋改造工作。

●省政府正式批准泉州市工商登记制度改革实施方案。

●致公党泉州市委十届五次全委（扩大）会议召开。

●22—24日，省政府消防工作考核组到泉州考核2013年度消防工作目标完成情况。

●学习宣传首届“最美泉州人”先进事迹座谈会召开。

●首届“最美泉州人”名单揭晓。

●海峡股权交易中心泉州运营中心第三批企业挂牌仪式和首批企业融资路演活动在泉州经济技术开发区举行。

●市纺织服装行业协会·百业中兴融资租赁公司首笔“租赁联盟”业务签约仪式在百业中兴（泉州）融资租赁有限公司举行。

●由永春县委、县政府、泉州晚报社主办，达埔镇香产业联合党支部、永春县香文化研究会、永春县香制品同业公会承办的“东亚文化之都 千年永春香道”——“十大香业品牌”“十大制香师”“十大创新创意”评选活动启动。

市委常委会传达中央和省纪委全会及省“两会”精神

市委召开常委会，传达十八届中央纪委三中全会和省纪委九届五次全会，以及最近召开的省“两会”精神，提出泉州市贯彻意见。市委书记黄少萍主持会议，市委常委出席会议，市人大常委会、市政协主要领导，市政府副市长、党组成员等列席会议。会议指出，党的十八大以来，新一届中央领导集体将党风廉政建设和反腐败斗争提到新高度，工作力度不断升级，制度体系日臻完善，极大振奋党心民心。中央纪委和省纪委全会全面总结一年来党风廉政建设和反腐败工作成绩，明确提出当前和今后一个时期工作的总体思路和主要任务，体现党要管党、从严治党的坚定态度；对党员干部特别是领导干部提出明确要求，对改革创新反腐败领导体制和工作机制作出具体部署，表明党改进作风、惩治腐败的坚强意志和坚定决心。全市各级各部门要深刻领会、抓好落实。各级党委和纪检监察机关要结合群众路线教育实践活动，聚焦中心任务，推进改革创新，坚持不懈狠抓党风政风，毫不手软惩治腐败；要加强纪检监察机关自身建设，用铁的纪律打造过硬队伍，推动全市反腐倡廉建设取得新成效。会议同意于近日召开市纪委十一届五次全会，对全市党风廉政建设和反腐败工作进行部署。会议指出，要根据泉州市2014年深化重点领域改革方案，抓紧提出可操作的实施细则，争取省里更多试点放在泉州；抓好泉州在省“两会”上提交的建议、提案、议案的跟踪落实，争取更多政策、项目和资金支持。要见诸行动，按照全市经济工作会和市“两会”工作部署抓好落实，全力开好局、起好步。要学习省政府见事早、出手快、措施实的作风，早研究、早制定、早落实帮扶企业的政策措施，抓紧做好千人企业家大会配套政策文件的再梳理、再完善；筹备好民企推介会，争取在外泉商有更多项目和资金回到家乡。要办好“东亚文化之都”系列活动，担起文化外交的光荣使命，坚持项目化运作；精心筹备元宵期间的开幕式活动；将“文都”建设与城市发展紧密联系，发挥泉州文化、历史优势，打造“文都样板”。

郑新聪检查春运工作

市长郑新聪带队到高铁泉州站、池店高速春运交通安全服务站和客运新车站突击检查，随后召开碰头会议，部署工作。市政府秘书长吴友才参加检查。郑新聪强调，各级各相关部门要克服麻痹、侥幸心理，加强领导，落实责任，协同协作，形成合力，做好春运工作。领导干部要按“四不两直”要求，即不发通知、不打招呼、不听汇报、不用陪同接待，直奔基层、直插现场，到一线检查督促；县（市、区）要负起属地责任；企业要定岗定责，规范运作，负起主体责任。要落实24小时值班、重要时段会商等制度，加强上下沟通、市县联动，做好信息报送、研判预警和应急处置。要加强交通从业人员的安全培训和教育，严查超载、疲劳驾驶、中途拉客、违反凌晨禁行令等行为，要文明行车、人性化服务，畅通监督渠道；要加强车辆检查维护，落实日趟检、强制检，严禁不安全车辆参加春运，运用GPS等技术对车辆行驶进行动态监测，保障节日物资运输，加强危险品查堵；要加大各级道路巡查力度，对重要站点、路段实施现场监管，实时掌握旅客流时流向，科学调度运力，防止出现大规模滞留现象。

首笔“租赁联盟”业务签约

泉州市纺织服装行业协会·百业中兴融资租赁公司首笔“租赁联盟”业务签约仪式在百业中兴（泉州）融资租赁有限公司举行，5家企业代表签约。百业中兴融资租赁有限公司推出的“租赁联盟”模式在全国融资租赁行业属于首创。该模式旨在对泉州中小微企业设备技术改造提供模式和资金支持，能够有效推动行业协会向下属的中小微企业抱团融资，同时其分期付款方式能够有效减轻企业还款压力，从而促进泉州实体经济的发展。

首届“最美泉州人”名单揭晓

泉州市学习宣传首届“最美泉州人”先进事迹座谈会召开，10名首届“最美泉州人”获得者和10名“最美泉州人”提名奖获得者获表彰。其中，“最美泉州人”获得者为：最美乡村文化员吴金斗、最美志愿者王东育、最美环保人陈丽英、最美科技工作者裘大洪、最美医生苏稼夫、最美教师曾秀华、最美消防员白晓闯、最美农民工李娟、最美企业家丁水波、最美农民陈立成。

市人大常委会第二十四次主任会议召开

市人大常委会第二十四次主任会议召开。市人大常委会主任陈海基，副主任陈万里、洪泽生、潘燕燕、陈全顺、王远东、张建生，秘书长吴春林参加会议。会议传达学习省十二届人大二次会议精神，要求市人大常委会全体成员认真学习大会精神，结合实际推动人大工作与时俱进，创新监督方式，增强监督实效，服务泉州发展。会议讨论市人大常委会关于崇武至秀涂滨海区域生态保护和景观旅游规划编制情况的调研方案、市人大常委会2014年工作要点（草案）、市人大常委会2014年监督工作计划。会议听取市人大常委会人事代表委关于市十五届人大四次会议期间代表建议收集、分类情况报告。报告指出，经市十五届人大四次会议表决，将《关于进一步加强我市食品安全监督管理的议案》列入大会议程，其余25件代表议案转为建议，建议总数为298件。市人大常委会将采取领导牵头督办、委员会对口督办、单件面对面督办等方式，加强对建议办理的督促检查和集中视察，推动代表建议办理落到实处。会议提出第二十五次主任会议建议议题；初定市十五届人大常委会第十五次会议的召开日期和建议议程。

董熔林万明到德化九仙山气象站看望慰问工作人员

省气象局局长董熔、副市长林万明到德化九仙山气象站，看望慰问长年坚守在高山上的工作人员，向他们致以新春的问候和祝福。董熔、林万明察看气象站观测场、值班室和周边环境，并召开座谈会。董熔、林万明希望九仙山气象站全体工作人员继续发扬“高山奉献精神”，努力工作，恪尽职守，推进气象事业再上新台阶，为全省的经济社会各项事业发展提供更好的服务。

全市民政老龄残联工作电视电话会议召开

全市民政、老龄、残联工作电视电话会议召开。会议要求，新的一年，各级各有关部门要完善体系，狠抓落实，推动民政工作跃升新层次；要围绕主线，突出重点，推动老龄工作取得新突破；要凝心聚力，真抓实干，推进残疾人事业实现新跨越；要继续抓住发展机遇期，妥善应对矛盾，以改善民生为第一要务，把加强和创新社会管理摆上更加突出的位置统筹兼顾，实现“大民政”事业持续健康快速发展。

泉州市出台政策鼓励外挂车船回迁

从市交通委获悉，泉州市制订出台《泉州市外挂车船回迁专项行动实施方案》，明确对外挂车船回迁的各项奖励措施。对于按时回迁的外挂车船以及其企业，泉州市出台包括简化回迁手续、优先安排发展用地、积极提供信贷支持和资金奖励等在内的诸多优惠措施，其中资金奖励措施主要有：凡主动办理回迁落籍泉州市的外挂车辆，受益财政部门按两个档次实行一次性奖励，即10吨以下的每辆奖励2000元，10吨以上的（含10吨）每辆奖励3000元。对外挂回迁车辆总载质量200吨以上、年纳税50万元以上的道路货运企业，由受益财政部门按企业的外挂回迁车辆当年产生的所得税地方留成部分50%的比例返还奖励；外挂回迁车辆总载质量500吨以上、年纳税100万元以上的道路货运企业，由受益财政部门按企业的外挂回迁车辆当年产生的所得税地方留成部分70%的比例返还奖励。以上奖励期限为两年。外挂船舶回迁单船规模达5000载重吨以上（含5000载重吨）的运输船舶，受益财政部门按每载重吨给予一次性奖励30元。

中心市区整治违规饲养家禽行为

从市城市管理行政执法局获悉，为做好防控人感染H7N9禽流感疫情工作，中心市区组织清理违规饲养家禽和占道销售活禽行为。根据国家相关条例，在中心市区饲养鸡、鸭、鹅等家禽必须经市容环境卫生行政主管部门批准；饲养信鸽应当经信鸽协会同意，并取得动物防疫证。即日起，对在中心市区违规饲养鸡、鸭、鹅等家禽的，依法责令饲养者在2天内自行处理，逾期不处理的，予以没收，并可处以罚款；对因饲养鸡、鸭、鹅、鸽造成环境污染的，依法实施处罚；对巡查中发现或群众举报的在中心市区占道摆摊设点销售活禽及各种商店、餐馆占道摆放活禽的，依法取缔，并可处以罚款。

1月23日

星期四
农历癸巳年十二月廿三
温度：6℃—15℃
晴

- 市人大常委会第二十四次主任会议召开，传达学习省十二届人大二次会议精神等。
- 省气象局局长董熔、副市长林万明到德化九仙山气象站看望慰问工作人员。
- 全市民政、老龄、残联工作电视电话会议召开。
- 报载，泉州市出台政策鼓励外挂车船回迁。
- 报载，中心市区整治违规饲养家禽行为。
- 泉州慧聚人文机构向安溪剑斗镇潮碧小学捐赠价值五万余元的学习和生活用品，向12名贫困学生发放助学金。

1月24日

星期五
农历癸巳年十二月廿四
温度：8℃—18℃
晴转多云

●泉州市领导干部“廉内助”座谈会召开。

●全市商务工作会议召开，总结并部署全市商务工作。

●全市法院院长会议召开。

●市工商局开始核发新版营业执照，泉州市工商登记制度改革正式展开。

●省纪委发布消息，泉州市人大常委会原副主任骆国清因严重违法违纪被开除党籍，取消退休待遇，收缴违纪违法所得，将其涉嫌犯罪问题移送司法机关依法处理。

泉州市领导干部“廉内助”座谈会召开

由市纪委、市直机关党工委及市妇联主办的泉州市领导干部“廉内助”座谈会召开。市委常委、市纪委书记、市直机关工委书记沈耀钦出席会议。市直各部门、单位的300多名处级领导干部配偶参加座谈会。座谈会上，领导干部家属主动加入“家庭助廉从我做起”签名承诺活动，签下自己的名字，承诺当好“廉内助”，树立“好家风”，肩负起家庭助廉责任，筑牢廉洁自律院墙。座谈会还邀请二位家属代表分别作题为《珍惜爱护 勤俭持家》和《当好廉内助 守住幸福》的表态性发言。市妇联发出《竭力营造廉洁家庭 携手共建和谐社会》倡议书，倡议广大妇女和党员领导干部家属竭力营造廉洁家庭，携手共建和谐社会。沈耀钦肯定近期泉州市开展廉政文化进家庭系列活动在社会上取得的反响和效果，通报当前中央反腐情况。沈耀钦指出，党员干部要常怀“三心”（对组织上要有感恩之心、对同志要有坦诚之心、对党纪国法要有敬畏之心），要坚守“三条底线”（法律底线、纪律底线、道德底线），达到“三大安全”（政治安全、人身安全、经济安全）。“廉内助”在家庭中应做到：政治上爱护，生活上关心，既要坚持原则，又要容缺预审，察言观色，及时防范，通过家庭助廉、促廉、养廉，促使领导干部增强廉洁自律意识，共同推进泉州市反腐倡廉建设。

全市商务工作会议召开

全市商务工作会议召开，总结并部署全市商务工作，副市长陈荣洲参加会议。会议指出，2013年，泉州市全力推动商贸工作发展，取得较好成效。全市实现社会消费品零售总额1896亿元，同比增长14%；外贸进出口总值291.5亿美元，同比增长16.2%，其中，出口164.9亿美元，同比增长33.3%，增幅分别高于全国、全省平均水平25.4和24.4个百分点，外经贸各项考核指标均超额完成省、市下达的任务。2014年，泉州市商务工作将开拓思路，准确把握商务经济发展的阶段性特征，拓展国内、国际两个市场。在商贸流通暨食品安全方面，围绕“稳中有进、改革创新”的目标，抓好抓实民生工程，做大做强商贸流通，发展电子商务，加强监督管理，力争全年消费品零售总额增长14.5%，确保全年不发生重大食品安全事故；在外经贸工作方面，全力“大招商、招大商、促落地”，开创利用外资工作新局面，促进全市对外贸易持续健康稳定发展，力促形成“三外”联动发展的境外投资新发展格局，深化拓展泉台港澳侨交流合作空间。

全市法院院长会议召开

全市法院院长会议召开。市中级人民法院近300名干警和11名基层法院院长，签订廉洁自律承诺书，集体承诺廉洁过新年。承诺书内容包括：模范践行群众路线，贯彻执行中央八项规定和最高法院、省法院的有关禁令，坚决反对“四风”；遵守审判工作纪律，廉洁执法，秉公办案，抵制司法腐败，不接受案件当事人及其律师、相关人员的请吃和赠送的现金、礼品、证券等。

泉州市工商登记制度改革展开

市工商局开始核发新版营业执照，泉州市工商登记制度改革正式展开。新版企业营业执照将以往的“实缴注册资本”改为“认缴注册资本”，系改革亮点之一，即试行注册资本认缴登记制。改革后，无须先行缴资就可注册公司，注册资本由股东根据公司经营需要约定，在三年内陆续投入，不仅方便创业者设立公司，还提高股东资金的运作效率。改革还试行“先照后证”登记制、外商投资企业“直接登记制”等新规定。除注册资本的改动外，新版企业营业执照副本还取消年检栏，这也是本次改革在企业监管措施上的一大突破：变年检制度为年度报告公示制度，市场主体无须到登记机关现场，只要到工商登记机关建立的市场主体信用信息公示平台按时公示年度报告，就能自助完成年报公示。但这并不表示对市场主体的监管放松，改革后企业的年检信息将面向全社会公开，对企业自律提出更高要求。市场主体要对年度报告的真实性、合法性负责，工商部门可以对企业年度报告内容进行抽查，经检查发现企业年度报告隐瞒真实情况、弄虚作假的，将依法予以处理。对未按规定公示年度报告等情形的市场主体，工商部门会将其列入经营异常名录并公示，增强对市场主体的信用监管。

泉州口岸通关服务评比居全省首位

泉州市海、陆、空各类口岸快速壮大，成为全省口岸开放数量最多、口岸运量增长较快、口岸基础设施较为完善的地区之一，泉州口岸在全省口岸通关便利化服务水平评比中位居全省第一。2013年，全市港口外贸进出口吞吐量完成2389万吨，同比增长8.05%；集装箱进出口完成11.36万标箱，同比增长17.94%；泉州晋江机场航空口岸出入境飞机3836架次，出入境旅客44.64万人次，同比增长95.9%；晋江陆地港贸易总额20.5亿美元，货运量57.6万吨，集装箱11.9万标箱，创下历史新高。泉州市通关改革取得新突破，口岸通关效率大幅度提升。2013年12月10日，围头港区率先启动“一次申报、一次查验、一次放行”的关检合作“三个一”通关新模式，成为厦门关区首个实行进口货物新型通关模式的口岸，也是全国首例跨关区关检合作试点，进口货物通关流程由原来先报检后报关的“串联”模式，转变为报检和报关同时“并联”进行。据测算，实行着一创新模式，货物通关的平均时间比原先缩短近40%，企业通关成本降低约30%。

全市“清洁家园迎新春•携手共建文明城”系列志愿服务活动举行

由市市政公用事业管理局、市委文明办、团市委和各大在泉媒体主办的“清洁家园迎新春・携手共建文明城”主题系列志愿服务活动启动仪式在市区中山公园举行。市政公用事业管理局工作人员及其家属两支志愿服务队，市委文明办、团市委干部职工及志愿者，主动参与的媒体及热心市民等约1000人参加活动。活动内容包括：1.开展“市政服务进家门”活动。与新闻媒体合作，通过报纸、“泉州市政”微博等渠道向市民群众征集市政民生问题，如枯树缺株、路面积水、污水溢流、井盖缺失、人行道破损等，组织市政志愿者队伍尽可能于活动当天解决，对不能解决的问题督促相关责任部门尽快解决。2.开展“文明旅游、马到成功”活动。结合春节“除尘”习俗，组织志愿者到大坪山公园对郑成功雕塑进行清洗，清除乱刻画等不文明痕迹。对圣墓景区进行清除杂草、环境清洁、景观维护。3.开展关爱空巢老人“邻里守望”志愿服务。弘扬“老吾老以及人之老，幼吾幼以及人之幼”的中华民族传统美德，组织志愿者到空巢老人家中、孤残儿童援助站走访慰问，帮助打扫卫生等志愿服务。4.开展“市政拔地钉”活动。组织志愿者对东涂路（丰泽实验小学前）人行道两侧的“路钉”进行清除及路面保洁。5.开展“免费送春联”活动。组织闽南书院师生及部分书法爱好者在东湖公园书写春联，免费赠送泉州市民群众。6.开展“清洁家园”活动。组织志愿者重点对市政道路、公交站台、果皮箱、交通护栏、路灯等公共设施进行清洁。7.开展挂“有德吉祥灯”活动。组织志愿者在公园、景区等公共场所悬挂“有德吉祥灯”。8.开展文明交通引导活动。组织志愿者在主要交通路口、各大车站进行文明交通引导，劝导制止不文明行为，普及文明交通知识。

晋江市构建“立体化”巡逻防控平台

从晋江市公安局获悉，2013年该局在打击破案、做实基础、服务民生上都取得显著成效。“八类”案件破案率75.9%，达到历年最高；群众对接处警满意率保持在98%以上；全市交通事故死亡逃逸案件100%侦破；打假工作成绩在全省排名第一。2014年，该局将推进社会治安防控体系“七张网”的“立体化”建设，构建空中监控与地面防控两网叠加、虚拟社会与现实社会同步管控、专门力量与群防力量联勤联动以及推进村（社区）网格化平台建设，加强基础信息采集，做到底数清、情况明；继续加强三级巡防队伍建设，提高群众见警率和安全感；推进城市安全信息系统建设，增设高清视频探头，提高打防犯罪实效；强化警力资源整合联动，推行“一村一警”。该局还将以“雷霆治爆”专项行动为抓手，强化危爆物品管理，实现“不炸响、不打响、不流失”目标；通过坚持走交管工作专业化道路，加大交通逃逸犯罪打击力度；推进消防安全“网格化”管理、重点单位“户籍化”管理制度，强化对人员密集场所、“三合一”场所安全隐患整治，遏制重特大安全事故发生。

1月25日

星期六
农历癸巳年十二月廿五
温度：10℃—21℃
晴转多云

●报载，泉州口岸通关服务评比居全省首位。

●“清洁家园迎新春・携手共建文明城”主题系列志愿服务活动在市区中山公园启动。

●报载，晋江市构建“立体化”巡逻防控平台。

1月26日

星期日
农历癸巳年十二月廿六
温度：12℃—17℃
多云转阴

●市纪委十一届五次全会召开，学习贯彻十八届中央纪委三次全会、省纪委九届五次全会精神，总结2013年党风廉政建设和反腐败工作，部署2014年任务。

●市政府党组（扩大）会议召开，传达贯彻市纪委十一届五次全会精神。

●武警泉州支队党委二届十七次全体（扩大）会议召开，传达贯彻武警总部、总队党委扩大会议精神，分析部队建设形势，部署新年度工作任务。

●全市住房和城乡建设工作会召开。

●泉州软件园开园暨入园合作项目签约仪式在软件园启动区举行。

●“和谐泉州·温馨工会”来泉务工人员2014年春节期间免费游泉州活动启动。

●由鲤城区总工会主办的“我们是一家人”与环卫工同吃“迎春饭”活动在鲤城区祥发海鲜饭店举行，鲤城辖区500多名环卫工人参加活动。

市纪委十一届五次全会召开

市纪委十一届五次全会召开，学习贯彻十八届中央纪委三次全会、省纪委九届五次全会精神，总结2013年党风廉政建设和反腐败工作，部署2014年任务。市领导黄少萍、郑新聪、周银芳、陈海基、杨俊峰、陈沈阳、沈耀钦、许昆贞、翁祖根、刘卫国、陈庆宗、林伯前等参加会议，市长郑新聪在会上传达十八届中纪委三次全会、省纪委九届五次全会精神，市委常委、市纪委书记沈耀钦主持会议，并代表市纪委常委会作工作报告。市委书记黄少萍指出，过去一年，各级纪检监察机关在执行“八项规定”、查办违纪违法案件、创新预防腐败机制等方面做了大量工作，为全市经济社会发展提供强有力保障。最近召开的中央纪委和省纪委全会从战略高度，为当前和今后一个时期党风廉政建设和反腐败斗争指明方向。要认识党要管党、从严治党的坚定决心，理解惩治腐败从上到下一抓到底的坚决态度，领会新时期反腐倡廉的主攻方向和重点，站在全局高度，为改革发展营造良好环境。坚决严明纪律，严格执行政治纪律、组织纪律，讲党性、守规矩，要在思想上、行动上与中央保持高度一致，确保政令畅通，各项改革有序、协调推进。坚决转变作风，坚定理想信念，扫除不良习气，开展群众路线教育实践活动，纠正“四风”，推动八项规定落到实处。坚持惩治腐败“零容忍”、权力运行“阳光化”、廉政教育“常警醒”，营造风清气正的环境。黄少萍强调，各级党委要承担好党风廉政建设的主体责任，保障各级纪委履行职责的相对独立性和权威性。各级纪委要按照“聚焦主业、转变职能”要求，有力、有效地履行监督责任，加快健全完善反腐败体制机制，抓紧出台全市建立健全惩治和预防腐败体系工作方案；要强化内部监督，用铁的纪律打造一支忠诚可靠、服务人民、刚正不阿的队伍。春节将至，各级领导干部要按照市委部署，严格执行厉行节约、廉洁自律各项规定，做反腐倡廉的带头人，带好队伍，保一方廉洁。

相关链接：2013年，全市纪检监察机关加强检查监督，突出元旦、春节、“五一”、中秋、国庆等重要节点，派出检查组182个，明察暗访和纠正违规问题161个，问责处理59人。市纪委分两批实名通报7起典型案件，并在媒体曝光，取得预期教育效果。全年全市各类会议、简报及评比检查活动大幅减少，铺张浪费现象得到有效遏制，楼堂馆所新建、扩建、迁建项目全面停止，“三公”经费同比明显下降。公务接待费下降45%，因公出国（境）费用下降56%，公务用车运行维护费用下降7.6%。

泉州软件园开园

泉州软件园开园暨入园合作项目签约仪式在软件园启动区举行，10家企业成为首批签约入园的软件企业。作为泉州中心城区发展高新技术产业的重要载体和城市产业经济新的增长点，泉州软件园项目于2009年12月31日启动建设，其中，占地8.12公顷的研发启动区包括1幢综合楼、9幢研发楼、1幢文化娱乐中心、2幢公寓楼，总建筑面积约17万平方米。泉州软件园以国内外软件与信息服务业企业为招商对象，已审核批准35家企业入驻园区。其中，泉州思玛特信息技术有限公司、福建华拓自动化技术有限公司、泉州市毅通信息科技有限公司、福州本地通计算机技术有限公司、泉州开必盛智能设备有限公司、福建鹏云信息技术发展有限公司、泉州市启明通信服务有限公司、福建省南鸿通信科技有限公司、中富通股份有限公司和福建联通企业云计算产业园项目部等已确定入驻软件园综合楼。

泉州软件园入园合作项目签约仪式　（图/李芸生）

来泉务工人员2014年春节免费游泉州活动启动

“和谐泉州·温馨工会”来泉务工人员春节期间免费游泉州活动启动。活动优惠对象为所有在泉务工的非泉州籍人员；时间为1月26日至2月15日；免费游范围包括：清源山、开元寺、洛阳桥、伊斯兰教圣墓、天后宫、清净寺等景区，西湖公园、东湖公园、中国闽台缘博物馆、泉州华侨历史博物馆、泉州博物馆、泉州南建筑博物馆、泉州海外交通史博物馆等场馆（景点内设置的其他收费项目不在免费范围之内）。各县（市、区）也有各自辖区内的“免费游”景区（点）。

市委市政府举行2014年新春团拜会

市委、市政府举行2014年新春团拜会。市四套班子领导黄少萍、郑新聪、陈海基、杨俊峰、周银芳等，泉州军分区主要领导，市中级法院院长、市检察院检察长，原任地市级老领导，在泉高校负责人，市直机关、各民主党派、人民团体、驻泉省部属有关单位主要负责人，驻泉部队主要领导，中心城区主要负责人，以及社会各界代表等欢聚一堂，共庆新春佳节，共话美好未来。市长郑新聪主持团拜会。市委书记黄少萍向全市工人、农民、知识分子、青年学生、干部和离退休老干部，向驻泉部队、武警官兵，向所有关心、支持泉州发展的海内外朋友致以新春祝福和诚挚问候。黄少萍指出，过去一年，泉州创新转型取得新进展，以发挥福建“东部”作用的责任和担当，开展“增强忧患意识 推动长远发展”大讨论，放眼先进城市“对标找差”，真诚问计改革创新之策，明确打造泉州经济升级版、改革创新示范区、生态宜居幸福城“三大战略”，凝聚“保稳、求进、攻坚”正能量，全市经济总量连续15年居全省首位。泉州发展形成新动力，持续推进“五大战役”、“第三产业发展年”、“招商大会战”插入团拜会照等活动，全市固定资产投资、“三维”对接规模分别突破2500亿元、3000亿元；国家“金改区”、全省民营经济综合配套改革试验打开局面，新设金融机构、准金融机构79家，金融业增加值增长18.5%，为企业坚守实业、坚持创新提供有力支撑。泉州城乡展现新面貌，环湾中心城市建成区面积188.5平方千米，“美丽乡村”建设全面展开，124万流动人口通过居住证制度享有市民化待遇；成功创建省级生态市，继续获国家卫生城市、全国科技进步先进城市、全国综治“长安杯”等称号。泉州历史文化绽放新光彩，成功举办2013年世界闽南文化节，成功当选中国首个“东亚文化之都”。新一年，泉州市将贯彻党的十八届三中全会、省委九届十次全会精神，坚持稳中求进、改革创新，坚持稳增长与促转型、推项目与抓改革、强产业与优城镇、百姓富与生态美“四个有机统一”，争当全面深化改革的“排头兵”“试验田”；办好“东亚文化之都”系列活动，履行国家责任，实施文化惠民，建设一个更加美丽幸福的泉州。

黄少萍郑新聪会见福建银监局局长周民源

市委书记黄少萍、市长郑新聪会见福建银监局局长周民源，市领导翁祖根、陈灿辉参加会见。黄少萍、郑新聪感谢银监部门对泉州的长期关心和支持，希望福建银监局加大力度指导泉州“金改”各项工作，为地方经济发展提供更大金融支持。周民源表示，福建银监局将在争取设立民营银行等方面继续支持泉州金融改革创新，提升泉州金融服务实体经济能力。

郑新聪慰问坚守岗位石化职工

受市委书记黄少萍委托，市长郑新聪到福建联合石化公司、中化泉州公司，向坚守岗位的员工送上新年祝福，并对企业过去一年取得的成绩表示祝贺。郑新聪指出，石化产业对泉州经济社会发展起到巨大的推动作用，希望企业与地方政府加强沟通联系，在更加注重安全环保的同时，为壮大石化产业集群、发展地方经济做出更大贡献。

郑新聪慰问坚守岗位职工　　（图/李建新）

2014年泉州网新春交响音乐会上线

由泉州网制作推出的网络春晚——2014年泉州网新春交响音乐会上线。音乐会既有西班牙交响乐团带来的《无穷动拨卡尔》等世界及西班牙经典作品，也有本土交响乐团演绎的《望明月》《看秧歌》等诸多具有民族特色的音乐节目；既有西班牙国粹艺术弗拉门戈舞蹈与交响乐在泉州的首度同台演出，也有泉州歌舞剧团与交响乐团的合作献演。

1月27日

星期一
农历癸巳年十二月廿七
温度：9℃—16℃
阴转多云

●市委、市政府举行2014年新春团拜会。

●市委召开常委会，学习贯彻中央、省委党的群众路线教育实践活动第一批总结暨第二批部署会议精神，专题研究泉州市开展第二批党的群众路线教育实践活动。

●黄少萍、郑新聪会见福建银监局局长周民源。

●27—28日，黄少萍到福建广电网络集团泉州分公司、泉州广播电视台走访慰问。

●郑新聪慰问坚守岗位职工。

●2014年泉州网新春交响音乐会上线。

1月28日

星期二
农历癸巳年十二月廿八
温度：11℃—18℃
晴转多云

●市领导慰问坚守岗位干部职工。

●黄少萍看望慰问泉州晚报社新闻工作者。

●郑新聪检查春节市场供应和食品安全工作。

●市人大常委会党组（扩大）会议召开，传达学习中央、省委、市委关于深入开展党的群众路线教育实践活动会议及市纪委十一届五次全会精神，并部署有关工作。

市领导慰问坚守岗位干部职工

市领导黄少萍、翁祖根、李建辉到位于市区百源路的文化宫公交首末站，看望慰问坚守岗位的一线公交司机。市委书记黄少萍询问春运和公交司机工作生活情况，交代相关部门要落实各项保障机制，让公交司机工作生活无后顾之忧。黄少萍希望公交司机，不仅要做到驾驶技术好，更要做到服务态度好，以实际行动“代言”好泉州公交事业的窗口形象。在涂门街垃圾转运站，黄少萍和环卫工人亲切攀谈，并向他们送上节日祝福和慰问金。市领导郑新聪、林万明到泉州消防支队特勤大队、鲤城江南街道派出所、市公安局交巡警支队、丰泽公安分局刑侦大队和武警一大队三中队，向政法系统干警一年来为泉州社会稳定所做的贡献表示感谢。郑新聪指出，泉州的公安、武警和消防队伍是一支特别能吃苦、特别能战斗的队伍，在强化治安、打击犯罪、服务群众、维护稳定及承担急难险重突任务等方面做了大量卓有成效的工作，希望新一年政法系统继续服务发展、维护稳定，为泉州新一轮发展做出更大贡献。

黄少萍看望慰问泉州晚报社新闻工作者

市委书记黄少萍到泉州晚报社，与一线采编人员交谈，问候节日、祝福新年。黄少萍向坚守在新闻工作岗位的采编人员表示慰问，了解报社春节安排，对报社全年无休、365天不间断出刊的工作状态表示肯定。黄少萍指出，一直以来，泉州晚报社围绕中心、服务大局、倾听民声，凝聚发展正能量，推动民生热点问题解决，为全市发展营造良好的舆论氛围和社会环境。新一年，泉州市将全力打造“泉州经济升级版、改革创新示范区、生态宜居幸福城”，办好“东亚文化之都”系列活动。报社要继续唱响主旋律、打好主动仗，办好党委政府放心、人民群众满意的一流新闻媒体，为泉州争当全面深化改革的“排头兵”“试验田”，建设“多元文化都市”做出新的更大贡献。

黄少萍在泉州晚报社看望慰问新闻工作者　（图/陈起拓）

郑新聪检查春节市场供应和食品安全工作

市长郑新聪带队到中心市区菜市场、超市，检查春节市场供应和食品安全工作。副市长陈荣洲参加检查。每到一处，郑新聪都在摊位、货架前驻足查看，不时与超市负责人、市场销售人员交谈，了解商品的价格情况。郑新聪指出，要落实“一岗双责”，强化相关企业负责人、市场经营者和从业人员的食品安全意识，建立健全从源头到消费者的全过程食品安全保障体系。要发挥直供（销）点、平抑物价、保障供应的主渠道作用，监测市场消费意愿变化，把握市场趋势，做好应对准备。工商、经贸、物价等部门要密切配合，提高市场监管监测密度，及时发布信息，严厉打击哄抬物价、囤积居奇等行为。要加强市场内部管控，做好食品的质量安全检验，让群众买得愉快、吃得放心。对于继续做好防控人感染H7N9禽流感疫情工作，郑新聪要求，各级各部门要严格执行省政府相关规定，暂停从省外调入活禽，选择省内规模大、管理规范、检验检疫手续齐全的活禽养殖场进行采购；要做细群众工作，对散养活禽全部实行圈养，定点定时做好相关场所的消毒杀菌。做好活禽屠宰及宰后废弃物管理，加强对流动活禽交易的巡查整治，组织好肉、水产品、蔬菜等替代产品的市场供应。要开展节前爱国卫生运动，按照创卫的要求做好环境卫生整治，让群众过一个安定祥和的春节。

市人大常委会党组（扩大）会议召开

市人大常委会党组（扩大）会议召开，传达学习中央、省委、市委关于深入开展党的群众路线教育实践活动会议及市纪委十一届五次全会精神，并部署有关工作。市人大常委会主任、党组书记陈海基，副主任陈万里、洪泽生、潘燕燕、陈全顺、王远东、张建生，秘书长吴春林参加会议。陈海基要求，要认识党风廉政建设的重要性，认识反腐败斗争的复杂性、艰巨性、长期性及党员领导干部在党风廉政建设中要承担的责任、努力的方向、做好的工作和发挥的作用。要掌握党风廉政建设和反腐败斗争的各项文件条款，做到知条款、懂法理、会应用、能戒持，以政策法规作为立命安身之本和工作准则。

市领导走访慰问一线干部职工

市领导陈海基、杨俊峰、周银芳、陈沈阳、沈耀钦、许昆贞、林伯前、陈荣洲、周真平、陈灿辉、林万明带领市直有关部门和有关县（市、区）负责人，分别走访慰问福建医科大学附属第二医院、市第一医院、市儿童医院、市中医院、泉州市急救中心、移动公司、电信公司、联通公司、邮政局、电业局、泉州高铁站、泉州火车东站、泉州中心客运站、市委机要局、市委市政府总值班室、行政中心保安大队、执法局“110”联动值班室、市政工程处、市自来水公司、市看守所、市拘留所、市收容教育所、泉州监狱、市强制隔离戒毒所、“泉金”航线联检部门、泉州晋江机场及营运客轮站、九仙山气象站的一线干部职工，送上新春祝福，希望大家继续做好本职工作，更好地服务泉州经济社会发展。

李建辉慰问北迎宾大道拓宽改造工地一线工人

副市长李建辉到北迎宾大道拓宽改造工程工地慰问一线工人，感谢他们以大局为重、支持工程发展，向他们致以新春祝福。北迎宾大道拓宽改造（一期）工程重要节点春节不停工，各标段项目部管理员、现场工人坚守岗位，指挥部办公室、施工、监理单位相关人员坚持值守，加强对工程的管理。

“东亚文化之都•泉州”品牌标识出炉

经文化部审定，“东亚文化之都•泉州”品牌标识出炉。标志由中国社会科学院文化研究中心闽南文化研究基地与泉州师范学院美术与设计学院组成的设计团队设计，主创人员为陈超淼。标志由中国传统古船扬帆起航的态势加象征三个国家文化之都的三朵浪花组成，寓意三国共同推起一艘东亚文化之舟。三朵扬起的浪花，取形于泉州刺桐花瓣，意指泉州市花刺桐花，暗喻海上丝绸之路泉州刺桐港，象征泉州作为海上丝绸之路的起点和历史。浪花也可视为祥云，通过它表达东亚文化之都的彼此欣赏和祝福。标志上半部分的“船头”图形结合闽南泉州最有代表性的民居建筑构件“燕尾脊”元素，体现鲜明的闽南地域性文化。标志配色也有浓郁的闽南风情，采用惠安女传统特色服饰的配色方式，其色彩体系可分别对应红砖文化、海洋文化，体现活力和热情。

东亚文化之都•2014泉州

Culture City of East Asia 2014, QUAN ZHOU

“东亚文化之都•泉州”品牌标识

泉州市“千名企业家和百名经济管理者素质提升三年计划”启动

在此前出台推动民营经济发展七大政策的基础上，市政府办专门印发《泉州市千名企业家和百名经济管理者素质提升培训三年计划》，按照“政府搭建平台，平台服务企业”的思路，致力提升泉州市企业管理水平和政府机关工作人员服务工业企业发展水平，助推全市企业转型升级。该举措计划从2014年至2016年，用三年时间，采取“传进来”与“走出去”相结合的形式，培养一大批企业家（企业高级管理人员）和政府机关中层以上的经济管理干部引领泉州民营企业经营管理者转变思想观念，提升管理能力，构建一支具有国际视野和现代企业管理水平的高素质企业经营管理人才队伍；建立一支具备熟练驾驭、管理市场经济能力的政府行政管理干部队伍，让泉州政企合力的步伐迈得更加稳健。

《大美晋江——市长带你游》宣传片上线

由晋江市旅游局组织摄制的《大美晋江——市长带你游》宣传片在优酷、土豆等视频网站上线，受到网民好评和转发。这部时长12分钟的片子，分为“历史的跫音”“传奇的变奏”“生活的行板”“幸福的回响”四个篇章，全方位、多层面、广角度展示晋江。大到城市生态与建设、文化传统与传承、工商业文明与发展、族群播迁与融入，小到市井俚巷的民俗民风，塑造晋江经济与文化并荣的城市性格与形象，以及晋江人爱拼敢赢、包容向善的豪情与气魄。

1月29日

星期三
农历癸巳年十二月廿九
温度：12℃—21℃
多云

- 市领导走访慰问一线干部职工。
- 李建辉到北迎宾大道拓宽改造工程工地慰问一线工人。
- “东亚文化之都•泉州”品牌标识出炉。
- 泉州市出台“千名企业家和百名经济管理干部素质提升三年计划”。
- 匹克集团公司在总部和惠安山霞等厂区举行年宴，宴请驻厂坚守岗位的员工。
- 《大美晋江——市长带你游》宣传片上线。

1月30日

星期四
农历癸巳年十二月三十
温度：14℃—23℃
多云

●黄少萍通过泉州网发表新春致辞。

●由泉州广播电视台闽南语频道主办的马年春晚“吉星高照——2014两岸闽南人春晚”首播，系除夕全国唯一与央视春晚同步首播的地方春晚。

●春节、元宵期间，泉州中心市区悬挂一千多盏“有德吉祥灯”。

●石狮市第十三届“四海一家，欢度除夕”迎春影视通宵联欢晚会举行。

黄少萍通过泉州网发表新春致辞

市委书记黄少萍通过泉州晚报社泉州网（www.qzwb.com）发表新春致辞。全文如下：

春回大地，瑞满人间。我们满怀喜悦的心情，迎来了马年新春佳节。在此，我代表泉州市委、市政府，向全市人民致以新春的美好祝福！向驻泉解放军指战员、武警官兵和公安干警，向坚守工作岗位的同志们表示亲切的慰问！向所有关心、支持泉州发展的港澳台同胞、海外侨胞和各界朋友致以节日的良好祝愿！

2013年，是泉州各项事业全面进步的一年。这一年，我们开展“增强忧患意识 推动长远发展”大讨论，“对标找差”，集思广益，大力汇聚“保稳、求进、攻坚”的正能量，朝着打造“泉州经济升级版、改革创新示范区、生态宜居幸福城”的更高目标，奋力前行。这一年，泉州国家级“金改区”建设和全省民营经济综合配套改革试验顺利开局，改革“红利”不断释放，民营企业坚守实业、坚持创新，经济发展后劲持续增强。2013年，泉州实现GDP5218亿元、增长11.5%，公共财政总收入650亿元、增长13.5%，经济总量连续15年居福建省首位。这一年，我们的城乡变得更加现代美丽，中心城市加快环湾、向湾、同城发展，建成区面积188.5平方千米，城市空气质量优良率达98.8%；“美丽乡村”建设全面铺开，农村的发展之美、生态之美、人文之美更加清晰；我们的城市家园更加温暖包容，124万流动人口通过领取居住证享有市民化待遇，泉州继续获得国家卫生城市、全国科技进步先进城市、全国综治“长安杯”等称号。这一年，泉州历史文化名城绽放新光彩，我们成功举办2013世界闽南文化节，我们以强烈的文化自觉和自信，积极申报并成功当选中国首个“东亚文化之都”，传承千年的历史文化名城迎来了走向世界的新的历史机遇。

辞别旧岁，我们迈进了更加充满希望的2014年。新的一年，我们将进一步发扬泉州人爱拼敢赢、先行先试的人文精神和勇气智慧，争当全面深化改革的“排头兵”“试验田”，更好地营造创新环境，激发创造活力，让更多的梦想得到实现，让人民生活更加美好！新的一年，我们将汇聚海内外泉州人的强大合力，精心办好“东亚文化之都”系列活动，实施“古城—古港—新区—全域联动”系列项目，履行好国家责任、讲好中国故事、传播好中国声音，充分展现“海上丝绸之路起点城市”风采，努力打造享誉东亚、面向世界的“多元文化都市”。

衷心祝愿全市人民和海内外乡亲春节快乐，身体健康，万事如意，阖家幸福！

泉州“吉星高照——2014两岸闽南人春晚”首播

由泉州广播电视台闽南语频道主办的马年春晚“吉星高照——2014两岸闽南人春晚”在泉州台四套首播，系除夕全国唯一与央视春晚同步首播的地方春晚。“吉星高照”延续前四年春晚“五世同堂”“六世同堂”“三阳开泰”“金玉满堂”的故事情节，以海内外子孙返乡为104岁老太嬷贺寿拜年为背景，演绎一年来发生在泉州这一“国际化”大家族的故事。晚会充满闽南人重孝道、忠义悌的人文精神，描述闽南人特有的人情世俗图景。“吉星高照”还通过“魅力中国网络电视台”在北美、欧洲、澳洲、新西兰、日本等国家和地区落地播出，台湾年代网络台也在春节期间播出。

泉州中心市区悬挂千盏“有德吉祥灯”

春节、元宵期间，中心市区街头和窗口单位等处悬挂1000多盏“有德吉祥灯”，将良好祝愿和道德理念传达给市民群众。“有德吉祥灯”统一采用中央文明办设计的样式，突出爱国、诚信、节俭、明礼、勤劳、孝老、行善、友邻、圆梦、助人等主题，并在周围增添福字效果和金色花边，意在通过运用灯笼装点火红气氛的形式弘扬中华传统美德。

石狮市第十三届“四海一家，欢度除夕”迎春影视通宵联欢晚会举行

由石狮市委组织部、市委宣传部、市总工会、市委文明办、石狮日报社等单位主办的石狮市第十三届“四海一家，欢度除夕”迎春影视通宵联欢晚会在石狮市职工活动中心举行。近500名外来员工参加活动。吃完年夜饭后，参加活动的外来员工每人获赠一份新年大礼包，并观看央视春晚实况转播和贺岁影片。活动主办方在现场提供10部免费长途电话，让参与者向亲人送祝福、叙亲情。石狮市委组织部在现场表彰15名石狮市2013年度优秀外来党员。

1月31日

星期五
农历甲午年正月初一
温度：14℃—24℃
多云

●是月，市领导开展新春走访慰问活动。

●即日起七天，收费公路免收小型客车通行费。

市领导开展新春走访慰问活动

是月，市领导带队开展新春走访慰问活动。

走访慰问部队官兵 市领导黄少萍、郑新聪、陈海基、杨俊峰、周银芳、陈沈阳、沈耀钦、许昆贞、刘卫国、陈庆宗、陈荣洲、李建辉和泉州军分区司令员林俊其，带领市直有关部门和有关县（市、区）负责人，分别走访慰问省军区、各部队和泉州军分区、一八〇医院、预备役炮兵团、总后驻福炼军代室、武警支队、消防支队、边防支队、海警二支队、泉州边检站、肖厝边检站、省边防部队医院、河北省军区泉州干休所、泉州军分区干休所和泉州市仁风、红梅军休所。每到一处，市领导都与部队官兵座谈。市领导对驻泉部队参与和支援地方建设，为泉州经济社会发展贡献力量表示感谢；对部队一年来取得的成绩表示祝贺。希望军地双方并肩携手、齐心协力，探索军民融合式发展的新思路、新办法，携手争创全国双拥模范城“八连冠”，开启泉州经济社会发展新局面，推动部队建设再上新台阶。部队首长感谢泉州人民长期以来对部队的支持和关爱，表示广大官兵将进一步加深“同呼吸、共命运、心连心”的军政军民情谊，提高部队战斗力和服务地方经济建设的能力，力争为驻地经济社会各项事业发展做出新贡献。

走访慰问困难群众 市领导黄少萍、陈海基、杨俊峰、周银芳、陈沈阳、沈耀钦、许昆贞、翁祖根、陈庆宗、林伯前、陈荣洲、周真平、李建辉、陈灿辉等，带领市直有关部门和有关县（市、区）负责人，到各地走访慰问农村特困户、特困计生“二女户”、“五老”人员、伤残军人、烈属、特困党员、老劳模、生活困难的道德模范和社会福利机构，带去党和政府的温暖，并送上新春祝福。每到一户困难群众家中，市领导都与他们亲切交谈，嘘寒问暖，询问生产生活、就学就医等情况，鼓励他们保重身体、坚定信心，在党委、政府和社会大家庭的帮助下，度过暂时难关，过上幸福生活，并叮嘱随行的各级各相关部门负责人，要加大帮扶救助工作力度，帮助解决实际困难，提高困难群众生活水平。市委书记黄少萍指出，近年来，市委、市政府在狠抓经济社会事业发展，做大公共财政蛋糕的同时，高度重视保障改善民生，建立健全为民办实事的长效机制，科学分好蛋糕，惠及广大群众。但与此同时，由于区域发展不平衡、因病致贫、因灾致贫等各种因素，仍有少数困难群众长期生活在贫困线以下，面临方方面面的生活重压。黄少萍强调，各级各部门要结合群众路线教育实践活动，落实各项帮扶政策措施，动员组织社会各界力量，携手帮助困难群众“站”起来。要安排好困难群众节日期间的生产生活，广泛开展走访慰问、扶贫帮困活动，让每一位群众都过一个欢乐祥和的新春佳节。要建立健全长效帮扶机制，把“输血”与“造血”结合起来，送技能、送培训、送岗位，帮助困难群众彻底摆脱贫困，早日走上致富之路。要凝聚社会力量，发扬扶贫济困的传统美德，支持和引导各种社会资源组成志愿者队伍，开展多种形式的“送爱心”活动，在全社会形成关心、帮助困难群体的强大合力和浓厚氛围，让困难群众共享泉州改革发展的各项成果。

走访慰问老干部 市四套班子领导分别走访慰问原任地厅级离退休老干部、泉州市各干休所、军休所老干部及部分老干部遗属，向老干部致以节日问候，送上全市人民对为泉州发展作出贡献的老干部的敬意。每到一处，市领导都询问老干部的工作和生活情况，感谢他们长期以来为泉州发展所做的贡献，并介绍过去一年泉州经济、社会事业的发展情况及新一年的发展思路，希望老干部一如既往地关心支持泉州市经济社会发展，有机会多走走看看，感受泉州的可喜变化，多提意见和建议，继续为泉州改革发展发挥余热。同时，嘱咐相关部门做好服务工作，让老干部老有所乐、老有所为。受慰问的老干部对此表示感谢，对泉州市经济社会发展取得的成绩表示肯定，并就做好2014年工作提出意见和建议。

即日起七天小型客车免收高速路通行费

即日起七天，全国收费公路免收小型客车通行费，具体时间为1月31日（正月初一）零时至2月6日（正月初七）24时。为方便群众快捷出行，泉州辖区内的高速公路收费站开辟免费车专用通道，同时在免收费临界点前后4小时发放纸质卡，其余时间不发卡，直接抬杆放行。泉州市区刺桐大桥也对小型客车免征通行费。

2月1日

星期六
农历甲午年正月初二
温度：14℃—25℃
晴

●全市各地开展群众性文娱活动，庆祝马年新年。

●正月初二，出行的市民大幅增多。至18时许，高铁泉州站接待的旅客已达1万多人次。

●全国收费公路免收小型客车通行费第二天，泉州境内高速路车流量骤增。泉三高速泉州往三明方向龙阁岭隧道路段全天候处于饱和状态，沈海高速泉州境内双向车流量约5万辆。

●泉州区内短途、市际班车基本恢复正常营运，至18时许，泉州客运中心站客流量1万多人次。

●市公务员局透露，2014年，泉州市继续组织开展公共就业和人才服务专项活动，以高校毕业生特别是离校未就业的家庭经济困难并就业困难的毕业生为重点服务对象。

●不少泉州嫁到台湾、金门的新娘回娘家省亲，泉金航线迎来客流高峰。

●泉州北迎宾大道拓宽改造工程春节不停工。

全市各地开展文娱活动庆祝马年新春

全市各地开展文娱活动庆祝马年春节到来。惠安县小岞镇举办首届惠安女民俗文化活动暨新春文艺演出。安溪县剑斗镇前炉村举办以茶文化为主题的乡亲联谊活动。返乡过节的茶商通过品茶鉴茶广结茶缘，在互相交流中，进一步了解铁观音茶的品质，以利于拓展市场。晋江安海镇2014年度新春大型灯谜展在安海公园举办，许多市民偕同家人前往猜谜。南安市官桥镇围绕“乡村大舞台劲吹时代风”的主题，举办了精彩的马年春节广场文化惠民系列活动。此外，各地纷纷举行篮球、乒乓球赛，演出高甲戏、提线木偶，猜灯谜，赏花灯等活动，吸引众多群众参与。

泉州开展公共就业和人才服务专项活动

市公务员局透露，2014年，泉州市继续组织开展全市范围的公共就业和人才服务专项活动，以高校毕业生特别是离校未就业的家庭经济困难并就业困难的毕业生为重点服务对象，在相对集中时间内组织开展专项服务活动，以解决各类群体的就业问题。根据专项活动总体安排，各县(市、区)公务员局将联合社会各界力量，在组织好“就业援助月”“民营企业招聘周”“高校毕业生就业服务月”“高校毕业生招聘周”4个全市性公共就业专项活动的同时，结合本地区的实际需求，在当地增设有特色的公共就业和人才服务专项活动，丰富和拓展活动内容，集中为各类求职人员和用人单位提供更具针对性的公共就业和人才服务。

相关链接： 全市性专项活动具体安排包括就业援助月，于2014年元旦、春节期间开展，以2013届离校未就业高校毕业生为重点对象，突出“走访到户、登记到人、帮扶到位”特点，切实帮助离校未就业高校毕业生等未就业困难人员，落实政策，实现就业；民营企业招聘周，于2014年5月中下旬开展，以民营企业和求职的高校毕业生及各类劳动者为重点对象，通过现场招聘和网络招聘等多种方式，为民营企业招聘用人和劳动者求职搭建对接平台；高校毕业生就业服务月，于2014年9月开展，以2014届离校未就业高校毕业生和“三支一扶”计划等高校毕业生服务基层项目服务期满高校毕业生为重点对象，突出“政策宣传到位、实名登记到位、岗位开发到位、专项服务到位”特点，帮助离校未就业高校毕业生和基层项目服务期满高校毕业生尽早实现就业；高校毕业生招聘周，于2014年11月下旬开展，以正在求职的2015届高校毕业生为重点对象，集中提供就业信息、政策咨询、就业指导等服务。

泉金航线迎来省亲客流高峰

正月初二，不少泉州嫁到台湾、金门的新娘回娘家省亲，泉金航线迎来客流高峰。据泉州市石井口岸服务有限公司透露，当日泉金航线共有6个航班，因海上雾大，13时50分的进岸航班和15时的出岸航班取消，至17时许，该航线的客流量为382人次。

北迎宾大道拓宽改造工程春节不停工

作为市重点在建工程，全长5.2千米的北迎宾大道建设工地春节期间不停工。为确保北迎宾大道交通顺畅，泉州市首次派市交巡警支队警员进驻泉州北迎宾大道拓宽改造指挥部，由其协调沿线的丰泽、洛江交巡警大队，各辖区派出所民警、协管员共40人上路执勤，确保交通顺畅、施工安全。

春节期间，北迎宾大道的拓宽改造施工集中在现有道路外围，开展路面拓宽部分的土地平整、下穿人行道和上跨立交桥的地下桩基工作等，上路作业的渣土车有50—100辆。指挥部对所有的渣土车辆登记造册，每辆渣土车除须提供车牌、所属车队、驾驶员、证照外，还必备“一牌一证”（丰泽区建筑废土运输路线牌、北迎宾大道拓宽改造指挥部运输许可证），并签订交通安全责任状。在行驶过程中，一旦渣土车出现超载、超速现象，分布在北迎宾大道各个路口及各支路执勤的警力会第一时间发现并予以纠正。

沿线拓宽改造工程有四个标线，工地多而分散，如果未管理好，整个道路势必尘土飞扬，影响市容市貌。指挥部人员逐一检查工地的围挡情况，要求未做好围挡的工地一律用铁板围起，严禁工程车辆、渣土堆在围挡之外；及时组织大型公路清扫车和保洁人员对路面进行实时保洁，保持路容路貌的清新。

泉州广泛开展东亚文化之都主题活动

春节期间，泉州各大旅游景点以“东亚文化之都”为主题，精心组织文化味十足的节目，让游客和市民利用春节长假的难得契机，静下心来细细品味身边的泉州文化，从“文都”宝库中汲取更多营养。世界闽南文化展示中心开展学习闽南方言发音互动活动。中国闽台缘博物馆举办剪（刻）纸新春特展，让游客普遍表示很长知识。惠安举行首届惠安女民俗文化活动，成为惠女风情的视觉盛宴。泉港举办庆新春南音大会唱。安溪举办“名相故里·璀璨湖头”摄影图片展、古代碑帖精品展等多个展览，展现当地文化底蕴与特色。晋江安海公园举行大型灯谜活动、杂技表演。泉州游乐园的高空飞行塔、自旋滑车、急速飘移等全新项目伴随少年儿童度过马年卡通动漫灯会嘉年华。领SHOW天地举行闽南传家风范展、东亚文化之都3D魔幻展等。

中国闽台缘博物馆举办剪（刻）纸新春特展
（图/吴寿民）

第十届南安水暖泵阀交易会举行

第十届南安水暖泵阀交易会在仑苍镇中国水暖城开幕。省道308线仑苍镇区路段聚集了北至内蒙古、辽宁，南至海南、广西，西至新疆、西藏等全国各地牌照的小汽车，操着各种口音的客商涌进水暖泵阀交易会现场寻找商机。此次交易会设展位767个，面积达到1.6万平方米，分泵阀展示区、水暖洁具精品展示区和中心展区，为水暖阀门提供新技术、新产品、新成果的优质交流平台。

晋江举办广场文化活动

晋江大剧院广场上演“文明和谐·欢乐新春”广场文化活动。传统的什音表演、喜庆的歌曲演唱，吸引许多市民驻足观看，气氛十分热烈。11位老人手持二胡、唢呐、锣鼓等乐器登台表演闽南什音曲目，以鼓指挥，唢呐、二胡等乐器配合衬托，形成独具特色的打击乐，悠扬悦耳。丰富的闽南传统戏曲吸引不少来泉务工人员，使之更多地了解闽南戏曲文化。

十家企业入驻泉州软件园

泉州软件园开园暨入园项目合作签约仪式在软件园启动区综合楼举行，10家软件企业先期签约入园。作为泉州中心城区发展高新技术产业的重要载体和城市产业经济新的增长点，泉州软件园于2009年12月31日启动建设，其中，占地8.12公顷的研发启动区包括1幢综合楼、9幢研发楼、1幢文化娱乐中心、2幢公寓楼，总建筑面积约17万平方米。项目推进顺利，综合楼已完工交付使用，2011年11月开工建设的部分楼房项目将于2014上半年完工交付使用，园区内三条市政道路已建好。

相关链接：泉州软件园以国内外软件与信息服务业企业为招商对象，共审核批准35家企业入驻园区。其中，泉州思玛特信息技术有限公司、福建华拓自动化技术有限公司、泉州市毅通信息科技有限公司、福州本地通计算机技术有限公司、泉州开必盛智能设备有限公司、福建鹏云信息技术发展有限公司、泉州市启明通信服务有限公司、福建省南鸿通信科技有限公司、中富通股份有限公司和福建联通企业云计算产业园项目部等已确定先期入驻软件园综合楼。

十八家泉企通过省高新企业复审

省科学技术厅印发《关于认定福建省2013年第二批复审高新技术企业的通知》。全省有43家企业被认定为福建省2013年第二批复审高新技术企业，其中泉州市有18家。高新技术企业资格有效期3年，2013年第二批参加复审的范围为2010年第三、四批通过认定的高新技术企业。当年应参加复审但在规定时间内未提出复审申报的企业，高新技术企业资格到期自动失效。根据有关规定，企业取得高新技术企业资格后，若生产经营情况发生变化的（包括新设、撤销或增设分支机构以及原有分支机构生产经营情况发生变化等）或名称发生变化的，应在十五日内经设区市科技局向省高新技术企业认定管理工作领导小组办公室报告；变化后不符合《认定办法》规定条件的，自当年起终止其高新技术企业资格。

2月2日

星期日
农历甲午年正月初三
温度：15℃—25℃
晴

●全市各地广泛开展东亚文化之都主题活动。

●第十届南安水暖泵阀交易会在仑苍镇中国水暖城开幕。

●晋江大剧院广场上演“文明和谐·欢乐新春”广场文化活动。

●报载，泉州软件园开园暨入园项目合作签约仪式在软件园启动区综合楼举行，10家软件企业先期签约入园。

●报载，省科学技术厅印发《关于认定福建省2013年第二批复审高新技术企业的通知》，18家泉企被认定为福建省2013年第二批复审高新技术企业。

2月3日

星期一
农历甲午年正月初四
温度：15℃—25℃
晴

●泉州市第二批10个“泉州美丽乡村”和10个“泉州美丽乡村入围村”出炉。

●全省首个以青少年为服务对象的专业社工服务机构——向阳青少年社工事务所在晋江成立。

●由市委宣传部牵头、本土影视团队创作的《西街印象》主题系列微电影开拍。

第二批“泉州美丽乡村”出炉

泉州市第二批10个“泉州美丽乡村”和10个“泉州美丽乡村入围村”出炉。市委、市政府发出通报予以表彰。经严格审核评定，永春县蓬壶镇观山村、德化县南埕镇南埕村、永春县仙夹镇东里村、泉港区界山镇东张村、鲤城区金龙街道龙岭社区、南安市码头镇大庭村、永春县湖洋镇蓬莱村、安溪县湖头镇山都村、南安市英都镇霞溪村、晋江市金井镇围头村10个村（社区）被授予“泉州美丽乡村”称号。南安市康美镇兰田村、石狮市祥芝镇前山村、永春县桃城镇丰山村、安溪县蓬莱镇彭格村、晋江市磁灶镇东山村、安溪县福田乡场前村、晋江市英林镇东埔村、南安市眉山乡观山村、洛江区河市镇新告村、石狮市永宁镇山边村10个村获得“泉州美丽乡村入围村”称号。

“泉州美丽乡村”鲤城龙岭社区一隅　（图/吴寿民）

晋江成立全省首个青少年社工事务所

福建省首个以青少年为服务对象的专业社工服务机构——向阳青少年社工事务所在晋江成立，该机构将负责管理运作晋江20个青少年服务基层工作站。该事务所在晋江市民政局和晋江团市委的指导下，由晋江市青少年服务中心联合福建省致和社会组织孵化与创新中心共同孵化培育，以服务青少年事务为专门方向，现阶段将重点依托爱心格子铺、爱心储蓄所、青少年服务基层工作站，服务广大青少年的健康成长，提高社会组织参与青少年社会公益活动的积极性。

相关链接：2012年，晋江团市委采取政府购买公共服务的方式，在晋江投入运作12个青少年服务基层工作站；2013年，加大公共服务购买力度，向致和社工事务所购买20名专职社工，派驻19个镇街及经济开发区。根据“328”服务菜单（开展3项常规工作、2项基础服务和8项特色服务），提供课业辅导、个案服务、社区公益活动、小志愿者队伍建设等服务，结合“社工+志愿者”模式举办“快乐一夏”暑期夏令营活动。2013年，该20个青少年服务基层工作站累计提供课业辅导1176小时，开展个案服务20个，直接服务对象1368人，服务家长2000多人，涵盖1208个家庭，服务近7万人次。为了让专业的心更好地做专业的事，晋江团市委在此基础上牵头成立福建省首个以青少年为服务对象的专业社工服务机构——向阳青少年社工事务所。

泉州拍摄微电影《西街印象》

由市委宣传部牵头、本土影视团队创作的《西街印象》主题系列微电影春节期间开始拍摄。该片由福建风雅颂文化传播有限公司携手美宝影视共同打造，讲述一位老华侨回乡，到古城西街寻找儿时的记忆的故事。这部微电影几乎全由回乡过节的泉州籍大学生为主摄制的。作为“东亚文化之都·泉州”古城文化复兴计划的首站，西街的前世今生受到了关注，西街的风貌与风情，是所有泉州人共同拥有的历史记忆。随着西街文化复兴氛围的日趋浓厚，市委宣传部牵头启动了以“西街故事”为主题的系列微电影拍摄推广工作，皇品微电影和泉州金马传媒有限公司等多家本土影视公司以及文化企业积极响应，不少微电影爱好者自发组织了拍摄团队，趁着春节期间浓郁的年俗氛围到西街开元寺等地拍摄外景。

古城西街　（图/吴寿民）

泉州完成崇武至秀涂滨海区域发展规划完善工作

泉州市完成中国最美海岸线之一的崇武至秀涂滨海旅游休闲度假区发展规划及完善工作。该工作包括“主规划”及“子规划”两项，“主规划”即《崇武至秀涂滨海区域生态保护和景观旅游规划》，对该海岸带的总体发展定位为：以旅游为平台、以文化为核心、以生态为保障、以海滨空间为载体，作为泉州建设“现代化海湾城市”、提升城市形象、发展海洋文化产业、展示海丝文化、闽南文化、创立泉州文化品牌的重要窗口和战略平台。其发展策略是：打造著名旅游度假海岸；复兴海丝文化；培育海洋文化；振兴民俗文化；引入国际品牌；目标定位为世界一流的滨海旅游休闲度假区。规划明确“一心、两翼、三线、一环、多节点、多廊道”的旅游总体空间结构。“一心”是指以规划的月亮湖为核心；“两翼”包括东翼滨海民俗文化旅游带、西翼滨海现代文化旅游带；“三线”指海滨游览红线、海上游览蓝线、山地游览绿线；“一环”是指连接海岸线与北部山地大型旅游项目的旅游发展环；“多节点”指遍布海岸带的多个旅游功能节点；“多廊道”是指联系海岸带与北部山区的多条生态廊道，从而形成以海洋为前厅，以笔架山脉为绿色屏障，以规划的月亮湖为中心、以秀涂商务中心和崇武古城为次中心、规划的生态廊道为连廊，建立完整的生态旅游空间框架和山、海、城、廊有机融合、互动共生的生态格局。规划提出实现滨海旅游性景观大道与滨海交通性干道的分向引导策略，强化城市内陆地区与滨海地区的便利连接。

“子规划”即《崇武至秀涂海岸带资源环境保护和开发利用专项规划》，其发展定位为：建设成为海岸带保护示范、滨海旅游度假、会议会展特色文化产业、娱乐购物、休闲观光、多元文化交流的新型低碳生态海岸带。该“子规划”在对各种环境要素分析评价的基础上，提出海岸带生态安全格局，并以此为依据，制定海岸带资源环境保护和开发利用控制性导则，按照区位和生态特性，将海岸线分为15个管理区段，对各区段海岸线提出管控要求，为生态保护和景观旅游规划提供依据。

相关链接：泉州崇武至秀涂海岸带处于《泉州市城市总体规划》确定的980平方千米中心城区范围内的环湾片区北岸线，海岸带自然岸线曲折、优美，景观独特，素有“中国最美八大海岸线”之一的美称。近几年来，这一海岸生态系统遭受一定程度的破坏，加强保护刻不容缓。市十四届人大五次会议于2010年年初通过《关于加强崇武至秀涂海岸带资源环境保护的决议》，保护崇武至秀涂海岸带资源环境成为政府的法定作业，市政府为此专门成立“市加强崇武至秀涂海岸带资源环境保护协调领导小组”，并制订了综合整治工作方案。

安溪老太百岁生日捐100万爱心款

远太集团、安溪铁观音集团董事长林文侨的母亲陈省其百岁生日时向安溪县魁斗镇老龄协会捐赠100万元爱心款。林文侨捐献200万元用于修建拓宽魁斗镇至凤山村公路，并向省体育局捐赠50万元用于奖励获得全运会冠军的羽毛球队。

丰泽新增2家省级技术中心

丰泽辖区的南方路面机械有限公司的“福建省绿色建材装备企业工程技术研究中心”、泉州佳乐电器有限公司的“福建省居家智能化控制企业工程技术研究中心”正式通过省科学技术厅评估，授牌为省级企业工程技术研究中心。

相关链接：近年来，丰泽区通过培育各类技术中心，提升企业的自主研发能力，企业科技创新能力获得全面提升，并辐射带动相关行业的技术水平整体提升，推进全区工业经济的提质增效。“绿色建材装备企业工程技术研究中心”在商品混凝土、沥青混凝土、干粉砂浆搅拌设备领域的研发方面处于国内领先，拥有167项技术取得专利证书，未来将主要开展新型生态建材制造工艺的研究、机制砂重大装备研发、建筑垃圾和尾矿回收利用等关键技术研究；“居家智能化控制企业工程技术研究中心”在智能家居、数字社区和可视对讲领域不断创新，研制成功具有国内先进水平的NS-A7数字智能楼宇对讲室内机、NS-A5智能楼宇对讲室内机、智能家居室内控制终端、智能家庭电器控制系统等产品。

2月4日

星期二
农历甲午年正月初五
温度：13℃—26℃
多云

●丰泽区东海街道东梅社区居民自发举办新春运动会，共有6支篮球队、11支女子拔河队和3支啦啦舞表演队参加。

●远太集团、安溪铁观音集团董事长林文侨的母亲陈省向魁斗镇老龄协会捐赠100万元爱心款。林文侨捐献200万元用于修建拓宽魁斗镇至凤山村公路，并向省体育局捐赠50万元。

●泉州市完成中国最美海岸线之一的崇武至秀涂滨海区域生态保护和景观旅游规划的完善工作。

●南方路面机械有限公司的“福建省绿色建材装备企业工程技术研究中心”、泉州佳乐电器有限公司的“福建省居家智能化控制企业工程技术研究中心”通过省科学技术厅评估，授牌为省级企业工程技术研究中心。

2月5日

星期三
农历甲午年正月初六
温度：9℃—14℃
小雨

●沪深港上市泉企上年总市值突破2000亿元。

●南安市许氏源流研究会成立。

●2013年泉州市“菜篮子”工程完成年度计划的121%，全市建立省、市级“菜篮子”基地115家，位列全省第一。

●泉州市下发文件，要求统一规范使用“东亚文化之都·2014泉州”标识（LOGO）。

●“第二届泉州市政府质量奖”花落九牧集团有限公司、福建柒牌集团有限公司、福建浔兴拉链科技股份有限公司和辉煌水暖集团有限公司四家企业。

沪深港上市泉企上年总市值突破2000亿元

据市金融工作局消息，按2013年12月31日收盘价计算，在香港上市的泉企总市值1815亿元，其中市值最大公司为“恒安国际”，市值880亿元；在上海、深圳上市的泉企总市值369亿元，其中市值最大公司为“九牧王”，市值74亿元。

南安市许氏源流研究会成立

南安市许氏源流研究会成立。该研究会将成为传承、弘扬许氏文化的联系机构和研究平台。南安许氏宗亲分布在全市43个村庄，约4万多人，还有相当一部分宗亲侨居港澳台地区和海外。南安市许氏源流研究会旨在搭建一个公共平台，加强族谊，互通信息，互相帮助，共同推动发展；通过举办学术研究、文化论坛等活动，宣传、传承、弘扬许氏文化，培养宗亲特别是青少年的族亲意识和爱国情怀，加强海内外宗亲尤其是港澳台宗亲的联谊，帮助海外许氏宗亲寻根和回乡谒祖，凝聚各方力量，促进经济社会发展。

泉州“菜篮子”基地数量位列全省第一

2013年，泉州市“菜篮子”工程完成年度计划的121%，全市建立省、市级“菜篮子”基地115家，位列全省第一。除抓好“菜篮子”基地建设外，泉州市还着力推进肉品追溯系统建设，初步实现上市肉品来源可追溯。泉港区率先成为全省首家通过验收的县级肉品追溯系统建设单位。泉州市还启动实施了中心市区肉品追溯系统二期工程和洛江、德化县级肉品追溯系统建设，在6个屠宰场、9个农贸市场、32家超市门店配置了肉品追溯系统。

2014年，泉州市将继续抓好“菜篮子”基地建设，做好肉品追溯系统建设，重点按照中央、省、市统一部署，做好屠宰行业管理职能的移交衔接工作。在移交前，继续抓好68家定点屠宰场升级改造工作，确保群众餐桌菜品既丰富又安全。

泉州市统一规范使用文都标识

泉州市下发文件，要求统一规范使用“东亚文化之都·2014泉州”标识（LOGO）。文件指出各地各部门应在机场、车站、码头、公路沿线，经贸文化活动、招商引资、对外宣传等场所，各类门户网站（如微博、博客等网络媒体）以及重要文化活动、工作往来（如名片、工作接待手册、宣传资料）等工作中规范使用。“东亚文化之都·2014泉州”标识（LOGO）是“东亚文化之都·泉州”形象推广的权威标志，其所有权、修改权、使用权和解释权归“东亚文化之都·泉州”建设发展委员会所有。

泉州市要求统一规范使用“东亚文化之都·2014泉州”标识

“东亚文化之都·2014泉州”标识（LOGO）是“东亚文化之都·泉州”形象推广的权威标志。近日，泉州市下发文件，要求统一规范使用文都标识。各地各部门应在机场、车站、码头、公路沿线，经贸文化活动、招商引资、对外宣传等场所，各类门户网站（如微博、博客等网络媒体）以及重要文化活动、工作往来（如名片、工作接待手册、宣传资料）等工作中规范使用。“东亚文化之都·2014泉州”标识（LOGO）的所有权、修改权、使用权和解释权归“东亚文化之都·泉州”建设发展委员会所有。各地各部门需要标识电子版，或使用中遇到问题，可及时与“东亚文化之都·泉州”建设发展委员会办公室联系。

第二届泉州市政府质量奖颁发

“第二届泉州市政府质量奖”最终花落九牧集团有限公司、福建柒牌集团有限公司、福建浔兴拉链科技股份有限公司和辉煌水暖集团有限公司四家企业。泉州市通过设立“市政府质量奖”，鼓励企业导入卓越绩效管理体系，实现从“优秀”到“卓越”质的飞跃。业内人士透露，从国外企业发展经验上看，采用卓越绩效标准对企业进行绩效的改进，投入产出比为1:207，也就是说每投入1元用于改进绩效，就能获得207元的回报，对企业乃至城市的竞争力将起到极大的提升作用。

春节期间泉州旅游总收入超过5亿元

福建省假日办发布消息，春节旅游黄金周，全省接待国内外游客1067.70万人次，比上年同期增长29.7%，创历年春节黄金周接待人数新高；旅游总收入69.89亿元，增长31.2%。泉州旅游总收入超过5亿元，接待游客超过100万人次。人均旅游消费较高的是厦门、泉州、福州和南平，分别为1019元、828元、709元、690元。春节期间，全省旅游市场平稳有序，没有发生重大旅游投诉和重大旅游突发事件。至6日19时，全省受理旅游投诉9起，同比大幅下降76%。其中涉及景区4起、旅行社4起、酒店1起，相关投诉均得到及时处理。

中国闽台缘博物馆游客如织　　（图/吴寿民）

上年度泉州旅游入境接待量全省第一

省旅游局公布2013年度全省旅游经济指标，全省旅游经济发展取得显著的成效，泉州入境接待量全省排名第一。在全国入境旅游市场呈下滑态势，福建省逆势上扬，全年接待入境游客首次突破500万人次大关，达512.13万人次，比上年增长3.7%。入境游客中过夜游客457.75万人次，同比增长5.4%，占所有入境游客的89.4%。据国家旅游局2013年抽样调查显示，入境的游客在闽人均日花费205.21美元，同比增长4.9%。泉州接待入境游客人均日花费比上年增加26.76美元，增长15.0%。

泉州迎来节后返程高峰

春节长假的最后一天，泉州市各火车站、机场、汽车站等客运点均迎来节后返程高峰，动车预售期内的票基本售罄。泉州高速公路辖区内的沈海、泉三、南惠、晋石、金安、莆永（泉州段）几条高速公路全部迎来客流高峰。泉州高速交警支队透露，由于雨天路滑加上能见度下降，据统计，截至16时许，当日共发生事故20余起，事故原因多为未保持安全间距和未控制好车速引起的追尾。

泉州动车站相关负责人介绍，当日客流量1.5万多人次，除了前往厦门方向的票务较为宽裕外，其他方向的都较为紧张，预售期内的票基本售罄。截至16时，客运中心站和新车站输送旅客量大约1.5万人次，省际线路的客流量不多，但市际线路和区内短途线路的客流量相比前几天有所增加。当天泉金客运航线8个航次正常运作，客流量为606人次（其中台胞416人次），与5日相比增加了100多人次。1月31日以来总载运人数2497人。当日，泉州晋江机场共执行航班72个，受天气影响，往返郑州的航班出现了延误的情况，但其他航班正常。

泉州举办元宵戏曲精品展演

作为东亚文化之都·2014泉州活动年开幕系列活动之一，泉州举办元宵戏曲精品展演，时间从2月6日（正月初七）持续至16日（正月十七）。活动地点既有位于中心市区的梨园古典剧院、南音艺苑、大众剧院（泉州高甲戏剧团内）、泉州音乐厅，还有分布于县（市）的晋江戏剧中心、惠安县孔庙、惠安县文化中心、安溪县高甲戏剧团礼堂等，满足了各地群众的文化需求。

在展演剧种方面，除了泉州本土的南音、梨园戏、高甲戏、提线木偶戏、掌中木偶戏等外，江苏省无锡市锡剧院的戏曲同行们也不远千里，到“文都”献艺，锡剧《珍珠塔》《玉蜻蜓》等不仅单独演出，还与梨园经典剧目同台表演。展演形式上，传统的戏曲表演将一展“老戏骨”风采，而音乐舞蹈诗、民族音乐会、交响音乐会、原创音乐会等，也将带给年轻人更多的选择。作为全国著名的“戏窝子”，泉州拥有公办、民营剧团140多个和众多的南音社团。元宵前后的10来天时间内，这里将集中上演多达27场次的戏曲精品展演，充分展示“戏窝子”的底气与魅力。

2月6日

星期四
农历甲午年正月初七
温度：11℃—17℃
阵雨

●春节长假最后一天，泉州辖区内的沈海、泉三、南惠、晋石、金安、莆永（泉州段）高速公路迎来客流高峰。

●福厦高铁泉州站客流量1.5万多人次。泉州晋江机场执行航班72个。

●至16时，泉州汽车客运中心站和新车站输送旅客约1.5万人次。市际线路和区内短途线路客流量比前几天有所增加；往深圳、苏州、南京和无锡的班车均满员。

●泉金客运航线8个航次正常运行，客流量为606人次（其中台胞416人次）。自1月31日以来，总载运人数2497人。

●福建省假日办发布消息，春节期间，泉州旅游总收入超过5亿元，接待游客超过100万人次，人均旅游消费828元。

●6—16日，东亚文化之都·2014泉州活动年开幕系列活动之一元宵戏曲精品展演举行。

●省旅游局公布2013年度全省旅游经济指标，全省旅游经济发展取得显著成效，泉州入境接待量全省排名第一。

●春节长假的最后一天，泉州市各火车站、机场、汽车站等客运点均迎来节后返程高峰。

●泉州举办元宵戏曲精品展演，时间从2月6日（正月初七）持续至16日（正月十七）。

2月7日

星期五
农历甲午年正月初八
温度：14℃—20℃
阵雨

●泉州市召开2014年春节经贸文化项目对接推介会。

●春节七天长假，泉州"海陆空"累计发送旅客153.8638万人次，与上年同期相比下降7.79%。其中，道路运输136.8956万人次。

●春节长假期间，泉州辖区高速公路以及刺桐大桥收费站对200多万辆次7座及以下的小型客车免收过路费。

●泉州市部分县（市、区）出台城乡居民社会养老保险制度一体化实施办法。

泉州市召开春节经贸文化项目对接推介会

泉州市召开2014年春节经贸文化项目对接推介会，海内外近200位泉州籍企业家齐聚一堂，畅叙乡情乡谊、共话携手合作、共商发展大计。市领导黄少萍、郑新聪、周银芳、翁祖根、陈庆宗、林伯前、张建生、陈荣洲、周真平、李建辉、陈灿辉、林万明、吴共湖等参加会议。

市委书记黄少萍强调，国家级"金改区"、全省民营经济综合配套改革、"东亚文化之都"等品牌，是联结海内外泉州人事业的新桥梁和泉州扩大开放、释放创业活力的新机遇。泉州将通过召开第七次千人企业家大会，共商拓展民综改革大计，号召企业家用好用足市委、市政府新出台的"1+7"政策体系，进军金融服务、石化产业、海洋经济、健康产业等领域。将精心办好"东亚文化之都·2014泉州活动年"系列活动，履行文化外交使命，加紧古城文化复兴，培育泉州新一轮发展的增长点、活力源，打造一批百姓叫好、市场叫座的文化品牌。希望企业家围绕市委、市政府策划筛选的经贸和文化产业项目，发挥优势、牵线搭桥、对接洽谈，寻求合作机会，以海内外泉州力量的合纵连横，演绎"东亚文化之都"的无穷魅力，展现"海上丝绸之路起点城市"风采，齐心协力建设更加美丽、更加幸福的泉州。

市长郑新聪指出，当前，泉州发展机遇难得、商机无限。希望企业家与家乡人民一道，借力"东亚文化之都"和"海上丝绸之路"东风，抓住国家级"金改区"和省级"综改区"契机，共同把泉州建设得更加繁荣富足、和谐美好。政府将为大家提供较优的环境，最大限度释放改革红利，最大诚意拿出政策礼包，形成"亲商、安商、助商、富商"的氛围，为企业营造放心、安心、舒心的软硬环境；提供有力的协调，围绕企业发展所需和项目落地所急，全力做好融资、用地、用工、人才等各项要素协调保障工作，推动项目早建成、早投产、早受益；提供优质的服务，以"月嫂式"服务理念、"一站式"服务举措，及时主动开展靠前务实服务，实现办事态度更好、办事程序更少、办事效率更快，加快把泉州打造成为一流的"经济发展高地、投资创业福地、商务成本洼地"。

在推介会上，46个与文化相关的项目，首在全市春节项目对接中亮相，这些项目主要涉及文化创意、文化旅游、动漫、工艺美术、产业园区等领域。其中15个文化项目当场签约，总投资49亿元。在经贸产业方面，围绕"五大行动计划"的实施方向，重点招商项目150个，总投资1657亿元。其中，产业转型升级行动计划方面，有包括泉州经济技术开发区官桥园区起步区等重点项目在内的88个项目，总投资1049亿元；宜居环境建设行动计划方面，有泉州法石历史文化街区改造项目等41个项目，总投资324亿元；城乡基础设施提升行动计划方面，有泉州台商投资区秀涂人工岛起步工程等9个项目，总投资238亿元；现代农业加快发展行动计划方面，有德化闽台现代农业创业园等4个项目，总投资8亿元；民生工程行动计划方面有泉州医疗中心等8个项目，总投资38亿元。

推介会现场　（图/陈起拓）

泉州实施城乡居民社会养老保险制度一体化

国务院常务会议决定在已基本实现新型农村社会养老保险、城镇居民社会养老保险全覆盖的基础上，依法将这两项制度合并实施，在全国范围内建立统一的城乡居民基本养老保险制度。市人力资源和社会保障局透露，泉州市部分县（市、区）从2009年新农保试点工作启动伊始，就根据经济发展迅猛的优势、城镇化进程加快的需要以及新农保、城居保两项保险基本政策大致相同的特点，在推行新农保时把城居保、被征地人员养老保障合并实施，统筹解决农村居民和城镇非从业居民养老，保险制度一体化工作。

相关链接：近年来，泉州市参加社会养老保险的城乡居民人数持续增长。2013年，全市有278.12万人续缴2013年保费，续缴率达95.21%，续缴率连续两年居全省首位；至2013年年底，全市有362.35万人参加城乡居民保，占全省参保人数总量的1/4，参保率达98.41%。

泉州市“二次创业·拓展民综改革”大会召开

泉州市“二次创业·拓展民综改革”大会在泉州影剧院召开，1000多名企业家参加大会。大会从两家典型企业的发言开始，集体探讨新一年的民企转型发展大计。副省长郑晓松，泉州市委书记黄少萍、市长郑新聪、市人大常委会主任陈海基、市政协主席杨俊峰、市委副书记周银芳等市委、市人大、市政府、市政协、市中级人民法院、市检察院领导在主席台就座。获得“福建省政府质量奖”“泉州市政府质量奖”“泉州市科技重大贡献奖”“泉州市政府企业创新奖”的企业代表接受颁奖。

会上，市委、市政府出台进一步拓展民营经济综合配套改革等“1+7”政策措施，内容涉及工商登记制度改革、行政审批制度改革、鼓励民间资本进入金融领域等30多项内容。市委书记黄少萍指出，泉州民营经济要勇立潮头、永续发展，必须坚持政企合作，坚持改革创新，加快转型升级步伐。市长郑新聪强调，政府部门要加快简政放权，因势利导帮助企业突破各种“瓶颈”制约；民营企业也应善于研究宏观政策导向，争取现有政策利好，推动自身内部改革，引导创意、设计、品牌提升发展。与会企业界人士认为，相关政策举措细致入微，贴合企业最迫切需求，将为企业减负释压、创新转型发挥重要的引领作用。特步（中国）有限公司总裁丁水波、中宇建材集团有限公司总裁蔡吉林分别作专题演讲，分享企业成长历程，畅谈企业如何创新转型、持续发展；中国资本市场学院执行副院长、深圳证券交易所副总经理陈鸿桥作题为《培育中国经济新未来》的主题演讲。会上还分发《中央、省、市支持促进企业发展政策汇编》及市委、市政府《关于进一步拓展民营经济综合配套改革的若干意见》等“1+7”政策文件，向广大企业家展示省、市进一步加大政策引导和扶持力度，努力推动泉州民营经济再跨越的信心和决心。

郑晓松向获得“福建省政府质量奖”企业代表颁奖（图/吴寿民）

全市工业经济和信息化工作会议召开

全市工业经济和信息化工作会议召开，提出泉州市GDP增长11%的考核目标。2014年全市工业经济发展目标是：规模以上工业增加值增长13.5%；完成技改投资610亿元（省里下达任务580亿元）；单位GDP能耗下降2.8%。会议指出，2013年，全市工业经济主要经济指标实现高基数上的平稳较快增长，工业经济效益综合指数242.9，比上年提高10.7个百分点；全年累计完成规模以上工业增加值2487.69亿元，比增13.4%。电子商务发展引人关注。至2013年年底，全市有淘宝网店10万余家，实现电子商务交易总额超1000亿元，同比增长60%。2014年，泉州市将以推进国家电子商务示范城市建设为契机，培育一批具有较高知名度和较强竞争力的网络零售品牌，对注册地及结算地在泉州地区的网络零售品牌，年网上销售额超过3000万元的，每家给予一次性奖励20万元；对年网上销售额超过1亿元的网络零售品牌企业总部（及结算地）入驻泉州地区，根据落地时间，前5家分别给予一次性奖励20万元。

梨园戏建团六十周年经典剧目展演启动

2014年“梨园戏建团六十周年经典剧目展演”启动仪式在梨园古典剧院举行，该项目是“东亚文化之都”文化交流活动的重点项目之一。启动仪式后，福建省梨园戏实验剧团以六代人同台演出传承版《陈三五娘》。《陈三五娘》是梨园戏建团后排演的第一个剧目，也是梨园戏最具代表性的看家传统剧目。1954年参加上海华东戏曲会演，轰动海内外，并被拍成中国最早的一批彩色电影。

《陈三五娘》剧照 (图/吴寿民)

2月8日

星期六

农历甲午年正月初九

温度：10℃—14℃

小雨

●市委、市政府召开泉州市“二次创业·拓展民综改革”大会。

●全市工业经济和信息化工作会议召开，提出泉州市GDP增长11%的考核目标。

●2014年“梨园戏建团六十周年经典剧目展演”启动仪式在梨园古典剧院举行。

2月9日

星期日
农历甲午年正月初十
温度：9℃—12℃
阵雨

●泉州市中心市区建成区面积188.5平方千米，城镇化率61.5%。

●市政府下发《泉州市住房公积金管理规定》，市府办同时下发泉州市住房公积金归集管理、提取管理、贷款管理三份实施意见。

●春节元宵期间，泉州市体育局加大全民健身力度，通过四举措保障节日期间群众健身。

2013年泉州中心市区城镇化率61.5%

据统计，2013年泉州市城建战役、小城镇改革发展战役、住房保障工作等各项指标居全省前列，泉州市中心市区建成区面积188.5平方千米，城镇化率61.5%。

2013年，泉州市城建战役项目完成投资549亿元，占年度投资计划143.21%，完成投资居全省第一，完成比例居全省第二。城市建设管理年环湾项目完成投资351亿元，占年度计划投资比例102.3%。各县（市、区）完成投资量的前三名依次为晋江市、丰泽区、泉州台商投资区。

2013年，泉州市21个省、市级试点镇安排建设项目730个，完成年度投资477亿元，占年度计划143%；6个省级试点镇完成年度投资316亿元，占年度计划156%，完成投资额居全省第一。泉州市的小城镇建设引起国家高度关注，全国政协领导专门组团到泉州市进行专题调研。

2013年，泉州市开工建设保障性安居工程35191套，开工率233.5%；基本建成26573套，基本建成率168.18%；全年完成投资94.2亿元,占年度计划150.02%，基本建成套数居全省第一，开工套数和年度完成投资额居全省第二。全市积极推进廉租房与公租房并轨运行，有效解决配租需求与实际房源不平衡的问题。

2013年，全市完成房地产开发投资579.8亿元，同比增长46.6%，涨幅居全省第二。全市累计销售商品房913.6万平方米，同比增长65%，涨幅居全省首位。全市商品住房销售均价6716元/平方米，市区销售均价8281元/平方米。全市房地产运行保持“量增价稳”的健康平稳运行态势，新建住宅价格指数排名位居全国70个大中城市中等偏下水平。

泉州市住房公积金管理新规及实施意见出台

市政府下发《泉州市住房公积金管理规定》，市府办同时下发泉州市住房公积金归集管理、提取管理、贷款管理三份实施意见。其中，因自然灾害或突发事件造成家庭生活严重困难的情形，首度列入提取项。住房公积金缴存实行“限高保低”政策。职工住房公积金最高缴存工资基数不得超过市统计部门公布的上年度全市职工月平均工资的3倍，最低缴存工资基数不得低于上年度县（市、区）最低工资标准。

职工有以下13种情形，可按规定提取住房公积金：购买、建造、翻建、大修自住住房；偿还购房贷款本息；无房职工租赁自住住房，且房租支出超出家庭工资收入30%；离退休；出境定居；调到省外工作；死亡或被宣告死亡；与单位终止劳动关系，户口或劳动关系迁出设区市、回原籍务农、未再就业造成家庭生活严重困难的；职工家庭享受城镇最低生活保障；部分或全部丧失劳动能力，造成家庭生活严重困难；因遇到自然灾害或突发事件造成家庭生活严重困难；职工本人、配偶、子女、双方父母因发生省级劳动保障部门规定的特殊病症而造成家庭生活严重困难；省内工作调动。其中，职工因遇到自然灾害或突发事件造成家庭生活严重困难为新增提取项。可在灾损发生一年内申请提取住房公积金，提取总额不超过县级民政、消防等部门认定的灾损金额。申请时应提交当地有关部门对自然灾害或突发事件的灾损认定证明、县级民政部门出具的家庭生活困难证明。

泉州组织多彩健身运动度佳节

春节元宵期间，泉州市体育局加大全民健身力度，通过四举措保障节日期间群众健身。一是组织春节元宵系列体育竞赛，包括门球、气排球、乒乓球、象围棋4个项目，适合不同年龄段人群，保证参与广泛性。二是全市新建24个多功能社区运动场全部正式投入使用，各体育场馆、农民体育健身工程、全民健身路径、青少年校外体育活动中心（场所）全部对外开放，方便群众就近健身。三是开展社会体育指导员志愿服务，近500名社会体育指导员志愿者将在春节期间深入到各镇村、社区健身点，指导群众科学健身，健康健身。四是承办2014年元宵节“保欣杯”国际足球邀请赛等赛事，加大体育对外交流，拓宽群众体育赛事欣赏视野，丰富市民节日生活。

“东亚文化之都·2014泉州活动年”开幕系列活动协调动员会召开

泉州市召开专题协调动员会，听取“东亚文化之都·2014泉州活动年”开幕系列活动筹备情况汇报，部署下阶段工作。市领导黄少萍、许昆贞、陈庆宗、张建生、周真平、李建辉、骆沙鸣参加会议。市委书记黄少萍充分肯定了前期筹备工作并指出，“东亚文化之都·2014泉州活动年”开幕系列活动是泉州履行文化外交使命、服务大局的一次重大活动，规格高、项目多、时间紧、涵盖广，各级各部门要协同协作、全力以赴，办出泉州特色、办出国家水平。各级各有关单位要过细过细再过细，落实落实再落实，全力以赴确保活动万无一失、圆满成功。

“东亚文化之都·2014泉州活动年”元宵戏曲精品展演活动首演

“东亚文化之都·2014泉州活动年”元宵戏曲展演的首场演出——音乐舞蹈诗《情归五店市》在晋江市戏剧中心举行。《情归五店市》是配合“东亚文化之都·2014泉州活动年”而创作的，以闽南一年四季特有的民俗风情为载体，用闽南戏曲音乐、小调、南音及戏曲舞蹈贯穿全剧，展现闽南人以及闽南家庭的生存环境和生活状态，抒发闽南人爱乡爱家的真性情。与传统高甲戏演出不同，一向在幕后的乐队这次走上舞台担当“主角”。新颖独特的演出形式得到观众的一致好评。

石狮改革工商登记制度发放新版营业执照

石狮市工商部门向申办企业的经营者发放工商登记制度改革后首批新版营业执照。即日起，经营者申办企业无需提供验资报告、经营场所使用证明以及相应的前置审批手续；工商登记不再对许可审批、注册资本、经营场所、经营范围等事项把关，不仅降低了准入门槛，也提高了审批效率。与旧版相比，新版营业执照首先是名称和版式的变化。旧版叫“企业法人营业执照”，新版则称“企业营业执照”；版式上，原来的营业执照是横版，新版为竖版。旧版执照上需登记“注册资本”和“实收资本”，改革后试行注册资本认缴登记制，取消“实收资本”一项，“注册资本”则添加备注“认缴，股东以其出资额为限对公司承担责任”。此外，年检制度改为年报制度，旧版执照副本上的“年度检验情况”一栏新版上不再出现。

泉港山腰盐场主题文化旅游项目签约

福建首个盐主题文化旅游项目——泉港区山腰盐场主题文化旅游项目签约，计划投资6500万元，规划建设南方海盐博物馆、盐雕盐艺实践馆、盐卤游泳池、劳动实践基地等。泉港山腰盐场是福建最大的食盐生产和出口基地，始建于清乾隆年间，至今已有200多年产盐历史。山腰盐场主题文化旅游项目规划建设盐加工流程参观体验区、盐疗保健体验区、海滨垂钓休闲区等功能区，通过开发扒盐挑盐体验、彩盐DIY、盐雕制作坊、盐田风光游览、“盐卤浴”等集健身、娱乐、亲子为一体的实践项目，展示海盐生产流程，开发山腰海盐传统晒制技艺的文化旅游资源。

泉州市开展公共就业和人才服务专项活动

从市公务员局获悉，2014年，泉州市继续组织开展全市范围的公共就业和人才服务专项活动，以高校毕业生特别是离校未就业的家庭经济困难并就业困难的毕业生为重点服务对象，在相对集中时间内组织开展专项服务活动，以解决各类群体实际关切的就业问题。根据专项活动总体安排，各县（市、区）公务员局联合社会各界力量，在组织好“就业援助月”“民营企业招聘周”“高校毕业生就业服务月”“高校毕业生招聘周”4个全市性公共就业专项活动的同时，结合本地区的实际需求，在当地增设有特色的公共就业和人才服务专项活动，丰富和拓展活动内容，集中为各类求职的人员和用人单位提供更具针对性的公共就业和人才服务。

2月10日

星期一
农历甲午年正月十一
温度：7℃—10℃
中雨转小雨

- 泉州市召开专题协调动员会，听取“东亚文化之都·2014泉州活动年”开幕系列活动筹备情况汇报。
- “东亚文化之都·2014泉州活动年”元宵戏曲展演的首场演出——音乐舞蹈诗《情归五店市》在晋江市戏剧中心举行。
- 石狮市工商部门向申办企业的经营者发放工商登记制度改革后首批新版营业执照。
- 福建首个盐主题文化旅游项目——泉港区山腰盐场主题文化旅游项目签约。

2月11日

星期二
农历甲午年正月十二
温度：5℃—10℃
阴转多云

●市委召开常委会，学习全国全省组织部长会议精神，研究泉州市贯彻意见；研究市委常委会深入开展第二批党的群众路线教育实践活动工作方案。

●在国务院、省政府相继召开廉政工作视频会议之后，泉州市随即召开视频会议，贯彻国务院、省政府会议精神，部署政府系统廉政建设工作。

●由市文广新局主办、市曲艺家协会、泉州南音乐团承办的东亚文化之都——泉州元宵节“春奏神弦”南音大会唱在泉州南音艺苑拉开序幕。

●由市委宣传部、德化县委宣传部、北京伯乐聚星影视文化传播有限公司、福建省铭思艺文化发展有限公司联合摄制出品的公益电影《最美的乡村医生》在德化县影剧院举行首映仪式。

市委常委会学习贯彻全国全省组织部长会议精神

市委召开常委会，学习全国全省组织部长会议精神，研究泉州市贯彻意见。市委书记黄少萍主持会议并讲话，市委常委出席会议，市人大常委会党组、市政协党组主要领导列席会议。全国、全省组织工作和组织部长会议，都强调要培养选拔党和人民需要的好干部、推进干部制度改革、落实党要管党从严治党方针等。就泉州市抓好贯彻落实，会议提出四点要求。一是坚持正确的选人用人导向。按照总书记习近平关于“怎样是好干部”“怎样成长为好干部”“怎样把好干部用起来”等重大问题的深刻阐述，以《党政领导干部选拔任用工作条例》为选人用人的总章程和“根本大法”，深化干部选拔任用制度改革；以“信念坚定、为民服务、勤政务实、敢于担当、清正廉洁”为选用干部标准，选好用好干部。二是把从严治党体现到从严治吏上。要把开展群众路线教育实践活动作为从严治党、从严治吏的重大举措，完善从严管理干部制度体系，严格组织制度，严明组织纪律，解决干部管理失之于宽、失之于松的问题。三是大力加强基层服务型党组织建设。要坚持以“服务群众、做群众工作”为主要任务，把基层党组织的工作重心转到服务发展、服务民生、服务群众、服务党员上来。四是建立健全集聚人才体制机制。要围绕建设民营企业人才聚集区的目标定位，针对泉州经济社会发展对优化人才结构、壮大人才总量提出更高要求的实际，加大人才体制机制和政策创新力度，全力实施“海纳百川”高端人才聚集计划，广开进贤之路，广纳天下英才。会议还研究深入开展第二批党的群众路线教育实践活动工作方案。

市政府廉政工作视频会议召开

在国务院、省政府相继召开廉政工作视频会议之后，泉州市随即召开视频会议，贯彻国务院、省政府会议精神，部署政府系统廉政建设。市领导郑新聪、沈耀钦、林伯前、陈荣洲、周真平、李建辉、林万明，市政府秘书长吴友才参加会议。市长郑新聪要求，要抓教育整改。结合开展党的群众路线教育实践活动，抓紧再查再纠，全面整治整改，着力解决党员干部“四风”方面存在的突出问题。要抓监督监管。严肃党的政治纪律、组织纪律，加强对落实中央八项规定和国务院“约法三章”的常态化监督检查，加大惩戒问责力度。围绕市委、市政府的重大决策部署，严格问责追责，维护政令畅通，确保各项工作有效落实。要抓效能建设。通过推行“马上就办”、进一步简政放权、深化国家级行政服务标准化试点、创新政府服务方式，加快中介服务市场化改革，深化和创新绩效管理等，不断提高政府行政效率和效能。要抓纠风治乱。深入整治涉及民生的突出问题，全面落实纠风工作责任制，扎实推进“政风行风热线”“政风行风直通车”创新发展。要抓案件严查。严肃查办发生在领导机关和领导干部中贪污贿赂、徇私枉法、失职渎职案件以及发生在重点领域、关键环节和群众身边的腐败案件。对发生重大腐败案件和严重违纪行为的地方、部门和单位要实行“一案双查”，既追究当事人责任，又倒查追究相关人员的领导责任。要抓制度完善。完善市级公共资源交易平台运行制度，拓展公共资源市场化配置，推广政府公开竞争购买服务，深化廉政风险防控工作，制定党政机关厉行节约反对浪费条例实施细则，建立全口径预算体系，大力推行政务公开。要抓责任落实。重点完善责任机制、监督机制和问责机制，细化分解廉政建设各项任务，认真办理效能投诉，速查速办顶风违纪问题，加快推进法治政府建设，努力营造为民、务实、清廉的良好政府形象。

泉州元宵节“春奏神弦”南音大会唱开幕

由市文广新局主办，市曲艺家协会、泉州南音乐团承办的东亚文化之都——泉州元宵节“春奏神弦”南音大会唱在泉州南音艺苑拉开序幕。此次活动为“东亚文化之都·2014泉州活动年”开幕系列活动之一。永春县南音社、石狮南音协会、泉港区南音协会率先登场，分别上演《出庭前》《感谢公主》《恨王魁》等曲目。洛江区南音社等知名南音社轮番上阵。参加会唱的南音社团表演的曲目以传统经典为主，《一身爱到君乡里》《风打梨》《走马》《梅花操》等知名曲谱反复被演唱。该活动持续至正月十四结束。会唱活动吸引大批回泉过节的海内外侨亲和南音弦友临场观摩聆听。

陈冬到泉州调研石结构房改造和宜居环境建设

12—13日，副省长陈冬率队到泉州调研城乡石结构房改造、宜居环境建设、县域扩容提升、城乡一体化等工作情况，市领导黄少萍、郑新聪、周银芳、李建辉等参加相关活动。陈冬一行深入惠安、鲤城、晋江、石狮等地，察看石结构房屋改造项目、保障性安居工程项目、山水生态慢行系统项目、立面改造工程、创意博览园、产业发展基地等，并召开座谈会，听取相关工作汇报。陈冬指出，近年来，泉州在城乡环境综合整治、城市规划建设管理、泉州环湾区域发展等方面亮点突出，城乡面貌发生可喜变化，让人印象深刻。当前，省委省政府高度重视宜居环境建设，将建设美丽乡村、提升城镇“三边三节点”（即山边、水边、路边，城市中心节点、市民活动节点、交通枢纽节点）、加快集中成片棚户区改造、提升市政道路和管网、抓好流域治理和旅游景区整治、开展“两违”治理六项任务，作为2014年福建宜居环境建设的重点。各级各部门要切实增强责任意识，以开展宜居环境建设行动为抓手，完善城市功能，提升城市品质，打造宜居城乡环境。

调研现场　　（图/林正顺）

2014年元宵泉州灯会举行

12—15日，2014年元宵泉州灯会举行。作为“东亚文化之都·2014泉州活动年”开幕系列活动的重要组成部分，该次元宵泉州灯会为历年来规模最大、档次最高、内涵最丰富的一届。设在市区新门街西段、后城文化街、锦绣庄民间艺术园、浦西万达金街的花灯展区，各种各样的花灯绵延不断，有传统花灯、创意卡通灯、现代环保花灯，其中还穿插展出韩国、日本花灯。灯会设中心展区和分展区，中心展区设在市区新门街西段，展出600盏挂灯；分展区设在后城文化街、锦绣庄民间艺术园、浦西万达金街。此外，中心市区的中山路、打锡街、东街、涂门街、天后宫、威远楼及真武庙等地，均在门前张灯。四个展区迎来了如潮的赏灯人流，除本地市民外，许多国内外游客专程赶来泉州闹元宵、看灯会。

灯会现场　　（图/吴寿民）

第七届泉州民间音乐邀请赛举行

第七届泉州民间音乐邀请赛在市工人文化宫南演出台举行。该次邀请赛规模大，吸引了鲤城区笋江闽南民间乐团、泉州培元中学民族管弦乐团、德化县三班镇南音花鼓队、南安市官桥什音乐队、洛江大鼓吹队、惠安县开道队、晋江市老年大学什音社、泉州艺校泉港北管大专班乐队、丰泽区灯星什音和鲤城区什音社等10支民间音乐表演队伍参赛，他们不仅带来或优美动听或热情奔放的民间音乐，在表演形式上也有创新，惠女风情、功夫扇、跳龙门等表演也被搬上舞台，让音乐会带来很强的视觉冲击力。

公益电影《最美的乡村医生》德化首映

由市委宣传部、德化县委宣传部、北京伯乐聚星影视文化传播有限公司、福建省铭思艺文化发展有限公司联合摄制出品的公益电影《最美的乡村医生》在德化县影剧院举行首映仪式。该片将于2月18日在中央电视台六套电影频道首播，香港卫视同日播出。《最美的乡村医生》于2013年5月16日在德化县正式开拍，所有外景都选择在德化县拍摄。这部电影吸引许多影星参演，金鸡奖和华表奖双料影后娜仁花携手阎妮、王璐、高艺嘉、贺云庆、张浩、王钢、刘一兵、程思寒、丁文民等知名演员来泉拍摄。该电影已通过国家广电总局电视部审核，并获得上映证书，今后还将推向向海外放映。

2月12日

星期三
农历甲午年正月十三
温度：5℃—11℃
多云

●12—13日，副省长陈冬率队到泉州调研城乡石结构房改造、宜居环境建设、县域扩容提升、城乡一体化等工作情况，市领导黄少萍、郑新聪、周银芳、李建辉等参加相关活动。

●12—15日，2014年元宵泉州灯会举行。

●第七届泉州民间音乐邀请赛在市工人文化宫南演出台举行。

●12—16日，泉州·2014年第二届少儿花灯展在T淘园文化创意产业区举行，展出500余盏由小学生和家长们共同制作的花灯。

2月13日

星期四
农历甲午年正月十四
温度：7℃—12℃
小雨

●文化部副部长、国家文物局局长励小捷一行在省文化厅厅长陈秋平陪同下到泉考察文博工作。

●黄少萍、郑新聪会见到访的韩国光州代表团团长、东亚文化之都促进委员会委员长郑东采和日本横滨代表团团长、横滨市副市长渡边巧教。

●“东亚文化之都·2014泉州活动年”开幕式在泉州影剧院举行。泉州与韩国光州、日本横滨三市文化深度交流合作拉开序幕。

●市委召开全市党的群众路线教育实践活动动员大会，贯彻落实中央、省委关于深入开展党的群众路线教育实践活动的部署要求。

●由鲤城区文广新局主办的“舌尖上的古城——泉州美食”活动在华侨大厦开幕，向中外嘉宾推介泉州独特的饮食文化。

●在中央电视台综合频道直播节目“中国谜语大会”上，晋江安海中学的三位猜灯谜选手获得银奖。

国家文物局局长励小捷到泉州考察文博工作

文化部副部长、国家文物局局长励小捷一行在省文化厅厅长陈秋平陪同下到泉州考察文博工作，在中国闽台缘博物馆及晋江文物保护中心（博物馆），励小捷指出，泉州不仅与台湾“五缘”深厚，更是世界多元文化展示的集中地，优势明显，应结合“文都”建设，完善、整改、提升各博物馆的平台作用，增进对台及对世界的文化交流，提升对外交流的数量、质量和效益；应构建起博物馆与中小学生校外教育、校外实践、学校课程、假期教育有效衔接的工作机制，推动文化的传承与发展。在文物保护方面，励小捷希望泉州在现有基础上，进一步完善文物保护机构，坚持保护文物的真实性和历史风貌的原则，研究保护措施，统筹原状展示与对外交流等工作，探索文物合理利用的多种有效途径和合适方式，使其融入对外文化交流及城市现代生活，发挥文化独特作用，推动城市的整体发展。

励小捷到清源山考察　（图/高泽漳）

东亚文化之都·2014泉州活动年开幕

“东亚文化之都·2014泉州活动年”开幕式在泉州影剧院举行。文化部副部长丁伟；福建省委常委、宣传部长李书磊，副省长李红；韩国光州代表团团长、东亚文化之都促进委员会委员长郑东采，日本横滨代表团团长、横滨市副市长渡边巧教；泉州市领导黄少萍、郑新聪、陈海基、杨俊峰等，与韩日嘉宾、海内外泉州乡贤、各界民众千余人参加盛会。市长郑新聪主持开幕式。晚8时许，丁伟宣布开幕，主礼嘉宾共同点亮开幕式花灯。李红在代表福建省政府致辞中表示，“东亚文化之都”活动是由中韩日三国重点打造的区域性文化交流活动，对于增进相互了解与友谊，创新文化交流内容和形式具有重要意义。与韩国光州、日本横滨共同入选首届“东亚文化之都”，这不仅是泉州的荣誉，也是福建的荣誉。福建泉州是国家首批历史文化名城，是闽南文化的重要发祥地和闽南文化生态保护区的核心区、文化遗产的富集区，被联合国教科文组织誉为“世界多元文化展示中心”。泉州作为古代“海上丝绸之路”起点，与韩国、日本等国家有着源远流长的历史文化联系。希望泉州以“东亚文化之都”建设为契机，努力打造“多元文化都市”和“海上丝绸之路”的文化品牌，积极开展文化惠民活动，为以文化推动城市建设与发展探索新路。市委书记黄少萍表示，面对中国首个“东亚文化之都”这份珍贵的荣誉和沉甸甸的国家责任，泉州围绕“东亚意识、文化交融、彼此欣赏”精神主题，积极与韩、日交流互动，精心组织活动。希望大家尽情欣赏中国传统文化的优雅与自信，领略多元宗教文化的和谐与包容，探寻泉州“梯航万国”的历史与现实，感受泉州的热情、生机与活力。建设“东亚文化之都”，是一项荣誉，更是繁荣文化事业、深化对外开放、推动泉州发展的重大机遇。泉州将汇聚海内外3000万泉州人的智慧和力量，深入推进闽南文化生态保护区建设，加快实施“古城—古港—新区—全域联动”项目，建设影响东亚、面向世界的“多元文化都市”，打造“海上丝绸之路”建设先行区，携手推动东亚文化交流交融和繁荣进步。随后，中韩日三国艺术家同台献艺，展示各自的文艺风采。其中，泉州演出的节目主题为《春暖刺桐红》，充分展示泉州深厚的历史文化底蕴。演出结束后，参加开幕式的领导和嘉宾参观元宵灯会。

主礼嘉宾共同点亮开幕式花灯

开幕式现场　（图/吴寿民）

“东亚文化之都·泉州”古城文化复兴计划启动

作为泉州“东亚文化之都”建设的重大举措，“东亚文化之都·泉州”古城文化复兴计划——泉州西街首期项目正式启动，标志着泉州古城文化复兴进入实质性运作阶段。文化部副部长丁伟；福建省副省长李红；韩国光州代表团团长、东亚文化之都促进委员会委员长郑东采，日本横滨代表团团长、横滨市副市长渡边巧教；泉州市领导黄少萍、郑新聪、陈海基、杨俊峰等，与韩日嘉宾、海内外泉州乡贤和各界代表见证项目启动。市委书记黄少萍表示，建设“东亚文化之都”，为泉州古城复兴提供了千载难逢的机会。为此，市委、市政府决定实施“古城文化复兴计划”，以西街片区改造、泉州当代艺术馆等文化项目带动，推进“古城—古港—新区—全域联动”系列项目建设，以延续历史文脉，保护文化生态，促进传统与现代有机融合，建设历史文化名城的“城市会客厅”和“市民文化家园”，进而打造影响东亚、面向世界的“多元文化都市”。古城文化复兴得到了广大乡贤的全力支持，为泉州保护古城、复兴古城增强信心、增添动力。希望在社会各界的共同努力下，泉州文化名城再谱新篇、再续辉煌。启动仪式上，由全国政协委员、信义集团董事局主席李贤义，全国政协委员、香缤集团董事局主席许明金发起设立的南音南戏发展基金正式成立，首期共募集资金3000万元。此前，泉州当代艺术基金已募集资金6000多万元。启动现场还举行了推动“东亚文化之都·泉州”建设发展项目签约仪式。泉州市政府与中国华录集团有限公司签订产业项目投资合作协议；北京易华录信息技术股份有限公司与泉州市国有资产投资经营公司共同出资成立泉州华录产业投资发展有限公司；泉州市城乡规划局与清华大学张杰教授签订泉州西街历史文化街区保护规划委托编制协议。启动仪式上，著名泉籍国际当代艺术家蔡国强作了《东方文化在我的艺术——从故乡出发》的主题演讲。

捐赠仪式

启动仪式　　（图/吴寿民）

市政府与华录集团签下20亿元项目大单

在“东亚文化之都·泉州”古城文化复兴计划——泉州西街首期项目启动仪式现场，市政府与国内最大的文化央企——中国华录集团有限公司签订产业投资项目合作协议。未来五年，华录计划在泉投资20亿元，通过一系列项目，在文化和信息化领域展开广泛合作。文化部副部长丁伟；副省长李红；韩国光州代表团团长、东亚文化之都促进委员会委员长郑东采，日本横滨代表团团长、横滨市副市长渡边巧教；市领导黄少萍、郑新聪、陈海基、杨俊峰、周银芳、陈沈阳、陈庆宗、林伯前、张建生、周真平、李建辉、骆沙鸣、李冀平参加签约仪式。

中国华录集团是国务院国资委直接管理的大型央企，集团定位于以信息产业为基础的新型文化产业集团，已构建数字音视频终端、内容、服务三大产业板块。根据合作协议，华录集团将发挥人才、管理、资金和技术优势，与泉州开展两方面合作。一是将泉州打造为集团在海西的信息服务产业总部基地，助力泉州提升“智慧城市”水平，重点建设产品质量溯源信息服务、电子保安联网防盗报警服务两个产业的总部基地。二是抓住泉州建设“东亚文化之都”、参与建设21世纪海上丝绸之路的新机遇，立足泉州闽南文化核心区的优势和鲜明的海丝文化特色，投资文化产业项目建设，先期拟拍摄反映闽南文化、闽商历史的纪录片、人物访谈录或电影电视剧。

签约仪式　　（图/吴寿民）

2月14日

星期五
农历甲午年正月十五
温度：7℃—14℃
小雨转多云

●“东亚文化之都·泉州”古城文化复兴计划——泉州西街首期项目正式启动。

●市政府与国内最大的文化央企——中国华录集团有限公司签订产业投资合作协议。

●“东亚文化之都·2014泉州活动年”开幕式的一项重要活动——“东亚文化之都”论坛在中国闽台缘博物馆举行，中韩日三城市代表及有关专家学者参加活动。

●泉州、光州、横滨三市新闻媒体互访交流活动启动仪式举行。三市新闻媒体交流合作备忘录签署。

●南音南戏发展基金捐赠仪式举行，全国政协委员、信义集团董事局主席李贤义与全国政协委员、香缤集团董事局主席许明金为泉州南音南戏发展基金捐赠资金。

●日本横滨文艺专场在泉州梨园古典剧院上演。

●“东亚文化之都·2014泉州元宵民族音乐会”在泉州音乐厅举行。

●作为“东亚文化之都·2014泉州活动年”开幕系列活动之一的泉州当代艺术展开幕。

●华夏书画精品展在市区源和1916创意产业园拓文画廊举办，展出了张瑞图、弘一法师、林则徐、郑成功、吴鲁等一批名家的作品。

●泉州历史文化中心新理事会在市区芳草园崇正书院成立。

2月15日

星期六
农历甲午年正月十六
温度：8℃—14℃
多云转阴

●郑新聪到市信访局接访群众。

●韩国光州市政府及媒体代表团成员一行10人到泉州晚报社访问，双方围绕新闻报道、媒体经营与今后媒体互访等话题开展交流。

●由市委宣传部牵头、本土影视团队创作的四部主题微电影《泉州西街》《西街印象》《古城文脉》《泉州味道》在泉州网上线。

●2014年泉州市元宵节“保欣杯”足球邀请赛在泉州海峡体育中心举行。

●市外事侨务办透露，上年海外华侨华人、港澳同胞在泉州市捐赠兴办公益事业总额再次突破5亿元。

●泉州市出台《关于印发泉州市小微企业信贷风险补偿共担资金管理规定（试行）》，加大对小微企业的信贷支持力度。

郑新聪到市信访局接访群众

市长郑新聪到市信访局接访群众。他强调，当前全市正在开展党的群众路线教育实践活动，要以解决好群众信访工作为重要抓手，掌握民情，了解民忧，加强基层工作，及时化解矛盾，方便群众；以信访积案化解为重点，实行领导包案协调等责任制，依法依规，抓紧妥善处理好一批信访积案，真正让群众感受到政府部门和公职人员作风的新变化。

四部西街主题微电影在泉州网上线

由市委宣传部牵头、本土影视团队创作的四部主题微电影完成制作，在泉州网上线，让观众登录泉州网观看，品味千年泉州文化，感受不一样的泉州西街。小街巷、红砖厝、双塔影、钟楼声……这些西街的历史在微电影中呈现给观众全新的感觉。作为“东亚文化之都·泉州”古城文化复兴计划的首站，西街的历史受到关注。西街的风貌与风情，是所有泉州人共同拥有的历史记忆。为此，市委宣传部牵头启动了以“西街故事”为主题的四部微电影拍摄推广工作，具体分为《泉州西街》《西街印象》《古城文脉》《泉州味道》。

《西街印象》讲述的是一位老华侨回乡，到古城西街寻找儿时记忆的故事。值得一提的是，这部微电影几乎是由回乡过节的泉州籍大学生为主摄制的。《古城文脉》从文化的视角见证古城的辉煌。《泉州西街》从小街巷入手，带你游玩西街的小街小巷，品味古城丰厚的历史积淀，感受古城的百年沧桑巨变。《泉州味道》是美食版，包含了泉州美食、泉州历史名胜等泉州元素。四部微电影既有曲折动人的爱情故事，又有写意唯美的复古镜头，无一例外的是，它们都发生在西街，泉州元素贯穿全剧，让观众在欣赏影片的同时，体会古城的物之美、景之韵，感受古城居民的情之深、爱之切。

泉州市元宵节足球邀请赛举行

2014年泉州市元宵节“保欣杯”足球邀请赛在泉州海峡体育中心举行。来自海内外8支队伍的近200名足球元老欢聚在绿茵场，以足球为纽带，联络友谊、叙旧话新、健康锻炼，其乐融融。泉州元宵节足球邀请赛是泉州市的一项传统赛事，自2002年起一年举行一次，至此已是第十三届，参赛的运动员大都是在绿茵场上驰骋了大半生的足球运动员。8支参赛队伍分别是菲律宾青狮元老队、温州元老队、泉州培元中学校友队、宁德霞浦元老队、福州元老队、厦门元老队、泉州元老队、厦门英华元老队。

泉州上年接受侨胞与港澳同胞捐赠超5亿元

市外事侨务办透露，上年海外华侨华人、港澳同胞在泉州市捐赠兴办公益事业总额再次突破5亿元，占同期全省接受侨胞与港澳同胞捐资总额的一半以上。据统计，改革开放至今，海外华侨华人、港澳同胞在泉州市捐赠兴办公益事业总额达98亿元，为推动泉州市社会进步和各项事业发展做出了卓越贡献。从使用方向来看，上年华侨华人与港澳同胞捐资仍然大部分投向文化教育方面，共计2.5亿元。此外，社会事业捐助也有所增加，共计1.29亿元，内容涉及捐建养老院、孤儿院、聋哑学校等设施以及用于敬老、慰问、救济困难群体等。从捐赠地域分布看，晋江、南安两市仍是泉州市接受侨捐的大户，连续多年保持在1亿元以上，南安还成为全国唯一一个连续20年接受华侨华人与港澳同胞捐资过亿元的县级市。

泉州市加大对小微企业信贷支持力度

泉州市出台《关于印发泉州市小微企业信贷风险补偿共担资金管理规定（试行）》，鼓励和引导银行业金融机构调整信贷结构，加大对小微企业的信贷支持力度，创新融资方式，降低融资成本，提高银行业金融服务小微企业能力和信贷风险承受能力，促进泉州市小微企业持续健康发展。市小微企业信贷风险补偿共担资金，实行政府主导、市场运作原则，采取市级财政引导、县级财政配套的方式共同出资设立，专项用于对辖区内银行业金融机构发放的小微企业贷款进行风险补偿，以及对所发生的不良贷款损失进行有限共担。“小微企业贷款”，是指泉州辖区内银行业金融机构发放、投向辖区内的小型、微型企业贷款。

《求是》杂志发表黄少萍文章

《求是》杂志2014年第4期发表市委书记黄少萍题为《在“四下基层”中践行党的群众路线》的署名文章。全文如下：

信访接待、现场办公、调查研究、政策宣传“四下基层”，是习近平总书记在福建工作期间大力倡导的工作制度。近年来，泉州市委按照福建省委的要求，把传承好坚持好“四下基层”制度作为践行党的群众路线的重要举措，推动各级领导干部在“四下基层”中转作风、办实事、促发展，呈现出机关作风明显转变，办事效率大幅提高，城乡协调发展的良好局面。

扎实推进信访接待下基层，做到面对面交流、实打实解忧。信访工作是最直接、最现实的群众工作，变坐等上访为主动下访，是了解民情、化解矛盾，改进作风、联系群众的有效举措。市委把回应民愿、化解民忧作为践行群众路线的切入点，推行领导干部开门接访、定期下访等制度，市、县级领导干部每人每季度、每月分别不少于一次到基层一线接访群众，倾听群众诉求，帮助解决实际问题。对信访积案和信访突出问题，实行领导包案、台账管理和销号整改制度，及时妥善化解。开设政风行风热线、政风行风直通车等媒体栏目，搭建微博等网络互动平台，畅通民意渠道，回应群众关切。

大力推进现场办公下基层，做到一线抓发展、一线促落实。走出机关，沉入基层，才能及时发现和有效解决群众最关心、最直接、最现实的问题。市委把推动发展、改善民生作为践行群众路线的落脚点，开展“驻百村、进千户（企）、帮万民”活动，市级领导干部每人“1对5”挂钩联系县（市、区）、薄弱村（社区）、贫困户、重点工业企业、在建重点项目5种对象，县科级以上干部100%联村挂企帮户，全市选派1597名优秀年轻干部到重点帮扶村、重点项目和经济建设一线挂职任职，实现镇村（居）、重点项目、规模企业“三个全覆盖”。推行“马上就办”制度，每月集中研究一次基层群众反映强烈的问题，引导党员干部把更多的时间和精力用到下基层、解难题、促落实上来，办成了一大批群众期盼的实事好事。

深入推进调查研究下基层，做到真心访民情、虚心问民计。做好调查研究是谋事之道、成事之基。市委把问政于民、问计于民作为践行群众路线的关键点，开展“增强忧患意识、推动长远发展”大讨论活动，推行“访民情、议民生、聚民力、办民事、请民评”的“五步走”工作法，确定25个重点调研课题开展调查研究，引导各级领导干部带着民情调查表、民情日记本，“走田间路、进农家门、听百姓言”，与基层群众促膝交谈，充分掌握社情民意，及时解决有关问题。抽调5000多名机关干部到困难大、基础弱、发展慢、工作推不开、艰苦偏远的地方，驻村蹲点、“解剖麻雀”，破解难题、推进工作。

积极推进政策宣传下基层，做到解疑释民惑、鼓劲聚民力。把党的政策带到基层、交给群众，回答好群众关心关注的现实问题，才能有效地宣传教育群众，引导带领群众。市委把引领群众、发动群众作为践行群众路线的着力点，成立73个政策宣讲团、市情讲解团，各级领导干部带头上党课、作形势报告，深入开展党的路线方针政策和省委、市委决策部署集中宣讲活动，做好政策解读和思想引导工作，赢得群众的理解和支持，有效凝聚推动工作的强大力量。针对群众生产生活实际需求，各级领导干部带队进村（居）、入企业，举办政策、法律、信息、科技咨询等志愿服务活动，为群众解疑释惑，为发展加油鼓劲，将党和政府的决策主张转化为群众的自觉行动。

民进泉州市委五届五次全会召开

民进泉州市委召开五届五次全委（扩大）会议，传达民进福建省委相关通知精神，总结上年工作情况。民进泉州市委在政党建设、参政议政、服务社会等方面取得了显著成效。民进泉州市委共发展新会员29人，现有会员共628人；在各级两会提交并被正式立案的人大代表建议和政协提案、大会发言总数达180件；累计捐赠“四联建”活动和各种社会公益事业256万元。2014年，民进泉州市委将进一步团结带领全市会员，加强自身思想建设，认真学习贯彻中共十八届三中全会精神，围绕泉州经济社会发展的热点、难点问题，积极展开调研、建言献策，助推泉州各项工作取得新进展。2014年，计划完成20项调研课题任务。

2月16日

星期日
农历甲午年正月十七
温度：10℃—17℃
阴

●《求是》杂志2014年第4期发表市委书记黄少萍题为《在“四下基层”中践行党的群众路线》的署名文章。

●民进泉州市委召开五届五次全委（扩大）会议，传达民进福建省委相关通知精神，总结上年工作情况。

●由泉州市旅游局、南安市政府主办的“南安乡村旅游启动仪式”在霞美镇举行，“畅游美丽乡村，体验旅游时尚”活动吸引来自厦门、泉州的400多游客参加。

●2014年泉州元宵节“报欣杯”足球元老邀请赛在泉州海峡体育中心闭幕。来自好内外的8支队伍的近200名足球运动元老参赛。该赛事自2002年起，至今已举办第十三届。

2月17日

星期一
农历甲午年正月十八
温度：11℃—15℃
阴

●市委召开常委会，传达全国安全生产工作会和省委常委会精神，研究部署全市安全生产工作。

●郑新聪带队到泉州经济技术开发区和泉州台商投资区走访企业，调研节后复工情况。

●上海文化出版社、泉州晚报社图书编辑出版中心联合打造的首部线装全本连环画册《泉州少林寺群英谱》在泉州少林寺首发。

●一部由泉州童鞋企业与动漫企业联合制作的3D动画片在央视少儿频道播出。这是全国首部童鞋企业与动漫联姻的动画片，也是2014年福建省首部在全国播出的动画片，成为文化产业推动泉州实体产业转型的又一尝试。

●泉州市2014年水利项目建设实施计划出台。

市委召开常委会研究部署全市安全生产工作

市委召开常委会，传达全国安全生产工作会和省委常委会精神，研究部署全市安全生产工作。市委书记黄少萍主持会议并讲话，市委常委出席会议，市人大常委会党组、市政协党组主要领导列席会议。会议指出，过去一年，全市各级各相关部门认真按照中央、省里的部署要求，扎实推进道路交通安全综合整治、“清剿火患”战役等工作，渣土车管控模式在全省推广，泉州被列为全国首批安全发展示范试点城市，2013年全市安全生产四项指数全面下降、各类事故指标控制情况历年最好，为全市经济社会持续健康发展提供了有力的安全保障。与此同时，也要清醒看到，重点领域的安全形势依然严峻，一些地区、行业隐患排查整治还不够深入，基层基础仍然较为薄弱等。

就如何进一步做好2014年全市安全生产工作，会议提出三点要求。一要认清形势，始终坚持从零开始、向零奋进。安全生产工作是动态的、永无止境的工程，只有起点，没有终点。全市各级各部门要深入学习领会总书记习近平、总理李克强关于安全生产的重要指示批示精神，牢固树立安全生产底线思维和“红线”意识，保持“如履薄冰”的危机感，以“零”事故作为始终追求的目标，全力打好安全生产攻坚战、持久战。二要强化问责，切实落实各方安全生产责任。要按照中央和省里的要求，落实好增加领导干部考核安全生产指标权重、实行安全生产和重大安全生产事故风险“一票否决”、铁腕打击各类非法违法行为等举措。各级党委、政府要按照“党政同责、一岗双责、齐抓共管”的要求，加快构建横向到边、纵向到底的安全生产工作责任体系，大力督促各类企业落实主体责任，确保安全生产责任落实到基层、落实到岗位、落实到人头。三要完善机制，以创建安全发展示范城市为抓手，围绕建设“八大体系”积极探索用完善的机制、先进的安全技术、文化理念和管理方法抓安全、管安全，不断提升安全生产工作水平；坚持预防为主、标本兼治，按照“全覆盖、零容忍、严执法、重实效”和“四不两直”要求，加快建立隐患排查治理常态化体系。

郑新聪调研节后企业复工情况和营商环境建设

市长郑新聪带队到泉州经济技术开发区和泉州台商投资区走访美加美、特步、运城制版、安记、约克、力达、金百利、舒华、派顿等9家企业，调研节后复工情况，与企业家面对面交流，了解企业面临的困难和问题，听取关于加强营商环境建设的意见和建议，要求各级各部门按照年初市委的部署，抓早抓紧，实干实效，提升服务，为全年经济发展开好局、起好步。副市长陈灿辉等参加调研。

郑新聪要求，各级政府各部门要旗帜鲜明地营造尊商、爱商、亲商的浓厚氛围，用心帮扶企业，了解企业需求，及时给予有针对性的支持；积极宣传和兑现各类优惠政策，提高帮扶质量；优化出口信保等外贸扶持措施，帮助企业开拓内外市场；进一步推动区域内企业产能对接、产品互采互用，支持人才引进，鼓励企业加快商业模式创新，提升行业话语权和市场竞争力。要订立和推行公平的竞争规则，开展专项打假行动，与行业协会联手，维护核心品牌的合法权益；减少审批事项，加强对中介服务机构的管理；再挖政府办事效率提升空间，为企业提供高效、便捷、优质的服务。全市上下要全面启动改革，抓紧制定各项改革实施方案。要把握关键，统筹兼顾，先易后难，做好各项改革之间的衔接，提升部门之间推动改革的合力。泉州经济技术开发区和泉州台商投资区要在全面深化改革上大胆先行先试。市直部门要大力支持“两区”改革创新发展。

泉州2014年水利项目建设计划出台

泉州市2014年水利项目建设实施计划出台。泉州市将全面实施水利提升工程，加强水网规划顶层设计，强化防灾减灾能力建设，深化水资源综合管理改革，建立健全水利设施管护机制。泉州市计划组织实施90个水利项目，总投资44.5亿元。总投资额也创下泉州水利建设投资历史新高。

泉州市将全面启动以七库连通工程为龙头的区域水网建设，逐步实现闽江流域、晋江流域、洛阳江流域的互连互通、相互调剂，形成“南北调配、东西互济”的河库水系连通总体格局。加快推进以山美生态保护试点为抓手的水生态治理，山美湖泊生态保护试点18个子项目进入全面建设阶段，永春桃溪流域综合治理、洛阳江流域综合整治、14条中小河流综合治理、23.9万亩水土流失治理等同步推进。此外，还将全力推进以晋江防洪工程为重点的防洪防潮工程建设，进一步加快农田水利、农村饮水、水库除险等民生水利项目建设步伐。

2014年第一次全市重大项目协调调度会召开

2014年第一次全市重大项目协调调度会召开。市长郑新聪，市委常委、常务副市长林伯前，市政府秘书长吴友才参加会议。会议听取有关重大项目进展情况汇报，协调解决存在问题。会上指出，泉州市紧抓市重点项目建设进度，有效推动项目节后复工，截至2月17日，全市已复工项目260个，占278个续建项目的93.5%；新开工建设项目23个，占年度开工任务的25.6%。春节期间，泉州湾跨海通道工程（环城高速公路三期）、福建石狮鸿山热电厂二期、泉州晋江机场连接线、晋江百宏年产25.5万吨功能性聚酯薄膜项目等12个重点项目照常施工，占续建重点项目的4.3%。

市长郑新聪充分肯定重大项目协调调度会制度取得的成效。他指出，重大项目建设是扩总量、提质量、调结构、转方式的关键抓手。要按照市委的要求和市两会的部署，进一步强化重大项目协调调度，抓紧抓好2014年重大项目攻坚突破，把重大项目总量突破、质量提升、进度加快等各项工作落到实处。当前，要着力抓好重大项目开工复工，加强现场走访督促，抓紧推动尚未开工复工的项目，并了解企业实际开机率和返岗率，帮助企业解决实际困难；加快新引进落地的重大项目前期工作，深化和拓展列入省重点产业龙头项目，鼓励企业抓技改，拓技术、拓产品、拓规模；加快“东亚文化之都”项目建设，抓紧推进重大基础设施项目。

郑新聪要求，要着力完善调度制度，做到会前准备充分、分级调度制度健全、月调度和季调度相衔接、督查制度和通报制度进一步加强。要扩大招商选资，重点落实好建立一个跨部门协作机制、选定一批招商目标龙头项目、锁定一批重点企业、确定一支“跟进”队伍的“四个一”工作思路，把大央企、大外企、大台资，世界500强、国际知名企业和国内行业巨头作为主攻目标，整合力量建立专业招商队伍，抓紧上半年尤其是第一季度的招商选资工作。要突破瓶颈制约，多渠道解决资金难题，为企业提供金融服务；在用地、用林、用海审批方面要提前介入、指导到位；以属地为主，各地联动做好安征迁工作。同时，要抓早抓紧经济运行的各项工作，为全年经济发展开好局、起好步。

全市近30万党员参加党的群众路线教育实践活动

全市党的群众路线教育实践活动业务培训会召开，全市参加教育实践活动的基层党组织共有14134个，党员296989名。市委常委、组织部长陈沈阳出席会议。

泉州市的教育实践活动从13日全市动员会召开后就全面启动，到9月底基本结束。每个单位集中教育的时间一般不少于3个月。参加活动的单位是全市的党政机关企事业单位，各类基层党组织。参加对象是全体党员。重点对象是“一大两小”，“一个大重点”就是以市、县（区）领导机关、领导班子和领导干部为重点；“两个小重点”就是直接联系服务群众的执法监管部门和窗口单位、服务行业，以及乡镇、街道和村、社区等基层组织的领导班子。每个单位的教育实践活动分为三个环节：一是学习教育、听取意见；二是查摆问题、开展批评；三是整改落实、建章立制。整个活动不分阶段、不转段，每个环节安排5周左右的时间。活动的主要任务有三项，即解决“四风”突出问题，解决群众反映强烈的切身利益问题，解决联系服务群众“最后一公里”问题。

“吴登云式的好医生”蔡立忠逝世

泉州市第五批援疆干部、“吴登云式的好医生”、泉州市中医院骨科副主任医师蔡立忠病逝。蔡立忠，1966年11月出生于惠安，1989年毕业于福建中医学院骨伤专业，2001年获得医学硕士学位。1989年9月在泉州市中医院参加工作至今，先后担任泉州中医院副主任医师，泉州市中医药学会骨伤分会常委、秘书，泉州市人力资源与社会保障局伤情鉴定专家，从事骨科临床20多年，擅长中西医结合治疗骨关节疾病。2010年12月，参加泉州市第五批援疆医疗队赴新疆昌吉市开展援建工作，任昌吉市人民医院院长助理、骨科副主任。在一年半的服务期间内，蔡立忠积极参与义诊活动，8次下乡送医送药，为200余名患者提供医疗服务，获得“福建省智力援疆先进个人”“吴登云式的好医生”等荣誉称号。蔡立忠事迹在泉州引起强烈反响，病逝的消息传到其曾经热心服务的新疆维吾尔自治区昌吉市，引起了当地强烈反响，《昌吉日报》全文转载泉州媒体刊发的蔡立忠先进事迹报道。

2月18日

星期二
农历甲午年正月十九
温度：14℃—18℃
阴

●2014年第一次全市重大项目协调调度会召开。

●全市国土资源暨卫片执法检查工作会议下发2014年国土资源政府目标责任书。

●全市党的群众路线教育实践活动业务培训会召开。

●继全国、全省未成年人思想道德建设工作电视电话会议后，泉州市随即召开会议部署下阶段全市未成年人思想道德建设工作。

●泉州市第五批援疆干部、“吴登云式的好医生”、泉州市中医院骨科副主任医师蔡立忠病逝。

2月19日

星期三
农历甲午年正月二十
温度：8℃—11℃
小雨

●上午7时，环保部网站显示泉州实时空气质量指数（AQI）位居全国第一名。

●2013年度泉州市美丽乡村环境卫生考评排出位次，其顺序为：泉州台商投资区、德化县、永春县、石狮市、安溪县、洛江区、南安市、泉港区、惠安县、晋江市。

●2014年全市旅游工作会议召开。

●第一批市级海洋产业示范园区和2013年度市级海洋产业龙头企业名单公布。

泉州的实时空气质量指数（AQI）位居全国第一名

据环保部网站上午7时显示，泉州的实时空气质量指数（AQI）位居全国第一名。随着泉州环境水平的提升，无论是行走在街道上，还是漫步在公园里，市民能明显感觉到，城市越来越干净，空气越来越清新，有市民发出赞叹：“生活在泉州，真好！”

2013年度美丽乡村环境卫生考评台投区居首

市城市管理综合考评中心透露，在2013年度的美丽乡村环境卫生考评中，台商投资区以85.39分的年度总成绩，拿下10个县(市、区）的第一名。第二名至第十名依次分别是德化县、永春县、石狮市、安溪县、洛江区、南安市、泉港区、惠安县、晋江市。

根据《泉州市建设“美丽乡村”五年行动计划（2012—2016年）》部署，2013年度泉州市美丽乡村建设工作重点是推动乡村卫生保洁工作常态化管理，切实提升环境卫生水平。2013年，市考评中心与市委农工办出台美丽乡村环境卫生考评标准，每月开展考评，并建立了媒体公示、观察团督促的制度，有效地推动了美丽乡村建设工作的开展。全年累计抽评3468个（次）村居，713段次道路，发现近6万处问题，大部分得到了整改。2013年，各县（市、区）每月也自行开展考评、检查，完善环卫基础设施，不断建立健全和完善管理机制，村容村貌有了显著的提升。

泉州打造旅游升级版

2014年全市旅游工作会议召开。会上指出，在上年接待游客总数、旅游总收入、过夜人气指数和游客满意度四项主要指标均居全省前列的基础上，今年，泉州市旅游部门将以“东亚文化之都”旅游文化品牌为主线，全面打造泉州旅游升级版。

2013年，全市旅游行业全面贯彻落实新出台的《中华人民共和国旅游法》和市委、市政府《关于加快旅游产业发展的实施意见》，紧紧围绕“文化旅游强市”目标，按照市委、市政府对旅游工作的部署要求，坚持“大旅游、大产业、大市场、大营销”工作思路，大力推进旅游项目建设，创新旅游宣传推介，着力提升服务质量，推进旅游产业持续健康发展。统计显示，上年，全市共接待游客3729.27万人次，实现旅游总收入446.96亿元，同比分别增长14.86%和18.84%。

2014年，作为首批中国历史文化名城和“海上丝绸之路”起点城市，泉州将全力建设“东亚文化之都”和“海上丝绸之路”建设先行区。旅游事业也确立了新目标——力争全年实现接待境内外游客4300万人次，同比增长18%；旅游收入510亿元，同比增长22%。

相关链接：是年春节“黄金周”，全市旅游市场已成功实现开门红。根据统计，春节长假期间，全市接待境内外游客125.1万人次，实现旅游收入10.36亿元，同比均呈现15%以上的增长，双双创下历史同期新高。

15家市级海洋产业龙头企业评出

第一批市级海洋产业示范园区和2013年度市级海洋产业龙头企业名单公布，石狮市海洋生物科技园区被认定为第一批市级海洋产业示范园区，15家企业获评泉州市2013年度海洋产业龙头企业，其中10家企业被评为泉州市2013年度海洋产业“十佳”龙头企业。

此次评选中，获评海洋新兴产业领域的龙头企业包括石狮市华宝海洋生物化工有限公司等3家，获评海洋渔业领域的龙头企业包括晋江市闽南水产开发有限公司等10家，获评海洋服务业领域的龙头企业包括泉州市泉港兴通船务有限公司、南安市轮船有限公司等2家。经认定为市级海洋产业示范园区和评选为泉州市海洋产业龙头企业、海洋产业“十佳”龙头企业的，将享受《泉州市人民政府关于支持和促进海洋经济发展八条措施的通知》规定的扶持政策，政策执行的时间为2012年—2015年。对获得“十佳”的海洋产业龙头企业，泉州市给予每家20万元的奖励。

2月20日

星期四
农历甲午年正月廿一
温度：6℃—14℃
多云转晴

●市政府下发《关于进一步加强和改进最低生活保障工作的实施意见》。

●泉州市成立国防教育讲师团。

●泉州市11个园区入选全省文化产业园区。

●2014年泉州元宵花灯评选活动结束。花灯“东亚文化之都”夺魁，创意十足的自行车花灯位列第二；教育工委、泉州晚报和东南早报、市文广新局、石狮市人民政府、市农办、市公积金管理中心、泉州广播电视台等机构选送的花灯闯入前十。

●民革泉州市委第十三届四次全体（扩大）会议召开。

市政府下发《关于进一步加强和改进最低生活保障工作的实施意见》

市政府下发《关于进一步加强和改进最低生活保障工作的实施意见》，泉州市将进一步落实最低生活保障标准与补助水平自然增长机制，规范城乡居民最低生活保障管理，维护困难群众最低生活权益。

根据该意见，各县（市、区）应严格落实“城市低保标准不低于当地月最低工资标准的40%、农村低保标准按高于省定标准且不低于当地城市低保标准的60%”“农村五保供养标准不低于当地农村居民家庭上年度人均生活消费支出的70%”的保障标准，结合上年度公布的全省最低工资标准和测算的属地上年度农村居民家庭人均生活消费支出情况适当提高。各县（市、区）城市低保人均补助水平应与属地最低工资标准挂钩，不得低于当地最低工资标准的22%。继续落实社会救助和保障标准与物价上涨挂钩联动机制。

对最低生活保障对象将加强动态管理。根据低保家庭成员变化和家庭经济状况变化情况，开展分类定期核查。对无生活来源、无劳动能力又无法定赡养、抚养、扶养义务人的“三无”人员，每年核查一次；对短期内收入变化不大的家庭，每半年核查一次；对收入来源不固定、成员有劳动能力和劳动条件的低保家庭，原则上城市按月、农村按季核查。

泉州市还将加强最低生活保障与医疗、教育、住房保障、临时救济、就业扶持、社会慈善等方面社会救助工作的有效衔接。就业扶持方面，劳动年龄内、有劳动能力、失业的城市困难群众，在申请低保时，要先到当地公共就业服务机构办理失业登记；公共就业服务机构要向登记失业的低保对象提供及时的就业服务和重点帮助；对实现就业的低保对象，在核算其家庭收入时，可以扣减必要的就业成本。

泉州市成立国防教育讲师团

为贯彻落实《中华人民共和国国防教育法》，健全国防教育宣传队伍，泉州市成立国防教育讲师团，将重点开展国防理论、国防知识、国防历史、国防法规、国防形势等内容的宣传普及，提供国防和军事方面的义务咨询。

国防教育讲师团名誉团长由市委常委、泉州军分区政委刘卫国，副市长陈荣洲担任。讲师团其余23名成员分别来自高校、驻泉部队、各县（市、区）武装部门、宣传部门等，是一支热爱国防教育事业、军事理论功底深厚、宣传能力素质全面的讲师力量。下一步，由市国教办制订讲学计划，讲师团将协调安排成员到邀请单位讲课。

相关链接：近几年来，泉州市始终把强化国防教育作为长远的重要战略工程，不断挖掘新的教育资源，创新教育形式和活动载体，切实增强国防教育实效。市国防教育讲师团成立后，讲师团成员原则上每人每年将完成两个课题的研究和讲学任务。在此基础上，讲师团成员还将协助市国教办培养国防教育宣传骨干，编写国防教育教材（读本），参与国防教育检查调研，开展相关课题研究，为国防教育重大决策提供建议。

泉州市十一个园区入选全省文化产业园区

省委宣传部、省发改委等9部门下发《关于公布全省文化产业园区名单的通知》，公布全省81个在建或基本建成的文化产业园区。泉州市有11个文化产业园区入选，包括：晋江市创意创业创新园、中国包装印刷产业（晋江）基地、晋江市洪山文化创意产业园区、泉州锦绣庄民间艺术园、泉州惠安雕艺文化创意产业园、星期yi服饰创意博览园、南安市工业设计与创意产业园、中国工艺香集中区（永春香品产业园）、领SHOW天地文化广告创意园、泉州T淘园、六井孔文化创意产业园。运营的主要业态包括文化创意和设计服务，文化产品的辅助生产、文化用品的生产，工艺美术品的生产，广播电视电影服务、文化休闲娱乐服务、文化艺术服务等领域。全省文化产业园区名单实行每年滚动调整公布，本次名单有效期至2014年12月31日。

2月21日

星期五
农历甲午年正月廿二
温度：7℃—14℃
晴

●市委督导组工作座谈会召开，研究部署开展党的群众路线教育实践活动督导工作。

●市人大常委会第二十五次主任会议召开，会议确定市十五届人大常委会第十五次会议的召开日期。

●报载，2014年市公路局管养的普通专养公路推行限时养护作业，实施生态文明公路建设。

●《泉州南少林五祖拳基础教程》首发式举行。

市委督导组工作座谈会召开

市委督导组工作座谈会召开，研究部署开展党的群众路线教育实践活动督导工作。

市委副书记、市委教育实践活动领导小组副组长周银芳出席会议并强调，各督导组成员要深化认识，增强督导责任，从活动的重大意义和中央、省委、市委的决心态度，从这次教育实践活动的特点要求，从人民群众的热切期盼来认识督导工作的重要性。要把握原则，明确督导要求，贯彻“照镜子、正衣冠、洗洗澡、治治病”的总要求，坚持高标准，开门搞督导，多听服务对象诉求和普通干部群众意见，督促各单位做到开展活动与落实市委工作部署两手抓、两不误。要认真履职，抓好督导重点，着力提高学习教育实效、找准“四风”问题、抓好边查边改、推动建章立制。要讲究方法，紧紧依靠党委（党组）开展工作，盯紧各地各单位“一把手”，注重分类指导，搞好沟通联系，加强自身建设，提高督导水平。

市委常委、组织部部长、市委教育实践活动领导小组副组长陈沈阳作教育实践活动情况和督导工作说明。省委第四督导组成员、省委组织部人才工作处调研员黄绍臻到会作指导讲话，提出要坚持从严把活动质量关、严抓“一把手”、严格聚焦“四风”、严施规定动作、严建内部机制等五方面开展督导工作，确保教育实践活动不打折扣、不走过场，取得实效。

市人大常委会第二十五次主任会议召开

市人大常委会召开第二十五次主任会议。会议由市人大常委会主任陈海基主持，副主任洪泽生、潘燕燕、吕竞、张建生，秘书长吴春林参加。会议讨论关于2013年度规范性文件备案审查情况的报告稿；讨论了市人大常委会关于禁毒法执行情况的检查方案（草案），拟定于3月上旬对泉州市贯彻执行《中华人民共和国禁毒法》情况进行执法检查；讨论人事任免事项。会议讨论了市人大常委会关于审议意见研究处理情况满意度测评的办法（草案），提出由人大常委会组成人员，对一府两院研究处理市人大常委会的审议意见情况进行满意度测评，以增强监督实效，促进一府两院依法行政、公正司法。会议确定市十五届人大常委会第十五次会议的召开日期和建议议程，提出第二十六次主任会议建议议题。

专养公路实行限时养护

2014年，市公路局管养的普通专养公路推行限时养护作业，实施生态文明公路建设，完善提升公路安保工程，设置服务区等便民设施。2014年，市公路局将采取多项措施，使公路管理更具人性化、更贴近民生。积极推行公路标准化养护，提高公路机械化养护水平，实行限时养护管理方式，减少养护作业封闭和占用车道时间，加快养护作业区通行效率，让群众出行更宽心；在国道324线及省道203线、306线等线路实施安保提升工程1630处，提升公路安全保障能力，让群众出行更放心；推进普通公路服务区、停车区等便民设施建设，在省道206线设置岵山服务区，在省道203线德化南埕、水口路段各设置一处停车区，为过往的长途车辆驾乘人员提供休息歇脚的地方，消除疲劳，让群众出行更安心；市公路局2014年还将启动省道306线永春段98.39公里、省道203线德化段45.6公里生态示范路建设，实施公路绿化、美化、文化“三化”工程，做到“三季有花、四季常绿、一路一景”，让群众出行更舒心。

《泉州南少林五祖拳基础教程》首发式举行

《泉州南少林五祖拳基础教程》首发式举行。为了弘扬和传承“南拳”这一闽南非物质文化遗产，泉州市在中小学全面推广南少林五祖拳操，并花费三年多时间组织编写教程。“经过在泉州三中、鲤城实验小学近两年的试点，我们找到了以广播操的形式，融‘拳’于‘操’，以‘操’传‘拳’的途径，这是我们的一次大胆的尝试和突破，也是建设具有泉州特色的中小学地方体育课程的一次积极探索。”市教育局局长负责人表示，在青少年中弘扬闽南优秀传统文化，不仅是技艺传习，更是人文精神的传承。

相关链接：近年来，市教育局、市体育局、市武术协会等多部门合作，致力探索泉州南少林五祖拳这一国家级非物质文化遗产传承问题。经过专家反复论证修改，在“东亚文化之都·2014泉州活动年”举办之际，正式出版《泉州南少林五祖拳教程》。该教程由南少林五祖拳概述、五祖拳健身操和五祖拳基础套路三大部分组成，图文并茂，即可作为体育教师教学参考用书，也可满足武术爱好者自学需求。

泉州中心城区建成区面积188.5平方千米

泉州启动“环湾建设年”活动。从2011年到2013年，泉州市连续三年开展“城市建设管理年”活动，包括规划编制、城市交通、片区建设、城市更新、景观整治等在内，泉州市共实施环泉州湾区域建设项目517个，完成计划投资约1074亿元，其中已完工项目289个，有效提升中心城区的品位和秩序。

2011年以来，东海、城东、北峰丰州等中心市区三大片区以及晋江滨江、石狮蚶江环湾片区、台商投资区等环湾区域加快建设，环湾新区初步形成。至2013年，中心城区建成区面积达188.5平方千米，比2010年年底增加了38.5平方千米。特别值得一提的是交通路网的完善，后渚至城东通道、东海隧道、黄龙大桥、田安大桥、站前大道、国道324线晋鲤段、东海大街拓改等项目完工通车；泉州湾跨海大桥以及石狮市、台商投资区市政道路建设力度持续加大，推动环湾道路骨架加快形成。交通之外，福建医大附属第二医院东海新院基本完成；城东、东海学园部分投用；东海总部区、泉州软件园、晋江滨江总部区、鲤城江南滨江总部区等较快推进，为城市环湾、向湾发展注入更多活力。

环湾中心城市不仅在“长大”，更在“变美”。三年里，通过绿化、美化、亮化、净化“四化”提升工程，中心城区已完成10条街路景观整治和14条主干道精细化管理；滨海公园、桃花山公园、金山公园慢线等基本完工，中心市区新增绿地面积高达994万平方米。户外广告、城市“牛皮癣”、“门前三包”、建筑废土运输车辆等专项整治，与交通综合整治等齐头并进，中心市区占道经营、环境卫生及经营秩序、停车管理、立面整治等诸多方面得到有效改善和提升，“国家卫生城市”称号2013年度再度花落泉州。

巩固“城市建设管理年”活动成效，2014年，泉州市开展“环湾规划建设年”活动。围绕加快建设“生态宜居幸福城”的主题，环湾规划方面将提出环湾地区一体化发展战略，加快“优二进三”和产业转型升级，实现泉州中心城区单元控规全覆盖；项目建设方面，初步计划安排项目440个，其中市级实施项目172个，环湾各县（市、区）实施在建项目268个，在更高起点上加快推进泉州环湾、向湾、同城化发展。

海外华文媒体走进泉州

美国、加拿大、澳大利亚、英国和俄罗斯等16个国家的海外华文媒体代表，走进“海上丝绸之路”起点——福建泉州，领略古老的“海上丝绸之路”文明和博大精深的闽南文化。20余名海外华文媒体代表先后走访了位于泉州市博物馆的“世界闽南文化展示中心”和古城内闻名遐迩的泉州开元寺。

“方言古韵美在乡音”“源远流长美在底蕴”“宗族文化美在乡情”“多元信仰美在和谐”……古老的文物展示和多彩的文化内容，吸引各位参观者驻足体味。来自日本《东方时报》编集长朱耀忠走走停停，时而拍照，时而咨询。

“在日本生活、工作20多年间，我对福建印象都是比较模糊的，但是通过这次造访泉州，才发现闽南独特的文化体系和开放包容的个性，收获良多。”朱耀忠说，参观“世界闽南文化展示中心”后，进一步加深了对“海上丝绸之路”的认知。

“泉州华侨华人广泛分布在东南亚等地，他们都希望通过新世纪‘丝绸之路’，让祖（籍）国得到更好的发展。”缅甸《金凤凰中文报》执行总裁张翀说：“泉州华侨在缅甸生活时仍然保留着传统的闽南习俗和文化，与我现在看到场景大同小异，他们每逢重要节假日也会举行隆重的祭祀、祭祖仪式等。”

“此行结束后，我们将计划连续几期开设专版、专题，围绕闽南文化和‘海上丝绸之路’相关活动展开报道。”朱耀忠也同时表示，希望泉州能够加强品牌和文化推广、加大推介力度，并且积极走出以宗亲会、同乡会为主的“华侨圈”，加强文化交流与融合，提升新世纪“丝绸之路”面貌。

在“中国乌龙茶之乡”安溪，华文媒体代表品茶、赏茶艺、走茶学院、访茶企，感受千年茶文化。不少海外华媒代表是首次踏上安溪，近距离感受茶乡发展。吉尔吉斯斯坦《回民报》秘书长茹哈拉·施瓦兹说：“在吉尔吉斯斯坦主要喝的是红茶，以前从不知道铁观音，这次来到安溪，了解到铁观音悠久的历史，也第一次看到茶艺表演，感到非常新鲜。”

2月22日

星期六
农历甲午年正月廿三
温度：8℃—17℃
晴转多云

●泉州启动“环湾建设年”活动。至2013年年底，中心城区建成区面积达188.5平方千米，比2010年年底增加了38.5平方千米。

●美国、加拿大、澳大利亚、英国和俄罗斯等16个国家的海外华文媒体代表到泉州走访世界闽南文化展示中心和泉州开元寺等处，领略“海上丝绸之路”文明和闽南文化保护及传承。

●上午11时许，一辆从莆田开往石狮、车牌号为闽B18853的客车（核载7人），行驶至沈海高速公路驿坂高速收费站附近时，车辆左后轮爆胎后侧翻，造成车上10名司乘人员4人当场死亡、6人受伤。黄少萍、郑新聪对此作出相关指示，许昆貞、林万明等赶赴现场指导救援。

●南安市洪濑溪霞村祠口自然村举办迎灯宴祖民俗活动，踩街队伍由20余个方阵组成，规模盛大。

2月23日

星期日
农历甲午年正月廿四
温度：10℃—18℃
阴转多云

●由中国新闻社主办的“新世纪丝绸之路经济论坛”暨“丝绸之路华媒万里行”活动启动仪式在泉州举行。

●泉州市文化市场综合执法支队、泉州圆梦义工服务中心及丰泽区丰泽街道霞淮社区组织70余名义工开展“邻里守望，情暖泉州”义工服务活动。

“新世纪丝绸之路经济论坛”暨“丝绸之路华媒万里行”活动启动

由中国新闻社主办的“新世纪丝绸之路经济论坛”暨“丝绸之路华媒万里行”活动启动仪式在泉州举行，众多海内外专家学者、华文媒体齐聚一堂，共同解读中国“丝绸之路”的历史、现实和未来。国务院侨办主任裘援平、副主任何亚非；福建省委常委、宣传部部长李书磊，副省长郑晓松；中国国际经济交流中心副理事长魏建国、中国新闻社社长刘北宪、中国国际贸易促进会副会长张伟、外交部国际经济司副司长刘劲松、商务部国际贸易谈判代表秘书局局长沈丹阳；泉州市委书记黄少萍、市长郑新聪；西安市副市长韩松等领导出席相关活动。来自20多个国家和地区的海外华文媒体代表、丝绸之路专家顾问团代表、沿线国家使节代表、沿线城市及企业代表和中央及地方相关部门负责人等参加相关活动。

裘援平在致辞中指出，推进“丝绸之路经济带”和“海上丝绸之路”建设是中央作出的重大战略决策，写入了《中共中央关于全面深化改革若干重大问题的决定》，被称为推进中国新一轮对外开放的重要举措，一幅面向新世纪的新丝绸之路伟大蓝图正徐徐展开。两条丝绸之路，一条沿陆，一条向海，途经地区在我国周边外交战略中占重要位置。丝绸之路经济带和海上丝绸之路是面向未来的新世纪丝绸之路，既与古老的陆海两条丝绸之路一脉相承，又充分体现了崭新的时代特点，是在新技术条件下对古老交通通道的复兴和拓展，充分兼顾国际国内两方面需求。新世纪丝绸之路的构想将世界上最大的亚欧大陆更加紧密地连接在一起，不仅有利于促进贸易、繁荣经济，也有利于东西方文明的交流与融合，还将促进不同民族、文化、族群之间的相互理解和包容，重新激活这两条古老的贸易通道，对沿途国家的经济建设、地区繁荣乃至世界经济文明的平衡发展，都具有重大的战略意义。裘援平希望海外华人华侨积极参与新世纪丝绸之路建设，全球华文媒体积极参与新世纪丝绸之路报道，向世界传播新世纪丝绸之路的理念，共铸一个伟大的中国梦、地区梦和世界梦。

黄少萍代表泉州市委、市政府和836万侨乡人民欢迎各界嘉宾的到来。黄少萍指出，本次启动仪式在泉州举办，对泉州展示“海丝”历史传承、建设“东亚文化之都”、打造“21世纪海上丝绸之路先行区”具有重要意义。泉州是古代“海上丝绸之路”起点城市、中国首批公布的历史文化名城，早在宋元时期就是“涨海声中万国商”的“东方第一大港”，多元文化在这里交汇交融、相生相长，全市处处可见“海丝”遗存，泉籍乡亲沿着“海丝”之路走向世界。1991年联合国教科文组织进行“海上丝绸之路”考察时把泉州列为最重要的考察城市之一，并把全球首个“世界多元文化展示中心”确立在泉州。2013年9月，泉州凭借丰富的“海丝”历史文化遗存当选首届“东亚文化之都”。2014年元宵节期间，泉州成功启动“东亚文化之都活动年”。接下来，泉州将主动对接国家“建设21世纪海上丝绸之路”战略，启动古港转型升级行动，谱写新丝路未来的美好乐章。

同日，还举办了“丝绸之路”大讲堂和“丝绸之路”商机对话会。郑新聪在对话会发言中指出，泉州人素有爱拼敢赢、兼容并蓄、海纳百川、善于开拓的性格特质；泉州在海上丝绸之路发展史上占据着重要位置，谱写了辉煌篇章。中央关于推进“丝绸之路经济带”和“海上丝绸之路”建设的战略部署为泉州带来新的发展机遇，泉州将致力建设21世纪海上丝绸之路先行区，以“文化引领、经贸合作、互联互通、互惠互利”为主线，在产业、旅游、文化、金融等领域主动作为、先行先试，营造口岸便利、投资便利、服务快捷的发展环境，搭建沟通、洽谈、展示平台，为复兴海上丝绸之路担当排头兵和试验田。

活动现场 （图/陈起拓）

党的群众路线专题讲座暨处级干部集中轮训班开班

为深入学习贯彻总书记习近平系列讲话和中共十八届三中全会精神，组织好党的群众路线教育实践活动集中学习，党的群众路线专题讲座暨处级干部集中轮训班开班仪式在市委党校举行。根据安排，2月24日至3月19日，泉州市将分7期对全市处级干部进行集中轮训。市领导黄少萍、郑新聪、陈海基、杨俊峰、沈耀钦、翁祖根、陈庆宗、林伯前参加开班仪式；省委第四督导组组长李德仁、副组长郑恢先到会指导。

“开展党的群众路线教育实践活动，抓好学习教育是首要环节、首要任务。”市委书记、市委党的群众路线教育实践活动领导小组组长黄少萍在开班仪式上作动员讲话，并就做好集中轮训工作提出四点要求。一要提升认识，增强学习的紧迫感、自觉性。深入领会把握总书记习近平系列讲话和十八届三中全会的丰富内涵、精神实质，增强贯彻执行党的群众路线的自觉性和坚定性，进一步提高引领推动泉州改革发展的理论水平、领导能力。二要明确重点，保质保量完成学习任务。在有限的时间里，真正静下心、沉下身，深入掌握运用总书记习近平讲话中蕴含的科学思维方式、战略导向、工作方法；围绕十八届三中全会提出的国家治理体系和治理能力现代化目标，认真理解领会改革导向、做好推进改革思想准备；深化对群众路线的认识，提高纠正“四风”的行动自觉，为下一步以整风精神查摆问题、开展批评和自我批评、整改落实等打好基础。三要知行合一，把实践作为衡量学习成效的重要标准。通过学习找准推动全面深化改革和群众路线教育实践活动的结合点，特别是围绕市委关于实施“三大战略”、深化“金改区”建设、拓展“民综改革”、建设“东亚文化之都”、打造“海上丝绸之路”先行区等重要决策，深入思考服务推动大局的着力点，把学习成果转化为工作思路；找准整治“四风”顽症和破解改革难题的结合点，坚持问题导向，深入思考服务发展、服务企业、服务群众中的薄弱环节和“四风”问题，务求更大实效。四要严明纪律，确保学习活动取得预期效果。参加轮训的各地各部门领导干部要自觉遵守培训纪律，充分利用此次学习机会，相互取长补短、交流心得体会，以饱满的精神状态、端正的态度、良好的学风投入集中轮训，力争取得丰硕的学习成果！

市长、市委党的群众路线教育实践活动领导小组副组长郑新聪主持开班仪式，并要求全市处级领导干部要真正武装头脑，认真学习、全面领会、准确把握总书记习近平系列讲话和十八届三中全会的丰富内涵、精神实质，更加积极主动投入教育实践活动中去。开班仪式后，中央党校党建教研部主任王长江教授作主题为《深入扎实地开展党的群众路线教育实践活动》的专题辅导讲座。

《泉州市失业保险实行市级统筹规定》出台

《泉州市失业保险实行市级统筹规定》出台。2014年起，失业保险实行市级统筹，在泉州市行政区划内，参加失业保险的单位及其人员，同属一个统筹区，实行统一参保范围、统一缴费标准、统一待遇计发办法、统一经办流程、统一基金管理、统一信息系统的制度。市级统筹后的缴费标准仍统一按《福建省失业保险条例》规定筹集，即：用人单位按职工月工资总额的2%、职工个人按本人月工资额的1%缴纳失业保险费。对难以确定缴费基数的非公有制企业，可采取定额征收的办法。在市本级参保缴费的失业人员，其失业保险待遇的申请领取、审核、发放由市本级失业保险经办机构负责；在各县（市、区）、泉州台商投资区参保缴费的失业人员，由所在县（市、区）、泉州台商投资区失业保险经办机构负责办理。属于本统筹区内参保人员的失业保险关系随劳动关系转移，但不办理失业保险基金转移。

泉州海关迈入通关无纸化时代

作为全国海关深化通关作业无纸化改革第二批试点，泉州海关开始在泉州关区范围内全面推广通关作业无纸化改革，此次改革将改变传统通关模式，报关单证将由以往的纸质审核为主转向电子数据审核为主。通过管理资源整合优化，将使关区内80%的企业实现通关全程无纸化，进一步提高通关效率。通关无纸化作业适用企业范围为海关管理类别B类及以上企业。企业可至中国电子口岸通关“通关无纸化签约系统”进行签约申请，申请通过后，即可进行无纸化通关作业。

2月24日

星期一
农历甲午年正月廿五
温度：12℃—21℃
多云

●泉州市党的群众路线专题讲座暨处级干部集中轮训班开班仪式在市委党校举行。

●泉州海关开始在泉州关区范围内全面推广通关作业无纸化改革，报关单证由以往的纸质审核为主转向电子数据审核为主。

●泉州市失业保险实行市级统筹规定》出台。

●泉州海关在泉州关区范围内全面推广通关作业无纸化改革。

2月25日

星期二
农历甲午年正月廿六
温度：13℃—22℃
多云转阴

●市委常委集体学习《论群众路线——重要论述摘编》，围绕“对党的群众路线的认识”，开展专题讨论活动，进一步深化思想认识，增强行动自觉。

●泉州市举行“数控一代”机械产品创新应用示范工程首批项目签约仪式和“国家数控系统工程技术研究中心泉州分中心”揭牌仪式。

●中国篮协公布新一届国家队名单，泉州银行两大主力队员王哲林、赵泰隆入选。

市委常委开展党的群众路线专题学习讨论活动

市委常委集体学习《论群众路线——重要论述摘编》，围绕“对党的群众路线的认识”，开展专题讨论活动，进一步深化思想认识，增强党政群众路线的自觉。活动由市委书记、市委党的群众路线教育实践活动领导小组组长黄少萍主持。市委副书记、市长、市委党的群众路线教育实践活动领导小组副组长郑新聪，市委常委陈沈阳、沈耀钦、翁祖根、刘卫国、陈庆宗、林伯前参加。

常委们结合各自思想和工作实际，从革命、建设、改革的历史出发，立足实现“中国梦”，围绕对党的群众路线的认识，以及开展党的群众路线教育实践活动的重大意义、指导思想、目标任务、总体要求、基本原则等内容，畅谈学习体会，进行交流讨论。常委们表示，党的历史反复证明，人民群众是历史的创造者，群众路线蕴含着党兴衰成败的全部秘密。中国共产党始终把群众路线作为党的生命线和根本工作路线，始终将全心全意为人民服务作为党的根本宗旨，要求党员干部保持清正廉洁的政治本色，坚持以人为本、执政为民，时刻保持与群众的血肉联系。开展群众路线教育实践活动是对党的优良传统的继承和弘扬，是新形势下坚持党要管党、从严治党的重大决策。要按照中央、省委、市委的部署要求，切实增强开展教育实践活动的自觉性和责任感，认真参加各个环节的学习教育活动，突出作风建设，贯彻整风精神，带头边学边查边改，从群众最关心、反映最强烈的问题入手，及时呼应群众在各领域的合理诉求，全心全意为人民服务，扎扎实实推动发展。

黄少萍在学习讨论活动结束时强调，开展教育实践活动，学习是首要任务。市委班子要带头当好学习标兵，按照中央、省委、市委的部署将相关书目精神学深、学透、学到位，深刻领会党的群众路线的精髓，提高纠正“四风”的行动自觉，通过学习补足理想信念之钙，为下一步以整风精神查摆问题、开展批评和自我批评、整改落实等打好基础。要把参加教育实践活动与推动当前各项工作相结合，与贯彻落实打造“泉州经济升级版、改革创新示范区、生态宜居幸福城”三大战略、深化金融改革、拓展民综改革、建设“东亚文化之都”、打造“海上丝绸之路”先行区等市委重要部署相结合，以更好地完成全市经济社会各项指标来检验教育实践活动成果

泉州“数控一代”机械产品创新应用示范工程首批项目签约

泉州市举行“数控一代”机械产品创新应用示范工程汇报会、首批项目签约仪式和“国家数控系统工程技术研究中心泉州分中心”揭牌仪式，中国工程院院长周济，副省长洪捷序，国家自然科学基金委员会副主任姚建年，黄少萍、郑新聪、杨俊峰等市四套班子领导参加相关活动，并深入生产一线、科研单位考察调研。周济作题为《以数字化网络化智能化为主线 创新驱动 转型升级》的讲座。在听取泉州相关工作汇报后，周济表示，当前，科学技术已经成为推动经济社会发展的主要力量，即将出现的新一轮科技革命和产业变革与中国加快转变经济发展方式形成历史性交汇，为实施创新驱动发展战略提供难得的重大机遇。政府、企业乃至全社会对此要提高认识，抓好“产业需求牵引”和“技术引进研发”，破解科技与经济脱节的“两张皮”现象，加快科研成果产业化。泉州的产业发展令人振奋，实施“数控一代”工程需求巨大、前景广阔。党委政府要加强领导，深入实施创新驱动战略，推动泉州制造加快更新换代，成为中国制造走向世界前沿的一支有生力量。市委书记黄少萍指出，在泉州经济爬坡过坎、换挡提级的重要关口，实施国家“数控一代”示范工程，对民营经济发达、产业基础良好的泉州具有重要的现实和战略意义，为破解发展瓶颈、加快创新转型打开新突破口、带来新机遇。泉州将以此作为拓展民营经济综合配套改革、推动民营企业“二次创业”的重要抓手，切实加强组织领导，强化政策支持，集聚创新资源，全力推动实施，打造泉州制造升级版。希望各位领导、专家持续关注指导，让示范工程发挥作用，辐射带动泉州发展。市长郑新聪表示，实施创新驱动战略是争创区域发展新优势的关键所在，泉州将从经费、政策、宣传等方面为国家“数控一代”示范工程实施做好保障工作，积极争取国家试点，加强项目运作，出台鼓励产学研用紧密结合的措施，精心打造平台，建好人才队伍，加快“数控一代”技术推广应用，全面提升包括机械产业在内的装备产业发展水平。

省委督导组听取泉州市开展党的群众路线教育实践活动情况汇报

省委第四督导组听取泉州近阶段开展党的群众路线教育实践活动情况汇报。省委第四督导组第一组长曹德淦出席汇报会并讲话，市委书记、市委党的群众路线教育实践活动领导小组组长黄少萍汇报泉州市2013年以来谋划推动经济社会发展和开展党的群众路线教育实践活动的情况。省委第四督导组组长李德仁、副组长郑恢先以及督导组全体成员，市领导、市委党的群众路线教育实践活动领导小组副组长郑新聪、陈沈阳、沈耀钦、陈庆宗参加。

在听取汇报后，曹德淦对泉州开展教育实践活动工作给予肯定。曹德淦指出，一段时间来，泉州市委把深入开展党的群众路线教育实践活动作为当前首要的政治任务来抓，早准备、早部署、早行动，扎实推进活动前期准备和开局各项工作，为活动深入开展奠定良好基础。曹德淦强调，要抓好学习教育、听取意见。精心制定学习计划，深入开展组织动员，同时采取“请进来、走出去”“面对面、背靠背”等多种方式，广泛听取群众意见建议，切实做到真心听意见、开门搞教育。要注重梯次展开、压茬进行。市四套班子、市直单位和县级领导机关、基层单位逐级间隔启动，全面动员部署，形成一步扣一步，一环扣一环的良好局面。要践行“四下基层”“马上就办”。把学习教育和整改落实协调同步贯穿在教育实践活动全过程中，坚持边学边查边改，抓好建章立制，促进发现的问题得到及时有效整改落实。要全力服务大局、推动发展。立足泉州“民办特区”的实际，因地制宜，纠正“四风”，打通服务群众、服务企业“最后一公里”，加快建设国家级“金改区”、省级民营经济综合配套改革试验，更好推动泉州经济社会持续健康发展。

黄少萍在汇报时表示，上年以来，泉州市按照中央和省委统一部署，在省委第四督导组的精心指导下，扎实推动教育实践活动开好局、起好步。一是坚持不坐等观望，同步“预热”活动。中央、省委第一批活动启动后，市委第一时间启动工作，扎实推进“四下基层”和“马上就办”，深入贯彻八项规定，整治“四风”问题，着力做好第二批活动准备工作。二是注重配强力量，健全工作机构。市委及时成立党的群众路线教育实践活动领导小组，并抽调精干力量组成25个市委督导组。三是迅速动员组织，推动顺利开局。在活动中坚持领导带头、市县联动，注重专题培训、提升素质，加强宣传引导、氛围营造。四是突出泉州特色，创新自选动作。坚持推动教育实践活动和推进改革工作，整治“四风”顽症和破解改革难题，树立形象、提振精神和凝心聚力相结合，同时以“为民服务走前头，深化改革当标兵”为特色载体，设计系列自选动作，提出“四风”问题重点解决方向。五是注重领导带头，发挥示范作用。通过带头制定方案、带头先学一步、带头联系指导、带头整改问题，形成一级做给一级看、一级带着一级干的生动局面。黄少萍表示，下一步，泉州将按照省委督导组的要求，总结、推广第一批活动的典型经验，坚持“两手抓、两不误”，努力通过活动，进一步激发广大党员干部的工作热情、进取精神，为推动泉州新一轮改革发展注入强大动力。

《泉州礼数》出版

在获评中国首个“东亚文化之都”后，泉州古城复兴计划的各项工作全面展开。作为市委宣传部、市委文明办为市民献上的一道文化大餐，《泉州礼数》一书正式出版。本书以一户闽南人家的日常生活为主轴，通过亲人、邻里、朋友间的互动，以亲切、平实的情景展开描述，从中整理和展现泉州本土的传统“礼数”，并介绍一些常用的现代文明礼仪，旨在为传承和推广泉州“礼数”尽一份绵薄之力，也希望借此让更多人关注和了解泉州“礼数”，为建设更加美丽、文明的泉州共同努力。值得一提的是，书中收编不少闽南语方言中与礼数相关的常用词、俗语等，在长达一年时间的编撰过程中邀请泉州本土知名专家、学者对内容进行反复推敲、审核，以期让本地青少年、外地读者对闽南风俗有一定了解。《泉州礼数》一书突破“章程法规式”的常规编写方法，通过本土特色的语言表达和手绘漫画的形式，将泉州传统美德与现代生活的文明礼仪很好地结合起来，既是泉州风俗文化的普及读本，亦是泉州人文明建市之昭示。

2月26日

星期三
农历甲午年正月廿七
温度：14℃—20℃
多云转阵雨

●省委第四督导组听取泉州近阶段开展党的群众路线教育实践活动情况汇报。

●为期三天的党的群众路线专题讲座暨泉州处级干部第一期集中轮训班在市委党校结业。

●《泉州礼数》出版。

2月27日

星期四
农历甲午年正月廿八
温度：14℃—20℃
阴转多云

●市委召开政法工作会议，学习贯彻中央、省委政法工作会议精神，总结上年工作，部署当前和今后一个时期的政法工作。

●市人大常委会机关召开党的群众路线教育实践活动动员大会。

●连日来，市政府先后召开两次党组会议，贯彻落实省委第四督导组第一组长曹德淦在泉州市教育实践活动汇报会上提出的要求和全市党的群众路线教育实践活动动员大会精神，研究部署市政府班子群众路线教育实践活动，开展集体学习和专题讨论。

●市政协召开机关党的群众路线教育实践活动动员大会。

●全省出口食品农产品质量安全示范区建设现场会在安溪召开。

●泉州经济年会年度峰会在晋江举办。

●匈牙利亚洲中心、泉州贸促会（泉州国际商会）联合举办匈牙利福建品牌展推介暨中东欧企业（泉州）采购会。

●第七次全国武术工作会议暨第十届中国武术协会换届会议在山东召开，会上泉州南少林国际学校作为全国“2010—2013年十杰武术学校”受到表彰。

●2013年度“泉州十佳公交司机”表彰大会在公交大厦举行，10名“十佳公交司机”和10名“优秀公交司机”获奖。

市人大常委会机关动员部署党的群众路线教育实践活动

市人大常委会机关召开党的群众路线教育实践活动动员大会，部署党的群众路线教育实践活动。会议要求，市人大常委会机关全体党员、干部要深刻认识开展群众路线教育实践活动的重大意义，把思想和行动统一到中央和省委、市委的部署和要求上来，通过开展教育实践活动，更加自觉地践行党的群众路线，更加充分地反映民愿，更加广泛集中民智，努力把人大建设成同人民群众保持密切联系的代表机关。要准确把握教育实践活动的总体要求和重点环节，结合机关实际，落实省委、市委精神和决策部署，推进各个环节的实践活动。要突出问题导向，找准找实并认真解决“四风”问题；认真贯彻、从严要求，学习要抓实、问题要找准、工作要兼顾；坚持相信群众、依靠群众，充分发挥群众积极性。要加强领导，把握改进方向，抓住实践契机有针对性地解决问题；发挥人大密切联系群众的优势，自觉接受群众监督，保证群众路线教育实践活动达到预期目标。

市政协机关党的群众路线教育实践活动动员会召开

市政协召开机关党的群众路线教育实践活动动员会。市政协主席杨俊峰，副主席吴共湖、苏小青，秘书长洪川夫参加会议。市政协副主席骆沙鸣应邀参加会议。市委党的群众路线教育实践活动第十四督导组一行到会并讲话。杨俊峰作动员部署中指出，要以习近平总书记重要讲话精神统一思想，充分认识开展教育实践活动的重大意义。要严格按照中央、省委和市委的要求，联系政协实际扎实开展活动，把“照镜子、正衣冠、洗洗澡、治治病”的总要求贯穿始终，着力做好“学习教育、听取意见，查摆问题、开展批评，整改落实、建章立制”三个规定动作，创新“一改两创三提高”等“自选动作”，即“改进工作作风，创新协商形式、创新委员管理，提高委员素质、提高服务质量、提高履职水平”，从而建立健全政协密切联系群众服务群众的常态长效机制。

泉州经济年会年度峰会举办

泉州经济年会年度峰会在晋江举办，600多位企业家参加活动。作为区域内最重要的经济界盛会之一，此届年会热度高涨，不少企业界人士在年会召开前夕闻讯赶来，现场一再加座。活动由市委宣传部、市经贸委、市科技局、市金融工作局、市工商业联合会、泉州晚报社主办。峰会上，年度十大市民最喜爱的品牌企业、年度经济人物、年度十大经济事件、年度优秀泉属异地商会、年度最具成长力的科技小巨人榜单揭晓。以电子商务为主题的《2013泉州民营经济蓝皮书》首次发布。国务院参事室特约研究员、著名经济学家、国家统计局原总经济师姚景源作《新商业模式的机遇与挑战》主题演讲。活动现场，姚景源还与四位泉州企业代表，结合泉州实体经济环境，围绕商业模式创新、金融服务实体经济等问题展开讨论。

年会会场　（图/陈起拓）

匈牙利企业组团到泉州采购

来自匈牙利的十多家企业组团到泉州，向泉州企业传递中东欧市场需求信息，抛来采购泉州品牌产品的“橄榄枝”。当日举行的匈牙利福建品牌展推介暨中东欧企业（泉州）采购会由匈牙利亚洲中心、泉州贸促会（泉州国际商会）组织。匈牙利企业与泉州企业的代表近距离交流市场需求信息，洽谈合作事宜。其中，9家匈牙利企业共经营范围涉及种子、茶叶、食品、家纺、家具、办公用品、包类、鞋类、户外服装以及装备、建材等多个领域。而这些产品正是泉州企业的经营强项。到场的70多家泉企带来各自的产品样本、产品介绍等，并邀请匈牙利企业实地考察。此次是匈牙利亚洲中心第一次组织匈牙利企业直接来泉采购。采购会上，共有20多家泉企与匈牙利企业签订合作意向书。

市纪委部署开展党的群众路线教育实践活动

市纪委召开机关党的群众路线教育实践活动动员大会，部署在市纪委监察局机关开展教育实践活动。会议要求，要提高思想认识，以高度的责任感、紧迫感投入到教育实践活动中。充分认识开展教育实践活动的重要意义，真正把思想和行动统一到中央、省市的部署和要求上来。要把握关键环节，高标准完成好教育实践活动各项任务，通过开展学习教育，找准存在的突出问题，通过群众提、自己找、上级点、互相帮，认真查摆"四风"方面的问题，抓好整改落实，大力推进建章立制，围绕纪检监察工作创新发展，完善查办案件、执纪问责、效能建设、纠风治乱、基层党风廉政建设等方面的做法，特别是要探索建立直接联系服务群众、解决群众诉求方面的制度，形成保障民生、维护民利的长效机制。要加强领导，确保教育实践活动取得实效；通过落实责任，领导带头，统筹兼顾，把开展教育实践活动与做好当前纪检监察工作紧密结合起来，把活动中形成的成功经验转化为有效推进本职工作的思路和方法，以反腐倡廉建设的新成效来检验教育实践活动的成果。

全市安全生产工作重点确定六方面工作

市安委会研究部署2014年全市安全生产工作，要求各级各部门要全面贯彻落实习近平总书记等中央、省、市领导关于安全生产工作的重要讲话和批示精神，按照全国、全省安全生产电视电话会议要求，以深化改革为动力，以开展"安全发展示范城市"创建工作为载体，坚持科学发展、安全发展，坚守红线，强化责任，注重预防，狠抓治本，依法治理，夯实基础，有效防范遏制重特大事故，继续降低安全生产事故总量。2014年重点抓好以下六方面工作。

第一是强化红线意识，着力落实各方安全生产工作责任。认真学习习近平总书记等领导同志关于安全生产工作的重要批示和讲话精神，树立忧患意识，强化底线思维和红线意识，增强科学抓好安全生产工作的自觉性。第二是强化科学监管，着力推进创建安全发展示范城市。将认真按照工作方案和规划，严格落实联席会议、宣传培训等6项制度，全面开展创建活动。第三是强化综合治理，着力加强重点领域和薄弱环节整治。持续开展道路交通、消防火灾、危险化学品、煤矿、非煤矿山、工贸、特种设备、建筑施工、燃气、液氨，油气、危险化学品管道等重点行业（领域）专项整治，狠抓隐患排查和治理，把工作做细做实，进一步改善行业安全状况。第四是强化安全检查，着力规范安全生产工作秩序。将继续深入开展安全生产大检查"回头看"工作。组织开展企业自查自报，创新监管方式，真查真改，严格行政执法，开展新修订的《中华人民共和国安全生产法》的普法宣传等。第五是强化本质安全，着力提升安全生产保障能力。持续深化标准化建设，认真按照"一级抓巩固、二级抓提升、三级抓改进"的原则，进一步巩固三级达标企业的创建质量，提升二级达标创建面；加大安全生产投入；强化安全生产应急管理等。第六是强化宣传教育。着力凝聚各方安全生产共识，推动建立政府牵头的宣传教育联席会议制度，建立专门的安全生产宣传教育中心，配备专职人员，落实专项经费；充分利用电视、广播、报纸、互联网等媒介，在全市范围内广泛开展安全生产宣传教育活动；强化高危行业、企业一线员工和农民工安全培训，增强安全生产意识。

晋江获权签发外国人签证证件

公安部出入境管理局批复同意授权晋江市公安局出入境管理大队在条件具备时受理签发外国人签证证件的权限。针对来晋江的外商"大出大进、快出快进"的特点，晋江市公安局积极向上级公安机关申请，得到支持。审批权限的下放，一方面将极大地促进晋江外向型经济的快速发展，为"招商引资"营造良好的出入境环境；另一方面将极大地方便在晋江的外国人签证居留申请以及台商出入晋江申请和本地常住居民往来港澳台的申请。同时，也将大大节省申请人员的交通费用和时间、精力，为申请人提供便利，进一步推动晋江市出入境管理工作以及晋江往来港澳台管理工作的健康有序发展。

2月28日

星期五
农历甲午年正月廿九
温度：12℃—21℃
多云

●市纪委召开机关党的群众路线教育实践活动动员大会。

●市委办系统召开党的群众路线教育实践活动动员会。

●市国资监管企业工作会议召开，部署2014年国资监管和国企改革发展工作。

●人民的好医生蔡立忠的母校泉州台商投资区惠南中学举行报告会，报告该校校友蔡立忠的感人事迹，号召全校师生学习蔡立忠纯朴做人、勤奋做事的精神。

●"关爱外来工吴玉平，百名艺人爱心接力"慈善义演活动在石狮市德辉广场举行。

●全市安全生产工作重点确定。

●晋江获权签发外国人签证证件。

3月1日

星期六
农历甲午年二月初一
温度：14℃—22℃
多云

●市政协十一届三次会议提案交办会召开。

●泉州南音国际学术研讨会在泉州师院举行。

●由中央人民广播电台与中国农业银行主办的广播惠农之“十八届三中全会精神宣讲入乡村”系列公益活动到惠安县崇武镇潮乐村解读相关政策。

●即日起，动车实行新的运行图，经停泉州站的趟次增加7趟，总共150趟。

●“谁是球王”中国羽毛球民间争霸赛华东赛区总决赛在浙江杭州落幕，泉州市羽毛球协会代表队勇夺老年无差别组冠军和女双亚军。

●1—8日，“宝珊杯”2014年国际网联女子巡回赛·泉州站比赛在宝珊花园网球场上演。

●3月1日是藏历的除夕。在市区华侨职校，西藏班的同学们围坐在一起搓古突。藏历除夕夜吃古突是藏族人民的传统习俗，寓意除旧迎新。

市政协十一届三次会议提案交办会召开

市政协十一届三次会议提案交办会召开。市政协十一届三次会议共收到提案569件，二审立案525件，交由承办单位负责办理，其余44件将作为委员来信转有关部门研究参考。会议要求，各承办单位要提高办理实效，严格办理程序，加强跟踪督办，主动与委员联系沟通，以提高满意率和落实率为核心，推动提案办理进一步由答复型向落实型转变。2014年，泉州市继续实行市政府、市政协领导联合督办重点提案；继续把提案办理工作列为绩效考核内容之一，对久拖不复的单位进行效能问责。

泉州南音国际学术研讨会举行

作为“东亚文化之都•2014泉州活动年”开幕系列活动之一，泉州南音国际学术研讨会在泉州师院举行。本次研讨会由泉州师范学院、南音文化传承与发展省级2011协同创新中心、福建师范大学海峡两岸文化发展省级2011协同创新中心联合主办。包括韩国、新加坡、日本及中国台湾等国家和地区的专业南音团体、艺术院校、文化学术研究机构的专家学者与会，就南音的弹唱技巧、传承与发展等展开研讨。

农科院经济专家到惠安宣讲十八届三中全会精神

由中央人民广播电台与中国农业银行主办的广播惠农之“十八届三中全会精神宣讲入乡村”系列公益活动到惠安县崇武镇潮乐村，为大家带来一场寓教于谈的精彩宣讲活动，200多名村民现场聆听相关政策的解读。此次宣讲活动在青年曲艺演员马星野的快板《三中全会开红花》中拉开序幕。农业科学院农村经济与发展研究所所长秦富则结合大量基层调研，宣讲中央关于全面深化改革的精神，以互动问答的方式着重讲解农民财产权利、农村土地承包、农村宅基地、新农村建设、城镇化建设等农民群众关心的问题和相关政策，村民们与专家进行现场互动交流，气氛热烈。

“宝珊杯”2014年国际网联女子巡回赛泉州站比赛举行

1—8日，“宝珊杯”2014年国际网联女子巡回赛•泉州站比赛在宝珊花园网球场精彩上演。“宝珊杯”2014年国际网联女子巡回赛•泉州站是由国际网联授权、中国网球协会主办，泉州市体育局、泉州市体育总会、南益地产承办，泉州市网球协会、中国移动协办的国际网球传统赛事。此项赛事是国际网联（ITF）旗下的正式积分赛，设立女单和女双两个项目，女单冠军选手可以获得70个ITF和WTA积分。此次泉州站的比赛是国际职业网球赛事在中国境内巡回的重要一站，为中国选手提供了与外国选手交流、竞技的平台，是国内选手们获取相应排名积分的重要途径，也是检验国家队冬训成果的比赛。本届泉州站比赛是“东亚文化之都•2014泉州活动年”的一项活动，吸引来自12个国家和地区的60多位职业网球女将前来参赛。徐一璠、詹谨伟夺得女双冠军。8日，决赛压轴上演，哈萨克斯坦选手迪亚斯夺得女单冠军。

动车新运行图实行

即日起，动车实行新的运行图，经停泉州站的趟次增加7趟，总共150趟。此外，网购动车票都须经过实名验证，票、证、人一致方可购票乘车。调图后，增加深圳北—福州南2对，南昌西—深圳北1趟，龙岩—福鼎1对，龙岩—福州2对，漳州—福州2对，漳州—九江1趟，漳州—南昌1.5对，漳州—南昌西2对，漳州—三明北1对，厦门北—福鼎1对，厦门北—南昌西2对，厦门北—南昌1趟，厦门北—福州12对，厦门北—泰宁1对。与此同时，部分线路动车将减少趟次。晋江站趟次也将相应进行调整，净增加7趟动车。增加福鼎—龙岩1趟、厦门北—福州7.5对、厦门北—泰宁1对、南昌西—厦门北1.5对、南昌西—漳州1对、深圳北—福州南4对、南昌—漳州1趟、九江—厦门北1趟、福州—漳州2趟。

泉州十一个园区入选省级文化产业园区

省委宣传部、省发改委等九部门下发《关于公布全省文化产业园区名单的通知》，公布81个在建或基本建成的文化产业园区，泉州11个文化产业园区入选。泉州入选的11个文化产业园区分别是：晋江市创意创业创新园、中国包装印刷产业（晋江）基地、晋江市洪山文化创意产业园区、泉州锦绣庄民间艺术园、泉州惠安雕艺文化创意产业园、星期yi服饰创意博览园、南安市工业设计与创意产业园、中国工艺香集中区（永春香品产业园）、领SHOW天地文化广告创意园、泉州T淘园——六井孔文化创意产业园。这些园区运营的主要业态包括文化创意和设计服务、文化产品的辅助生产、文化用品的生产、工艺美术品的生产、广播电视电影服务、文化休闲娱乐服务、文化艺术服务等领域。

市妇联十三届三次执委（扩大）会议召开

市妇联十三届三次执委（扩大）会议召开。会议提出2014年全市妇女工作将以“巾帼建新功、共筑中国梦”为主题，以“争六好、创特色”为主线，以实施巾帼“四大行动”为抓手，实施和谐家庭文化创建活动，在争当全面深化改革“排头兵”中发挥“半边天”应有的作用。全市各级妇联组织将继续重点做好“家庭”工作，开展以家庭文化、家庭教育、家庭服务为主要内容的和谐家庭文化创建活动，以家庭和美促进社会和谐。家庭文化方面，“三八”节期间举办以“弘扬好家风、共筑中国梦”为主题的和谐家庭文化创建活动，制作家庭电视公益广告片，举办首届“感动泉州十佳美德家庭暨家庭美德人物”颁奖仪式。召开全市“和谐家庭文化”创建活动交流观摩推进会，培育“和谐家庭文化”创建示范点13个，组织美德家庭、美德人物深入基层巡讲。家庭教育方面，继续举办家庭教育巡回讲座，培育一批家庭教育工作新典型，促进孩子健康成长。家庭服务方面，依托市妇女儿童活动中心设立家庭服务和家风建设指导中心。开展“美丽家庭”“巧主妇”培训班、家政培训进乡村（社区）、儿童自理能力培训班等家庭建设年系列活动，服务“美丽家庭”和“美丽乡村”建设。

市妇联将实施巾帼“四大行动”，建设“坚强阵地”和“温暖之家”。“巾帼建功行动”：深化巾帼建功和双学双比活动，培育扶持一批省市级巾帼示范村（基地）。组织发动各行各业妇女参与岗位练兵、技能比武和劳动竞赛。打造“一街一线”（一条巾帼文明示范街、一条巾帼文明示范公交线）团体示范岗。“巾帼维权行动”：落实两纲发展目标，推动实施安溪县妇女创业就业和洛江区关爱农村留守流动儿童示范项目。全面建立妇女维权三项制度，打造12个维权“三制”示范点，当好妇女群众的“娘家人”。“巾帼关爱行动”：组织开展大型募捐和“为贫困母亲圆梦行动”，举办贫困母亲专场公益家政培训班，为贫困母亲脱贫致富提供一技之长。做好农村妇女“两癌”检查和妇女常见病检查的组织宣传和动员工作。持续实施“春蕾计划”，举办第七届“春蕾夏令营”、“爱心献春蕾”暑期培训班等活动，打造妇女儿童公益慈善活动品牌。“巾帼成才行动”：面向职业女性、农村妇女、创业女性群体，开展职业技能、实用技术和创业就业能力培训。面向各级妇女干部，组织参加省妇联调训，及乡镇、市直机关妇干岗位培训班等，提升妇干队伍履职能力。评选、表彰一批省、市三八红旗手（集体），广泛宣传新时期先进妇女典型。

泉州·群众路线网开通

由泉州市委党的群众路线教育实践活动领导小组办公室主办、泉州网承办的泉州市党的群众路线教育实践活动官方网站——泉州·群众路线网（qzlx.qzwb.com）正式开通。泉州·群众路线网是泉州市教育实践活动信息交流的重要平台，是群众参与、开门搞活动的重要载体。作为活动官方网站，泉州·群众路线网开设活动要闻、活动影像、学习平台、媒体关注、互动交流五大部分，集成文字、图片、音频、视频、动漫等多种表现形式，将全方面、多角度、立体化反映教育实践活动的开展情况，为泉州市党的群众路线教育实践活动提供新的宣传平台。

3月2日

星期日
农历甲午年二月初二
温度：12℃—18℃
小雨

●《泉州市新型城镇化规划（2014—2020年）》（征求意见稿）制定完成。规划提出，泉州市新型城镇化工作主要任务是有序推进农业转移人口市民化、优化城镇化布局形态、强化城镇化发展产业支撑、提高城镇综合承载能力、推进城乡发展一体化和创新城镇化发展体制机制。

●泉州11个园区入选省级文化产业园区。

●市妇联十三届三次执委（扩大）会议召开。2014年，全市妇女工作将以“巾帼建新功、共筑中国梦”为主题，实施和谐家庭文化创建活动，努力在争当全面深化改革“排头兵”中发挥“半边天”应有的作用。

●泉州·群众路线网开通。

3月3日

星期一
农历甲午年二月初三
温度：11℃—16℃
阴

●省委常委、组织部部长姜信治率省委落实党风廉政建设责任制第五检查组到泉州，就泉州市2013年度落实党风廉政建设责任制情况进行专项检查。

●党的群众路线教育实践活动先进典型事迹巡回报告会泉州专场在泉州影剧院举行。

●市委组织部召开党的群众路线教育实践活动动员会，部署安排部机关教育实践活动。

●鲤城区召开党的群众路线教育实践活动动员大会。

●丰泽区委召开全区党的群众路线教育实践活动动员大会。

●泉港区召开全区深入开展党的群众路线教育实践活动动员大会。

●石狮组团参加2014年中国国际纺织面料及辅料（春夏）博览会。

市委组织部召开党的群众路线教育实践活动动员大会

市委组织部召开党的群众路线教育实践活动动员会，部署安排部机关教育实践活动。市委第十五督导组到会指导。会议要求，部机关全体组工干部要充分认识开展教育实践活动的重大意义，把思想和行动统一到中央和省、市委的部署要求上来，既认真参与组织全市教育实践活动，又努力在教育实践活动中走前头、作表率。要结合组织部门实际，牢牢抓住“照镜子、正衣冠、洗洗澡、治治病”的总要求、完成规定动作的前提、解决问题的关键、服务群众的根本，以更高标准、更严要求、更认真态度开展好教育实践活动。要注重领导指导，注重营造氛围，注重建章立制，注重统筹兼顾，确保教育实践活动取得实实在在的成效，为泉州加快实施“三大战略”、争当全面深化改革“排头兵”提供有力组织保证。

省委落实党风廉政建设责任制第五检查组到泉州开展专项检查

省委常委、组织部部长姜信治率省委落实党风廉政建设责任制第五检查组到泉州，就泉州市2013年度落实党风廉政建设责任制情况进行专项检查。省纪委副书记、检查组组长黄德安，市领导黄少萍、陈海基、杨俊峰、陈沈阳、沈耀钦、许昆贞、翁祖根、林伯前等参加相关活动。此次落实党风廉政建设责任制检查与以往有较大区别，检查内容更加集中、检查方式有所改进、检查目标不断深化。围绕这些要求，省检查组通过事前摸底、问卷调查、查阅账册、个别访谈、述责述廉、民主测评等方式，就泉州市领导班子履行党风廉政建设主体责任和纪检监察机关履行监督责任的情况，落实中央八项规定精神和省委贯彻落实办法的情况，整治“门难进、脸难看、事难办”及办事效率低下等问题的情况进行具体检查。市委书记黄少萍代表泉州市领导班子作述责述廉报告。

在泉州市领导班子述责述廉大会上，姜信治要求，各级党委要切实担负起党风廉政建设的主体责任，尤其是一把手要履行好第一责任人责任，做到守土有责、种好“责任田”；各级纪委要担负起监督责任，协助党委加强党风建设和组织协调反腐败工作，执好纪、问好责、把好关；各级领导干部要强化政治意识、宗旨意识、责任意识、纪律意识，坚持立党为公、执政为民，谨慎用权、洁身自好，做廉洁从政的表率，努力营造廉洁从政的政治生态，维护风清气正的良好氛围。

福建省党的群众路线教育实践活动先进典型事迹巡回报告会泉州专场举行

党的群众路线教育实践活动先进典型事迹巡回报告会泉州专场在泉州影剧院举行。此次巡回报告会由省委组织部、省委宣传部、省委党的群众路线教育实践活动领导小组办公室共同组织开展，詹红荔等16位来自不同岗位的先进典型组成报道团，分成三个团赴全省各地巡回报告。受市委书记黄少萍委托，报告会前，陈沈阳、陈庆宗、林伯前等市四套班子领导会见报告团副团长梁建徽及成员，向他们表示诚挚的问候和崇高的敬意。报告会上，詹红荔、陈萍、王永澄、王敏建、姜小鹰5位报告团成员作了生动感人的报告。市委常委、宣传部部长、教育工委书记陈庆宗主持报告会。市四套班子领导，市委学习中心组成员，市直和驻泉省部属有关单位党组（党委）主要负责人和机关干部，驻泉官兵和高校师生代表等1000多人参加报告会。

石狮组团参加2014年中国国际纺织面料及辅料（春夏）博览会

3—5日，2014年中国国际纺织面料及辅料（春夏）博览会首次在上海世博展览馆举办。“中国休闲服装名城”“中国休闲面料商贸名城”石狮组织台隆、联邦三禾、向兴、创艺、新宏兴等12家知名面料企业组成石狮面料展团，展区面积逾500平方米，向业界集中展示来自“东方米兰”的面料产品最新成果和流行趋势。本次“石狮面料展团”再次延续往年参展的做法，以统一搭建展区的形式面向国内外客商。除了在展区的规划、设计、搭建等方面有所创新外，还对特色产品做针对性推介；石狮面料馆以极具国际化的水准、简约时尚的装修风格布展，与石狮新的城市标识设计融合在一起，在彰显石狮城市品位的同时，增强石狮面料企业抱团发展的意识。

市中级人民法院召开党的群众路线教育实践活动动员大会

市中级人民法院召开党的群众路线教育实践活动动员大会，部署教育实践活动。市委第十七督导组到会指导。会议指出，深入开展教育实践活动对人民法院全面推进平安法治建设、维护社会大局稳定有重要作用，全院干警要以强烈的政治责任感和饱满的精神状态，把教育实践活动抓紧抓实抓好。会议要求，领导干部和法院干警要不断加强自我约束和言传身教能力，做好表率；要强化学习，不断提升认识问题、分析问题、解决问题的思维层次；要将“深入创建司法品牌、开展廉洁司法专项教育整顿、司法巡查全覆盖”三项工作，作为教育实践活动的“自选动作”抓紧抓好；要把教育实践活动与审判执行工作深度融合，使活动的每个环节、每项措施都为审判中心服务，实现2014年各项主要审判指标不低于去年，力争2至3项工作在全省前列的总控目标。

市政府公布338件现行有效规范性文件目录

市政府向社会发布通告，公布截至2013年12月31日前以市政府及市政府办公室名义发布的现行有效规范性文件共338件。2014年1月1日前以市政府及市政府办公室名义发布的规范性文件，未列入该通告附件目录的，不再作为行政管理依据。根据《泉州市行政机关规范性文件管理规定》，起草、修改规范性文件必须符合下列要求：为执行法律、法规、规章和国家政策，履行法定职责所必需；有法律、法规、规章依据或者上级机关的明确授权；不违法限制或者剥夺公民、法人和其他组织的合法权利，不违法增加公民、法人和其他组织的义务。不简单重复法律、法规、规章、国家政策的规定和上级行政机关的命令、决定，不与上级规范性文件相冲突。符合本市经济社会发展实际，内容合理、适当，不得显失公正、公平；符合法定程序要求。此外，规范性文件不得设定下列事项：行政许可；行政处罚和行政强制；行政性、事业性收费；其他应当由法律、法规、规章规定的事项。作为行政管理依据的规范性文件实施满5年，需继续实施的，应重新公布。没有重新公布的规范性文件自实施之日起满5年自动失效。规范性文件规定的内容属暂行、试行的，制定机关应当在规范性文件中规定暂行、试行时间。暂行、试行时间不得超过2年。暂行、试行的规范性文件自实施之日起满2年自动失效。

郑君标木雕世家木雕作品展举行

由市委宣传部、中国闽台缘博物馆、市城镇集体工业联合社和市文联等单位主办的“天工荟萃”——闽台工艺美术大师优秀作品联展·郑君标木雕世家专场在中国闽台缘博物馆举行。此次联展集中展示郑君标木雕世家郑君标、郑煌章、郑煌祥父子三人从艺40多年来的76件木雕佳作。郑君标系木雕世家的第四代传人，先后获评中国雕刻艺术大师、中华传统工艺大师、福建省工艺美术名人、高级工艺美术师等称号；其长子郑煌章和次子郑煌祥是木雕世家的第五代传人。兄弟俩自幼跟随长辈学习雕刻艺术，技艺精湛，作品构思精巧，形态逼真，多次在国家级、省级大赛中获奖，并被国家级专业刊物收录，深受海内外人士的青睐。

相关链接：“天工荟萃”——闽台工艺美术大师优秀作品联展，是市委、市政府打造大师品牌，宣传大师业绩，推介大师作品，发展大师经济重要的展示交流平台，它将让更多技艺娴熟、善于创新的工艺美术大师在这里展示成果、切磋交流，从而激励和引导工艺美术工作者繁荣创作、传承创新，推出更多更好的精品佳作，扩大泉州工艺美术的知名度和影响力，为提升“东亚文化之都”泉州文化软实力增辉添彩。

泉州市举行弘扬雷锋精神座谈会

泉州市举行弘扬雷锋精神座谈会暨《德耀泉州》首发式，市直机关单位和社会各界代表参加座谈会。座谈会上，道德模范、身边好人、优秀志愿者代表等立足工作岗位，分享自身的志愿服务经验。同日首发的《德耀泉州》以图文并茂的形式，收录18位道德模范、15位“身边好人”、12位优秀志愿者、20位“美德少年”的感人事迹，通过讲述这些凡人的善举，彰显道德力量，倡导文明新风，为人民群众践行社会主义核心价值观指引方向。

3月4日

星期二
农历甲午年二月初四
温度：11℃—18℃
阴转小雨

●市中级人民法院召开党的群众路线教育实践活动动员大会。

●市政府公布338件现行有效规范性文件目录，未列入该目录的文件不再作为行政管理依据。

●洛江区委召开党的群众路线教育实践活动动员大会。

●南安市委召开全市党的群众路线教育实践活动动员大会。

●惠安县委召开全县党的群众路线教育实践活动动员大会。

●泉州市举行弘扬雷锋精神座谈会暨《德耀泉州》首发式，市直机关单位和社会各界代表参加座谈会。

●《人民日报》刊发《安溪：更高起点再出发》一文，详细报道曾是国家级贫困县的安溪，凭着爱拼敢赢的精神，摆脱贫困跻身全国百强县的历程。

●泉州南安籍运动员戴伟斌在2014全国射箭冠军赛夺男子90米冠军。

●2014年泉州市制伞行业女职工职业技能竞赛在晋江举行。来自晋江、洛江、永春和南安等地的制伞好手，就缝制雨伞、伞面合片两项技能进行竞赛。

3月5日

星期三
农历甲午年二月初五
温度：12℃—15℃
小雨转多云

●省委第四督导组参加德化县党的群众路线教育实践活动动员大会。实地调研德化陶瓷博物馆、城市规划馆、凤凰陶瓷研究所、浔中镇东埔社区，并与基层干部群众代表进行座谈。

●泉州市召开在泉厅级以上老干部座谈会，征求老干部对市领导班子和领导成员作风建设方面存在的突出问题，以及当前群众关心的突出问题的意见。

●市委宣传部、文明办、讲师团、文联、社科联、计生协会联合召开全体党员大会，动员和部署党的群众路线教育实践活动。

●泉州市首批市直机关志愿者服务基地在泉州市盲聋哑学校授牌成立。

●由泉州市农民体育协会主办2014年泉州市农民象棋比赛在惠安开幕。

泉州市召开在泉厅级老干部座谈会

泉州市召开在泉厅级以上老干部座谈会，认真征求老干部对市领导班子和领导成员作风建设方面存在的突出问题，以及当前群众关心的突出问题的意见。市委书记、市委党的群众路线教育实践活动领导小组组长黄少萍主持座谈会，市委常委、秘书长、统战部部长翁祖根参加。座谈会上，老干部们对市领导班子践行党的群众路线工作表示赞许。大家认为，一段时间来，市领导班子成员率先垂范，严格贯彻中央“八项规定”精神，坚决反对和纠正“四风”问题，坚持党的群众路线教育，以优良的党风政风带动民风社风的持续好转，为全市经济社会发展营造风清气正的环境。围绕下阶段如何开展好党的群众路线教育实践活动，切实满足群众的诉求和期盼等方面，老干部们踊跃发表意见。建议要加强对历任党和国家领导人关于群众路线重要论述的学习，通过学习发现问题、找准差距，增强投身教育实践活动的自觉性。要解决好党员干部“四风”方面存在的突出问题，特别是对宗旨意识不强、做群众工作能力不足、服务群众水平不高、深入基层和群众不够等进行重点整改，推动党员干部融入基层，“沉得下去、蹲得下来”，真正摸透实情、抓好工作。要解决好群众关心、反映强烈的突出问题，在牢牢抓住经济中心的同时，着力抓好医疗卫生、教育文化、公共交通、基础设施、老龄事业、未成年人保护、城市建设管理、城乡统筹发展、生态环境建设、历史文化名城保护以及简政放权、改进新闻报道等工作，以实际行动推动“泉州经济升级版、改革创新示范区、生态宜居幸福城”战略成为现实。要重视整改落实和建章立制，及时总结经验教训，坚持边学边查边改，建立完善长效机制，巩固深化活动成果，让广大企业和群众真切感受到开展教育实践活动的成效。在认真听取大家的发言后，黄少萍表示，多年来，老干部们对泉州经济社会发展贡献卓越，为泉州各项成就打下坚实根基，在各个领域发挥着不可替代的重要作用。老干部们工作经验丰富，对基层情况了解，对泉州建设发展充满感情，提出的意见和建议非常中肯，对于深入查摆问题、抓好整改落实，组织开展好教育实践活动具有重要意义。

座谈会现场　（图/苏清添）

市委宣传部召开党的群众路线教育实践活动动员大会

市委宣传部、文明办、讲师团、文联、社科联、计生协会联合召开全体党员大会，动员和部署党的群众路线教育实践活动。市委第十六督导组到会指导。会议指出，开展教育实践活动是广泛凝聚推动泉州创新转型、长远发展共识力量，提升服务能力、更好满足群众精神文化需求，加强作风建设、密切党群干群关系等的迫切需要，全体党员要自觉把思想和行动统一到中央和省委、市委部署和要求上来。会议要求，要精心组织，周密部署，着力在学习教育、深化认识，查找问题、剖析根源，解决突出问题、加强作风建设，服务群众、推动发展，整改落实、建章立制等方面见成效。要切实加强组织领导，立足“为民服务走前头，深化改革当标兵”和部机关“思想引领当先锋，服务大局走前列”等主要载体，落实领导责任，坚持统筹推进，突出实践特色，注重宣传引导，确保教育实践活动有序推进。

首批市直机关志愿者服务基地成立

泉州市首批市直机关志愿者服务基地在泉州市盲聋哑学校授牌成立。首批市直机关志愿者服务基地分别设在泉州市盲聋哑学校、泉州市社会福利中心、泉州森林公园管理处、泉州客运中心汽车站、泉州中心血站、泉州晋江河道堤防管理处、泉州市图书馆、泉州海西聋康中心8个单位。基地成立后将为市直机关开展志愿服务活动提供对接平台。授牌仪式上，市直统战系统党委及其所属各商会支部筹集资金7.6万元，设立“泉州市盲聋哑学校助学金”，用于建设学校有声读物室和教室多媒体音响设备。授牌仪式后，志愿者开展卫生保健知识讲座、互动游戏等志愿服务活动。

市总工会十五届四次全委（扩大）会议召开

市总工会十五届四次全委（扩大）会议召开，市委常委、组织部部长、总工会主席陈沈阳参加会议。2014年，市总工会将以开展“加强小城镇工会建设年”活动为龙头，以提升建家质量为突破口，力争在服务改革发展、维护职工权益、加强自身建设等方面有新成绩。市总工会将突出加强主力军队伍建设，团结动员广大职工在改革发展中建功立业。具体将实施建功立业“三百”工程（百场劳动竞赛、百场技能大赛、百家劳模创新工作室），以竞赛平台成就职工、劳模精神激励职工、技能建设提升职工。将突出加强职工服务阵地建设，构筑“会、站、家”一体化服务职工工作新体系，即打造“十分钟职工服务圈”，采取“建”“买”“租”“联”等多种方式，在企业和职工集中的区域建设职工服务站，至2015年实现全市全面覆盖。将突出加强企业工会建设，推进市直基层工会、产业（系统）工会建设和小城镇工会建设，为更好地履行工会的维权服务职能提供组织保证。

泉州市“家庭建设年”系列活动启动

市妇联、市委文明办在泉州市妇女儿童活动中心举办2014年“家庭建设年”启动暨泉州市家庭服务和家风建设指导中心揭牌仪式。同时启动的还有“三八维权月”系列活动，除了开展男女平等基本国策、妇女权益保障法及省实施办法普及宣传外，市妇联还将组织巾帼志愿者为广大妇女提供法律咨询、心理疏导、婚姻家庭关系调适等服务。在启动仪式后，巧主妇培训成果展示、家庭服务咨询联合行动及美丽家庭巧主妇家居用品展示等“家庭建设年”系列活动随即展开。此外，一场题为“中国梦•亲子情”的家园趣味运动会也吸引近300位妇女和儿童参加。

相关链接：新设立的家庭服务和家风建设指导中心将以妇女、儿童和家庭为主要服务对象，通过个案辅导、电话咨询、走访面谈、社区活动、培训讲座等服务形式，为妇女儿童和家庭提供婚姻调适、家庭教育、家政培训、创业指导、妇女维权和家庭美德建设指导等多元化多层次服务，促进家庭和谐、社区和谐、社会和谐。

台湾青年木偶联合发展交流协会到泉州聘请顾问

台湾青年木偶联合发展交流协会理事长吴佳政一行专程到泉州，聘任泉州市木偶剧团团长王景贤和泉州锦绣庄民间艺术园董事长曾焕强为该会“荣誉顾问”，共同推动海峡两岸木偶艺术交流。台湾青年木偶联合发展交流协会是台湾当地批准成立的首个木偶文化交流机构。台湾青年木联立足海峡两岸，从青年木偶艺术人才培养、促进两岸木偶艺术交流与创新研究、开展两岸木偶艺术普及推广活动等方面，以大平台、广辐射、多层次的理念，力求推动两岸木偶文化的交流与互动。泉台两地木偶界的合作交流，将进一步促进两岸文化交流，共同推动中华文化的国际交流与传播事业的发展。

相关链接：泉州木偶文化源远流长，足迹遍及全球五大洲。在北京奥运会开幕式上领舞中国戏曲，入选联合国人类非物质文化遗产保护优秀实践名册，在对外、对台文化交流，非物质文化遗产保护，艺术创新及市场开拓方面所取得的显著成绩蜚声中外。年初，王景贤荣获2013年度“中华文化人物”称号。泉州锦绣庄民间艺术园旗下的泉州锦绣庄木偶艺术馆是全国第一家私人创办的木偶艺术馆。该馆自2000年创办以来，集木偶收藏品与木偶演出于一体，已接待过台胞及东南亚游客上万人次，成为泉州民间木偶艺术传播的重要平台。

王大浩从艺35周年洞箫独奏音乐会举行

由市文广新局主办，泉州市南音传习中心承办的王大浩从艺35周年洞箫独奏音乐会在泉州梨园古典剧院举行。王大浩现为泉州市南音传习中心演奏家、福建省南箫学会副会长、泉州市曲艺家协会南音专委会会长，被誉为“南箫王”。音乐会演出《自来生长》《静夜思》《送别》等10多支洞箫独奏曲目。中国竹笛学会会长、中国音乐学院博士生导师张维良倾情参与并担任艺术总监，还率中国音乐学院张健、李佳、柴帅、吴璜璜、王宁等演奏家到场助阵。王大浩此次演奏的大部分乐曲，为福建梨园戏实验剧团作曲家汪洋创作。著名笛箫演奏家张维良专为这场音乐会创作《相望》。

3月6日

星期四
农历甲午年二月初六
温度：10℃—16℃
阴转多云

●市总工会十五届四次全委（扩大）会议召开。

●市妇联、市委文明办在泉州市妇女儿童活动中心举办2014年“家庭建设年”启动暨泉州市家庭服务和家风建设指导中心揭牌仪式。

●台湾青年木偶联合发展交流协会理事长吴佳政一行专程到泉州，聘任泉州市木偶剧团团长王景贤和泉州锦绣庄民间艺术园董事长曾焕强为该会“荣誉顾问”。

●由市文广新局主办，泉州市南音传习中心承办的王大浩从艺35周年洞箫独奏音乐会在泉州梨园古典剧院举行。

●鲤城女子12人书法展在市区威远楼举行。这12位女书法家以其内容丰富、风格多样的艺术作品向观众展示女性书法的独特魅力。

3月7日

星期五
农历甲午年二月初七
温度：8℃—12℃
小雨

●市委常委集体学习习近平总书记关于“认真学习党章，严格遵守党章”的重要讲话和党的历史的重要论述，围绕“为了谁、依靠谁、我是谁”进行专题讨论。

●黄少萍与首届“感动泉州十佳美德家庭暨家庭美德人物”代表座谈。

●陈海基为市人大常委会机关全体党员干部上了一堂题为《推动人民代表大会制度与时俱进的学习体会》的党课。

●7—16日，2014年亚洲青年击剑锦标赛在约旦阿曼举行，泉州市南安籍运动员蔡苑廷夺得女子花剑团体和女子花剑个人冠军。

市委常委开展教育实践活动集体学习和专题讨论活动

市委常委集体学习总书记习近平关于“认真学习党章，严格遵守党章”的重要讲话和党的历史的重要论述，围绕“为了谁、依靠谁、我是谁”进行专题讨论。学习讨论活动由市委书记、市委党的群众路线教育实践活动领导小组组长黄少萍主持。省委第四督导组组长李德仁到会指导；市领导周银芳、陈沈阳、沈耀钦、许昆贞、翁祖根、陈庆宗、林伯前参加。常委们结合各自实际，从历史与现实、经验与教训、组织与个人、学习与实践等角度，畅谈学习体会，交流思想心得，查摆存在问题。常委们认为，全心全意为人民服务是中国共产党的根本宗旨，群众路线是党的生命线，人心向背关系党的生死存亡。“为了谁、依靠谁、我是谁”是在新形势下贯彻群众路线需要深入研究回答的重大问题，更是今后工作、生活、实践中需要始终不渝坚持的价值追求、行动自觉。

黄少萍与首届“感动泉州十佳美德家庭暨家庭美德人物”代表座谈

黄少萍与首届“感动泉州十佳美德家庭暨家庭美德人物”代表座谈，向他们表示衷心祝贺和崇高敬意，借“三八”国际妇女节来临之机，向全市广大妇女和妇女工作者致以节日的问候。市领导陈沈阳、翁祖根、陈庆宗、洪泽生、吕竞、周真平、陈益等参加座谈。黄少萍指出，家庭是社会的细胞，有和谐家庭，才有和谐社会。家庭美德是中华传统美德的重要内容，是社会主义道德建设的基础工程，其建设需要每一个社会成员的共同努力。“感动泉州十佳美德家庭暨家庭美德人物”评选很有意义，对弘扬家庭美德，树立良好家风，促进社会和谐具有重要作用。各位获奖者从平凡小事做起，或孝敬老人、关爱孩子，或夫妻和睦、勤俭持家，或礼让宽容、团结邻里，或扶贫济困、服务社会，用实际行动践行社会主义核心价值观和中华民族传统美德，成为泉州新时期的家庭美德典范，让全市人民感动。希望大家继续发挥榜样力量，激励带动更多的人崇德向善，共促和谐。各级各相关部门和新闻单位要进一步关心和支持美德家庭、美德人物，帮助其解决实际困难；加大宣传力度，号召全社会以他们为榜样，把良好道德行为落实到日常生活和工作中，共同弘扬社会主义核心价值观，让好风尚像清新空气一样无处不在、无时不有，为建设更加和谐、幸福的泉州汇聚正能量。

颁奖仪式　　（图/市妇联）

市人大常委会机关举办专题党课

市人大常委会党组书记、主任陈海基为常委会机关全体党员干部上了一堂题为《推动人民代表大会制度与时俱进的学习体会》的党课。市人大常委会副主任陈万里、洪泽生、陈全顺、吕竞、王远东、张建生，秘书长吴春林参加。陈海基指出，推动人民代表大会制度与时俱进，首先要认识理解其重要性和必要性，深刻了解人民代表制度的基本内涵，并认识到政治制度作为上层建筑的重要组成部分必须适应经济基础等条件的变化不断发展的规律；其次要明确方向和任务，即应坚持人民主体地位，积极推进科学立法、民主立法，加强对“一府两院”的监督，充分发挥人大代表作用，不断推进人民代表大会制度理论和实践创新；第三要明确应遵循的基本准则，认识到推动人民代表大会制度与时俱进最根本的是要把坚持党的领导、人民当家做主和依法治国有机统一起来，把这一重要制度贯彻落实好，这是推动人民代表大会制度与时俱进的重要保证。

党课现场　　（图/王虎文）

2013年泉州市海洋经济总产值1085亿元

全市海洋经济暨海洋与渔业工作会议召开。2013年，泉州市海洋经济总产值1085亿元，同比增长17.8%。泉州市港口货物吞吐量1.08亿吨，居全国港口排名第19位，内贸集装箱运输位列全国五强；临港产业发展迅猛，石化产业产值超过1300亿元，成为国家九大石油化工基地之一；水产品产量超过百万吨，海洋渔业产值突破百亿元；开发形成沿海旅游区面积约86平方千米，崇武观光等十多个旅游景区加快建设；临港能源工业、海洋材料、海洋生物等新产业和新技术加快发展。至2013年年底，35个省级海洋经济在建重大项目累计完成投资46.78亿元，完成年度计划的113.9%。泉州市还加快培育园区载体、推进科技创新和海洋生态建设。石狮市海洋生物科技园获得第一批省级、市级海洋产业示范园区称号。晋江紫菜入选福建十大渔业品牌。泉州市海洋生物加工产业技术创新战略联盟成立，为海洋生物加工技术研发及产品更新改进提供创新平台。

泉州市《关于推进双拥工作创新发展的意见》下发

泉州市《关于推进双拥工作创新发展的意见》下发，要求各级各部门创造泉州双拥工作新特色、新亮点、新精品，打造泉州双拥工作升级版，为争创全国双拥模范城“八连冠”夯实基础。根据意见，泉州市将创新开展“四进军营”活动，具体包括：“送科技进军营”，设立用好科技拥军专项资金，建设完善科技拥军示范基地，帮助部队革新装备器材，培养高科技应用型人才，持续支持驻泉部队科技强军建设；“送法律进军营”，加强维权机制宣传力度，包括向部队官兵发放维权工作联系卡等；“送文化进军营”，开设“军营文化讲坛”，组织专家学者为驻泉部队官兵举办文化知识讲座，帮助部队培训文艺人才、开展休闲舞蹈培训活动等；“送岗位进军营”，市人社局、市工商联牵头，组织具有爱国拥军热情、规模较大、效益较好的企业，深入驻泉部队开展“送岗位进军营”活动，优先安排随军家属就业，解决部队干部后顾之忧。该意见要求，要做好军转干部和退役士兵安置、随军家属安置、军人子女教育优待，以及部队干部保障性住房等工作，相关部门将研究提出贯彻《军人随军家属就业安置办法》的实施意见，以及妥善解决部队干部住房困难的有效措施和长效机制，制定出台军人及烈士子女教育优待规定。

港澳旅行商组团到泉州考察

港澳旅行商和媒体代表组团到泉州市景点景区开展旅游线路考察活动。此次考察活动共有港澳旅行商和媒体代表22人参与，先后参观考察崇武古城、开元寺、清源山、锦绣庄民间艺术园等。考察的这些景点充分展示泉州旅游山海兼具的资源禀赋，既有历史悠久的古刹古堡，又有精彩互动的旅游文化展演和旅游产品展示基地，让代表团成员特别是旅行商们特别感兴趣。

相关链接：与广东和江浙沪一样，港澳地区也是泉州市的主要客源地之一。近年来，泉州市旅游部门持续开展对珠江三角洲客源地市场的开拓，在厦深高铁开通前后，数次前往广东宣传推介泉州市旅游文化资源，并积极引导本地旅行社、景区、酒店等因地制宜推出产品和服务，营销“东亚文化之都——泉州”一日游、二日游、三日游或宗教、滨海、生态、海丝等泉州精品旅游线路。除了邀请旅行商前来踩线考察，泉州市旅游部门加强对珠三角、长三角等动车沿线城市、飞机航线直达城市与港澳台以及东南亚、日韩等境内外重点客源市场的精准营销，有效提高客源市场占有率。

泉州女作家走进传统古村落采风

泉州市文联、泉州市作家协会和中共永春县岵山镇党委、政府共同举办泉州市女作家“三八”妇女节座谈会暨泉州作家走进永春县岵山镇中国传统古村落采风活动，30余名女作家通过采风座谈欢度自己的节日。主办方称，此次采风活动是为了更好地让女作家更好地深入生活，寻找创作源泉，交流创作经验，共享创作成绩和喜悦。座谈会上，女作家纷纷发言，畅谈自己的创作心得体会和创作经验。座谈会后，女作家们深入岵山镇历史文化名村进行采风活动。

3月8日

星期六
农历甲午年二月初八
温度：10℃—14℃
小雨

●2013年全市海洋经济总产值1085亿元。

●泉州市《关于推进双拥工作创新发展的意见》下发。

●港澳旅行商和媒体代表组团到泉州景点景区开展踩线考察活动。

●泉州市文联、泉州市作家协会和中共永春县岵山镇党委、政府共同举办泉州市女作家“三八”妇女节座谈会暨泉州作家走进永春县岵山镇中国传统古村落采风活动，30余名女作家通过采风座谈欢度自己的节日。

●泉州市公安局网安支队副支队长陈榀启，因长期超负荷工作，突发心血管破裂，在送医途中不幸逝世。

3月9日

星期日
农历甲午年二月初九
温度：：9℃—14℃
阵雨转阴

●全国人大代表黄少萍、郑新聪围绕泉州建设“21世纪海上丝绸之路先行区”、“东亚文化之都·泉州”建设和新泉州人公共服务保障等方面积极建言献策，向大会提交相关建议。

●泉州市南靖商会庆典大会在泉州举办，来自泉州市、漳州市、南靖县的各级领导、兄弟商会代表、商会会员代表等500多人参加。

●泉州市世界贸易中心有限公司携手世界500强企业喜达屋集团，举行“汇聚财富 共赢未来”——喜来登酒店签约仪式暨办公写字楼产品推介会。

●2014年全国室内田径锦标赛南京站的比赛结束，泉州市南安籍运动员王乌品以6.41米的好成绩获得女子跳远比赛金牌。

●石狮37对新人在黄金海岸举办文明婚礼。

黄少萍郑新聪向全国两会提交有关“海丝”“文都”建设的建议

全国人大代表、市委书记黄少萍，全国人大代表、市长郑新聪围绕泉州建设“21世纪海上丝绸之路先行区”、“东亚文化之都·泉州”建设和新泉州人公共服务保障等方面向大会提交建议。

在建设“海上丝绸之路”先行区方面，《关于支持福建省泉州市建设“海上丝绸之路”先行区的建议》提出，泉州具备建设“21世纪海上丝绸之路”先行区的必要基础和条件优势，将以“文化引领、经贸合作、互联互通、互惠互利”为主线，推动与“海丝”相关国家（地区）在区域合作、文化交流、贸易往来、相互投资、金融服务、旅游协作、海上交通等领域取得新突破，成为中国进一步融入经济全球化的区域性载体和深化“海丝”文化交流的重要窗口。建议国务院批准或授权国家有关部门联合批准在泉州市设立“21世纪海上丝绸之路”建设先行区，并将泉州“先行区”建设工作纳入国家“21世纪海上丝绸之路”建设大局。在建设“东亚文化之都”方面，《关于从国家层面对“东亚文化之都·泉州”建设发展予以指导和支持的建议》提出，2014年泉州将重点通过文化经贸交流合作、文化产业合作、非物质文化遗产保护传承、公共文化服务体系建设经验交流与共享，打造对中日韩、东盟乃至亚洲的交流平台，扩大泉州乃至福建、海西在国际的知名度、美誉度和影响力。建议从国家层面支持泉州实施“古城文化复兴计划”，支持泉州创建全国公共文化服务体系示范区，开展对外文化交流和文化产品出口，提升古港、发展新港区。

在实现市民公共服务均等化方面，《关于中央财政转移支付向农业转移人口流入地倾斜的建议》认为，解决好流入东部沿海城镇的农村劳务人员的公共服务保障问题，关系公平与效率，关系社会和谐稳定，关系流入地经济持续稳定健康发展。建议中央高度重视解决人口流入地公共服务保障问题，尽快改变现有财政转移支付分配依户籍人口认定的政策，采取公共资源“跟人走”的模式，加大财政转移支付向农业转移人口流入地倾斜的力度。

泉州市南靖商会成立

泉州市南靖商会庆典大会在泉州举办，来自泉州市、漳州市、南靖县的各级领导、兄弟商会代表、商会会员代表等500多人参加。大会宣布泉州市南靖商会理、监事会成员名单，泉州派尼尔包袋有限责任公司总经理庄毅平当选为第一届商会会长。泉州市南靖商会是由在泉州创业或从事经营活动的南靖籍人士自愿发起成立，经泉州市民政局核准登记注册的非营利性社会团体。商会秉承“交流互助•协作发展”的宗旨，致力于为会员企业创建交流平台、寻求商贸合作机会，为泉州和南靖两地经济、文化交流搭建桥梁和纽带。在泉南靖籍企业家人数众多，经营产业涉及房地产开发、钢材交易、纺织鞋服、能源化工、医疗卫生、商贸流通、现代物流、文化娱乐、餐饮旅游、装饰建材、信息咨询、生物科技、园林绿化、工程安装等诸多领域。

泉州籍运动员王乌品夺得全国女子跳远金牌

2014年全国田径锦标赛在江苏苏州举行，泉州市运动员王乌品在名将云集的女子跳远比赛中，面对众多强手的挑战，最终以6.40米的成绩夺得女子跳远金牌。王乌品此前的最好成绩是6.58米。早在2010年全国田径冠军赛暨大奖赛总决赛上，王乌品以此成绩夺得冠军，不仅打破谢荔梅保持的6.41米的泉州市纪录，而且使自己迈入该项目的国内顶尖选手行列。王乌品参加在加拿大举行的世界青年田径锦标赛，并为中国队夺得银牌。此后虽多次夺得全国冠军，但成绩总在6.30米徘徊。在2013年辽宁全运会上，她以6.24米为福建代表团获得一枚铜牌。在2014年3月的全国室内田径锦标赛南京站上，王乌品跳出6.41米的好成绩，虽然在最后时刻未能入选2014年亚运会国家田径队，但再次证明自己的实力。在仁川亚运会上，中国选手以6.35米夺得女子跳远铜牌。

石狮37对新人举行集体婚礼

由石狮市政府牵头，石狮市团委、文明办、民政局等单位主办的37对新人参加的集体婚礼在石狮黄金海岸举行。伴随着浪漫的《结婚进行曲》，37对新人走上礼台拜天地、拜高堂、夫妻对拜；交换结婚戒指。经过简单却不失温馨的仪式，一对对新人喜结连理。主办方称，此次集体婚礼活动旨在倡导厉行节约、反对浪费的婚俗新观念，展现新时代青年积极健康的精神风貌。

市领导到安南永德苏维埃政府旧址开展党史教育活动

根据市委常委会深入开展党的群众路线教育实践活动工作安排，泉州市组织到安南永德苏维埃政府旧址开展党史教育活动。省委第四督导组组长李德仁、副组长郑恢先，市领导杨俊峰、周银芳、沈耀钦、翁祖根、陈庆宗、林伯前等参加活动。受市委书记黄少萍委托，市委副书记周银芳在活动中宣读黄少萍的书面讲话。讲话指出，历史是最好的教科书，这次参观学习活动很有意义、很有价值。大家要以此为契机，接受教育，经受洗礼，认真抓好党的群众路线教育实践活动，深入思考“为了谁、依靠谁、我是谁”问题，进一步密切党群关系、干群关系，夯实各项事业发展的群众基础；要以史为鉴，改进作风，始终把“艰苦奋斗”作为行为准则，改掉不符合群众路线的思想观念、工作作风、工作方法，切实解决人民群众反映强烈的“四风”问题，树立“为民、务实、清廉”的好形象；要发扬传统，共筑梦想，弘扬“从群众中来、到群众中去”优良传统，凝聚人民群众的智慧和力量，着力推进全面深化改革，全力实施“三大战略”，努力加快创新转型、推动长远发展，让人民群众共享发展成果，实现共同梦想。

活动现场　　（图/刘伯怡）

全市拥有幼儿园1282所

据统计，泉州市2011—2013年按计划推进首期学前教育发展三年行动计划，至2014年年底，全市拥有幼儿园1282所，其中公办幼儿园178所，小学附设学前班737个；市级以上优质幼儿园已有66所，学前三年入园率97.06%。全市公办学前教育资源紧缺和“上公办园难”的问题得到一定缓解。2014年，全市新、改、扩建的79所公办幼儿园全部动工建设，342个小学附属幼儿班秋季开学前全部竣工投入使用，新增公办幼儿园学位额约2.5万个。除了新建改扩建幼儿园，泉州市在农村小学或教学点新增小学附设学前班，让农村的孩子也能享受到学前教育。

从2011年开始，各县（市、区）政府将学前教育经费纳入本级财政预算，新增教育经费向学前教育有所倾斜，逐步提高预算内学前教育经费占教育经费的比例。2010年、2011年、2012年、2013年学前教育总投入分别为5.226亿元、7.576亿元、10.156亿元、11.76亿元。泉州大力扶持民办园建设，对符合办园条件的民办幼儿园，给予用地、税收和用水、用电、用气等方面的优惠；建立普惠性民办幼儿园档案，在落实普惠性民办幼儿园省级补助标准的同时，根据实际设立民办园奖励补助基金，支持普惠性民办幼儿园办学；建立公办、民办幼儿园对口帮扶机制；鼓励扶持一批民办幼儿园创建省、市示范幼儿园。全市分别有4所、12所民办幼儿园被评为省、市级示范幼儿园。在具体管理工作中，晋江市出台对民办园实行成本核算、报备、审核和公示制度及分级管理制度的管理办法；泉港区被列为“福建省民办教育综合改革试点”，积极探索政府资助民办幼儿园发展的工作机制；丰泽区对民办幼儿园办园条件、园务管理等工作制定了评估标准和定级年限；德化、永春等地实施选派公办教师到民办园挂职政策等等。

泉州市通过公开招聘、转岗培训富余教师等方式，加强缺编幼儿园教师补充。2013年，全市公办在编教师数3382人，比2010年增加1262人。泉州市重视加强幼儿教师培养培训，制定政策鼓励教师参加资格证书、学历提升、专业达标的进修学习，近三年来全市累计培训幼儿园园长和骨干教师近2万人次。各县（市、区）加强幼儿园编制外聘用人员的管理，合理确定民办幼儿园教师的最低工资水平，引导民办园举办者与受聘者签订劳动合同，按规定缴纳社会保险费、基本医疗保险及住房公积金，按时足额兑现教职工工资和福利待遇，保障民办幼儿教师队伍的稳定性。

3月10日

星期一

农历甲午年二月初十

温度：9℃—14℃

阴转多云

●根据市委常委会深入开展党的群众路线教育实践活动工作安排，市领导到安南永德苏维埃政府旧址开展党史教育活动。

●全市拥有幼儿园1282所。

●2014年世界羽联超级系列赛全英公开赛落幕，华侨大学学生谌龙和李雪芮分别夺得男单亚军和女单亚军。

3月11日

星期二
农历甲午年二月十一
温度：10℃—14℃
多云

●11—12日，杨俊峰率队到洛江开展党的群众路线教育实践活动专题调研指导和征求意见。

●市委召开部分“两代表一委员”座谈会。

●即日起至31日，泉州市开展野生动物保护执法“春季一号行动”专项打击行动。

●德化县被授予“省级出口陶瓷质量安全示范区”称号，标志着全国首个出口陶瓷质量安全示范区在“中国瓷都”德化县建成。

杨俊峰到洛江开展党的群众路线教育实践活动专题调研

11—12日，市政协党组书记、主席杨俊峰到洛江开展党的群众路线教育实践活动专题调研指导和征求意见。市政协秘书长洪川夫参加调研。在洛江期间，杨俊峰与洛江区政协领导干部和部分市、区政协委员座谈，征求对市政协党组及成员、市政协机关开展教育实践活动、改进工作作风等的意见建议；勉励委员发挥主体作用，立足广泛联系群众的优势，积极开展调查研究，认真梳理、及时反映社情民意；要求洛江区政协机关以开展教育实践活动为契机，为政协委员更好地履职尽责搭建平台。在挂钩的教育实践活动联系点河市镇，杨俊峰听取镇党委关于开展教育实践活动的进展汇报并给予肯定，要求党员领导干部要端正态度，认识开展教育实践活动的重要意义；立足实际，认真制定、实施活动方案，有计划有步骤地稳妥推进；以问题为导向，认真组织专题民主生活会，开展好批评与自我批评；科学安排好活动与经济社会工作，做到两手抓、两促进、两不误；多为群众着想，多办实事好事，促进社会和谐。杨俊峰还就减轻基层组织负担开展调研，听取河市镇、村干部意见建议；走访信和新材料、文统光电科技、东华洋伞等企业，了解生产经营情况。

调研现场　　(图/李德志)

市委召开部分“两代表一委员”征求意见座谈会

市委召开部分“两代表一委员”座谈会，就加强市委领导班子和党员干部作风建设，当前党的群众路线教育实践活动中群众关心的问题，听取泉州部分党代表、人大代表和政协委员的意见、建议。市委副书记周银芳主持座谈会。座谈会上，代表、委员对市委领导班子加强作风建设、践行党的群众路线教育实践活动表示肯定。结合泉州实际，与会同志就开展好党的群众路线教育实践活动、加强干部队伍作风建设畅所欲言，帮助查找问题，提出改进意见。认真听取发言后，周银芳表示，代表、委员坦诚建言献策，对近年来市委工作及市委领导班子作风建设提出许多宝贵的、中肯的意见和建议，对市委领导班子和成员深入查摆问题，仔细对照检查，抓好整改落实有很大的帮助。市委将认真梳理意见建议，及时落实整改，使教育实践活动取得更大成果。

泉州开展野生动物保护执法“春季一号”专项打击行动

即日起至31日，泉州市开展野生动物保护执法“春季一号”专项打击行动。专项行动将重点打击整治的违法犯罪行为包括乱捕滥猎野生动物，特别是采用高压电线、鸟网、铁夹、毒药、农药等工具和方法实施猎捕；制造、销售铁夹等禁猎工具；宾馆酒楼、农家乐等餐饮行业非法经营穿山甲、苏门羚、麂、蛇类、野鸟等野生动物。此次重点打击整治的场所包括旅游纪念品市场、古玩市场、工艺城、花鸟市场等野生动物及其产品交易场所。中心城区和石狮、晋江、惠安、南安、泉州台商投资区等地将重点针对花鸟市场、古玩市场、集贸市场、酒店；德化、永春、安溪等地重点针对宾馆酒楼、农家乐等非法经营野生动物及其制品多发场所进行打击整治。专项行动期间，森林公安、林业执法支队、自然保护区管理等机构将会同工商、公安、海关等部门开展联合执法。

相关链接：野生动物保护法是为保护、拯救珍贵、濒危野生动物，保护、发展和合理利用野生动物资源，维护生态平衡所制定的一部法律。濒危野生动物是指在其整个分布区或分布区的主要部分中处于有灭绝危险的野生动物。这些野生动物物种的种群已经减少到勉强可以繁殖后代的地步，其地理分布狭窄，仅仅存在于典型地方或出现在有限的、脆弱的环境中。如果不利于其生长和繁殖的因素继续存在或发生，便会很快灭绝。按照世界公认的标准，一个物种的数量少到以百计算时，即为濒危野生动物。

市纪委召开党风廉政和机关效能建设监督员座谈会

市纪委召开党风廉政监督员和机关效能建设监督员座谈会，征求监督员对市委班子和市委常委“四风”问题、党的群众路线教育实践活动工作以及市纪委班子的意见和建议。座谈会上，监督员们踊跃发言，充分肯定泉州党风廉政建设、机关效能建设和反腐败工作取得的新成效，并就经济发展、教育、医疗卫生、社会保障、食品安全、社会治安，以及政府部门在承办事务中存在的具体问题积极建言献策，提出了许多有针对性的意见和建议。市纪委表示，将认真梳理监督员们提出的意见和建议，把相关问题提交给市委教育实践活动领导小组办公室，纳入下一步的整改内容中，努力做到条条有回音。市纪委指出，监督员使命光荣，要珍惜荣誉，大胆监督；要当好情报员，把老百姓反映的意见建议收集上来，为领导决策提供参考；要当好宣传员，积极宣传党的政策，以及政府的创新、改革思路，推动办事环境改善。

推进闽南文化生态重点保护区工作培训班举办

市文广新局专门举办培训班，全面推进闽南文化生态重点保护区域保护工作。培训班专门邀请国家非物质文化遗产保护专家委员会副主任乌丙安和省艺术研究院文化战略发展研究中心研究员马建华等到场传授经验。举办此次培训班旨在进一步认识新形势下非物质文化遗产保护的目标任务，总结近年来泉州市闽南文化生态保护区保护工作的经验和存在的问题，学习和借鉴全国乃至国际非物质文化遗产保护的成功经验，推进闽南文化生态保护区保护工作的科学化、规范化、有序化。由文化部批准实施的《闽南文化生态保护区总体规划》根据“重点区域选择的基本条件”以及“一县（市、区）一点”要求，确定20个传统文化生态保持较为完整、自然生态环境基本良好的街道、社区或乡镇、村落等，作为实施整体性保护的重点区域。2014年，泉州将建设闽南文化生态保护区整体性保护重点区域（首期），工作纳入市委市政府为民办实事项目之中。重点区域分为历史文化街区保护区域、历史文化村镇保护区域、民间信俗保护区域、民俗保护区域、传统戏剧保护区域、传统技艺保护区域、传统体育保护区域、传统音乐、舞蹈保护区域和闽南文化遗产展示保护区域九大类，并按照近期（至2015年）、中期（2016 年至2020年）和长期（2021年至2025年）分为三个阶段实施。整体性保护的重点区域将纳入当地城乡发展规划，当地县级人民政府要组织城乡规划部门会同文化部门依据相关法规制定“重点区域整体性保护专项规划”。

相关链接：泉州首批20个闽南文化生态保护区，包括鲤城区历史文化街区，鲤城区浮桥街道，丰泽区清源山及周边社区，丰泽区蟳埔社区，洛江区仙公山及周边社区，泉港区山腰街道，泉港区后龙镇土坑村，石狮市蚶江镇，晋江市安海镇，晋江市金井镇福全村，晋江市梅岭街道蔡厝社区，南安市石井镇，南安市丰州镇九日山及周边社区，惠安县崇武镇、山霞镇和泉州台商投资区张坂镇，惠安县崇武镇大岞村、小岞镇，安溪县西坪镇松岩村，安溪县西坪镇尧阳村，永春县桃城镇、五里街镇，永春县岵山镇，德化县浔中镇、龙浔镇。

《铿锵戏曲绎人生》出版发行

由省曲艺家协会副主席、泉州市曲艺家协会主席尤春成用近20年时间创作的《铿锵戏曲绎人生》由中国戏剧出版社出版发行，作为泉州市方志委编辑的“泉州地情丛书”的重要组成部分，献礼“东亚文化之都”泉州。中国曲艺家协会主席、著名相声表演艺术家姜昆专门题写贺词：“泉州艺苑花满枝，临风妍笑妙于诗，梨园高甲木偶戏，满城南音传梓里。”《铿锵戏曲绎人生》分上下两册，由“戏曲人生”“温陵艺事”“刺桐影视剧”“艺术的源泉”和“动力与鞭策”五部分组成。最令人瞩目的是“戏曲人生”部分收集泉州市33位德高望重、演艺精湛的名家的采访文章，这些文章几乎包括南音、梨园戏、高甲戏、提线木偶戏、布袋戏、闽南歌舞、打城戏等泉州戏剧主要剧种及各剧种的代表性人物，有些还是抢救性的记录，因为这些艺术家中有近10位已经去世。这组文章采写跨度10余载，大部分刊载在《泉州晚报》上，记载着众多艺术家异彩纷呈的戏曲人生，为系统研究泉州市传统戏曲提供难得而宝贵的史料。

3月12日

星期三
农历甲午年二月十二
温度：13℃—19℃
小雨

●市纪委召开党风廉政监督员和机关效能建设监督员座谈会。

●市文广新局专门举办专题培训班，全面推进闽南文化生态重点保护区域保护工作。

●由福建省曲艺家协会副主席、泉州市曲艺家协会主席尤春成用近20年时间创作的《铿锵戏曲绎人生》出版发行。

3月13日

星期四
农历甲午年二月十三
温度：14℃—19℃
中雨转多云

●市委、市政府召开会议研究经济运行情况。

●受黄少萍委托，翁祖根带领市委办、市委教育实践活动办相关负责人，到晋江市磁灶镇开展党的群众路线教育实践活动联系点调研活动。

●市政府发出通知，74家优秀企业被认定为第二批“泉州市管理创新示范企业”。以设区市政府的名义认定管理创新示范企业，这在全省属率先之举。

泉州市召开会议研究经济运行情况

市委、市政府召开会议研究经济运行情况。市委书记黄少萍主持会议，市领导周银芳、翁祖根、林伯前、陈灿辉在会上与各经济部门负责人共同分析情况、提出建议。黄少萍指出，作为经济大市、人口大市，发展始终是泉州的第一要务，只有不断做大发展“蛋糕”，才能满足群众对幸福生活的期盼。各级各有关部门要把主要经济指标达到或高于全省平均水平作为“底线”，树立强烈的保稳求进攻坚意识，对照差距，查找薄弱环节，加强工作力量；坚持政企互动，落实帮扶企业举措，助推企业加快创新转型、转变提升。对做好近期经济工作，黄少萍提出四点要求，一要盯紧考核目标，督促序时进度落实。“以旬保月、以月保季、以季保年”，层层传递压力，着力培育新型业态和生财行业，涵养财源税源。二要摸清企业情况，密切跟踪经济运行。落实领导挂钩联系企业制度、开好春季片区企业座谈会，了解重点企业生产、销售、资金链情况，梳理解决企业生产经营问题。三要坚持有诺必践，不断升级帮扶企业措施。要强化服务意识，落实兑现好“1+7”政策体系、去库存等政策，让这些措施尽快成为企业的“及时雨”；支持企业技术改造和市场开拓，研究推动企业创新转型的新抓手、新突破口，推广“数控一代”技术应用，推动更多企业加快生产经营数字化、网络化、智能化。四要强化项目协调调度，发挥投资关键作用。坚持一手抓项目建设，加速已签约项目的落地转化，做好土地、资金等要素的保障；一手抓后续项目储备，持续“大招商、招大商”，积累更大发展后劲。此外，当前，春耕备耕工作要密切关注“倒春寒”“五月寒”等重大天气变化，抓好农资调运、春播生产，确保完成粮食播种任务。

市委调研组到晋江群众路线教育实践活动联系点调研

受市委书记黄少萍委托，市委常委、秘书长、统战部部长翁祖根带领市委办、市委教育实践活动办相关负责人，到晋江市磁灶镇开展党的群众路线教育实践活动联系点调研活动。市委调研组走访东山建材市场商户、退休党员干部、党代表工作室，与磁灶镇党政主要负责人分别谈心，并召开党员干部群众座谈会，听取对泉州市、晋江市领导班子和党员领导干部作风，以及开展群众路线教育实践活动的意见建议。座谈会上，来自基层一线的党员干部和群众踊跃发言。市委调研组表示，回顾党的光辉历程，群众路线贯穿始终，成为党的执政之基，力量之源。在经济社会发展双转型时期，中国共产党肩负着继续做大“蛋糕”和分好“蛋糕”的责任。能否走好群众路线，考验着中国共产党的执政能力，检验着党员领导干部的政治坚定性和敏感性。无论是党员领导干部，还是普通党员，都是一面旗帜，都要进一步增强为人民服务的使命感、责任感，认真践行群众路线，全心全意为民办实事、谋利益、促发展。市委将认真梳理大家提出的意见建议，并作为查摆、整改问题的重要内容。

市政府认定第二批“泉州市管理创新示范企业”

市政府再次发出通知，74家优秀企业被认定为第二批“泉州市管理创新示范企业”。以设区市政府的名义认定管理创新示范企业，这在全省属率先之举。这74家企业由市政府授予“泉州市管理创新示范企业”称号（有效期5年），并作为评选各级优秀（突出贡献）企业家、重点企业，以及申报企业创新大赛、企业管理创新奖的先决条件。相比首批，此次示范企业的产生是经企业自主申报，各县（市、区）政府和泉州开发区、泉州台商投资区管委会组织初审后推荐，市经贸委组织管理专家对申报企业的基本条件及初审材料进行评审后，市经贸委再牵头组织科技、安监、环保等10多个部门召开征求意见会，确定拟认定企业，总体坚持宁缺毋滥的原则。在基础管理、机制创新、目标管理创新、组织管理创新、自主创新成果等方面取得显著成效的企业入选。市政府通知指出，希望通过树立典范，发挥示范引导作用，带动广大企业坚持以人为本，坚持管理创新，努力降本增效。

市四套班子领导参加全民义务植树活动

市四套班子领导到泉州少林寺，与300多名机关干部及驻泉州部队官兵一起参加全民义务植树活动。陈海基、杨俊峰、周银芳、沈耀钦、许昆贞、林伯前等市领导和泉州军分区领导参加植树活动。经过一个多小时的植树，榕树、香樟、杧果、桂花、黄金榕、红花洋紫荆、流苏相思7个品种近千株树苗栽种完毕，一片盈盈新绿在春风中生机盎然。

相关链接：2014年“义务植树活动月”，泉州市设立义务植树基地（义务植树点）20个，面积263.2公顷。全市机关干部、企事业职工、驻泉官兵、在校师生、城乡居民等以各种形式参与义务植树活动。泉州市还以创建省级森林城市为契机，完成造林绿化任务9.3万亩，“绿色福利”正为经济社会发展营造良好环境。

全市县级单位完成党的群众路线教育实践活动动员部署

全市党的群众路线教育实践活动督导工作交流座谈会召开。全市县级单位完成教育实践活动的动员部署工作，进入学习教育、征求意见环节；同时，乡镇（街道）、农村（社区）、非公企业等基层组织陆续启动动员部署工作。根据中央和省、市委有关要求，全市派出25个督导组深入参加教育实践活动的单位开展督导工作。督导组在督导工作中根据不同层级、不同领域、不同对象，提出不同的目标要求，有针对性地加强督促指导：对县以上单位班子、领导干部，重点盯住“四风”问题；对县以下单位，突出服务群众这个着力点；对村、社区等基层组织，简化程序性要求；对非公有制经济组织和社会组织，对流动党员、离退休党员和年老体弱党员，采取小型、业余、分散的方式来开展，推动全市教育实践活动健康开展。

文都泉州《光耀东亚》在央视播出

东亚文化之都•泉州特别节目《光耀东亚》在央视四套中文国际频道《中国文艺》栏目中播出。海内外观众通过电视共赏2月在泉州举办的“东亚文化之都•2014泉州活动年”开幕式盛况。主持人的开场白就回顾“东亚文化之都•2014泉州活动年”开幕系列活动的精彩情景。这期节目以“东亚文化之都•泉州”的文化底蕴为线索，将“东亚文化之都•2014泉州活动年”开幕式的精彩活动片段贯穿其中，重温东亚文化之都评选过程，展示泉州民间舞蹈、南音、提线木偶等具有代表性的闽南文化节目，以及光州代表团表演的传统农乐《巫戏》、横滨代表团表演的歌舞《DemDem Passion》等独特的艺术作品。《光耀东亚》节目中，泉州不仅展示东亚文化多彩的艺术形式，还呈现出一系列城市生活的细节，象征着其文化精神已根植于群众的生活中、血脉里。开幕式上启动的古城复兴计划，将对西街旧面粉厂等进行保护性改造，建成市民文化活动的公共客厅。泉州还将依托丰厚的文化资源，创新文化保护和发展形式，促进文化大发展大繁荣。随着节目的播出，泉州博大深邃的文化底蕴、丰富多元的文化种类、深入人心的文化精神，以及未来文化型城市的发展蓝图，也跟着一帧帧场景的变换而充分展露，牵动着海内外中华儿女的心。

晋江市领导重走“晋江经验”形成的路线

晋江市组织四套班子领导，开展重走当年“晋江经验”形成的路线活动。晋江市领导走访优兰发集团、晋江西滨镇思进村、恒安集团和中共泉州中心县委历史纪念馆。通过走访，了解到晋江企业充分发挥党组织凝聚力创造生产力、改革经营管理模式带来新效益的生动案例，重温、体验“晋江经验”的出发点和落脚点是发展为了人民，发展成果由人民共享。以党的群众路线教育实践活动为契机，开展“群众路线与晋江经验”课题研究，增强群众观念，坚定群众立场，维护群众利益，创新群众路线工作方式、方法，为创新“晋江经验”、打造晋江升级版注入源源不断的动力。

3月14日

星期五
农历甲午年二月十四
温度：11℃—15℃
多云

●市四套班子领导到泉州少林寺，与300多名机关干部及驻泉部队官兵一起参加全民义务植树活动。

●全市党的群众路线教育实践活动督导工作交流座谈会召开。

●东亚文化之都·泉州特别节目《光耀东亚》在央视四套中文国际频道《中国文艺》栏目中播出。

●晋江市组织四套班子领导，开展重走当年“晋江经验”形成的路线活动。

3月15日

星期六
农历甲午年二月十五
温度：10℃—17℃
多云

●泉州市召开宜居环境建设暨“两违”综合治理行动电视电话会议，按照全省统一行动和市委要求，部署相关工作。

●农业部发布2013年度全国名特优新农产品目录，泉州蔬菜、果品、茶叶三大类的5种产品、8家生产单位入选该目录。

●由中国纺织工业联合会会刊《纺织服装周刊》主办的“2013年中国纺织服装行业年度精锐榜发布会”在上海世博展览馆举行，石狮市入围“十大新兴集群”。

●由泉州市妇女联合会和泉州社区大学共同推出的社区文化品牌项目《刺桐花讲堂》开讲。

全市宜居环境建设暨“两违”综合治理工作会议召开

泉州市召开宜居环境建设暨“两违”综合治理行动电视电话会议，按照全省统一行动和市委要求，部署相关工作。市领导郑新聪、周银芳、李建辉、林万明，市政府秘书长吴友才等参加会议。市委副书记周银芳主持会议，副市长李建辉部署具体工作。市长郑新聪指出，推进宜居环境建设，要抓好美丽乡村建设、城乡景观风貌提升、棚户区和石结构房改造、市政道路和管网建设、流域和旅游景区治理及“两违”专项整治六项重点工作，强化领导责任、协同协作、资金保障等措施。郑新聪指出，“两违”严重影响项目建设、城市形象和公共安全。当前要按照省委省政府统一部署，全力打好打赢全市“两违”综合治理攻坚战，全面提高城乡治理现代化水平。要盯紧目标任务，逐项细化落实全省行动分解任务，坚决遏制新的“两违”，切实做到“零增长”、“零容忍”。要锁定重点领域，突出打击“四重点”，即违法占用农耕地、影响公共安全和重点建设、严重影响城乡规划、交通干线两侧的违法建筑；实施“六先拆”，即先行拆除党员干部参与、安全隐患大、影响“三边三节点”、顶风违建、妨碍重点项目建设和社会影响恶劣的违法建筑。要讲究方式方法，坚持条块结合、属地管理，党政机关、国有企事业单位、党员干部要带头自查上报，按照“四个坚决、四个绝不允许”原则，依法依规查处“两违”。要倒排时间节点，按照动员部署、深化宣传，调查摸底、建立台账，重点突破、深入推进三个阶段有序推进。要以前所未有的工作力度狠抓落实，做到领导、合力、政策、保障、督查、宣传“六个到位”。郑新聪强调，当前要抓紧行动、有效实施、重点突破。要定任务，抓紧确定示范项目，全力完成全年目标；抓政策，积极向上对接，同时抓紧研究出台市县扶持措施；显特色，以新型城镇化建设为统领，做到聚落保存、古厝重生、闲置空间再利用；严管控，加强村镇规划建设管理，注意留足基础设施建设等公共空间；重落实，通过绩效考评、每月上报、定期通报、加大宣传等加快推进。

泉州五种产品入选全国名特优新农产品目录

农业部发布2013年度全国名特优新农产品目录，泉州蔬菜、果品、茶叶三大类的5种产品、8家生产单位入选该目录。入选的单位和产品为：德化县十八格农产品有限公司生产的德化黄花菜，永春县日升农副产品科技咨询有限公司生产的永春芦柑，福建安溪铁观音集团股份有限公司、福建八马茶业有限公司、安溪县龙涓乡举源茶叶专业合作社生产的安溪铁观音，永春县魁斗莉芳茶厂、福建永春县万品春茶业有限公司生产的闽南水仙，福建永春县万品春茶业有限公司生产的永春佛手。入选该“国家队名单”的单位及其産品，对本地农业产业充分发挥区域优势、优化产业结构、提升产品品牌知名度和影响力，将起到重要的引领带动作用。

石狮入围中国纺织服装行业“十大新兴集群”

由中国纺织工业联合会会刊《纺织服装周刊》主办的“2013年中国纺织服装行业年度精锐榜发布会”在上海世博展览馆举行，石狮市入围中国“十大新兴集群”。主办方表示，石狮是“中国休闲服装名城”“中国休闲面料商贸名城”“国际面料市场航母”。在纺织服装产业提升发展的过程中，石狮的休闲面料市场不断发展壮大。石狮市纺织面料市场年销售额超过200亿元，迈进全国四大纺织面料市场的行列。在发布会上，石狮服装品牌卡宾当选“十大服装品牌”，石狮企业家黄莎莉获“十大青年才俊”荣誉。

相关链接：石狮市在上世纪80年代初就已形成全国性的服装市场，是中国纺织服装最早的发源地和集散地之一。经过30多年的发展，石狮已经成为中国三大服装板块（海派江浙集群、闽派福建集群和南派广东集群）之闽派服装板块的中心城市。全市共有纺织服装企业3600多家，市场经营户超过20000户。2012年，全行业工业产值达到600亿元，占全市工业产值的60%。市场经营额超过500亿元，行业对城市GDP的贡献率超过65%。

休闲面料推动石狮市纺织产业集聚发展。作为全国四大纺织面料市场之一，石狮面料市场突出休闲优势，加快发展研发型贸易，每年有10000多种新型面料上市，销售区域覆盖全国各地，辐射东南亚和欧美30多个国家和地区，年销量50亿米以上，年交易额超过300亿元。随着面料市场的发展壮大，纺织品交易平台不断升级，总投资48.5亿元的石狮国际轻纺城已经开始建设，届时将与石狮辅料城、鸳鸯池布料市场等专业市场连片发展、互动共进，打造成国际面料市场航母，助推石狮成为中国乃至世界交易中心。

《泉州市做好加快推进普通商品房供应工作的实施方案》制定完成

《泉州市做好加快推进普通商品房供应工作的实施方案》制定完成。按照方案，房地产开发企业申请商品房预售时，应当持商品房销售方案及申请预售的相关材料，一并向预售许可机关申请办理商品房销售方案备案。预售许可机关应对企业提交的商品房销售方案进行审核，审核具体要求：一是销售方案必须按照原市房管局相关要求制定，公开销售的房源应落实“一房一价”，企业有保留自有的房屋要单列项目清单（不予批准预售），保留自有的房屋套数不能高于申请项目房屋总套数的10%；二是要核实房地产经纪执业人员、销售人员是否具备相关证件。

商品房销售方案经审核符合要求的，预售许可机关应予出具销售方案备案证明书，审核通过后，方可办理商品房预售许可证。经备案的销售方案应在销售现场公示，申领预售许可证的全部可售房源应按照申报价格明码标价公开销售。

在实际销售中房地产开发企业可以根据市场销售情况价格下调10%，超过销售方案中的“一房一价”价格或低于销售方案中“一房一价”价格90%的，房地产开发企业应向当地预售许可机关提出书面申请调整销售方案，并说明调整价格理由，重新申报销售价格，经备案后在销售现场公示，网上楼盘表相应调整。

商品住房项目预售许可的最低规模不得小于栋，不得分层、分单元办理预售许可。规划建筑面积超过1.5万平方米的低层住宅，每次申报预售面积不得少于1.5万平方米；规划建筑面积少于1.5万平方米的低层住宅，应当一次性申报商品房预售许可。除低层住宅外，规划建筑面积超过3万平方米的其他项目，每次申报预售面积不得少于3万平方米；规划建筑面积少于3万平方米的，应当一次性申报商品房预售许可。

住房供应不足的地区，要建立商品住房预售许可绿色通道，提高行政办事效率，支持具备预售条件的商品住房项目尽快办理预售许可。

房地产开发企业应当在取得预售许可证后10日内，一次性公开全部准售房源，明码标价对外销售。房地产开发企业或者代理销售的中介机构应当在售楼部销售现场醒目位置整齐集中统一公示房地产开发企业营业执照和资质证书、商品房预售许可证、土地使用权证、建设工程规划许可证、施工许可证、商品房销售方案、商品房买卖合同示范文本及补充格式条款、预订协议（认购书等）样本、前期物业服务合同等信息。

销售现场在醒目的固定位置要制定房源销控表，明确每套房源（包括住宅、商业、车位或车库等）的房号、朝向、户型、面积、单价、总价、销售进度以及权利状态（如查封、抵押、限制），公布房地产、物价、税务等相关行政主管部门的投诉电话。对未按规定在销售现场公示有关信息的，暂缓审批其预售许可、资质。

对未开工建设、已批未建、已建未售的商品住房项目，要分门别类地采取加快项目审批，实施项目跟踪协调和服务等“促开工、促投资、促上市”措施，督促开发企业加快项目建设和销售。对已达到预售规定条件，无理由长期不申请预售的房地产项目，房地产管理部门要约谈企业法定代表人，督促企业限期整改，及时办理商品房预售许可并对外销售。

团市委十六届二次全体（扩大）会议召开

团市委十六届二次全体（扩大）会议召开，市委常委、组织部部长陈沈阳参加会议。2014年，团市委将持续深化推进共青团“六大青春战役”，推动共青团事业改革发展。通过实施“青春领航”战役，开展“我的中国梦”主题教育实践等活动，引导青少年培育和践行社会主义核心价值观；实施“青春建功”和“青春家园”战役，开展“青创圆梦工程”，助力青年企业家成长发展，开展青年文明号、青年岗位能手评选，促进青年创优创效，开展“保护母亲河行动”“泉州湾红树林保护”等，助推生态宜居幸福城建设；实施“青春和谐”和“青春创业”战役，以青年见习基地、YBC（中国青年创业国际计划）为抓手，服务青年就业创业，实施“青少年维权行动”，推进“优秀青少年维权岗”和“未成年人零犯罪社区”创建，维护青少年合法权益；实施“青春活力”战役，加强基层服务型团组织建设，提高团组织科学化水平，进一步强化团干部队伍作风建设。

3月16日

星期日

农历甲午年二月十六

温度：12℃—19℃

多云转阴

●《泉州市做好加快推进普通商品房供应工作的实施方案》制定完成，方案的制定，是为了推进全市普通商品房供应有效增加，稳定房地产市场预期，坚决遏制房价的过快上涨。

●团市委十六届二次全体（扩大）会议召开。

3月17日

星期一
农历甲午年二月十七
温度：13℃—20℃
阴转多云

●市政府召开项目工作专题会议，贯彻落实市委召开的经济运行分析会精神。

●杨俊峰为市政协机关全体党员干部和离退休老干部上了题为《认真贯彻党的群众路线，推动政协工作创新发展》的党课。

●由市委活动办和市档案局联合举办的《党的生命线——中央苏区群众路线档案图片展》在市行政中心展出。

●来自中国香港、浙江、江西等地及东南亚地区的黄龙族吴氏后裔齐聚南安市码头镇诗南村，举行泉州市黄龙族吴氏诗口祖祠落成庆典暨诗口古文化活动中心揭牌仪式。

●泉州市民间文艺家协会举行第六届代表大会，会议选举产生新一届领导班子。

市政府召开项目工作专题会议

市政府召开项目工作专题会议，贯彻落实市委召开的经济运行分析会精神，就对接中国诚通集团等一批有意到泉州投资的项目和加快中化集团等13类重大项目进行研究部署，要求全市上下只争朝夕抓项目，实干实效促发展。市领导郑新聪、林伯前、陈灿辉等参加会议。市长郑新聪指出，全市上下务必按照市委书记黄少萍在经济运行分析会上的要求，增强发展紧迫感，发挥项目支撑带动作用，特别要重视新经济平台的引进落地，以增量调整存量，在发展中调结构、促升级。郑新聪强调，各级各相关部门要明确分清项目推进责任，坚持条块结合、以块为主，提高领导挂钩项目实效，完善日常协调调度机制，做到责任到位、协调到位、落实到位，部门要把项目履责情况与绩效挂钩，地方要更加积极主动地抓项目，组建更精干的项目引进服务团队；对一些支撑泉州长远发展的重点项目，要全力支持，敢于超常规运作，组织专人做好跟踪服务。要全力做好安征迁工作，增强工作的规划性，先谋启动，超前建设安置房；要更加细致地做好群众工作，坚持依法依规、公平公正、人性化关怀，加强法律和政策宣传，依法维护项目施工正常秩序、保障群众应得利益。要抓紧抓好项目前期，研究吃透国家政策动向，积极争取“21世纪海上丝绸之路”先行区等政策支持，形成政策洼地；引进更多大项目、好项目，争取列入国家规划和资金盘子。

会议现场 （图/徐国伟）

市政协机关举办贯彻党的群众路线专题党课

市政协党组书记、主席杨俊峰为机关全体党员干部和离退休老干部上了题为《认真贯彻党的群众路线，推动政协工作创新发展》的党课。市政协副主席吴共湖、苏小青、骆沙鸣、陈铭福、王祖耀、李冀平、王瑞强，秘书长洪川夫参加。杨俊峰指出，人民政协作为爱国统一战线组织，必须始终坚持和弘扬党的群众路线，提高履职为民能力。市政协机关党员干部要深刻认识坚持党的群众路线的重要内涵和意义，提高贯彻党的群众路线的自觉性。要深刻认识政协工作是党的群众工作的重要组成部分，增强贯彻党的群众路线的使命感，做到情为民所系、言为民所建、策为民所谋。要清醒认识党员干部在作风方面的突出问题，增强贯彻党的群众路线的紧迫感，对不良现象和作风进行大排查、大检修、大扫除。要以党的群众路线教育实践活动为契机，加强思想教育，强化宗旨意识、责任意识、进取意识和廉洁意识；提升工作能力，提高调查研究、广集民智、反映社情民意、协调关系、化解矛盾等工作水平；改进工作作风，树立为民、务实、进取、勤俭之风；完善制度建设，建立健全群众利益诉求表达机制、社会舆情收集和分析机制、矛盾化解机制和群众参与政协工作机制，促进政协工作再上新台阶。

泉州市举办中央苏区群众路线档案图片展

由市委活动办和市档案局联合举办的“党的生命线——中央苏区群众路线档案图片展”在市行政中心展出。此次展览共展示约300幅历史图片、档案图照，包括福建省档案馆、泉州市档案馆及原苏区安溪县、永春县、德化县档案馆馆藏相关珍贵档案史料。此次图片展通过丰富的图片、翔实的史料，回顾了中央苏区时期党的群众路线的历史，力求达到以史为鉴、教育党员的作用。展览对各级干部深刻认识和把握党的群众路线的丰富思想和精神实质，开展好党的群众路线教育实践活动有十分重要的意义。

展览现场 （图/吴寿民）

3月18日

星期二
农历甲午年二月十八
温度：15℃—26℃
多云

●泉州市举办“四风”具体表现和危害专题讲座。

●由李建辉带队的泉州代表团参加在韩国光州文化艺术会馆大剧场举行的“东亚文化之都•2014光州”开幕式暨文艺演出。

●全市首个邮政交通管理服务站在泉州市行政中心邮政分局揭牌。

●由福建省工艺美术学会、泉州市工艺美术协会、福建省鼎立雕刻集团联合主办的“随性随意——惠安雕刻艺术家作品联展”在惠安鼎立雕刻集团鼎立艺术馆举办。

●市区新门街芳草嘉园二楼泉州中心市区保障性住房选房服务大厅内，符合条件的市民进行选房。

泉州市举办“四风”具体表现和危害专题讲座

泉州市举办“四风”具体表现和危害专题讲座。市领导郑新聪、周银芳、陈海基、杨俊峰、陈沈阳、沈耀钦、翁祖根、刘卫国等参加讲座。市委常委、市纪委书记沈耀钦主持讲座并通报剖析了部分损害群众利益的典型案例。讲座主讲人——省委党校哲学教研部教授林建华对“四风”（形式主义、官僚主义、享乐主义、奢靡之风）问题的表现和特点、根源和联系、弊端和危害等进行深入的剖析，并就标本兼治“四风”问题提出思路和对策。讲座内容既高屋建瓴又通俗易懂，理论性、实践性和针对性都很强，对泉州市各级领导干部进一步认识“四风”的表现形式和危害，按照“照镜子、正衣冠、洗洗澡、治治病”的总要求，聚焦解决“四风”问题，扫除作风之弊、行为之垢，具有指导意义。

讲座现场　（图/徐国伟）

泉州代表团参加“东亚文化之都•2014光州”开幕式

由副市长李建辉带队的泉州代表团参加在韩国光州文化艺术会馆大剧场举行的“东亚文化之都·2014光州”开幕式暨文艺演出。中、韩、日三方代表各执一块拼图，拼出“东亚文化之都·2014光州”标志，共同开启光州开幕式系列活动。来自泉州的39名演职人员携极具闽南特色的文艺节目亮相开幕式暨文艺演出，与韩日艺术家同台献艺，共同展示东亚文化的独特魅力。作为开场节目，泉州舞蹈《蝉鸣“四宝”》运用南音“下四管”乐器之一——四宝配以曼妙的舞蹈，再现唐宋南音乐舞的盛况；提线木偶《驯猴》表演者以高超的操线功夫，生动展示猴子撒娇、弹琴、跳舞、骑单车等特技表演，惟妙惟肖；双人舞《生命》通过双人造型和力与美的肢体语言，传递出诞生、成长、拼搏、奋斗起伏跌宕的生命历程，表现生命的内涵。此次泉州代表团赴韩国光州开展文化交流，旨在展示泉州乃至中华文化风采，为进一步深化国际文化交流合作做出泉州贡献。泉州代表团还实地参观考察韩国光州文化设施，了解光州在传统文化保护与传承等方面所做的工作，探讨拓展两地文化交流合作事项。

全市首家邮政交通管理服务站揭牌

全市首个邮政交通管理服务站在泉州市行政中心邮政分局揭牌。该服务站由泉州市交巡警支队与泉州邮政携手创设，旨在为市民办理车驾管等相关业务提供更便捷、实惠的一站式服务。全市各邮政支局网点都将设立邮政交通管理服务站，为机动车车主提供新车注册，过户，转出，变更迁出，转入，抵押，解除抵押，变更车身颜色、使用性质，补登记证书，补牌，变更公司名称，变更行驶证地址，变更邮寄地址、联系电话，补合格标志等14项业务。邮政拥有点多面广的渠道优势，利用邮政优势，承接交巡警部门便民服务的各项业务，可以减轻交巡警服务窗口压力，方便广大市民就近办理机动车新车上牌等相关业务。这次资源共用、优势互补的合作，是双方开展党的群众路线教育实践活动的效应之一，是为市民办好事、办实事的具体举措。

揭牌仪式　（图/陈晓阳）

惠安本土雕艺家首次举办作品联展

由福建省工艺美术学会、泉州市工艺美术协会、福建省鼎立雕刻集团联合主办的“随性随意——惠安雕刻艺术家作品联展”在惠安的鼎立雕刻集团鼎立艺术馆举办。这是惠安迄今第一个完全展示本土雕刻艺术家作品的展览，展出26位惠安雕刻艺术家的90件石、木、铜等雕塑艺术品。体现着当代惠安雕艺领域的最高水平。参展艺术家年龄大多在30—50岁之间。主题为“本土雕刻艺术家与本土雕刻艺术的关系”的学术交流座谈会同日举行。

3月19日

星期三
农历甲午年二月十九
温度：19℃—27℃
多云

●《泉州市创建国家级生态市工作方案》出台。

●泉州市《我家在海边》专场演出在韩国光州市民文化馆上演。本场演出以《我家在海边》为主题，分为《海之情》《海之韵》《海之梦》三个篇章。

●市教育局出台2014年初中毕业升学考试和普通高中招生工作意见，对初中毕业生考试、高中录取、招生照顾政策等作出具体规定。

《泉州市创建国家级生态市工作方案》出台

市政府办印发《泉州市创建国家级生态市工作方案》，为泉州市创建工作绘制出“路线图”。根据方案，泉州市2014年度计划投资583.18亿元，拟实施370个重点项目，涵盖生态农业、生态工业、生态服务业、生态旅游业、生态环境体系、生态文化建设6个方面。

30个生态农业建设工程项目侧重加强化肥、农膜、养殖废弃物等农业面源污染的治理，推广“丘陵山地综合开发”、“农业有机废弃物综合利用”等循环农业模式，培育一批无公害、绿色、有机食品示范基地，积极发展现代农业。163个生态工业建设工程项目侧重节能减排，加快推进结构转型、产业升级和企业技术革新。95个生态服务业建设项目注重扶持培育新业态，加强基础设施、公共服务平台建设等。17个生态旅游业建设工程项目注重强化生态功能区保护，建设生态旅游示范区。44个生态环境体系工程项目将加快环保基础设施建设，推进流域环境综合整治，强化水资源管理、水土流失治理和生物多样性保护，加强城市公园绿地建设与管护，美化亮化城乡生态环境。21个生态文化建设工程项目则着力于加强生态环保意识的引导和培养，倡导绿色消费、绿色出行、绿色居住等绿色生活方式。

泉州市生态市创建将进一步抓好环境综合整治，打造一批示范典型，认真总结、提升、塑造15项重大工程和100个示范点，展示生态市建设成效。其中，将加快推进工业园区生态化建设，至年底，泉州开发区要率先建成生态工业园区，石狮、晋江、南安要各建成1个生态工业园区。

环境综合整治方面，强化乡镇污水处理设施建设是一大重点。方案要求，各乡镇要按照既定规划，加快生活污水治理设施的建设和完善，上半年内要有明显实质性进展。加快推进列入市级重点项目的洛江西片区、晋江西北、晋江仙石三期、晋江南港、南安北翼、南安东翼、惠安崇山、惠安惠西、惠安县城二期、泉惠石化园区、永春蓬壶11个新建污水处理厂及284.99公里配套管网建设；加快石狮永宁，晋江金井，南安南翼、西翼，安溪龙门、湖头等建成的污水处理设施的配套管网向周边乡镇、重点村延伸，年底前负荷率达到70%以上。

相关链接：在2014年年底前，泉州生态市建设五项基本条件和18项考核指标基本要达到国家级生态市考核标准并通过考核验收，全市80%以上的县（市、区）建成国家级生态县（市、区），生态环境良好，环境污染得到有效控制，自然资源得到有效保护和合理利用，全市节约资源和保护生态环境的产业结构、增长方式、消费模式初步形成，生态文明示范区建设框架基本成型。

泉州代表团赴韩国光州举办《我家在海边》专场演出

泉州市《我家在海边》专场演出在光州市民文化馆上演。本场演出以《我家在海边》为主题，分为《海之情》《海之韵》《海之梦》三个篇章。甫一开场，舞蹈《海的映象》便以恢宏的气势惊艳全场。来自泉州木偶、南音、高甲、歌舞4个专业剧团同台献艺，以传统文化的独特魅力和精湛的表演艺术征服韩国观众。歌舞《乡音》、诗乐舞《乡愁》、男女声四重唱《乡情·望春风》的低吟浅唱，让人沉浸在浓浓的思乡情境中。在70分钟的专场演出中，观众们不仅欣赏到像高甲傀儡丑表演《公子游》、南音名谱《走马》这样原汁原味的传统文化艺术，也惊奇地发现，节目艺术形式有大胆创新：闽南特色的拍胸舞加入新元素鼓，愈显奔放；木偶表演配乐不乏电子舞曲，潮范十足；节目之间没有报幕串词，以画外音等形式巧妙过渡、无缝衔接，匠心独具。当全场观众沉醉于泉州传统文化艺术的精妙之中，中文歌曲《茉莉花》、韩语歌曲《阿里郎》等熟悉的旋律将人们的思绪带回，重温中韩两国交往的历史渊源，感受彼此间的深情厚谊。而现代舞《生命》力图展现的，是泉州的无限创造力和生命力，预示着泉州文化正走向新的更高的层次、走向更辉煌的未来。节目尾声，伴随着舞蹈《金鸣辉煌》，来自泉州的演职人员上台谢幕。神气活现的提线木偶“唰”地展开手中的红色条幅，韩文“大家晚上好”出现在观众眼前，博得观众经久不息的热烈掌声。

演出现场　　（图/陈起拓）

郑新聪到南安开展群众路线教育实践活动调研

市长郑新聪到南安开展群众路线教育实践活动调研，市政府秘书长吴友才参加调研。郑新聪到联系点英都镇与企业家、村干部和离休老干部促膝交流，召开座谈会，倾听基层群众对泉州、南安两级党政领导班子和全市党员干部改进作风、践行群众路线的意见和建议。座谈会上，来自基层一线的农村干部、基层所站负责人、企业代表、离退休干部等10多人踊跃发言。郑新聪逐一认真回应后指出，南安、英都两级政府要加强策划，通盘考虑产业、城镇、民生与基础设施建设等问题，研究一揽子发展方案。市级将牵头进行跨区域协调，集中资源、政策，帮助英都发展。郑新聪强调，开展群众路线教育实践活动最忌形式主义。各级政府要从基层实际出发，回应好解决好群众最关切的问题。干部要提高做群众工作的能力，带着真情和群众交朋友，倾听群众心声。要边学边改，对群众反映强烈的“四风问题”要马上整改落实，对事关长远的问题抓紧研究，拿出逐步解决方案。要坚持两手抓、两不误、两促进，同步做好当前经济运行、改革、民生等各项工作，促进经济社会持续健康较快发展。

十一届市政协常委会第十四次会议召开

十一届市政协常委会第十四次会议召开。市政协主席杨俊峰，副主席许连捷、吴共湖、苏小青、骆沙鸣、陈铭福、王祖耀、李冀平、王瑞强、陈益，秘书长洪川夫参加会议。会议传达学习全国政协十二届二次会议精神，协商通过《泉州市政协常委会2014年工作要点》（草案）和《泉州市政协2014年度协商工作计划》（草案）。杨俊峰要求，全市各级政协组织和政协委员要把学习贯彻好全国政协十二届二次会议精神作为重要任务，深入学习领会，做全面深化改革的宣传者；深入调研思考，做全面深化改革的助推者；深入改革实践，做全面深化改革的参与者。要明确履职任务，求真务实，勇于创新，抓好工作落实，尤其做好重点调研视察、重点提案协商办理、有关专题协商议政和加强政协自身建设，发挥人民政协人才荟萃、智力密集的优势，为泉州发展献计出力。

会议现场　（图/李德志）

全市人力资源和社会保障工作会议召开

全市人力资源和社会保障工作会议召开。副市长陈灿辉参加会议。2014年，泉州市将以“金保工程”列入泉州2014年重点建设项目为契机，加快建成启用全市统一的人力资源和社会保障数据中心。金保工程是指在全国范围建设一个统一规划、统筹建设、网络共用、信息共享、覆盖各项劳动和社会保障业务的电子政务工程。建设该项工程，不仅可提高社保基金监管部门对基金运转的透明度和知情度，防止冒领、错领养老金等现象发生，还能将社会保险登记、申报、审核、基金管理及劳动力市场招聘、求职、就业登记、失业管理等诸环节纳入系统管理，支持人员跨地区流动、跨地区养老、跨地区就医等一系列社会保障的业务处理和公共服务。至2013年年底，泉州完成金保工程项目可行性研究报告并通过信息化部门组织的前置审核。此外，2014年泉州市还将分期完成人力资源就业服务信息网络系统建设，搭建远程视频见工系统，建立劳动就业微信公共服务平台等。

泉州市组织开展打击整治诈骗犯罪专项行动

3月20日至9月20日，市综治委在全市组织开展打击整治诈骗犯罪专项行动。打击整治诈骗犯罪专项行动确定一批重点整治区域。其中，电信诈骗重点整治区域为安溪县，南安市诗山、蓬华、金淘镇，永春县桃城、仙夹、坑仔口镇等地。掉钱捡钱诈骗重点整治区域为晋江市池店镇、南安市石井镇等地的流动人口租房聚居地。南安市美林镇、柳城街道为兑换外币诈骗重点整治区域。此外，“邮包夹毒”诈骗、“安全账户”转账诈骗、网络QQ冒充亲友诈骗、购车购房退税诈骗、网络购物诈骗等也是专项行动的打击整治对象。

3月20日
星期四
农历甲午年二月二十
温度：15℃—25℃
多云转阵雨

●郑新聪到南安开展群众路线教育实践活动调研。

●十一届市政协常委会第十四次会议召开。

●全市人力资源和社会保障工作会议召开。

●3月20日至9月20日，市综治委在全市组织开展打击整治诈骗犯罪专项行动。

●团市委联合市林业局、省高速公路泉州管理分公司等单位开展“弘扬志愿精神、建设青春家园、共筑生态文明”青年生态园建设活动。

3月21日

星期五
农历甲午年二月廿一
温度：12℃—16℃
阴转多云

●郑新聪带领市直有关部门负责人到南安市，召开2014年春季丰泽、南安片区企业调研座谈会

●市十五届人大常委会第二十六次主任会议召开。

●周银芳到石狮开展群众路线教育实践活动联系点调研和谈心征求意见活动。

●市人大常委会邀请省人大常委会研究室原副主任许长荣作《认真践行党的群众路线 充分发挥人大制度优势》的专题讲座。

●“安溪铁观音·香约中国梦”品牌推广行动启动。

●永春通过“中国香都”考评。

●一船长132米的新型集装箱货轮“丰泽园”装载着货物，从泉州后渚港起航赴台湾高雄港。

●市科协六届二次全委会召开。

●泉州市教育局邀请国家教育咨询委员会委员、中国教育学会高中教育专业委员会名誉理事长王本中在培元中学举办题为《教育综合改革背景下的人才培养与学校发展》的专题报告。

●来自全国各地的165名大厨出席在泉州举办的“2014年中国御厨厨皇美食授勋交流大会”。

市人大常委会第二十六次主任会议召开

市十五届人大常委会第二十六次主任会议召开。市人大常委会主任陈海基主持会议，副主任洪泽生、潘燕燕、陈全顺、吕竞、王远东、张建生，秘书长吴春林参加会议。会议讨论市政府关于提请审议崇武至秀涂滨海区域生态保护和景观旅游规划的议案和市人大常委会环城委有关初审意见，建议市政府及相关部门抓紧对规划进一步修改完善。会议讨论市十五届人大四次会议代表建议重点办理件督办安排（草案），确定将《关于完善大坪山郑成功文化公园建设的建议》《关于加快办理安置房“两证”的议案》《关于加快规划建设和管理停车场的建议》等9件代表建议作为2014年市人大常委会重点办理督办件。会议还讨论市人大常委会关于推进县级公立医院改革工作情况的调研方案。

会议现场　（图/陈意鸣）

“安溪铁观音·香约中国梦”品牌推广行动启动

由中国地市报研究会、安溪县政府、泉州晚报社联合主办的“安溪铁观音 香约中国梦”品牌推广行动启动。推广行动包括两大部分内容，第一部分主要是开展安溪铁观音制茶技能大比拼、2014年度安溪十佳现代茶叶基地、2014年度安溪十佳茶叶专业合作社、2014年度安溪十佳茶叶电子商务企业、安溪茶产业创新创意奖、2014安溪茶产业年度人物六项评选活动，突出从制茶技能、基础管理、产业合作、电子商务、创新创意、产业人物等角度，揭示安溪茶产业的最新面貌和亮点；第二部分主要是媒体组合式集中宣传活动，采取“就地整合、全国推广”的策略，联手全国地市报和新媒体的力量，全程跟进六个项目的评选过程，结合年度其他茶事活动，形成丰富多彩的宣传报道。

永春通过“中国香都”考评

经中国轻工业联合会批准，由中轻联科技环保部、中国日用杂品工业协会共同组成的“中国香都”考评专家组到永春县达埔镇制香行业进行综合考评，同意永春县达埔镇冠名“中国香都”。永春县于2012年提出打造“中国香都”目标，并与中国日用杂品工业协会签订共建协议。达埔镇是全国生产燃香类产品六大主产区之一，有着300多年的制香历史。该镇有制香企业296家，从业人员近3万人。2013年，永春香产业链实现产值27.3亿元。

考评会现场　（图/姚德纯）

泉州新货轮“丰泽园”首航台湾

一船长132米的集装箱货轮“丰泽园”装载着货物，从泉州后渚港起航赴台湾高雄港。这是“丰泽园”轮首次直航台湾本岛。“丰泽园”轮是德国产集装箱货轮，设备技术先进，672TEU的载重量也比前任“广益”轮翻了一番多。“丰泽园”轮还将把泉州至台中、高雄的航程时间，从原来的13个小时和20个小时，分别缩短到8小时和13小时，两地货运航程时间缩短1/3。

“丰泽园”货轮　（图/郭冰德）

华侨大学教授入选国家“千人计划”

中共中央组织部和国家外国专家局颁发通知，华侨大学生物医学学院Philipp Kapranov教授入选国家第四批“外专千人计划”。“外专千人计划”是国家“千人计划”的一部分，其目标是围绕中国经济和社会发展重点行业和关键领域的需求，利用10年左右的时间，引进500至1000名能够突破关键技术、发展高新产业、带动新兴学科的高层次外国专家（非华裔）。Philipp Kapranov教授为华大首位入选国家“千人计划”的特聘教授，其长期从事系统生物学和基因组功能方面的研究，发现人类基因组能够产生大量的有功能作用的非编码RNA，在概念层次上重新定义了“基因”。这一发现被Science选为最近10年内的十大发现之一。Philipp Kapranov教授被华大生物医学学院聘为教授以来，为华大在生物工程、基因治疗、医学、生物医学工程冲击国际学术前沿提供强大动力。

晋江首个公益社会组织培育基地揭牌

晋江首个公益社会组织培育基地——社会工作服务机构孵化基地揭牌，7家入驻基地社工机构负责人与晋江市民政局签订入驻协议。孵化基地为入驻的社工机构提供多个项目的服务，通过聘请资深社工、督导及专家，为入驻社工机构提供辅导和培训，在项目申报、项目策划、活动举办等方面，给予协助；定期举办社会工作知识和技能培训，提升社会工作人才综合素质和业务能力；提供免费的办公、会议、培训场地等一般办公设备；组织进驻孵化基地的社工机构参与政府购买服务项目的投标工作等。

相关链接：2009年9月以来，晋江被民政部先后确定为第二批全国社会工作人才队伍建设试点、首批全国企业社会工作试点、首批全国志愿服务记录制度试点、首批全国社会组织建设创新示范区。晋江全市有民办社会工作服务机构7家，机构专职社会工作人才80余人，全市持社会工作职业资格证书人才378人，约占泉州地区总数的62%。2014年年初，晋江又获省民政厅“社会工作服务示范地区”称号。

“中国好声音”泉州演唱会在泉州举办

由求质集团冠名赞助的“天翼飞young百城百场中国好声音泉州演唱会”在泉州海峡体育中心举办。演唱会一开始，16名第二季中国好声音明星学员集体亮相舞台，合力演绎一首《我相信》，唱出青春的悸动，也正式拉开演唱会的序幕。当晚，李琦率8名队员组成飞Young梦想队与单冲锋率领的卓越天翼队，在舞台上展开一场音乐的较量，给观众带来一场视听盛宴。当《趁早》《征服》《离不开你》《味道》这些经典旋律响起，现场多次出现万人大合唱的盛况。经典的旋律还未散去，李琦的《我知道》以及张恒远《卑微的荣耀》两首全新作品让听众大饱耳福。本场演唱会，中国电信泉州分公司特别为本土的年轻人提供实现音乐梦想的舞台。中国电信泉州分公司举办的“泉城好声音”K歌大赛的冠、亚、季军，如愿登上中国好声音的舞台，倾情为观众演绎一曲《梦想的翅膀》。

“最美虹山行”乡村游启动

“最美虹山行”乡村游启动仪式在洛江虹山乡举行。虹山乡作为国家级生态乡镇，具有丰富的生态资源、旅游资源和人文资源，经过多年来的保护性开发建设，各项基础设施和旅游配套逐步完善。活动当时，民俗表演、长桌宴和农家游戏等一道道旅游盛宴让前来游玩的市民乘兴而来尽兴而归。刚走进活动会场，一张巨大的手绘地图为往来的游客指路，百亩油菜花田、百年护林碑以及飞流直下的虹山瀑布都被详细地标注在地图上。从四面八方赶来的游客纷纷在签到板上用手指绘出一片片油菜花瓣，将眼前的美景留在画布上；骑行的人们不时从正在写生的美术家身边经过，动感的身姿与幽静的田园风光都被摄影爱好者们记录在光影中。

慈善义卖募集助学款152万元

由泉州开元寺、交通银行主办，泉州大开元寺扶贫救灾公益协会承办的慈善书画义卖活动在泉州南音艺苑举行，募款将帮助贫困学子继续求学。慈善义卖会现场，周焜民、何锦龙、林坚璋等一批泉州知名书法家的作品，林聪权、林剑仆、江松、黄坚等画家的作品相继亮相，赢得现场爱心人士的追崇，一次次以高价竞拍。41幅精品书画作品，经过连番竞价，最后募集善款152.66万元，将作为助学基金，圆贫困学子求学梦。

3月22日

星期六

农历甲午年二月廿二

温度：9℃—16℃

多云

●华侨大学生物医学学院Philipp Kapranov教授入选国家第四批“外专千人计划”。

●晋江首个公益社会组织培育基地——社会工作服务机构孵化基地揭牌。

●“最美虹山行”乡村游启动仪式在洛江虹山乡举行。民俗表演、长桌宴和农家游戏等旅游盛宴让市民乘兴而来尽兴而归。

●由求质集团冠名赞助的“天翼飞young百城百场中国好声音泉州演唱会”在泉州海峡体育中心举办。

●由泉州开元寺、交通银行主办，泉州大开元寺扶贫救灾公益协会承办的慈善书画义卖活动在泉州南音艺苑举行。

3月23日

星期日
农历甲午年二月廿三
温度：11℃—21℃
晴

●《加快推进城乡石结构房屋改造五年工作计划》制定完成。该计划提出，通过五年的努力，基本完成全市石结构房屋改造任务。

●惠安县政府·华侨大学建筑产业发展与人才培育合作框架协议签订仪式在惠安举行，双方将在建筑产业人才培育开发、产学研合作、项目技术对接等领域展开全方位、多层次合作。

●泉州市第二届中小学名班主任评选揭晓。

泉州市《加快推进城乡石结构房屋改造五年工作计划》制定完成

泉州市完成《加快推进城乡石结构房屋改造五年工作计划》制定工作。该计划要求，此次改造方式首先提倡成片改造。中心城区近期建设规划范围内的石结构房屋应实行成片改造；位于城镇规划区范围内的石结构房屋鼓励采用成片改造，城镇规划区外的村庄户数在20户以上或占地面积10亩以上的，鼓励按现代住宅小区实施成片改造。通过成片改造，引导石结构房屋散居住户向城市新区、县城、中心镇（乡）、中心村集中。

对符合条件的允许就地翻建。城镇规划区外或规划进行成片改造但超过5年未实施的石结构房屋，允许其就地改造翻建。改造宜以拆除重建为主，重点改造结构质式差、抗震能力低的石结构房屋。对少量一时无法拆除重建的危旧石结构房屋，可采取临时除险加固措施。采取就地翻建改造方式的，应严格控制新增用地，严格控制翻建规模，加强过程管理。对由于历史原因造成土地尚未审批的，应结合翻建一并甄别解决。对石结构房屋改造简化审批程序，对采用成片改造的，开辟“绿色通道”，实行容缺预审，减免相关费用。对采用就地翻建的，按照省、市相关规定审批。

改造重点包括处于抗震设防烈度7度以上地区，采用石楼（屋）盖板、石梁、石柱、石砌体作为承重构件的石结构房屋；居住在石结构房屋的住房困难户；位于主要交通干道沿线、重点工业园区及其周边村庄的石结构房屋。实施步骤分三个阶段，调查摸底、开展试点阶段（2014年1月至12月）：各地将根据自身实际，出台石结构房屋改造实施方案和工作计划。突出重点、初见成效阶段（2015年1月至2016年12月）：各地确定的石结构房屋改造试点将基本完成改造任务，属于危房的及早列入改造计划，其他有需求的按照城乡规划和各地实际分批次逐步启动；石狮市、晋江市、惠安县、泉州台商投资区等地要完成50%的改造任务，其中晋江市金井镇、深沪镇，石狮市祥芝镇、鸿山镇、锦尚镇、永宁镇等8度设防区要确保完成改造任务；其他县（市、区）要完成40%的改造任务。全面实施、明显改善阶段（2017年1月至2018年12月）：全面推进石结构房屋改造，争取基本完成石结构房屋改造工作。

惠安县与华侨大学签订建筑产业发展与人才培育合作框架协议

惠安县政府与华侨大学建筑产业发展与人才培育合作框架协议签订仪式在惠安举行，双方将在建筑产业人才培育开发、产学研合作、项目技术对接等领域展开合作。根据协议，校地双方共同建立“华侨大学（惠安）建筑人才工作站”，惠安在华侨大学全日制本科教育中实施“订单式”人才培养计划，惠安建筑企业和华侨大学相关专业提前进行双向选择并签订委托培养合同，由企业采取一定形式补助帮助学生完成后续学业，学生毕业后到企业就业。惠安县每年定期组织建筑企业到华侨大学举办专场毕业生招聘会。华侨大学相关院系每年可选派师生进驻企业开展教学实习、社会实践和毕业设计等方面工作，相关建筑企业给予提供必要的工作生活条件支持和资金补助。双方将加强在职教育培训，探索挂职锻炼制度，共建“建筑从业人员技能鉴定中心”。惠安县与华侨大学还将加强科技项目对接，提升校地产学研合作水平。

泉州市第二届中小学名班主任评选揭晓

由市教育局主办，泉州市邮政局、泉州晚报社协办的泉州市第二届中小学名班主任评选揭晓，30人获名班主任奖，30人获名班主任提名奖。市第二届名班主任奖获得者名单：泉州市第二实验小学洪纯红，泉州市实验小学蔡屏屏，泉州市盲聋哑学校李聪敏，泉州五中李玉晖，丰泽区第五中心小学叶秀宝，德化县实验小学郑素金，泉州市通政中心小学王宝华，泉州市第二中心小学吴榕妹，泉州一中吴婉萍，晋江市特殊教育学校许文权，泉州七中付文栋，泉州师院附属小学吴友钧，泉州市晋光小学郭曙望，惠安县净峰莲峰小学王雪琼，南安市五星中学王明坛，晋江第二实验小学陈艺瑜，泉州泉中职业中专学校胡莉虹，永春县桃城中心小学叶巧兰，泉州外国语中学杨钦阳，泉州实验中学周岳峰，惠安一中孙建泉，晋江市灵源英塘小学蔡美容，泉州台商投资区惠南实验中学陈孝水，永春县华侨中学刘丽珍，洛江区奕聪中学刘荣茂，泉州台商投资区张坂中心小学骆丽真，安溪县第九小学黄惠清，惠安县科山中学林贤财，德化县实验小学分校陈桂珍，泉港区山腰中学黄海波。

泉州国家级生态市创建活动动员大会召开

泉州市召开国家级生态市创建活动动员大会，就国家级生态市创建工作再作部署。市长郑新聪要求，确保国家级生态市创建成功，要坚持重点突破与整体提升并举、集中整治与长效管理并举、硬件改善与软件提升并举，着重补缺补漏，全力攻坚冲刺，重点抓好6项工作：一是对照国家级生态市考核指标体系，逐项排查、巩固提高；二是落实2014年370个重点生态建设项目进度；三是根据生态市创建80%体系要求，确保细胞工程构建到位；四是结合实施宜居环境行动计划，实现环境整治全面覆盖；五是凸显亮点特色，精心打造一批绿色、循环、低碳发展的生态工业、生态农业、生态林业、生态人居、生态文化示范点；六是做好迎检资料档案的收集和整理。此外，要同步推进生态建设领域改革，认真对接、提前研究国家、省相关政策方案，全力向上争取政策、资金、项目支持，加强生态文明制度建设，加快建设“清新泉州”。郑新聪强调，全面推进国家级生态市创建是对全市各级干部执行能力、组织水平和工作作风的一次重大检阅。各级各部门要强化领导抓创建，加强督查促创建，广泛动员推创建，问责问效，合力共为，努力营造“人人参与创建，共建美好家园”的良好氛围，确保2014年成功创建国家级生态市。市委常委、常务副市长林伯前就创建工作作具体部署。市领导王远东、李建辉、林万明、吴共湖，市政府秘书长吴友才参加会议。

郑新聪到安溪调研扶贫开发工作

24—25日，市长郑新聪带队到安溪，结合党的群众路线教育实践活动，调研扶贫开发工作。副市长林万明、市政府秘书长吴友才参加调研。郑新聪一行前往魁斗镇、长坑乡、虎邱镇和桃舟乡，了解扶贫开发建设情况，参观安南永德中心县委旧址，察看淮山种植基地、设施葡萄园等现代农业，桃美公路拓宽等工程和晋江源生态保护区，走访困难群众，并召开座谈会。郑新聪指出，要摸清底数，精准定位，找准关键点和切入点，从短板补起，从最根本环节做起，先做惠及最广泛群众的事。挂钩帮扶干部要沉下心、接地气，“脚踏实地，千万别做面子工程”。要连片开发，统筹产业发展和基础设施建设，做好跨区域流域整治和生态保护。郑新聪指出，要推动特色产业升级，因地制宜策划一批产业扶贫项目，大力扶持新型经营主体，提升产业化经营水平。特别是茶业要推广标准化生产，加快商业模式创新，调整种植结构，改造低效茶园。当前正值春耕，要确保播种面积，全面兑现惠农政策，做好“五新”示范推广。要以“查欠账、明急需、惠弱势、多渠道、提质量”的思路，突出解决扶贫开发最紧迫的问题。保障义务教育公平、做强乡镇卫生院，提升新农合和医保服务水平；以饮水安全、垃圾污水处理为重点，提升基础设施建设；叠加政策，推进新一轮造福工程、石结构和危旧房改造。要统筹好省市县三级力量，做好政策衔接、宣传和运用，善于运作，充分发挥政策作用；要加强农技员、村医等基层人才队伍建设，关爱与支持边远、山区和欠发达地区的干部，强化农村基层力量。

调研现场　（图/刘伯怡）

全市文化广电新闻出版工作会议召开

全市文化广电新闻出版工作会议召开，副市长周真平参加会议。2013年，泉州市文化产业增加值269亿元，居全省第一，同比增长20%，占GDP比重首次突破5%，达到国民经济支柱性产业要求。2013年，泉州市文化产业加快发展，文化产业示范基地78家，其中国家级1家，省级13家。上海文化出版社泉州分社的成立，填补泉州市无本土图书出版机构的空白。总投资78亿元、亚洲规模最大的数字媒体产业基地惠普聚贤国际数字媒体产业基地在安溪启动建设。全年新增数字影院4家，影厅18个，电影票房总收入1.2亿元，比增近五成。泉州儿童创意体验园等一批支撑创意产业发展的平台或载体加快建设。2014年，泉州市将加大文化惠民力度，首次开展扶持文艺精品公益性演出，全市文艺院团将开展文艺演出220场；近期将研究出台鼓励艺术精品创新创作的长效机制，调动艺术家创作精品力作的积极性、主动性。

3月24日

星期一
农历甲午年二月廿四
温度：14℃—22℃
多云

●24—25日，郑新聪带队到安溪，结合党的群众路线教育实践活动，调研扶贫开发工作。

●泉州市召开国家级生态市创建活动动员大会。

●全市文化广电新闻出版工作会议召开。

●24—25日，全市村（社区）党组织书记党的群众路线教育实践活动示范培训班开班，全市237名村（社区）党组织书记参加。

●24—28日，由省农民体育协会主办的2014年福建省农民象棋大赛落幕，泉州选手获男、女混双（快棋）第一名、男子团体第一名、女子团体第一名。

3月25日

星期二
农历甲午年二月廿五
温度：16℃—25℃
多云

●安溪、南安、永春、德化纳入《赣闽粤原中央苏区振兴发展规划》。

●市、县两级人大常委会主任座谈会召开。

●25—27日，省委组织部调研组一行到泉州调研督导非公有制企业党建工作。

●25—29日，由市政府主办，市经贸委承办，市工商联参与协办“商业模式创新”研修班到复旦大学开展为期四天半进修学习。

安南永德纳入《赣闽粤原中央苏区振兴发展规划》

国务院批复国家发改委关于《赣闽粤原中央苏区振兴发展规划》。按照规划，赣闽粤原中央苏区将以赣南、闽西为核心，打造双核六组团的空间发展格局，泉州市的安溪、南安、永春、德化被纳入闽南组团。该组团将重点发展装备制造、光电、新能源、纺织服装、日用陶瓷、建筑建材等制造业和茶叶、花卉等特色产业，加强与台湾地区产业合作。规划明确提出，对纳入规划范围的地区，在安排中央预算内投资和国外优惠贷款等资金时，参照执行西部地区政策，并进一步加大对公路、铁路、水路、民航、水利等建设项目的投入力度。

安南永德有多个产业将得到重点培育。特色农林业方面，规划提出建设全国重要的茶产业基地，提升福建乌龙茶和红茶品牌影响力，配套建设安溪茶叶专业批发市场，实施有机茶园建设和传统茶园改造工程；矿产业和制造业方面，将重点建设永春铅锌、德化陶瓷及永春老醋、南安绿色节能照明等基地，壮大产业集群，打造优势品牌；服务业方面，规划把戴云山列入重点生态旅游区，提出要充分挖掘闽南文化等特色资源，推动建设安溪铁观音茶文化主题园区。

市县两级人大常委会主任座谈会召开

市、县两级人大常委会主任座谈会召开。会议围绕“推动人民代表大会制度与时俱进”主题进行交流研讨，为推动人大工作开创新局面提供有益参考。市人大常委会主任陈海基，副主任洪泽生、潘燕燕、陈全顺、吕竞、王远东、张建生，秘书长吴春林，各县（市、区）人大常委会领导及市人大常委会各委、办、室、局负责人等参加会议。陈海基要求，在实践中要始终不移对人民代表大会制度充满自信，坚定政治信念，认识到人民代表大会制度是符合中国国情、体现人民当家做主的根本政治制度；要依照法律法规，结合具体实际，大胆探索，充分挖掘法律赋予人大职能的作为空间，主动发挥人大密切联系群众的优势，推动国家治理体系和治理能力现代化；要围绕改革创新，在健全对“一府两院”监督机制、发挥人大代表作用等方面进行实践探索与理论思考，注重总结提升实践经验和研究成果，推动人民代表大会制度与时俱进。

省委组织部调研组到泉州调研非公企业党建工作

25—27日，省委组织部调研组一行到泉州调研督导非公有制企业党建工作。调研显示，泉州市非公企业党组织覆盖率71.54%，基本实现有党员的企业党组织覆盖率、从业人员50人以上的企业党员覆盖率、非公企业党的工作覆盖率“三个100%”。泉州市通过思想、素质、服务、政治引导，增强企业出资人对党的感情、对非公企业党建的认同感。许多企业出资人参与党建的热情逐渐增强。全市共有非公企业党组织4824个，占全省非公企业党组织30%；党员27983人，占全省非公企业党员27%。各企业党组织广泛开展“保本色、增本领、强作用”主题活动。2010年至今，全市非公企业党组织共提出合理化建议9300多条，调处劳资矛盾1800多起，引进企业急需人才6100多名，为职工群众做好事实事15000多起，承担急需任务、技术革新5600多项，为企业创造效益超过60亿元。

泉州市“商业模式创新”复旦研修班开班

25—29日，由市政府主办，市经贸委承办，市工商联参与协办“商业模式创新”研修班到复旦大学开展为期四天半进修学习。研修班成员走进名校课堂、探访知名企业，问计商业模式创新。研修班由62人组成，成员由市经贸委、财政局、科技局、信息化局、工商联等部门分管领导，各县（市、区）政府和泉州开发区、泉州台商投资区管委会分管领导，以及33名重点企业董事长或总经理组成。此次上海之行，采取课堂学习与名企考察相结合，研修班成员除迈进名校复旦大学聆听专家面授新知识外，还探访上海自由贸易试验区行政服务中心，复星和中国梦谷•南上海文化创意产业园等知名企业的总部，汲取先行者在商业模式创新方面的经验。在上海自由贸易试验区行政服务中心一楼大厅，学员现场观摩开办企业的快捷审批流程。围着上海自贸区行政服务中心相关负责人，请教政府管理如何转变、如何创新。在生机勃发的上海江湾新城，学员见识泉商从贸易进军地产，在寸土寸金的上海核心圈打造的高端项目御珑湾，尝试企业盈利模式的转变与创新的非凡魄力。

马新岚到泉州调研法院工作

省高级人民法院院长马新岚一行到泉州调研。市领导许昆贞等参加相关活动。在晋江、丰泽、鲤城等地基层人民法庭、新农村建设法律服务点、民间借贷登记服务中心，马新岚诚恳倾听人大代表、人民陪审员、一线法官等各方意见建议，要求泉州两级法院扎实开展党的群众路线教育实践活动，抓好审判执行工作，提升司法公信形象。马新岚指出，当前，法院各项工作面临着新的挑战和机遇。在当前新的形势下，要解放思想，开拓工作思路，在实现司法目标上走前列，在建设过硬的队伍建设上走前列，在改革创新、品牌发展上走前列；要以解决群众反映强烈的突出问题为突破口和切入点，自觉接受人民群众和社会各界的监督，严刹法院队伍中存在的“四风”问题，提高司法公信形象，真正做到为民、公正、廉洁。

省委第四督导组与市委活动领导小组第二次联席会议召开

省委第四督导组与市委活动领导小组及办公室第二次联席会议召开。会议听取近阶段泉州市党的群众路线教育实践活动情况汇报，省委督导组通报督导工作情况，并对泉州市教育实践活动下阶段工作提出要求。省委第四督导组第一组长曹德淦出席会议并讲话。省委第四督导组组长李德仁、副组长郑恢先以及督导组全体成员，市领导、市委党的群众路线教育实践活动领导小组副组长郑新聪、周银芳参加会议。曹德淦强调，教育实践活动的首要任务是学习教育，教育实践活动不走过场首先是学习教育不走过场。要把学习教育贯彻始终，认真研读习近平总书记在兰考县调研等一系列重要讲话精神，分级分类联系实际展开学习活动，杜绝只重形式、不重内容，只重方式、不重成效的现象，树立群众观点，坚定理想信念，拧紧世界观、人生观、价值观这个“总开关”，增强思想自觉和行动自觉，为查摆问题、整改落实打好基础。当前，要认真回顾总结市、县两级领导班子和市直单位第一环节工作开展情况，并指导乡镇（街道）、村（社区）做好第一环节工作。要抓好边学边查边改工作，对干部群众反映的热点难点问题限期解决，并建章立制，探索更好解决问题、服务群众的机制和办法。

市委副书记、市长郑新聪表示，2013年以来，泉州按照中央和省委统一部署，在省委第四督导组的精心指导下，抓早抓紧抓好教育实践活动各项工作。下一步，泉州将按照省委督导组的要求，根据市委统一部署，精心组织开展好第一环节“回头看”工作，着手准备开展第二环节教育实践活动。郑新聪要求，要围绕习近平总书记在兰考县调研等一系列重要讲话精神组织好专题学习和讨论活动；要根据征求到的意见建议和查摆出来的问题有针对性地开展整改，建章立制、限期解决干部群众关注的民生热点问题；要加强对市委各督导组的培训指导；要坚持两手抓、两不误、两促进，通过开展教育实践活动深入思考关系泉州长远发展的深层次问题，为推动泉州新一轮改革发展增强后劲。

市人口计生工作领导小组组长会议召开

泉州市召开市人口计生工作领导小组组长会议，传达全国计划生育工作电视电话会议和全省卫生计生工作视频会议精神，分析2014年全市计生工作形势，研究部署下阶段计生工作。市委副书记、市人口计生领导小组常务副组长周银芳主持会议。市领导陈庆宗、林万明，市计生协会会长尤垂镇等参加会议。市长、市人口计生工作领导小组组长郑新聪指出，要按照全国、全省计生工作会议要求，着力解决抓计生工作思想滑坡问题，强化各地计生工作第一责任人和计生领导小组的责任，切实履行全市计生系统干部职责，加大计生工作督查和问责力度。要稳妥有序地落实“单独两孩”政策，提前研判形势，摸清目标人群底数，科学预测和准确把握人口变动趋势、制定预警线；做好政策宣传引导，及时为群众解疑释惑；严厉打击弄虚作假行为，严肃查处违法生育行为，严格控制政策外生育特别是多孩生育。要深入推进流动人口基本公共服务均等化，探索实施流动人口享受安居、成才、致富、亲情、保障“五项工程”，以人口信息化带动计生工作规范化。要继续加大出生人口性别比偏高的综合治理力度，依法严厉打击“两非”行为；深入开展关爱女孩行动，推进幸福家庭创建活动，健全家庭政策体系。要研究对接2014年度省考核方案，巩固强项、整改弱项、抓好新项，以对历史负责、对当前负责和对将来事业负责的态度接受考验。

3月26日

星期三
农历甲午年二月廿六
温度：17℃—28℃
多云

●中共泉州市委党的群众路线教育实践活动领导小组下发《关于认真学习贯彻习近平总书记在河南省兰考县调研指导党的群众路线教育实践活动时讲话的通知》。

●省委第四督导组与市委活动领导小组及办公室第二次联席会议召开。

●泉州市人口计生工作领导小组组长会议召开。

●马新岚一行到泉州调研法院工作。

●26—29日，第22届中国国际服装服饰博览会（2014CHIC）在北京新国展举行。石狮市组织42家包括男装、女装、童装、休闲裤、缝制设备以及云平台在内的企业抱团参展。

3月27日

星期四
农历甲午年二月廿七
温度：18℃—24℃
多云转阵雨

●市政府与市中级人民法院首次召开良性互动联席会议。研究进一步建立依法行政与行政审判工作良性互动机制，及时有效化解行政争议，加强公正司法，推进依法行政，建设法治政府。

●郑新聪带队到市中医联合医院、泉州医疗中心、市第一医院（城东院区），对医疗卫生工作进行调研。

●陈海基到惠安县东岭镇调研指导党的群众路线教育实践活动。

●周银芳到永春调研农村党的群众路线教育实践活动开展情况、春耕备耕及“美丽乡村”建设等工作。

●泉州旅游协会举行换届选举工作，市旅游局局长张锡坤当选为新一届会长。

●中国新世纪最具影响力的儿童文学作家杨红樱到泉州新华书店与泉州小朋友零距离互动。

郑新聪调研医疗卫生工作

市长郑新聪带队到市中医联合医院、泉州医疗中心、市第一医院（城东院区），对医疗卫生工作进行调研。副市长周真平、市政府秘书长吴友才参加调研。郑新聪指出，满足群众的基本医疗卫生服务需求是政府义不容辞的责任，要优先保障，做到均等化、广覆盖。要有长远眼光，在统筹推进城市建设、新区开发、产业发展的同时，同步规划布局好医疗卫生资源。就做好下一阶段医疗卫生工作，郑新聪要求，首先对当前卫生资源状况和群众需求要做到“两头清”，合理配置资源，推动资源供给和需求逐步实现平衡。二要按照省上规划要求和泉州人口分布状况及趋势，抓紧做好医疗卫生资源布局规划的调整完善，分领域、分层级加快建设。三要分轻重缓急科学合理安排卫生资源投入，满足群众多层次需求，做到保障基本、强化急需、引入高端。要发挥各级政府的主体责任，统筹基层、农村卫生投入，积极向上对接，创新投融资渠道，多方筹集资金；着力夯实基层医疗基础，重点发展基本医疗服务。四要鼓励社会多元办医，落实相关政策，引导社会资本办医与公立医院差异化发展，提升办医水平。五要以群众用药安全、实惠、服务便利为出发点，推进公立医院改革，加强医风医德教育，维护医疗卫生秩序和医务人员合法权益。六要进一步提高医保的待遇和服务水平，建立差别付费机制，完善信息化建设。郑新聪指出，在项目建设方面，要大力争规列盘，抓紧筛选项目列入上级规划，争取更多资金和政策支持。在人才队伍建设方面，要有计划引入高端人才和学科带头人；创新管理机制，调动中青年骨干积极性。在公共卫生体系建设方面，要加强各县（市、区）疾控中心能力建设，提升公共卫生和应急处置能力。

周银芳到永春调研农村党的群众路线教育实践活动开展情况

市委副书记周银芳到永春调研农村党的群众路线教育实践活动开展情况、春耕备耕及“美丽乡村”建设等工作。在五里街镇高垅村，周银芳肯定永春县群众路线教育实践活动和农村基层“三访四解”的群众工作法。周银芳指出，农村教育实践活动要认真实施“三访四解”，访要访得真、解要解得实，真正做到问计于民、问需于民、问效于民，分类整理群众反映的问题，集中快速有效地处理解决，以实实在在的成效取信于民。在县农资公司和东关镇南美回族村，周银芳详细了解农药、化肥、种子等农资的来源、质量、配送和储备情况，南美回族村“美丽乡村”建设规划和春耕备耕情况。周银芳强调，春耕备耕工作要抓早抓实，要以种子、化肥、农药为重点加强农资市场监管，确保农资保障充足、技术服务到位，为全年“三农”工作打下良好基础。“美丽乡村”建设要因地制宜、突出特色、科学规划、逐步推进，把农村建设成宜居、宜业、宜游的幸福家园。

市政府与市中级人民法院首次联席会议召开

市政府与市中级人民法院首次召开良性互动联席会议，研究进一步建立依法行政与行政审判工作良性互动机制，及时有效化解行政争议，加强公正司法，推进依法行政，建设法治政府。市长郑新聪、副市长林万明，市中级人民法院院长林贻华等参加会议。郑新聪首先代表市政府，感谢全市法院系统长期以来对政府工作的支持。郑新聪指出，决策时要科学民主，对可能出现的行政争议，要认真开展社会稳定风险评估，提前做好应对准备；对事关群众切身利益的，要及时让群众知晓、参与；对拟出台的规范性文件，要广泛听取意见，严格依照法定权限和程序。执法时要公正公开，严格执行细化、量化的行政裁量标准，坚持说理式行政执法，按照法定职权和程序实施行政管理，特别是征地拆迁、环境保护、劳资纠纷等热点难点问题，要把工作做细做到位。应诉时要积极主动，以执政为民、实事求是的态度去应对，有则改之，无则加勉。郑新聪强调，各级行政机关要与法院强化良性互动，形成工作合力，进一步完善信息沟通与共享制度、行政领导出庭应诉制度、行政争议化解协调机制、联合调研和培训制度，建立健全依法行政绩效评估考核制度，确保联席会议及日常工作议定事项及时有效落实。要依法接受司法监督，自觉履行行政判决和裁定；积极配合法院开展协调工作，妥善化解行政争议；对行政审判“白皮书”、司法建议书、行政复议意见或建议书要认真研究落实反馈，不断提升行政执法水平；进一步支持法院基础性建设，为各级法院依法履职提供良好保障。

全市教育工作会议召开

泉州市召开全市教育工作会议。会议学习全国、全省教育工作会精神，总结2013年教育工作，安排部署2014年教育工作。市领导郑新聪、陈庆宗、张建生、周真平、李冀平参加会议。会议由市委常委、宣传部部长、教育工委书记陈庆宗主持。市长郑新聪在会上指出，教育是最大的民生工程，教育公平是社会公平的重要基础。2013年，全市教育系统积极回应群众关切，推进教育领域综合改革，教育各项工作都取得了实实在在的成效。但与广大群众的期待相比，泉州市教育发展仍然存在财政投入加大与教育需求扩大不对称，城乡教育资源供需不对称，城市城镇快速拓展与教育配套建设不对称，毕业生就业供给与经济社会发展需求不对称等问题，需要采取措施尽快解决，以保障群众切身利益和泉州改革发展大计。郑新聪要求，全市教育工作要按照中央、省委和市委的部署要求，全面深化改革，加快教育治理体系和治理能力现代化。重点要抓好四方面工作，一是突出优先，坚持“强市必先强教”，采取强有力措施，通过规划先行、项目运作、加大投入，真正把“三个优先”落实到位。二是促进公平，更加注重扶持薄弱，更加注重教育资源合理配置，更加注重解决群众反映强烈的“择校”、“择班”、“择师”等问题，最大限度地保障人民群众公平接受教育的权利和机会。三是致力创新，坚持特色化办学、抓好职业教育、推动高等教育内涵式发展，使教育发展与泉州市经济社会发展相适应，使教育结构与产业结构相匹配，更好地满足群众多样化、多层次、高质量的教育需求。四是强化保障，教育是一项社会系统工程，教育改革发展需要全市上下共同努力，要转变作风、完善机制、合力共为、打造队伍，办好人民满意的教育，为打造泉州经济升级版、改革创新示范区、生态宜居幸福城作出新的更大贡献。

“泉州·闽南文化菲律宾行”活动举办

28—31日，省、市对外文化交流协会，省、市海外交流协会和菲华商联总会等主办，市旅游局、泉州广播电视台、市档案馆、泉州歌舞剧团、菲律宾华商纵横传媒等承办的“感知东亚文化之都泉州·闽南文化菲律宾行”活动，开幕式于28日在马尼拉举行。省、市有关领导，菲律宾政商领袖，东盟十国华商精英参加开幕式。活动主要内容包括第三届菲律宾中国电视周、闽南文化文艺展演、泉州旅游推介和闽南百年侨批文化展等。借菲华商联总会成立60周年庆典之机，向与会嘉宾展示闽南文化独特魅力，宣传推介“文都”泉州，提高泉州的国际知名度和美誉度。作为“感知东亚文化之都泉州·闽南文化菲律宾行”活动的压轴戏，由泉州歌舞剧团表演的闽南文化文艺会演在马尼拉大酒店举行。无论是惠安女服饰展示、闽南语歌曲演唱，或是以提线木偶为形式编排的舞蹈表演，都引来观众的热烈掌声。一批以“文都”为主题、展示泉州丰厚历史文化积淀的电视节目，连续7天在菲律宾部分电视频道上播出。不少华人华侨和菲律宾当地观众，通过观看节目，增加对泉州的了解。该系列活动项目多，内容丰富，形式多样，是泉州市在国外开展的一次大型综合对外文化交流活动。

“新闻媒体泉州文化行”采风活动启动

泉州市“新闻媒体泉州文化行”采风活动正式启动，活动旨在全面展示泉州文化事业和文化产业发展的新举措、新亮点、新经验、新成就。此次活动的参与媒体有中新社、经济日报、福建日报、福建省广播影视集团、新华网等中央、省、市级媒体单位。采风时间为3月28日至4月15日。活动的报道方式坚持“传统媒体与新媒体相结合、媒体互动、展示成就、体现特色”的原则，采取“媒体自行选题报道”的方法，由各媒体以其专业的视角、敏锐的眼光对泉州文化发展进行深入的报道。活动围绕泉州市深入贯彻党的十八届三中全会和全国两会精神，加快建设文化强市主题，以“看成就、看变化、看发展”为中心，展现“东亚文化之都·泉州”风采，报道各县（市、区）在文化事业建设和文化产业发展上的新思路、新举措、新成就，突出报道泉州市文化阵地建设、文化惠民服务质量、文艺创作展演水平、文化遗产保护工作、文化交流等方面的新亮点、新面貌、新提升，以及文化制造业、文化产业结构、文化产业集群、文化项目带动战略等方面的新举措、新跨越、新成效。

3月28日

星期五
农历甲午年二月廿八
温度：18℃—25℃
多云转阴

●《泉州晚报》全文刊发黄少萍学习弘扬焦裕禄精神的体会文章《学习焦裕禄精神 面向未来赶考》。

●泉州市召开全市教育工作会议。

●28—31日，省、市对外文化交流协会，省、市海外交流协会和菲华商联总会等主办，市旅游局、泉州广播电视台、市档案馆、泉州歌舞剧团、菲律宾华商纵横传媒等承办的“感知东亚文化之都泉州·闽南文化菲律宾行”活动在马尼拉开幕。

●泉州市“新闻媒体泉州文化行”采风活动启动。

●《泉州晚报环湾生活周刊》多版报道40多载接力照顾智障孤儿李池池的晋江英林供销社职工先进事迹，引起强烈反响。

●28日，第20届WGC世界业余高尔夫锦标赛（中国站）揭幕战在泉州开杆。来自全国各地的100名位业余高尔夫球爱好者参赛。

●泉州一场户外大型“脱口秀”活动在市区领SHOW天地举行。在活动现场，上千观众组成临时“笑友会”与主持人互拼搞笑细胞。这是泉州首个本土户外大型“脱口秀”活动。

3月29日

星期六
农历甲午年二月廿九
温度：19℃—23℃
阵雨

●陈雷率检查组来泉检查防汛防台风工作。

●省十二届人大常委会第八次会议表决通过《福建省人民代表大会常务委员会关于修改〈福建省人口与计划生育条例〉的决定》，并自公布之日起施行。夫妻一方为独生子女的，已有一个子女，经批准后可再生育一个子女。泉州市符合该“单独两孩”新政策的夫妻有1万对左右，约占全省城镇“单独”家庭的十分之一。

●29—30日，“住泉州后花园，品宜居新永春”魅力永春展举行。

●泉州晚报社“政风行风直通车”联手泉州广播电视台889新闻广播“政风行风热线”共同推出“听民意、解民忧、办实事”晋江专场节目，了解联系服务群众“最后一公里”的问题。

●“春暖刺桐里，文化跨界发声”第一季艺术品公益认捐活动在源和1916创意园刺桐里文化平台举行。

●世界自然基金会发起的第八个“地球一小时”公益活动举行的日子，泉州市民发起各种活动，共同倡导环保低碳的理念。

陈雷到泉州检查防汛防台风工作

国家防总副总指挥长、水利部部长陈雷率检查组到泉州检查防汛防台风工作。在省长苏树林、副省长陈荣凯的陪同下，陈雷一行实地检查晋江引水工程龙湖调节库、金井海堤等地，并听取相关工作汇报。省政府秘书长刘道崎，市领导郑新聪、林万明等参加检查。在详细了解晋江流域水利规划、设施建设、水系综合治理、防汛备汛等情况后，陈雷肯定泉州防汛防台风工作所取得的成效，并表示将支持泉州市相关水利项目建设。陈雷指出，要实施科学调度，完善预案体系，扎实做好防汛防台风各项准备，为安全度汛和保障人民群众生命财产安全夯实基础。

相关链接：近年来，泉州市持续抢抓中央大兴水利建设战略机遇，逐步建成防洪挡潮、除涝、灌溉、引调水和发供电等相配套的水利水电工程体系，现有各类水利工程6万多处。2011年以来，累计完成投资137亿元，水利项目数量和投资规模连续多年位居全省第一。

调研现场　　（图/市水利局）

“住泉州后花园，品宜居新永春”魅力永春展举行

29—30日，由泉州晚报社、永春县委宣传部、永春县住房与城乡规划建设局主办，永春县房地产协会承办的“住泉州后花园，品宜居新永春”魅力永春展举行，永春房产、永春香、永春纸织画、永春老醋、永春麻粩、永春白鹤拳等让泉州市民感受到永春热情，认识到一个全新、充满城市气息的宜居新永春。为期两天的展会吸引数千名读者到场观赏，超过百名泉州市民与邦大集团、桃源华庭、富临国际、宝龙、永春碧桂园、象山公园（三远）、荣誉置业等参展永春房企，表达购买意愿。

活动现场　　（图/吴寿民）

“政风行风直通车”走进晋江

泉州晚报社“政风行风直通车”联手泉州广播电视台889新闻广播“政风行风热线”共同推出“听民意、解民忧、办实事”晋江专场节目，在晋江市祖昌体育馆现场了解联系服务群众“最后一公里”的问题。活动现场，晋江市发改局、教育局、卫生局等32个相关部门的负责人听取群众意见，接受咨询投诉，深入了解“四风”方面存在的问题、群众关注的切身利益问题。各单位对活动中反映的问题，未能当场解决的将及时落实、反馈，纠正改正。问题受理业务属于所在单位职责范围内的，将由所在单位负责调查解决；涉及多个职能部门联合办理的，实行“首问责任制”，由受理单位牵头联系有关单位共同协商解决。

“春暖刺桐里”艺术品公益认捐活动举行

“春暖刺桐里，文化跨界发声”第一季艺术品公益认捐活动在源和1916创意园刺桐里文化平台举行。活动募得款项除百分之五十返还作者及艺术品提供方外，其余均将用于文化公益投入。在当天活动的重头戏“文化传递正能量”艺术品认捐环节中，包括林坚璋、陈怀晔、薛君宁、蔡宗伟、蔡永辉、刘顺华、张文佑、林聪云、胡建平、傅华中、陈德卿、陈文德、林建全、林建平、连紫华、黄清辉、骆辉煌、周梅森、吕照明等泉州艺术家的作品，以及旅美画家陈文泽的油画、台湾星云法师的书法作品等相继亮相，赢得现场爱心人士的追崇，一次次以高价竞拍。93件艺术品经过连番竞价，现场拍出73件，义拍总额60多万元。活动后其余作品将继续接受认捐。公益认捐所得款项的百分之五十将作为“刺桐里文化公益联盟”的公益基金，用于文化公益投入。

黄少萍寄语全市助老志愿者

泉州市首届最美助老志愿者评选公布后，市委书记黄少萍寄语全市助老志愿者，勉励他们进一步弘扬志愿服务精神，让涓涓爱心细流汇聚成海。黄少萍表示：“这次开展寻找最美助老志愿者活动，弘扬了真善美，汇聚了正能量，很有意义。我从《泉州晚报》、泉州电视台看到你们的感人事迹，很受感动。”黄少萍代表市委、市政府向首届最美助老志愿者表示祝贺，向全市助老志愿者们表示敬意和感谢。黄少萍指出，爱老、敬老、助老是中华民族的传统美德，尊重老年人就是尊重历史、尊重人生、尊重社会发展规律。市委、市政府十分重视老龄工作，老龄事业发展“十二五”规划项目大多提前完成，成效明显。特别是2012年10月，泉州市在全省率先成立老龄服务志愿者协会，志愿助老事业越做越大，助老活动在全市进一步兴起。

总书记习近平给“郭明义爱心团队”回信时指出：“雷锋精神，人人可学；奉献爱心，处处可为。积小善为大善，善莫大焉。”黄少萍表示，这些都为开展志愿服务指明方向。希望大家继续当好志愿服务文化的传播者、引领者，推动形成具有泉州特色的志愿服务文化品牌，让老年人感受到“幸福泉州”的温暖，享受到“最美夕阳红”的惬意；继续做好志愿服务制度化的探索者，推动志愿服务更加规范化，以“老吾老以及人之老”的情怀，让涓涓流淌的爱心细流汇聚成海，成为泉州城市一道最美的风景线，一缕最温暖的阳光。

泉州晋江机场执行夏秋航季航班计划

即日起，泉州晋江机场开始执行2014年全国民航夏秋航季航班计划。新航季，厦门航空新开泉州—西安航班并加密泉州—台北航班至每周三班；深航加密泉州-长沙、泉州—昆明航班至每天一班。至此，在泉州晋江机场运营的航空公司有11家，运营航线26条，其中国内客运航线22条、国际（地区）客运航线3条和国内货运航线5条，通航城市26个，包括：北京、上海、广州、舟山、深圳、杭州、南京、郑州、武汉、长沙、重庆、沈阳、成都、昆明、济南、南宁、贵阳、天津、石家庄、义乌、西安、无锡、潍坊、香港、澳门、马尼拉。预计新航季机场出港航班最多为44班/天。其中，上海、广州、香港最多，分别为6班/天、5班/天、4班/天，北京、武汉、舟山、杭州、成都最多3班/天。

白俄罗斯专家到泉州推介最新电子信息技术

白俄罗斯最新电子信息技术项目推介会在泉州举办。推介会由福建省技术转移中心、泉州市科学技术局、广东独联体国际科技合作联盟主办，泉州市生产力促进中心承办。在推介会上，来自白俄罗斯的行业专家介绍科技经贸领域最新技术、设备等，期待与泉州有关方面开展交流合作。推介主要项目包括智能系统网络安全，超算、液晶（非均质材料），医学、光磁疗法、超生疗法，针对人体器官的药物精确治疗、抗击肿瘤，用于环境监测和保护及地理信息系统的无人驾驶设备（飞机、直升机、快艇）的建立，以及控制系统、通信航空航天飞行器、微电子、高科技和产品的电子商务等技术。

特步儿童动画片启动仪式举行

特步儿童动画片启动仪式举行。这是福建省首部由中美韩动漫创作精英参与制作的动画大片，开启本土动漫企业、制造企业与全球顶级动漫资源合作的新篇章。该儿童动画片除了由《猫和老鼠》的作者Eric Shaw担任总编剧外，亚洲顶级的动漫公司韩国SAMG公司也参与该动画片的创作。

相关链接：对于传统企业而言，携手动漫开拓一片营销领域的蓝海，在泉州，除童鞋、童装企业与动漫产业“携手”之外，一些成人鞋服、箱包企业也参与动画的制作。与传统的广告投放模式相比，通过动漫营销来传播品牌，投入少、延续时间长，受众的品牌黏合性也更强。在3.0时代，动漫营销后端的收益更为重要。在动漫形象推出后，将开发制造一系列可供售卖的服务或产品，通过营运、嫁接及外延式整合，开展与动漫和品牌相关的漫画、舞台剧、主题乐园、互联网游戏等配套产品，从而不断加强创意对产业的驱动。

3月30日

星期日
农历甲午年二月三十
温度：17℃—24℃
多云转阵雨

●泉州市首届最美助老志愿者评选公布后。黄少萍寄语全市助老志愿者，希望进一步弘扬志愿服务精神，让涓涓爱心细流汇聚成海。

●即日起，泉州晋江机场执行2014年全国民航夏秋航季航班计划。

●白俄罗斯最新电子信息技术项目推介会在泉州举办。

●晋江市政府正式授予钟阿美“晋江市见义勇为模范”荣誉称号。3月7日，宁德霞浦男子钟阿美在救助一名因车祸受伤的男子时被撞成重伤，后送医抢救无效身亡。

●特步儿童动画片启动仪式举行。《猫和老鼠》的作者Eric Shaw担任总编剧，亚洲顶级的动漫公司韩国SAMG公司参与该动画片的创作。

3月31日

星期一
农历甲午年三月初一
温度：16℃—20℃
小雨转大雨

●国家发改委批复《福建省泉州莆田民营经济综合改革试点总体方案》。

●全市人均GDP突破1万美元。

●泉州市获省级生态市命名。中心市区2013年人均公园绿地13.9平方米。

●由中国表演艺术家书画协会组织策划，福建省文学艺术界联合会与中共泉州市委宣传部联合主办的“绿叶增春——中国文联著名表演艺术家书画联展”在泉州举办。

泉州入选全国民营经济综合改革试点

国家发改委批复《福建省泉州莆田民营经济综合改革试点总体方案》，标志着泉州市继省级民营经济综合配套试验区后，成为国家发改委六个改革试点地区之一。总体方案对泉州市民营经济提出两阶段的发展目标：到2015年，基本形成推动民营经济科学发展、跨越发展的体制机制，民营经济增加值为5000亿元以上；到2020年，形成较为完善的推动民营经济科学发展、跨越发展的体制机制，民营经济增加值达1.1万亿元以上，并从促进民营经济产业转型升级、推动民营企业创新发展、促进民营经济集聚发展、完善民间投资扶持政策、扩大民营经济对外开放、推进金融服务实体经济改革试验、健全土地保障体制机制等11个方面赋予泉州市40项先行先试机会和扶持政策，要求泉州为促进全国民营经济改革发展发挥引领和示范作用。下一步，泉州“综改”将健全和完善促进民营经济健康发展的体制机制，形成政府服务高效、政策支撑有力、产业环境优越、社会依托完善、城乡统筹发展的有利环境，着力打造民营企业成长的生态特区和民营经济发展的乐园。

泉州市人均GDP突破1万美元

由泉州市统计局和国家统计局泉州调查队联合发布的《2013年泉州市国民经济和社会发展统计公报》显示，继2012年突破9000美元大关后，2013年，全市人均地区生产总值（GDP）再次跨越新节点，达到10121美元，同比增长10.2%。2013年，全市经济发展整体保持平稳健康发展态势，全年实现地区生产总值（GDP）5128亿元，经济总量连续15年保持全省第一。按常住人口计算，人均地区生产总值62679元（按年平均汇率折合10121美元）。产业结构持续优化，第三产业增加值比增10.2%，对GDP增长的贡献率为29.9%，较上年提高6.5个百分点。

中国文联著名表演艺术家在泉州办书画展

由中国表演艺术家书画协会组织策划，福建省文学艺术界联合会与中共泉州市委宣传部联合主办的“绿叶增春——中国文联著名表演艺术家书画联展”在泉州举办，覃志刚、姜昆、唐国强、徐沛东、郁钧剑、张铁林等6位表演艺术界的名家大腕齐聚泉州。此次展览共展出这些名家大腕精心挑选的130余幅书画作品，书法真、草、篆兼备，绘画山水、人物、花鸟俱全，作品内容丰富，形式多样。覃志刚、姜昆等六人或为中国文联领导，或为享有盛誉的作曲家、歌唱家、表演艺术家。他们在从事文艺工作之余，都钟爱书画艺术，寄情翰墨丹青。他们以书养性，以画抒怀，从传统经典中汲取营养，用艺术感受生活、陶冶情操，并将人生的感悟、生命的感怀和艺术体验融入书画创作，以丰富的视角表达对艺术的理解。

相关链接：这个跨界组合的中国文联著名表演艺术家书画联展，已先后在上海、成都、南京、杭州、合肥、美国纽约联合国总部、美国洛杉矶、太原、南宁、昆明、广州、加拿大温哥华、福州等地举办，吸引众多圈内人士和书画爱好者的关注。

泉州市获省级生态市命名

泉州市获得省级生态市命名，德化、永春获得国家级生态县命名，南安通过国家级生态市考核验收，洛江、安溪2个县（区）通过国家级生态县（区）技术核查。至年底，全市建成10个省级生态县（市、区），87个国家级生态乡镇，132个省级生态乡镇，1659个市级以上生态村。生态市建设离不开生态资源的建设和保护。2013年，全市完成植树造林总面积2.08万公顷，中心市区建成区绿化覆盖率为42.5%，人均公园绿地面积为13.9平方米。泉州城市、县城空气质量达到国家Ⅱ级标准；市区空气质量一、二级优良天数361天，占总天数98.9%。市区饮用水源达标率100%，晋江流域水质监测省控断面Ⅲ类水质达标率为100%。

植树造林活动　（图/李芸生）

市委常委开展教育实践活动专题学习讨论

市委常委集体学习习近平考察兰考时的重要讲话和刘云山在中央教育实践活动领导小组会议上的讲话，并围绕学习弘扬焦裕禄精神进行专题讨论。学习讨论活动由市委书记、市委党的群众路线教育实践活动领导小组组长黄少萍主持。省委第四督导组组长李德仁到会指导；市领导郑新聪、周银芳、陈沈阳、沈耀钦、翁祖根、刘卫国、陈庆宗参加讨论。黄少萍强调，要按照中央和省委要求，学习弘扬焦裕禄精神，坚持高标准严要求，丰富拓展“为民服务走前头，深化改革当标兵”特色载体，推动教育实践活动取得成效。要把学习弘扬焦裕禄精神作为一条红线贯穿教育实践活动始终，践行群众观点、群众路线，做焦裕禄式的好党员、好干部。要把“第一责任人”的示范带头作用落实到每个环节、每个方面，要把学习教育摆在更突出位置，抓好自身的学习和面上的学习；要坚持边学边查边改，注重解决实际问题，确保学习教育、听取意见环节不走过场；要履行好双重责任，做好所在单位和联系点工作，推动农村“三访四解”、社区“四进五服务”等自选动作深入开展。要把服务改革发展作为检验教育实践活动成效的重要标准，坚持“两手抓两促进”，把整治“四风”顽症与打造“四个环境”、破解改革发展难题、提振干部精神状态结合起来，完成GDP增长11%等一揽子考核目标，为全省发展大局多作贡献。李德仁要求，泉州要坚持从严要求，发扬认真精神，使全市教育实践活动高起点开局、高质量开展、高标准推进。要坚持学习弘扬焦裕禄精神，联系泉州改革发展稳定的实践和党员干部的思想工作实际来学习，落实“三严三实”要求，提升学习质量效果，通过人民群众的考试和改革发展的考验。要坚持边学边查边改，把提高思想理论水平、查摆存在问题、整改落实统一起来，及时发现问题，认真研究措施，着力整改解决，做到立知立行，知行统一，以实干实效取信于民。

郑新聪就学习领会习近平兰考讲话精神接受媒体专访

市长郑新聪就学习领会习近平在兰考的讲话精神接受泉州晚报社专访。郑新聪在专访中表示，当前开展的第二批群众路线教育实践活动，针对的就是直面群众的市、县、乡、村各级党员干部。应当按照中央和省委、市委要求，学习和弘扬焦裕禄精神，从自己做起，从眼前事情做起，争当焦裕禄式的好干部。郑新聪从三个层次谈了体会。作为党员干部，要按照习近平要求，“深学、细照、笃行”。要有公仆情怀，心中时刻装着群众；有实干作风，立实际，想实招，干实事，出实效；有奋斗精神，因为泉州还远未达到可以安逸过日子的时候；有优良情操，遵守党纪国法，带头清正廉洁。作为政府主要负责人，要带好班子，管好队伍，树好形象。要突出担当，敢抓敢管敢于负责，勇于直面矛盾，善于解决问题、突破瓶颈；突出高效，倡导马上就办，整治庸、懒、散、推、拖、顶的不良作风；突出便民，定制度、立规矩，推行政务服务标准化、规范化，营造清新便捷的办事环境；突出合力，讲大局，讲协作，讲原则，讲奉献，讲干事创业。作为一级政府，要为人民服务，对人民负责，让人民满意。发展要更快一些，更好一些，因为只有发展才能解决问题，才能改善和保障民生。改革要更全面，更深入，按照中央和省委、市委关于全面深化改革的部署，推进全市各领域的深化改革，同时要特别抓好金融改革、民综改革、新型城镇化等泉州的特色改革。人民的生活要更加美好、更加幸福，这是群众的期盼，更是各级政府的职责所在，要以此作为政府工作的出发点和落脚点，为此努力奋斗。

“海峡两岸文化剧场联合设计工作营”出征仪式举行

由华侨大学、台湾中国文化大学、泉州南建筑博物馆主办的“海峡两岸文化剧场联合设计工作营”出征仪式在华侨大学厦门校区举行。工作营为期10周，围绕传统剧场的现代演绎展开。联合设计工作坊选址泉州西街，旨在建设一个兼容地方传统戏剧与现代话剧，融合观演与历史城区市井文化生活的多元文化剧场。课题组师生55人在泉州开展历史城区踏勘调研，参访新门街梨园古典剧院、南音艺苑、西街历史片区、泉州博物馆、闽台缘博物馆、清真寺等，并开展小型研讨活动，探讨历史城区的文化传承和演绎。

4月1日

星期二
农历甲午年三月初二
温度：14℃—20℃
阵雨转多云

●市委常委开展教育实践活动专题学习讨论。

●郑新聪就学习领会习近平兰考讲话精神接受媒体专访。

●陈海基到南安市调研经济社会发展情况。

●2014年春季石狮片区企业调研座谈会召开。

●“海峡两岸文化剧场联合设计工作营”出征仪式在华侨大学厦门校区举行。

●泉州市税企座谈会在市地税局举行。

●鲤城区“弘扬革命传统 践行核心价值观”祭扫活动在泉州市革命烈士陵园举行。

●“1—3日，由省象棋协会、石狮市文体旅游新闻出版局主办，石狮市中国象棋协会承办的2014年石狮市象棋团体国际邀请赛举行。

●全省首个老年人人民调解工作室在南安市诗山镇成立。

●中国诗书画协会成员到惠安县参观交流，探讨在该县成立中国诗书画协会(福建)分会事宜。

4月2日

星期三
农历甲午年三月初三
温度：15℃—21℃
多云转阵雨

●陈海基就学习领会习近平兰考讲话精神接受媒体专访。

●市人大常委会党组（扩大）会议召开，学习习近平兰考讲话精神。

●市委办系统开展教育实践活动集中学习。

●2—5日，2014年全国少年田径锦标赛暨青奥会选拔赛在重庆闭幕，代表福建队参赛的泉州选手蔡劲豪获男子撑杆跳高冠军。

●泉州市学生记者团“作家进校园”系列活动启动。

●鲤城区率先启动受理“单独二孩”申请。

●“让世界多一点温暖，关爱自闭症儿童”爱心公益义演活动在晋江SM广场举行。

●安溪县公安局、团县委、县关工委等单位开展祭扫革命烈士纪念碑活动。

●2—3日，香港福建希望工程基金会访闽团到安溪县参观访问。

陈海基就学习领会习近平兰考讲话精神接受媒体专访

市人大常委会主任陈海基就学习领会习近平在兰考的讲话精神接受媒体专访。陈海基谈了四方面的体会。学习贯彻焦裕禄精神，要把其公仆情怀与人大制度相结合，发挥人大表达、平衡、调整社会利益关系的功能，保障和维护人民群众的切身利益。要发扬其求实作风，敢于动真碰硬，监督工作上突出决策落实监督、预算审查监督、执法检查监督，代表工作上强化代表组织联络工作、拓展代表履职平台、增强建议办理实效，确保人大常委会工作取得成效。要弘扬其奋斗精神，主动担当责任，勇于直面矛盾，在观念上、制度上、程序上、方法上求创新，推进人大制度与时俱进。要秉持其道德情操，树立正确权力观，严守党纪国法，严格廉洁自律，切实为民务实清廉，为泉州加紧实施“三大战略”，发挥福建“东部”作用，贡献新力量。

泉州市学生记者团“作家进校园”系列活动启动

泉州市学生记者团“作家进校园”系列活动启动，多位知名作家受邀走进学校，与学生记者共话阅读与写作。活动相继在泉州一中、泉州实验小学、泉州师院附属小学、泉州市第三实验小学、泉州实验中学等学校举行，主讲人包括中国作家协会会员、市文联副主席陈瑞统，菲律宾孔德孝道文化学会创会会长庄垂楷和菲律宾华文作家协会理事林鼎安，中国作家协会会员、市作家协会副主席蔡芳本，鲤城区作家协会主席吴晓川，丰泽区作家协会主席蔡飞跃等。

相关链接：泉州市学生记者团由市教育局与东南早报主办，依托东南早报《教育周刊》进行日常管理，旨在为学生了解社会、关心社会，增强观察、思考、社交和写作能力提供一个学习平台。

鲤城区率先启动受理“单独二孩”申请

鲤城区率先在全区范围内启动受理“单独二孩”申请。根据省卫生和计划生育委员会官方网站发布的政策解读，“单独二孩”政策适用于一方是独生子女的夫妇，已生育或合法收养一个子女的，应同时具备一方为独生子女、双方只有一个子女、双方或一方户籍登记在本省的三个条件。符合条件的夫妻可向户籍所在地乡镇政府（街道办事处）提出申请。申请人应填写并提交夫妻再生育审批表，双方居民身份证、结婚证、户口簿、夫妻二寸合照及由乡镇政府（街道办事处）经调查后出具的独生子女证明等材料。夫妻再生育审批表可在乡镇政府（街道办事处）计生办领取。乡镇政府（街道办事处）受理后，在审核、公示的基础上，将全部材料报县级人口计生部门，县级人口计生部门对申请材料审查后，作出是否批准的决定。按照规定，审批时限为15个工作日。

香港福建希望工程基金会访闽团到安溪县参观访问

2—3日，香港福建希望工程基金会访闽团到安溪县参观访问，并为援建的安溪县长坑乡白雁希望小学、西坪镇王曼源希望小学、西坪镇钟秦兰凤希望小学、龙门镇白鸿毛希望小学4所希望小学及西坪五中曼源文化广场、白鸿毛希望小学“白水清爱心示范图书室”落成剪彩。白雁希望小学由原长坑田中小学择址新建而成，建筑面积1216平方米，香港福建希望工程基金会台湾白雁自主健康管理学为学校捐款35万港元。王曼源希望小学总建筑面积974平方米，香港福建希望工程基金会王曼源为学校捐款35万港元。西坪镇钟秦兰凤希望小学建筑面积732平方米，香港福建希望工程基金会钟秦兰凤为学校捐款55万港元。龙门镇白鸿毛希望小学建筑面积699平方米，香港安溪同乡会会长白水清为学校捐款30万元。西坪五中曼源文化广场由王曼源捐资26万港元建设而成。“白水清爱心示范图书室”由白水清捐资5万元人民币，购置2300多册图书。

相关链接：香港福建希望工程基金会创办于1994年12月，由一群热心发展教育和公益事业的香港闽籍青年企业家发起，旨在联系、团结香港各界人士，关心中国教育事业。迄今为止，该基金会筹款2亿多港元，在国内23个省份援建478所希望小学，在安溪县援建的希望学校有50多所。

郭振家到泉州调研民营经济发展情况

省政协副主席郭振家带队到泉州调研民营经济发展情况，并与泉州民营企业家座谈，听取相关情况汇报。市领导杨俊峰、陈灿辉、吴共湖等陪同调研或参加相关活动。座谈中，郭振家指出，泉州要总结经验，注重城市发展战略、经营管理与营销战略研究，加快推进产业结构调整，提升城市核心竞争力；要加强政策评估，持续提高政策知晓度和落地率；要注重环境保护，以有限资源创造更多的经济社会效益；要搭建公共服务平台，为民营企业转型升级提供指导和服务；要营造良好的创业土壤，以政策支持、制度保障促进市场资源优化配置；要发展现代服务业，培育现代物流、电子商务等新兴产业；要加大宣传力度，引进高层次人才，为民营经济发展营造更好环境。在泉州期间，调研组还到鲤城区、南安市考察民营企业发展情况。

省委督导组与市委活动领导小组第三次联席会议召开

省委第四督导组与市委教育实践活动领导小组第三次联席会议召开。省委第四督导组第一组长曹德淦传达省委常委（扩大）会议精神并讲话；市委书记、市委党的群众路线教育实践活动领导小组组长黄少萍作泉州市教育实践活动开展情况工作汇报；省委第四督导组组长李德仁、副组长郑恢先以及督导组全体成员，市领导、市委党的群众路线教育实践活动领导小组副组长郑新聪、周银芳、陈沈阳、翁祖根、陈庆宗参加会议。曹德淦强调，要领会焦裕禄精神的内涵和意义，把学习弘扬焦裕禄精神作为一条红线贯穿活动始终；领会县一级承上启下的特殊地位和重要作用，推动群众路线在县一级的实践；把握第二批教育实践活动的特点，坚持开门搞活动；履行各级党委领导班子“双重责任”，既组织开展好活动，又带头查摆问题、找出差距；树立衡量活动成效的标准，在教育实践活动中促发展、惠民生、保稳定。要真抓实干解决问题，以实际问题的解决，让群众感受变化、看到实效。已梳理出的118个干部群众反映强烈的热点问题，特别是33个督导组建议先行整改问题，要边学边改、立行立改。要确保规定动作不走样，自选动作有特色。不仅要以历史先贤、革命先烈、时代先锋为镜，更要注重以身边先进典型为镜，见贤思齐，促进作风转变。黄少萍表示，泉州市将做好市、县两级领导班子、市直单位第一环节小结和第二环节谋划，并督促指导乡镇（街道）、村（社区）做好第一环节工作。开展党员干部进村入户工作，从4月开始，集中半年时间，推动各级党员领导干部开展农村“三访四解”、社区“四进五服务”。抓好边查边改工作，采取“一个问题、一名领导、一竿到底”的办法，逐项明确整改目标、责任领导、责任部门和整改时限，确保4月底前完成一批整改工作。加强对基层单位的督导指导，学习推广省委督导组督导联席等好经验好做法，确保从严从实要求层层传导。强化舆论宣传引导，用好正反典型引导，报道解决关系群众利益问题的做法成效。李德仁要求，要坚持把学习弘扬焦裕禄精神、践行“三严三实”要求作为活动开展的重要内容和有力抓手，学习中央规定的必读书目，推动泉州深化改革、加快发展。要加强对全市各级各单位的检查指导，及时组织“回头看”，发现、总结、提升和推广好经验、好做法，解决存在问题和不足。要抓紧抓好整顿软弱涣散基层党组织工作，全面提升基层组织建设整体水平，确保教育实践活动在基层党组织顺利开展。

杨俊峰就学习领会习近平兰考讲话精神接受媒体专访

市政协主席杨俊峰就学习领会习近平在兰考的讲话精神接受媒体专访。杨俊峰谈了三方面的体会。学习弘扬焦裕禄精神，要践行党的宗旨，做到履职为民，为各界委员搭建协商议政平台，为推动科学发展、促进社会和谐、服务深化改革贡献力量。要将学习弘扬焦裕禄精神，贯穿于教育实践活动全过程，查摆“四风”突出问题，站稳党性立场，做焦裕禄式的好党员、好干部。要以学习焦裕禄精神为动力，围绕改革发展稳定中的重大问题和人民群众关切的热点难点问题，认真履行好政协三大职能；突出团结民主两大主题，发挥协调关系、汇集力量、建言献策、服务大局的重要作用；践行“三严三实”要求，落实年度协商计划，做好重点视察、重点提案督办、重点课题调研等工作，更加积极地反映社情民意，更加主动地关注民生改善，更加有效地提高履职水平。

4月3日

星期四
农历甲午年三月初四
温度：15℃—18℃
小雨

●郭振家到泉州调研民营经济发展情况。

●省委第四督导组与市委教育实践活动领导小组第三次联席会议召开。

●黄少萍会见到泉州调研的国防大学军队建设与政治工作教研室主任汤奋。

●杨俊峰就学习领会习近平兰考讲话精神接受媒体专访。

●3—12日，2014年世界青少年击剑锦标赛在保加利亚普罗夫迪夫举行，代表中国队参赛的泉州选手陈海威获男子花剑青年组冠军。

●3—7日，2014年亚洲OP帆船锦标赛在巴林举行。泉州选手郑伟强与队友合作，为中国队夺得队赛冠军。

●香港泉州同乡会、澳门闽台总商会、北美华商福建总商会、澳大利亚福建工商联合总会等海外社团以及来自加拿大、澳大利亚、菲律宾和国内各地的100多位鲤城籍乡贤回乡祭祖，鲤城区应此召开侨亲及异地企业家座谈会，共叙乡情、共谋发展。

●3—4日，鲤城区举办非公有制经济组织和社会组织党组织书记专题培训班。

●3—4日，由泉港区红十字会主办的2014年泉港区第一期红十字急救员培训班在国电泉州热电有限公司举行。

4月4日

星期五
农历甲午年三月初五
温度：14℃—19℃
多云

●全市金改工作推进会召开。

●马来西亚著名华人企业家代表团到泉州考察。

●市委宣传部机关召开教育实践活动专题研讨会。

●报载，泉州国防教育网开通。

●国防大学战略研究所所长金一南做客“晋江大讲堂”。

全市金改工作推进会召开

全市金改工作推进会召开。市领导郑新聪、陈全顺、陈灿辉、吴共湖，市政府秘书长吴友才参加会议。市长郑新聪强调，在金融政策突破上，要坚持以我为主与向上争取并举，抓好贯彻落实、梳理完善、对接争取，力争更多政策利好落户泉州。在完善金融服务体系上，要坚持金融机构与准金融机构并举，2014年确保引进银行业金融机构2家以上，推动已入驻的金融机构升格，鼓励银行增设分支机构，实现村镇银行县域全覆盖，支持泉州银行等地方法人金融机构做大做强；规范发展小贷、典当、担保等准金融机构；引进保险、证券等金融机构。在金融业态发展上，要坚持传统与新兴并举，传统业态方面，全力向上争取信贷规模，推动扩大地方法人银行机构存贷比；鼓励银行创新盘活存量信贷资源；新兴业态方面，重点培育发展消费金融公司、金融租赁公司、互联网金融等，鼓励设立各类产业基金。在金融服务对象上，要坚持大中企业与小微企业并举，突出支持小微企业，强化财政资金“撬动”作用，加快建设小微企业信用信息交换共享平台，支持银行创新金融产品；突出支持企业改制融资，鼓励企业在境内外上市，在“新三板”和海峡股权泉州交易中心挂牌；突出支持企业发债融资。在金融生态环境上，要坚持做大金融与防范风险并举，发展金融服务业，增强金融资源配置能力；同时，坚守风险底线，做好预警、应急处置和监管。会议下发市政府《关于鼓励金融业发展的若干意见》，通报2013年金融业发展考核奖励情况，下达2014年泉州金改区项目责任。

推进会现场　（图/徐国伟）

马来西亚著名华人企业家代表团到泉州考察

以马来西亚IOI集团董事局主席李深静为首的马来西亚著名华人企业家代表团到泉州考察。市长郑新聪会见代表团，副市长陈荣洲、市政府秘书长吴友才参加会见。郑新聪表示，当前，中央部署推进“一带一路”建设，古代“海丝”起点泉州迎来新的发展机遇。欢迎大家常来常往，寻找合作商机，助力泉州建设，携手共创双赢。

郑新聪会见代表团　（图/徐国伟）

泉州国防教育网开通

由泉州军分区政治部、市国防教育办公室主办，泉州网承办的泉州国防教育网开通。市民可输入网址http://www.qzgfjy.cn登录浏览国防资讯。网站内容涵盖新闻报道、专题专栏、视频报道、军事教育四大版块，设有国防聚焦、国防动员、泉州人防、征兵工作、教育基地、泉州双拥、台海动态等18个大栏目，各栏目通过文字、图片、音频、视频、动漫等多种表现形式，全方面、多角度、立体化进行宣传报道。

国防大学战略研究所所长金一南做客“晋江大讲堂”

国防大学战略研究所所长、教授、少将金一南做客“晋江大讲堂”，作题为《中国梦——从民族救亡到民族复兴》的专题讲座。金一南通过史料、事例和切身经历，讲述中国革命、中国共产党、中国特色社会主义经历苦难，在艰苦卓绝中走向辉煌的历程，阐释中华民族伟大复兴的历史脉络、时代背景和光明前景。金一南指出，中华民族最大的力量就在于把人们的个体利益追求联结在一起，形成最大的利益交点——中华民族的伟大复兴。

市政府出台《关于鼓励金融业发展的若干意见》

市政府出台《关于鼓励金融业发展的若干意见》（以下简称《意见》），对金融机构的引进、配套、人才、贷款投入方向等方面制定详细的奖励、扶持标准，以优化泉州市发展环境，培育壮大金融业，促进金融业更好地服务经济社会发展。《意见》自发布之日起执行，有效期至2016年12月31日。《意见》指出，对在泉州新注册或者新入驻的金融机构和金融配套服务机构，将按照情况给予奖励。法人机构方面，经国家金融监管部门批准，在泉州注册具有法人资格的经营性金融机构，注册资本在1亿元以上（含1亿元）的给予100万元奖励。其中，注册资本在10亿元以上（不含10亿元）的，超过部分每增加1亿元给予200万元奖励，奖励最高限额为2000万元。金融配套服务机构入驻方面，对金融机构总部在泉州设立并直接管理的各类金融配套服务机构奖励50万元。根据《意见》，泉州市鼓励贷款投向小微企业。符合一定条件的金融机构年度对小微企业贷款增量10亿元（含）以上的，给予奖励10万元，在10亿元基础上每增加5亿元，再奖励5万元，最高不超过20万元。年度小微企业贷款客户数新增不低于20%，给予奖励10万元。加大涉农贷款投入方面，年度对涉农贷款增量占其各项贷款增量的40%的，给予奖励10万元。根据《意见》，在泉州新设立或者新迁入的金融机构和金融配套服务机构中任职满一年的具有相应任职资格的高级管理人才和保险精算师、保荐代表人等专业技术人员，从第二年起，由收益财政按其在本地缴纳的个人所得税地方分成部分的50%给予奖励，期限不超过3年。符合市人才政策规定条件的金融机构和金融配套服务机构急需紧缺的专业人才，在创业扶持、安家落户、配偶就业、子女就学、住房、医疗等待遇方面可申请享受市引进人才的相关优惠政策。《意见》中，泉州市鼓励银行业金融机构加大对先进制造业的信贷支持力度。按照具体规定，以上年度贷款余额为基础，对银行业金融机构年度新增信贷投放，以下情况将给予奖励：对贷款余额在500亿元（含）以上的，每增加50亿元年度贷款余额给予奖励20万元；对年度新增贷款投向制造业比例达60%以上的，给予奖励10万元。根据《意见》，对泉州年度新增贷款量占其全省增量比例不低于30%的省级金融机构，给予奖励20万元。此外，为鼓励金融产品创新与应用，泉州市将设立金融信贷产品创新与应用奖，一等奖奖金20万元。产品应主要围绕泉州产业集群和特色经济板块，由金融机构自主研发并在泉州市场首创性推出的金融产品优先评选。

社会各界祭扫革命烈士陵园

清明节期间，全市政府部门、驻泉部队、学校、企业纷纷组织到市革命烈士陵园瞻仰、悼念烈士。与2013年同期相比，2014年清明节前夕到烈士陵园祭扫的人数有所增加，截至4日，已近4万人次。由于祭扫的人群集中在清明前后十几天里，部分人未能进入面积有限的革命烈士纪念馆参观。而陵园停车场一时间也是车满为患，一些大巴车甚至停到陵园外的324线国道上。泉州市地处东南沿海，是海防要地，泉州人民有光荣的革命传统。自1927年1月中共泉州地方党组织成立以来，有1900多名泉州儿女为国家独立、民族解放和社会主义现代化建设事业英勇献身。每年清明节期间，社会各界人士都会自发到革命烈士陵园，缅怀先烈，寄托哀思，颂扬先烈的崇高精神。

相关链接：根据民政部新公布的《烈士公祭办法》，清明节、国庆节或重要纪念日期间，县级以上政府民政部门将提出举行公祭活动的方案，报请同级政府组织实施，预计今后的烈士公祭活动组织性更强，并将成为常态，有利于分流祭扫人群，同时将公祭活动变得更加庄严、肃穆、隆重，富有意义。

社会各界祭扫革命烈士陵园　（图/李芸生）

4月5日

星期六
农历甲午年三月初六
温度：13℃—22℃
多云

●市政府出台《关于鼓励金融业发展的若干意见》。

●清明节期间，全市政府部门、驻泉部队、学校、企业纷纷组织到市革命烈士陵园瞻仰、悼念烈士。

4月6日

星期日
农历甲午年三月初七
温度：14℃—20℃
多云转阴

●泉州市开展配网迎峰度夏工程建设攻坚战。

●冬春修水利年度任务完成。

●福厦高铁晋江站快速疏解公路通车。

●德国莱茵兰—普法尔茨州蒙塔鲍尔音乐专科学校师生到泉州交流艺术教学。

●石狮市银江李施红娘家族教育基金会第十四届、旅菲侨亲陈著远奖励基金第八届颁奖大会在石狮市银江华侨学校举行。

●香港泉州同乡会回乡恳亲团在永春县举行慈善捐资仪式。

泉州市供电系统开展配网迎峰度夏工程建设攻坚战

从市供电公司获悉，近年来，由于少数地方出现电力建设受阻现象，致使泉州市部分地区产生供电“卡脖子”问题，造成一些地区供电紧张。在清濛、宝洋、洋埭、丰州等片区，再加上负荷增长较快的原因，更是形成局部供电“瓶颈”。为此，泉州市开展配网迎峰度夏工程建设攻坚战，计划投资1.63亿元，解决“卡脖子”问题，重点解决清濛、城区、丰州片区配电线路超重、满载等问题，以及低电压、表箱老化等问题，满足居民迎峰度夏期间生活的需要。泉州市还紧锣密鼓地开展迎峰度夏前的设备检修，在7月前全面完成对有关设施设备的检修、测量与监视工作，及时发现并排除配网设备隐患缺陷。同时推行带电作业新技术，优化施工方案，减少停电时间及次数。为应对可能出现的各种电力突发事件，泉州市完善客户停电快速响应和应急抢修机制。强化专业化抢修队伍，迎峰度夏期间调整增加各片区应急抢修人员，应用抢修指挥平台，做到“一张工单、一支队伍、一次修好”，实现首到必修，缩短停电时间和故障抢修时间。

冬春修水利年度任务提前完成

从市水利局获悉，泉州市提前完成2013—2014年度冬春水利建设及水毁工程修复任务，累计完成投资6.91亿元，占计划6.52亿元的105.9%。据介绍，泉州市已完成修复水利水毁工程396处，除险加固小型水库13座、山围塘40座；新增防渗渠道272千米，加高加固堤防35千米，疏浚、清淤河道渠道187千米；新建小型水源工程增加蓄水能力17万立方米，新建849个山地水利蓄水池，新增节水灌溉7.9万亩，改善灌溉面积9.8万亩。

福厦高铁晋江站快速疏解公路通车

历时4年建设的福厦高铁晋江站快速疏解公路全线通车，使石狮、晋江和南安三市连成一线，往返三地更加快捷。全长约15千米的福厦高铁晋江站快速疏解公路，贯穿晋江市西北与东南向，连接福厦高铁晋江站、国道324线、泉安公路等，是石狮、晋江、南安市域县际的便捷主干道。它的通车不仅有利于福厦高铁晋江站客货流的快速疏解，还将促进晋江磁灶、内坑片区以及内坑物流园区的开发建设。

德国蒙塔鲍尔音乐专科学校师生到泉州交流艺术教学

德国莱茵兰—普法尔茨州蒙塔鲍尔音乐专科学校副校长欧泼一行21名师生到泉州交流艺术教学，德国师生走进泉州艺术学校进行互动交流，并观看该校学前教育专业毕业班专场演出。演出分才艺、历练、成长和蜕变等多个篇章，泉州艺术学校学前教育专业学生精心准备了《最初的梦想》《水乡童谣》《爱在蓝天下》等10多个节目与德国师生交流。欧泼表示，学前教育对一个人的成长至关重要，特别是音乐、美术和舞蹈的教育影响一个人的一生，希望泉州艺术学校师生今后也能到德国交流。

香港泉州同乡会回乡恳亲团在永春县举行慈善捐资仪式

香港泉州同乡会回乡恳亲团在永春县举行以“商贸、慈善、乡谊”为主题的慈善捐资仪式，捐资近百万港元助力家乡慈善事业。香港泉州同乡会成立25年来，每年都利用清明节回乡祭奠先人的机会，组织会员回到家乡参观访问、学习交流。从2013年开始，同乡会将慈善活动列入恳亲行程。2013年，同乡会就曾捐资建设福利院。同乡会在永春除捐赠50万港元建设希望小学外，每年还会选择30名贫困大学生给予3000港元的学习补助，并投入20万港元设立专项基金，用于开展慈善活动。同乡会理事长表示，今后，同乡会将把慈善活动作为会务工作的重要内容。回港后，也会将家乡的巨大变化告知其他乡亲，推介家乡投资环境，让更多人为家乡公益事业和经济建设做出新贡献。

泉州市电子信息产业年均发展速度超25%

近年来，泉州市加快促进中小微企业向信息化发展，以自主创新为支撑，以产业链高端延伸为方向，促进中小微企业向高端化、精密化、智能化进行转型升级。高新技术、战略性新兴产业日益成为泉州市经济的新增长点，电子信息产业年均发展速度超过25%，高于同期全市工业增长速度。其中，微波通信、数字通信、智能安防等电子信息产业，把握三网融合、物联网、移动4G等新机遇，加大前端技术研发，不断完善产业链。泉州已被列入科技部“国家火炬计划泉州微波通信特色产业基地”“国家火炬计划电子信息特色产业基地”等。同时，泉州市不断优化政策环境，以“两化”融合为抓手提升智能化水平，引导企业开展电子商务，2013年实现电子商务交易总额超1000亿元。

首批环境应急物资储备库初步建成

从市环保局获悉，泉州市经公开招投标采购的活性炭验收入库，标志首批市级环境应急物资储备库建设初步完成。从提出建设泉州市首批环境应急物资储备库，到场地调研、资金立项、公开招投标采购、验收入库，历时一年。2013年9月27日，市环保局分别与市水利局、福建湄洲湾氯碱工业有限公司签署《环境应急物资委托管理协议》和《环境应急物资社会联动保障协议》，依托这一全省首创的应急物资委托管理合作模式，健全完善环境应急物资储备、调拨和紧急配送保障体系。储备库建成后，泉州市应对突发环境事件的能力水平将进一步提升。

泉州市两家水产良种场升格为省级

从市海洋与渔业局获悉，泉州市两家水产良种场通过验收考评，获省海洋与渔业厅批准成为省级水产良种场，实现省级水产良种场零的突破。此次获批的两家省级水产良种场分别为晋江市顺发水产有限公司良种场（命名为“福建省顺发南美白对虾良种场”）和晋江福大鲍鱼水产有限公司良种场（命名为“福建省福贝皱纹盘鲍良种场”），有效期均为三年。良种场的主要任务是按照良种生产技术操作规程，保存和培育良种，为苗种场和养殖场提供良种亲本和良种。据市海洋与渔业局相关负责人介绍，苗种是水产养殖健康的源头，关系水产品的质量安全。近年来，泉州市大力推进水产良种场建设，2013年评选出首批市级水产良种场3家。此次两家省级水产良种场获批，意味着泉州市良种产业向规范化和科技化迈进一大步。

林超攀获华东区体操交流协作比赛两金一银

7—11日，第七届“李宁”杯华东区体操交流协作比赛在上海体育职业学院进行，泉州选手林超攀获男子个人全能和男子单杠金牌，以及男子双杠银牌。作为国家队选手的林超攀此次参赛是为了热身，在几个单项上都提升了难度。

相关链接：该次比赛有来自江苏、浙江、福建、江西、山东、上海等省市的100多名运动员参赛。比赛采用2014年国际体操评分规则，设男、女全能和单项共12个项目。作为备战2014年全国体操锦标赛前的一次“大练兵”，“李宁杯”华东区体操交流协作赛起源于2008年，每年由华东六省一市轮流举办。

洛江区开展“严防森林火灾　共建美丽洛江”专项行动

为确保清明节、“五一”节期间不发生森林火灾，洛江于3—5月在全区开展“严防森林火灾　共建美丽洛江”专项行动。该区加大宣传力度，开展以森林防火为主题的竞赛活动，普及森林防火常识；以发放护林公约、森林防火告知书，出动宣传车，设置宣传站等形式宣传森林防火；发挥乡村老人会以及乡村护林员的作用，发挥乡村广播、鸣锣警示、火灾案例释法等传统宣传方式的作用，做到因地制宜、讲求实效。同时加强护林员巡山，对重点时段、重要部位进行严查；设置临时森林防火检查站，杜绝一切火源上山；做好火情监测，确保一有火情能够第一时间发现、第一时间处理，使森林火情消除在萌芽状态。

4月7日

星期一
农历甲午年三月初八
温度：14℃—22℃
小雨

●报载，泉州市电子信息产业年均发展速度超25%。

●首批环境应急物资储备库初步建成。

●泉州市两家水产良种场升格为省级。

●7—11日，第七届“李宁”杯华东区体操交流协作比赛在上海体育职业学院进行，泉州选手林超攀获男子个人全能和男子单杠金牌，以及男子双杠银牌。

●“谁是球王”羽毛球民间争霸赛全国总决赛在北京闭幕，泉州市羽球协会选手苏仁和、朱亦鸣获老年无差别组亚军。

●报载，洛江区开展“严防森林火灾　共建美丽洛江”专项行动。

4月8日

星期二
农历甲午年三月初九
温度：15℃—20℃
阴转小雨

●李书磊到泉州调研落实尤权关于打响福建文化品牌的批示精神。

●“星云大师一笔字书法展”在泉州开幕。

●中国鞋都电子商务中心与黎明职业大学签署“创业实训校企合作”协议。

李书磊到泉州调研落实尤权关于打响福建文化品牌的批示精神

省委常委、宣传部部长李书磊到泉州调研落实省委书记尤权关于打响福建文化品牌的批示精神并召开座谈会，省政协副主席张燮飞，市领导黄少萍、郑新聪、翁祖根、陈庆宗参加座谈。李书磊指出，泉州要抓住“海上丝绸之路”起点城市、“东亚文化之都”建设机遇，保护好历史文化遗产，传承延续好城市历史文脉。要原汁原味地保护历史风貌。要保护好老街区，留住老建筑，把麻纺厂、面粉厂等一批见证新中国工业化发展历程的历史建筑整体保护好，建成规模性活态历史文化街区。要高起点、高标准做好古城保护利用规划。大体量新建筑的选址要避开历史文化街区。要丰富业态，有序发展。引入商业、文化创意等多元业态，带动旅游等相关产业发展，让历史文化街区产生实在的经济社会效益，造福群众，提升城市吸引力。市委书记黄少萍表示，泉州将贯彻落实省委重要精神，以“东亚文化之都”建设为契机，更好传承文化、保护古城，满足群众需求，以文化促开放，以开放促改革，不辜负省委、省政府对泉州的支持和厚望。在泉州期间，李书磊一行走访考察旧麻纺厂、西街古民居、泉州木偶剧团旧址、老范志古大厝等泉州历史文化建筑。

“星云大师一笔字书法展”在泉州开幕

由中国闽台缘博物馆、中国艺术研究院、台湾佛光山文教基金会主办的“星云大师一笔字书法展——2014中国大陆巡回（福建）展”在中国闽台缘博物馆开幕。省委常委、宣传部部长李书磊，省政协副主席张燮飞，台湾佛光山开山宗长、著名佛学大师星云，泉州市领导黄少萍、郑新聪、周银芳、翁祖根、陈庆宗等以及闽台两地各界人士600多人出席开幕式。开幕式上，星云大师向中国闽台缘博物馆赠送馆藏书法作品。市委书记黄少萍在致辞中指出，星云大师情系中华、德风远播，积极推动两岸宗教文化交流，为两岸和平发展做出重要的贡献。此次“星云大师一笔字书法展”在泉州举办，既是闽台书法艺术家交流的盛会，也是泉台两地宗教、文化交流的盛会。希望有更多台湾社会人士参与、推动泉台民间、基层往来，加强两地宗教信仰、节庆民俗、文化教育、经济贸易等交流，增进两岸共同福祉。展览分墨宝区、陶瓷区、一笔字故事区、沙画区、拓印区、手稿区等，展出星云大师“一笔字”书法及纹饰墨迹陶瓷等作品120余件和手稿39件。展期从4月7日开始至5月4日结束。

相关链接： 操交流协作星云大师1927年生于江苏扬州，1938年在南京栖霞山寺出家，1949年迁居台湾，1967年在高雄创办佛光山，为佛光山寺第一、二、三任主持，是国际佛光会创办人。

开幕式　　（图/吴寿民）

鞋都电商中心与黎明大学签署“创业实训校企合作”协议

中国鞋都电子商务中心与泉州黎明职业大学签署“创业实训校企合作”协议。依据双方的合作协议，今后黎明职业大学将会对鞋都电商中心的相关数据进行跟踪记录，并依此为依据进行研究，形成专业课程，用于该校电子商务专业的教学当中。与此同时，鞋都电商中心还将为该校学生提供就业实习、创业机会。黎明职业大学校长林松柏表示，通过与鞋都电商中心的合作，一方面为学生提供了就业、创业机会；另一方面，学校也能够更贴近企业与产业，培养出符合需求的人才。特别是在当前电子商务盛行的大背景下，希望双方的合作能够为缓解电商专业人才缺乏的现状提供另一种解决方式。鞋都电商中心董事、常务副总经理陈垂峰透露，与黎明职业大学的合作，只是鞋都电商中心探索新型校企合作模式的开始，此后还将与更多的高等院校探讨合作可能性。

全市组织工作会议召开

全市组织工作会议召开，学习贯彻全国、全省组织工作会议和组织部长会议精神，回顾总结近几年来泉州市组织工作，研究部署今后一个时期组织工作任务。市领导黄少萍、郑新聪、陈海基、陈沈阳、沈耀钦、翁祖根、刘卫国等参加会议，市长郑新聪主持会议，市委常委、组织部部长陈沈阳总结部署全市组织工作。市委书记黄少萍要求，要领会上级相关会议精神，明确今后一个时期的努力方向，围绕加强党的执政能力建设、先进性和纯洁性建设这条主线，学习贯彻组织工作的新思想、新要求、新任务，把握培养选拔好干部标准，把握党管干部、从严治吏方针，把握组织工作改革创新要求，为改革发展提供强有力的组织保证。2014年是全面贯彻落实十八届三中全会精神、全面深化改革的重要一年。组织工作要贯彻中央、省委要求，突出特色载体，推动群众路线教育实践活动；突出完善机制，抓好干部人才队伍建设；突出日常管理，落实各项组织纪律；突出增强战斗力，推进基层组织建设，更加积极主动、奋发有为做好工作，提高组织工作科学化水平。

黄琪玉到泉州调研重大水利工程建设情况

省人大常委会副主任黄琪玉带队到泉州调研重大水利工程建设情况。调研组察看金鸡拦河闸、市区金潘和金塔防洪工程、山美水库和白濑水利枢纽工程的两个选址位置，并召开汇报座谈会。市领导林伯前、潘燕燕、林万明参加相关活动。黄琪玉对重大水利工程建设工作提出五点意见：一要更加重视，认识重大水利工程建设的重要意义；二要科学配置，发挥水资源最大效益；三要抓好前期，积极主动做好项目前期工作；四要深化改革，创新水利项目建设投融资机制、项目管理体制机制和工程管护机制等；五要确保质量，水利工程是百年大计，设计、施工、验收各环节都要确保质量、确保安全。

黄琪玉在泉州调研　　（图/黄万成）

泉港区设立小微企业信贷风险补偿共担专项资金

泉港区设立小微企业信贷风险补偿共担专项资金，出资270多万元作为启动资金，鼓励和引导银行业金融机构调整信贷结构，加大对小微企业的信贷支持力度，提高银行业金融服务小微企业的能力和信贷风险承受能力，促进小微企业持续健康发展。小微企业信贷风险补偿共担基金专项用于对辖区内银行业金融机构发放的小微企业贷款进行风险补偿，以及对所发生的不良贷款损失进行有限共担。在风险补偿部分，该基金以上一年度银行业金融机构对小微企业贷款季均余额为基数，由该区按本年度辖区内小微企业贷款季均余额比上年季均余额净增加额的一定比例予以风险补偿。

泉州市首批“单独二孩”受益者产生

鲤城区常泰街道的吴女士在提交“单独二孩”申请后的第六天收到了街道计生办工作人员送来的“单独二孩”再生育服务证，这是泉州市发出的首批10本“单独二孩”再生育服务证之一。吴女士的丈夫蒋先生是独生子，夫妻俩已经有一个8岁的女儿。蒋先生一直希望女儿能有个伴。和吴女士一样收到再生育服务证的还有鲤城区常泰街道华塑社区的刘女士、傅先生一家。已经40岁的刘女士是家里的独生女，作为越南归侨的她1979年跟父母来到泉州，现在有一个上小学五年级的儿子。夫妻俩的父母还有他们的儿子都希望他们能有第二个孩子，所以政策一落地，就第一时间去申请了。为让群众尽快拿到“单独二孩”再生育服务证，鲤城区将审批时限从15个工作日缩至7个工作日。据常泰街道计生办介绍，为方便群众办证，计生工作人员不仅可以上门取件，证件办结后还可以送证上门。计生部门还提醒，希望符合政策的“单独夫妇”能先办证后怀孕，在怀孕前建议到计生服务站做免费的孕前优生健康检测，做到优生优育。

4月9日

星期三
农历甲午年三月初十
温度：17℃—25℃
阵雨转多云

●全市组织工作会议召开，学习贯彻全国、全省组织工作会议和组织部长会议精神，研究部署今后一个时期组织工作任务。

●黄琪玉到泉州调研重大水利工程建设情况。

●2014年第二季度新闻季谈会召开，相关部门向媒体通报泉州市“21世纪海上丝绸之路先行区”建设和创建国家级生态市的相关情况及第二季度的新闻报道重点。

●市全省现代农业流动现场会全体与会人员到泉州调研，考察泉州市在种苗无土栽培、植物组培、生物医药等先进领域的现代化科技成果。

●泉港区设立小微企业信贷风险补偿共担专项资金。

●泉州市首批“单独二孩”受益者产生。

4月10日

星期四
农历甲午年三月十一
温度：15℃—25℃
多云转晴

●市委常委（扩大）会议召开，传达贯彻习近平对福建工作的指示精神和省委常委（扩大）会议精神，研究部署进一步加快泉州科学发展、跨越发展。

●徐谦到泉州调研人大及其常委会监督工作。

●10—13日，“中华旅游名博泉州行”活动举行。

●10—16日，2014年全国跆拳道锦标赛在陕西咸阳举行，泉州市体工队运动员陈成志获男子58公斤级冠军。

●省教育系统关工委德育中心和爱心企业举行“书香福建”捐赠助读公益活动暨马甲三新小学“心天地多媒体互动阅读教室”揭牌仪式。

●10—11日，福建省第七届小学英语优质课评比暨教学观摩研讨会在福安市实验小学举行，泉州市第三实验小学教师何浩程获特等奖（第一名），并代表福建省参加5月在陕西西安举行的全国大赛。

●鲤城区城市管理行政执法局“城管开放日”活动举行。

市委常委（扩大）会议研究部署进一步加快泉州科学发展、跨越发展

市委召开常委（扩大）会议，传达贯彻习近平总书记对福建工作的重要指示精神和省委常委（扩大）会议精神，研究部署进一步加快泉州科学发展、跨越发展。市委书记黄少萍主持会议并讲话，市长郑新聪作工作部署。市领导周银芳、陈海基、杨俊峰、陈沈阳、沈耀钦、许昆贞、翁祖根、刘卫国、陈庆宗、林伯前等参加会议。黄少萍强调，要贯彻省委“三个必须”要求，明确跨越发展的目标和重点，打造“泉州经济升级版、改革创新示范区、生态宜居幸福城”。要推进“54321”计划，增强跨越发展张力。以构建现代产业体系、凸显中心城市地位、提升生态宜居水平为重点，分别实施50个重大生产性项目、40个交通骨干项目、30个重大民生项目；以实施产业龙头促进计划为重点，培育200家主营业务收入超十亿元企业；力争今后五年实现100个全局性、战略性大项目落地，带动固定资产投资年均增长20%以上。要推进“东亚文化之都”和“海丝”先行区建设，彰显城市开放活力。在“文都”建设上，精心办好系列活动，实施“古城—古港—新区—全域联动”项目，加紧培育文化龙头企业和新型业态，打造一批百姓叫好、市场叫座的文化品牌；在“海丝”先行区建设上，争取申报突破，策划经贸合作项目，构建开放型经济体系。要推进重点领域改革，释放发展动力。启动国家发改委“民综改革试点”，深化“金改区”建设，推进新型城镇化。要推进招商大会战，增强产业发展后力。坚持招商一把手工程，提升“三维”对接层次，补足泉台产业对接的短板，强化土地等要素保障，力争更多大项目、好项目落地。要推进创新要素引进，增强企业转型内力。借助“数控一代”示范工程，推动企业生产自动化改造；借力中科院海西装备制造研究所，加快培育“科技小巨人”；借机国家人才培养模式改革，壮大技术工人队伍。各地各部门要增强跨越发展的责任和担当，加强政策研究，尽力争取资金、项目、政策支持。要脚踏实地转作风，把开展好教育实践活动与破解改革发展难题结合起来，学习弘扬焦裕禄精神，以“革命者要在困难面前逞英雄”的意志、“功成不必在我”的胸怀，发扬“钉钉子”精神，真正苦干实干，切实推动跨越发展，不断改善民生。郑新聪强调，要按照省委、省政府和市委的决策部署，围绕今后五年目标任务，推进科学发展、跨越发展。要突出抓重大产业，做大产业龙头、强化产业创新、完善产业体系、优化产业布局，在转型升级提挡中加快跨越。要突出抓重大项目，强力推进2014年重点项目、城乡基础设施建设、“三维”对接、项目超前策划，完善重大项目协调调度、“月嫂式”服务等工作机制，在做强基础支撑中加快跨越。要突出抓重要改革，聚焦民综改革、深化金融改革、推进新型城镇化，把各项改革引向深入，在释放活力中加快跨越。要突出抓重大机遇，发挥泉州独特优势，推动泉台融合、建设东亚文化之都、打造“海丝”先行区、健全开放体制，在放大开放优势中加快跨越。要突出抓好重点领域，在生态建设、社会事业、民生保障、安定稳定等方面建机制、补短板、兜底线，解决一批群众最关心最急迫的民生问题，在为民惠民利民中加快跨越。

徐谦到泉州调研人大及其常委会监督工作

省人大常委会党组书记、副主任徐谦带队到泉州调研人大及其常委会监督工作，市人大常委会主任陈海基、副主任洪泽生等参加调研。调研组听取市人大常委会开展监督工作情况和晋江市人大常委会开展满意度测评工作情况汇报。徐谦对泉州市和晋江市人大及其常委会在持续督促近海水域环境污染治理、开展专题询问、满意度测评等监督工作中的亮点给予肯定，希望以学习贯彻十八届三中全会精神为契机，探讨新形势下推进人大监督工作的理论和实践创新，为全省人大更有成效开展监督工作提供启示借鉴。徐谦还走访台资企业泉州佳升机械有限公司，调研台湾同胞投资保护法实施情况。

徐谦在泉州调研　（图/王虎文）

德国莱茵兰—普法尔茨州政府代表团到泉州考察

德国莱茵兰—普法尔茨州州长玛卢·德莱尔带领政府代表团到泉州考察。市长郑新聪与玛卢·德莱尔座谈，中国外交学会副会长孙荣民、副市长陈荣洲参加座谈。郑新聪表示，泉州与莱茵兰—普法尔茨州诺伊施塔特市缔结友好城市关系以来，双方在经贸、文化、艺术、教育、青少年往来等领域开展交流合作，取得良好成效。希望此次泉州之行能给德国友人留下美好印象，巩固和深化双方友谊，开启在更广阔领域的合作新篇。玛卢·德莱尔表示，莱茵兰—普法尔茨州将拓展与泉州在各领域的交流合作，推动双方友谊不断加深。在泉州期间，莱茵兰—普法尔茨州政府代表团还到中德合资福建远东技术服务有限公司参观考察，莱茵兰—普法尔茨州教育学院与泉州信息技术学院签署合作交流备忘录。

泉州市金融改革专家咨询委员会第二次全体会议召开

泉州市金融改革专家咨询委员会第二次全体会议召开，共议金改大势，共商金改大计。市领导郑新聪、王远东、陈灿辉、吴共湖，市政府秘书长吴友才参加会议。副市长陈灿辉通报泉州金改工作成效。市长郑新聪强调，泉州将深入贯彻中共十八届三中全会精神，落实国家金改政策，构建“四个平台”。一是实体金融服务平台，引进银行业金融机构2家以上，设立分支机构10家以上；用好小微企业信贷风险补偿共担资金；抓紧筹建消费金融公司、金融租赁公司。二是民间金融创新平台，争取列入第二批民营银行试点，开展小贷公司跨县域经营试点，发展股权投资、创业投资和产业发展基金。三是金融生态发展平台，建成用好小微企业信用信息交换共享平台和金融信息综合服务平台，打击金融违法活动。四是台港澳侨金融合作平台，推动泉台合资全牌照证券公司尽快获批筹建，争取海外泉商发起设立侨商银行。郑新聪表示，衷心希望专家咨询委员会继续发挥人才密集、专业深厚的优势，为泉州金改提供强有力的智力支持；继续发挥政策研究者与制定者的优势，帮助泉州向上对接争取政策；继续发挥人脉广泛的优势，在机构引进、金融创新、业界互动等方面多支持指导。同时，欢迎大家到泉州开展学术研究、金融产品开发，将泉州作为先行先试基地，我们将全力做好服务。

泉州“两江”流域下游补偿上游资金提至每年3亿元

从市环保局获悉，自2014年起，泉州市晋江、洛阳江流域下游补偿上游资金将提高到每年3亿元，为“两江”上游水资源保护带来更多实效。早在2005年，泉州市就在全省率先建立起下游补偿上游的流域环境治理工作机制，每年下游县（市、区）按用水量比例等因素分摊筹集一定量的资金用于补助上游县（市、区）水环境整治项目。补助资金数额不断增加，由2005—2009年每年2000万元、2010年3000万元提高到2011年1亿元，2012年再次提高到2亿元。通过流域补偿资金的带动，上游地区投入资金近40亿元，用于426个整治项目，发挥补偿机制在水资源保护中的“四两拨千斤”作用。上游地区水资源保护成效明显，自实施流域补偿机制以来，上游地区省控监测断面Ⅲ类水质达标率持续保持100%，上游各县（市、区）域交接断面水环境质量均全部达到功能区标准，晋江上游水质总体良好，基本达到实施流域补偿机制的预期效果。

“万家企业手拉手”行业间产能对接首场活动举行

泉州市“万家企业手拉手”系列活动食品饮料、包装印刷产能对接会举行，8对企业实现产能对接签约。为推进企业抱团发展、协作发展和创新发展，从2013年至2015年，泉州市决定在全市开展“万家企业手拉手”三年行动，按照“互配对、促协作、谋双赢、见实效”要求，政府和企业一起发力，推动泉州产业集群大发展、大提升，打造海西先进制造业基地。同时，市县两级也出台相应的政策措施，确保“三年行动”得到有效实施。此次食品饮料、包装印刷产能对接会是“万家企业手拉手”行业间产能对接的首场活动，标志行业间产能对接系列活动的启动，企业间的合作双赢迈出实际步伐。

4月11日

星期五
农历甲午年三月十二
温度：17℃—26℃
晴

●德国莱茵兰—普法尔茨州政府代表团到泉州考察。

●泉州市金融改革专家咨询委员会第二次全体会议召开，共议金改大势，共商金改大计。

●泉州市组织党政领导干部参加金融知识专题培训。

●泉州“两江”流域下游补偿上游资金提至每年3亿元。

●泉州市“万家企业手拉手”系列活动食品饮料、包装印刷产能对接会举行。

4月12日

星期六
农历甲午年三月十三
温度：18℃—27℃
晴转多云

●泉州市出台2014年《现代农业发展行动计划实施方案》。

●即日起至6月底，全市旅游行业开展百日安全大检查，整治安全生产中存在的事故隐患，排查和打击非法违法生产经营行为。

●12—14日，福建华夏拍卖2014年春季艺术品大型拍卖会泉州巡展在市区源和1916创意产业园举行。

●高甲戏《大闹花府》（传承版）首演。

●全市第二家民办博物馆——门里博物馆泉州馆在市区源和1916文化创意产业园开馆。

●华侨大学来自缅甸、泰国、老挝、柬埔寨等国的留学生和境内师生在校园互相泼水祈福，提前欢度泼水节。

泉州市出台2014年《现代农业发展行动计划实施方案》

泉州市出台2014年《现代农业发展行动计划实施方案》。2014年，市级财政统筹安排3715万元专项资金，相关县（市、区）按1∶1比例，安排配套资金，采取“先建后补，以奖代补”方式支持设施农业建设，计划完成新扩建设施农业重点项目150个，带动投资5亿元以上。其中，设施蔬果（中草药）重点补贴新建10亩左右智能温控大棚和100亩以上温室大棚或同片新建1000平方米以上配套育苗基地；设施畜禽重点扶持6个畜禽养殖标准化示范场；设施食用菌重点补贴新建50亩以上的钢架菇棚和改造提升工厂化日产能力的经营主体；设施花卉重点补助新建花卉大棚，遮阳棚，滴灌、微灌、喷雾花圃等，推进洛江、南安、永春三个省级现代农业（花卉）项目示范县建设；设施林业，重点扶持区域特色、规模经营的林下种养业，以及新建连片100亩以上，能实现经营道路网络化、水利系统化、耕作机械化、病虫害防治生态化的设施经济林基地，扶持10家森林人家示范点基础配套设施建设；设施渔业将建设2个现代渔业产业园区，重点扶持规模成片池塘改造基础设施配套升级、陆上工厂化循环水养殖和苗种场建设。农田水利基础设施建设方面，将开展山美大型灌区、惠女重点中型灌区续建配套及节水改造，实施永春、惠安、晋江等3个国家财政小型农田水利重点县，及永春规模化节水灌溉增效示范县建设；争取南安、泉港列入第六批国家财政小型农田水利重点县建设项目，安溪蓬魁灌区列入国家2014年度重点灌区节水改造建设规划。还将出台公益性小型农村水利工程建后管理办法，解决“最后一公里”用水问题。泉州市将实施农业产业龙头促进计划，市级以上龙头企业新扩（改）建重点项目89个，完成年度投资27亿元以上。市级财政安排500万元，培育以果蔬、茶叶、食用菌、花卉、畜禽、林竹、渔业、粮油、中草药、休闲食品等优势产业和市级以上龙头企业为重点的50家行业龙头企业，制定相应的促进计划和服务方案，重点用于扶持行业龙头企业和市级以上重点龙头企业技改等贷款贴息补助。鼓励龙头企业走集聚化、混合所有制道路，组建企业集团，上市或发债融资，鼓励农户、农民合作社以土地、资金、技术、劳动力等生产要素作价入股龙头企业。

全市旅游行业开展百日安全大检查

即日起至6月底，全市旅游行业开展百日安全大检查，整治检查内容包括历次安全生产大检查发现隐患和问题整改落实情况；各旅行社、旅游集散中心、星级饭店安全生产中存在的事故隐患整改、安全管理措施、安全教育培训及事故防范措施落实情况。

高甲戏《大闹花府》(传承版)首演

高甲戏《大闹花府》（传承版）首演，该剧阔别舞台十余载，此次传承版由中国戏剧梅花奖得主陈娟娟饰演女主角花赛金。演出由年近九旬的编剧张伯萍执导，该剧自上个世纪70年代末编剧以来，已上演过数百场，受到戏迷的喜爱。张伯萍是中国戏剧家协会会员，原泉州市高甲戏剧团团长。

演出现场　（图/陈起拓）

门里博物馆泉州馆开馆

全市第二家民办博物馆——门里博物馆泉州馆在市区源和1916文化创意产业园开馆。博物馆总面积2100平方米，分青铜器、古书画展区，明清德化瓷器和鎏金佛像展区，紫砂壶、寿山石展区三个展区。许多藏品年代久远，可追溯到商周时期。还有许多藏品是从海外回流到国内，不少藏品也填补了泉州博物、收藏界的空白。

泉州馆现场　（图/吴寿民）

4月13日

星期日
农历甲午年三月十四
温度：19℃—30℃
多云转阵雨

●泉州市下发《关于贯彻落实省推进海峡股权交易中心建设若干意见的通知》。

●“音画无界之弘一法师《清凉歌集》”创新分享会在市区源和1916文化创意产业园举行。

●鲤城区第十八届老年人健身节开幕。

泉州市下发《关于贯彻落实省推进海峡股权交易中心建设若干意见的通知》

为贯彻落实省政府《关于推进海峡股权交易中心建设的若干意见》，做大做强海峡股权交易中心（泉州）有限公司（以下简称海交泉州中心），泉州市下发《关于贯彻落实省推进海峡股权交易中心建设若干意见的通知》（以下简称《通知》）。作为泉州市金改工作重要项目之一，海交泉州中心自2013年7月31日运营以来，挂牌企业达83家，已帮助15家挂牌企业实现融资3.55亿元。此次《通知》包含扩大挂牌企业规模、做好股权登记托管、提供综合融资服务、发展会员和投资者、加强内部制度建设和管理五方面内容，并就2014年全市挂牌企业达到300家的目标制定具体分解表。为扩大挂牌企业规模，《通知》“升级”挂牌企业可获的政策扶持与利好。《通知》指出，同等条件下，海交泉州中心挂牌企业优先纳入上市后备企业，优先享受市政府设立的小微企业信贷风险补偿共担资金等各类专项基金的政策扶持。《通知》指出，泉州市各县（市、区）及市直有关部门将发挥海交泉州中心平台作用，妥善组织或鼓励存在股权代持等管理不规范的非上市股份有限公司、符合条件的具有融资性功能的准金融机构进行股权登记托管。根据《通知》，泉州市将建立海交泉州中心与工商行政管理部门的信息共享机制和工作协调机制。在海交泉州中心登记托管的股权有限公司，当发生股权变更、质押等事宜时，可以由海交泉州中心无偿帮助企业到其注册所在地工商行政管理部门办理，获得更多便利。根据《通知》，在泉银行业金融机构要在对海交泉州中心挂牌企业的综合授信额度之内，细化每家挂牌企业的单独授信额度。对福建省在全国首创提出的建设多要素登记托管与交易平台，泉州市也将紧跟其上，力争让海交泉州中心成为海峡股权交易中心的金融要素托管与交易平台，参与排污权、林权、碳排放权等要素市场建设。而对股权质押、发行私募债等方面，《通知》支持银行业金融机构依托海交泉州中心开展委托债权投资业务，探索股权质押贷款业务。同时，鼓励不能进入全国性市场发行债权、直接债务融资工具的各类企业依托海交泉州中心定向发行私募债，支持挂牌企业利用全国性市场发行债权、转板到全国中小企业股份转让系统或直接到境内外资本市场上市。

“中华旅游名博泉州行”活动举行

10—13日，由市旅游局和南方卫视主办的“中华旅游名博泉州行”活动举行。活动以“微游泉州 微传美丽”为主题，邀请12位来自人文、艺术、历史、美食等方面的旅游名博参加，包括军旅作家梅国云、知名学者丁启阵、专栏作家朱敏、历史学者范泓等。名博们参观郑成功公园、九日山、灵山圣墓、泉州少林寺、开元寺、关帝庙、天后宫、崇武古城、洛阳桥、蔡氏古民居、德化石牛山等具有闽南特色景点，欣赏古城夜景，观看南音演出，品尝闽南小吃等，并以图、文、视频并茂的微博随时随地分享所闻所见。

“音画无界之弘一法师《清凉歌集》”创新分享会举行

“音画无界之弘一法师《清凉歌集》”创新分享会在市区源和1916文化创意产业园举行。华侨大学教授、闽南语研究专家王建设，本土知名画家蔡永辉，南音传承人蔡雅艺合作将弘一法师《清凉歌集》中的《清凉》和《山色》，由普通话改编为闽南语唱词，并谱成南音曲目，配上主题油画，让人在乡音中享受传统文化和现代艺术相互交融、优势互补的视听盛宴。创作者之一蔡雅艺表示，这样的创新探索，一方面把近现代的文学作品融入南音，丰富南音的表现内容，同时通过绘画等相关艺术互为衬托、互动点睛，在表达方式上有更多新意，希望能让传统艺术受到更多人群喜爱。

鲤城区第十八届老年人健身节开幕

鲤城区第十八届老年人健身节开幕。开幕式上，各街道老体协的老年人为观众表演“威风锣鼓”、腰鼓、广场舞等节目，展示出“魅力鲤城 幸福老人”的精神风貌。其中，由金龙街道180位老人表演的“手杖健身操”令观众耳目一新。“手杖健身操”是近年来新兴的一种健身方式。以“手杖”为轻器械，通过舞动手杖，科学、全面地使身体各部分都得到活动，达到健身的目的。鲤城区金龙街道的“老人手杖健身操”代表队2013年曾到上海参加“长风杯”全国手杖健身操邀请赛并获银杖奖，是该区老年健身活动的一项“明星品牌”。

4月14日

星期一
农历甲午年三月十五
温度：17℃—24℃
阴转多云

●全市教育实践活动工作座谈会召开，贯彻落实全省第二批教育实践活动工作座谈会精神。

●市委召开会议传达贯彻省委一季度经济形势座谈会精神。

●郑新聪调研石结构房屋改造项目。

●全市道路交通安全综合整治工作会议召开。

●中央文明办主办的中国文明网刊发泉州晚报特别报道《晋江供销社现象》。

●由市人大常委会牵头组织的市第八届“宣传人大制度好新闻”评选揭晓。

●台湾新竹市妈祖进香团一行180人到泉州参观访问。

●泉港区组织医疗志愿者到革命老区据点村涂岭镇涂岭村开展老年人义诊服务。

全市教育实践活动工作座谈会召开

全市群众路线教育实践活动工作座谈会召开，贯彻落实全省第二批教育实践活动工作座谈会精神，听取各地学习教育、听取意见环节工作汇报，了解“一把手”发挥示范带动作用的情况，交流学习弘扬焦裕禄精神、践行“三严三实”要求的体会思考，安排部署下阶段工作。省委第四督导组第一组长曹德淦，市委书记、市委党的群众路线教育实践活动领导小组组长黄少萍，省委第四督导组组长李德仁、副组长郑恢先以及督导组全体成员，市领导、市委党的群众路线教育实践活动领导小组副组长周银芳、陈沈阳、翁祖根参加会议。曹德淦强调，县一级要持续抓好学习教育，做到认真学、对照学、思考学。要贯彻落实习近平和张德江讲话精神，在重温历史、对照现实中领会县一级在党和国家组织结构中的关键地位和肩负使命，用实际行动推动党的各项方针政策落到实处，做到现实问题、历史遗留问题一起解决，共性问题、个性问题一起解决，重点单位重点地区的问题和整个面上的问题一起解决，班子的问题、班子成员个人的问题一起解决。要把学习弘扬焦裕禄精神、践行“三严三实”作为一条红线贯穿教育实践活动始终。按照“深学、细照、笃行”的要求，学习弘扬焦裕禄的公仆情怀、求实作风、奋斗精神和道德情操；以焦裕禄为镜，查摆自身不足和问题，做焦裕禄式的好县委书记、好党员干部。要高度重视“面向未来的赶考”。思考习近平提出的四个考题，以一个个“四风”问题的解决促进发展。黄少萍提出六点要求。一是学习再升温、再深化。要学习领会中央、省委重要精神，以“三严三实”弘扬焦裕禄精神，原原本本学习规定书目，解决好思想“总开关”问题。二是领导要示范、要带头。各县（市、区）委书记要树立“第一责任人”意识，全程介入、身体力行；履行双重责任，带头学习、听取意见，带头查找问题、交心谈心，带头整改落实。三是坚持真开门、开大门。深化“三访四解”“四进五服务”活动，虚心听取群众意见，使教育实践活动的每个环节、每项工作都让群众参与、受群众监督、请群众评判。四是注重边学习、边整改。对照习近平列举的26种不正之风和查摆出来的“四风”问题，抓好市委、市政府已确定的首批整改问题的整改落实，整顿软弱涣散的基层党组织，密切党群、干群关系。五是始终高标准、严督导。各地各单位“一把手”要真正重视、负起责任；各级督导组要会督、敢督、严督，敢于较真、严格把关。六是突出两手抓、两促进。贯彻落实全省一季度经济形势座谈会和市委常委（扩大）会议精神，对照GDP增长11%等一揽子奋斗目标，找短板、找差距、找不足，力促经济稳步回升，统筹抓好民生事业、社会稳定等各项工作。李德仁要求，要把学习教育贯穿始终，学习习近平、张德江讲话精神和中央、省委规定必读书目，同时将学习弘扬焦裕禄精神作为一条红线贯穿始终，做焦裕禄、谷文昌式的好党员、好干部。要真开门、开大门，听取意见，克服“三多三少”现象。要聚焦“四风”突出问题，防止以帮助基层和群众解决实际问题来代替解决“四风”问题，防止以班子问题代替个人问题、以共性问题代替个性问题、以工作问题代替作风问题。要坚持标准严督实导，不仅敢督、严督、深督，而且会督、能督、善督。要发挥领导干部特别是一把手的示范作用，既当好组织者、领导者，又当好参与者、排头兵。活动过程中，要坚持时间服从质量，不赶进度；讲求实效，做好“3+1”工作；打牢基础，准备第二环节，确保教育实践活动高起点开局、高质量开展、高标准推进。

旧金鸡拦河闸封闭拆除

历经50年的旧金鸡拦河闸开始封闭拆除。拆除工作主要针对闸室部分及闸门板等设备，交通桥及桥面以下工程结构将保留。为方便附近孩子上学，开放新金鸡拦河闸桥面，仅供行人、非机动车以及摩托车通行。整个拆除工作的工期持续到6月14日。随后，公路部门对旧金鸡大桥进行改造。

旧金鸡拦河闸　（图/陈起拓）

黄少萍到市信访局接访群众

市委书记黄少萍到市信访局接访群众，与来访群众沟通，听取群众诉求，协调解决群众反映的热点难点问题。黄少萍强调，群众利益无小事，各级各部门要高度重视、认真回应群众关切，进一步过细工作、复查核实，按照法定程序，公平公正为群众排忧解难。

郑新聪到惠安和台商投资区调研重大新经济增长点

市长郑新聪到惠安和台商投资区，调研中化泉州炼化、玖龙纸业项目等重大新经济增长点。郑新聪强调，当前，泉州和全省、全国一样，经济下行压力加大。确保重大新经济增长点如期实现新增目标显得特别重要。各级政府和为经济运行服务的部门要按照市委部署要求，主要领导亲自上阵，深入一线，到企业和项目现场了解实情、研判实况，与业主加强互动，共商应对举措，为企业提供实实在在的帮助，及时协调解决企业遇到的困难和问题；各部门要协同协作，通过政策“组合拳”，帮助企业突破瓶颈，加快项目进度，争取尽早投产增效。

陈海基到惠安彭城村开展“三访四解”活动

市人大常委会主任陈海基到惠安县东岭镇彭城村开展“三访四解”活动，市人大常委会秘书长吴春林参加调研。陈海基进农村入农户，以“解剖麻雀”方式蹲点调研，倾听群众诉求，征询发展良策，对群众反映的合理合法诉求，逐一提出解决办法。

石狮印染行业16件印染面料获“中国印染优秀面料”评选一二等奖

2014年度“中国印染优秀面料”评选活动在上海揭晓，石狮印染行业16件印染面料分获一、二等奖。该评选活动中，评审专家组由国内知名面料设计专家、印染技术专家和纺织面料研究专家等组成。在“2014年度中国优秀印染面料”评选中，共评出41个一等奖、46个二等奖，其中，石狮市获奖有16种，占比为18.39%。其中一等奖6件、二等奖10件，成为本届获奖最多的中国印染产业集群地。

安溪县首座智能变电站投入运行

安溪县首座智能变电站——110千伏和平变电站在安溪县龙门镇和平村投入运行。与传统的变电站不同，该智能变电站整体应用智能化概念，采用光纤代替绝大部分二次电缆，并通过智能终端，使各类数据从源头实现数字化，真正实现信息集成、网络通信、数据共享。同时，还具备支持电网实时自动控制、智能调节等高级功能。该智能变电站位于安溪县龙门镇和平村，是国家电网公司督办的迎峰度夏重点工程之一，总投资3745万元，于2012年7月开工建设，本期主变容量为2×50兆伏安，110千伏进线2回，10千伏馈线24回。随着110千伏和平变电站的投运，将完善安溪电网骨干，提高安溪电网的供电能力和供电可靠性，满足中国国际信息产业园及周边区域的供电，为该片区经济发展提供供电支撑。

德化县美湖乡“祭樟王”仪式举行

德化县美湖乡村民在樟树王公园举办一年一度的“祭樟王”仪式，庆祝美湖樟树王获福建省”樟树王“称号。村民们以果品、杜鹃花敬奉千年樟树王，并免费发放千年樟树王种子和树苗，在传承乡村民俗文化的同时，倡导文明祭祀，丰富群众生活。“祭樟王”活动始于明末清初，已有300多年历史。大樟树种植于唐代初年，距今1300多年，在“2013年福建十大树王评选”中获得“樟树王”称号。

“祭樟王”仪式　（图/徐艺星）

4月15日

星期二

农历甲午年三月十六

温度：16℃—25℃

多云

●黄少萍到市信访局接访群众。

●郑新聪到惠安和台商投资区调研重大新经济增长点。

●陈海基到惠安县东岭镇彭城村开展“三访四解”活动。

●丰泽区公安分局与辖区丰泽实验小学在丰泽派出所举行“丰泽警营微相约 结对校园话平安”暨结对互动启动仪式。

●2014年度“中国印染优秀面料”评选活动在上海揭晓，石狮印染行业16件印染面料分获一、二等奖。

●安溪县首座智能变电站——110千伏和平变电站在安溪县龙门镇和平村投入运行。

●中国茶叶大会暨第八届新昌大佛龙井茶文化活动启动仪式在浙江新昌举行。主办方发布“2014中国茶叶区域公用品牌评估结果”，显示2014年安溪铁观音品牌价值达56.16亿元。同时，根据品牌强度数据，安溪铁观音品牌当选最具传播力品牌。

●由安溪县文化体育新闻出版局主办的“李波韵茶文化艺术展”在安溪县文庙举行。

●德化县美湖乡“祭樟王”仪式举行。

4月16日

星期三
农历甲午年三月十七
温度：17℃—26℃
多云

●李家祥到泉州晋江机场调研。

●陈绍军到泉州调研重点产业科技创新平台建设情况。

●16—18日，全国工商系统广告工作会议在泉州召开。

●黄少萍为全市处级党员干部上题为《学习焦裕禄精神 树立为民价值追求》的党课。

●泉州市首次出台意见规范中心市区小学幼儿园招生。

●16—23日，2014年全国击剑冠军赛（第二站）在厦门举行，由泉州选手刘咏诗、陈冰冰和蔡苑廷组成的福建女队获女花团体冠军。

●泉州南音校园公益行启动。

●由南安市公安局、南安市篮球协会主办的2014年“为民杯”男子篮球赛在南安市体育馆开幕。

李家祥到泉州晋江机场调研

民航局局长李家祥、民航局综合司司长储呈平，在市委常委、常务副市长林伯前、民航华东管理局党委书记车进军、省安监局局长李志峰陪同下，考察泉州晋江机场国际候机大楼，并听取相关工作汇报。李家祥对泉州晋江机场良好的发展势头和盈利经营模式给予肯定，并表示将支持机场的改建和航线开辟。李家祥还指出泉州晋江机场要继续以安全工作为中心，加大航线市场工作力度，扩大运营模式，加快国际航空港建设，开通东南亚直航航线，开展国际货运业务，提高非主营业务发展水平，以实现机场又好又快的发展。

调研现场　（图/廖平和）

黄少萍为全市处级党员干部上党课

市委书记黄少萍为全市处级党员干部上题为《学习焦裕禄精神 树立为民价值追求》的党课。市委副书记、市长郑新聪主持党课。陈海基、杨俊峰、周银芳等市四套班子领导，市中级人民法院、市检察院相关负责人，各县（市、区）委，泉州开发区、泉州台商投资区党工委分管领导，市直各单位现职副处级以上党员领导干部，市委各督导组组长、常务副组长参加听讲。黄少萍指出，树立为民价值追求，就是要杜绝“拜金主义”“权力快感”的成功观，牢记实现人民群众的真正幸福是党的奋斗目标，群众路线是党的生命线和根本工作路线。要怀着强烈的政治责任感，理解党的先进性不是一成不变、一劳永逸的。更要怀着全心全意为人民服务的不变宗旨，让“为民”成为自主自觉的价值追求、矢志不移的信仰信念，以持之以恒的坚强意志，脚踏实地的真诚行动，投身到群众路线教育实践中，实现好、维护好、发展好人民群众的根本利益。做焦裕禄式的好干部，就是要学习焦裕禄的公仆情怀、求实作风、奋斗精神和道德情操。要学习先进、对照不足，坚守“为官四要”，践行“三严三实”，以“群众观念怎么样、求实作风怎么样、担当精神怎么样、勤政廉政怎么样”的“四问”，问出自责，问出整改的动力和方向，做到守得住清贫、耐得住寂寞、抵得住诱惑、经得起考验，以实际行动践行党员干部勤政为民、鞠躬尽瘁的誓言。坚持高标准推进教育实践活动，就是要讲方法、动真格、求实效。要贯彻落实省委“四下基层”“马上就办”的要求，做到征求意见让群众评判，查摆问题敢动真碰硬，整改落实取信于民，督导把关从严从实。

泉州市首次出台意见规范中心市区小学幼儿园招生

市教育局首次出台中心市区小学、幼儿园招生工作的意见，对小学、幼儿园招生时间、招生对象、招生办法等作出明确规定。2014年中心市区小学、幼儿园招生实行“五公开”，即要向社会公开招生时间、招生计划、招生服务区域范围、招生办法和招生结果。两个区招生工作实行“三统一”，即统一公布小学、幼儿园服务区域、招生程序和时间，统一小学招收进城务工人员子女入学条件，统一民办幼儿园招生资格。鲤城区、丰泽区小学、幼儿园招生工作，在市教育局统筹协调下，由两区教育局组织实施，市直小学、幼儿园的招生工作由市教育局组织实施，新校区、新园区招生范围由市教育局与相关区教育局协商确定。

泉州南音校园公益行启动

泉州市南音传承中心走进丰泽区第二实验小学，为该校师生作展示演出。此系泉州南音校园公益行的第一站。泉州市南音传承中心准备了《风打梨》《直入花园》《春光明媚》等近十个曲目。该中心还为学生们介绍南音乐器的特点和演奏技艺。中国曲艺牡丹奖获得者、泉州市南音传承中心负责人李白燕表示，走进学校宣传和展示南音旨在让更多的青少年了解、认识和喜爱南音，更好地传承南音，中心为此特意选择一些轻快和新创作的曲目进行展演。

党的群众路线教育实践活动边学边改推进会召开

党的群众路线教育实践活动边学边改推进会召开，部署落实首批整改项目。市委副书记、市委党的群众路线教育实践活动领导小组副组长周银芳指出，边学边改是此次教育实践活动的要求，各责任单位要按照省委第四督导组和市委的要求，抓好整改落实，以整改实效服务于民。要真心抓整改，从对市委、市政府负责，对人民群众负责的高度出发，认识抓好整改项目的重要性，勇于担当，确保高质量完成任务。要迅速抓整改，发扬“马上就办”精神，做到目标、措施、责任、时限“四个明确”，特事特办、争分夺秒、协同协作，确保按时整改到位。要务实抓整改，做到谋事实、措施实、效果实，解决问题，让群众满意。要开门抓整改，强化舆论监督和群众监督，确保整改落到实处。要溯源抓整改，在解决具体问题的基础上找准根源、改进作风，建立长效机制，解决全局性问题，以整改实效取信于民、凝聚力量，促进泉州科学发展、跨越发展。

泉州广告产业园区入选国家级

全国工商行政管理系统广告工作会议暨国家广告产业园区建设现场会在泉州召开，国家工商总局副局长甘霖、省政协副主席陈绍军、副市长陈荣洲参加会议。福建省海西广告产业园区等四个广告产业园区，在会上被授牌成为“国家广告产业园区”。福建省海西广告产业园区分为泉州园、福州园两个园区，泉州园即泉州市丰泽区领SHOW天地广告创意产业园。

领SHOW天地国家广告产业试点园区　（图/吴寿民）

与会代表参观领SHOW天地广告创意产业园
（图/陈礼治）

首届海峡两岸微电影影像展启动

由市委宣传部、市台办、市文联主办的“东亚文化之都·泉州”首届海峡两岸微电影影像展启动仪式在市区领SHOW天地乐天广场举行。活动旨在以微电影为载体，搭建两岸影视文化工作者沟通的桥梁和纽带，增进彼此的了解和互动，促进两岸微电影创作交流，推动两岸特别是闽台影视文化产业及影视高等教育合作发展，提高微电影创作水平，推动两地影视文化产业发展；更好地借助微电影的网络传播，共同向全世界展示和传播优秀的闽南文化、中华文化。首届海峡两岸微电影影像展为期3个月，将举行微电影作品征集、展播、评奖及研讨等多项活动。将征集两岸微电影公司和创作团队的优秀作品，借助网络等渠道进行展播，让大家了解两岸民众生活，吸引更多的两岸民众特别是影视创作爱好者参与到两岸交流合作中来，促进两岸文化交流合作和创新发展。

第五届中国鞋服电商峰会在泉州举行

第五届中国鞋服电商峰会在泉州举行。零售业巨头苏宁云商副总裁李斌、天猫保暖内衣第一品牌南极人董事长张玉祥、西裤专家九牧王董事长林聪颖、以篮球为核心的匹克CEO许志华、快递巨头顺丰速运副总裁杨海明、远东集团董事长邹庆严等企业家参加峰会。峰会上，本土知名企业家林聪颖、许志华，和广东惠州鞋业代表邹庆严三人就“新一轮品牌变革”“用户倒逼应对策略”进行对话。

峰会现场　（图/吴寿民）

4月17日

星期四
农历甲午年三月十八
温度：19℃—29℃
多云

●党的群众路线教育实践活动边学边改推进会召开。

●泉州广告产业园区入选国家级。

●省道安办第二督查组到泉州督查道路安全整治情况。

●《关于2014年泉州市区普通高中招生工作的实施意见》出台。

●“东亚文化之都·泉州”首届海峡两岸微电影影像展启动仪式在市区领SHOW天地乐天广场举行。

●第五届中国鞋服电商峰会在泉州举行。

●2014年石狮国际时装周开幕式暨“石狮杯福建省十佳服装设计师评选活动”总决赛在石狮服装城举行。

4月18日

星期五
农历甲午年三月十九
温度：20℃—30℃
晴转多云

●18—19日，第二届福建省“4·18”人才项目与资本对接会在石狮市举行。

●市委召开常委会研究惩防体系建设等工作。

●黄少萍会见回乡参观访问的泉籍侨领陈守仁。

●泉州商品博览会暨第十六届中国（晋江）国际鞋业博览会、第十七届海峡两岸纺织服装博览会开幕。

●全市交通运输行业“创文明、强管理、重服务、提水平”深化年活动启动。

●由省书法家协会刻字艺术委员会、石狮市文联主办，石狮市书法家协会、泉州市闽台文化交流中心、石狮市博物馆承办的“闽南风”书法创作与刻字研讨班在石狮市博物馆开班。

市委召开常委会研究惩防体系建设等工作

市委召开常委会，研究泉州市惩防体系建设等工作。市委书记黄少萍主持会议并讲话，市委常委出席会议，市人大常委会党组、市政协党组主要领导列席会议。会议听取《泉州市贯彻落实〈建立健全惩治和预防腐败体系2013—2017年工作规划〉的工作方案》（以下简称《工作方案》）的汇报。会议指出，《工作方案》落实中央“八项规定”及省“四下基层”“马上就办”等一系列部署要求，同时结合实际，体现泉州市县级党委权力公开透明运行试点经验、“政风行风热线”、“政风行风直通车”等特色做法。会议要求，各级各部门要认识深入推进惩防体系建设的重大意义，把贯彻落实《工作方案》与各项工作一起部署、一起落实、一起检查，提升反腐倡廉工作水平。要严格落实责任。各级党委（党组）要担负起全面领导党风廉政建设和反腐败工作的主体责任，尤其是“一把手”要履行好第一责任人的责任，敢抓敢管，敢抓善管。各级纪委要协助党委抓好各项任务分解，加强组织协调和监督检查。市直各部门各单位既要抓好各自承担的任务，又要指导本系统的惩治和预防腐败体系建设；各牵头、协办单位要推动责任落实，多措并举，合力推进，务求实效。要持之以恒抓作风和政风建设。要健全改进作风常态化制度，加强制度的刚性约束，强化对落实中央八项规定的常态化监督检查，加大惩戒问责力度。要把查找问题、改进作风贯穿第二批群众路线教育实践活动始终，致力抓整改项目落实，倒逼查找“四风”问题，加强对党员干部的教育，使纪律和作风要求真正内化为行动自觉。要坚决有力惩治腐败。保持惩治腐败的高压态势，坚决以零容忍态度惩治腐败。强化反腐败组织协调，盯住资源配置、资金分配、工程建设、政府采购、市场监管、干部选任等重点领域，做到有腐必反、有贪必肃。要科学有效预防腐败。以贯彻惩防体系新一轮规划为契机，抓好教育、制度、监督、改革等预防关键环节，推动各项工作落到实处，有效防微杜渐、惩防腐败，树立党员干部良好形象。

黄少萍会见泉籍侨领陈守仁

市委书记黄少萍会见回乡参观访问的著名实业家、泉籍侨领陈守仁，市领导周银芳、翁祖根等参加会见。黄少萍表示，陈守仁旅居海外，情系故土，为泉州发展特别是慈善文教事业作了很多贡献，深受家乡人民爱戴。泉州发展离不开海外侨亲大力支持。希望年轻一代侨亲传承祖地根脉意识，多回乡看看，增进了解和热爱，积极投资创业、助力公益，贡献力量。陈守仁表示，希望子孙代代延续乡情，增强与家乡的联系互动，并将呼吁更多海外侨亲共同参与家乡建设。

泉州商品博览会开幕

泉州商品博览会暨第十六届中国（晋江）国际鞋业博览会、第十七届海峡两岸纺织服装博览会开幕。中国轻工业联合会副会长、秘书长王世成，中国纺织工业联合会副会长杨纪朝，市长郑新聪，市委常委、组织部部长陈沈阳，副市长陈荣洲参观展馆，并与部分客商进行交流。第十六届中国（晋江）国际鞋业博览会由中国国际贸易促进委员会、中国轻工业联合会主办，泉州市政府、中国皮革协会、中国皮革和制鞋工业研究院协办，晋江市政府、晋江市制鞋工业协会承办。第十七届海峡两岸纺织服装博览会由福建省政府、中国国际贸易促进委员会、中国纺织工业联合会、中国服装协会、中国服装设计师协会、台湾纺拓会主办，泉州市政府、石狮市政府承办。

“鞋博会”开幕式 （图/李芸生）

“海博会”盛况 （图/吴寿民）

泉州市开展“五评机关”推动作风建设

从市直机关工委获悉，泉州市创新开展的“五评机关”活动，有力推进机关党的思想、组织、作风、制度和党风廉政建设。统计显示，2013年，全市市直各单位的总评得分均在80分以上，即达到满意档次，特别是服务（管理）相对人（注：服务对象）对各单位的作风效能建设最为肯定，评议平均分达95.43分。“五评机关”指的是，组织在泉基层工作的党代表、人大代表、政协委员，市四套班子领导、县（市、区）党委政府、市委工作部门，党风廉政（机关效能）监督员、绩效考评专家、服务（管理）相对人，采取不记名方式对机关服务态度、办事效率、工作质量、协同配合、廉洁自律五个方面的行为表现，进行打分评议。这一活动是泉州市在总结推广晋江千名企业家评议政府工作绩效做法基础上，于2009年初创新推出的。2013年“五评机关”活动持续更新受访名单，有效扩大参与面。全市已建成6.2万人的调查数据库，仅2013年的调查样本总量就达24190人之多。与此同时，通过注重上年度评议结果的反馈和运用，既向市政府分管领导报送各单位的评议成绩和意见建议，又对下降明显的10个单位专题督促整改，提升活动成效。

泉州市第二届海体轮滑大赛举行

19—20日，由市体育局主办，中骏世界城、华侨大学轮滑社承办的泉州市第二届海体轮滑大赛在泉州海峡体育中心举行。泉州、厦门、漳州、莆田等地的300多名轮滑运动爱好者参赛。比赛分男女甲组、乙组、丙组及幼儿组、成年组五个组别，设300米计时赛、500米计时赛、3000米计时赛等项目。近年来，青少年轮滑活动作为一项集强身健体、富有动感和美感的体育活动，受到越来越多的青少年和家长的喜爱。

第二届福建省“4·18”人才项目与资本对接会在石狮市举行

18—19日，由省委组织部等13个单位主办，泉州市委组织部等3个单位协办，石狮市委、市政府承办的第二届福建省“4·18”人才项目与资本对接会在石狮市举行。副省长陈荣凯，省委组织部副部长杨国豪，泉州市委常委、组织部部长陈沈阳参加活动。对接会上，开通人才“4·18”网上平台，并启动人才“4·18”送服务到基层活动。北京大学常务副校长、金融学家吴志攀教授作“人才、项目、资本”主题演讲。7位国内外院士、专家应邀出席，国家“千人计划”、省“百人计划”、留学回国和台、港、澳项目人才代表，海外华侨华人和台、港、澳投融资机构，上海、江苏等十省市创投协会、创投企业代表及全省各类金融机构代表近千人与会。此次大会征集269个发展潜力大、市场前景好的人才融资项目，并从中遴选出12个优秀项目现场路演。大会还举办台、港、澳金融高层次人才项目对接会和泛长三角区域创业投资高层次人才峰会等活动。

第34届全国佳邮评选活动·泉州邮展举行

19—20日，由市集邮公司、市集邮协会、汇龙·大江盛世主办的第34届全国佳邮评选活动·泉州邮展暨“大江盛世杯”少儿手绘邮票大赛举行。本次邮展所展出的所有邮票都曾获国内或国际奖项，《新中国普通邮票》《天安门》《侨批》等19部邮集均由泉州市集邮家提供。“描绘幸福 邮递真情”少儿手绘邮票大赛同时举行。参赛者围绕“文都泉州”主题，发挥想象力绘出各式各样的作品，其中35幅优秀邮票设计作品同时在邮展上展出。

“福建省青年美术家走进石狮·共绘美丽侨乡美术作品展”举行

19—30日，由省青年美术家协会、石狮市委宣传部、石狮日报社主办的“且听风吟——福建省青年美术家走进石狮·共绘美丽侨乡美术作品展”在石狮日报一品堂艺术馆举行。省青年美术家协会主席汤志义，副主席杨东平、郭武等，本次画展的部分作者、主办方代表以及社会各界人士、书画爱好者共一百余人出席开幕式。作品展展出36位来自全省各条战线的青年美术家创作的110幅作品，展现石狮风土人情，描绘闽南文化逸韵新风。

4月19日

星期六
农历甲午年三月二十
温度：21℃—28℃
多云

●泉州市开展“五评机关”推动作风建设。

●19—20日，泉州市第二届海体轮滑大赛在泉州海峡体育中心举行。

●19—20日，第34届全国佳邮评选活动·泉州邮展暨“大江盛世杯”少儿手绘邮票大赛成功举办。

●19—20日，泉州移动“咪咕和TA的朋友”2014年群星歌友会在泉州侨乡体育馆举行。

●19—30日，“且听风吟——福建省青年美术家走进石狮·共绘美丽侨乡美术作品展”在石狮日报一品堂艺术馆举行。

●《石狮篮球史话》首发式在石狮市文化馆举行。

●19—20日，南方医科大学香港校友会博士医疗队金井义诊团到晋江市金井镇举行义诊活动。

4月20日

星期日
农历甲午年三月廿一
温度：19℃—28℃
多云转阴

●全市99%乡镇建成省级以上生态乡镇。

●4月20日—5月5日，“松月清·禅——蔡宗伟、刘顺华、张文佑甲午春季小品书法展”在市青少年宫举行。

●第四届“全民饮茶日”活动在泉州举行。

●“点亮未来之星”泉州万科城与蓝天幼教集团战略合作签约仪式在市区浦西万达文华酒店举行。

全市99%乡镇建成省级以上生态乡镇

从市农办获悉，经过近2年美丽乡村建设，泉州市农村环境明显改善，已建成10个省级生态县，南安、德化、永春3个国家生态县（市）通过环保部考核验收，洛江、安溪国家生态县（区）通过环保部技术评估，建成132个省级以上生态乡镇、1659个市级以上生态村，分别占乡镇、村总数的99%和80.5%。

2013年，市财政安排5000万元专项资金，采用以奖代补等形式用于美丽乡村建设补助，重点投入美丽乡村重点示范段建设、农村卫生保洁奖补、建立涉农小额贷款风险补偿基金、扶持林下经济、成片花卉美化彩化、造福工程建设等16个领域。

以因地制宜为原则，美丽乡村建设尽量保存农村自然风貌。在此基础上，统筹城乡发展空间布局，编制和执行村庄建设规划、整治规划和近期集中建设区修建性详细规划三个梯次规划，一村一景、一村一品的韵味逐步显现。

公共卫生清洁保洁是美丽乡村的基础工程。泉州市要求各县（市、区）必须按农村人口年人均30元安排财政预算，并按农村人口的1—2%。配备保洁员。2013年，市、县两级财政安排农村环境卫生清洁保洁经费2.53亿元，全市农村已聘用保洁人员1.44万人。同时，建立市、县、乡三级农村卫生考评机制。市美丽乡村环境卫生考评覆盖中心城区外的152个乡镇（街道），每月抽评310多个村和60多段道路，并组织观察团重点巡查和督促薄弱、后进的村进行整改，开展县级财政环境卫生保洁经费落实情况专项检查，逐步形成农村长效卫生保洁机制。

在制度创新方面，农村金融和土地流转成为亮点。2013年，泉州市出台《泉州市农业贷款风险补偿专项资金管理规定》，市、县两级财政拿出2400万元设立农业贷款风险补偿资金，对缺乏抵（质）押物的一般农户、专业大户、家庭农场、农民专业合作社，实行单户贷款额度在30万—100万元的授信贷款，贷款期限1—3年。同时，各地出台农村土地配套政策，推进农村土地流转，发展农民股份制合作社，推进宅基地和其他村庄用地复垦。

“蔡宗伟刘顺华张文佑甲午春季小品书法展”举行

4月20日—5月5日，由市文联、市直机关书法家协会和市青少年宫主办的“松月清·禅——蔡宗伟、刘顺华、张文佑甲午春季小品书法展”在市青少年宫举行。展览展出三位书法家近期创作的书法小品49件，作品内容以禅诗、禅句、禅联为主，格调高雅，形式多样。作品小中见大，直抒书法家平和简静的创作心态，展示其高超的书法艺术水平。“松月清”取书法家蔡宗伟（万松庄人）、刘顺华（玩月轩）、张文佑（虚清阁）的书斋名集字而成，将打造成泉州中青年书法团体品牌，每季度举办一次主题展览，与各界朋友进行书法互动和交流，营造浓厚的文化艺术氛围。

泉州万科城与蓝天幼教集团战略合作签约仪式举行

“点亮未来之星”泉州万科城与蓝天幼教集团战略合作签约仪式在市区浦西万达文华酒店举行。万科城数百位业主及部分幼儿家长参加活动。泉州蓝天幼教集团董事长黄芳表示，蓝天幼教集团立足于孩子的发展，以中英双语教学为办学特色，以真诚的爱心和无私的奉献铸造优质的幼教品牌。此次与泉州万科城达成长期战略性的合作，必将打造出全方位的高品质生活，为推动泉州市的幼教事业多元化发展做出应有贡献。

南方医科大学香港校友会博士医疗队到晋江市金井镇义诊

19—20日，南方医科大学香港校友会博士医疗队金井义诊团一行44人，分别在金井镇文体活动中心、上清村老人会址、湖厝村委会办公楼举行义诊活动。金井镇岩峰村上清自然村的乡贤杨荣华成立香港荣华慈善基金会，此次香港博士医疗队到金井义诊正是该基金会的慈善活动之一。这支香港博士义诊队常利用假期，深入全国各地，除了为普通百姓义务看病，还帮助不少贫困山区的学子募捐助学。

刘群英到泉州开展《中华人民共和国专利法》执法检查工作

21—22日，省人大常委会副主任刘群英带领检查组到泉州，开展《中华人民共和国专利法》及《福建省专利促进和保护条例》（以下简称“专利‘一法一例’”）执法检查工作。市人大常委会副主任张建生、副市长陈灿辉陪同检查。查组走访海西电子信息产业化育成基地、文创科技股份有限公司、泉州市生产力促进中心、福建优兰发纸业有限公司和泉州市博一专利事务所，了解企业对专利“一法一例”执行工作的建议。检查组建议，专利工作相关部门应巩固提升贯彻实施专利“一法一例”的实效，加大宣传力度；依法履职，提升服务能力，加大政策和资金扶持；科学引导管理，培养一批专利人才。同时，部门间要形成合力，大力打击专利侵权等违法行为，营造专利权保护的良好社会氛围，推进泉州专利工作再上新台阶。

郑新聪调研市区部分城建项目

市长郑新聪带队调研城建项目进展。副市长李建辉、市政府秘书长吴友才等参加调研。郑新聪要求，要落实市委提出的“三大战略”，全力以赴建设生态宜居幸福城。要在尊重规划严肃性的前提下，根据情况的新变化、群众的新需求，重新审视、完善环湾区域及中心城区的规划体系；按轻重缓急列出分年度的实施项目，明确项目责任主体和投入体制，加强项目质量管理和造价控制；创新城市管理机制，有统有分、统分结合，厘清管理责任和出资责任。要集中力量实施好既定的城市建设项目，努力造福群众、提升城市品位。其中，“环湾规划建设年”活动项目要加快泉州湾跨海大桥主体工程、普贤路拓改、站前东西大道西延伸段、江滨南路改造、金屿大桥、城东至北峰快速通道等城市道路建设，抓紧实施城区雨污、供水管网和燃气管道等市政设施工程，加快推进城东、东海、江南学园和医院等公共服务设施配套；古城保护项目要在多方听取意见的基础上，抓紧做好西街片区改造保护性规划；宜居环境建设项目要加快推进“点、线、面”项目攻坚；保障房建设及石结构房改造项目要落实资金保障，加快建设进度，确保完成年度目标任务。

泉州商品博览会闭幕

泉州商品博览会暨第十六届中国（晋江）国际鞋业博览会、第十七届海峡两岸纺织服装博览会闭幕。第十六届中国（晋江）国际鞋业博览会以“共襄鞋博盛会，聚焦产城升级”为主题，设置标准展位1700个，展览范围包括鞋类制成品、鞋材及辅助材料、化工原料、鞋机、皮革机械设备、皮革制品、户外运动装备及相关科研、设计、信息刊物、图书等。美国、英国、意大利、德国、澳大利亚、韩国、印度及中国香港、台湾等70多个国家和地区的500多家企业参会。第十七届海峡两岸纺织服装博览会以“深化交流、多元合作、跨越发展、携手双赢、迈向米兰”为主旨，主展馆面积4.5万平方米、分展区面积2万平方米，首次将服装城八大交易区纳入总体主展区。本届“海博会”还开展福建省十佳设计师论坛暨星期Yi推介会、科技创新与市场对接专题活动等活动。

“鞋博会”现场　（图/李芸生）

“海博会”现场　（图/吴寿民）

媒体报道“海博会”　（图/吴寿民）

4月21日

星期一
农历甲午年三月廿二
温度：18℃—25℃
阴转多云

●21—22日，刘群英到泉州开展《中华人民共和国专利法》及《福建省专利促进和保护条例》执法检查工作。

●2014年春季晋江片区企业调研座谈会召开。

●郑新聪调研市区部分城建项目。

●泉州商品博览会暨第十六届中国（晋江）国际鞋业博览会、第十七届海峡两岸纺织服装博览会闭幕。

●全市安全生产工作会召开。

●泉州市收听收看全国推进志愿服务制度化电视电话会议，随即召开会议落实要求，部署下阶段志愿服务制度化工作。

●第七届泉州民间布袋戏邀请赛在泉州天后宫举行。

●由丰泽区委统战部、致公党区工委、慈善总会等单位主办的“春雨行动专家慈善”义诊活动在丰泽区北峰街道社区卫生服务中心举行。

4月22日

星期二
农历甲午年三月廿三
温度：18℃—25℃
多云转阵雨

●泉州市第十八届老年人健身节开幕式暨文体展示大会举行。

●22—23日，俄罗斯联邦阿迪格共和国总理库姆比洛夫到泉州访问。

●全市教育工委工作会议召开，学习贯彻中共十八届三中全会，中央和省、市有关会议精神，安排部署下阶段工作。

●《福布斯》中文版发布2014年中国慈善榜，许世辉、林秀成、许连捷、蔡金垵、丁世忠、王冬星6位泉籍企业家入选。

●4月22日—5月20日，“天工荟萃”闽台工艺美术大师作品联展永春专场在中国闽台缘博物馆举行。

●石狮市公安文化体育联合会成立。

泉州市第十八届老年人健身节开幕

泉州市第十八届老年人健身节开幕式暨文体展示大会举行。省老体协荣誉主席袁启彤、省老体协荣誉副主席邹尔均、省老体协常务副主席叶继革，中国老体协副主席盛志国、曲志东，省老体协副主席马义英出席大会。市委书记黄少萍宣布第十八届老年人健身节开幕，市长郑新聪致辞，市领导陈海基、杨俊峰、陈沈阳等参加。叶继革指出，一年一度的泉州市老年人健身节，是泉州市老年体育工作蓬勃发展的真实写照。希望泉州老体协贯彻中共十八大和三中全会精神，继续引领老年人开展丰富多彩的健身活动，为健康老龄化、积极老龄化、和谐老龄化作出新贡献。郑新聪指出，泉州市广大老年人发扬老有所为、无私奉献的精神，踊跃参加强身健体活动，积极投身社会活动，为泉州市各项事业发展做出很大贡献。市委、市政府历来高度重视老年体育事业发展，建立多元化筹资渠道，完善设施体系，抓好服务辅导，普及健身活动，推动全市老年人生活、生命质量不断提高，老年体育、文化事业蓬勃发展。

6位泉州籍企业家入选2014年中国慈善榜

《福布斯》中文版发布2014年中国慈善榜，福建省有9位企业家入选，位列全国第四。其中，许世辉、林秀成、许连捷、蔡金垵、丁世忠、王冬星6位泉籍企业家榜上有名，约占上榜闽商的2/3。在慈善榜前10名的名单中，有两位企业家来自福建，其中，福建达利食品的许世辉以1.21亿元的捐赠总额位居第九，主要捐赠项目为向福建省惠安慈善总会捐款1.21亿元，许世辉为企业家尽好社会责任树立了楷模：2008年，在中华个人慈善排行榜中，许世辉排名第10位，被民政部授予“中华慈善奖——特别贡献奖”；2009年7月，被中华慈善总会授予“中华慈善突出贡献人物奖”；2010年5月，被福建省政府授予“福建省非公有制经济人士捐赠公益事业突出贡献奖”；2010年8月，入选中央文明办主办的孝老爱亲“中国好人榜”。其他上榜的泉商还有福建三安集团的林秀成家族、恒安国际集团的许连捷、盼盼集团的蔡金垵家族、安踏的丁世忠家族和利郎（中国）的王冬星家族。而总的榜单上，有40位企业家主要从事房地产行业，与之不同的是，泉州上榜企业家从事的主营业务多为制造业，“泉州板块”也成为名副其实的“制造业板块”，涉及食品、体育用品、服装、钢铁、日化用品等行业。

“天工荟萃”闽台工艺美术大师作品联展永春专场举行

4月22日—5月20日，由市委宣传部、市城镇集体工业联合社等主办，泉州晚报社、市工艺美术协会等协办的“天工荟萃”闽台工艺美术大师作品联展永春专场在中国闽台缘博物馆举行。集中展示永春纸织画、龙水漆蓝、兴隆香道等120多件民间艺术作品。

相关链接：永春纸织画已有千年历史，是国家级非物质文化遗产。30多年来，永春纸织画传承人——永春桃源纸织画院创办人、福建省工艺美术大师周梅森，在纸织画的传统制作工艺及编织、绘画等方面大胆创新，创作出独具一格的纸织画。龙水漆蓝是省级非物质文化遗产，已有500多年历史，其质地坚实轻巧、制作考究、层间衔接紧密，端庄大方美观，是富有闽南特色的传统手工艺术品。永春蔑香历史悠久，制香工艺经近千年世代相传，2007年已取得国家地理标志产品保护认证。

石狮市公安文化体育联合会成立

石狮市公安文化体育联合会成立。联合会成立后，将主动服务公安中心工作，挖掘广大民警在维护稳定、打击犯罪、服务发展、保障民生中涌现出的感人事迹和先进典型，策划文化活动，创作一批思想性、艺术性相统一的文艺作品，展示公安工作成果。同时，培育基层文艺骨干，发掘培养基层民警中的“文艺种子”，建立起一支基层文化骨干队伍，为公安文化建设提供源头活水。此外，发挥联合会的桥梁纽带作用，加强与专业院团、专业人才的交流协作，打造一批具有地方特色、富有时代特征的公安文艺精品力作，提高石狮公安文化建设的档次和水平。

陈冬到泉州调研美丽乡村建设暨乡村旅游工作

23—24日，副省长陈冬带队到泉州调研美丽乡村建设暨乡村旅游工作，市长郑新聪、副市长李建辉参加调研或相关活动。陈冬察看永春县岵山镇、桃城镇、五里街镇和桃溪流域，德化县国宝乡、南埕镇、水口镇、城东新区等地的美丽乡村建设和乡村旅游线路。陈冬指出，泉州要发挥开放优势，引进高质量策划团队，高标准、高起点做好规划，为之后的实际操作打好基础；建设过程中，要多加考量，有所侧重，切忌面面俱到。石结构房屋改造方面，要做好项目包装，注重成片改造，向有经验的地区学习取经，与专业团队洽谈合作，避免绕大圈、走弯路。在建设发展过程中，要把生态保护放在第一位，对周边环境做最少干预，打造有活力、有特色、可持续发展的美丽乡村。

调研现场　（图/陈志明）

市委召开常委会号召向蔡立忠学习

市委召开常委会，研究关于开展向蔡立忠学习的有关事项。市委书记黄少萍主持会议，市委常委参加会议，市人大常委会党组、市政协党组主要领导列席会议。会议指出，蔡立忠是全市卫生行业爱岗敬业、无私奉献先进群体中的典型人物。其事迹感人至深，弘扬真善美，传播崇德向善的正能量。蔡立忠是民革党员，是民主党派成员中的杰出代表。在其身上，体现一名民主党派成员高尚的道德情操和强烈的社会责任感。从其事迹中，人们看到民主党派开展主题教育、加强自身建设的成果，也看到各民主党派推动经济社会发展、携手共筑“中国梦”的努力和贡献。会议强调，全市要结合正在开展的党的群众路线教育实践活动和践行社会主义核心价值观活动，号召干部职工向蔡立忠学习，学习其恪守信念、荣辱与共的“同心”精神，忠于职守、勇于拼搏的敬业精神，业务精湛、永不满足的进取精神，淡泊名利、无私忘我的奉献精神，在平凡岗位上作出不平凡贡献。会议决定，以市委、市政府名义追授蔡立忠“市劳动模范”“人民的好医生”称号。

相关链接：蔡立忠，民革党员、泉州市中医院副主任医师，从事骨科临床20多年。2010年12月，蔡立忠不顾肝病复发，参加泉州市第五批援疆医疗队，到新疆昌吉市开展为期一年半的援建工作。2014年2月18日，蔡立忠因积劳成疾去世，年仅48岁。

第二届海峡刺桐杯企业融资路演活动在泉州开发区举行

海峡股权交易中心（泉州）有限公司第四批企业挂牌仪式和第二届海峡刺桐杯企业融资路演活动在泉州开发区举行。来自德化县的嘉顺艺品、威尔陶瓷、恒忆陶瓷和安溪县的凯的股份等4家股份公司挂牌交易，来自泉州、漳州、厦门等地区的41家企业挂牌展示。第二届“海峡刺桐杯”企业融资路演同时举行。路演会由企业宣讲、机构提问、深入沟通、会后跟踪四个环节组成。为提高路演效率，海峡股权泉州交易中心预先对路演企业进行筛选和审核，保证路演企业质量；同时对企业路演进行辅导，指导企业制作融资意向书和路演推介等资料，使企业能够重复展示自身投资价值；会中通过开放式问答，使金融机构能够了解企业具体情况，提高企业融资成功率；会后通过一对一沟通，撮合企业和资本双方合作。

第十九个世界读书日纪念活动举行

由市委宣传部、市文广新局、市教育局主办的第十九个世界读书日纪念活动在泉州书城举行。该活动以“以书为伴、传承文明、逐梦东亚文化之都”为主题。主办方表示，中国历来有重视读书的好传统，文化的血脉、思想的精髓都在读书中绵延不绝，在读书中得以升华。希望市民以“世界读书日”为契机，在全社会倡导“爱读书，多读书，读好书”，开展形式多样的读书活动，使读书成为大家的内在生活方式，从读书中获得新知，在读书中享受快乐。

4月23日

星期三
农历甲午年三月廿四
温度：18℃—21℃
阴

●国家海洋局副局长王宏到泉港区检查惠屿海岛整治修复及保护项目建设情况。

●23—24日，陈冬到泉州调研美丽乡村建设暨乡村旅游工作。

●市委召开常委会号召向蔡立忠学习。

●全市机关党的工作会议召开。

●全市建筑废土沙石运输交通安全整治督查行动启动。

●海峡股权交易中心（泉州）有限公司第四批企业挂牌仪式和第二届海峡刺桐杯企业融资路演活动在泉州开发区举行。

●2014年泰国、缅甸华裔青少年“中国寻根之旅”夏令营福建南安营开营。

●第十九个世界读书日纪念活动在泉州书城举行。

●源和1916文化年启动仪式暨源和1916杯“印象文都”摄影大赛颁奖典礼在市区源和1916公共展区举行。

●全市首条定制公交线路开通。

4月24日

星期四
农历甲午年三月廿五
温度：17℃—25℃
阴转多云

●泉州市庆祝“五一”国际劳动节暨劳模创新工作室创建推进会召开。

●全市人口和计划生育工作会议召开，贯彻落实全省人口计生工作会议精神，总结和部署全市人口计生工作。

●市人大常委会第二十七次主任会议召开，讨论市人大常委会调研组关于推进县级公立医院改革工作情况的调研报告等。

●周银芳到石狮市为党员干部上题为《尽好为人民服务的天职》的党课。

●全市纪检监察工作会议召开。

●全市老干部工作会议召开，传达贯彻全国、全省老干部局长会议精神，总结2013年工作，部署2014年工作任务。

●24—28日，国土资源部矿山地质环境治理示范工程项目核查组到安溪县核查官桥龙门矿山地质环境治理示范工程项目。

●泉州市和全国、全省多地同步举行2014年侵权盗版及非法出版物集中销毁活动，全市集中销毁盗版及非法书报刊、音像制品、电子出版物10万多件。

●泉州晋江机场启用泉州市首个城市候机楼——石狮城市候机楼。

●24—25日，泉港区“人·自然与工业”主题鹭鸟摄影赛举行。

全市人口和计划生育工作会议召开

全市人口和计划生育工作会议召开，贯彻落实全省人口计生工作会议精神，总结和部署全市人口计生工作。市领导黄少萍、郑新聪、周银芳、陈沈阳、张建生、林万明、吴共湖，市计生协会会长尤垂镇参加会议。市委书记黄少萍指出，下阶段，各级各部门必须以更高的标准和要求来推进计生工作，做到“三个到位”，确保全市计生工作继续走在全省前列。一是思想认识要到位。把握中央、省里相关会议精神，认识到政策“放宽”不等于工作“放松”，确保思想不滑坡，确保执行政策不打折、不走样。二是工作措施要到位。因应全省计生考核方案改进的新形势，稳妥有序落实“单独两孩”政策，采取措施遏制出生人口性别比偏高问题，深化计生依法行政“五大工程”、“生育文明·幸福家庭”促进计划，加快完善流动人口均等化服务，健全社会养老服务体系，让更多计生家庭幸福发展。三是责任落实要到位。计生工作只能加强，不能削弱。要执行计生“一票否决”制，解决好县、乡、村三级计生队伍各项保障问题，同时加强统筹协调，敦促各级党政一把手亲自抓、负总责，各级人口计生领导小组建立健全经常性协调机制，加强相关部门的协同协作，发挥好各级计生协会作用，形成推动工作的合力。会上，向各县（市、区）、泉州开发区、台商投资区颁发计生工作责任书；下发关于解除2013年度计生单列管理、黄牌警告、预警告乡镇（街道）和确定2014年度计生单列管理、黄牌警告、预警告乡镇（街道）的决定。

会议现场　　（图/徐国伟）

周银芳为石狮市党员干部上党课

市委副书记周银芳到石狮市为党员干部上题为《尽好为人民服务的天职》的党课。周银芳通过阐述理论、引经据典、联系实际、事例论证等方式，从为人民服务是党员干部义不容辞的责任，应立足本职岗位，既要谋大事又要从小事做起，真谛是发动群众、服务群众，领导要带头、基层干部要走前列，要拧紧“总开关”、扎严作风“篱笆”，要有真本领，要见贤思齐等方面，谈了自己的认识和体会。周银芳要求，党员干部要以教育实践活动为契机，对照中央要求和焦裕禄这面镜子，细照差距，提高素质，尽好为人民服务的天职；要爱岗敬业，争创一流，把服务落到实处；要在为群众谋长远之利的同时，确保为人民服务体现在百姓最需、最盼、最急、最想的事上；要通过各种方式把群众的积极性和聪明才智调动起来，最大效益地为人民服务；要发挥各级领导干部的表率作用，引领党员干部为人民服务；要坚定信念，树好“三观”，答好“三题”，力戒“四风”，践行“三严三实”；要加强学习，勇于实践，善于总结，创造性地推动工作；要向革命领袖、先烈先辈、英模人物和身边典型学习，用毕生精力维系为人民服务这一党魂，谱写为人民服务的新篇章。

泉州市首个城市候机楼启用

泉州晋江机场启用泉州市首个城市候机楼——石狮城市候机楼，该候机楼负责接送石狮乘客到机场搭机，并提前办理相关手续。候机楼设置在石狮市爱乐酒店，石狮旅客如果是泉州晋江机场始发，可在此提前办理登机牌、行李托运等，还可得到免费搭乘机场班车、使用机场贵宾专用通道等服务。每天有7趟免费班车往返晋江和石狮，负责接收旅客。泉州晋江机场还将在南安、泉港、惠安等地设立城市候机楼。

泉港区鹭鸟摄影赛启动

24—25日，泉港区“人·自然与工业”主题鹭鸟摄影赛举行，40多名新闻媒体记者和风光艺术摄影家到企业和渔排等地进行摄影创作。摄影赛用图片展示鹭鸟与泉港当地渔民和谐共处，与周边现代石化工业相映成趣，泉州工业、生态和谐发展的生动写照。

全市精神文明建设工作会议召开

全市精神文明建设工作会议召开，部署2014年精神文明建设工作，推进文明城市创建活动。市领导黄少萍、郑新聪、陈庆宗、张建生、周真平、李冀平参加会议，省委宣传部副部长、省文明办主任石建平到会指导。市委书记黄少萍强调，全市要以创建全国文明城市为抓手，致力提升精神文明创建水平。要抓好创城迎检工作，倒排时序、倒逼进度，紧盯问题、补齐短板，市县联动、整体推进，全面展现创建成效，打造环泉州湾文明城市群。要抓好讲诚信、文明旅游、文明餐桌等重点领域专项治理，褒扬真善美、鞭挞假恶丑，引导人们讲道德、守底线；加大对突出问题的整治力度，强化对窗口行业单位的服务规范，促进全社会讲文明、树新风。要抓好群众性创建活动，注重润物细无声，通过表彰先进、开展基层文明创建、推动学雷锋志愿服务制度化等，让人们在实践中更好地感受、领悟社会主义核心价值观。市委常委、宣传部部长、教育工委书记陈庆宗宣读2011—2013年度泉州市精神文明建设各类先进名单。

会上表彰精神文明建设各类先进　　（图/徐国伟）

盖军衔先进事迹巡回报告会在泉州举行

盖军衔先进事迹巡回报告会在泉州影剧院举行。报告会前，市四套班子领导周银芳、陈庆宗、吕竞、周真平、李冀平等会见报告团成员。市委常委、宣传部部长、教育工委书记陈庆宗主持报告会。市四套班子领导，劳动模范和职工代表，市直机关和鲤城区、丰泽区机关干部，驻泉部队官兵和高校师生代表共1000多人参加报告会。报告会上，报告团成员从不同侧面和角度，以自身的感受、朴实的语言，讲述盖军衔生前学习、生活、工作等方面的感人事迹和崇高精神。报告会后，泉州市还召开各界代表参加的学习盖军衔先进事迹座谈会。

相关链接：盖军衔系厦门厦工机械公司高级技师，三次担任国家南极科考队机械师。日前，省委作出向盖军衔学习的决定，组织盖军衔先进事迹报告团到全省各地作巡回报告，报告团由盖军衔亲属、工友、徒弟和南极科考队员、媒体记者等组成。

报告会现场　　（图/谢晓艺）

市中级人民法院选聘专家陪审员

"世界知识产权日"，泉州市知识产权司法保护十周年新闻发布会暨专家陪审员聘任仪式举行，市中级人民法院聘请中国工艺美术大师卢思立在内的13名专家为知识产权案件陪审员。2004年以来，全市法院受理各类知识产权案件4036件。在案件类型上，传统的著作权、专利、商标、不正当竞争和技术合同案件继续快速增长，计算机软件著作权、侵害商业秘密等领域的案件也日益增多，涉及的技术问题日趋复杂和广泛。为依法公正高效地审理知识产权案件，根据近几年著作权、商标、专利案件分布的比重，市中级人民法院向市文广新局、工商局、知识产权局、华侨大学及相关行业协会、高新企业征询专家，形成临时专家库，并综合专家们的从业经历、专业经历、科研成果和个人意愿等因素，从中选聘13名专家陪审员。专家陪审员参加合议庭审判案件，对事实认定、法律适用独立行使表决权；享有如查阅案卷材料，参加案件的调查、调解、庭审、评议和判决等各项审判活动的权利。市中级人民法院还将安排专家陪审员进行配套培训，同时通过组织法官实地学习、召开专题技术研讨会等形式，加强与专家及其所在单位和有关知识产权技术部门的沟通、交流与合作，最大限度发挥专家陪审制度的作用，帮助法院提高知识产权司法保护水平，保障权利人的合法权益。

4月25日

星期五
农历甲午年三月廿六
温度：18℃—26℃
多云

●全市精神文明建设工作会议召开，部署2014年精神文明建设工作。

●华大讲堂第42讲举行。

●盖军衔先进事迹巡回报告会在泉州举行。

●2014年春节文化产业签约项目暨上市后备文化企业推进会召开。

●泉州市知识产权司法保护十周年新闻发布会暨专家陪审员聘任仪式举行。

●福建首座30万吨级海上码头——泉州（惠安）青兰山海上码头投入使用。

●25—27日，由中国篮球协会、省体育局主办，南安市政府承办的"体彩杯"2014年国际青年女篮四国挑战赛在南安市体育馆举行。

●市硬笔书法家协会第一次会员代表大会暨成立庆典仪式举行。

●由丰泽区委宣传部、区委文明办、区教育局、团区委、区关工委主办的"青春·责任·梦想"暨"迈入青春门·走好成人路"十八岁成人宣誓仪式在泉州第九中学举行。

4月26日

星期六
农历甲午年三月廿七
温度：20℃—27℃
阵雨

●泉州首届“东亚文化之都”辩论邀请赛暨广电职工岗位技能大赛启动仪式在泉州电视台举行。

●“欢乐泉州·走进金井”——泉州市宣传社会主义核心价值观文艺演出活动在晋江市金井镇围头村举行。

●26—28日，“东亚文化之都·泉州——航拍西街图片展”在市区威远楼举行。

●由泉州晚报社和泉州东南医院主办的免费体检、健康咨询公益活动在泉州晚报社大厦举行。

●南安市大学生电子商务创业孵化基地落户闽南科技学院。

●“缤纷乐跑 与爱同行”暨“五四青年节·95周年”纪念环城公益彩跑在永春县举行。

泉州首届“东亚文化之都”辩论邀请赛启动

由市委宣传部、市委教育工委等单位主办的泉州首届“东亚文化之都”辩论邀请赛暨广电职工岗位技能大赛启动仪式在泉州电视台举行。启动仪式上举行“东亚文化之都”主持人辩论邀请赛，由泉州广播电视台队对阵华侨大学队。针对“东亚文化之都”建设以政府投入为主，还是以民间力量为主，双方展开辩论。双方的观点也为“东亚文化之都”的建设提供借鉴。在此后半年内，将围绕“建设面向世界影响东亚的多元文化都市”这一主题，邀请机关企事业单位、在泉20所高等院校参与系列辩论赛。

“东亚文化之都·泉州——航拍西街图片展”举行

26—28日，由泉州网、鲤城区委宣传部、鲤中街道办事处、鲤城区文体新局主办的“东亚文化之都·泉州——航拍西街图片展”在市区威远楼举行。图片展展出20多张高清航拍图，都是在航拍西街网络专题上获赞最多的图片。开展第一天，即迎来60多位特别观众，他们是东南早报小记者团的小记者们。通过观展，小记者们直观地感受到家乡之美。

图片展现场　　（图/吴寿民）

泉州晚报社和东南医院举办免费体检健康咨询活动

由泉州晚报社和泉州东南医院主办的免费体检、健康咨询公益活动在泉州晚报社大厦举行。东南医院医护人员在泉州晚报社大堂搭建起“临时体检站”，现场设立血压测量台，内科检查室，男、女外科检查室和心电图检查室等，其余项目则在搭载着移动数字化体检中心的体检车上进行。活动吸引近400名市民参与。根据大家对健康体检的普遍需求，此次免费公益体检主要选择血压测量、B超、数字胸片、心电图以及内科、外科、妇科检查等项目。同时，医院内科、外科、妇科、泌尿科等专科的专家也到现场，免费接受市民的问诊和咨询。几天后，医院为每位参加体检的市民出具完整的体检报告。参加体检的有不少中老年人，医院专家提醒，中老年人常态化的定期体检非常重要，同时也要注重饮食生活习惯，加强身体锻炼。

南安市大学生电子商务创业孵化基地落户闽南科技学院

南安市大学生电子商务创业孵化基地建设启动仪式在闽南科技学院举行。该基地由闽南科技学院和南安市中小企业自发组成，受南安市委组织部、南安市经贸局、南安市公务员局领导。基地将通过举办企业家电子商务培训、大学生电子商务创业培训、大学生电子商务创业大赛等一系列活动，为更多有创业意愿的学生提供创业培训、创业咨询、创业支持及创业指导等服务，为他们提供更加广阔的发展空间和更多的机遇。

“缤纷乐跑 与爱同行”环城公益彩跑在永春县举行

由共青团永春县委主办，永春县少年体校、公安局团支部、地税局团支部、住建系统团工委、财政局团支部等协办的“缤纷乐跑 与爱同行”暨“五四青年节·95周年”纪念环城公益彩跑在永春县举行。活动旨在纪念“五四”运动95周年，继承五四精神，弘扬社会主义核心价值观，倡导文明出行、绿色出行，鼓励社会各界人士尤其是青年朋友们热心公益、投身慈善，共同营造“和谐、和美”县城，为“建设美丽永春”奉献青春能量。活动吸引上千名长跑爱好者、爱心人士参与。此次公益彩跑募集而得的全部善款，在活动结束后，悉数捐赠给永春特殊教育学校。

厦门大学管理学院EDP泉州中心落户晋江

厦门大学管理学院EDP泉州中心暨厦门大学管理人才教育培训（泉州）基地在晋江市成立，省工商联主席王光远等出席成立大会。成立大会现场还开设名家论坛，经济学博士、曾任台湾大学教授、美国康乃尔大学博士后研究专家邱毅主讲《国际金融趋势与中国经济》；厦门大学管理学院副院长，兼任清华、北大等10多所高校EMBA学位班主讲的戴亦一教授主讲《中国未来十年经济走势》。

相关链接：厦门大学管理学院EDP中心于2006年成立，已开设115个总裁班，拥有480多个集团客户、500多门课程、7000余名总裁学员，被誉为“综合管理培训领域的南方之强，财务与金融培训领域的‘中国沃顿’”。晋江正处在改革创新、转型升级的关键时期，着力打造“人才强市”，需要培养大量符合发展需要的具有前瞻精神、商业智慧、全球视野的复合型人才。作为晋江引进的首个985工程高校培训机构——厦门大学管理学院EDP泉州中心的成立，将满足晋江地区高层管理者日益增长的对知识与交流的渴求，为非公企业人才培养提供更多智力和人才支持。

千人畅游晋江活动举行

由市冬泳协会主办的千人畅游晋江活动举行，庆祝市冬泳协会成立10周年。活动邀请福州、厦门、漳州及泉州市各县（市、区）1100多名游泳爱好者参加。游泳爱好者分成十几支队伍，在发令员指挥下，一个接一个从岸边慢慢地跳入市区笋江桥下的江水中，有的蛙泳、有的自由泳，泳姿各异。

相关链接：市冬泳协会成立至今，从原来的一百多人，发展到现在拥有八个分会，一千二百多位会员。市冬泳协会与110联动办一起，挂牌成立泉州市110联动水上救生队。2013年夏季，市冬泳协会13名水上志愿者救援队队员，就从晋江激流中救起12条人命。

鲤城区首届全民健身暨职工运动会开幕

鲤城区首届全民健身暨职工运动会在泉州第十五中学开幕。在此后4个月内，举行拔河、趣味接力、乒乓球、篮球、定点投篮、自行车慢骑、五人绑腿、集体跳绳、游泳、羽毛球、五人制足球、网球、台球、中国象棋、传统武术、太极拳比赛16个项目的比赛。运动会旨在让更多的市民感受到“我运动、我健康”的运动健康理念，通过体育健身带来健康的身体和快乐的生活。

晋江市“争当文明啄木鸟，城市美容我先行”志愿服务活动举行

晋江市行政执法局青年志愿者服务队成立授旗仪式暨“争当文明啄木鸟，城市美容我先行”志愿服务活动在晋江大剧院广场举行。授旗仪式上，晋江市行政执法局青年志愿者服务队队长表示，将发挥志愿者队伍中团干部的先锋模范作用，增强服务社会和人民群众的本领，保持志愿服务活动的长期性和实效性，为晋江创建全国文明城市贡献力量。当日，“城市啄木鸟”志愿者与晋江市行政执法局执法人员一起走上街头，对占道设置水槽和水龙头行为进行清理，对占用停车位的障碍物、指示牌进行清理；对沿街店铺占道经营、乱贴乱画小广告、乱摆乱放广告牌、小商小贩乱摆乱卖和马路市场等进行劝导整治；对城市背街小巷的乱涂乱画和卫生死角的垃圾乱排乱倒等问题进行集中清理；边巡查边分发宣传单，宣传城管法规和争创文明城市工作。

首届安溪铁观音大学生茶叶初制大赛举行

27—28日，首届安溪铁观音大学生茶叶初制大赛在安溪县桃舟乡举行。桃舟乡党委、政府遴选该乡各村包括吾之茗、桃香、全香、桃茗、金圣香等茶叶专业合作社，以及桃源有机茶场、八马茶庄园在内的20名制茶骨干能手，与安溪茶学院挑选出的20名优秀大学生，优化组合，结对互动，完成晒青、摇青、杀青、揉捻、烘焙等安溪铁观音制作程序，完成比赛。茶样出炉后，由安溪县农业与茶果局和安溪茶学院专家审评得出比赛结果。获奖茶农由安溪茶学院聘任为“福建农林大学安溪茶学院校外实践指导教师”。业内人士介绍，学生与制茶师结对参与比赛，在比赛过程中，学生的理论知识可以帮助茶师更系统、科学地认识茶叶，而茶师的经验则可以帮助学生将理论知识导入实际应用中。

4月27日

星期日
农历甲午年三月廿八
温度：20℃—28℃
阵雨

●厦门大学管理学院EDP泉州中心暨厦门大学管理人才教育培训（泉州）基地在晋江市成立。

●由市冬泳协会主办的千人畅游晋江活动举行。

●鲤城区首届全民健身暨职工运动会在泉州第十五中学开幕。

●晋江市行政执法局青年志愿者服务队成立授旗仪式暨“争当文明啄木鸟，城市美容我先行”志愿服务活动在晋江大剧院广场举行。

●27—28日，首届安溪铁观音大学生茶叶初制大赛在安溪县桃舟乡举行。

4月28日

星期一
农历甲午年三月廿九
温度：20℃—26℃
多云

●全省美丽乡村建设暨乡村旅游工作现场会在永春县召开。

●28—29日，全国政协外事委员会调研组到泉州调研“推进21世纪海上丝绸之路建设”情况。

●省海洋环保责任目标考核组到泉州开展2013年度海洋环保责任目标完成情况考核。

●由市委宣传部、市教育局与品牌传媒机构摄制的儿童科幻电影《魔幻魅力》首映式在泉州举行。

●由市旅游局、市农业局、泉州晚报社主办的首届“游客最喜爱的泉州休闲乡村”评选活动启动。

●泉州医学高等专科学校通过“国家示范性高等职业院校建设计划”骨干高职院校建设项目省级验收。

●第二届海峡两岸汉服文化节在泉州举行。

●泉港区“中国梦·文都情”书画联展举行。

●石狮公安微博获“亲民服务”奖。

全省美丽乡村建设现场会在永春县召开

全省美丽乡村建设暨乡村旅游工作现场会在永春县召开。副省长陈冬，市长郑新聪，副市长李建辉、林万明等参加会议。陈冬指出，永春在建设美丽乡村过程中，领导重视、群众参与、思路对头，具有鲜明特色，走出一条符合当地实际，“不大拆大建、不套用城市规划、不拘一格”的发展道路，很值得学习借鉴。郑新聪表示，建设美丽乡村，发展乡村旅游，是实现“生态美”与“百姓富”有机结合的最有效抓手。市委、市政府历来高度重视，2012年在全省率先启动美丽乡村建设，结合推进乡村旅游发展，取得明显成效。泉州将按省里统一部署，贯彻现场会精神，学习借鉴兄弟市县先进经验，迅速行动落实，为打造美丽福建多做贡献。将深化改革，重点推进农村产权制度、经营制度、土地制度、社会治理等改革，为美丽乡村建设注入强大活力；系统推进，统筹抓好新型城镇化、宜居环境建设、石结构房屋改造、“两违”整治等重点工作，同时通过发展乡村旅游，加快推进乡村建设，促进农民增收；合力共为，坚持上下联手、左右协同，强化政策引导，调动社会力量，推动农村面貌改善，让农民共享现代化成果。

会议现场　（图/李芸生）

全国政协调研组到泉州调研“推进21世纪海上丝绸之路建设”情况

28—29日，全国政协外事委员会调研组到泉州调研“推进21世纪海上丝绸之路建设”情况。全国政协外事委员会委员、中央对外联络部副部长、当代世界研究中心主任于洪君，全国政协外事委员会委员朱永芃、杨学义、周幼马、钱利华、徐振寰出席座谈会。市长郑新聪在会上介绍泉州推进21世纪海上丝绸之路建设工作情况。副市长陈荣洲、市政协副主席苏小青等参加。于洪君指出，推进“丝绸之路经济带”和“海上丝绸之路”建设是中央作出的重大战略决策，写入《中共中央关于全面深化改革若干重大问题的决定》，被称为推进中国新一轮对外开放的重要举措。两条丝绸之路，一条沿陆，一条向海，两者联系紧密、相辅相成。推进“海上丝绸之路”建设战略决策提出后，沿海相关省市抢抓历史机遇，从各自实际情况出发，提出一系列新思路、新举措。泉州作为古代海上丝绸之路最重要的起点城市之一，拥有良好的历史基础和区位优势，提出建设21世纪海上丝绸之路先行区的工作思路，动作快、站位高、布局远，发展前景广阔。全国政协外事委员会将研究分析在泉州的调研成果，形成调研报告，为中央决策提供参考。在泉州期间，全国政协外事委员会调研组还到部分古代海上丝绸之路史迹参观考察。

儿童科幻电影《魔幻魅力》首映式在泉州举行

由市委宣传部、市教育局与品牌传媒机构摄制的儿童科幻电影《魔幻魅力》首映式在泉州举行。该电影根据刘斌小说《机器人班长》改编而成，所有外景均在泉州拍摄。影片获教育部、国家新闻出版广电总局向全国中小学生推荐的优秀影片称号。该电影通过对三种不同类型机器人班长的形象刻画，反映当代人对孩子教育方式的不同思考，呼吁社会与孩子们进行平视对话，给他们快乐成长的空间。

石狮公安微博获“亲民服务”奖

在中国人民公安大学警务改革与发展研究中心和人民公安报社中国警察网主办的警务微博、警务微信发展战略北京论坛上，石狮公安微博获“亲民服务”奖。该评选活动是中国首次由专业公安媒体和学术科研机构联合对全国警务微博、微信进行评选表彰。由人民公安报社中国警察网、中国人民公安大学、北京大学、中国政法大学等单位专家学者组成的活动评委会，立足公安工作实际，对入围单位进行定性分析，评选出42家优秀警务微博、微信单位和73篇优秀论文。石狮公安微博是唯一获“亲民服务奖”的县级公安机关官方微博。

市十五届人大常委会第十六次会议召开

市十五届人大常委会第十六次会议召开。会议审议通过，决定任命卢炳椿为泉州市政府副市长、市公安局局长，决定任命李志生为泉州市食品药品监督管理局局长。会议审议通过泉州市中级人民法院、泉州市检察院的有关人事任免事项。会议还听取和审议市人大常委会检查组关于禁毒法执行情况的检查报告，听取和审议市人大常委会代表资格审查委员会关于个别代表的代表资格的审查报告。市政府还书面报告关于推进县级公立医院改革工作情况。

泉州市破解“办证难”工作督查汇报会召开

泉州市破解“办证难”工作督查汇报会召开。2013年，泉州市提出解决“办证难”问题，在各有关单位努力下，取得一定进展。但是，开展党的群众路线教育实践活动以来，该问题依然是干部群众集中反映要求解决的问题。从市效能办前阶段调研的情况看，社保卡“办证难”问题较为突出。其他种类证照办理也存在个别证照项目积压量大、一些历史遗留问题解决速度缓慢、个别部门履职不到位及个别机关工作人员责任心不强等问题。会议要求，要重视“办证难”问题，把破解“办证难”作为党的群众路线教育实践活动的一项重要举措，主要领导亲自抓、负总责，认真解决，真心解决。办证要依法依规，方便群众，高效快捷，认真负责，部门合作。全市各有办证权的部门要全面梳理，自我检查评估，找出“办证难”的原因，认真进行整改。要响应群众呼声和社会关切，按照党的群众路线教育实践活动边学边改，建立解决问题的长效机制，规范办理，再造流程，从根本上解决“办证难”问题。同时要加强检查督办，要把破解“办证难”纳入年度绩效考核的内容。

泉州市职工庆五一登山比赛举行

由市总工会主办，清源山管委会、泉州邮政公司工会承办的“中国梦·健康美·工会情”泉州市职工庆五一登山比赛在市区清源山举行。市直属35家企业近300名职工参赛。是日上午9时，在清源山风景区大山门处，随着发令枪响起，100多名男职工齐奔而出，沿着蜿蜒曲折的山路，向终点天湖景区迈开步伐。随后，由100多名女职工组成的女子组也相继出发。比赛路线是，由大山门出发，约一千米跑步路程，经清源山小山门入口、崇秀坞、瀑布、高士峰至天湖。经过角逐，中国银行泉州分行钟云冬获男子组冠军，千亿山庄别墅物业管理处李石毅获女子组冠军。

首届鲤城青年文化节开幕

“文化之都·青春鲤城”首届鲤城青年文化节在市区T淘园横店电影城开幕。文化节为期2个月，分文化篇与和谐篇两大系列活动。文化篇包括“梦想全攻略”微电影（DV）大奖赛、“千年鲤城100问”青少年文化知识竞赛、“文化鲤城·激辩青春”辩论赛、鲤城青年卡通形象标识征集评选、“我为文都献一计”微话题互动等；和谐篇包括“青春同行”进基层送温暖、困难青少年“5+1”帮扶行动、“文都人人献爱心，文都处处有真情”为少数民族青少年捐赠衣物活动、“活力青春·文化之都·健康同行”区直机关青年登山比赛、2014年“轻松备考·与你同行”阳光行动等。

晋江市率先成立见义勇为工作站

晋江市在全省县级市中率先成立首批见义勇为工作站，其中安海、陈埭等八个派出所作为先期试点运作单位挂牌授旗。工作站的主要职责是主动发现和收集掌握见义勇为事迹，及时向市见义勇为工作协会报告并进行初步核查；配合有关部门做好见义勇为人员的表彰奖励和宣传工作；同时协助掌握辖区内见义勇为人员日常生活状态，配合市见义勇为工作协会做好走访慰问工作。率先成立的八个工作站站长均由各派出所教导员担任，各个工作站均达到“五个一”标准，即一块标牌，一间办公室，一名工作人员，一台电脑，一套工作制度台账。

4月29日

星期二
农历甲午年四月初一
温度：19℃—24℃
多云转阴

●市十五届人大常委会第十六次会议召开，审议通过相关人事任免事项等。

●全市统战工作任务交办会召开。

●泉州市破解“办证难”工作督查汇报会召开。

●新华社“走基层 听民生”栏目刊发通稿《每天营业20小时的农资超市》，对晋江供销社创新服务“三农”的举措和成效进行报道。

●由市总工会和市卫生局主办的庆祝五一国际劳动节慰问文艺晚会“中国梦·劳动美”在泉州市第一医院城东院区举行。

●“中国梦·健康美·工会情”泉州市职工庆五一登山比赛在市区清源山举行。

●“文化之都·青春鲤城”首届鲤城青年文化节在市区T淘园横店电影城开幕。

●庆“五一”“五四”徒步越野比赛在洛江区河市镇举行。

●晋江市在全省县级市中率先成立首批见义勇为工作站。

4月30日

星期三
农历甲午年四月初二
温度：19℃—22℃
阴转小雨

●郑新聪到部分重点项目现场办公。

●市双拥工作领导小组第二十三次全体（扩大）会议召开，总结2013年双拥工作情况，部署2014年双拥工作任务。

●周银芳、林万明到惠安县东桥镇调研为民办实事项目。

●卢炳椿检查市区路面联勤工作，看望慰问一线巡逻队员。

●泉州师范学院被中国扶贫基金会授予2013年“善行100优秀组织单位”称号。

●4月30日—5月4日，第15届泉州国际汽车展览会在晋江SM国际展览城举行。

●4月30日—5月1日，由市羽毛球协会主办的庆“五一”羽毛球男女混合团体赛在市体育中心举行。

郑新聪到部分重点项目现场办公

市长郑新聪带队到泉港区、石狮市、晋江市和泉州台商投资区的8个重点项目现场办公，协调解决项目建设中存在的问题。郑新聪到泉港南山片区环氧乙烷（EO）和乙二醇（EG）等项目建设工地和晋江龙峰纺织等企业生产车间，与项目业主、企业家沟通，询问重点项目建设进展和存在的困难问题。郑新聪指出，地方发展靠项目、产业升级靠项目、企业转型靠项目、民生改善靠项目。各级各部门要落实市委部署，把抓项目作为解决当前发展问题、增强长远发展能力的重中之重，用打好“五大战役”的机制、力量和精力，再掀抓项目、促发展的热潮。郑新聪要求，各级政府相关责任领导要把项目建设进展时刻放在心上，把项目协调服务及时摆上主要议程，创新服务机制，提升政务服务的质量和效率。各地要营造创先争优、以“会抓项目、肯抓项目、抓成项目”论英雄的氛围，从项目策划开始，调集精兵强将、落实相关责任，紧扣各个重点环节，加大项目推动力度、扎实项目推进措施、提升项目建设成效。市县两级政府和有关部门要强化对重点项目的指导、协调和服务工作，主动快速办理相关行政服务事项，帮助项目做好各项前期工作，督促业主在确保质量安全的前提下加快进度，指导业主上下延伸、左右拓展策划生成新的项目。各级政府主要领导要带头定期深入重点项目建设现场开展现场办公，市重点办要继续实行“每月一通报”制度，及时通报各县（市、区）、各部门重点项目建设进展。

周银芳林万明到惠安县东桥镇调研为民办实事项目

市委副书记周银芳、副市长林万明带队到惠安县东桥镇调研，察看镇老年人活动中心、卫生院病房大楼和农村排洪排污清淤修复、便民连心桥等为民办实事项目，了解有关情况并协调解决相关问题。周银芳要求，要把保障和改善农村民生摆上重要议事日程，坚决兑现承诺，完善公共服务配套设施，为村民带来更多实惠。要加强基层组织建设，关心爱护农村基层干部，培养一支作风过硬、善于做群众工作的农村后备干部队伍。要扎实开展第二批党的群众路线教育实践活动，学习借鉴“三访四解”试点单位的做法，走村入户访民情、解民忧，贯通服务群众的“最后一公里”。要把握好速度与质量的关系，推动科学发展、跨越发展，带动村庄发展、村民致富，为群众创造更加美好幸福的生活。

泉州师院被授予“善行100优秀组织单位”称号

中国扶贫基金会爱心包裹项目2014全国启动仪式在北京举行。会上，泉州师范学院被中国扶贫基金会授予2013年“善行100优秀组织单位”称号，泉州师院爱心包裹项目指导教师傅志雄被授予2013年“善行100优秀指导老师”称号，泉州师院多个志愿者团队被授予“优秀团队”称号。

相关链接：爱心包裹项目以“一对一捐赠的高透明度模式、100元的低门槛捐赠标准、到身边的邮局或网络即可捐赠的便捷方式”等特点传播人人可公益理念。福建省有泉州师院、厦门大学和福州大学三所高校参与该活动。泉州师院参加该活动三年来已为该活动募捐38万多元，其中2013年募捐近20万元，在福建省参与的三所高校中位列第一，是福建省唯一获该项目优秀组织单位称号的高校。

泉州师院被授予“善行100优秀组织单位”称号
（图/李芸生）

第15届泉州国际汽车展览会在晋江市举行

4月30日—5月4日，由晋江市政府、泉州晚报社、泉州汽车同业协会主办的第15届泉州国际汽车展览会在晋江SM国际展览城举行。车展以“低碳、新能源、引领未来”为主题，来自多个国家和地区的约400辆豪车、新车参展，几乎包括主流品牌的所有车型。车展掀起5月购车潮，不仅多款豪车被抢购一空，经济型的家用车更赢得顾客的喜爱，纷纷签下订单。

邵坦中写意花鸟画展举办

由福建省美术家协会、泉州市文联、泉州市收藏家协会等主办的“缘起水墨•中和万物——邵坦中写意花鸟画展”在市区桑莲居艺术馆举办，免费对市民开放。此次展览共展出作品50余幅，系邵坦中近年所作。尽管年过古稀，然其创作从未停止。邵坦中的大写意花鸟画表现内容广泛，形式多样，气息清新，深具笔墨意味的审美图式延展了传统的内涵。

相关链接：邵坦中1940年生于浙江杭州。现为西泠书画院特聘画师、中国美院成教学院客座教授、浙江省博物馆西湖画院画师，2010年度中国十大文化人物。其画作汲取了徐渭、八大山人、虚谷、齐白石诸家精髓，又有自己独特的艺术面貌，作品曾被美国、韩国等国家博物馆所收藏。

全市逾4200艘渔船逐步进入休渔期

从市海洋与渔业局获悉，为确保海洋伏季休渔制度的顺利实施，保护海洋渔业资源，2014年全市逾4200艘渔船分批分时间段参与休渔。其中，428艘灯光围（敷）网作业渔船从是日起首先进入休渔期。按照要求，所有休渔渔船必须在休渔开始之前停泊在所在地的港口、码头或澳口，伏季休渔期间除避台风需要离港或异地停泊的，一律不得擅自离港或转移停泊地点。凡携带休渔作业渔具进入休渔海域的渔船（包括渔业辅助船、信息船、持专项捕捞许可证船），一律视为违反休渔规定，并予以处罚。除维持日常生活需要外，休渔渔船在伏休期间不得擅自加水、加冰、加油。任何单位和个人不得收购、运输、销售违反休渔规定捕捞的渔获物。休渔期间，泉州市沿海各渔业执法机构将落实水上巡查制度，加强对本辖区海域的巡逻检查，严厉打击非法捕捞行为。

在惠安崇武大岞渔港，勤劳的惠安女忙着修补渔网
（图/陈　燕）

第十三届“五月风”大型公益活动闭幕

由市总工会、东南早报、全芳（福建）食品有限公司主办的劳动者大型自荐晚会在市区工人文化宫举行。第十三届“五月风”大型公益活动同日闭幕。活动内容包括慰问劳模、一线劳动者和民警，组织趣味家庭体育比赛、职工游园等。图为晚会现场。（图/李芸生）

晋江市发布专题片《晋江供销社现象》

日前，新华社发表评论《把表调成“农民时间”才是真正接地气》，肯定晋江供销社现象。由晋江市委宣传部、晋江市广电局等联合策划、摄制的专题片《晋江供销社现象》已发布。4月29日凌晨2点，新华社记者也来到农资超市，感受农资超市夜间服务农民的热闹场面，并在报道时配发评论《把表调成“农民时间”才是真正接地气》。在评论中，新华社记者从人员排班、售卖方式、进货渠道上对农资超市经营模式给予肯定，并指出：“农资超市虽小，却是服务‘三农’的具体体现，而如何将‘服务三农’落到实处，需要农村基层在为农服务上更深入一点、细致一点、具体一点，一句话，更到位、更周到一点，想农民所想，急农民所急，真正把表调成‘农民时间’。”专题片《晋江供销社现象》长22分钟，通过还原英林供销社44年照顾非亲非故的智障老人李池池、青阳供销社51年照顾智障孤儿李抚西的事迹，以及其他老供销人的爱心善举，讲述晋江供销社现象。片子中的李池池、李抚西老人依然像孩子般向他们的亲人撒娇，晋江供销人也一如既往地尽量满足两位老人的所有需求。

5月1日

星期四
农历甲午年四月初三
温度：17℃—24℃
中雨转阵雨

●“五一”小长假第一天，全市各景区游客合计8.1万人次，比上年增加11%；景区门票收入93.19万元，比上年增加35%。

●邵坦中写意花鸟画展在市区桑莲居艺术馆举办。

●全市逾4200艘渔船逐步进入休渔期。

●第十三届“五月风”大型公益活动闭幕。

●2014年南安市第二届校园足球活动定点学校（小学组）足球比赛在南安市体育中心开赛。

●日前，新华社发表评论《把表调成“农民时间”才是真正接地气》，肯定晋江供销社现象。由晋江市委宣传部、晋江市广电局等联合策划、摄制的专题片《晋江供销社现象》已发布。

5月2日

星期五
农历甲午年四月初四
温度：18℃—27℃
多云

●市计生部门透露，实施福建省“单独二孩”政策一个月来，泉州市审批下发“单独二孩”再生育服务证超200本。

●2014年以来，丰泽区工商局新登记各类内资企业1078家，同比增长109.98%，注册资本总额277460.62万元，同比增长66.05%，增幅明显。

●由石狮市政府、泉州市工商行政管理局、共青团石狮市委员会等主办的石狮第六届两岸青年辩论赛总决赛举行。

●晋江市图书馆启动以“阅读·晋江”为主题的系列读者活动。

●由安溪县茶管委主办的第三届浓香型茶王赛举行，比赛诞生新的“传统茶王”和“电商茶王”。

●来自永春县的消息，中国轻工业联合会和中国日用杂品工业协会正式授予永春达埔镇“中国香都•永春达埔”称号，这是国内唯一的国家级制香基地称号。

全市发放“二孩证”超200本

自3月31日起实施福建省出台的“单独二孩”新政策一个月来，泉州市卫生计生部门审批下发“单独二孩”再生育证书超200本，其中丰泽区下发53本，鲤城区下发44本，其他县（市、区）下发不等；全市尚有100多对夫妻的申请正在审批中。据有关部门统计，泉州符合“单独二孩”再生育政策的夫妻约一万对；两年内，泉州可能新增出生人口5000多人，对泉州的计生和人口工作不会造成很大的波动。”

丰泽区内资企业数增幅明显

2014年以来，丰泽区工商局新登记各类内资企业1078家，同比增长109.98%，注册资本总额277460.62万元，同比增长66.05%，增幅明显。丰泽区工商局认真实行工商登记制度改革，采取多项举措，简化大部分公司设立登记手续，特别是免去注册资本验资程序，大大地降低公司注册的门槛。此外，该局综合运用、用足用活各项优惠和扶持政策措施，调动各类群体创办小微型企业的积极性，进一步推进市场主体转型升级，鼓励支持个体工商户转型为个人独资企业，个人独资、合伙企业转型升级为有限公司。

石狮市举办两岸青年辩论赛

由石狮市政府、泉州市工商行政管理局、共青团石狮市委员会等主办的石狮第六届两岸青年辩论赛总决赛举行。两岸辩队围绕“城市发展，应更重视本土人才培养VS城市发展，应更重视外部人才引进”展开辩论。现场辩手们辩论你来我往，多次赢得满场喝彩，给评委和观众留下深刻印象和无穷回味。最后，石狮代表队获得本届辩论赛冠军。

晋江市开展“阅读”系列活动

为在全社会营造良好的全民阅读氛围，晋江市图书馆启动以“阅读·晋江”为主题的系列读者活动，包括“爸爸去哪儿”——来馆积分有礼活动、“爱上阅读·爱上图书馆”微信互动、“勤奋·刻苦”世界读书日主题道德讲堂等活动。活动当天，有不少爸爸特意带孩子到该馆借书，因为按照“爸爸去哪儿——来馆积分有礼活动”规定，由爸爸带领孩子前来办证、借还书、参与读者活动，每次均可登记领取一份小礼品及累计阅读成长积分。此外，该馆还专门开展一场“勤奋·刻苦”世界读书日主题道德讲堂，并发起阅读倡议，共有300多名市民参加了“阅读·晋江”主题现场签名活动。

茶王赛特设“电商茶王奖”

由安溪县茶管委主办的第三届浓香型茶王赛举行，比赛诞生新的“传统茶王”和“电商茶王”。此次活动收到参赛茶样300个，经过形、色、香、味等多个环节的角逐，最终，“传统茶王”和“电商茶王”两大奖项分别由茶农刘异平和吴志猛获得。近几年，电子商务在安溪县迅猛发展，并逐步渗透到实体经济的全过程。全县共有各类网商1万多家，电子商务从业人员5万多人。2013年，安溪铁观音电子商务销售额达15亿元。为此，本次茶王赛特设“电商茶王奖”。同时，在历时近一个月的比赛中，还特邀示范电商企业和传统知名茶企老总以及电商资深讲师进行现场访谈和讲座，为茶农、茶商“传经送宝”。

“中国香都·永春达埔”正式获批

近日，中国轻工业联合会和中国日用杂品工业协会正式授予永春达埔镇“中国香都·永春达埔”称号，系国内唯一的国家级制香基地称号。达埔镇有300多年的制香史，诞生了296家香企、从业人员近3万人，销售网络遍布全国，还出口到欧洲、东南亚等地。近年来，永春县加大对香产业发展的扶持力度，开展“永春香道 千年流香”品牌推广行动，引导香产业向创新创意、高端精细、养生保健文化礼品转变。2013年，永春香产业链总产值达27.3亿元。永春县于2012年提出打造“中国香都”目标，并与中国日用杂品工业协会签订“共建协议”，发出关于授予达埔镇“中国香都”称号的申请。中国轻工业联合会和中国日用杂品工业协会组织考评专家实地考评，并由中国轻工业联合会轻工行业特色区域和产业集群审核委员会进行审核。

泉州2014年订单粮食可直接补贴

近日从市粮食局获悉，为提高农民种粮积极性，稳定发展粮食生产，促进农民增收，2014年泉州市订单粮食将给予每50公斤12元的直接补贴。泉州市各地粮食部门在挂牌收购储备订单粮食时，必须分别明示市场收购价、粮食质量标准和直接补贴标准。在储备订单粮食收购入库后，农户凭“售粮卡”和“订单收购码单”(直接补贴款联)兑现补贴款。在与粮农签订收购合同时，会发给农民“售粮卡”。在粮食收购上市季节，粮农凭“售粮卡”出售粮食，收购单位会开具包括价款与直接补贴款分开的一式多联的码单。财政所凭售粮农户的“售粮卡”和“订单收购码单”，将补贴款直接兑现给售粮农户或通过粮食部门直接兑现补贴款，确保粮农利益落到实处。此外，近年来泉州市还积极加强与省内外粮食主产区的沟通联系，进一步扩大产销协作范围，稳定引粮入泉渠道，确保粮食供应稳定。

华侨大学队获中国“大五”足球联赛福建赛区冠军

2013—2014中国大学生五人制足球联赛福建赛区的比赛在福建中医药大学结束，华侨大学足球队在预赛和决赛两个阶段的比赛中，以五战五胜的不败成绩勇夺冠军，同时将代表福建省参加2013—2014中国“大五”联赛南区的比赛。此次福建赛区有华侨大学、福建师范大学、福州大学、福建工程学院等八所高校代表队参与角逐。中国大学生五人制足球联赛由中国大学生体育协会、中国足球协会共同主办。

市政府出台《关于进一步促进建筑业发展壮大的若干意见》

市政府出台《关于进一步促进建筑业发展壮大的若干意见》，激励和规范双管齐下，推动企业做大做强。为激励企业晋升资质等级，该意见提出，对晋升特级、总承包一级、专业承包一级的，分别奖励500万元、100万元、50万元；安排适量用地建设建筑总部区、建筑工业园区，保障建筑企业总部及基地建设用地，符合条件的建筑企业可享受建设用地、财税支持、金融支持和人才保障、招商引资等方面优惠奖励政策；对符合条件的建筑企业，可享受省、市政府关于民营工业企业相关表彰奖励政策；对外出经营的企业回乡缴纳所得税的，按财政收入的70%奖励企业；促进银企合作，支持建筑企业以建筑材料、机械设备、在建工程项目和应收账款等作为抵质押物为银行融资贷款提供担保；政府投资的基础设施项目、重点建设项目、标志性建筑，以及政府BT、BOT、EPC等投资方式的建设项目，优先选择本市企业单独或通过联合体承担。此意见鼓励建筑企业通过兼并重组实行资源整合，优选50家骨干企业予以重点扶持。在强化建筑市场规范管理方面，意见提出，严厉打击转包挂靠、违法分包行为，推进行业诚信体系建设，营造诚信激励、失信惩戒的市场氛围。逐步建立以市场为导向的工程造价调整机制，及时调整材料价格信息指导价与市场接轨；实行工程优质优价制度，优质工程增加费率按工程造价2%—5%执行；建设单位要求施工企业出具合同履约担保的，应对等提供工程款支付担保，工程完工初验合格后1个月内退还履约保证金；财政、审计、建设、施工各方要按照规定时限完成工程验收和工程款结算相关工作，否则予以效能告诫，遏制变相拖欠工程款行为；鼓励发展劳务企业，统一使用劳务专用发票并按1%税率缴纳所得税。为遏制恶意欠薪，更好地保障农民工权益，意见要求，所有建筑工地必须推行农民工实名制、工资支付实名制，工资由银行直接发放给农民工，工资发放情况在工地张榜公布；工程开工前，3年内有恶意欠薪的本地施工企业和本省外来施工企业、省外施工企业分别按合同额的5%、10%预存工资保证金。

相关链接：随着泉州市经济社会和城市建设的快速发展，泉州建筑业总产值十年来年均增长27.75%，居全省前列。2013年，全市建筑业总产值966亿元，占全市GDP的6.4%，成为泉州市重要支柱产业。至2013年年底，全市有总承包、专业承包和设计与施工一体化企业743家，其中一级及以上总承包、专业承包79家，设计与施工一体化企业9家。但是，泉州市建筑业企业也存在资质偏低、专业单一、人才匮乏、资金不足、利润较低等问题，总体竞争力弱、发展后劲不足，加上外部竞争加剧，建筑业可持续发展受到制约。市政府出台该意见旨在推动建筑业发展方式的全面转型、竞争能力的全面提升、发展环境的全面改善。

5月3日

星期六
农历甲午年四月初五
温度：19℃—27℃
多云

●来自市粮食局的消息，为提高农民种粮积极性，稳定发展粮食生产，促进农民增收，2014年泉州市订单粮食将给予每50公斤12元的直接补贴。

●2013—2014中国大学生五人制足球联赛福建赛区比赛结束，华侨大学足球队在预赛和决赛两个阶段的比赛中，以五战五胜的不败成绩勇夺冠军，同时将代表福建省参加2013—2014中国大五联赛南区的比赛。

●市政府出台《关于进一步促进建筑业发展壮大的若干意见》，激励和规范双管齐下，推动企业做大做强。

5月4日

星期日
农历甲午年四月初六
温度：18℃—22℃
阵雨转中雨

●黄少萍与来自全市各行各业、各族各界的青年代表座谈。

●郑新聪带队调研住房保障工作，并召开会议部署工作。

●市旅游局发出公布，1—3日，全市接待境内外游客64.36万人次，同比增长27%；实现旅游收入5.06亿元，同比增长29%；无重大旅游安全事故和突发公共事件发生。

●泉州市青年联合会第十一届第一次全体会议、泉州市学生联合会第七次代表大会召开。

●泉籍旅美音乐家苏幼敏回乡献艺，在其母校泉州市第七中学体育馆公演。

郑新聪调研住房保障工作

市长郑新聪带队调研住房保障工作，察看芳草嘉园公租房、北峰霞美龙兴小区棚户区改造、晋江市人工湖南侧公租房、东宝花苑保障性住房等项目，并召开会议部署工作。副市长李建辉，市政府秘书长吴友才参加调研。郑新聪强调，要加强保障性安居工程的管理工作，用好联审平台，把好准入门槛，确保分配全程公开、公平、公正，杜绝暗箱操作；及时、科学地进行分配，加强监督，强化责任倒查追究；建立住房保障诚信档案和失信惩戒制度。要创新使用过程管理，通过完善配售配租合同，明确保障对象的权利和义务。要创新物业服务供应方式，鼓励住户参与物业管理、加强自我服务。要建立完善退出机制，利用信用信息共享平台，实施动态管理。

郑新聪视察东宝花苑　（图/陈起拓）

泉籍旅美音乐家苏幼敏音乐会举行

泉籍旅美音乐家苏幼敏音乐会在泉州市第七中学体育馆举行。苏幼敏携福建交响乐团回母校公演，指挥、表演一系列世界名曲，受到现场一千多名观众的欢迎。该场演出由世界名曲《苏兰颂》拉开序幕，《流浪者之歌》和《柴可夫斯基D大调小提琴协奏曲》等接连上演，为观众带来一场高水准的音乐盛宴，在现场观众的呼唤声中加演《斯拉夫舞曲》，受到热烈欢迎。苏幼敏大女儿苏子盈和小女儿苏佳盈等华裔青少年小提琴家同台献演，为这场音乐会增光添彩。

相关链接：苏幼敏曾被誉为音乐界的“神童”，18岁就成为福建省歌舞团（省歌舞剧院前身）交响乐队首席小提琴手，也是“文革”后全省第一个考入上海音乐学院的优秀生。苏幼敏在泉州七中就读时，就与音乐结下了不解之缘。1987年，苏幼敏赴美深造，逐渐成为具有国际声誉的小提琴家。

“五一”小长假，全市旅游收入5亿元

市旅游局发出公布，1—3日，全市接待境内外游客64.36万人次，同比增长27%；实现旅游收入5.06亿元，同比增长29%；旅游市场秩序井然，无重大旅游安全事故和突发公共事件发生。

相关链接：2014年是泉州“东亚文化之都”活动年，各类文化活动精彩纷呈，“五一”小长假更是迎来了井喷态势。源和1916创意产业园的“印象文都”摄影展、领show天地的“跃马瓷程”主题陶瓷展、元妙观的布袋戏表演等，让人应接不暇。西街、晋江五店市、石狮永宁古街等保存大量历史风貌的古街区，更是迎来了一批批慕名而来的“粉丝”。

旅客在客运中心站排队候车　（图/陈起拓）

市青联市学联举行换届选举

在纪念五四运动95周年之际，泉州市青年联合会第十一届第一次全体会议、泉州市学生联合会第七次代表大会召开。市领导陈沈阳、洪泽生、陈荣洲、苏小青出席会议并为第七届泉州青年五四奖章获得者颁奖。全市各行各业、各族各界的青年代表、学生代表及台、港、澳、侨的青年代表共商泉州市青联工作、学联工作发展大计。市青联十一届一次全委会审议通过十届常委会的工作报告，选举市青联新一届领导机构，团市委书记林培新当选十一届市青联主席。泉州市学生联合会第七次代表大会审议通过市学联六届委员会工作报告，选举市学联新一届委员会，华侨大学学生会当选市学联第七届委员会主席团主席团体。

郑新聪到永春调研扶贫开发和产业发展

市长郑新聪带队到永春调研扶贫开发和产业发展。副市长林万明，市政府秘书长吴友才参加调研。郑新聪一行察看锦斗镇珍卿村、桂洋镇文太村、玉斗镇云台村等省、市级扶贫村镇的扶贫项目，达埔镇“中国香都——达埔香品产业园”项目和制香企业，并到一都镇美岭村调研美岭集团、美岭中学发展情况，看望新农村建设带头人苏新添。郑新聪指出，当前要抓住新一轮扶贫开发的有利时机，以系统工程的理念和方法推动扶贫攻坚。坚持“输血”与“造血”相结合，以增强“造血”功能为主；解决眼前困难与寻找长远出路相结合，以谋划长远为主。要全面摸清情况，找出致贫原因，订立短期和长期目标，从最急需、最困难之处做起，集中资源，分类施策，落实责任，让群众切身感受到扶贫攻坚带来的实惠和变化。

郑新聪在永春调研　（图/姚德纯）

黄少萍与各界青年代表座谈

在纪念“五四”运动95周年之际，市委书记黄少萍与来自全市各行各业、各族各界的青年代表座谈。市委常委、组织部部长陈沈阳主持座谈会。黄少萍希望侨乡青年领会习近平对青年的重要要求和殷切期望，弘扬“爱国、进步、民主、科学”的五四精神，坚定理想信念，自觉践行社会主义核心价值观，勇于担当时代重任，在追逐人生梦想、实现个人价值中，为中国梦汇聚青春正能量。座谈会上，黄少萍和与会青年代表分享自己从事青年工作的难忘经历。黄少萍指出，青年是社会上最富活力、最具创造性的群体，众多优秀青年才俊，是泉州的活力所在、希望所寄。青年要提振奋发向上激情，把实施三大战略作为展示才华、实现梦想的广阔舞台，热爱生活、爱岗敬业，把青春的激情、青春的力量贡献给泉州这片热土，在实现中国梦的伟大实践中书写别样精彩人生。要始终爱拼敢赢，勇当创新创业先行者，发扬锐意进取、勇于探索的创新精神和爱岗敬业、脚踏实地的实干作风，更好地实现人生梦想。要增强文化自觉，勇当“文都”建设推动者，运用先进理念传承弘扬泉州传统文化，彰显城市魅力和影响力。要注重崇德向善，勇当文明新风引领者，积极参与道德实践活动，以自己的实际行动引领良好社会风尚。黄少萍要求，各级党委、政府要以更大的力度支持青年工作，关注关心关爱青年。共青团要多深入基层、走近青年，帮助团员和青年解决学习、创业等实际困难，把青年团结在党的周围。新一届青联、学联组织要善于利用当代青年喜闻乐见的方式开展主题活动、搭建平台载体、拓宽交流渠道，努力建成联系服务青年和青年学生的牢固纽带、温暖集体。青年工作者要把全部心思和精力、智慧和汗水放在青年身上，做青年朋友的知心人、青年工作的热心人。与会的11位青年代表，结合各自工作和成长经历，抒发关于梦想和奋斗的青春感受，并围绕实施三大战略，深化金融改革，推动“文都”建设，开展青年工作等建言献策。

全省首座30万吨级海上码头投入使用

巴拿马籍30万吨超级油轮“远大湖”号油轮在6艘拖轮拖带下，靠泊泉州（惠安）青兰山海上码头,并完成接臂卸油作业，标志着全省首座30万吨级海上码头投入使用。“远大湖”号巨轮满载排水量达35万吨，是中国首艘航母“辽宁舰”的5倍多，甲板长333米，比3个标准足球场还大，由于船型大、吃水深，要趁满潮时由6条大马力拖轮进行牵、推、拖分工合作，才能整体平移至泊位上。油轮卸载原油的管道须与岸上接油的卡口严丝合缝对接，最大误差不得超过50厘米，靠泊过程需要周密计算和准确定位操作。在相关部门配合下，该轮乘满潮时机顺利靠泊泊位，并进行接臂卸油作业。青兰山30万吨级海上码头位于惠安县湄洲湾港斗尾港区，长455米，宽40米，总投资3.3亿元，设计年接卸原油能力1800万吨，是国内停靠船型最大的码头之一。作为海上作业平台，该码头四面环海，油轮卸载的原油须通过海底管道输送到1.6千米外的青兰山库区。码头投入使用后，仅靠泊一次30万吨级油轮就可以节约各类运营成本200万美元。

5月5日

星期一

农历甲午年四月初七

温度：17℃—20℃

中雨转小雨

●郑新聪带队到永春调研扶贫开发和产业发展。

●由市委宣传部、泉州晚报社、市文联、市住建局、市旅游局、市侨联、泉州农商银行联合举办的“刺桐红杯·寻找记得住的乡愁”征文与评选活动启动。

●黄少萍与各界青年代表座谈。

●巴拿马籍30万吨超级油轮“远大湖”号油轮靠泊泉州（惠安）青兰山海上码头卸载原油，标志着全省首座30万吨级海上码头投入使用。

5月6日

星期二
农历甲午年四月初八
温度：16℃—22℃
阵雨转阴

●全市教育实践活动全面完成部署，征求到意见建议19730多条（次）。

●以“梦想•聚合•扬帆海上丝绸之路”为主题的中意商贸合作峰会在石狮举行。

●《泉州市2014年城市社区环境综合整治行动实施方案》出台。

●鲤城区首届全民健身暨职工运动会开幕。

●来自省教育厅消息称，教育部办公厅近日公布53所专科学历教育高等学校备案名单，工程职业技术学院设立，泉州还有3所学校更名。

●中国美术学院留学生泉州采风活动拉开序幕，来自美国、法国、德国、韩国、日本等18个国家23名留学生走进泉州，展开为期5天的采风写生活动。

意大利商贸团到石狮谋求合作

中国与意大利以“梦想•聚合•扬帆海上丝绸之路”为主题的商贸合作峰会在石狮举行。该峰会旨在推动石狮与米兰的业界建立长期经贸合作关系，在时尚创意、时装发布、市场共享、人才交流等方面开展广泛的合作交流，实现互利共赢。意大利驻华大使兼对外贸易委员会首席代表白达宁率领的意大利商务考察团一行出席峰会，并参观世茂钞坑城市综合体、星期Yi服饰创意博览园等项目。参观考察后，白达宁认为，石狮与米兰的产业契合度高，合作领域广泛，内容丰富，希望双方能强化合作，优势结合，做强时尚产业，实现共赢。2015年世博会将在意大利米兰举行，希望石狮企业积极参与，通过这一平台，打响品牌，走向世界。峰会当天，双方还签署了相关的合作备忘录。

相关链接：纺织服饰是石狮的主导产业，经过20多年的发展，目前已形成涵盖纺织原料、纺纱织布、漂染整理、成衣加工、辅料生产、纺织机械、市场营销等环节的完整纺织服装产业链，拥有3500多家纺织服装及配套行业企业，年产值700亿元，成为中国服装跨国采购五大基地之一、“闽派服饰”的时尚策源地。近年来，石狮的纺织服装产业正由要素驱动向创新驱动转型、由“服装”向“时装”转变。在这方面，意大利特别是米兰有很多成功的经验值得借鉴。为此，石狮市委、市政府提出把石狮打造成“东方米兰”的目标，以国际时尚创意之都——米兰为标杆，制定了“米兰计划”，采取各种措施引导产业向“品牌化、个性化、高端化、时尚化、高附加值”的方向发展，推动服装产业华丽转身。

《泉州市2014年城市社区环境综合整治行动实施方案》出台

方案提出，2014年计划投资5311万元，打造鲤城区新门社区等11个城市完整社区示范典型。11个社区包括：鲤城区新门社区、梅峰社区，丰泽区松林社区、大坪社区，泉港区幸福社区，石狮市华南社区，晋江市梅庭社区，南安市湖美社区，安溪县城东社区，永春县化龙社区和德化县湖前社区。其中，鲤城区梅峰社区改造顶埔片区的下水道、改造社区居家养老活动中心；晋江市梅庭社区建设信息化、数字化、现代化新型社区；德化县湖前社区设立青少年社会教育活动中心、开展禁养家禽家畜专项活动等。泉州市将按照“六有五达标三完善”要求，推动城市社区建设。“六有”即有一个综合服务站、一所卫生服务站、一个幼儿园、一片室外活动场地、一套完善的市政设施、一套便捷的慢行系统。“五达标”即外观整治达标、公园绿地达标、道路建设达标、市政管理达标、环境卫生达标，包括社区要全面铺装小街巷路面，提高道路完好率，机动车、非机动车停车位基本满足使用要求，排水系统畅通，污水集中收集处理等。“三完善”即组织队伍完善、社区服务完善、共建机制完善，包括配套公益性群众文化设施，开展以疾病预防、医疗、保健、康复等为主要内容的社区卫生服务等。

泉州新增一所更名三所高职院校

教育部办公厅公布53所专科学历教育高等学校备案名单，其中，福建省1所高等职业学校新设立，3所学校更名，涉及的4所学校均在泉州。新设立的学校是泉州工程职业技术学院；更名的3所学校为泉州泰山航海职业学院更名为泉州海洋职业学院，德化陶瓷职业技术学院更名为泉州工艺美术职业学院，泉州华光摄影艺术职业学院更名为泉州华光职业学院。

十八国留学生组团到泉州采风

中国美术学院留学生泉州采风活动拉开序幕，来自美国、法国、德国、韩国、日本等18个国家23名留学生走进泉州，展开为期5天的采风写生活动。此次活动由中国美术学院国际教育学院和泉州市文联主办，以“游览泉州名胜，感受海丝起点”为主题。是日，采风团走进泉州锦绣庄民间艺术园、清净寺、泉州天后宫等处参观考察，在泉期间，外国留学生分别到清源山、开元寺等处写生和创作展示交流活动。泉州是古代“海上丝绸之路”的起点，宋、元时期被誉为“东方第一大港”，与埃及的亚历山大港齐名。泉州也是历史文化名城和中国首个东亚文化之都，独特的城市风貌和名胜古迹吸引了各国留学生。

纪念叶飞诞辰100周年座谈会在北京召开

纪念叶飞诞辰100周年座谈会在京召开。中共中央政治局常委、全国人大常委会委员长张德江出席座谈会，并在会前会见了叶飞亲属。叶飞出生于1914年5月，祖籍泉州南安，是第六、七届全国人大常委会副委员长，海军原第一政委、司令员。1955年，被授予上将军衔，获一级八一勋章、一级独立自由勋章和一级解放勋章。第一至三届国防委员会委员。中共中央政治局委员、全国人大常委会副委员长李建国在座谈会上回顾了叶飞的光辉业绩和卓越贡献，强调要继承和发扬老一辈无产阶级革命家的光荣传统，锐意进取、攻坚克难、开拓创新，谱写改革开放伟大事业历史新篇章。中共中央政治局委员、中央军委副主席许其亮出席座谈会，中央军委委员张阳主持座谈会。

刘晓峰到泉州考察

7—8日，全国政协副主席、农工党中央常务副主席刘晓峰率全国政协无党派人士界委员考察团到泉州，就“发挥专业服务业组织在市场资源配置中的作用”展开考察。市领导杨俊峰、林伯前、陈益陪同考察或参加座谈。在泉期间，刘晓峰一行先后参观考察了领show文创产业园，德化陶瓷博物馆、顺美陶瓷文化生活馆、月记窑陶瓷创意中心等，并召开座谈会，听取泉州市相关情况汇报。刘晓峰充分肯定泉州经济社会发展和发挥专业服务业组织在市场资源配置中的作用所取得的成绩。他指出，专业服务业组织发展潜力巨大，前景广阔，已成为拉动经济增长的新兴力量。但专业服务业组织发展壮大仍面临诸多问题，考察团将通过深入的考察调研，吸纳基层声音，形成专题报告，为进一步推动和规范全国专业服务业组织健康发展提供参考。希望泉州深入贯彻落实中共十八届三中全会精神，在全面深化改革的大背景下把握机遇，在保障市场在资源配置中发挥决定性作用、促进经济结构调整和产业结构优化升级、加快推进服务业领域改革等方面多做努力，进一步推动专业服务业组织发展壮大。

市委老干部工作委员会议召开

市委老干部工作委员会议召开，研究解决老干部工作的实际问题。市委书记黄少萍主持会议并讲话，市领导陈沈阳、翁祖根、陈荣洲参加会议。黄少萍指出，过去一年，广大老领导、老同志心系泉州发展，不辞辛劳，办了很多好事、实事。各级党委政府和老干委各成员单位持续加大力度，在落实“两项待遇”、健全困难老干部和遗属帮扶机制等方面，做了大量卓有成效的工作，得到老干部广泛好评，值得肯定。就下阶段工作，黄少萍要求，各级各有关部门要再接再厉，更加用心用情、尽心尽力做好老干部工作。要以改革创新精神推动老干部工作，提升精细化服务水平，科学整合社区资源和社会力量为老干部服务。要加大重点工作的力度。巩固离休干部离休费、生活费、医药费保障的“三个机制”；做好“双高期”老干部上门服务、医疗保健、丧事办理、信访处理等个性化服务，加大困难老干部帮扶力度；提高老干部活动中心、老年大学“两个阵地”建设水平，为老干部发挥作用创造条件。各级党委、政府要把老干部工作摆上议事日程，主要负责人要亲自过问，研究解决重大问题；老干部工作部门要以开展群众路线教育实践活动为契机，大力改进作风，提升服务水平，让老干部乐享健康生活，安度幸福晚年。

永春县环境卫生治理成为全省典型

全省设区市城乡环境卫生工作会在永春县召开，永春县作典型经验发言。近年来，永春县通过高起点规划、高标准建设、高效能管理、高强度督察，城区主干道整洁有序，村庄路旁、桥头、水系、山坡的垃圾及农村生活污水得到有效治理，城乡面貌显著改善，在泉州市环境卫生年度考评中名列前茅。全县已建成生活垃圾中转站45座、垃圾池1945座，设置垃圾箱6000多个，各类垃圾转运、收集、清理车辆齐全；建成日处理能力200吨的生活垃圾无害化处理厂1个，在全市首建建筑废弃物处理厂1个推行环卫技术革新，设计安装圆锥形内桶玻璃钢防盗果皮箱，设置太阳能分类果皮箱200多套。采取BOT方式建成日处理污水3万吨的污水处理厂1座，城区污水收集处理率达85%以上；在农村采用土壤渗滤法、人工湿地工艺、气动生态氧化沟等工艺，建设分散式生活污水处理设施56座以及一体化塑胶化粪池10000多套，农村生活污水得到有效处理。

5月7日

星期三
农历甲午年四月初九
温度：15℃—22℃
多云转阵雨

●纪念叶飞（祖籍泉州南安）诞辰100周年座谈会在京召开。

●7—8日，全国政协副主席、农工党中央常务副主席刘晓峰率全国政协无党派人士界委员考察团到泉州，就“发挥专业服务业组织在市场资源配置中的作用”展开考察。

●市委老干部工作委员会议召开，研究解决老干部工作的实际问题。

●永春县环境卫生治理成全省典型。

5月8日

星期四
农历甲午年四月初十
温度：16℃—24℃
阵雨

●省政协副主席张燮飞带领调研组到泉开展“加快民族乡村经济社会事业发展”专题调研。

●新华社推出“新丝路 新梦想”大型集成报道，“21世纪海上丝绸之路”报道第一站从泉州出发，关注泉州宗教石刻、泉州南音等文化“宝藏”。

●由国侨办、省侨办和市外侨办主办的“2014年海外华裔青少年‘中国寻根之旅’夏令营——福建泉州营”活动在泉州南少林国际学校举行开营仪式。

●市委宣传部召开群众路线教育实践活动会议，传达中央群众路线教育实践活动视频会议和市委有关精神，总结部署相关工作。

●惠安县启动“中国书法之乡”创建工作。

●温州市旅游局组团到泉州推介旅游线路。

张燮飞到泉州调研民族村发展情况

省政协副主席张燮飞带领调研组到泉州开展“加快民族乡村经济社会事业发展”专题调研。市领导周真平、王瑞强参加相关活动。张燮飞指出，要因地制宜开展沿海与内地的民族村的帮扶工作。对地处沿海地区或城乡结合部的民族村，要重点探索、创新帮扶机制，全面推动民族乡村的经济社会事业发展，为全省民族工作积累经验；对地处山区或偏远地区的民族村，要“雪中送炭”，在新农村建设和美丽乡村的总体布局中给予照顾倾斜，通过实施造福工程、发展特色产业、弘扬民族文化等措施，帮助其经济发展、民生改善。调研座谈中，针对泉州提出的“进一步完善挂钩帮扶双方的沟通机制”和“帮助少数民族人才培养”建议，调研组表示将在今后工作中予以加强和完善。调研组一行还到泉州台商投资区百崎回族乡和永春南美回族村实地调研。

新华社大型集成报道泉州打造“海丝”先行区

8日起，新华社推出“新丝路 新梦想”大型集成报道，分陆上丝绸之路及海上丝绸之路两条线路，集成报道“一带一路（“丝绸之路经济带”和“21世纪海上丝绸之路”）沿线区域、国家及中国境内各省区的发展构想、相关规划，以及风土人情、文化交流、旅游往来等情况。“21世纪海上丝绸之路”报道第一站从泉州，集中关注泉州宗教石刻、泉州南音等文化“宝藏”和德化陶瓷，通过记述被誉为“展示海上丝绸之路多元文化典范”之书《泉州宗教石刻》的作者吴文良和吴幼雄，以及被文化部命名为国家级非物质文化遗产南音代表性传承人的泉州南音乐府社长夏永西，以及中国三大古瓷都之一福建泉州德化的屈斗宫古窑址，重点关注泉州全方位打造“海丝”先行区，展现泉州的“海丝”地位和魅力。

市委宣传部部署深化群众路线教育实践活动

市委宣传部召开群众路线教育实践活动会议，传达中央群众路线教育实践活动视频会议和市委有关精神，总结部署相关工作。在实践活动第一环节，市委宣传部以“思想引领当先锋，服务大局走前列”为载体，组织15场集中学习，征求和梳理问题22条；认真做好市委、市政府确定的涉及宣传部门的首批“边学边改”项目，在改进新闻报道、完善新闻发言人制度、强化宣传队伍建设、整肃“四风”等方面取得一定成效。会议要求，下一阶段，市直宣传系统各单位领导班子和党员干部要保持良好氛围，持续深化学习；针对各方面反映的问题和不足，深刻反思、深入查摆，认真自查自纠；采取项目管理办法，落实工作责任制，抓好问题的整改；开展谈心谈话活动，找准和纠正“四风”方面问题；坚持“两手抓、两促进”，以教育实践活动为动力，破解工作难题，提升宣传思想工作成效。

温州市旅游局组团到泉推介旅游线路

因看中泉州自驾游市场，温州市旅游局组团到泉州推介旅游，重点推荐三大自驾游线路。这三条自驾游线路分别是雁山楠水二日游、文泰养生三日游、黄金海岸休闲二日游，涵盖雁荡山、楠溪江、文成、江心屿、百丈飞瀑、龙麒源、乌岩岭、洞头、仙叠岩、金乡、赤溪等景区景点，集中展示温州独具特色的“山、水、海、文、商”旅游魅力。温州市旅游局相关负责人表示，泉州的自驾游客登录“温州旅游官方预订网”网购门票，可享受5至9折的优惠。游客在出发前或抵达景区后预定门票均可。温州计划在各景区周边打造100个自驾车营地，为自驾车提供加油、供水等集中服务，2013年已经完成30个营地建设。推介会上，温州还向泉州市民推介了奇山秀水游、长寿养生之旅、跟着电影去旅游、缤纷金丽游、海岛风情游、红色经典游、温州森林特色游和摄影采风游等多类旅游产品。“泉州与温州两地旅游资源共性多，也有不同的互补性，两地旅游合作，将给旅客带来全新的感受。”泉州市旅游局相关负责人认为，此次温州市旅游局来泉州推介旅游，两地可实现资源共享、优势互补，市场联动、信息互通，客源互送，共同发展。

黄少萍与市食品药品监管局新班子研究工作

市食品药品监督管理局领导班子重新组建并任职到位。市委书记黄少萍与履新班子座谈，研究推动泉州食品药品安全工作。市委常委、组织部部长陈沈阳参加座谈。黄少萍指出，改革完善食品药品监管体制，组建统一的食品药品监管部门，是中国食品药品监管史上具有里程碑意义的大事，也是对民生问题的及时回应。新班子要认识这项工作的极端重要性，按照“整合、统一、加强”的核心要求，不辜负组织的信任、群众的期待，统一认识、齐心协力、积极作为，确保机构改革工作平稳顺利推进。要迅速划转配齐人员，选准配强中层干部，加紧组建局中层科室和各分局，指导各县（市）组建机构，确保机构改革期间事有人管、活有人干，群众反映问题有人接，监管工作不断档。要结合深入开展党的群众路线教育实践活动，强化作风纪律建设，加强廉政教育，抓好业务学习，打造一支高素质的干部队伍，以更好地适应新形势、新要求，展现新机构、新班子的新作为。黄少萍强调，作为市政府的工作部门，要主动融入全市工作大局，及早提出今后一个时期食品药品监管工作的指导思想、总体思路、主要任务和具体措施，确保人民群众“舌尖上的安全”。要以改革创新为动力，推进理念科学化、手段现代化、方式合成化、机制效能化、管理精细化建设，全面履行食品药品监管新职能，开创工作新局面。要以“亮剑”的态势，下猛药、出重拳，治理群众反映强烈的食品药品安全突出问题。要构建社会共治格局，畅通投诉渠道，深入开展食品放心工程三年行动、“三品一械”安全“清网”行动等工作，确保取得实实在在的成效。黄少萍要求，要从大局着眼，坚持强化监管与促进发展相结合，把握保障质量安全和激发产业活力的结合点，高度重视相关行业的质量安全，深入生产企业，多提醒、指导企业加强质量管理，防范系统性、区域性食品药品安全风险，确保相关产业持续、健康，促其不断提升、壮大。

50位贫困母亲圆梦“母亲节”

由市妇联、计生协会、女企业家联谊会主办的“为贫困母亲圆梦暨母亲健康1+1公益募捐活动”募得爱心善款46.4万元，50位贫困母亲的“母亲节”愿望全部被认领。活动以“挽救一位母亲 帮助一个家庭”为主题，市直机关干部职工、巾帼文明岗、女企业家和社会各界爱心人士纷纷献爱心，帮助贫困母亲实现拥有电视机、电冰箱等各类愿望。除募捐活动外，主办方还组织义诊咨询、家政服务培训，组织贫困母亲到开元寺、清源山游玩，放松心情。募捐所得的全部善款由福建省红十字会的“福建红十字母亲健康天使基金”专用账户管理，用于救助贫困母亲和“两癌”患者，其中25万元作为“为贫困母亲圆梦”资金，16.4万元用作“母亲健康1+1”资金。

活动现场　（图/吴寿民）

石狮市公益募捐救助患病贫困母亲

石狮市妇联发起公益募捐活动，号召各界爱心人士每年每人捐一元钱，为身患“两癌”（乳腺癌、宫颈癌）的重症贫困母亲送上一份温暖。募捐到的全部善款专项用于救助贫困妇女中的“两癌”患者，原则上捐款数额大的地区，贫困妇女“两癌”患者优先列入救助对象。2014年募捐工作采用单位组织个人捐赠和个人自行捐赠两种方式，集中捐款时间截止到5月25日。2013年，石狮市发放“两癌”救助金3.3万元，11名“两癌”贫困妇女获得2000—8000元不等的救助。

晋江市掌中木偶剧团应邀到北京举行专场演出

晋江市掌中木偶剧团受中央音乐学院邀请，到北京参加“中国传统音乐美学研究”全国音乐学术研讨会，并到中央音乐学院、首都师范大学、中国音乐学院举行“南国清音绕行云”专场演出。演出用时一个半小时，不仅有笼吹大乐配合人偶表演《云安点将》、傀儡调《皂罗袍》配合布袋戏旦角“行路”表演、布袋戏传统折子戏《大名府》、人偶对应表演《公子游》等经典布袋戏节目，还加入晋江市戏剧协会歌仔戏分会的歌仔戏《安安寻母》、晋江市职工艺术团的南音清唱《望明月》、吴天乙打城戏传承中心的闽南珍稀剧种——打城戏《双挑》。

5月9日

星期五

农历甲午年四月十一

温度：18℃—23℃

阵雨转小雨

●黄少萍与市食品药品监管局履新班子研究食安药安工作。

●由市妇联、计生协会、女企业家联谊会主办的“为贫困母亲圆梦暨母亲健康1+1公益募捐活动”募得爱心善款46.4万元，50位贫困母亲的“母亲节”愿望全部被认领。

●市直机关工委举办“机关大讲堂”第九讲——《提高机关党的建设科学化水平》专题讲座。

●微电影《泉州味道2》升级版《根在泉州》在泉州网首映。

●石狮市举行公益募捐活动，救助患病贫困母亲。

●晋江市掌中木偶剧团应邀到北京高校举行专场演出。

5月10日

星期六
农历甲午年四月十二
温度：18℃—24℃
小雨

●由中国健康促进基金会主办的“体检人群眼黄斑区病变早期筛查多中心应用研究项目启动大会”在解放军第180医院健康管理中心学术厅举行。

●泉州市旅游部门按照《福建省乡村旅游经营单位服务质量等级划分与评定》等标准，对乡村旅游点进行规范和评定，确认全市星级乡村旅游经营单位11家，其中四星级6家，三星级5家。

●香港福建书画研究会理事长、泉籍旅港画家蔡健如作品展在惠安聚龙小镇美术馆开幕。

●10—11日，“羽林争霸”城市羽毛球赛东南赛区福建分赛区第四站比赛在泉州进行。

●泉州古厝以及这座古城独特的地方文化元素亮相美国印第安纳波利斯儿童博物馆“带我去体验中国”主题展。

全市星级乡村旅游经营单位增至11家

泉州市旅游部门按照《福建省乡村旅游经营单位服务质量等级划分与评定》等标准，对乡村旅游点进行规范和评定，确认全市星级乡村旅游经营单位11家，其中四星级6家，三星级5家。泉州市积极鼓励和引导社会资本投资乡村旅游，帮助做好项目招商工作，引导推动大鹏旅游集团（环球）投资有限公司与洛江虹山乡签订合作协议。在第九届海峡旅游博览会闽台乡村旅游合作发展圆桌会议上，南安香草世界度假村成功入选闽台乡村旅游“1+1”交流合作基地。晋江围头村入选十大“闽台乡村旅游试验基地”。开展“美丽乡村游”和“泉州人游泉州”活动，利用泉州旅游资讯网、微博、微信等网络平台构建立体化营销网络。下一阶段，旅游部门将以乡村旅游“万镇千村”三年行动计划为工作重点，打造一批省级乡村旅游特色镇、特色村，支持永春旅游全域化试点建设，争取成为省级乡村旅游特色县。

泉州籍画家蔡健如作品展举行

香港福建书画研究会理事长、泉州籍旅港画家蔡健如作品展在惠安聚龙小镇美术馆开幕。此展由香港福建书画研究会与福建省美术家协会主办，福建师大美术院、泉州市美协、晋江市美协以及惠安县文联、县美协协办，展出蔡健如58幅作品，其中大部分为国画，少量钢笔画。蔡健如籍贯晋江，系中国美术家协会会员，曾参加中国美术家协会各类大展。其画风虚实互补、质感细腻、雅俗共赏，体现出丰富的审美情趣。

“羽林争霸”赛转战泉州

10—11日，“羽林争霸”城市羽毛球赛东南赛区福建分赛区第四站比赛在泉州进行。此次比赛吸引来自泉州各县（市、区）32支队伍参加，冠军队伍将参加6月14日—15日在浙江杭州举行的东南赛区决赛。“羽林争霸”城市羽毛球赛是国内最大规模的业余羽毛球赛事，更是一项推广地区文化的体育盛事。泉州是第四次举办该赛事，不仅为各行各业的羽毛球爱好者提供一个交流切磋的平台，也让更多的球迷在家门口享受到高规格的业余羽毛球赛事，同时进一步宣传“东亚文化之都”泉州的文化。

相关链接：此次“羽林争霸”分为城市赛、大区赛、总决赛三个阶段，覆盖全国30个省市自治区的195个城市，预计8500支队伍、6万名羽毛球爱好者报名参赛。获得全国总冠军的队伍将于8月下旬到2014年羽毛球世锦赛举办地——丹麦哥本哈根，为2014年世锦赛开球，并与羽坛名将——彼得·盖德率领的丹麦业余球队一较高下。

泉州古厝亮相美国博物馆

美国印第安纳波利斯儿童博物馆“带我去体验中国”主题展上，泉州古厝以及这座古城独特的地方文化元素，与兵马俑、大熊猫研究中心、川剧变脸等一道亮相。该展览将持续三年半时间。展览通过仿建闽南古大厝以及泉州农家住房与城市套房三种建筑形式，设计大量互动体验项目，配合此前来泉州实地拍摄的反映泉州洛阳镇王氏一家人的生活起居环境、家庭观念以及所居住的泉州古城环境的纪录片与图像文字，让前来参观的美国家庭置身其中，犹如亲临泉州这座拥有深厚历史文化底蕴的古城，感受到浓浓的闽南风情。

相关链接：2013年8月12日，来自美国，也是世界最大的儿童博物馆——印第安纳波利斯儿童博物馆的两名专家詹妮弗和杰森，千里迢迢到泉州，准备为该馆正在筹备的“带我去体验中国”主题展拍摄相关素材。该博物馆“带我去体验中国展”顾问团队经过4年深入中国多个城市考察，最终选择通过泉州台商投资区洛阳镇王氏一个四代同堂的家庭生活，来体现中国社会变迁与居住环境变化。在泉期间，美国专家用镜头记录下这个大家庭生活起居、家庭观念以及所居住的泉州古城环境，并将在泉州购买的德化陶瓷、晋江瓷砖、安溪铁观音以及泉州家庭赠送的奥运吉祥物、学习与生活用具等带回博物馆，作为展览的一部分。回国后，该博物馆按照一比一的比例，仿建闽南古大厝的祖厝、洛阳镇农村自建房与市区商品房客厅及家中孩子的卧室。

城市羽毛球赛东南赛区福建分赛区第四站比赛在泉州进行

10—11日，“羽林争霸”城市羽毛球赛东南赛区福建分赛区第四站比赛在泉州进行。全市各县（市、区）32支队伍参赛。诚信体育代表队获冠军，新军晋江威龙一队获亚军，极速羽毛球俱乐部一队获季军。本届“羽林争霸”分为城市赛、大区赛、总决赛三个阶段，覆盖全国30个省市自治区的195个城市，预计8500支队伍、6万名羽毛球爱好者报名参赛。获得全国总冠军的队伍于8月下旬到2014年羽毛球世锦赛举办地——丹麦哥本哈根，为2014年世锦赛开球，并与羽坛名将——彼得·盖德带领的丹麦业余球队一较高下。“羽林争霸”城市羽毛球赛不仅是国内最大规模的业余羽毛球赛事，更是一项推广地区文化的体育盛事。泉州是第四次举办该赛事，不仅为各行各业的羽毛球爱好者提供一个交流切磋的平台，也让更多的球迷在家门口享受到高规格的业余羽毛球赛事，同时进一步宣传“东亚文化之都”泉州的文化。

全市AAA级以上旅游景区数居全省首位

泉州市共有AAA级以上景区21家，其中AAAAA级景区1家、AAAA级景区6家、AAA级景区14家，AAA级以上景区总数居全省首位。2014年，市旅游局等部门鼓励有条件的风景名胜区、农业科技园、生态农（茶）场、休闲产业园、森林公园、水利风景区、水乡渔村、博物馆、文保单位积极创建与自身条件相对应的A级景区。重点推进德化九仙山、晋江五店市文化园区、石狮服装城、安溪志闽旅游区、永春东溪大峡谷、丰泽领SHOW天地、泉港红星生态园、台商投资区华光摄影旅游区、晋江七匹狼男装博物馆、鲤城源和1916、惠安彭城护海宫、南安天心洞、南安郑成功旅游区、德化国宝云龙谷等景区开展A级景区创建工作。

市公安局驻行政服务中心窗口简政提速

市公安局驻行政服务中心窗口实施多项举措，最大限度地压缩审批时限，进一步增效提速，优化审批服务。强化审批前期指导。该窗口对民营企业和重点建设项目开展事前主动介入、事中跟踪服务。窗口组织金融安防专家，到银行金融单位安防工程建设施工现场，8次提前介入指导在建营业场所的安防工程建设，为金融机构营造优良的发展环境。到项目建设工地对工程复杂环境的控制爆破作业进行审批事前的现场勘察。推行审批窗口服务标准化。该窗口建立行政服务质量标准体系和服务工作流程，促使行政服务做到“岗岗有标准规范、人人按标准履职”，统一规范行政服务。同时，落实“马上就办”精神，最大限度压缩审批时限，做好项目报批的优质服务工作。4月，复星集团泉州城东商贸中心项目基建石方爆破工程向该窗口申请办理“城市和风景名胜等重要工程设施附近实施爆破作业许可项目”审批，该窗口在3个工作日内就完成审批工作并办结，比承诺时限提前7个工作日。开展审批“微培训”服务。针对部分报批人员轮岗多、业务不熟悉等问题，该窗口按项目行业分类开展灵活多样的业务“微培训”活动，力求时间不长、内容集中、注重实效，提高项目业主的项目报批水平。同时，利用培训、调研等多种时机，加强对企业、金融业报批人员的业务培训、帮带和指导，提高报批人员的业务水平。

泉州首次年检非公募性基金会

从2013年起，市民政局开始办理非公募性基金会登记，至2013年年底，共登记3家非公募性基金会，均在泉州参加2013年度检查。基金会年度检查的结论分为“合格”“基本合格”和“不合格”三类，年检结果在福建民间组织信息网（www.fjmjzz.com）上公告，各基金会还应在登记管理机关审查通过后30日内将《基金会年度工作报告摘要》在媒体上公布。

南安市洪濑镇组织大学生志愿者慰问计生困难户母亲

南安市洪濑镇组织大学生志愿者慰问计划生育困难户家庭的阳光母亲。每到一户人家，志愿者就送上大米、食用油、慰问金，并献上康乃馨，向她们致以节日祝福。在西林村失独家庭苏玉凤家，志愿者帮助苏玉凤整理家务，陪其聊家常。在建洪村二女单亲家庭王菊兰家中，考虑到王菊兰的长女张荣荣马上就要参加高考，志愿者邱玲玲主动介绍自己当年临考前的复习经验，勉励其奋力冲刺，争取考出好成绩，并互留了联系方式。

5月11日

星期日
农历甲午年四月十三
温度：20℃—26℃
阵雨

●2014年全国体操锦标赛暨第四十五届世界体操锦标赛测试赛进行全能决赛，泉州运动员林超攀名列男子第三名。

●“羽林争霸”2014年红牛城市羽毛球赛东南赛区福建分赛区泉州站比赛落幕。诚信体育代表队问鼎冠军，新军晋江威龙一队夺得亚军，极速羽毛球俱乐部一队获得季军。

●全市AAA级以上景区达21家。

●市公安局驻行政服务中心窗口简政提速。

●非公募性基金会首次年检举行。

●南安市洪濑镇组织大学生志愿者慰问计划生育困难户母亲，送上大米、食用油、慰问金，并献上康乃馨，向她们致以节日祝福。

5月12日

星期一
农历甲午年四月十四
温度：22℃—25℃
中雨

●《2014年泉州市城乡基础设施提升行动计划实施方案》出台。

●石狮市委常委召开专题会议，研究提出《中共石狮市委常委转变作风“九项带头”》，并郑重签名，带头执行。

●第16届CUBA中国大学生篮球联赛男子组16强赛在厦门进行。华侨大学环球联合化工男篮以85：75战胜西南交通大学男篮，晋级八强。

●南安市成立商贸红十字会。

●安溪县增设反盗抢执勤点。

《2014年泉州市城乡基础设施提升行动计划实施方案》出台

方案提出，泉州市将主要实施“交通、能源、市政、水利、信息、环保”六项城乡基础设施提升工程，2014年力争完成投资600亿元。交通提升工程计划完成投资120亿元，全市公路通车里程突破16000千米；港口货物吞吐量达1.1亿吨。铁路将重点抓好福厦铁路惠安站、湄洲湾南岸铁路支线、中化铁路专用线等项目；高速公路将确保沈海复线仙游至南安金淘泉州段建成通车、泉州湾跨海大桥完成主体工程；争取厦沙高速开工、泉厦漳城市联盟高速泉州段具备开工条件。港航方面，将加快建设石湖、肖厝、斗尾、秀涂、石井等作业区以及富源石化、奥德费尔方正等码头项目，打造南安石井石材物流集散中心和泉州石湖集装箱商贸物流中心，实施泉州湾航道二期、围头湾航道二期等工程。机场方面，泉州晋江机场改扩建工程年底基本完成。能源提升工程力争完成投资90亿元，全市形成以500千伏超高压为主干，各级电网协调发展的智能电网；城区（包括县城）全部用上天然气。市政提升工程计划完成投资260亿元，重点建设城市交通、文化、供水、排洪排涝、燃气设施和地下管廊。泉厦漳城际轨道网1号线及泉州现代有轨电车示范线等项目前期工作将加快，力争部分项目2015年开工建设；加快普贤路拓改及延伸段工程、站前东西大道西延伸段工程、站前大道鲤城段、泉州台商投资区东西主干道扩建及江滨南路改造。城市防洪排涝方面，重点推进丰州片区、永春城区、泉州台商投资区百崎湖的防洪排涝工程和晋江东石滞洪人工湖等项目。各县（市）城区将加快燃气管网建设，未建设管道燃气的县（市）启动LNG气化站建设，全年新建230千米燃气管网，城市管道燃气应急保障能力满足主城区居民用气使用7天以上。水利提升工程力争完成投资45亿元。重点建设晋江防洪工程、闽江防洪工程德化段等重点堤段防洪治理；德化彭村、泉港双溪、洛江八峰等中小型水库；晋江市引水第二通道工程、泉州台商投资区原水工程等在建引水工程等。全年计划解决农村居民饮水不安全人口23.5万人。信息提升工程力争完成投资13亿元。基本建成全市电子政务公共平台，市县电子政务主要业务信息化率超过50%，全面实现数字化城市管理；建设智慧城市基础平台、平安城市信息平台。环保提升工程全年力争完成投资55亿元。建成城镇生活污水处理厂33座，市、县城区生活污水处理率达85%以上，生活垃圾无害化处理率达95%以上。基本完成中心市区内沟河截污工程建设，逐步实现老城区雨污分流，年底全市省、市级试点镇建成污水处理厂。推动石狮、晋江、南安跨境流域污染治理和全市21条小流域“赛水质”活动。全年完成水土流失治理面积0.87万公顷。

南安市成立商贸红十字会

南安市首个以企业为主、面向社会各界人士而成立的玛尼康商贸红十字会揭牌仪式举行，南安市儿童福利院和官桥老人协会获赠近10万元物品。商贸红十字会秉承“人道、博爱、奉献”的红十字精神，以志愿服务项目为抓手，将开展“群众性现场初级急救培训、红十字文化知识传播、爱心助老”等爱心服务活动。仪式上，举行无偿献血、爱心义卖活动，设立扶贫专用款、金秋助学圆梦专用款及互助基金，旨在为募捐救助服务提供一个极好的平台，让爱心奉献行动与弱势人群的需求形成及时、顺畅的对接。

安溪县增设反盗抢执勤点

安溪县在龙门镇增设反盗抢执勤点，24小时设卡，对过往可疑车辆、人员进行盘查。该执勤点设立后，与增坑防盗抢执勤点南北贯通，成为防范、打击、控制违法犯罪活动的一个屏障。龙门反盗抢执勤点位于安溪县出入厦门的必经之地，2013年高速路贯通后，相当一部分犯罪分子、犯罪团伙利用金安高速作为流窜作案通道。该执勤点的设立有助于织密社会治安防控“卡点”网络，有效应对安溪县动态化治安形势，创造更加良好的社会治安环境。安溪县公安局负责人表示，2014年该县刑事盗抢案件下降26%，下阶段公安部门将加强民生盗抢方面的工作，给安溪人民创造一个安全、祥和的生活环境。

梅州旅游推介会在泉州举行

13—14日，梅州旅游推介会在泉州举行。推介会上播放了梅州旅游宣传片，雁南飞、雁鸣湖、灵光寺、客天下、平远天道、麓湖山等旅游企业先后推介各自的旅游线路产品、优惠政策。之后，梅州的旅游界对泉州的旅游资源进行考察。

相关链接：泉州与梅州的旅游界友好往来已久，两地互为客源地。此次推介会旨在进一步加强合作，努力推动客源互送，不断激活和带旺泉州与梅州的旅游市场。梅州旅游突出客家文化、绿色文化、红色文化、养生文化、宗教文化、创意文化等特色，打响“休闲到梅州、享受慢生活”品牌，把文化旅游打造成幸福市民、快乐游客、致富农民的主导产业。

泉州市学生记者团“书法家进校园”系列活动启动

泉州市学生记者团“书法家进校园”系列活动启动仪式在泉州师院附小举行。该活动由泉州市教育局、泉州市书法家协会、泉州晚报社东南早报主办，泉州市直机关书协、泉州晚报社书画研究院参与协办。活动依托由泉州市教育局和东南早报组织的泉州市学生记者团，在已建记者站学校陆续开展。泉州市书法家协会主席周焜民为“书法家进校园”系列活动题字。市书法家协会将选派书法家走进校园与师生互动，进行书法现场笔会及交流，不定期举办书法竞赛及书法展览等活动。仪式结束后，泉州师院教授、中国书法家协会会员、兰亭奖教育奖获得者黄鸿琼为该校学生记者和书法社团成员作《书法艺术审美与学习》讲座。

相关链接：泉州市学生记者团已在全市建立40多个学生记者站，有成员2000多人，举办300多场次活动，如“小记者跑两会”“闽南文化体验之旅”“东亚文化之都品牌之旅”“学生记者厦漳采风团”“小记者夏令营”等。

享受政府特殊津贴人员开始推选

2014年享受政府特殊津贴人员选拔工作启动。本次享受政府特殊津贴人员选拔推荐工作实行总量控制。2014年泉州市的推荐指标为7名，其中专业技术人才5名、高技能人才2名。选拔将注重人才的业绩和贡献，向企业、生产一线倾斜。其中，专业技术人才要求在专业技术岗位上工作，近5年来取得突出的专业技术业绩、成果和贡献，得到本地区、本系统同行专家的认可，具有高级职称，并具备相应条件；高技能人才要求长期工作在生产服务岗位第一线，技艺精湛，贡献突出，一般应为高级技师（国家职业资格一级）或具有相应高级职业技能水平，并具备相应条件。

《八闽大爱铸金彭》画册出版

在汶川“5·12”地震六周年之际，由省档案馆、省对口支援彭州市灾后恢复重建前方指挥部编撰的《八闽大爱铸金彭——福建省对口支援彭州市灾后恢复重建纪实》画册出版发行，画册收录泉州市对口援建四川省成都彭州市的主要成果。汶川“5·12”地震发生后，根据中央和福建省委、省政府的统一部署，泉州市对口支援彭州市通济镇、新兴镇、丹景山镇和葛仙山镇。从2008年6月至2010年9月，泉州市援建彭州资金6.8亿元，除永久性住房建设外，主要援建22个民生项目，包括道路、自来水厂、幼儿园、文化广播电视站、老年福利中心等。《八闽大爱铸金彭》画册通过近400幅照片，真实记录援建大军的艰苦历程和工作成果。

鲤城区开展地震应急救援演练

在全国第六个防灾减灾日到来之际，鲤城区人武部、科技局、民政局、地震办、消防大队开展地震应急救援综合演练。由40名官兵组成的救援队伍通力合作，进行应急通讯抢修架设、破拆救人现场搜救、防疫消毒、供电线路抢修架设、供水管线抢修、消防灭火、灾民安置等实战演习。生命探测仪、液压破拆工具组、凿岩机、远距离抛投器、起重气垫等高效救援设备一一亮相，成为本次演练的特色。

相关链接：近年来，鲤城区不断加强地震灾害紧急救援队、社区地震灾害志愿者队伍的建设，由街道、社区基层民兵为主组成的地震应急救援志愿队已扩展到90多人。2013年，区政府投入159万元资金配备防化救援、破拆排烟、生命搜救等方面的高性能救援设备。

5月13日

星期二
农历甲午年四月十五
温度：22℃—28℃
阵雨

●《关于2014年鲤城、丰泽、洛江等区初中招生工作的意见》出炉，2014年市区六所公办中学的招生计划略有下调，对到泉务工人员子女一视同仁，保障所有小学毕业生平等接受义务教育的权利。

●首场谢业成先进事迹宣讲报告会在洛江举行，宣传老中医谢业成退休后坚持义诊、捐资助学、扶危济困的感人事迹。

●13—14日，梅州旅游推介会在泉州举行。

●泉州市学生记者团“书法家进校园”系列活动启动仪式在泉州师院附小举行。

●泉州小黄鸭慈善公益漂流活动新闻发布会在泉州万达文华酒店举行。

●报载，享受政府特殊津贴人员开始推选。

●报载，《八闽大爱铸金彭》画册出版。

●报载，鲤城区开展地震应急救援演练。

5月14日

星期三
农历甲午年四月十六
温度：21℃—29℃
阴转阵雨

●市政府召开2014年第三次全市重大项目协调调度会，听取市直相关部门、县（市、区）有关重大项目进展情况，以及赴粤港澳、江浙沪产业链推介对接工作准备情况的汇报，协调解决存在的问题。

●纪念叶飞诞辰100周年活动暨泉州华侨革命历史博物馆开馆仪式在叶飞故里——南安金淘举行。

●华大讲堂举行第43讲。中国社会科学院工业经济研究所所长、博士生导师黄群慧研究员作了《新工业革命与我国经济发展战略调整》专题报告。

●市直宣传系统“中国梦·我的梦”百姓宣讲报告会首场宣讲报告，在叶飞将军故里——南安市金淘镇占石村举行。

●“工业设计与晋江产业升级转型”辅导讲座暨晋江工业设计行业交流对接活动在晋江国际工业设计园举办。

●全省首个县级农村产权交易中心——德化农村产权交易中心挂牌。

●第16届CUBA中国大学生篮球联赛男子组16强赛在厦门进行。华侨大学环球联合化工男篮以89：57战胜清华大学队，率先挺进全国四强。

2014年第三次全市重大项目协调调度会召开

市政府召开2014年第三次全市重大项目协调调度会，市长郑新聪主持会议。副市长陈荣洲、陈灿辉，市政府秘书长吴友才参加会议。郑新聪要求，在推动在建项目方面，要集中一个月时间开展项目工作年中督查，梳理在建项目推进中遇到的主要问题，实行重大项目重点服务，协调好涉及跨县（市、区）问题。在抓好新开工项目方面，要明确开工项目计划，检查各项准备工作的缺项，立体交叉或并联做好项目前期工作，建立新开工项目目标责任制。在新项目策划招商方面，要注重重大项目策划，广开重大项目来源，抓紧“6•18”项目成果交易会、省民营企业产业项目洽谈会、“9•8”投洽会、粤港澳产业链对接恳谈会和江浙沪产业链项目对接推介会等几场招商活动的准备工作。

纪念叶飞诞辰100周年活动暨泉州华侨革命历史博物馆开馆仪式举行

纪念叶飞诞辰100周年活动暨泉州华侨革命历史博物馆开馆仪式在叶飞故里——南安金淘举行。市委书记黄少萍深切缅怀了华侨骄子、开国上将叶飞及其他泉籍华侨革命仁人志士的丰功伟绩，号召全市上下追思和学习华侨革命家为国家、为民族、为人民不懈奋斗的崇高品质和始终不渝的革命精神。市领导郑新聪、陈海基、杨俊峰、翁祖根、陈庆宗，泉州军分区司令员林俊其，以及叶飞家属、亲友代表等参加纪念活动和开馆仪式。

开馆仪式　（图/陈起拓）

华大讲堂第43讲举行

华大讲堂举行第43讲。中国社会科学院工业经济研究所所长、博士生导师黄群慧研究员作了《新工业革命与我国经济发展战略调整》专题报告。市领导陈海基、杨俊峰、翁祖根等市委学习中心组成员，华侨大学校长贾益民，市直有关部门、在泉州各高校、各民主党派负责人，华侨大学党委学习中心组成员及部分华大师生参加报告会。市人大常委会主任陈海基为黄群慧颁发“华大讲堂”主讲嘉宾纪念牌，贾益民为黄群慧颁发华侨大学兼职教授聘书。讲座同时通过新浪微博图文直播。当前，全球出现了以信息网络、智能制造、新能源和新材料为代表的新一轮技术创新浪潮，面对新工业革命带来的机遇和挑战，中国的“新型工业化道路”应该怎么走？黄群慧从世界工业化新趋势及其影响、新工业革命下的工业大国国情和新工业革命背景下的中国经济发展战略调整三方面入手，深入解读新工业革命及我国经济发展的应对方略，提出要依靠信息技术促进制造业与现代生产性服务业“双轮驱动”、融合发展，建设和完善高效能运算等国家先进制造技术基础设施，打造国家级共性技术平台，实现我国产业赶超路径从“承接制造+产品创新”向“产品创新+工艺创新”的转型，用先进制造技术改造传统生产方式，重视企业管理模式。

全省首个县级农村产权交易中心挂牌

全省首个县级农村产权交易中心——德化农村产权交易中心正式挂牌。该中心的成立，为泉州打破农村产权交易“信息孤岛”，激活农村“沉睡资产”，迈出探索性的关键一步。该中心已有农业、林业、水利、国土、住建、公证、金融等部门入驻，这些服务窗口的归并整合，方便农民、农村集体经济组织、投资业主进行“一站式”咨询和交易。该中心还核定4家中介机构进驻，为农村产权交易提供资产评估、询价等服务；与农村信用联社合作，开展农村产权抵押贷款、小额信用贷款等金融服务；设立公证服务窗口，保证交易公正性；严格规范交易流程，制定农村产权交易管理暂行规定、交易规则等10多项规章制度。

郑新聪到市信访局接访群众

市长郑新聪到市信访局接访群众，市领导许昆贞等参加接访。郑新聪强调，各级各部门要宣传逐级信访的规定，引导信访对象就地就近依法反映诉求；推行干部信访接待下基层，落实重大信访积案化解责任制，推动案结息访；提高基层干部做群众工作的能力和水平，及时解疑释惑，回应群众关切，解决实际问题。

市人大常委会第二十八次主任会议召开

市十五届人大常委会召开第二十八次主任会议。市人大常委会主任陈海基，副主任陈万里、洪泽生、潘燕燕、陈全顺、吕竞、王远东、张建生参加会议。会议听取关于中心市区停车场所规划建设管理情况的调研报告。报告指出，近年来泉州市编制一批专项规划，着手实施停车场建设改造项目，并逐步构筑与城市发展相适宜的公共交通网络。但中心市区存在停车场所规划建设滞后、配套政策不完善、管理方式落后等问题。调研组建议，尽快出台停车场所管理相关规定，理顺管理体制；抓紧规划和修编停车场所专项规划，加强规划管理；加快停车场建设进度，提高管理能力；开展停车场所专项整治工作，规范停车秩序。在新区规划建设中要把停车场所的规划、建设、管理三者有机结合，统筹协调，落实到位。

杨俊峰到洛江区调研镇村开展教育实践活动工作

市政协主席杨俊峰到洛江区河市镇及溪头村、白洋村，调研镇村开展党的群众路线教育实践活动工作。杨俊峰再肯定河市镇教育实践活动取得的初步成效后指出，乡镇一级直接面对群众，要以“为民”作为核心，坚持开门搞教育，广泛深入听取群众意见，找准自身存在的突出问题，坚持边查边改，解决好服务群众“最后一公里”问题。

学习蔡立忠先进事迹座谈会召开

学习蔡立忠先进事迹暨援边援外医疗队宣传工作座谈会召开。市委常委、宣传部部长、教育工委书记陈庆宗参加会议。座谈会认为，蔡立忠是援边援外医疗队伍的先进典型和代表，体现医务工作者全心全意为人民健康服务的无私奉献高尚品德。全市宣传、统战、医疗卫生系统和各行各业的干部职工，要响应市委号召，学习蔡立忠和援边援外医疗队先进事迹，树立正确的人生观、价值观、事业观，当信念坚定、一心为民、敢于担当、清正廉洁的好党员、好干部；要在立足岗位，做好本职工作，在平凡岗位上创造不平凡业绩，把学习活动转化成爱岗敬业、无私奉献的实际行动。医疗卫生系统要加强医德医风建设，提升医疗服务质量和卫生行业职业道德水平。

厦门到泉州的首条城际公交开通

厦门到泉州的第一条城际公交614路开通。这条公交从同安汽车站开往安溪大坪，每天有6个班次，将大大方便两地人员往来。该条公交线路沿途风景秀美，全程70—80分钟。图为开通仪式。

（图/郭冰德）

丰泽首次对污染环境嫌疑人追究刑责

丰泽公安分局通报称，已抓获两名涉嫌污染环境的嫌疑人，并将予以追究刑责。这是丰泽区建区以来首次对污染环境事件进行刑事处罚。通报称，2013年3月，湖北人龙某有与南安人尤某，在丰泽区北峰街道招贤社区曾坑工业区租了一处民房，未经相关部门批准擅自经营电镀加工厂。2013年9月，丰泽区环保局会同泉州市环境监察支队、北峰街道办事处联合执法中，发现这个电镀加工点产生的电镀废水未经任何处理直接排放，经现场采样监测，外排污水中的六价铬、pH值均超过国家排放标准的三倍以上。其中，六价铬排放超过规定排放标准的3507倍之多。

5月15日

星期四

农历甲午年四月十七

温度：23℃—28℃

阵雨转中雨

●15—16日，中国侨联副主席康晓萍到泉州调研泉州华侨文化宣传工作。

●郑新聪在市信访局接访群众。

●市十五届人大常委会第二十八次主任会议召开。

●杨俊峰到洛江区河市镇及溪头村、白洋村，调研指导镇村开展党的群众路线教育实践活动工作。

●学习蔡立忠先进事迹暨援边援外医疗队宣传工作座谈会召开。

●第十届深圳文博会开幕。泉州丝绸版《富春山居图》、中国工艺美术大师郑国明的《马上成功》、德化300多件中国龙瓷精品等展品，受到广泛关注。

●厦门到泉州的首条城际公交开通。

●受丰泽区法院邀请，2名专业律师坐镇丰泽法院诉讼服务中心的“法律志愿者服务窗口”，为来访参讼群众答疑支招。此举在每月5日和15日固定进行。

●丰泽公安分局通报称，该局抓获两名涉嫌污染环境的嫌疑人，并将追究其刑责。这是丰泽区首次对污染环境事件进行刑事处罚。

●晋江市委组织部与泉州师范学院陈守仁工商信息学院举行校地合作签约仪式，首期非公企业党务人才订单式培养培训班正式开班。这在全国非公企业党建工作中尚属首创。

5月16日

星期五
农历甲午年四月十八
温度：21℃—27℃
阴

●全市党的群众路线教育实践活动工作会召开，贯彻落实中央教育实践活动视频会议和省委有关部署精神，总结回顾泉州市教育实践活动学习教育、听取意见环节工作，安排部署查摆问题、开展批评环节工作。

●泉州市召开专题会议研究部署加强“海上丝绸之路”文化遗产保护和管理工作。

●市政府召开第45次常务会议，听取1—4月全市经济运行情况分析和防汛防台工作汇报，研究部署相关工作。

●在全国、全省“安全生产月”“安全生产万里行”和汛期安全生产工作视频会议后，泉州市随即召开会议，部署全市安全生产工作。

●两场2014全国道德模范故事汇基层巡演活动泉州专场在梨园古典剧院举行。

●泉州博物馆群馆长主题论坛召开。会上，“泉州博物馆微联盟”微信公众号正式开通。

●国内知名歌手、音乐制作人高进到泉州，与歌迷进行互相交流活动。

●第五届中国地产闽商大会在福州召开，中骏置业再次受邀成为中国地产闽商联谊会理事单位，其旗下大盘中骏•黄金海岸获“2014闽商首府”大奖。

全市党的群众路线教育实践活动部署批评环节工作

全市党的群众路线教育实践活动工作会召开，总结回顾泉州市教育实践活动学习教育、听取意见环节工作，安排部署查摆问题、开展批评环节工作。省委第四督导组第一组长曹德淦、组长李德仁、副组长郑恢先以及督导组全体成员，市领导黄少萍、郑新聪、陈海基、杨俊峰等参加会议。曹德淦指出，群众路线教育实践活动开展以来，泉州市上下联动，压茬推进、有序衔接，第一环节工作取得明显实效，教即将转入第二环节，泉州要抓好三方面工作，推动教育实践活动扎实深入开展。要认真开展“回头看”工作。按照习近平“贯彻群众路线没有休止符，作风建设永远在路上”的要求，完善机制、增强举措，坚持主题不变、镜头不换，突出问题导向，聚焦“四风”；坚持真开门、开大门、全过程开门，广泛听取意见；坚持边学边改、边查边改、真改实改；坚持履行好领导干部“一岗双责”；坚持“六查六看”为衡量标准，存在不足的，要及时敦促“补课”、“回炉”。要认真撰写对照检查材料。对照党章、八项规定和群众所提意见，开门见山、直奔主题，聚焦“四风”、不偏不绕，通过群众提、自己找、上级点、互相帮、集体议，开展谈心交心活动，实行“四必谈”，确保对照检查材料见人见物见思想，敢于深挖根源、敢于揭短亮丑、敢于触及灵魂。要认真检验第一环节成效，强化排查整改意识，限时解决首批40个边学边改整改项目。坚持教育实践活动与经济社会发展两手抓、两不误、两促进，以作风建设的新成效，推动泉州经济社会发展再上新台阶。

市政府常务会议研究经济运行和防汛防台工作

市政府召开第45次常务会议，听取1—4月全市经济运行情况分析和防汛防台工作汇报，研究部署相关工作。市领导郑新聪、林伯前、周真平、卢炳椿、林万明，泉州军分区司令员林俊其，市政府秘书长吴友才出席会议。市人大常委会副主任张建生，市政协副主席吴共湖参会。市长郑新聪指出，1—4月全市经济运行有所回升，但一些指标完成时序进度差距较大，后续发展面临困难突出，必须引起重视。下一步，要坚持稳中求进、改革创新，统筹推进稳增长、促改革、调结构、惠民生，确保二季度好于一季度，实现上半年时间过半、任务过半。郑新聪要求，各级各部门要把握趋势，关注国内外经济形势，及时分析研究和掌握重点行业运行状况，主动跟进衔接国家宏观政策微调变化。要抓住重点：重点行业要抓产业转型升级行动计划的实施，组织开展粤港澳、江浙沪产业链专项招商，以及省民企对接会、“6•18”等活动；重点企业要抓产业龙头，抓紧研究出台具体实施方案，引导企业借助资本市场做大做强；重点新增长因素要抓工业大项目及技改项目，重视推进三产重点项目；重点区域发展要结合实际抓、实实在在推，力争多做贡献；重点要素保障要多管齐下、有力有效，切实抓好资金、用地、用海、用林和煤电油气保障。要助推创新，支持企业抓好产品创新、管理创新、技术创新和商业模式创新。要提供高效便捷的政务服务，尽最大可能减轻企业负担，提高政策实施的有效性和针对性，帮助企业拓展内外市场。

全国道德模范故事在泉州讲述

两场2014年全国道德模范故事汇基层巡演活动泉州专场在梨园古典剧院举行。活动由中央文明办、中国文联、中国曲协主办，省委文明办、市委、市政府承办。演出中，佟长江、闫淑平、杨鲁平、王文水、李立山、田连元、翁仁康、刘兰芳等艺术家用评书、故事、二人转、莲花落等曲艺形式，讲述和演绎道德模范的事迹：35年来，罗长姐悉心照料在部队执行任务时患上乙型脑膜炎、严重智残的儿子，即使被儿子打瞎一只眼睛，依然无怨无悔；80后“油条哥”刘洪安担心顾客吃了隔夜油影响健康，坚持使用新油炸油条，守住良心底线；士兵何祥美立志当“能打仗的兵”，刻苦训练，成为具有传奇色彩的“三栖精兵”；冰山上，老兵陈俊贵带着一家子为修筑天山独库公路牺牲的战友守墓20年，直到战友家属找来、将尸骸运回家。道德模范体现出的正能量，深深打动现场观众。

活动现场 （图/李芸生）

市政公用系统开展“问政于民、问需于民、问计于民”活动

市政公用系统在泉州商城广场开展“问政于民、问需于民、问计于民”活动。现场人来人往，十分热闹。3小时内，近200人次的热心市民写下关于市政事业的建议意见，26人应征市政志愿者、17人报名参加市民考评员。公园景区、园林绿化、环境卫生、城市排水、燃气管理等方面内容的宣传展板图文并茂，直观地向市民展示市政公用系统各单位的工作职能，以及安全用气、节约用水、爱绿护绿、室内植物栽培、垃圾分类等知识。在市政公用系统各单位一字排开的咨询桌前，不少市民认真填写各单位的“问政、问需、问计”表格。市市政公用事业管理局领导班子成员、各科室负责人全程参与活动，统筹指挥市政、园林、环卫3支应急队伍对市民反映的井盖缺失、绿化缺株等可即时办理的问题予以现场核实、处理。主办单位表示，将认真研究办理征集到的意见建议，并及时反馈。

活动现场　（图/李芸生）

泉州市民音乐会“动物狂欢节”上演

由市委宣传部、文广新局、泉州晚报社会主办的泉州市民音乐会“动物狂欢节”在泉州影剧院上演。“动物狂欢节”是法国音乐大师圣桑以生动的手法，描写动物在热闹的节日行列中，各种滑稽有趣的情形。当晚福建省交响乐团的现场演奏与背景多媒体视频同步进行，用音符演绎动物在狂欢节中各种情形，达到视听高度统一的效果。在演奏每首曲子之前，主持人用深入浅出的语言对曲子背景作介绍，让现场观众加深对交响乐作品的了解，也调动了音乐会的气氛。

2014年信息化宣传周活动举行

17—23日，市信息化局联合市通信发展管理办公室联合纪念“世界电信和信息社会日”，集中开展2014年信息化宣传周活动。活动旨在加大“智慧泉州”建设力度，凝聚广泛的建设力量，营造良好的建设氛围。本次宣传周活动以网络、报纸、电视及广场服务为载体，围绕加快信息化走进群众生活，宣传“智慧城市”发展专项规划，展示信息化建设成果，进一步营造“智慧泉州”建设的良好氛围。

六小龄童到晋江市作主题公益讲座

电视剧《西游记》中孙悟空的扮演者、著名表演艺术家六小龄童到晋江市图书馆，做一场“苦练七十二变，笑对八十一难”的主题公益讲座，并为到场的500多个孩子签名售书。上午9时许，讲座尚未开始，晋江市图书馆报告厅里已经坐满晋江各大小学的学生，现场响起《敢问路在何方》熟悉的旋律，孩子们捧着与《西游记》有关的书籍，兴奋地等待“孙悟空”的到来。9时30分，六小龄童现身报告厅，孩子们立马欢呼起来。讲座最后，他还教孩子们“美猴王”的扮相，还自己露了一手舞起金箍棒来，动作之流利，表情之逼真，活脱脱一个“美猴王”驾临。“上世纪80年代，在福建朋友的介绍下，我曾与晋江象山工业区合作推出‘六小龄童奶糖’，可惜后来没做下去。”一上台后，六小龄童便讲述他与晋江、与泉州结缘的经历。六小龄童说，当时电视剧《西游记》红极一时，各方都特别希望借此开发文化产业，打造中国内地的儿童大品牌，然而由于种种原因，最终这一品牌未能继续。除了晋江，六小龄童也与泉州有段不解之缘。“《西游记》除了在武夷山、漳州取景外，也在泉州开元寺和清净寺拍过。”当时在泉州拍的是《孙猴巧行医》那集，泉州的群众演员提供了诸多帮助，令他印象深刻。六小龄童的讲座主题是“苦练七十二变，笑对八十一难”，他笑说自己的人生可不止“八十一难”。举个拍摄的小例子。当年拍摄《大战红孩儿》那集时，特效并不发达，而且也没有替身的说法，剧中孙悟空被烧伤确系他一人演绎。“里面穿石棉，外面穿孙悟空的那套衣服，涂上汽油，火是真的在我身上烧……”六小龄童说，当时火苗在身上乱窜，他还得根据剧情表演，“真的烧伤了，眼睫毛都被烧掉了，拍完这个镜头我直接晕了过去……”

5月17日

星期六
农历甲午年四月十九
温度：22℃—28℃
阴转阵雨

●市市政公用事业管理局在泉州商城广场举行“问政于民、问需于民、问计于民”走近群众现场活动。

●由市委宣传部、市文广新局、泉州晚报社主办的多媒体交响音乐会“动物狂欢节”在泉州影剧院上演。

●17—23日，市信息化局联合市通信发展管理办公室结合纪念“世界电信和信息社会日”，集中开展2014年信息化宣传周活动。

●著名表演艺术家六小龄童到晋江市图书馆，作“苦练七十二变，笑对八十一难”的主题公益讲座，并为到场的少儿读者签名售书。

●德化举行第四届中小学生陶艺现场比赛，200多名选手参赛。

5月18日

星期日
农历甲午年四月二十
温度：22℃—27℃
阵雨

●2014年全国蹦床冠军赛在天津落幕，泉州选手杨松为福建队夺得一金一银。

●国际博物馆日。泉州网启动“泉州网上博物馆”建设项目，搭建平台展示各个博物馆最有代表性的收藏品。

●以“文化与商业体验创新”为题，凤凰卫视著名主持人胡一虎在泉州万达文华酒店，与文化艺术界、商业界、传媒界等各界精英人士，演绎现场版《一虎一席谈》。

●由市旅游局主办，市自行车旅游协会等承办的“重温海丝梦——古城古港万人大骑游”启动仪式在市区源和1916文化创意产业园举行。

●指掌春秋——闽台木偶艺术展在中国闽台缘博物馆一楼西斋展厅开幕。

全国蹦床冠军赛泉州选手杨松夺金

2014年全国蹦床冠军赛在天津落幕，决出十项冠军。泉州选手杨松为福建队夺得一金一银。此次冠军赛是2013年全运会之后国内举办的第一场全国蹦床比赛。在男子单跳决赛上，泉州健儿杨松选择了最高难度，且动作全部完成，为福建队拿下一枚金牌。

跨界论道“文化与商业融合”活动在泉州举行

以“文化与商业体验创新”为题，亚洲名嘴、凤凰卫视著名主持人、台湾最有魅力男主播胡一虎在泉州万达文华酒店，与1500多名嘉宾、企业家、文化艺术名人、传媒老总等各界精英跨界论道，纵论“文化携手商业”的无限可能。大会议厅座无虚席，原定800位的座位，临时加座至1500位，还有一些来宾只能站着。此次活动由兆基•光明城、刺桐里文化平台、泉州晚报社、福建省海峡文化创意产业协会主办，泉州市创意产业协会协办。对话以“城市文化传承与商业是否有冲突”为主题展开：从《舌尖上的中国2》中的泉州萝卜饭到泉州多元包容的城市文化，什么最能代表泉州城市文化？城市文化的传承，传统和创新是否相悖？文化与商业两者跨界发展，会为各自带来什么？胡一虎与泉州晚报社副总编辑郭培明、中国陶瓷艺术大师苏献忠、泉州籍知名当代艺术家苏上舟、泉州南音传承人蔡雅艺、深圳市都会城市研究院院长高海燕、台湾顽石文创创办人及创意总监程湘如等嘉宾展开了富有建设性的观点交锋。

古城古港万人大骑游启动

作为泉州市纪念“5•19”中国旅游日重要主题活动之一，由市旅游局主办，市自行车旅游协会等承办的“重温海丝梦—古城古港万人大骑游”启动仪式，在市区源和1916文化创意产业园举行。图为启动仪式过后，参与活动的骑友冒雨出发骑行。（图/陈小阳）

指掌春秋——闽台木偶艺术展系列活动举行

“指掌春秋——闽台木偶艺术展”及相关系列活动在中国闽台缘博物馆一楼西斋展厅拉开序幕，此次活动由中国闽台缘博物馆与泉州市木偶剧团、台湾青年木偶联合发展交流协会、泉州锦绣庄民间艺术园、漳州徐竹初木偶艺术馆联合举办。展览分为“泉州提线木偶戏”“闽南掌中木偶戏”“台湾木偶戏”“闽台木偶艺术文化交流”“闽台木偶戏传承与传播”五部分，共展出“田都元帅”“四将开台”等提线木偶、台湾传统掌中木偶与金光布袋戏木偶等精品200件/套，以及盔帽、戏服、戏棚、古戏本、木偶艺术著作丛书等相关展品约20件/套。其中，“四将开台”提线木偶曾在联合国总部“首届中国春节文艺晚会”、2008年北京奥运会开幕式上献演。为了让观众更直观领略传统木偶艺术魅力，现场设有影视专区，播放提线傀儡戏名家表演精彩片段。此次活动展期从5月18日至6月17日，横跨“5•18”国际博物馆日、“六一”儿童节、“6•13”文化遗产日三个节日。在展览期间，还安排木偶表演、文化沙龙、DIY制作及专题讲座等系列活动。

开幕式

艺术展现场　　（图/吴寿民）

黄少萍到晋江磁灶开展群众路线教育实践活动调研

市委书记黄少萍到党的群众路线教育实践活动联系点晋江磁灶镇开展调研，与镇村干部、群众代表、企业和商会代表等座谈，听取基层群众对泉州、晋江两级党政领导班子和全市党员干部践行群众路线的意见和建议。市领导陈沈阳、翁祖根参加调研。座谈会上，来自基层一线的8名代表，围绕做好老龄服务工作、做大做强陶瓷特色产业、发展壮大农村集体经济、推动老区村面貌改变等工作踊跃发言。黄少萍认真记录、逐一回应。“目前征求到的群众意见主要集中在哪些方面？”“群众对教育实践活动知晓率如何？”“村级党组织近年来发展党员情况如何？”在听取大家的意见和建议的同时，黄少萍细致地询问了解磁灶镇教育实践活动各项工作。黄少萍强调，开展教育实践活动，要时刻牢记“两手抓、两促进”。全市上下要通过教育实践活动提振工作激情、激发创业斗志，以焦裕禄“敢教日月换新天”的奋斗精神，推动经济社会事业发展，完成全年各项目标任务。要因应当前新形势，学习推广晋江选派干部“沉到一线解难题，沉到基层抓落实”的经验做法，提升镇村两级干部的群众工作能力，促进社会和谐稳定。

郑新聪检查全市防汛备汛及“七库连通”工程建设

市长郑新聪率队对全市防汛备汛工作及“七库连通”工程建设情况进行检查，副市长林万明、市政府秘书长吴友才等参加检查。郑新聪一行实地察看了市级防汛物资仓库、浦西滞洪区二期行洪通道、城东滨江路城东海堤、南闸、洛阳桥闸除险加固工程、惠女水库度汛情况和“七库连通”工程惠女水库出水口、洛江区河市镇河市村地质灾害点、河市中心小学避灾点，听取相关工作汇报。实施“七库连通”工程，是市委、市政府为优化配置全市水资源、提高沿海片区供水保证率作出的一项战略决策，工程建成后年均调水量约1.55亿立方米，将有效缓解洛江、惠安、泉港和泉州台商投资区等县（区）严重缺水问题，目前项目已取得阶段性进展。郑新聪强调，“七库连通”工程是一项重大的民生工程、防洪工程和生态工程，要加快工程的实施，提升全市水资源的保障能力和质量，造福广大人民群众。

“感恩尚德 传承茶礼”安溪感德茶王赛举行

由安溪县茶业管理委员会与泉州晚报社主办，安溪县感德镇政府承办，茶王公祠管委会协办，福建农林大学安溪茶学院等单位支持的“感恩尚德 传承茶礼”2014年春季感德铁观音茶王赛在感德镇举行。万人齐聚茶王公祠参加活动。在现场，数百位茶农演绎祭茶王公古礼，恢宏的仪式开创了国内祭茶神的先河；茶王公文化研究会同时揭牌；知名茶企采购部门负责人与茶农和合作社对接，签下合作意向书；参赛选手和各村茶农在茶叶标准化生产自律公约上签名；福建农林大学博士工作站、福建农林大学安溪茶学院校外科教实践基地在感德老固茶叶专业合作社挂牌。

茶王赛现场　　（图/李芸生）

安溪铁观音文化现象的国家意义”国际学术研讨会举办

19—22日，“中国茶的世界——安溪铁观音文化现象的国家意义”国际学术研讨会在“中国茶都”安溪举办。作为“东亚文化之都·泉州”2014活动年系列论坛之一，此次研讨会由中国社会与发展研究中心（费孝通研究中心）、北京大学社会学人类学研究所、中国海外交通史研究会、“东亚文化之都·泉州”建设发展委员会主办，安溪县人民政府承办。部分外国驻华使馆文化参赞，以及来自英国、荷兰、德国、美国、加拿大、韩国、日本等国家和国内北京大学、中山大学等院校的专家学者100多人齐聚安溪，研讨铁观音茶文化。与会者对安溪茶文化史迹进行考察，足迹遍及西坪铁观音发源地、安溪铁观音集团厂房及创意馆、魏荫铁观音茶叶基地、清水岩等地。研讨会期间，主旨演讲暨主题调研报告、比较视野中的茶文化、中国的山水意境与“周边”茶文化、中国发展道路中的茶等内容相继被推出，还围绕安溪茶的文化现象评论展开品茗与圆桌会议。

5月19日

星期一
农历甲午年四月廿一
温度：23℃—27℃
阵雨

●黄少萍到党的群众路线教育实践活动联系点晋江磁灶镇开展调研及座谈。

●郑新聪率队对全市防汛备汛工作及七库连通工程建设情况进行检查。

●由安溪县茶业管理委员会和泉州晚报社主办的“感恩尚德 传承茶礼”感德茶王赛举行。

●19—22日“中国茶的世界——安溪铁观音文化现象的国家意义”国际学术研讨会在安溪举行。

●由中国地市报研究会、安溪县人民政府、泉州晚报社联合主办的“杉品杯”安溪铁观音初制技能大赛在安溪县长坑乡举行。

●19—20日，翡翠湾首届映像闽南沙雕艺术节暨中国旅游日公益宣传活动启动仪式在漳州漳浦举行，泉州市旅游局带领近10家旅行社参加，借此推介泉州。

5月20日

星期二
农历甲午年四月廿二
温度：22℃—27℃
阵雨转小雨

●20—21日，文化部外联局局长张爱平率队到泉州，对泉州市“东亚文化之都”建设工作开展检查指导。市委书记黄少萍、市长郑新聪与张爱平一行座谈。

●郑新聪到鲤城区、丰泽区、晋江市、泉州开发区、泉州台商投资区，调研8家产业龙头企业，了解相关行业发展形势和企业发展现状，现场协调解决企业存在的困难和问题。市领导陈灿辉、许连捷，市政府秘书长吴友才参加调研。

●泉州以中国古代海上丝绸之路起点城市的形象，登上在上海大剧院举行的“团结和谐的亚洲—携手向明天”——亚洲相互协作与信任措施会议第四次峰会文艺晚会

●泉州1970对新人扎堆登记结婚。

●中国鞋都电子商务中心与泉州理工职业学院举行签约仪式，正式达成战略合作关系。

●泉港区首个区级廉政警示教育基地在区检察院揭牌启用。

黄少萍郑新聪与文化部外联局领导座谈

20—21日，文化部外联局局长张爱平率队到泉州，对泉州市“东亚文化之都”建设各项工作开展检查指导。市委书记黄少萍、市长郑新聪与张爱平一行座谈。市领导翁祖根、陈庆宗、周真平参加座谈。黄少萍代表市委、市政府向张爱平一行的到来表示热烈欢迎。黄少萍指出，作为首批国家历史文化名城，泉州历史积淀深厚，“无处不文化”。特别是改革开放以来，历届市委、市政府高度重视文化保护发展，始终坚持文化事业与经济建设齐头并进，让丰富多彩的闽南文化在泉州完整保存、活态传承，奠定了泉州获评中国首个“东亚文化之都”的最大优势和底气。“桂冠在身，我们更加不敢懈怠。”黄少萍表示，荣膺“文都”以来，泉州一直积极兑现申报承诺，全力履行文化外交的国家责任，以“文都”建设为契机，挖掘潜力，努力打造“海丝”文化品牌，以文兴城，开展文化惠民活动，致力以文化推动各项事业再攀新高。张爱平代表文化部充分肯定泉州“文都”建设成效，感谢泉州对文化部工作的支持。张爱平指出，泉州代表国家，与韩国光州、日本横滨开展区域性文化交流，增进了国家间友谊，展示了亚洲文化的独特魅力，服务了国家文化外交大局，成绩可嘉。希望在泉州市委、市政府的高度重视下，“东亚文化之都”建设一如既往扎实推进，计划任务一一落到实处，更大成就、真正为国争光。在泉期间，张爱平一行参观考察了泉州古典梨园剧院、南音艺苑、市民广场四大公共文化中心、海峡体育中心等场馆设施。

郑新聪到部分产业龙头企业调研

市长郑新聪到鲤城区、丰泽区、晋江市、泉州开发区、泉州台商投资区，调研8家产业龙头企业，了解相关行业发展形势和企业发展现状，现场协调解决企业存在的困难和问题。市领导陈灿辉、许连捷，市政府秘书长吴友才参加调研。郑新聪勉励企业家要增强信心，以市场为导向，以创新为支撑，积极发挥龙头带动作用。各级各部门要加强服务，帮扶到位，政企合力，共同推动泉州新一轮科学发展、跨越发展。郑新聪强调，省、市龙头企业既有优势明显，再发展能力强，对延伸和完善产业链条，推动产业集聚有着不可替代的作用。在发展自身的同时，龙头企业要与政府部门联手订规划、联手订政策、联手抓招商；与上下游企业手拉手，创造产业协作条件，推动分工协作、集群发展。各级政府各部门在服务企业方面要有更强力度，更大作为。

郑新聪在鲤城区调研　（图/林正顺）

中国鞋都电子商务中心与泉州理工职业学院缔结战略合作关系

就“创业实训校企合作”项目，中国鞋都电子商务中心与泉州理工职业学院举行签约仪式，正式达成战略合作关系。中国鞋都电子商务中心作为福建省最专业的电商平台之一，拥有400多家网络批发商、200多家电商运营团队，同时还是晋江市电商就业创业孵化产业基地，拥有YBC服务站及大学生创业园区。目前，中国鞋都电商中心联合高校开展的“创业实训校企合作”项目已初显成效。此次牵手泉州理工职业学院，能让更多对电商感兴趣的学生接触电商，通过电商实现自己的创业理想，也能帮助泉州的电商企业培养更多的电商人才。

泉港区首个区级廉政警示教育基地启用

泉港区首个区级廉政警示教育基地在区检察院揭牌启用，为该区开展廉政文化建设、预防职务犯罪工作搭建了新平台。该基地由泉港区纪委和区检察院筹建，占地400平方米，由“廉之海”“腐之渊”“心之洲”“光之城”4个展区组成，综合运用“声、光、影、电”等现代化技术手段，采取讲解引导、放映电教片、实景体验等形式，生动直观地展现近年来全国各地查处的一些反面典型，以及建区以来泉港查处的违纪违法党员干部的案例，带给观众以震撼和警示。泉港区将以廉政警示教育基地为依托，分批为机关企事业单位干部职工、各村（居）主干、医院学校行政人员等，开展廉政警示教育，传播廉政文化。

陈冬到泉州调研新型城镇化建设

副省长陈冬带领调研组到泉州调研新型城镇化建设，市领导郑新聪、李建辉参加活动。陈冬指出，泉州在推进新型城镇化建设方面积累了不少好经验、好做法，要进一步总结完善晋江、石狮、德化等地在人口市民化、融资多元化和土地流转、文化传承、生态保护等方面的试点经验，为加快全省中小城市及城镇发展提供有益借鉴。

郑兰荪到泉州督办省政协重点提案

省政协副主席郑兰荪带队就省政协重点提案《推进生态文明建设必须加强湿地保护》到泉州督办调研，市领导杨俊峰、卢炳椿、吴共湖参加活动。郑兰荪肯定泉州在加强湿地保护、促进经济与环境协调发展取得的成效，表示调研组将围绕湿地保护立法执法、管理、规划、经费、生态补偿等问题深化调研，为推动福建省湿地保护工作提供参考。

黄少萍部署防汛备汛工作

市委书记黄少萍到市防汛抗旱指挥部，查看全市防汛抗旱指挥系统，了解近期和下阶段气象、水文、防汛工作情况，部署防汛备汛工作。市领导周银芳、翁祖根、陈灿辉陪同检查。黄少萍强调，经过前一轮降雨，泉州市土壤含水量饱和，地质灾害等级较高，防洪抗灾形势更加严峻。全市要按照省委、省政府的指示精神，加强监测预警，做足防范准备，整改薄弱环节，做好防汛防台工作，确保人民群众生命财产安全。就做好下阶段防汛备汛工作，黄少萍要求，各级各部门要落实以行政首长责任制为核心的各项防汛责任制，强化汛期24小时值班和领导带班制度，加强对重点部位和环节的监督抽查；要强化对各地气象水文的监测预警，第一时间发布汛情信息，对基层防洪抗灾工作进行"点对点"预警指挥；要强化重点防御，突出抓好水库安全度汛、在建水利工程安全检查、山洪地质灾害防御、城市防洪排涝等工作；要抓紧薄弱环节排查，针对存在问题及时采取应急措施，消除安全隐患；要抓好防汛物资、队伍、预案等的再检查再落实，确保一旦发生险情灾情，能迅速投入力量抢险救灾；要利用媒体向社会滚动播报灾害性天气预警信息，提醒群众及时规避险情灾情，确保在灾害到来之前安全转移、妥善安置危险区域的群众。

"中国茶的世界"国际学术研讨会在泉州举行

21—22日，"东亚文化之都·泉州"2014活动年系列论坛之"中国茶的世界"国际学术研讨会举行。文化部外联局局长张爱平，市委常委、宣传部部长、教育工委书记陈庆宗，北京大学教授王铭铭，英国伦敦经济政治学院教授Stephan Feuchtwang，有关国家驻华使馆参赞以及来自英国、荷兰、德国、美国、加拿大、韩国、日本等国和国内北京大学、中山大学等一批专家学者参加开幕式及相关论坛。 安溪铁观音文化是泉州多元文化的重要组成部分，历经千百年来的积淀和传承，形成具有浓郁地方特色的茶文化，是中国重要的农业文化遗产，成为中国茶的代表。本次研讨会包括"中国茶的世界"国际学术研讨会主旨演讲暨主题调研报告、比较视野中的茶文化、中国的山水意境与"周边"茶文化、品茗与圆桌会议、中国发展道路中的茶等论坛。研讨会从社会学和人文学全面挖掘和分析铁观音的人文内涵，提升安溪铁观音文化的影响力，丰富泉州"东亚文化之都"的品牌内涵，助推东亚文化交流交融、繁荣发展；在中央提出建设"丝绸之路经济带"和"21世纪海上丝绸之路"的战略中提升中国茶文化的内涵和影响力，推动东西方文化交流融合、深化中国与各国的友好关系。

德化永春获评国家生态文明建设示范区

省环保厅通报，此前召开的全国生态文明建设现场会上，国家环保部授予全国37个县（市、区）"国家生态文明建设示范区"称号。福建省有5个县获此殊荣，即长泰、南靖、德化、永春、泰宁。全省9个设区市及79个县（市、区）均已完成生态建设规划编制并组织实施，其中41个县（市、区）通过省级、国家级生态县验收。全省已建成国家级生态乡镇（街道）201个、省级生态乡镇（街道）897个、市级以上生态村11206个。

5月21日

星期三
农历甲午年四月廿三
温度：22℃—26℃
阵雨转中雨

●副省长陈冬率调研组到泉州调研新型城镇化建设。

●省政协副主席郑兰荪带队就省政协重点提案《推进生态文明建设必须加强湿地保护》到泉州督办调研。

●黄少萍到市防汛抗旱指挥部查看全市防汛抗旱指挥系统，了解近期气象、水文、防汛工作情况，部署防汛备汛工作。

●21—22日，"中国茶的世界"国际学术研讨会在泉州举行。

●泉州市纪念毛泽东《在延安文艺座谈会上的讲话》发表72周年暨"送欢乐下基层"启动仪式举行。

●省环保厅通报，此前召开的全国生态文明建设现场会上，环保部授予全国37个县（市、区）"国家生态文明建设示范区"称号。德化县、永春县榜上有名。

●2014年全市普通高考报名工作结束，全市报考普通高校的考生50006人，比上年减少8730人，减幅14.86%，人数为近年来最少。

●"敞开心灵之窗·彭传芳油画精品展"在泉州市青少年宫中策文化中心举办。

●高甲戏精品剧目新编版《连升三级》在泉州高甲剧院上演，由中国戏剧梅花奖获得者、泉州市高甲戏剧团副团长陈娟娟等领衔主演。

5月22日

星期四
农历甲午年四月廿四
温度：21℃—23℃
阵雨转中雨

●黄少萍到市公安局调研。

●市直宣传系统“中国梦·我的梦”百姓宣讲团走进市委党校，用朴实的语言，和党校学员、教职员工分享身边百姓追逐梦想、实现梦想的一个个感人故事。

●德化县凤凰山瓷画院揭牌成立并展出上百件瓷画作品。

●泉州市烟花爆竹末端环节管理信息系统现场会在安溪县举行，全市推广应用该系统。

●安溪县首个国家“863”计划项目启动。

●永春漆篮获批地理标志产品保护。

●福建电视台《今日关注》栏目组到惠安县采风。

●安溪县开展送教下乡活动。

黄少萍到市公安局调研

市委书记黄少萍到市公安局调研，市领导许昆贞、卢炳椿参加调研。在听取全市公安工作情况汇报后，黄少萍对泉州市公安工作给予充分肯定。黄少萍指出，近年来，市公安局坚持围绕中心、服务大局，扎实推进平安建设、法治建设、队伍建设，在构建良好社会治安秩序、维护社会和谐稳定等方面发挥重要作用，圆满完成多项重大活动安保任务，多项战绩连续位居全省第一，为泉州市荣膺全国综治先进城市，再度捧得全国“长安杯”做出了积极贡献。黄少萍强调，各级公安机关要再接再厉、从严治警、强化训练、廉洁自律，着力打造政治、业务、责任、纪律、作风“五个过硬”队伍，始终保持昂扬向上的工作激情和高水平的业务能力；要认真开展党的群众路线教育实践活动，对群众意见比较集中的问题抓紧整改到位，为群众办实事、解难事；要从政治上关心、精神上鼓励、工作上爱护、生活上体恤民警，打造一支快出动、顶得上、压得住、打得赢的队伍，用实际行动迎接新挑战，创造新业绩。

福建电视台《今日关注》栏目组到惠安县采风

福建电视台《今日关注》栏目组到惠安县崇武镇大岞村，就惠安女文化的传承与转变进行为期两天的专访。栏目组采访“惠安女艺术创作基地”“惠女客栈”“惠安女民俗风情园”和泉州籍著名作家陈瑞统。到渔村与村两委、渔民进行交流，挖掘惠安女文化渊源与内涵，凸显惠安女勤劳贤惠、吃苦耐劳的优秀品格。该专题报道分上下两集，时长5分多钟，于近期在福建电视台黄金时段播出。

泉州推广应用烟花爆竹末端环节管理系统

全市烟花爆竹末端环节管理信息系统现场会在安溪县举行。现场会上展示、交流该县自主研发的“烟花爆竹末端环节管理信息系统”。全市从10月1日起全面推广运行该系统。省公安厅治安总队副总队长肖申华介绍，安溪县首创的该管理系统采用条形码技术、IC卡加密和互联网远程技术。借助该系统，公安部门可对全县烟花爆竹的购销情况等信息进行远程实时采集和统计，掌握从烟单位、从烟人员的基本信息以及产品流向，有效地弥补全国流向管理系统的缺漏，破解管理瓶颈；同时，该系统还具备异常情况预警、手机查询等功能，普通消费者也可使用这一系统查询产品真伪、安全级别等重要信息，有效提升公共安全系数。

安溪县首个国家“863”计划项目启动

由华东理工大学、福建华城公司与安溪茶叶生物科技公司合作承担的国家“863”计划“生物和医药技术领域利用生物基原料生产绿色尼龙聚丁内酰胺”项目在安溪县启动。项目课题负责人、华东理工大学教授赵黎明介绍，“生物和医药技术领域利用生物基原料生产绿色尼龙聚丁内酰胺”项目主要立足于安溪这一茶业大县，从茶叶的综合利用、高质利用和深加工等方面考虑，利用生物基原料谷氨酸，经酶转化生产Y-氨基丁酸，进一步生产尼龙聚丁内酰胺，推动高端尼龙的产业化生产与应用。该项目正在有条不紊地推进中，不久的将来，“茶叶尼龙”将广泛应用于工业领域。

永春漆篮获批地理标志产品保护

国家质检总局发布2014年第55号公告，泉州市永春漆篮获批地理标志产品保护。至此，泉州市已有9项地理标志产品，永春漆篮成为该县第5个地理标志保护产品。公告明确规定永春漆篮实施地理标志产品保护范围为：永春县现辖行政区域。永春漆篮产地范围内的生产者，可向县质量技术监督局申请使用“地理标志产品专用标志”，经省质量技术监督局审核，由国家质检总局批准使用地理标志。

安溪县开展送教下乡活动

为发挥中小学名师的辐射效应，让更多孩子享受到更优质的教育资源，日前，安溪县教育局组织“中小学名师讲学团”到官桥、龙门等乡镇，开展送教下乡活动。活动中，2013年评选出的8名县级中小学名师，在培文高中、毓秀中学、官桥中心等学校，与送教学校教师开展同课异构教学活动，与参加观摩的片区学校老师就学科教学中遇到的难题进行交流。

“交流与封闭”小型国际研讨会在泉州召开

二十多位来自世界各地的人类学者齐聚泉州海外交通史博物馆，开展主题为“交流与封闭”的小型国际研讨会。此次会议是“东亚文化之都”泉州活动年的一项活动，也为一直专注于海外交流的海交馆带来了很好的交流契机。当日上午主要由三位来自英国、美国和荷兰的学者做主题演讲。伦敦大学的罗兰教授通过对比非洲、欧亚农作物的分布与传播状况，得知非洲与南亚之间有着长期的联系交往，分析文化传播状况以及对世界的影响。美国弗吉尼亚大学的戴维教授一直以来与海交馆建立了深厚的友谊，曾探访过泉州地带传统的造船厂称赞泉州船非常漂亮，并用汉字“稳”来修辞一艘好船做了详尽的解释。最后，荷兰的范笔德院士做了主题为“茶与鸦片的苦涩甘甜：印度、中国与英国研究札记”的演讲。

全市各地开展科技·人才活动周特色活动

本周是福建省科技·人才活动周，以“科技生活 创新圆梦”为主题，全市各地举办丰富多彩的特色活动。在市一级，市知识产权局联合各地开展专利行政执法市场检查行动；面向企业和中介服务机构，举办知识产权专题培训。市生产力促进中心举办科技特派员创业培训班，开展“中小企业品牌建设”“农产品营销”等专题讲座。在石狮市，科技·人才周活动早在“海博会”期间就已拉开序幕。300平方米的“科技与市场”展区设在石狮服装城，全方位推介海峡两岸纺织产业新产品、新工艺、新技术，相关对接推广交流会也同期举行。还举行首届模拟创业大赛，为高校学生搭建创业经验交流和创业规范化管理平台；开展小牛顿少儿科学实验班大型公益活动，引导青少年热爱科技。永春县推出“科技夜市”，包括科技谜语竞猜、科技咨询和义诊。5场关于食用菌、茶叶、花卉、大棚蔬菜的专题培训走进乡镇；科普讲座、竞赛、科教影视片等走进校园；老年人健康讲座和义诊走进夕阳红大厦；牛姆林生态科普馆等科普基地免费开放。鲤城区举办青少年和企业创新作品、科普知识挂图展览，开展百场科技电影进社区进企业活动。泉港区全面开放科普基地，组织群众和学生参观。洛江区开展科普广场活动，为群众提供人才政策、科普、知识产权等方面咨询服务。各地还以短信、宣传材料、图片展、系列报道等方式加强科技、人才方面的宣传。

第十届东南亚华文文学国际研讨会在泉州厦门举行

23—26日，第十届东南亚华文文学国际研讨会在泉州和厦门两地举行。来自东南亚各国、中国港澳台地区和祖国内地的一百多位作家与学者，从东南亚华文新文学与“海上丝绸之路”关系的视角，探讨东南亚华文新文学的独特性及价值。会议分两地举行，泉州会场由中国社科院文化研究中心闽南文化研究基地和泉州师院相关单位承办。许多与会者表示，东南亚华文新文学的历史与未来离不开共建“海上丝绸之路”，二者之间的紧密联系，对全面促进闽南文化走向世界，提升中华文化的影响力具有重要意义，将为“一丝一带”国家战略的顺利实施贡献积极力量。

市直小学幼儿园2014年招生方案出台

市教育局出台2014年市直小学一年级招生和市直幼儿园招生工作意见，公布市直小学、幼儿园招生计划、服务范围、招生时间等政策。2014年，市直小学、幼儿园招生有三大亮点：一是优质教育资源扩容增量，向新城区拓展，晋光小学东海校区和泉州幼高专附属东海湾实验幼儿园分别投入使用，秋季开始招收新生。二是规范了招生行为，公办小学、幼儿园在招生过程中实行“五公开”，即向社会公开招生时间、招生计划、招生服务区域范围、招生办法和招生结果，其中“招生计划、招生服务区域范围”必须于6月1日前在学园网站公布；市直和鲤城、丰泽、洛江小学和幼儿园招生同步进行。三是严格控制小学、幼儿园班生规模，小学原则上一年级新生每班班生额45人，最多不超过55人，不得招收不足入学年龄的儿童入学。幼儿园小班新生原则上每班班生额控制在30人，不得招收不足入学年龄的幼儿入读小班。除晋光小学东海校区、泉州幼高专附属东海湾实验幼儿园外，其他市直小学、幼儿园的招生计划与2013年基本持平，招生服务区域基本不变。

5月23日

星期五
农历甲午年四月廿五
温度：20℃—24℃
中雨

●二十多位来自世界各地的人类学者齐聚泉州海外交通史博物馆，开展主题为“交流与封闭”的小型国际研讨会。

●全市各地开展科技·人才活动周特色活动。

●23—26日，第十届东南亚华文文学国际研讨会在泉州和厦门两地举行，与会海内外专家学者从东南亚华文新文学与“海上丝绸之路”关系的视角，探讨东南亚华文新文学的独特性及价值。

●市教育局出台2014年市直小学一年级招生和市直幼儿园招生工作意见，公布市直小学、幼儿园招生计划、服务范围、招生时间等政策。晋光小学东海校区和泉州幼高专附属东海湾实验幼儿园首次招生。

5月24日

星期六
农历甲午年四月廿六
温度：21℃—28℃
阵雨转多云

●陈荣凯到泉州调研粮食工作。

●来自市旅游局的消息，“2014中国城市榜——全球网民推荐的最中国美食城市”网络互动活动正式公布20座入围城市名单，泉州名列其中。

●24—27日，第十五届全国太极拳健身月暨2014年福建省全民健身运动会泉州市太极拳比赛在泉州侨乡体育馆开幕，来自泉州各（县、市）区的37支队伍345名运动员参赛。

●24—25日，由福建省画院、南安市文体新局等联合主办的郭东健国画艺术展在南安市体育馆举办，展出国画、书法作品60余件。

●2014年初招中招升学志愿填报咨询会举行。

陈荣凯到泉州调研粮食工作

副省长陈荣凯带领省调研组到泉州调研粮食工作。调研组到中国粮食城、省储南安直属库、中储粮泉州直属库等地考察，指导泉州市粮食储备管理工作。副市长陈荣洲、市政府秘书长吴友才等参加调研。近年来，泉州市落实省长负总责下的省、市、县三级政府行政首长粮食工作负责制、三级粮食储备制度和三级粮食风险基金制度等“三个三”制度，完善粮食安全体系建设，储备粮储备充足，管理良好。在南安官桥以及泉州·中国粮食城现已形成生产加工、仓储物流、市场交易产业链，每年引粮入闽200万吨以上，有效保障“米袋子”供应，为福建省粮食安全做出贡献。陈荣凯在对泉州市粮食安全和现代粮库建设工作表示肯定后指出，“民以食为天”，粮食安全工作责任重大，各级各部门要增强安全意识和危机意识。粮食储备库的建设与管理直接关系着粮食安全保障工作，要提前规划，加紧部署，加快老库区改造提升和新库区建设管理，把粮食安全工作落到实处；要做好合理的规划布局，建设集粮食加工、储备、物流、交易等功能为一体的粮食产业园区；各级各部门应重视粮食企业发展，加强政府与粮食企业间的沟通，发挥粮行米市在弥补粮食产需缺口中的重要作用，促进粮食经济和粮食产业沿着多元化方向健康有序发展。

泉州入围“最中国美食城市”

来自市旅游局的消息，“2014中国城市榜——全球网民推荐的最中国美食城市”网络互动活动正式公布20座入围城市名单，泉州名列其中，这标志着为期两个月的全球网民推荐最中国美食城市投票活动拉开大幕。8月1日，主办方将根据全球网民推选结果，公布10座当选城市，当选城市将获得“全球网民推荐的最中国美食城市”称号。此次福建省有两座城市入围，分别是泉州与三明。活动方这样介绍泉州：自古泉州小食就十分有名，许多普通家庭都能制作百寿龟、白米龟、碗糕、碱粽、芋果等日常小食点心，味道清淡鲜美。和古代民俗活动紧密相连的泉州家常菜如今又逐渐被挖掘，《舌尖上的中国2》中就提到泉州的润饼和萝卜饭，其中介绍了归侨回乡定居的主要原因就是怀念“记忆中的古早味”。评选活动介绍了泉州美食有面线糊、肉粽、润饼、土笋冻等，而泉州的美食远远不止这些，还有蚵仔煎、桂花蟹、猪血汤、牛肉羹、五香卷、鱼丸汤、地瓜饼、芋泥、崇武鱼卷、洪濑鸡爪等300多种。

泉州市太极拳比赛举行

24—25日，由市体育局主办、市太极拳协会承办的第十五届全国太极拳健身月暨2014年福建省全民健身运动会泉州市太极拳比赛在泉州侨乡体育馆举行，全市各县（市、区）区37支队伍共345名运动员参赛。参加比赛的运动员按年龄分为老、中、青三个组别。泉州各县（市、区）代表队、乡（镇）办事处代表队，各太极拳协会、俱乐部、太极拳馆及各老年大学，各大专院校(非在校生）均组队参赛。仲裁和裁判人员由市太极拳协会推荐，市体育局聘请。评分裁判员实行7人制,计分时去掉2个最高分和2个最低分，取中间三个平均值。比赛旨在激发泉州市群众对太极拳的热情，彰显太极文化之魅力，引导人们崇尚科学、健康的健身运动，提高太极拳运动水平。

2014年初招中招升学志愿填报咨询会举行

由市教育局和泉州晚报社主办的2014年初招、中招升学志愿填报咨询会在泉州晚报大厦举行。上万名学生和家长到场咨询。30多所学校的咨询台大部分由校长亲自坐镇，他们与学校其他工作人员一起，耐心为群众解疑释惑。图为咨询会现场。 （图/吴寿民）

泉州设立专项资金扶持民航发展

为加强机场软硬件环境建设，支持更多航空公司在泉州晋江机场新开国际航线，泉州市设立民航发展专项资金。专项资金为每年3000万元，由泉州、晋江两级财政和泉州晋江机场分别承担，专项资金使用上实行滚动管理，上年度结余的资金可转入下一年度使用，期限暂定为4年。专项资金将重点用于支持航空公司在泉州新开、增开的国际航线、港澳台航线、旅游服务专线、货运专线等航线航班，国内符合泉州市经济发展和航空网络需要新开通的客（货）运航线航班，以及航空公司在泉州设立的分（子）公司、过夜基地。如，对于新开通国际和港澳台地区货运航班（全货机），从开通之日起六个月内，按每架货机运送出港货物量给予补贴，每吨补贴300元，6个月补贴总金额不超过60万元；新开通的国内货运航班机（全货机）的补贴标准则是每吨150元，6个月补贴总金额不超过30万元。根据市政府下发的《关于设立扶持民航发展专项资金的意见》，泉州晋江机场将争取每年新开2—3条航线，增加25万—30万人次的旅客吞吐量，力争2017年前实现400万人次的旅客吞吐量，逐步将泉州晋江机场建设成为通达全国主要城市及东南亚的侨乡现代中型国际机场。

第三届中国大学生羽毛球超级赛华大队夺冠

第三届中国大学生羽毛球超级赛在湘潭大学落幕。经过两天苦战，华侨大学队最终战胜东道主湘潭大学队，获得冠军，并获得“体育道德风尚奖”。比赛中，华侨大学先后淘汰了北京交通大学、武汉大学、辽宁石油化工大学；半决赛中，华侨大学3：1轻松击败苏州科技学院，湘潭大学3：2险胜上届冠军北京体育大学。冠军争夺中，华侨大学与湘潭大学一度战成2：2，最后一局华侨大学依靠强大的实力战胜对手一举夺冠。同时，华大刘鑫、刘成、杨晨三位同学入选中国大学生羽毛球队，他们将代表中国大学生羽毛球队参加今年7月下旬在西班牙举行的第13届世界大学生羽毛球锦标赛。

泉州市佛教协会第六次代表大会举行

泉州市佛教协会第六次代表大会举行，选举产生以向愿法师为会长的新一届泉州市佛教协会领导班子。市委常委、秘书长、统战部长翁祖根参加大会并祝贺，对新一届市佛协领导班子今后的工作提出建议。市领导陈全顺、周真平、王瑞强参加相关活动。会后，市委副书记周银芳会见市佛协第六届理事会班子成员。周银芳充分肯定市佛教协会发挥党和政府联系信教群众的桥梁和纽带作用。周银芳指出，长期以来，协会坚持团结和带领佛教界人士坚持正信正行，在自身建设、佛教事业和服务经济社会发展等方面取得了明显成效。希望市佛教协会在新一届领导班子的带领下，积极落实好党的宗教方针政策，引导佛教界走与社会主义社会相适应的道路，推动泉州市佛教事业持续健康发展，更好地促进泉州的和谐稳定和繁荣发展。新当选的市佛教协会会长向愿法师表示，将继续秉承佛教“慈悲为怀”的优良传统，以古德先贤和道元老和尚为榜样，与新一届理事会成员，认真履行大会赋予的职责，引导和带领泉州佛教四众弟子进一步加强自身建设，强化协会服务职能，努力挖掘佛教文化内涵，积极开展对外友好交流，为构建和谐社会、建设好东亚文化之都——泉州做出积极贡献。

相关链接：泉州市佛教协会成立于1953年，其前身为泉晋佛教联合会。妙莲老和尚任主任；1983年，更名为泉州市佛教协会并召开第二次代表大会；1987年，召开第三次代表大会，妙莲老和尚连任会长；2000年，召开第四次代表大会，推选道元法师为会长；2006年，召开第五次代表大会，道元法师连任会长。十余年来，市佛协贯彻落实宗教政策法规，弘扬人间佛教思想，造福社会、共建和谐。同时，泉州佛教界与新加坡、马来西亚、印尼、菲律宾、韩国等国家及中国港澳台地区的佛教友好组织和友好人士，广泛开展交流与合作，增进相互支持和友谊；充分发挥闽台“五缘”关系等优势，与台湾佛教界联合举办各种交流活动，为海峡两岸和平发展积极服务。近年来，全市多座寺院成立或筹备佛教公益慈善机构，推动全市公益慈善事业发展，其中泉州大开元寺扶贫救灾公益协会，爱心足迹遍布全国各地，受到社会各界的肯定和高度赞扬。

5月25日

星期日
农历甲午年四月廿七
温度：22℃—29℃
多云转阵雨

●第三届中国大学生羽毛球超级赛在湘潭大学落幕。经过两天多轮奋战，华侨大学队战胜东道主湘潭大学队获得冠军，并获得“体育道德风尚奖”。

●报载，泉州市设立专项资金，扶持泉州民航发展。

●福建省第十五届运动会（大学生部）围棋比赛在厦门大学闭幕，华侨大学队夺得男子团体赛和男子个人赛两枚金牌，并获男女团体混合赛亚军。

●25—26日，市佛教协会第六次代表大会召开。

5月26日

星期一
农历甲午年四月廿八
温度：25℃—30℃
多云转阵雨

●26—28日，全国政协副主席、全国工商联主席王钦敏一行到泉州调研非公有制经济发展情况。省政协副主席、省委统战部部长雷春美，市领导郑新聪、杨俊峰、周银芳、翁祖根、陈灿辉、许连捷参加相关活动。

●全市党的群众路线教育实践活动工作会进一步学习贯彻中共中央总书记习近平、全国人大常委会委员长张德江在兰考、上杭指导县委常委班子专题民主生活会时的重要讲话精神，以及省委常委（扩大）会、教育实践活动领导小组第八次会议精神，研究部署全市教育实践活动工作。

●郑新聪率市直相关部门负责人到洛江区调研扶贫开发和经济社会发展工作。副市长林万明、市政府秘书长吴友才参加调研。

●2013年度“逢时杯”海内外散文大赛、泉州市文学奖颁奖座谈会暨2014—2015年度庄逢时海内外微文学奖启动仪式在泉州华侨大厦举行。

王钦敏到泉州调研非公有制经济发展情况

26—28日，全国政协副主席、全国工商联主席王钦敏到泉州调研非公有制经济发展情况。省政协副主席、省委统战部部长雷春美，市领导郑新聪、杨俊峰、周银芳、翁祖根、陈灿辉、许连捷参加相关活动。王钦敏考察晋江陈埭商会、361° 公司、恒安集团安东园区、晋江总商会等地，并召开5场政府部门、商会、民营企业座谈会，听取相关情况汇报，与商会、企业家交流。王钦敏指出，各级工商联和商会组织要在全面深化改革中找准定位，坚持面向基层、重心下移，发挥好作为党和政府联系非公有制经济代表人士的桥梁和纽带作用；要发挥为企业提供资金、技术、人才、信息、培训和法律服务，参与公共服务平台建设等方面的作用,在投融资服务体系建设、产业区域标准建立、企业抱团走出去等方面争取更大作为，促进非公有制经济健康发展。希望民营企业家增强“四信”（信念、信任、信心、信誉），练好内功，在创新驱动、转型升级方面多出经验，承担社会责任，健康成长。

全市党的群众路线教育实践活动工作会议召开

全市党的群众路线教育实践活动工作会议召开，学习贯彻习近平、张德江在兰考、上杭指导县委常委班子专题民主生活会时的讲话精神，以及省委常委（扩大）会、教育实践活动领导小组第八次会议精神，研究部署全市教育实践活动工作。市委书记、市委党的群众路线教育实践活动领导小组组长黄少萍主持会议并讲话；省委第四督导组组长李德仁到会指导；市长、市委党的群众路线教育实践活动领导小组副组长郑新聪传达中央、省委精神；市领导陈海基、杨俊峰等四套班子党员领导参加会议。就下阶段贯彻落实中央和省委精神，黄少萍要求，一要以兰考和上杭为坐标，高质量开好专题民主生活会。二要开展5个专项行动，确保教育实践活动取得实效。三要加强领导和督导，确保教育实践活动扎实推进。

市领导到洛江调研扶贫开发和经济社会发展工作

市长郑新聪率市直相关部门负责人赴洛江区调研扶贫开发和经济社会发展工作。副市长林万明、市政府秘书长吴友才参加调研。郑新聪察看虹山乡现代农业项目、虹山乡溁溪小流域整治提升项目、罗溪供水工程、罗溪第二中心幼儿园建设项目和福建铁拓机械有限公司，了解项目建设进展及洛江区经济社会发展情况，并帮助解决当地发展存在的一些问题。郑新聪强调，要加快扶贫开发，把阶段性扶贫与根本性扶贫相结合，把富民产业与生态保护相结合，把扶贫与扶智、扶志相结合，创新扶贫模式，分类施策、分片推进，提高“精准度”，变“输血”为“造血”，推动贫困乡村长远发展。

2013年度“逢时杯”征文赛及泉州市文学奖颁奖

由省作家协会、市文广新局、市文联、泉州府文庙文物保护管理处、市孔子学会等举办的2013年度“逢时杯”海内外散文大赛、泉州市文学奖颁奖座谈会暨2014—2015年度庄逢时海内外微文学奖启动仪式在泉州华侨大厦举行；“我们的节日”2014年端午笔会暨旅菲闽籍诗人庄垂明、平凡作品研讨会同时举行。市孔子学会会长洪辉煌，福建文学杂志社社长曾章团、执行主编郭志杰、副主编刘志峰、主编助理石华鹏、贾秀莉，编辑林芝、林东涵，省作家协会秘书长张冬青，《福建乡土》副主编林登豪，菲律宾华人作家协会秘书长、菲律宾博览堂总编辑王勇，中国作家协会现代文学馆馆员、《当代诗坛》杂志副主编北塔，中国闪小说学会常务副会长兼秘书长程思良等出席。

相关链接：一等奖《寻常巷陌》（泉州）洪泓，《安海港的记忆》（外一篇）（北京）许谋清。二等奖《守望•东亚佛缘》（丰泽）王树声，《瓷之初》（德化）张晴雯，《先生的文庙》（洛江）蔡飞跃。三等奖《那难以割舍的儒子情结》（丰泽）郑剑文，《一缕乡愁绕横滨》（湖北）闻桑，《白石青云自对眠》（鲤城）吴晓川，《姑嫂塔传奇的文化解读》（石狮）李国宏，《鲤城追踪》（晋江）张子曲。

座谈会现场　（图/陈　客）

苏树林到石狮调研纺织服装企业发展状况

省长苏树林到石狮市调研当地产业发展状况，泉州市委书记黄少萍、市长郑新聪分别参加相关活动。苏树林察看了位于石狮市纺织服装产业发展基地内的政和产业园，鼓励两地继续推进山海协作、对口帮扶。苏树林到石狮市总部经济大厦，视察新宏兴纺织运营中心，详细询问甲骨文纺织服装创新发展云平台建设情况；苏树林走访了海西（石狮）电子商务园区，肯定电商企业创新传统产业营销模式，主动把握市场脉搏；在服饰创意博览园，苏树林与设计师们交谈，希望这里成为与国际时尚创意接轨的服饰产业孵化器。调研中，苏树林指出，纺织服装产业是石狮的传统优势支柱产业。面对当前激烈的市场竞争，石狮要发扬“爱拼敢赢”的精神，走创新发展之路，整合产业资源，加快转型升级，把传统产业做大做强、打造成新的朝阳产业。一要提升产业集群。大力发展总部经济，培育壮大龙头企业，调整产业结构，实施技术改造，做优自主品牌，形成强大区域竞争力。二要加强自主创新。以文化创意提高产品附加值，加快信息化与工业化的深度融合，实现文化、科技与产业的有机结合，推动发展方式转变。三要发展电子商务。运用互联网商业模式拓展市场，实现线上线下资源整合，带动商贸服务业和现代物流业发展，扩大市场份额和辐射力。苏树林指出政府要为企业转型升级提供政策引导和便利服务，积极为企业排忧解难。

新华社“新丝路·新梦想”专栏刊发黄少萍专访

新华社“新丝路·新梦想”专栏刊发对泉州市委书记黄少萍的专访。全文如下：

作为古代海上丝绸之路最重要的起点城市之一，泉州正在积极融入“一带一路”战略，参与国家金融服务实体经济综合改革试验区、民营经济综合配套改革试验区和“东亚文化之都”建设，加快创新转型、实现跨越发展。

泉州市委书记黄少萍在接受新华社记者专访时表示，“一带一路”战略，对泉州加快发展跨越发展，是一个千载难逢的契机。

“泉州与‘海丝’因缘独特，主动融入21世纪‘海上丝绸之路’战略责无旁贷。”黄少萍指出，泉州积极谋划并提出建设21世纪海上丝绸之路先行区的思路，力争成为我国进一步融入经济全球化的载体和深化“海丝”文化交流的窗口，成为我国转变外贸发展方式的试验区、海洋经济发展和产业转型升级的先行区、国际多元文化交流的示范区。

泉州是10到14世纪我国主要的沿海贸易中心，中外交通的中心枢纽。历史进程中有起有落，但泉州与“海丝”沿线国家和地区双向通航、贸易从未断过。宋元时期因“海上丝绸之路”的繁盛而成为“东方第一大港”的泉州港，前年进入亿吨大港行列，已与23个国家和地区开辟国际运输航线。去年，泉州港与沿线国家的进出口贸易额超150亿美元，占泉州总量的52%。

中东和东盟是泉州外资主要来源地。至2013年底，泉州累计实际利用外资额41.5亿美元。泉州赴“海丝”沿线国家、地区投资或设立办事处27个。此外，泉州又是我国著名侨乡，在外华人华侨有791万人，其中90%主要侨居东南亚等“海丝”沿线国家。

黄少萍表示，泉州将从四个方面先行先试：扩大“海丝”多元文化交流；构建面向“海丝”的开放型经济体系，促进地区间贸易自由化便利化，建立更加开放的双向投资服务机制，拓展与“海丝”国家在石油化工、海工装备等领域的合作；共建互联互通便捷通道，将泉州建设成为内陆地区接驳“海丝”航路的重要出海通道；搭建“海丝”沟通协作平台。

“我们将充分释放国家金改区、民综改革的政策叠加效应，不断激发市场活力，增强内生动力，提升创新能力。”黄少萍表示，泉州还将争取发起设立“亚洲银行”或“海上丝绸之路发展基金”；推动人民币在沿岸国家的结算，更大力度推动人民币国际化；适度放宽资本进出境的限制，推动跨境资本流动的监管重心从事前审批向事后管理转移，促进贸易和投资便利化。

国际旅博会泉州获一银两铜

第六届中国国际旅游商品博览会在浙江义乌闭幕。泉州市旅游部门组织相关旅游商品企业参展，并参与“中国旅游商品大赛”“最佳中国旅游必购商品评选”等活动。经过角逐，泉州有3件旅游商品从全国1000多件参选作品中脱颖而出，获一银两铜。其中，银奖作品为德化陶瓷作品“勿听”；两件铜奖作品为惠安女题材的树脂小玩偶和影雕。此外，永春香系列获“最佳中国旅游必购商品奖”，这是福建省唯一获该奖项的商品。

5月27日

星期二
农历甲午年四月廿九
温度：24℃—29℃
阵雨

●苏树林到石狮调研纺织服装企业发展状况。

●黄少萍在接受新华社记者专访时表示，“一带一路”战略，对泉州加快发展跨越发展，是一个千载难逢的契机。

●周银芳到石狮市开展党的群众路线教育实践活动联系点调研。

●第六届中国国际旅游商品博览会在浙江义乌闭幕，泉州斩获“中国旅游商品大赛”一银两铜。

●天工荟萃——安溪家居工艺产业（藤铁工艺）大师优秀作品展在中国闽台缘博物馆举行揭牌仪式，陈清河、陈明辉、黄连福、黄庆法、林德时、唐艺森等工艺大师的260多件优秀作品集中展出。

●2014年福建省全民健身运动会泉州市手竿钓鱼高手赛在泉州台商投资区举行。

●由福建省作家协会等单位联合举办的刘志峰诗歌研讨会在泉州举行。与会的省、市文学界和新闻出版界人士对刘志峰作品的思想深度、诗歌意象、艺术维度、语言内涵等发表了评论。

5月28日

星期三
农历甲午年四月三十
温度：24℃—30℃
多云转中雨

●郑新聪带队到市行政服务中心调研，听取相关工作汇报，并就进一步提升全市行政窗口服务、加强机关效能建设提出要求。

●2014年市直宣传系统召开党建暨党风廉政建设联席会议，总结2013年工作情况，要求以创新党建机制和打造党建品牌为支撑，力求全市宣传思想文化工作有新进展和突破。

●28—30日，2014年中国（石狮）纺织服装买手汇活动在石狮星期YI服饰创意博览园举行。这是石狮在国内时尚界率先举办的衔接国内外纺织服装供应链创意资源的又一行业盛事。

●泉州市巾帼创业报告团进高校巡回报告正式启动，并在泉州幼儿师范高等专科学校举办的第一场报告会。

●黔东南州非物质文化遗产精品展在泉州华侨历史博物馆开幕，展出苗族、侗族、水族等十余个少数民族的服饰、蜡染、背带、绣片等50余套近200件作品。

郑新聪到市行政服务中心调研

市长郑新聪带队到市行政服务中心调研，听取相关工作汇报，并就进一步提升全市行政窗口服务、加强机关效能建设提出要求。市政府秘书长吴友才参加调研。郑新聪强调，各级各部门要高度重视、全力支持行政服务中心建设。行政服务中心要加强自身建设，强化业务培训和教育管理，健全窗口人员激励机制，完善公共资源交易中心的运作机制；增强市、县业务联动，加强对下级行政服务中心的指导。要加强效能监督，全面整治机关“庸、懒、散、推、拖、顶”等不良作风。加强对行政审批行为的监管，充分发挥电子监察系统的作用，明察暗访、不定期抽查，强化监督问责，严肃责任追究。同时，要抓紧研究出台进一步改进机关作风、规范中介服务行为、解决“办证难”等政策措施，集中解决好群众反映的热难点问题，逐个建章立制，形成长效机制。

市直宣传系统党建暨党风廉政建设联席会议召开

2014年市直宣传系统党建暨党风廉政建设联席会议召开，总结2013年相关工作情况，要求2014年以创新党建机制和打造党建品牌为支撑，力求全市宣传思想文化工作有新进展和突破。市委常委、宣传部部长、教育工委书记陈庆宗参加会议。2013年，市直宣传系统各级党组织抓住“服务中心、建设队伍”两大任务，在基层组织、党员队伍、党风廉政和精神文明建设等方面有新亮点、特色。会议要求，2014年，市直宣传系统各单位、各级党组织和全体党员干部职工，要抓住开展党的群众路线教育实践活动契机，抓好学习型党组织、节约型机关建设，抓好机关作风和效能建设，注重工作创新，提升机关党建工作整体水平；强化廉政风险防控，坚持和落实党风廉政建设责任制，抓好干部队伍廉政教育，打造“工作好、形象好、心情好”三好型机关；完善机制、协同协作，形成做好系统党建工作的强大合力，做好机关党建各项工作。

2014年中国纺织服装买手汇在石狮举行

28—30日，2014年中国纺织服装买手汇在石狮星期YI服饰创意博览园举行。买手汇以“聚合产品、蝶变狮城”为主题，颠覆原来服装企业四处寻找设计样衣，和设计师到处找生产厂家出售样衣的低效率的旧模式，为企业、设计双方提供一个便捷、高效的出售、采购样衣的市场平台新模式。活动期间，有1000多名国内外活跃的品牌买手到场观摩、寻找商机，100多位国内设计师、ODM（原创设计）加工厂独立参展，100多家国际采购商进场洽谈生意，服装品牌商、采购商、外贸公司人员、产业人士等专业观众到场参观。业界人士认为，此次石狮在国内率先提出“买手汇”的概念，首创全国买手市场，构建中国服装设计硅谷，为全世界的买手、设计师和成衣制造企业、服装品牌企业搭建一个共赢的平台。中国纺织工业联合会副会长孙瑞哲表示，买手汇作为一种衔接纺织服装供应链上下游创意资源的新型业态，是促进供应链管理实现高效、精准、低成本的创意加生意的商业模式创新。买手汇的启动和举办，将使石狮变成中国乃至世界重要的时尚成衣买手产品的展示中心、贸易中心和集散地，也使买手汇本身变成石狮继海博会、海西国际时装周之后又一张城市名片。

“我画惠安城市品牌标识”征画活动举行

“知我惠安、爱我惠安——我画惠安城市品牌标识”征画活动在惠安广泛开展，当地城乡中小学、幼儿园更是掀起一股认识城市品牌标识的热潮。这也是泉州市县域城市品牌标识面向基层推广的首创之举。图为在惠安实验小学，惠安文化推广小使者沉浸在对本土文化的感悟中。

（图/陈起拓）

苏增添到泉州检查反恐工作

省委常委、政法委书记、省反恐怖工作领导小组副组长苏增添带领省有关部门负责人到泉州检查反恐怖工作。市领导黄少萍、郑新聪、许昆贞、卢炳椿分别参加相关活动。苏增添一行到泉州动车站和泉州城东中学等地，实地察看车站安检通道、候车厅和校园安保情况，对执勤警力装备配备和突发事件防范处置等措施进行检查，并听取泉州市反恐怖工作汇报。苏增添指出，泉州市各级各部门认真贯彻落实中央和省领导的重要批示以及全国全省会议精神，反恐怖工作措施比较有力。泉州作为沿海经济较发达地区，流动人口较多，反恐怖斗争面临更大的压力和更繁重的任务。各级各部门要加强对当前反恐怖形势严峻性和复杂性的认识，在思想上、工作上扎实做好应对暴恐活动的充分准备，以更加坚决果断的态度、更加有力有效的措施，切实加强反恐怖工作，深入开展打击暴力恐怖活动专项斗争；要加强对涉恐重点人的调查摸底，突出排查重点，及时发现暴恐分子动向，有针对性地加强防控；要加强涉恐情报信息收集分析研判，鼓励广大群众检举揭发涉恐涉爆线索，及时有效处置，尽最大可能把暴恐活动摧毁在实施之前；要加强社会面巡控和重点部位防控，积极构建社会面武装巡控机制，实施巡特警、武警等联合巡逻，最大限度把警力摆上路面、街面，有效震慑暴恐犯罪活动；要加强督促检查、确保责任落实，深入重点地区、单位、部门、行业开展督促检查，推动各系统各行业各部门扎实抓好各项反恐怖工作措施的落实，对因重视不够、工作不力、落实不到位导致暴力恐怖事件发生的，要严肃追究相关领导及责任人的责任。

市委常委会研究《泉州市支持企业全方位创新行动方案》

市委常委会召开，研究《泉州市支持企业全方位创新行动方案》。市委书记黄少萍主持会议，市委常委参加会议，市人大常委会党组、市政协党组主要领导列席会议。会议指出，市委、市政府历来高度重视支持企业创新，2013年以来先后出台加快创新转型“1+X”、拓展民综改革“1+7”政策体系，为众多创新型企业提供了良好的政策环境和资金支持。下阶段，泉州将进一步贯彻省委、省政府加快科学发展跨越发展的重大决策部署，通过开展“支持企业创新在行动”，全面创新转型，加快赶超跨越，更好发挥新时期福建“东部”引领作用。会议要求，支持企业创新在行动，要突出“政府全方位服务、企业全方位创新”。各级各部门要从政策争取、要素保障、审批服务、资金扶持、研发平台引进等方面，提升全方位服务质量。要支持企业通过“大数据”应用、线上线下融合、跨界产业联盟、“数控一代”应用等，全方位提升装备工艺、研发设计、市场控制力水平。要放大现有政策资源的效应，在科学整合现有政策和专项资金的基础上，创新思路办法、探索有效机制，推动既有的政策、资金发挥最大效应，实现“把好钢用在刀刃上”。要抓紧修改完善行动方案，尽快制订出台。在具体实施过程中，要加大专项资金兑现力度，已经明确的各项资金要按计划、按进展兑现，争取上半年兑现一批，为企业应对困难提升信心和决心。

市政协组织视察防灾减灾体系建设情况

市政协组织视察泉州市防灾减灾体系建设情况。市政协主席杨俊峰，副主席吴共湖、陈铭福、王祖耀、李冀平、王瑞强、陈益，秘书长洪川夫参加视察。副市长陈荣洲参应邀加视察活动。委员察看市救灾物资储备仓库、见龙亭村级自然灾害避灾点、泉州九中区级自然灾害避灾点、市地震局监测预报设施和监测预报中心等，并听取市直有关部门情况介绍。委员肯定泉州市防灾减灾体系建设工作，并就做好防灾减灾体系建设建言献策。杨俊峰指出，防灾减灾体系建设涉及面广，情况复杂，关乎百姓利益，既需要党委、政府高度重视、组织协调，也需要全社会共同关注、积极参与。各级各相关部门要加大资金投入，调动社会力量参与，加强防灾减灾体系建设；要健全监测预警机制，完善信息共享和协调配合机制，尽量减小灾害损失；要提高减灾救灾能力，加强救灾物资储备和救灾队伍建设，增强突发事件应急处置能力；要加大宣传力度，宣传防灾减灾知识、开展防灾演练活动，形成全社会做好防灾减灾工作的氛围。政协委员要关注防灾减灾工作，履职建言，协力提高泉州市防灾减灾体系建设水平。

5月29日

星期四
农历甲午年五月初一
温度：25℃—28℃
阵雨转中雨

●省委常委、政法委书记、省反恐怖工作领导小组副组长苏增添带领省有关部门负责人到泉检查反恐怖工作。市领导黄少萍、郑新聪、许昆贞、卢炳椿分别参加相关活动。

●市委常委会召开，研究《泉州市支持企业全方位创新行动方案》。

●市政协组织视察泉州市防灾减灾体系建设情况。市政协主席杨俊峰，副主席吴共湖、陈铭福、王祖耀、李冀平、王瑞强、陈益，秘书长洪川夫参加视察。副市长陈荣洲应邀参加视察活动。

●全市政府新闻发言人制度建设暨信息公开工作推进会召开。

5月30日

星期五
农历甲午年五月初二
温度：24℃—29℃
阵雨

●市领导陈庆宗、洪泽生、周真平、李冀平带领市直相关部门负责人，看望少年儿童，与小朋友们共庆节日。

●中国少年先锋队泉州市第五次代表大会在泉州音乐厅召开。市领导陈沈阳、林伯前、洪泽生、王瑞强出席大会开幕式。

●中国修辞学会年会在泉州召开，来自全国各地的近百位专家学者参加会议。

●吕照明刻画展在市区真武庙文化广场举行。

●石狮市第二届“携手爱绿护绿，共创城市文明”树木绿地认养认植活动举行。

●晋江市“流动科技馆”百场巡展在晋江市实验小学启动。

●市委党校和市方志委联合举办2014年春季党校市情论坛。

中国修辞学会年会在泉州召开

主题为“修辞学•中国话语•社会发展”的中国修辞学会年会在泉州召开，来自全国各地的近百位专家学者参加会议。会议由中国修辞学会、泉州师范学院《当代修辞学》编委会、上海市语文学会陈望道研究会主办。会上，著名语言学者陆俭明、马真、徐赳赳等专家学者做专题发言。会议收到论文80多篇，分三个小组六个场次进行分组发言和研讨。会议论文主题包括：对修辞理论、方法、现象的新探索；修辞与中国社会语言生活的现代化；国家形象修辞学和机构形象修辞学等。会议评出２０篇优秀青年论文奖，展示青年学者语言学研究成果。

泉州市第五次少代会召开

中国少年先锋队泉州市第五次代表大会在泉州音乐厅召开。市领导陈沈阳、林伯前、洪泽生、王瑞强出席大会开幕式。逾200名来自全市各县（市、区）、各部门的少先队员代表、少先队工作者代表肩负全市70万名少先队员和2万多名少先队辅导员、少先队工作者的期望和重托，共商泉州市少先队事业发展大计。会议发出《时刻准备着，为泉州、为福建、为祖国的美好未来贡献智慧和力量》的倡议书，号召全市广大少先队员高举队旗跟党走，在共青团的带领下，从小立志向，有梦想，爱学习、爱劳动、爱祖国，时刻准备着，为泉州、为福建、为祖国的美好未来贡献智慧和力量。会议审议通过《中国少年先锋队泉州市第五次代表大会关于泉州市第四届少工委工作报告的决议》，选举产生由93人组成的新一届泉州市少工委。

市领导与少年儿童共庆“六一”

市领导陈庆宗、洪泽生、周真平、李冀平带领市直相关部门负责人，看望少年儿童，与小朋友们共庆“六一”儿童节。“六一”前夕，全市各地学校、儿童活动中心举办的活动各具特色，展现泉州市少年儿童的精神风貌。每到一处，市领导都饶有兴致地留步观看，与参加活动的小朋友交谈。市领导感谢相关学校为儿童教育做出的积极尝试，希望小朋友们快乐成长、早日成为祖国未来的建设者。在与学校教师交流中，市领导叮嘱道，童年是个性形成的关键时期，儿童教育责任重大，要寓教于乐，让孩子们开心学习、快乐成长，同时加强思想道德教育，培养出有昂扬自信、有感恩之心、有团队意识的未来栋梁。

吕照明刻画展举行

吕照明刻画展在市区真武庙文化广场举行，展出其10多年来创作的40多幅作品，作品用独特的手法展现泉州古民居、寺庙和印章等多个系列的风物，吸引众多艺术爱好者到场观赏。

相关链接：1968年出生于提线木偶表演世家的吕照明，是高级工艺美术设计师，现任中国艺术书画协会理事、市美术家协会会员、省民间剪纸协会会员。吕照明将传统的刻纸、剪纸工艺在思想内涵、题材等进行拓展和延伸，被誉为“中国文人刻画第一人”。由其创作的《泉州民居古大厝》在全国第九届海峡工艺博览会上获银奖。

石狮市第二届树木绿地认养认植活动举行

石狮市第二届“携手爱绿护绿，共创城市文明”树木绿地认养认植活动举行。多支志愿者服务队和部分市民分别与石狮市园林部门签订绿化认养协议书，领取认养牌。近两年来，石狮市通过实施景观提升工程，使城市的绿化水平有了根本提升。开展绿地认养认植活动，旨在进一步增强市民爱绿护绿意识，为城市环境改善营造良好软环境。

市委党校与方志委联合举办2014年春季党校市情论坛

由市委党校主办，市方志委协办的2014年春季党校市情论坛在市委党校举办，邀请有关部门负责人、政策研究机构专家与教研人员交流市情、分析课题、会商合作、探讨市情研究发展方向。该论坛每年春、秋两季举办，是党校加强部门合作、构建开放性研究格局的重要窗口和平台。

2014年春季党校市情论坛现场　　（图/苏展辉）

中国茶博汇2014年度招商发布大会召开

“相约茶博汇，有你更精彩”中国茶博汇2014年度招商发布大会召开。中国茶叶流通协会原副会长詹立锬，安溪县委、县政府及县直部门、各乡镇主要负责人，以及业界嘉宾等500多人参加发布会。作为本次活动的重头戏，詹立锬介绍中国茶叶流通协会筹建茶配套专业委员会有关情况。中国茶叶流通协会茶配套专业委员会，是首个国家级茶配套专业委员会，是全国所有配合茶叶生产、加工、营销等环节的相关企业组成的专业委员会。它的成立，对于中国茶叶企业与茶配套企业深度合作与交流，对茶产业的综合发展都将起到推动作用。茶配套专业委员会成立后，办公地点固定在安溪中国茶博汇，并在每年举办的“中国茶都安溪国际茶业博览会”期间，举行“中国茶配套行业优质企业”评选颁奖活动。

相关链接：中国茶博汇，是全国农产品加工创业基地、省在建重点建设项目，是安溪县委、县政府为进一步提升完善中国茶都的功能、延伸茶产业链而策划生成的安台茶业合作项目，是中国茶都的升级版。该项目建设涵盖茶叶、茶配套、茶文化交易的门店市场、电子商务、会展展示、体验旅游，是全国规模最大、配套最全、功能最强的茶业商业综合体。2010年以来，中国茶博汇已连续承办四届中国茶都安溪国际茶业博览会和一届茶配套商品交易会，初步显示“会展推动、实体店经营与电子商务经营并驾齐驱”的新型专业市场发展模式的优势。自中国茶博汇启动以来，安溪城东新城掀起一股开发潮，十二小学、安溪一中新校区、安溪茶学院、长途车站等拔地而起，道路、景观、公园等市政设施快速完善，特别是红星美凯龙、万达广场等世界级综合体项目的即将开业和入驻建设，一个安溪现代化、高品位、全配套的新城中心已然成型。

“文都少年儿童相约中国梦”文艺展演举行

泉州培元中学、泉州市实验小学、泉州师院附属小学、市第二实验小学、市晋光小学、泉州幼师附属幼儿园、市机关幼儿园、市刺桐幼儿园、市丰泽幼儿园、泉州第一幼儿园等10所中小学、幼儿园的孩子们齐聚一堂，举行“文都少年儿童相约中国梦”文艺展演，共庆“六一”儿童节。10所学校的校长、园长、部分家长、学生参加展演活动。各个学校都带来自己最优秀的节目，很多都是国家、省、市获奖作品。歌舞、木偶剧、南音、合唱、情景剧、排舞、器乐等表演形式丰富多彩。10所学校互赠纪念品，培元中学还为参演的300余名小演员准备了别具特色的“六一”节小礼物。

《艺林邮文论述》首发式暨海峡两岸集邮学术研讨会举行

“新加坡国家文化奖”获得者张美寅主编的艺林堂集邮丛书第九辑“《艺林邮文论述》首发式暨海峡两岸集邮学术研讨会”在泉州市鲤城大酒店举行。该活动由泉州泉台民间交流协会、艺林堂集邮丛书编委会主办，新北市邮学会、泉州华侨历史学会、泉州学研究所协办，泉州市集邮协会、福建省收藏家协会泉州分会承办的。香港特区邮学会会长纪觉英、台北中国邮票研究会秘书长孙国光以及来自海峡两岸集邮界的代表150多人参加活动。作为海峡两岸集邮交流和研究的平台，“艺林堂集邮丛书”得到了台湾集邮界的广泛支持。中国国民党荣誉主席连战表示祝贺。

研讨会上，中国邮政文史中心副研究馆员赵强、《新北邮刊》主编锺火盛和复旦大学高级工商管理硕士赵岳，分别向与会者演讲了《两岸邮政博物馆建设之比较》、《毛泽东游台湾》（由台湾大学退休教授何辉庆撰稿）和《寒云先生旧藏汉口帆船邮票欠资封》。张美寅和高桂兰则向这三位京、台、沪集邮家颁发了演讲证书。

海峡两岸集邮学术研讨会

艺林堂集邮丛书主编签名　　（图/吴寿民）

5月31日

星期六

农历甲午年五月初三

温度：24℃—28℃

阵雨

●泉州培元中学、泉州市实验小学、泉州师院附属小学、市第二实验小学、市晋光小学、泉州幼师附属幼儿园、市机关幼儿园、市刺桐幼儿园、市丰泽幼儿园、泉州第一幼儿园等10所中小学、幼儿园的孩子们齐聚一堂，举行“文都少年儿童相约中国梦”文艺展演，共庆“六一”儿童节。

●“相约茶博汇，有你更精彩”中国茶博汇2014年度招商发布大会召开。

●《艺林邮文论述》首发式暨海峡两岸集邮学术研讨会举行。

6月1日

星期日
农历甲午年五月初四
温度：24℃—30℃
多云

●1—6日，首届中国南充国际木偶艺术周在四川省南充市举行，由泉州市木偶剧团创演的大型木偶悲剧《赵氏孤儿》获得艺术节最高奖——最佳剧目奖。

●泉州市首届自驾旅游节开幕。

●马来西亚歌手阿牛到泉州签唱演出。

●1—2日，包括包粽子大赛、亲子泼水游戏、跳蚤市场、公益午餐等趣味游园的“童玩节”系列活动在市区领SHOW天地创意园区举行。

●晋江市陈埭镇梧埭村“酷哥靓妹”鞋厂二楼车间发生火灾，造成3死1伤。

●泉州农商银行首发“刺桐红·溪美街”联名卡。

●永春网爱心小分队组织网友走访慰问贫困女孩，送去近3万元的慰问金。

泉州提线木偶《赵氏孤儿》获国际木偶艺术周最高奖

1—6日，首届中国南充国际木偶艺术周在四川省南充市举行，来自澳大利亚、斯里兰卡、西班牙、塞尔维亚、俄罗斯、菲律宾、新西兰、荷兰、伊朗、印度尼西亚等国家和地区的23支艺术团体及国内22支木偶皮影艺术团参加此次木偶皮影界的艺术盛会。在首届中国南充国际木偶艺术周颁奖晚会上，由泉州市木偶剧团创演的大型木偶悲剧《赵氏孤儿》获艺术节最高奖——最佳剧目奖。惠安县掌中木偶保护传承中心的《惠安女荡寇》获优秀剧目奖，晋江市掌中木偶保护传承中心的《差役与犯人》获传承奖。

相关链接：时长104分钟的木偶版《赵氏孤儿》由王景贤与范小宁共同担任编剧，吕忠文执导。剧目展现医者、士大夫、将军等一大批人为伸张社会正义不惜牺牲生命的大仁大爱的社会价值观。《赵氏孤儿》有电影、电视剧、舞台剧等不同版本，木偶剧版本在中国则是第一部，也是世界偶坛第一部大型悲剧。演出时木偶的提、拨、勾、挑、扭、抡、闪、摇等动作巧妙，可以做出抱婴儿、开药箱、拔剑、牵手、连续甩发等高难度动作，角色表演逼真传神。

泉州市首届自驾旅游节开幕

由市旅游局和鲤城区政府共同主办，市自驾旅游协会承办的2014年泉州市首届自驾旅游节开幕。旅游节以“东亚文化之都 纵横魅力泉州”为主题，邀请台湾、广东、浙江、海南以及省内各地市的30多个自驾组织、70多名成员参加活动。此次自驾旅游节为期一个月，通过展会形式汇集旅游资源展示、车展、特色小吃展、伴手礼展等旅游要素。全市28个景区参与展示，刷新泉州景区联合营销的纪录。主办方设立的13个县域旅游资源集中展示墙，图文并茂，浓缩各县旅游资源的精华。开幕式后，举行两岸自驾游车队畅游“文都”活动，由40部车辆组成的自驾车队，从市区笋江公园出发，开始为期两天的永春自驾之旅。

马来西亚歌手阿牛到泉州签唱

马来西亚著名歌手阿牛带着新专辑《光脚丫》到泉州，为泉州歌迷演出签唱。阿牛曾经凭借《对面的女孩看过来》《浪花一朵朵》等歌曲红遍华语乐坛。阿牛的新专辑《光脚丫》有特别的期待，风格多元，浓缩阿牛在音乐上的积淀和其6年来的重要经历。主打曲《光脚丫》延续阿牛原来欢乐明快的曲风。近些年阿牛拍摄的电影的音乐作品，也收入其中。

晋江“酷哥靓妹”鞋厂车间发生火灾

晋江市陈埭镇梧埭村“酷哥靓妹”鞋厂二楼车间发生火灾，造成3人死亡、1人受伤。火灾发生后，泉州市委书记黄少萍，市长郑新聪，副市长、市公安局局长卢炳椿，副市长林万明在第一时间作出重要批示。有关部门负责人赶赴现场指挥、组织抢险救援等工作。泉州市公安消防支队指挥中心立即调派陈埭中队3车14人赶赴火场，调派青阳中队3车15人增援，晋江市消防大队全勤指挥部2车8人随即赶赴现场指挥。火势在一小时后得到控制。火灾造成3人死亡、1人受伤，其中，1人被发现时已无生命迹象，2人被送医院经抢救无效死亡，1人在医院救治，伤情稳定。“酷哥靓妹”鞋厂发生火灾的建筑共有四层，建筑面积约2700平方米，其中一层为冲裁车间，二层为针车车间，三层为成型车间，四层为临时放置鞋材。火灾系二楼车间在生产过程中着火引发，过火面积约1500平方米。

泉州农商银行首发“刺桐红·溪美街”联名卡

泉州农商银行首发“刺桐红·溪美街”联名卡，联合南安市溪美街微信公众平台，打造现代生活圈，吃喝玩乐一卡通，融资消费样样行，为老百姓提供优质的金融服务。此举开创国内银行卡借助微信网络O2O平台发行的一种全新模式。“刺桐红·溪美街”联名卡还是金融服务一卡通，以“刺桐红”理财IC卡为载体，具有融资、结算、支付、理财等金融管理功能。持卡者可享受泉州农商银行提供的一次授信、三年有效的自助循环贷款，可根据实际需要随借随还、循环使用。

宫蒲光到泉州参加全国地名文化培训班开班仪式

民政部副部长宫蒲光到泉州参加全国地名文化培训班开班仪式，实地考察泉州民政基础设施和地名文化史迹。省民政厅厅长黄序和，市领导郑新聪、陈荣洲参加相关活动。开班仪式上，德化县与山东省临沂市沂水县代表作经验发言。宫蒲光要求，各级地名管理部门要积极推动地名文化繁荣发展，满足人民群众对地名文化的需求，发挥地名文化在社会主义文化建设中的重要作用。要把握三个环节：保护好老地名，起好新地名，管好用好现有地名。要加快实行地名标准化，净化地名环境，使新地名既具文化含量，也饱含时代特征。要统筹三大关系，统筹地名文化与地名普查、地名管理、地名服务之间的关系；统筹部门推动与社会参与之间的关系；统筹社会效益与经济效益之间的关系。要搭建地名文化活动平台、产业平台、宣传平台，夯实地名文化的理论基础、制度基础和队伍基础。宫蒲光强调，地名文化建设是一项基础性、长期性工作。各级地名管理部门要进一步增强责任感、使命感，开拓进取，扎实工作，采取有效措施，推进地名文化取得新成就，开创地名文化工作新局面。

《泉州市“支持企业全方位创新”行动方案》出台

市委、市政府下发《泉州市“支持企业全方位创新”行动方案》。该方案紧扣“创新”主题，要求通过创新思路方法和激励机制，强化要素支撑和资源整合，重点支持产业组织创新、产业龙头引领、企业技术创新、商业模式创新、企业品牌（市场）创新和金融服务创新。产业组织创新：支持中小微企业向“精品工厂”“精致服务”转型，推进龙头企业和中小企业订单对接、供应链协同、技术协作，构建产业组织创新的“生态系统”，推动全产业链整合优化，全面提升产业集群整体竞争力。产业龙头引领：每年扶持一批重点龙头企业，“一事一议”保障生产要素。实施产业龙头计划，每年确定一批重点龙头企业，实行分级管理、分类指导、重点扶持，力促龙头企业做大做强。企业技术创新：每年培育100家以上拥有核心技术的“科技小巨人”企业，每年支持10个市级公共研发平台。实施“数控一代”示范工程。商业模式创新：每年评选50家商业模式创新示范企业，建立最佳商业模式示范企业案例库。纳入案例库的企业，2年内可享受贷款和人才扶持待遇。要实施电子商务集聚发展“256”工程，争创国家跨境贸易电商服务试点城市。品牌（市场）创新：主动融入国家“21世纪海上丝绸之路”战略，提升泉州品牌在“海丝”沿线国家和地区的知名度和市场占有率。金融服务创新：发展产业链金融，支持小贷公司试点跨县域经营。力争到2018年年底海峡股权泉州交易中心挂牌企业达700家，力争2015年年底上市公司超100家。

第八届闽台对渡文化节在石狮举行

第八届闽台对渡文化节暨蚶江海上泼水节在石狮蚶江镇举行。活动现场人头攒动，闽台美食节上，富有闽南特色的土笋冻等小吃、各色台湾美食，引来不少食客驻足品尝。堤岸上各种民俗节目轮番上演，风趣幽默。“矮子摔跤”活动滑稽、幽默，“攻炮城”活动现场也是一片欢乐气氛。此外，公背婆、踢球舞、踩高跷、拍胸舞、大鼓凉伞舞等节目，同样让市民体验一把民俗瘾。下午1时后，潮水逐渐上涌，两岸同胞欢聚在古渡海滨共庆端午佳节，海上泼水活动在“放王爷船”仪式后上演，来自海峡两岸的200多艘渔船在海上竞渡穿梭，闽台船员追逐嬉戏，将一盆盆海水泼向邻船上的人。水花四处飞溅，在阳光下闪耀着光芒。人们视此水为“吉祥水”“幸福水”，被泼得越多，就表示收到的祝福越多。“海上泼水节”是石狮蚶江和台湾鹿港对渡的文化产物，也是全球唯一的“海上泼水节”。两岸赛龙舟随后进行，一声号令后，伴随着震天的锣鼓声、舞动的旗帜，各路船员挥桨如飞，奋力前划，堤岸边的观众则呐喊助威。海陆活动互动进行，展现闽台对渡的文化风采。

活动现场　　（图/郭冰德）

6月2日

星期一
农历甲午年五月初五
温度：24℃—30℃
多云转阵雨

●民政部副部长宫蒲光到泉州参加全国地名文化培训班开班仪式，实地考察泉州民政基础设施和地名文化史迹。

●《泉州市“支持企业全方位创新”行动方案》出台。

●第八届闽台对渡文化节暨蚶江海上泼水节在石狮蚶江镇举行。来自海峡两岸的200多艘渔船在海上竞渡穿梭。“海上泼水节”是石狮蚶江和台湾鹿港对渡的文化产物，也是世界唯一的“海上泼水节”。

●中国共产党党员，原泉州市政协（现鲤城区政协）副主席、享受地厅级待遇离休干部陈汉泽，因病医治无效去世，享年90岁。

●第二届三丰故里（邵武）传统武术大赛在邵武市闭幕，泉州市自然门学校组队参赛，夺得13枚金牌。

●市妇联举办“我们和留守儿童在一起”结对活动。

6月3日

星期二
农历甲午年五月初六
温度：26℃—29℃
阵雨转阴

●市委召开会议，部署山美水库流域生态环境保护试点项目建设工作。

●2014年市级扶贫开发重点帮扶村名单确定。

●市经贸委、市财政局联合发出通知，2014年市产业集群发展专项资金开始申报。

●泉州市佛教协会原副会长、顾问，泉州市铜佛寺监院，96岁的妙莲姑往生。

市委部署山美水库流域生态环境保护试点项目建设工作

市委召开会议，听取山美水库流域生态环境保护试点项目进展情况汇报，就下阶段工作进行部署。市领导黄少萍、周银芳、翁祖根、陈灿辉参加会议。此前，山美水库参与由财政部、环保部组织的江河湖泊生态环境保护工作竞争，从全国35个申报项目中脱颖而出，成功入选全国首批15个国家重点支持生态环保湖泊，是福建唯一入围湖泊。作为泉州历年来争取国家补助资金最多的项目，山美水库流域生态环境保护试点项目正在全面推进。在认真听取项目进展情况汇报后，市委书记、山美水库流域生态环境保护工作领导小组组长黄少萍指出，山美水库是泉州的“生命库”，关系到泉州市600万人口的用水安全。建设好山美水库流域生态环境保护试点项目，既事关当前群众生产生活所需，更关系子孙后代长远发展。各级各有关部门要像爱护眼睛一样爱护水资源，紧抓不放、全力推进试点项目的建设，将项目打造成为全国良好湖泊生态环境的典范，用建设成效兑现承诺，为泉州发展营造良好的生态环境。

就更好地推进试点项目建设工作，黄少萍强调，要切实强化资金保障，完善资金筹措方案，中央资金已下达，当前要多方筹措市、县两级配套资金，及时到位，确保项目顺利实施。要全面加快建设进度，按照总体实施方案要求明确相关县域和部门责任，完善推进计划，加强协调调度，开辟“绿色通道”，推动在建项目加快进度、当年项目尽早开工、第二批项目提前运作、建成项目及时投用，确保试点工作按时间节点扎实开展。要大力加强监督管理，严格质量管理，把工程质量责任细化分解到每个环节、各个方面；严格资金监管，确保资金使用规范透明；加强廉政教育监督，确保工程、资金和干部安全，齐心协力建设优质、安全、廉洁工程，把好事办好，为百姓造福。

30个市级扶贫开发重点帮扶村确定

2014年市级扶贫开发重点帮扶村名单确定。此批重点帮扶村数量从20个增加到30个，每村扶贫资金从50万元增加到100万元，挂钩干部驻村时长从一年延长到两年。帮扶村名单包括，洛江区河市镇白洋村，泉港区前黄镇坑内村，南安市 翔云镇翔山村、蓬华镇大演村，惠安县紫山镇尾山村，安溪县西坪镇赤水村、魁斗镇贞洋村、蓝田乡内春村、桃舟乡下格村、大坪乡前洋村、剑斗镇福斗村、芦田镇福岭村、湖上乡横坪村、尚卿乡科洋村，永春县桂洋镇文太村、横口乡姜埕村、达埔镇溪源村、玉斗镇炉地村、锦斗镇珍卿村、仙夹镇龙水村、湖洋镇高坪村、外山乡草洋村，德化县水口镇榜上村、葛坑镇富地村、桂阳乡安章村、南埕镇高际村、春美乡春美村、汤头乡汤头村、美湖乡美湖村、龙浔镇高阳村。

市区铜佛寺监院妙莲姑往生

泉州市佛教协会原副会长、顾问，泉州市铜佛寺监院，96岁的妙莲姑往生。妙莲姑往生后，市区铜佛寺到处都悬挂着黄色绸缎，寺里传出念佛声，数百人自发为妙莲姑助念。妙莲姑一生收养过5个女孩，其善行广受赞誉。妙莲姑给孩子们的生活甚至比普通家庭的孩子还要好，即便在上世纪90年代初寺里比较困难，这些孩子也没怎么受过苦。因辈分关系，孩子们都亲切地称妙莲姑为“阿太”。年仅十几岁的妙莲姑住在朵莲寺，经常被大人差遣随腰姑（法号普明）去百原庵、承天寺送豆腐等素食给弘一法师。弘一法师平素生活十分俭朴，僧衣旧了破了总舍不得丢弃，自己又不善缝补。妙莲姑趁送素食之便，总是顺手将弘一法师的破僧衣拿回浆洗缝补，有时也做罗汉鞋（一种僧鞋）给老法师穿。在朵莲寺里有一幅弘一法师的书法真迹，内容是《戒香》，这是弘一法师写给妙莲姑的书法。

相关链接：妙莲姑法号叫“戒香”，出生于1919年，因其姨母无儿无女，她自小被父母送给姨母做女儿，3岁时随姨母在朵莲寺出家。当时，寺中聘一位老秀才当私塾老师，妙莲姑因此得以读书写字，自小读过《三字经》《千字文》《百家姓》等中华传统文化知识，稍大后又习读《论语》《大学》等儒家典集，还练得一手好毛笔字。1981年5月，妙莲姑被聘为铜佛寺监院。

黄少萍到丰泽区调研经济运行情况

市委书记黄少萍到丰泽区调研经济运行情况，走访察看部分产业龙头企业，并就做好当前经济工作提出要求。市领导翁祖根、陈灿辉参加调研。调研中，黄少萍详细了解行业发展形势和企业发展现状，现场协调解决企业存在的困难和问题。黄少萍指出，面对复杂严峻的宏观经济形势，全市上下攻坚克难，经济运行平稳开局，但下行压力仍然较大。各级各有关部门要对照全年目标任务，坚持不懈落实市委、市政府工作部署，以“政府全方位服务、企业全方位创新”的理念，加快创新转型，坚持保稳求进攻坚，努力实现上半年时间任务“双过半”。一要主动作为，发挥政策效应。密切跟踪经济运行，逐项回应春季片区座谈会企业反映的问题，及时兑现落实帮扶企业“1+7”政策体系，增强企业应对困难的信心和决心。二要形成合力，开展“支持企业创新在行动”。整合国家“金改区”、“民综改革试点”等政策优势和市县两级既有政策资源，重点实施“产业龙头促进计划”，加快“科技小巨人”培育，鼓励企业开展技术、产品、组织、商业模式和市场创新。三要项目提速，发挥投资关键作用。加强重大项目协调调度，多管齐下破解瓶颈制约；加快推进“54321”计划，抓好百大战略性项目策划筛选、前期工作；坚持招商“一把手”工程，确保项目滚动推进。四要统筹兼顾，坚持两手抓、两促进。把开展教育实践活动与破解改革发展难题结合起来，启动实施“5个专项行动”，引导党员干部着力提升服务群众、服务企业、服务基层的能力水平，努力推动2014年目标任务全面完成。

市政府研究通过《泉州“智慧城市”规划》

市政府常务会议研究通过《泉州“智慧城市”规划（2014—2020年）》。该规划总体架构的主线为“一库、二中心、三领域、四平台”，即以泉州公共数据库建设为基础，以政务云计算数据中心、城市运行综合管理指挥中心两大中心建设为载体，以满足政务管理、产业经济、民生服务三大领域应用建设需求为导向，以数据交换与共享平台、大数据平台、城市运行综合管理平台、公众智能门户平台为核心，全面推进泉州“智慧城市”建设。该规划确定的主要任务包括：一个基础，即完善信息通信基础设施。近期重点加快4G网络建设、改造提升政务内外网、推进安溪EC产业园数据中心建设。三大领域应用，即推进智慧政务、智慧产业、智慧民生的应用。智慧政务领域，近期重点加快政务信息资源目录体系和数据交换体系、综合协同办公平台、网上审批服务系统、城市运行综合管理指挥中心等项目建设。智慧产业领域，近期重点推动菜鸟网络“中国智能骨干网”东南核心节点、中兴通讯产城融合示范区、华录集团产业投资合作、“两化融合”促进服务中心等项目建设。智慧民生领域，近期重点推进公民主页、市民卡、智慧交通、数字家庭、旅游文化融合等项目建设。

泉州信息工程学院升格本科院校

教育部同意在泉州信息职业技术学院基础上建立本科层次的泉州信息工程学院。泉州信息工程学院首设5个本科专业（学制四年），即电子信息工程专业、机械设计制造及其自动化专业、电气工程及其自动化专业、软件工程专业、电子商务专业，计划面向福建省招收本科生800人。同时，专科计划招生2345人，面向15个省（直辖市）招生。

相关链接：泉州信息学院从2002年创办以来，形成“面向产业、服务地方；校企合作、工学结合；闽台合作、先行先试”的办学特色，教育教学改革和办学成效走在全省民办高校前列，学院被确定为“福建省示范性高等职业院校”立项建设单位，2014年被评为“全国职业教育先进单位”。学院为社会输送7届毕业生10495名，毕业生就业率连续三年保持在98%以上，毕业生就业工作综合评价居全省高职高专院校前列。

第七届全国大学生网络商务创新应用大赛到华侨大学巡讲

“邮储银行杯”第七届全国大学生网络商务创新应用大赛到华侨大学巡讲。全国大学生网络商务创新应用大赛，是由工业和信息化部指导、教育部支持、中国互联网协会主办、中国邮政储蓄银行主协办的全国性大学生互联网创新创业实践公益赛事。此届赛事以参赛各企业真实网络商业案例为竞赛题目，参赛学生以个人或团队形式选择题目进行研究设计，在企业协助下针对题目形成详细报告。此届赛事将在全国高校范围内开展校园之星活动，选拔邮储银行“校园大使”和“创新之星”各30名，并予以奖励。

6月4日

星期三
农历甲午年五月初七
温度：23℃—30℃
多云

●黄少萍到丰泽区调研经济运行情况，走访察看部分产业龙头企业，并就做好当前经济工作提出要求。

●市政府常务会议研究通过《泉州“智慧城市”规划（2014—2020年）》。

●教育部同意在泉州信息职业技术学院基础上建立本科层次的泉州信息工程学院。

●城东滨江路防浪墙改造及绿道设计工程完工，工程总长2千米，配有五个观海平台。市民多了一个漫步、欣赏沿江美景的慢道水线。

●“邮储银行杯”第七届全国大学生网络商务创新应用大赛到华侨大学巡讲。

6月5日

星期四
农历甲午年五月初八
温度：24℃—29℃
多云转阵雨

●《泉州晚报》全文刊发郑新聪撰写的理论文章《坚持群众观点 践行群众路线》，畅谈在群众路线教育实践活动中的心得体会以及对泉州新一轮发展的思考。

●华大讲堂第44讲举行。

●泉州市环境保护局发布《2013年泉州市环境质量状况公报》。

●亚洲级别最高的沙滩排球赛事在晋江市龙湖衙口景区内开幕。

●由福建省农业厅（省委农办）、福建省体育局、福建省农民体育协会主办，泉州市农民体育协会承办的2014年福建省全民健身运动会农民第五套健身秧歌比赛在泉州侨乡体育馆举行。

●永春入选“深呼吸小城100佳”。

●从负责统一管理中心市区路内停车泊位的畅顺停车管理公司获悉，即日起，此公司开展专项整治，从统一标识、统一着装、统一收费等方面入手，规范道路停车收费服务行为。

华大讲堂第44讲举行

华大讲堂第44讲举行。全国人大常委会委员、中国社科院世界宗教研究所所长、中国宗教学会会长、华侨大学名誉教授卓新平带来一场题为《宗教信仰与文化战略》的专题讲座。市领导陈海基、杨俊峰、陈沈阳等市委学习中心组成员，市直有关部门、在泉各高校、各民主党派负责人，华侨大学校领导和部分师生等参加。市人大常委会主任陈海基为卓新平颁发“华大讲堂”主讲嘉宾纪念牌。报告会除中心会场外，还设立两个视频分会场，并通过“华大讲堂”专题网进行全程直播。讲座上，卓新平以生动的史实、丰富的数据，畅谈世界及中国宗教发展现状、国家文化战略思考等。宋元时期，海上丝绸之路的繁盛，让世界各种宗教文化汇聚泉州，成就其“世界宗教博物馆”之美誉。这一现象也引起卓新平对泉州文化发展战略的研究兴趣。卓新平认为，泉州是海上丝绸之路的起点城市，是沟通海内外的重要桥梁，具有独特的文化战略意义，建议泉州以宗教信仰为重点来研究全球华人华侨问题，并以其宗教信仰与世界宗教的关联作为突破口，为中国文化战略的思考及制定做出积极贡献。

《2013年泉州市环境质量状况公报》发布

泉州市环境保护局发布《2013年泉州市环境质量状况公报》。公报显示，2013年，泉州在全省首个通过省级生态市验收并获命名，全面完成省下达的年度减排任务，减排工作、市长环保目标责任书完成情况省级考核均位列第一，跨境流域和21条小流域“赛水质”取得新成效，全市没有发生大的环保事件，水、气、声等环境质量持续保持较好水平并不断改善。市区空气质量优良率98.9%，各县（市、区）空气质量持续保持优良水平。晋江水系及12个集中式饮用水水源地水质均为优。山美水库水质属中营养状态，惠女水库水质属轻度富营养状态。泉州市区内河水质功能区达标率100%。近岸海域功能区水质达标率84.6%。城市功能区声环境质量、道路交通声环境质量总体保持较好水平，区域声环境质量达三级以上水平。

全省健身秧歌比赛在泉州举行

由省农业厅（省委农办）、省体育局、省农民体育协会主办，市农民体育协会承办的2014年福建省全民健身运动会农民第五套健身秧歌比赛在泉州侨乡体育馆举行。来自全省9个设区市代表队的优秀运动员齐聚泉州展示才艺。第五套健身秧歌是国家体育总局社体中心最新推广的一套健身秧歌，其特点是在突出健身功效的同时，注重对观赏性、娱乐性、时尚性的兼容，简单易学，是一套与现代人审美取向同步的全新秧歌，观赏性极强。

2014年亚洲沙滩排球锦标赛在晋江举行

2014年亚洲沙滩排球锦标赛在晋江市龙湖衙口滨海景区举行。作为亚洲范围内历史最悠久、级别最高的沙排赛事，2014年亚洲沙滩排球锦标赛吸引来自中国、日本、伊朗、印尼、澳大利亚等15个国家和地区的43支运动队参赛。承办本次沙排亚锦赛，晋江铺设6片沙排场地，其中主场地设容纳1200个座位的管架式四面组合看台。为方便观众和游客，比赛期间，晋江市区开设免费公交直达赛场。此次亚洲沙滩排球锦标赛是晋江市自2013年成功举办全国沙滩排球巡回赛之后，第一次承办国际沙滩排球赛事。

新闻发布会 （图/郭冰德）

永春入选“深呼吸小城100佳”

第四届全国生态旅游文化产业发展高峰论坛发布“2014中国深呼吸小城榜100佳”，永春县位列第59名，并被列为“美丽中国国土气候旅居名片”。“深呼吸小城”是指空气新鲜、适于“避霾旅游”的县域、县级市。从入选的“深呼吸小城”看，大多数县城森林覆盖率都在50%以上，永春县森林覆盖率为69.5%，全县林地面积10.67万公顷，林木蓄积量431万立方米，生态公益林3.2万公顷，是全省重点林区县之一。

水利部领导到泉州调研水资源管理和农村饮水安全工作

中纪委驻水利部纪检组长董力带队到泉州调研水资源管理和农村饮水安全工作。副市长林万明陪同调研。检查组先后走访泉州市水质检测中心、泉州市水资源管理中心、安溪县虎丘镇水厂和城厢玉田水厂等水资源检测管理单位和农村饮水安全工程，肯定泉州在水质检测、水资源管理以及农村饮水安全工程等工作上取得的显著成效。泉州历来高度重视水资源管理和农村饮水安全工作，2010年以来，泉州市通过成立市水资源管理委员会，推进水资源综合管理改革，设立全市水资源监控调度中心，研发建设泉州市水资源动态管理系统，建立全市水资源资料数据库，实现水资源整个水循环过程的实时监控、全市水资源的动态管理、流域水资源的统一调度以及市县间水权交易、自来水企业和用水户等水权交易功能，并能在出现水资源相关紧急情况时，迅速查明原因，启动应急响应预案，进行有效处置。

海峡两岸民间（涂岭）交流活动举行

6—8日，海峡两岸民间（涂岭）交流活动、首届春季农产品订货会暨农副产品深加工技术合作与市场流通会举行。参加此次交流会的嘉宾和参展商超过1000人，而购物参观的游客达2万多人次。在交流会举办之前，主办方充分了解台商的需求。这种把农副产品展销与农业信息交流融为一体的模式，得到海峡两岸中小企业的青睐。不少台湾商户和大陆企业都很认可这种模式，称这种模式更能让人接受。台湾的中小企业表现出对此次交流会的极大热忱。除200家台湾企业参展外，另有400多人特意从台湾赶到泉港新辉大电子商务产业园参会。大陆方面也有100多家企业参展。交流会促成多家台湾的商户和大陆企业的合作，签订总金额10亿元的意向合同。交流会期间，36家大陆企业与台湾企业签订农副产品深加工技术合作协议。台湾顺兴食品企业有限公司、台湾阿桂牛肉结盟有限公司等十几家企业签订入驻泉港基地生产的合同。

泉州师院获全省大学生创业计划竞赛金奖

由共青团福建省委、省教育厅、省人力资源和社会保障厅、省科学技术协会、省学生联合会共同主办的第八届“挑战杯”福建省大学生创业计划竞赛终审决赛在厦门大学嘉庚学院举行。泉州师院上报的《速安捷运动用品有限公司》作品获得本次比赛的金奖。泉州师院的《速安捷运动用品有限公司》作品3名参赛选手表现优秀，最终以小组第八的成绩获得金奖，更为可喜的是，该作品作为福建省18件作品之一推荐上报参加“挑战杯”全国赛。“挑战杯”全国大学生创业计划竞赛是全国规模最大、最具影响力的大学生创业赛事，被誉为当代大学生创新创业实践的“奥林匹克”。厦门大学嘉庚学院承办的本届大学生创业计划大赛，收到福建省43所高校的420件作品，经过书面评审遴选出包括泉州师院在内的10所高校的36件作品进入终审决赛，角逐金奖。终审决赛答辩分两个小组进行，最终评出“挑战杯”福建省大学生创业计划竞赛金奖作品25件。

决赛现场　　（图/傅志雄）

全省首个镇村干部警示教育基地在惠安揭牌

惠安县基层反腐倡廉警示教育基地在惠安县崇武镇五峰村揭牌，这是福建省首个镇村干部警示教育基地。此基地由惠安县纪委、组织部、宣传部、检察院建设，由警示教育展厅、廉政文化宣传厅和放映厅三部分组成。其中，警示教育展厅包含反腐倡廉历史进程、贪污贿赂篇、渎职侵权篇、贪官忏悔录、清风廉影、先进楷模六个版块，通过展板、虚拟实景等形式，展示新中国成立以来党和国家领导人关于反腐倡廉建设的系列指示和决策部署，以及泉州近年来各地查处的典型腐败案例，具有现实的教育意义，为加强新形势下反腐倡廉建设开辟了新阵地。

6月6日

星期五
农历甲午年五月初九
温度：24℃—29℃
小雨转中雨

●中纪委驻水利部纪检组长董力带队到泉州调研水资源管理和农村饮水安全工作。

●6—8日，海峡两岸民间（涂岭）交流活动、首届春季农产品订货会暨农副产品深加工技术合作与市场流通会举行。

●泉州师院获全省大学生创业计划竞赛金奖。

●惠安县基层反腐倡廉警示教育基地在惠安县崇武镇五峰村揭牌。这是福建省首个镇村干部警示教育基地。

●丰泽区行政执法局再次联合辖区8个街道办事处、城管办、派出所等部门，700多名执法人员对夜市大排档进行整治。

●由福建省文联、福建省书协、泉州市文联、石狮市政协、泉州海交馆、泉州市书协等单位联合主办的林景辉书法作品展在泉州海交馆展厅举行，展出的数十件作品以酣畅淋漓的草书为主。

6月7日

星期六
农历甲午年五月初十
温度：24℃—28℃
阵雨转中雨

●新华社播发通稿《福建泉州：“民综改革”激发“民办特区”新活力》，关注泉州改革发展。

●省政府原则同意《晋江市城市总体规划（2010—2030）修编》。

●鲤城区与福州大学区校合作联席会召开。

●梨园戏精品剧目《董生与李氏》2014年欧洲巡演首场演出在法国巴黎MC93剧院举行。

●7—8日，泉州50006名考生参加高考，比上年减少8730人，减幅14.86%。

●德化憨鼠爱心小分队组织200多名志愿者到德化县雷峰镇瑞坂村，为135名留守困难老人送上电风扇、食用油等生活用品及爱心款。志愿者还为全村180多位老人举行集体寿宴和文艺演出，给每位老人照相、理发、修电器、免费体检。

省政府原则同意《晋江市城市总体规划修编》

省政府原则同意《晋江市城市总体规划（2010—2030）修编》，要求统筹做好晋江市城乡规划、建设和管理的各项工作，建设中国品牌之都、海西地区现代产业中心、滨海生态城市。按照规划，晋江将在确定的市域649平方千米规划区范围内，逐步形成“全市一城、一主两辅、城乡一体”的城镇空间结构。到2030年，中心城区规划人口规模达到158万人左右，建设用地控制在174平方千米以内，形成“一带、两轴、七心、多片”的城市空间布局结构。将对接环泉州湾一体化发展的区域空间战略，通过积极保护和可持续利用城市滨江、环湾地区丰富的土地与生态资源，推进中心城区的空间拓展与产业结构转型。交通方面，将形成多层次、多方式交通良好衔接的综合运输体系，预留和控制与厦门翔安新机场联系通道及厦漳泉大都市区城际轨道交通通道。城市景观风貌塑造方面，将按照“两环、四楔、一心、三带”绿地系统骨架，强化引绿入城，重点加强紫帽山等面城一重山的绿化修复，强化九十九溪、南高干渠、南低干渠等城市水体及沿岸绿化开发空间控制。

鲤城区与福州大学区校合作联席会召开

鲤城区与福州大学区校合作联席会召开，鲤城区政府以及铁通电子、劲鑫电子、佰源机械、田中机械等电子信息和机械制造企业的20位代表与福州大学代表们就围绕“如何进一步深化区校合作、推动鲤城科技创新”等方面展开洽谈。联席会上，鲤城区与福州大学相关学院签订9个新的合作项目，建立3个学生创业实践基地。新合作项目包括“金融机构服务高新技术产业规划”“机器人联合实验室”“裸眼3D显示屏关键技术开发及产业化”以及“订单式人才培养”等；学生教学实践基地则分别设在共青团鲤城区委和两家机械汽配企业。

相关链接：自2013年鲤城区与福州大学签订《合作共建框架协议》以来，双方合作共建“福建省金融科技创新重点实验室研究基地”、“泉州光电技术研究院”以及“福州大学产业情报服务工作站”，对接校企合作研发项目3个，设立企业助学金2个，校企合作实践基地6个，双方产学研合作向深度和广度迈进。在创新人才的培养引进上，鲤城区组织企业参加在福州大学举办的福州高校联盟招聘会，2014年春季福州大学机械学院安排学生到大昌机械等鲤城企业实习，双方还联合举办首期电子信息产业领军人才研修班。

梨园戏《董生与李氏》在巴黎首演

梨园戏精品剧目《董生与李氏》2014年欧洲巡演首场演出在法国巴黎MC93剧院举行。在两个小时的演出中，法国观众沉醉于舞台上的一科一曲。演出结束后，在长达8分多钟的时间里，台上的演员反复谢幕多达10次；台下的观众仍纹丝不动地坐在原处，久久不愿离去。最后，灯光师只好采取收光的方式，观众们才意犹未尽地走出剧场。作为此次梨园戏欧洲巡演的邀请方，法国MC93剧院在演出后举行温馨的庆功酒会。剧院经理、法国著名导演、艺术总监帕切克•索梅尔用欧洲绅士的最高礼节向福建省梨园戏实验剧团团长、“二度梅”获得者曾静萍致意，由衷感谢该团为法国观众带来如此高水准的精彩演出。作为纪念中法建交50周年的重点文化交流项目，梨园戏《董生与李氏》将在巴黎连演8场。

泉州50006名考生参加2014年高考

7—8日，泉州50006名考生参加2014年高考，比上年减少8730人，减幅14.86%。其中，被高职院校录取984人，实际参加高考的人数为49022人。全市设12个考区，51个考点，1697个考场。全市738人缺考，启用备用考场1个，违纪舞弊2人，缺考率、违纪舞弊率为历年来最低，考风考纪是历年来最好的一年。为期两天的高考考试秩序良好，没有出现试答卷失涉密事件，没有出现大面积的违纪舞弊事件，没有接到举报电话。在市招考委直接领导下，做好安全隐患排查、突发事件的应急准备、严肃考风考纪、考生服务保障和舆论宣传等工作。各部门为考生提供周到细致的服务，创造温馨高考，实现平安高考、公平高考。

泉州五中考点　　（图/吴寿民）

《2013年泉州市海洋环境状况公报》发布

泉州市海洋与渔业局发布《2013年泉州市海洋环境状况公报》。公报显示，2013年，市环保部门在泉州市海域组织开展多项海洋环境监测，主要包括海洋环境质量趋势性监测、主要海湾环境、陆源入海排污口及其邻近海域、海洋功能区及海洋灾害等方面监测，完成300多个站位的监测工作，获得各类海洋环境有效监测数据8800多个。2013年，泉州市海洋环境质量状况总体良好。近岸海域符合第一类或第二类海水水质标准的面积比例为82.0%，比2012年提高5.7个百分点；海洋功能区水质达标率为80.1%，比2012年提高0.6个百分点。海洋沉积物质量符合海洋功能区划要求的站位比例为82.1%，海洋贝类质量保持稳定，海洋浮游生物和底栖生物种类丰富。海水浴场、海洋倾倒区和海洋保护区的环境质量能满足其功能要求。晋江入海污染物总量40514.7吨；全市13个重点入海排污口污水排放总量5.43亿吨，污染物排放总量6.54万吨。纳入监管的6个涉海工程项目均能严格落实海洋环保措施。2013年，泉州市近岸局部海域环境问题依然突出，主要表现在：泉州湾海水水质富营养化问题依然严重；晋江入海口和部分入海排污口邻近海域环境状况依然较差；赤潮灾害和溢油事故时有发生；泉港区监测断面存在不同程度的海水入侵现象。

南安两岛屿列入全省旅游开发招商海岛名单

省海洋与渔业厅、省旅游局从全省132个主导功能为旅游娱乐的无居民海岛中，遴选推出20座无居民海岛进行旅游开发招商。南安大百屿、南安小百屿2座海岛被列入其中。届时以招标、挂牌、出让的方式，实行“一座单岛形成一项规划、一个发展主题、一种开发特色”的新颖开发模式，20座岛分门别类，用岛年限最高为50年。同时将严格控制岛上开发建设强度，单岛投资规模原则上应达5亿元以上，年度投资额应达到5000万元。全省列入全社会招商的20座无居民海岛具体为：霞浦笔架山岛、霞浦蛇山岛、霞浦佛堂岛、福安乌山岛、连江黄湾屿、连江兀屿、连江蛤沙青屿、连江目屿、连江虎橱岛、长乐东洛岛、福清黄官岛、平潭大嵩岛、平潭大屿、平潭姜山岛、莆田西罗盘岛、南安大百屿、南安小百屿、龙海大涂洲、漳浦林进屿、东山东门屿。

相关链接：大佰屿为大陆岛，由变质岩组成，表层为黄土砂质，植被发育，以木麻黄为主。海岸为基岩岸滩，间有沙质岸、人工石砌护岸。西南部多暗礁，为航行危险区域。岛上有淡水井。岛上曾开发旅游项目，西北部建有大百屿酒店、郑成功涌泉井碑、小庙以及斜坡码头发电机房、蓄水池、排污管等配套建筑，现已大部分荒废，周围多处搭建有简陋的棚屋，岸边废弃物堆积未清理。山脚下建有未完工的红砖楼，现有部分管理人员在岛上居住。小佰屿为大陆岛，由变质岩组成。表层黄土，植被茂密。海岸为基岩岸滩，间有沙质岸。周围海域多干出礁，南部多暗礁，为航行危险区域。海域产有鲻鱼、章鱼等。尚未开发利用。

全国网络媒体主持人“清新福建”泉州行活动举行

8—10日，全国网络媒体主持人“清新福建”生态行——泉州行活动举行。由新华网、人民网、央视网等60家全国主流网络媒体组成的采访团深入泉州各县（市、区），以生态经济、生态环境、生态保护、生态文化为主要内容进行考察，对城市建设、循环经济、产业转型升级、清洁能源使用、环境资源保护、非物质文化遗产、生态景区等方面的亮点进行宣传报道。

“同心八闽公益行·走近泉州青少年”公益活动举行

由团市委、省教育厅关工委德育中心及省同心慈善基金会联合主办，同心第41期泉心义工班承办的“同心八闽公益行·走近泉州青少年”大型公益活动在泉州影剧院举行。活动中，“红色演讲家”金雪做“唤醒爱”的主题互动演讲。互动环节中，孩子们童真、诚挚的表达感染现场所有人。随后，“全国自励自强模范”李智华与大家分享她顽强坚韧的生活经历，从接纳自己的不完美，到了解自己对父母的爱，真诚感人。观众还观看励志电影《宝贝别哭》。活动结束前，在泉心义工班的引领下，观众们在“你我同心，泉州更好”的留言板上书写下对泉州、对同心公益活动的美好祝福与期待。

6月8日

星期日
农历甲午年五月十一
温度：24℃—28℃
阵雨

●市海洋与渔业局发布《2013年泉州市海洋环境状况公报》。公报显示，2013年，泉州市海洋环境质量状况总体良好，近岸海域符合第一类或第二类海水水质标准的面积比例为64.3%，海洋功能区水质达标率80.1%。

●南安大百屿、小百屿被列入全省旅游开发招商海岛名单。

●8—10日，全国网络媒体主持人“清新福建”生态行——泉州行活动举行。

●由团市委、省教育厅关工委德育中心及省同心慈善基金会联合主办，同心第41期泉心义工班承办的“同心八闽公益行·走近泉州青少年”大型公益活动在泉州影剧院举行。

●第二届“中行杯”网球赛在泉州宝珊花园网球中心举行，全市上百名网球高手参与角逐。

6月9日

星期一
农历甲午年五月十二
温度：23℃—29℃
阴

●省委书记尤权、省长苏树林带领全省各设区市、平潭综合实验区党政主要领导和省直有关部门负责人，到丰泽、惠安、石狮、晋江等地，检查泉州经济社会建设情况。

●由国务院发展研究中心国际合作局与福建省政府发展研究中心共同举办的“一带一路”战略专题研究座谈会在泉州举行。

●来自埃及等11个国家的“2014年阿拉伯国家外向型经济研修班”23名官员到德化参观考察陶瓷文化，体验陶瓷制作并进行商务恰谈交流。

●9—10日，全省工商系统推进非公企业党建工作经验交流会在安溪召开。

●广西壮族自治区侨联考察团一行14人到泉州，考察泉州侨力资源和侨务工作，并开展以“为侨服务”为主题的经验交流会。

●9—12日，初中毕业生可上泉州市招生考试信息网（www.qzzk.cn）填报升学志愿。

●根据省“安全生产月”活动组委会安排，“海西安全发展行”宣传采访团一行到泉州开展采访宣传活动。

省委省政府工作检查组到泉州检查

省委书记尤权、省长苏树林带领全省各设区市、平潭综合实验区党政主要领导和省直有关部门负责人，到丰泽、惠安、石狮、晋江等地，检查泉州经济社会建设情况。无论是重磅项目、文化提升，还是新型城镇化建设、社会管理创新，一路走来，气象更新。省领导杨岳、陈桦、姜信治、叶双瑜、苏增添、张志南、李书磊、曹德信、倪岳峰、徐谦、张广敏、洪捷序、陈荣凯、李红、徐钢、陈冬、郑晓松、张燮飞等一同调研检查。市领导黄少萍、郑新聪、周银芳等参加检查活动。检查中，省领导对泉州经济社会发展取得的成绩给予肯定，对泉州未来发展寄予殷切期望。尤权、苏树林参观中化泉州炼油项目后指出，打通中化上中下游的石化产业链条，是中化战略拓展、战略转型的里程碑；是福建产业发展的里程碑，对改善泉州乃至福建产业长期偏轻的状况，对产业结构调整意义重大；也是福建与中化合作的里程碑，期待在双方的共同努力下，继续打造新的里程碑，创造新的产业希望。省领导参观“东亚文化之都•泉州”展示中心，勉励泉州继续借助文化优势，拓展平台、做强产业，以文兴市、以文惠民。在石狮，尤权、苏树林与国际级的设计师面对面交流，希望园区不断壮大、持续创新，成为服装业与世界接轨的新平台。省领导指出，作为全省新型城镇化建设的两个典型地区，石狮、晋江的两个考察点，见证泉州在新型城镇化建设中的有力探索：一是眼光，泉州重视文脉的传承延续，在城镇化进程中，留下诸如五店市这样的珍贵记忆，更新类似星期YI服饰创意博览园这样的城市园区，让城市遗产发扬光大。二是魄力，泉州实施新型城镇化胆识过人，晋江以梅岭组团为龙头，五年来投资千亿做城建，推进500多个项目，实现面貌巨变，创造出城市与产业两个升级版。三是理念，泉州坚守为民建城、尊重自然，让城市显山露水、大密大疏、浑然天成；不断创新机制，创造性地提出一系列工作方法，有力盘活资源、提升效率。四是胸怀，泉州实行以人为核心的城镇化，视野开阔、胸怀广阔。推动外来人口市民化等不少举措已走在全国前列，形成“人进城、建好城、管好城”的丰富经验，值得推广借鉴。希望泉州探索实践、创造经验，让新型城镇化建设真正惠民惠心、造福百姓。

阿拉伯国家官员到德化参观考察

来自埃及等11个国家的“2014年阿拉伯国家外向型经济研修班”23名官员到德化参观考察陶瓷文化。此次研修活动是商务部援外培训项目，德化县泉州工艺美术职业学院承接其中3天的培训业务。活动中，各学员深入学院师生作品展厅与实训工厂，参观学院师生作品，聆听《德化陶瓷技术与文化》讲座，并亲身体验陶瓷制作。学员们对学院的开放式教学和“以服务就业创业为导向，实施现代学徒制，培养创业型人才”的人才培养模式大加赞誉。

阿拉伯国家官员体验陶瓷制作 （图/陈志明）

“一带一路”战略专题研究座谈会在泉州举行

由国务院发展研究中心国际合作局与福建省政府发展研究中心举办的“一带一路”战略专题研究座谈会在泉州举行。中央有关部门和有关省区市政策研究领域的专家共同回望丝绸之路传播文明的历史，探讨丝绸之路重振雄风的路径，为“一带一路”建设建言献策。国务院发展研究中心国际合作局局长程国强主持会议。国务院发展研究中心副主任张来明在致辞中指出，贯彻落实好习近平提出的建设“丝绸之路经济带”和“21世纪海上丝绸之路”重大战略构想，对中国的发展，对中国国际地位和国际影响力的提高，具有至关重要的意义。这个重大战略构想提出后，国内上下积极响应、热情高涨，在国际上也得到广泛的响应和支持，实现良好开局。“一带一路”建设，关键要做到国家间、国内地区和部门间两个协调配合、两个同心协力。只要科学谋划、精细实施、因势利导、顺势而为，这个战略构想会一步一步变为现实。“一带一路”建设的伟大工程刚刚破题，进行深入细致的调查研究，是科学设计蓝图、顺利推进工作的基础。

省人大常委会调研组到泉州开展执法调研

10—11日，省人大常委会副主任刘群英带领调研组到泉州，开展《福建省企业女职工劳动保护条例》执法调研活动。市领导洪泽生、陈灿辉陪同调研。调研组听取市政府相关汇报，实地察看福建格林集团、石狮大帝集团等企业后，刘群英肯定泉州落实条例所取得的成效。刘群英指出，泉州市贯彻实施男女平等的基本国策，保障女性平等就业、充分就业，对女职工社会保障的覆盖较为全面，成效显著。女职工工作耐心、细致等特点，符合不少工作岗位的用工需求。地方政府及相关部门应当重视女职工这一人才资源，从提高女职工素质、调动女职工工作积极性这一根本途径入手，努力为女职工创业、生产、生活提供良好的环境，推动女职工劳动保护工作的落实。

泉州市工业设计名师讲堂第三讲举行

由市经贸委主办的泉州—德国工业设计对接示范项目启动仪式暨泉州市工业设计名师讲堂第三讲在泉州举行。活动除了南方路机、辉煌水暖、迪特等本市工业设计优秀企业现场交流经验，邀请IPDD和Defortec两家来自德国的著名公司展示各自设计成果外，多家泉州企业与德国设计公司签署合作对接项目，深化双方在工业设计领域的合作。IF国际论坛设计金奖得主在现场与本土企业界对话。有“设计的奥斯卡”之称的IF设计奖，源自德国历史最悠久的工业设计机构——汉诺威工业设计论坛，每年在汉诺威举行颁奖典礼，奔驰、宝马、IBM、三星、索尼、华硕等国际巨头齐聚IF，展示最新的设计产品。此次工业设计名师讲堂第三讲邀请到三名IF设计金奖获得者登台演讲。其中，IPDD公司创始人兼总经理史蒂芬·里波特和IPDD公司合伙人欧兹凯•伊思客联袂剖析“面向产业的设计创新过程”，另外一家著名设计公司Defortec的总经理史蒂芬•格博则分享“德国工业设计流程与经典案例”。

相**关链接：**德国作为工业设计的发源地，对世界现代设计的发展产生深远影响。IPDD公司是德国著名的有影响力的新世代综合化设计与研发公司，在移动工具、医疗设备、运动产品、家居用品、厨卫产品、办公用品、玩具设计及工业产品等领域拥有众多成功的设计成果。Defortec公司在机械设备设计，消费类产品设计以及医疗设备设计方面非常优秀，设计过的产品获得超过50项国际设计大奖。仅2014年，经此公司设计的产品获得4项IF设计奖。

泉州市举办夕阳红才艺交流展示大赛

首届泉州市夕阳红才艺交流展示大赛在市老年活动中心举行，来自各县（市、区）的17支老年艺术团257人参加，参赛的节目有器乐、曲艺、绝技绝活、小品等。举办此届夕阳红才艺交流展示大赛，是为了择优推荐符合条件的老年人节目参加第四届中国老年文化艺术节综合类比赛，调动老年人参与文艺活动的热情，营造泉州老年人老有所乐的浓厚氛围。

晋江档案馆挂上“国字号”社会实践基地

晋江档案馆获教育部、国家档案局确认为“全国中小学档案教育社会实践基地”，并建立爱国主义教育基地。晋江档案馆共存各门类、载体的档案资料20余万卷（件、册），排架长度达2500米，时间跨度400余年，馆藏最早的档案为明代崇祯元年圣旨一幅。这些档案资料真实地记载明清以来晋江各个历史时期的政治、经济、社会、文化等各方面的情况，是弥足珍贵的文化资源，也是晋江开展爱国主义教育实践活动的宝贵资源和有力依托。晋江市档案馆已建成“百年记忆——馆藏老照片展”“百年跨国两地书——福建侨批档案展”“闽台风情档案展”“晋江知名书画家作品展”4个活动展厅和“晋江党建展馆”“晋江荣誉展馆”两个固定陈列展。

惠安县与尚志市缔结友好县市

哈尔滨尚志市代表团到惠安考察，并与惠安县缔结为友好县市。尚志市代表团一行实地考察达利集团总部、豪翔实业、崇武古城、聚龙小镇等地，随后两地召开座谈会。尚志市代表团认为，尚志与惠安在资源开发、产业对接、人员交流往来等方面互补性强，两地要多加强联系、沟通，共同发展。哈尔滨尚志市是以抗日英雄赵尚志名字命名的英雄之城，有着以“百折不挠、勇为人先”的尚志精神为代表的革命传统和城市风采，享有“中国雪都”“中国黑木耳之乡”“中国红树莓之乡”“中国套娃之乡”等美誉。

6月10日

星期二
农历甲午年五月十三
温度：23℃—29℃
多云

●10—11日，省人大常委会副主任刘群英带领调研组到泉州，开展《福建省企业女职工劳动保护条例》执法调研活动。

●由市经贸委主办的泉州—德国工业设计对接示范项目启动仪式暨泉州市工业设计名师讲堂第三讲在泉州举行。

●首届泉州市夕阳红才艺交流展示大赛在市老年活动中心举行

●晋江档案馆被教育部、国家档案局确认为“全国中小学档案教育社会实践基地”，并建立爱国主义教育基地。

●惠安县与尚志市缔结友好县市。

●周景洛故乡书法展在领SHOW天地优秀空间·文泽艺术馆开展。

6月11日

星期三

农历甲午年五月十四

温度：22℃—30℃

晴

●全市小城镇建设工作现场推进会在晋江召开。

●2014年东亚文化之都（泉州）实务会议在泉州举行。

●全省利用社区资源服务老干部工作现场推进会在泉州召开。

●2014年泉州市“道德模范、身边好人、美德少年巡讲”在泉州实验中学举行。

全市小城镇建设工作推进会在晋江召开

全市小城镇建设工作现场推进会在晋江市磁灶镇召开。市领导周银芳、王远东、李建辉、林万明、吴共湖出席会议。市人大常委会副主任王远东主持会议。副市长李建辉对加强小城镇建设进行具体部署，副市长林万明通报2013年小城镇建设考评情况。与会代表参观晋江市磁灶镇小城镇建设情况。市委副书记周银芳指出，要按照中央关于新型城镇化的要求，抓住建设“东亚文化之都”和“21世纪海上丝绸之路先行区”的重要机遇，转变观念，拓展小城镇建设的作为空间。要与推进宜居宜业相融合、与推进产业发展相融合、与推进城市建设相融合、与推进特色文化相融合、与推进美丽乡村相融合，在更高起点上建设小城镇。要完善运行机制和考评机制，确保按时保质保量完成2014年小城镇建设的目标任务。

会议现场（图/李芸生）

东亚文化之都（泉州）实务会议举行

2014年东亚文化之都（泉州）实务会议在泉州举行。文化部外联局相关人士及韩、日嘉宾到泉州，与“东亚文化之都”泉州建设发展委员会办公室相关负责人，就三市下阶段拟开展互访交流的活动及有关议题进行磋商。会议指出，增进三市之间的相互了解和合作是一个循序渐进的过程，需要以文化交流为基础。从此次实务会获悉，光州市正全力推进韩国最大的文化项目“亚洲文化中心城市”事业，其核心设施——亚洲文化殿堂将于2015年开馆。亚洲文化殿堂是规模最大的综合性文化空间，除了可以收藏各国文化资源外，还是一个集文化内容制作、创造、展示、演出等最尖端技术的复合型设施。横滨为“东亚文化之都”活动新创19项内容，以世界文化遗产为主题的大型沙雕展、以中日韩七夕传说为内容的剧目和三国不同的木偶戏演出是其中的重头戏。中韩日艺术节计划于9月在神奈川艺术剧场大厅举行，届时，来自3个国家当前备受瞩目的舞者及演奏家们将汇聚一堂，共同展示3国传统和现代交汇的舞蹈。三国传统人偶剧的3种代表剧目将配合专家的解说比较上演。中韩日电视制作人论坛将汇集三国电视节目制作人，共同观赏各国的优秀电视作品并交换意见，同时组织鉴赏会供市民观赏。三国的大学学者和美术、音乐、影像专业的学生也将齐集横滨进行交流并制作、发布作品，就东亚地区艺术交流发展进行探讨。此外，中韩日丝竹之音演奏会、食品与艺术联结中韩日及东亚主题活动、智能灯光秀、书法交流等活动将多角度呈现“东亚文化之都”的深厚内涵和独特魅力，带给横滨市民不一样的“文都”感受。

全省利用社区资源服务老干部工作现场推进会在泉州召开

11—13日，全省利用社区资源服务老干部工作现场推进会在泉州召开。与会人员观看泉州市开展“四就近”工作专题片，听取泉州市、鲤城区等7个典型市、县发言，参观丰泽区圣湖社区、晋江华泰社区和永春儒林社区，就利用社区资源服务老干部进行经验交流。

相关链接：针对老干部“双高期”特点，泉州市不断完善相关制度，加大资金扶持，从日常生活、医疗保健、文化需求等多方面入手，推进老干部社区服务工作，形成家庭、单位、社区、党委和政府工作部门“四位一体”的社区“四就近”服务管理体系和工作网络，推进泉州市老干部工作科学发展、转型发展。

市道德模范基层巡讲举行

由市委宣传部、泉州军分区政治部、市委文明办、市教育局、团市委主办的2014年度泉州市“道德模范、身边好人、美德少年巡讲”活动在泉州实验中学举行。全国第四届道德模范提名奖获得者、德化县龙浔镇丁墘村9组村民毛碧华，省道德模范提名奖获得者、泉港区峰尾镇郭厝村村民连美华，首届市道德模范、市公安局交警支队鲤城大队职工吕优生，市第三届道德模范、民革南安市第五支部副主委吴佳色，2012年“中国好人榜”好人、永春县公路分局玉斗公路站站长康清洁，2011年“福建好人榜”好人、泉州晚报社东南新闻中心记者颜雅婷，省首届尽责奉献美德少年、泉州六中学生吴艺珠，泉州华侨职校学生、泉州华侨职校会计专业技能竞赛第一名的谢燕参加巡讲活动。

国台办主任张志军到泉州调研

国台办主任张志军一行到泉州调研，省领导陈桦，市领导黄少萍、郑新聪、陈荣洲参加调研。张志军肯定泉州市大力弘扬闽南文化、深化两岸交流合作的成效，鼓励泉州继续用足用好中国闽台缘博物馆等载体平台，全方位加强对台交流合作，更好地服务两岸关系和平发展。

泉州市部署环境污染综合整治工作

根据国家八部委和省政府关于2014年“整治违法排污企业保障群众健康环保专项行动”电视电话会议精神，泉州市召开电视电话会议部署2014年环境污染综合整治等工作，对未落实环境安全主体责任、存在违法行为的企业，坚决追究法律责任。泉州将加强对涉大气污染企业、涉重金属行业的综合整治。重点督促各火电、钢铁、水泥企业稳定运行脱硫脱硝设施，严查二氧化硫、氮氧化物、烟（粉）尘超标排放等违法行为；督促晋江华懋电镀集控区将区内42家电镀企业重组至4—6家，于10月前完成“五新”（新企业实体、新生产工艺、新污水处理厂、新污水管网、新管理方式）建设；督促铅蓄电池企业对照环保部《铅蓄电池和再生铅环保核查指南》要求，限期完善铅烟、铅尘、酸雾和废水收集、处理设施，于2015年12月31日前完成环保核查和行业准入条件审查；全面排查医药制造企业，消除环境安全隐患。此外，2014年泉州将持续推进重点流域（含近海水域）、跨境流域水环境综合整治，巩固饮用水源保护。

安溪铁观音茶文化系统入选第二批中国重要农业文化遗产

农业部发布第二批中国重要农业文化遗产，其中包括福建安溪铁观音茶文化系统等20个传统农业系统。第二批中国重要农业文化遗产包括：天津滨海崔庄古冬枣园、河北宽城传统板栗栽培系统、河北涉县旱作梯田系统、内蒙古阿鲁科尔沁草原游牧系统、浙江杭州西湖龙井茶文化系统、浙江湖州桑基鱼塘系统、浙江庆元香菇文化系统、福建安溪铁观音茶文化系统、江西崇义客家梯田系统、山东夏津黄河故道古桑树群、湖北赤壁羊楼洞砖茶文化系统、湖南新晃侗藏红米种植系统、广东潮安凤凰单丛茶文化系统、广西龙胜龙脊梯田系统、四川江油辛夷花传统栽培体系、云南广南八宝稻作生态系统、云南剑川稻麦复种系统、甘肃岷县当归种植系统、宁夏灵武长枣种植系统、新疆哈密市哈密瓜栽培与贡瓜文化系统。

台湾七千人进香团拜谒泉州天后宫

台湾妈祖联谊会近200个进香团的7000多名台胞到泉州天后宫拜谒进香。进香队伍一度从天后宫门口排到临漳门，为2014年以来中心市区规模最大的一次进香活动。下午3点半，泉州天后宫门口锣鼓喧天，来自台湾的香客身着代表各自宫庙的统一服装，有的手捧妈祖神像，有的抬轿，有的打鼓，声势浩大。泉州天后宫管委会负责人介绍，此次进香活动原定3000位香客，后增至7000多人。泉州天后宫与台湾新港奉天宫、大甲镇澜宫、澎湖天后宫、彰化鹿港天后宫、台南大天后宫等数百个宫庙均有密切往来。近年来，泉州天后宫每年迎来台胞数十万人次，成为联结海峡两岸人民的重要桥梁和纽带。

晋江在全省率先启动“掌上微法院”

晋江法院在全省法院系统率先开通上线官方APP应用客户端，同步启动微信公众平台。晋江法院开通的这两个公众平台都围绕着“普法宣传、司法公开、在线办案”三大功能进行相应设置：开发APP应用客户端主要突出手机软件的精准、专属、便捷等优点；微信公众平台则是借助此软件的成熟性及稳固而庞大的用户群体，实现与更多群众的“零距离互动”和“全方位公开”。群众在这两大公众平台上均可实现随时查询案件进程、了解法院动态、咨询法律问题等，内容涵盖法院概况、案件执行、裁判文书、审判流程、诉讼费用各个方面。此外，两个平台植入“中国裁判文书网”“全国法院被执行人信息查询网”，通过相关链接点击，即可查询到在晋江法院审理并生效的裁判文书和执行案件信息。

6月12日

星期四

农历甲午年五月十五

温度：23℃—31℃

多云

●国台办主任张志军一行到泉州调研，省领导陈桦，市领导黄少萍、郑新聪、陈荣洲参加调研。

●泉州市召开全市党的群众路线教育实践活动专题会议，部署县（市、区）和市直单位领导班子专题民主生活会有关工作。

●泉州市召开电视电话会议部署2014年环境污染综合整治等工作。

●全市现代农业流动现场会召开。

●农业部发布第二批中国重要农业文化遗产，其中包括福建安溪铁观音茶文化系统等20个传统农业系统。

●台湾妈祖联谊会大小近200个进香团的7000多名台胞到泉州天后宫拜谒进香。

●晋江法院在全省法院系统率先开通上线官方APP应用客户端，同步启动微信公众平台。

6月13日

星期五
农历甲午年五月十六
温度：24℃—29℃
阵雨转暴雨

●首批光州市民参访团抵达泉州，开展为期四天的参观考察和文化交流活动。

●13—14日，台湾云林县“议会”议长苏金煌一行访问泉州，与泉州市政协交流。

●380名台湾乡亲在泉州开展闽台同名村镇续缘之旅。

●蔡立忠先进事迹报告会暨泉州市“统一战线专家服务团”成立仪式举行。

●全球“中国式管理之父”台湾教授曾仕强在安溪作题为《易经与管理智慧》的讲座。

●石狮市公安局奖励231名全年无交通违法车主。

台湾云林县“议会”参访团到泉州访问

13—14日，台湾云林县“议会”议长苏金煌一行访问泉州，与泉州市政协交流。市政协主席杨俊峰，副主席骆沙鸣等会见客人。在泉州期间，苏金煌一行参观惠安台湾农民创业园、台湾农业技术推广中心等。杨俊峰表示，云林作为台湾的农业大县，农业的精细生产、营销手段、组织化水平等都值得泉州借鉴，期待通过参访团此次访问，拓展泉台农业合作的空间和领域，实现互利共赢。市政协将与云林县议会一道，把深化泉台农业合作作为重要工作，推动两岸经贸文化交流向纵深发展。苏金煌表示，泉州经济社会持续快速发展，与云林县交流互动更为频繁，尤其是农业领域的经贸往来日渐升温。云林愿与泉州共享农产品播种、收成、营销等技术，共同提升发展水平，推动台湾优势产业转移，加深两岸产业合作。

蔡立忠先进事迹报告会举行

蔡立忠先进事迹报告会暨泉州市“统一战线专家服务团”成立仪式举行。报告会上，民革泉州市委员会机关干部谢凤娟、泉州市第五批援疆干部郑坚帜、泉州市中医院医生王奕珊3位报告团成员，从不同的角度和侧面，深情讲述蔡立忠的先进事迹和崇高精神。报告感人肺腑、催人奋进，现场观众被深深感动，会场不时响起热烈的掌声。

380名台湾乡亲在泉州开展闽台同名村镇续缘之旅

作为第六届海峡论坛的主要配套活动之一，“闽台同名村镇续缘之旅”启动，380名来自台中、台南、嘉义、彰化、桃园等同名村镇台湾乡亲在泉州市5个村镇开展闽台同名村镇续缘之旅。此次活动以“探乡探亲，寻根寻祖；乡乡有情，村村有趣”为主题，福建省有11个村镇与台湾将对接，泉州有5个，分别为南安梅山镇、南安石井镇、南安石井镇溪东（双溪）村、晋江安海（安平）镇、晋江罗山镇林口村。为期5天的续缘之旅活动中，台湾乡亲探访同名村镇，探寻同室宗亲，拜谒先祖，对同名村的族谱进行现场对接、修撰，增进台胞对福建祖籍地“同根同源”的认知；同时考察旅游景点，增强台湾乡亲对福建人文景观和经济发展的了解，促进闽台旅游双向交流交往。

相关链接：“同名村镇”是指台湾一些村落所冠籍的地名，与大陆祖地“同根、同源、同名”。历史上，台湾和大陆两地民众互有迁移，其中以闽粤汉民移民台湾居多。先民到台湾后，聚族而居，把自己在大陆祖籍地的府、县、镇、乡、村地名、街巷名和宗祠名、寺庙名，乃至家乡的山川名胜名称，作为在台湾新聚居地相应名称，并沿用相同堂号，沿用传世辈字序列，以此铭记自己的根之所在。

台湾教授曾仕强在安溪举办讲座

由安溪县委宣传部主办，安溪县经济贸易局、安溪县旅游事业局、福建八马茶业有限公司、福建省誉丰国心茶业有限公司联办，泉州市博恩文化科技有限公司承办的“曾仕强教授茶乡行”活动举办，享有全球“中国式管理之父”“华人三大管理学家之一”盛誉的曾仕强在安溪永隆国际酒店作题为《易经与管理智慧》的讲座。曾仕强教授是台湾师范大学教授，许多外资企业到中国前都先去学习其“中国式管理”理念。曾仕强授课风格幽默、风趣、亲切，合乎中国的国情、深刻挖掘中国人性与文化的深层含义。曾仕强曾多次在央视“百家讲坛”栏目等著名论坛中作讲座。

石狮市奖励231名全年无交通违法车主

石狮市在石狮人民广场为231名全年无交通违法车辆的车主颁奖。此231名获表彰的车主是从9940名全年无交通违法的车主中抽取的。这些车主将享有免费观看电影、银行VIP服务、免费办理年检、减免车险保费等实惠。“以奖促管”交通管理模式是在坚持严格执法的同时突出奖励，以点带面鼓励更多的市民认真遵守交通法规。石狮市公安局交管大队创新推出“以奖促管”“事故快处”“多元调处”“一路绿灯”“交通影响评价”等多项惠民举措，打造“路通人和”的石狮。5月1日，石狮成立道路交通事故快速处理服务中心，并提供事故快速认定、保险勘查、定损、损害调解和理赔24小时办结的“一站式”便民服务。

童刚到泉州调研电影市场发展情况

国家新闻出版广电总局副局长童刚一行到泉州调研电影市场发展情况。省新闻出版广电局局长陈必滔，市领导陈庆宗、周真平陪同调研或参加相关活动。童刚参观鲤城万星国际影城，仔细询问泉州人口总数、外来务工者数量等基本情况。童刚指出，受工作时间限制、票价等因素影响，农民工进影院看电影的机会十分有限。泉州电影产业正呈现较好的发展势头，在完善电影公共服务设施的同时，应注意拓展电影院观众的群体层次，根据实际情况适当采用财政补贴、发放低价票、安排公益专场等措施，让农民工有更多机会走进电影院，观看其喜欢的电影，丰富文化生活。

泉州市启动防台风Ⅳ级应急响应

8时，2014年第1号热带低压在南海东北部生成，并逐步升级为2014年第7号热带风暴“海贝思”。至19时，“海贝思”位于诏安偏南方约320千米的海面上，近中心最大风力8级，并以时速5千米向北移动，强度有所加强。市防指召开全市防御“海贝思”视频会议，传达市委书记黄少萍、市长郑新聪对防御工作的批示和要求。会议要求落实领导带班制度，各级各防汛责任人取消周末休假，密切监视“海贝思”发展趋势、风情、雨情、水情和工情等，实时公布最新动态；沿海各县（市、区）要统计出海船只与人员数量，并与海上作业单位和船上人员保持联系，通知做好回港避风准备；各级各有关部门提前做好防御风暴潮、强降雨和山洪地质灾害、防洪排涝等准备工作，加强对各类水库、山围塘、堤防、水闸、在建工程、地灾隐患点、危旧房屋、工棚等的巡查值守、监测预警以及应急处置；市防汛办、市效能办加大防汛值班检查力度，严肃处理工作懈怠、责任不落实、措施不到位等问题。

“海峡论坛·两岸特色庙会”在泉州举行

14—19日，由泉州市政府主办的第六届海峡论坛·两岸特色庙会在锦绣庄民间艺术园、市提线木偶戏传承保护中心举行。由泉州歌舞剧团、韩国光州艺术团等带来的开场综合演出，为2014年度全市最大、最“好吃”的两岸民间美食交流盛会拉开帷幕。南音《直入花园》旋律缠绵深沉，如丝如诉；提线木偶《花好月圆》《小沙弥下山》活灵活现、生动有趣；高甲戏《公子游》肢体语言丰富，神情诙谐幽默。韩国光州艺术团则带来韩风浓烈的传统创意舞蹈《花冠舞》。戴着五彩花冠、身穿精美刺绣华服的韩国舞姬们翩翩起舞，给人以柔美的视觉享受和强烈的色彩观感。此次庙会设120个展位，其中，美食展位60个，特色伴手礼展位40个（含民间技艺展示展位6个），泉台特色乡镇展位20个。台湾方面有70余种风味小吃、近60种伴手礼、10个特色乡镇参展。活动期间开展两岸美食展示品尝活动、特色伴手礼展销、泉台特色乡镇展示、地方戏曲循环展演和民间技艺现场展示等活动。来自台北、高雄、台南、台中、云林、南投、澎湖、金门以及泉州约120家风味美食、特色商品商家、特色乡镇代表、民间技艺代表参会。

庙会现场　　（图/吴寿民）

电影海报展在刺桐里艺术馆举办

“东亚文化之都•2014泉州”县域活动周首场“文化之都•多彩鲤城”鲤城文化周系列之电影海报展在刺桐里艺术馆举办。此次展出的海报是从五六千张电影海报中精选出来的，其中年代最为久远的是1951年3月上映的电影《白毛女》的海报，这张海报在省内已经成为孤品，是其60多年来第一次公开展览。从《红灯记》《沙家浜》等“样板戏”到《廊桥遗梦》《华沙首次演出》等外国译制片，从《林则徐》《平原游击队》等拍摄于上世纪五六十年代的电影到《南北少林》《大决战》等上世纪八九十年代拍摄的电影，看着一张张海报，令人有穿越时空之感。

6月14日

星期六
农历甲午年五月十七
温度：24℃—27℃
中雨转大到暴雨

●国家新闻出版广电总局副局长童刚一行到泉州调研电影市场发展情况。

●泉州市启动防台风Ⅳ级应急响应防抗第7号热带风暴“海贝思”。

●14—19日，由泉州市政府主办的第六届海峡论坛•两岸特色庙会在泉州市锦绣庄民间艺术园、市提线木偶戏传承保护中心举行。

●泉州市2014年“文化遗产日”暨非遗公众体验系列活动启动仪式在市区真武庙广场举行。

●“东亚文化之都•2014泉州”县域活动暨“文化之都•多彩鲤城”文化周启动仪式在西街旧面粉厂举行。

●“文化之都•多彩鲤城”鲤城文化周系列之电影海报展在刺桐里艺术馆举办。

●14日，纪念中国“文化遗产日”暨培元中学南音十周年展演活动在泉州南音艺苑举行。

●晋江安海下山后村83岁的陈淑荣和黄淑霞老人，同年出生，66年来相濡以沫，于2014年6月14日同一天去世。

6月15日

星期日
农历甲午年五月十八
温度：24℃—27℃
暴雨

●15—20日，中国工程院院长周济带领一批制造领域的院士、专家到泉州，深入企业调研走访，指导“泉州制造2025年发展纲要及2020年行动计划”编制工作。

●福建省委书记尤权在第六届海峡论坛大会上致辞时表示，国家有关部门批复福建系列对台先行先试举措，授权增设晋江机场出入境口岸办证点。

●黄少萍要求全市继续强化防御“海贝思”各环节的责任落实，突出山洪、滑坡、泥石流等地质灾害和城市内涝的重点防御。

●泉州市区道路交通事故快速处理中心的丰泽、鲤城两个受理处分别揭牌，交巡警及保险部门进驻办公。

周济带队到泉州指导“泉州制造发展纲要”编制工作

15—20日，中国工程院院长周济带领一批制造领域的院士、专家到泉州，深入企业调研走访，指导“泉州制造2025发展纲要及2020行动计划”编制工作。国家自然科学基金委副主任、中科院院士姚建年，省政协副主席薛卫民，市委书记黄少萍，市长郑新聪，市委常委、常务副市长林伯前，副市长李建辉，市政协副主席许连捷、吴共湖等参加相关活动。“泉州制造2025发展纲要及2020行动计划”是“泉州制造”向“泉州创造”转型的战略指南和行动纲领，主题是泉州制造业如何实现“四大转变”，即由要素驱动向创新驱动转变，由低成本竞争优势向质量效益竞争优势转变，由依赖资源消耗的粗放制造向绿色制造转变，由生产型制造向服务型制造转变。在泉州期间，院士、专家们先后前往鲤城、丰泽、洛江、晋江、南安、惠安、泉州开发区、泉州台商投资区，深入40多家企业调研、座谈，为编制工作做了充足准备。综合前期调研，中国工程院已提出“泉州制造2025发展纲要及2020行动计划”的初步框架。“泉州制造2025”最终的研究成果包括：泉州制造面临的国内外形势、发展现状、优势与劣势、存在的主要问题，泉州制造的发展定位、指导思想、发展路线及2020年、2025年发展目标，2020年行动计划，政策与保障措施等。

黄少萍郑新聪部署防汛工作

鉴于“海贝思”残留云系带来的大雨天气或给泉州造成一定损失，市委书记黄少萍密切关注雨情、水情、汛情和灾情，要求全市继续强化防御“海贝思”各环节的责任落实，突出山洪、滑坡、泥石流等地质灾害和城市内涝的重点防御，更好地保护好全市人民的生命财产安全，以取得防御“海贝思”的全面胜利。市长郑新聪，市委副书记周银芳，市防指总指挥、副市长林万明分别就具体防御工作提出要求。全市将防御“海贝思”重点转向次生灾害防范。南安、安溪、永春、德化等地加强对因暴雨易引发山洪、滑坡、泥石流等新旧地质灾害点巡查、监测、示警，及时转移群众，确保人员安全；鲤城、丰泽、洛江、晋江、石狮等地再次全面检查辖区内防洪排涝设施、排水通道、启闭设施、电力线路等，加强对低洼地带、地下室、下穿通道等重点部位的安全检查。各级水利部门组织力量对辖区内小型水库、山围塘开展防汛安全大检查；检查中一经发现险灾情，现场制订除险排险技术方案，迅速采取果断措施，排除险情，并组织下游受威胁群众安全转移；各地对高水位运行的水库、山围塘，制订科学合理的防洪调度方案，必要时采取预排预泄方式，降低水位，确保安全度汛。

中心市区交通事故快速处理中心揭牌

泉州市区道路交通事故快速处理中心的丰泽、鲤城两个受理处分别揭牌，交巡警及保险部门进驻。即日起，为单方车损在3万元以下的小事故，提供事故认定、勘查、定损、理赔等“一站式”服务。在小事故发生后，当事双方应自行拍下对方证件（驾驶证、行驶证、保险卡）和事故现场，在确保安全的情况下，拍摄远距离全景照2至3张，碰撞处细节照2至3张。拍照时应注意将车两边的交通标志标线拍下来，以显示车子当时在车道的位置，以便民警判断事发时两车的具体位置。拍完照后，可自行驶离，在2小时内前往快处中心处理。当事双方到快处中心后，如果是单方车损在1万元以下的，无异议的情况，可在中心引导员的带领下，直接找保险公司受理理赔业务。保险公司定损并收集理赔所需材料后，车主即可离开，自行选择修理场所，保险公司将在第一时间将赔偿款汇入投保人指定账号。如果是单方车损在1万元以上3万元以下，需要先到交警受理岗处理，民警将会根据现场照片及当事人双方陈述，现场开具事故认定书。当事人领取事故认定书后，到相应保险公司办理车辆定损，再由保险公司收集理赔材料，进行理赔。此外，事故车辆的维修，由事故当事人或被保险人自行选择，任何单位和个人均不可强迫或指定维修点。

相关链接：鲤城受理处位于鲤城南环路经贸学院对面（广汽丰田亿鑫江南店），丰泽受理处位于坪山路北段加油站对面（广汽丰田汇金大坪山店）。两个受理处都设有专门的交警受理岗和调解室，都挂着醒目的快处流程和保险理赔流程。丰泽受理处设置交通事故现场模拟沙盘，民警可根据事故双方提供的信息，进行模拟还原事故现场；丰泽受理处还设立“法官工作室”，丰泽区人民法院入驻，为市民提供法律咨询、调解指导，参与诉前调解，并对事故双方当事人达成的调解协议予以确认。

第六届海峡论坛·首届海峡茶会在安溪开幕

16—18日，由海峡两岸茶业交流协会、福建省农业厅、河南省茶文化研究会、台湾茶叶学会、台湾区制茶工业同业公会主办，安溪县政府承办的第六届海峡论坛·首届海峡茶会在铁观音故里安溪开幕，茶会吸引200多名来自两岸茶叶界的专家、学者和茶农，就中国茶文化历史、两岸茶产业相通相融和促进两岸茶产业共同发展等主题“煮茶论茶”。全国政协文史和学习委员会副主任、中国国际茶文化研究会会长周国富，省人大常委会副主任黄琪玉，海峡两岸茶业交流协会会长张家坤，市领导沈耀钦、林万明、吴共湖，台湾区制茶工业同业公会理事长陈振芳等参加会议。来自两岸茶界的民间群体、产茶乡镇人员占到茶会总参与人数的80%，成为一个种茶、做茶、吃茶的良好平台。开幕式上，举行首届海峡茶会（安溪杯）茶王赛颁奖礼，两岸茶师同台竞技，评出“大陆——清香型铁观音”“大陆——浓香型铁观音”“台湾——高山乌龙茶”“台湾——冻顶乌龙茶”四个组别的金银铜奖项。期间，开展包括两岸专家学者论茶、两岸茶王赛、茶墨同香主题书画笔会、茶乡对接、茶乡寻祖、茶乡体验等系列活动。

论坛现场　（图/刘伯怡）

泉州南音与西安鼓乐同台演绎唐宋风

泉州南音与西安鼓乐这两种世界级非物质文化遗产，在西安音乐学院学术厅同台献演，带领现场观众梦回唐宋，感受古代丝竹管弦的独特魅力。泉州南音以“指”开场，以“谱”结尾，分别演绎《霏霏飒飒》《暗想暗猜》《望明月》《直入花园》《感谢公主》和《四时景》等曲目，包含独唱、对唱、合唱等表演形式。曲调优雅，唱腔婉转，现场观众均屏息聆听。随后，数十人组成的西安鼓乐演奏方阵登上舞台，演绎出热闹奔放的《圣寿乐》《柳生芽》《斗乐》等节目。演出吸引包括西安音乐学院专家、师生和当地市民在内的许多观众。

演出现场　（图/陈起拓）

首届闽台同宗同名村交流大会在泉州举行

由福建省台湾同胞联谊会和中国闽台缘博物馆联合主办的第六届海峡论坛·首届闽台同宗同名村交流大会在泉州举行，来自两岸40多个同宗同名村的近300位宗亲代表相聚中国闽台缘博物馆，开展学术交流和对接联谊活动。大会内容包括：两岸同宗同名村嘉宾参观中国闽台缘博物馆和谱牒文献中心；两岸同宗同名村代表签字活动；两岸同宗同名村代表学术交流探讨和台湾同宗同名村代表参访泉州、厦门、漳州的祖籍地，开展寻亲对接、续缘寻亲联谊交流活动。同时，两岸同宗同名村代表向中国闽台缘博物馆捐赠谱牒文献资料，其中台湾宗亲捐赠38套族谱。

380名来自台中、台南、嘉义、彰化、桃园等同名村镇台湾乡亲在泉州市5个村镇开展闽台同名村镇续缘之旅。此次活动以“探乡探亲，寻根寻祖；乡乡有情，村村有趣”为主题，福建省有11个村镇与台湾将对接，泉州有5个，分别为南安梅山镇、南安石井镇、南安石井镇溪东（双溪）村、晋江安海（安平）镇、晋江罗山镇林口村。台湾乡亲探访同名村镇和同室宗亲，拜谒先祖，对同名村的族谱进行现场对接，增进台胞对祖籍地“同根同源”的认知。

大会现场　（图/吴寿民）

6月16日

星期一
农历甲午年五月十九
温度：24℃—30℃
大到暴雨转阵雨

●16—18日，第六届海峡论坛·首届海峡茶会在安溪开幕。

●市十五届人大常委会召开第二十九次主任会议。

●郑新聪会见到泉州参加首届“中国阿拉伯城市论坛”的阿拉伯各国与会代表。

●杨俊峰会见台湾高雄市晋江同乡会理事长蔡仲谋一行。

●由福建省台湾同胞联谊会和中国闽台缘博物馆联合主办的第六届海峡论坛·首届闽台同宗同名村交流大会在泉州举行。

●泉州南音与西安鼓乐这两种世界级非物质文化遗产，在西安音乐学院学术厅同台献演，带领现场观众梦回唐宋，感受古代丝竹管弦的独特魅力。

●泉州市举行海洋食品加工座谈会。

●在安溪举行的第六届海峡论坛·首届海峡茶会开幕式上，著名文化学者、北京师范大学教授、博士生导师于丹作《人在草木间》论茶心得。

6月17日

星期二
农历甲午年五月二十
温度：26℃—30℃
阴转阵雨

●17—18日，首届中国阿拉伯城市论坛在泉州举办。

●《人民日报》刊发文章《民营经济突围该靠谁》，深入剖析被列为国家发改委民营经济综合改革试点地区的泉州、莆田两市深化改革、探索创新助推民营经济发展的做法。

●17—18日，国家宗教事务局局长王作安率队到泉州调研民间信仰工作和义工队伍建设情况。

●17—18日，全国政协教科文卫体委员会副主任段世杰一行到泉州，就“构建多元化的全民健身公共服务体系——加强群众体育健身设施建设”专题展开调研。

●省商务厅公布福建省第四批“福建老字号”企业名单，其中泉州中侨（集团）股份有限公司味精厂进入名单。

●以“言思忠 事思敬”为主题的第27期道德讲堂开讲。

首届中阿城市论坛在泉州举办

17—18日，由中国人民对外友好协会、阿拉伯城市组织主办，中国阿拉伯友好协会、泉州市政府、福建省外事办公室承办的首届中国阿拉伯城市论坛在“海丝起点”泉州举办。这是泉州首次承办国家级国际会议。论坛分三个议题进行讨论：建设“丝绸之路经济带”和“21世纪海上丝绸之路”；中阿城市间经贸及投资合作前景；会议机制、下届承办城市等事项，宣读有关会议文件。来自19个阿盟城市的代表、驻华使节、专家学者及中央有关部委、各有关省（市、区）代表等200多人出席会议。

全国人大常委会副委员长、中国阿拉伯友好协会会长艾力更·依明巴海，福建省人大常委会副主任邓力平、副省长郑晓松，泉州市委书记黄少萍、市长郑新聪等中方代表，以及阿拉伯城市组织代表阿卜杜拉赫曼·杜阿吉、苏丹喀土穆州副州长萨迪格·谢赫，阿盟驻京办大使加尼姆·希卜里等阿方嘉宾参加会议。中国人民对外友好协会副会长、中国阿拉伯友好协会副会长冯佐库主持会议。艾力更·依明巴海、阿卜杜拉赫曼·杜阿吉、郑晓松、黄少萍分别在论坛开幕式上致辞。

18日，首届中国阿拉伯城市论坛圆满完成各项议程，落下帷幕。在《首届中国阿拉伯城市论坛宣言》中，与会代表一致赞成：在中阿合作论坛框架内，在平等互利、共同发展的原则下，全面推进中阿城市交流与合作；为论坛参与城市的公民社会组织和青年打造文化对话平台；致力于使中阿城市合作论坛机制化；在保证交往、合作质量的基础上，促进中阿友好城市关系快速发展；在城市规划、基础设施、市政管理、环境保护、公共设施、青年交流、港口合作、语言传播等方面交流经验、深化合作，并给予对方必要支持与帮助等。闭幕式上，泉州市与突尼斯苏斯市、苏丹喀土穆州，新疆乌鲁木齐市与约旦亚喀巴经济特区、摩洛哥萨达特市，浙江省乐清市与巴勒斯坦贝图尼亚市分别签署友好交流合作意向书。

论坛现场

黄少萍致辞　　（图/吴寿民）

王作安率队到泉州调研

17—18日，国家宗教事务局局长王作安率队到泉州调研民间信仰工作和义工队伍建设情况。副省长洪捷序、副市长周真平陪同调研。在实地考察晋江市安海龙山寺、草庵，市区清净寺、关帝庙、花桥慈济宫、开元寺、清源山老君岩后，王作安对泉州市包容、多元、和谐的宗教文化生态表示赞赏。王作安指出，泉州宗教文化深厚，有很多独特的宗教文化现象值得好好研究、挖掘，在宗教场所管理上也摸索出重要的经验。希望泉州不断完善，加强志工（义工）队伍培养，发挥宗教积极向上的因素，服务社会，发挥民间信仰对台对外的交流作用，服务大局。对泉州市宗教界人士提出的一系列建议，王作安表示将认真研究，制定相关管理办法，让宗教和民间信仰工作更趋完善。

段世杰一行到泉州调研

17—18日，全国政协教科文卫体委员会副主任段世杰一行到泉州，就“构建多元化的全民健身公共服务体系——加强群众体育健身设施建设”专题展开调研。市政协主席杨俊峰、副主席李冀平、秘书长洪川夫参加相关活动。其间，调研组实地察看鲤城区、泉州台商投资区、晋江市等地的体育健身场地，以及部分体育用品生产企业。

王勇到福州泉州厦门调研

18—20日，国务委员王勇到福州、泉州、厦门等地，在造船、汽车、石化、新材料、民航企业实地调研，了解生产经营情况，听取改革发展的意见建议。省委书记尤权，省长苏树林，国务院机关党组纪检组组长阎京华、工业和信息化部副部长毛伟明、国资委副主任张喜武随同调研。省领导杨岳、叶双瑜、张志南、王蒙徽、徐钢分别陪同调研。在泉州期间，市领导黄少萍、郑新聪分别陪同调研、参加相关活动。王勇指出，当前经济下行压力加大，市场竞争更趋激烈。广大国有企业要切实增强责任感和紧迫感，在稳定经济增长中发挥更大作用。要在深化改革上下功夫，解决制约发展的体制机制问题，有效激发企业活力动力。要在技术创新上下功夫，提高自主创新能力，促进科技成果转化，加大技术改造力度，增强企业核心竞争力。要在市场开拓上下功夫，创新市场营销模式，加快产品更新换代，开辟新的收入和利润增长点。要在加强管理上下功夫，对标国内外一流企业，着力开源节流、挖潜增效，向管理、质量、品牌和安全生产要效益。要在科学决策上下功夫，完善企业内部决策和风险防控机制，避免重大决策失误，有效防范经营风险。

泉州企业参加全国企业家活动日系列活动

2014年全国企业家活动日暨中国企业家年会在福州召开。此次活动日与福建省第四届民营企业产业项目洽谈会、第十二届中国•海峡项目成果交易会、中国•福州海峡版权（创意）产业精品博览交易会同期举行。市领导郑新聪、林伯前及泉州企业家参加系列活动。企业家活动日上，表彰125名全国优秀企业家。安踏体育用品有限公司董事局主席兼CEO丁世忠获2013—2014年度全国优秀企业家称号。活动期间，省领导苏树林、洪捷序到“6•18”展馆泉州馆参观指导。市领导与参会的玖龙纸业、国美控股、江苏悦达等企业负责人座谈，并巡视泉州馆、中国香都•永春达埔展馆、泉州市数控一代机械产品创新应用示范工程展馆、甲骨文（石狮）纺织服装创新中心、中国中化集团展馆、中国北车展馆等。

周银芳到永春县调研美丽乡村建设工作

市委副书记周银芳到永春县调研美丽乡村建设工作。周银芳实地察看桃城镇丰山村、洛阳村和岵山镇茂霞村，对三个村充分利用当地的自然和人文资源，创新工作方法，推进连片规划建设、保护文化遗产等做法给予肯定。周银芳指出，美丽乡村建设是当前加快新农村建设的一个有效载体和重要平台，要不断拓展建设内涵，坚持因地制宜，正确处理好保护和改造的关系，把美丽乡村建设与发展休闲旅游、现代观光农业等衔接起来，既推进农村宜居环境建设、促进当地农民增收，还要进一步彰显区域文化特色。周银芳强调，当前要结合党的群众路线教育实践活动，坚持定期开展“三访四解”活动，动态、全面地掌握农村情况，从解决农民群众最关注的问题入手，科学策划美丽乡村建设项目；要提前谋划下一年村级换届工作，加大力度培养农村带头人，探索进一步调动农村基层干部积极性的有效办法，加快推进美丽乡村建设。

“中国梦·我的梦”百姓宣讲活动举行

全市“中国梦·我的梦”百姓宣讲团走进市直机关开展宣讲活动。为广泛开展“中国梦”宣传教育活动，激励全市人民在建设现代化泉州新征程中同心共筑“中国梦”，市委宣传部牵头，市委教育工委、市委市直机关工委等部门和单位联合开展“中国梦·我的梦”百姓宣讲活动。活动中，六位宣讲员用质朴的语言、发自肺腑的情感向市直机关党员工作人员讲述了一个又一个追寻梦想、实现人生价值的故事，让大家真切感受到各行各业的普通劳动者为实现“中国梦”而不懈奋斗的可贵精神，推动市直机关党员深刻领会“中国梦”的精神实质，积极投身实现“中国梦”的生动实践。

首届德化“瓷都文艺奖”颁奖

德化举行第一届“瓷都文艺奖”颁奖活动。德化第一届（2014年）“瓷都文艺奖”评选工作于3月启动，经各协会推荐或个人报送，129件作品参评，分为美术、音乐、文学、摄影、舞蹈、播音主持、书法7大项11个门类。经过近两个月公开、公平、公正评选，58件作品获得首届瓷都文艺奖，另有11件作品获得荣誉奖。

6月18日

星期三
农历甲午年五月廿一
温度：25℃—31℃
阵雨

●18—20日，王勇到福州、泉州、厦门等地，在造船、汽车、石化、新材料、民航企业进行调研，了解生产经营情况，听取改革发展的意见建议。

●市领导郑新聪、林伯前及泉州企业家到福州参加2014年全国企业家活动日系列活动。

●周银芳到永春县调研美丽乡村建设工作。

●全市“中国梦•我的梦”百姓宣讲团走进市直机关开展宣讲活动。

●2013年度全国“安康杯”竞赛表彰暨经验交流电视电话会议在北京召开，泉州市“安康杯”竞赛活动工作被安排在会上作经验发言。

●德化举行第一届“瓷都文艺奖”颁奖活动。

●市民王先生展示一本清嘉庆十二年（1807）编写的泉州晋江林口柯氏族谱，它记载柯氏族人迁居台湾的历史，再次印证两岸割舍不断的血脉亲情。

6月19日

星期四
农历甲午年五月廿二
温度：26℃—31℃
阵雨转多云

●19—20日，陈海基带队到华侨大学、泉州师范学院、黎明职业大学等8所高校调研。

●中国·海峡项目成果交易会泉州市军民融合产业发展双向对接会在泉州召开。

●泉州市与新疆昌吉市建设教育共同体签约仪式在泉州市实验小学举行。

●“2013年度城市网络形象排行榜”在安徽合肥发布。福建省福州市和泉州市分别位居此届省会和计划单列市、地级市两项榜单前十位，双双摘取“十佳城市奖”殊荣。泉州位列地级市“十佳城市奖”排行榜的第二位。

●国际郑成功文化交流协会在“成功故里”南安成立。

●永春遭遇短时强降雨，从17时至19时的2小时内，永春蓬壶镇降雨88毫米。

陈海基带队到高校调研

19—20日，市人大常委会主任陈海基带队到华侨大学、泉州师范学院、黎明职业大学等8所高校调研。市领导张建生、周真平参加调研。陈海基一行深入校园，观看教学成果，了解学校教学质量、科研活动开展、师资力量配备、经费保障等情况。陈海基指出，高校应明确办学方向与理念，与泉州产业发展战略定位相结合，适当调整专业结构，开展校企合作、“订单式”办学培养人才；引进国内知名教师授课讲学，注重培养学科带头人，提升教学水平与科研能力；多措并举，从社会捐资、合作办学等多种渠道筹措办学经费，拓展学校发展空间；发挥港澳台侨资源优势，搭建大陆与港澳台侨交流的桥梁，为祖国统一、海西发展作贡献。民办高校要运用灵活的办学机制，联合企业开展技术研究，研发国际先进技术，早出成果。各级各部门应主动关心高校办学，协调解决相关问题。

军民融合产业发展双向对接会在泉州举行

中国•海峡项目成果交易会泉州市军民融合产业发展双向对接会在泉州召开。会上，9对部队单位与地方企业签约合作。泉州市重视军民融合产业发展，鼓励和引导民营工业、制造业向军工领域进军。泉州取得军工证书企业、进入部队产品采购目录企业和启动申请进入军工领域企业近30家。此次对接会上，泉州9家企业与军方签署合作协议，相关专家还就军民融合的精神与政策、部队军需物资的需求方向等专题进行演讲。

泉州市与新疆昌吉市结成教育共同体

泉州市与新疆昌吉市建设教育共同体签约仪式在泉州市实验小学举行。泉州一中、泉州六中、泉州市实验小学、丰泽区机关幼儿园分别与新疆昌吉一中、七中、第五小学、第一幼儿园结成教育共同体，双方通过结对互助，互相取长补短，共同提升教育质量。根据协议，教育共同体学校打破校际壁垒，开放校园、开放课堂，发挥各自长处，以点带面，从而全面促进双方在学校管理、校园文化、教育教学、队伍建设等方面水平与质量的提升。双方学校领导、年级组不定期进行交流，共同举办教育教学研讨活动；每学期互派具有一定影响的同学科教师通过置换式跟岗学习交流的方式，到对方学校进行半个月左右的学帮促活动；组织“教学联研”“教师论坛”等活动，利用“网络论坛”的形式，开展教学研讨；组织签订教研组或教师的“互帮协议”，共同开展课题研究、教研活动、听课评课等方面考核评价。双方还将加强学生的互访交流，邀请学生代表参与共同体组织的体育、艺术、科技等大型活动和相关节庆活动；定期开展不同形式的学生联谊活动，如“书画联展”“读书征文”等；在相应班级之间建立互助“手拉手”班级，共同开展如社会实践、研究性学习等活动；开辟活动和学习交流园地，使之成为双方交流的有效载体。

泉州入选“2013年度城市网络形象排行榜”

“2013年度城市网络形象排行榜”在安徽合肥发布。福建省福州市和泉州市分别位居此届省会和计划单列市、地级市两项榜单前十位，双双摘取“十佳城市奖”殊荣。泉州位列地级市“十佳城市奖”排行榜的第二位。“十佳城市奖”依照省会和计划单列市、地级市分别进行名次排选。榜单依据城市的网络形象基础数据、政务网络形象、商务网络形象、社会生活网络形象、舆情网络形象5项一级指标为基础，结合专家评审意见，评选出历届城市网络形象总榜获奖名次。获得地级市“十佳城市奖”的还有苏州市、佛山市、温州市、莱芜市、昭通市、扬州市、洛阳市、资阳市、宝鸡市。

永春蓬壶2小时降雨88毫米

永春遭遇短时强降雨，从17时至19时，2小时内永春蓬壶镇降雨88毫米，降雨引起镇里多处山体、道路滑坡、塌方，损毁部分水利、电力设施，部分民房受淹、倒榻。蓬壶镇组织人员分赴各个受灾点抢救，至23时30分，全镇临时转移群众213人，其中地质灾害点30户，138人；民房受淹20户，75人。据市气象台相关人员介绍，此次雷暴与降水原因，系午后热对流发展，加上近期西南暖湿气流强盛，水汽条件非常好，形成一个“水辐合中心”，处于永春方位，造成降雨时蓬壶地区如直接用桶倒水之势。

市委召开常委会研究部署经济工作

市委召开常委会，研究上半年全市经济运行情况，部署下半年经济工作。市委书记黄少萍主持会议并讲话，市委副书记、市长郑新聪作具体部署，市委常委参加会议，市人大常委会党组、市政协党组主要领导列席会议。

会议指出，上半年，全市上下全力保稳、求进、攻坚，主要经济指标有所回升，但也面临继续回升动力不足等问题，完成年度目标需要付出更大努力。下半年，全市各级各部门要深入贯彻全省工作检查精神，落实好市委、市政府工作部署，确保下半年经济运行好于上半年。一要增强发展信心，咬定GDP增长11%“一揽子目标”不放松。要主动作为，正确把握当前稳增长导向，重视经济下行压力加大的问题，严肃对待年度既定目标；主动对接，全面落实中央、省、市帮扶企业各项政策，打通政策落实“最后一公里”，多措并举促经济回升；主动担当，把完成全年目标作为贯彻全省工作检查精神的首要任务，激发广大干部抓发展、促落实的责任心和干劲，全力以赴打好下半年攻坚战。二要查找指标差距，重点补齐三产、财政收入“两个滞后项”。各地要对照指标序时进度，层层传递压力，扭转薄弱环节，“以旬保月、以月保季、以季保年”。三要培育成长型产业，抓好下半年粤港澳、江浙沪产业链对接和“9·8”投洽会三场重大招商活动。要坚持招商引资“一把手”工程，组建强有力的招商团队，敏锐捕捉信息、积极运作，拿出“沾上就甩不掉”的韧劲，重点抓龙头、抓产业链、抓升级版产业，大力引进石油化工、机械装备、海洋经济等龙头项目，力争“三维”对接规模不低于上年水平。四要扩大投资规模，开展项目投资、竣工投产、开工建设和前期突破“四大攻坚”。特别是要大力推进“环湾规划建设年”活动，促进工业投资较快增长，重点督促滞后项目提升进度，全力加快项目前期工作，确保全年新开工、建成或部分建成项目各100个以上，完成投资840亿元以上。五要统筹协调，扎实推进各项工作落实。各级各有关部门要对上半年经济运行、项目建设、深化改革、帮扶企业等进行再梳理、再发动、再部署，进一步抓紧抓好大企业投运、大产业提升、大项目投资、大项目招商、市场开拓、金改和民综改革“两项改革”、新业态发展、企业服务八个方面重点工作。

杨俊峰带队到洛江开展进村入户活动

市政协主席杨俊峰带领市政协机关处级党员干部，到挂钩联系的洛江区罗溪镇建兴村，深入7个自然村、23户农家，开展以“三访四解”（访社会民众、访特定群体、访重点对象，解民忧、解民怨、解民惑、解民困）为主要内容的进村入户活动。市政协副主席吴共湖、苏小青、李冀平，秘书长洪川夫参加活动。罗溪镇建兴村位于洛江区北部山区，村里经济主要以农业种养为主。杨俊峰一行走进村民家中，与老党员、老村干部、留守老人及妇女面对面谈心。

第三届南安·国际郑成功文化节举行

20—21日，纪念郑成功诞辰390周年暨第三届南安·国际郑成功文化节在成功故里南安开幕，此次活动的主题为“两岸一家亲，共叙成功情”。开幕式后，举行郑成功陵墓拜谒活动、国际郑成功文化交流协会成立大会、两岸阵头大踩街、郑成功祖庙进香、成功故里游、第一届海峡两岸少儿闽南语讲古电视大赛、启动大型高甲戏《郑成功》编排工作等7项活动。省委统战部常务副部长翁卡，市领导郑新聪、周银芳、吕竞、卢炳椿、王瑞强，闽台交流协会副会长韦忠慈以及台湾嘉宾、日本平户市友人、海外社团（含港澳）及异地商会代表等700多人参加活动。受市委书记黄少萍、市长郑新聪委托，市委副书记周银芳在开幕式上致辞。周银芳指出，郑成功是海内外炎黄子孙共同景仰的民族英雄。爱国御侮、忠贞爱民、开拓创新、坚忍不拔的成功精神，是联系沟通海峡两岸同胞情谊的桥梁和精神纽带，形成独具特色的郑成功文化。泉州和南安以郑成功文化为主题，以经济、文教、艺术、旅游为重点，开展面向世界各地的双向交流，成效显著。泉州正以包括郑成功文化在内的闽南文化为依托，传承延续历史文脉，加快建设“东亚文化之都”。

开幕式　　（图/郭冰德）

6月20日

星期五
农历甲午年五月廿三
温度：26℃—32℃
多云

●市委召开常委会研究上半年经济运行情况。

●杨俊峰带领市政协机关处级党员干部，到挂钩联系的洛江区罗溪镇建兴村，深入7个自然村、23户农家，开展以“三访四解”为主要内容的进村入户活动。

●20—21日，纪念郑成功诞辰390周年暨第三届南安·国际郑成功文化节在成功故里南安开幕，活动主题为“两岸一家亲，共叙成功情”。

●泉州开发区党工委、管委会举行企业家创新论坛活动。活动旨在汇集区内企业家、有关专家及政府等各方的智慧和力量，分享、交流开发区企业创新的经验，研究、探讨推进开发区企业全方位创新的思路对策。

6月21日

星期六
农历甲午年五月廿四
温度：26℃—32℃
多云转阵雨

●第十二届中国·海峡项目成果交易会闭幕。泉州对接“6·18”合同项目数居全省第一，总投资168亿元，居全省第三位。

●泉州市第二届“敬老文明号”创建活动启动仪式暨首届夕阳红才艺交流展示大赛汇演举行。

●《昭惠庙与洛阳桥》出版首发仪式在泉州台商投资区洛阳镇昭惠庙举行。

●由泉州市侨联、新加坡南安会馆主办的“指系乡情——新加坡泉籍华人吴怡龙指画作品展”在泉州华侨历史博物馆开幕。

●第五次全国自强模范与助残先进事迹报告会在泉州市盲聋哑学校举行。

●泉州市2014年“党建杯”篮球邀请赛在泉州侨乡体育中心开幕，来自全市各地的8支篮球队参与角逐。

●由市文联、市书法家协会、市青年书法家协会等联合举办的“翰墨情深”——梁碧龙颜素珠伉俪书法展在泉州华侨历史博物馆桑莲居举行。

●安踏携手全国19座城市，集结近10万名跑步健身爱好者以城市长跑的方式共同庆贺奥林匹克日。

●泉州市“东海湾”杯千人自行车骑行活动举行。

●21—23日，全市55265名考生参加中考。

泉州对接“6•18”合同项目数全省第一

第十二届中国•海峡项目成果交易会闭幕。泉州市通过省组委会审核的对接合同项目672项，数量居全省第一位，总投资168亿元，居全省第三位。此届“6•18”海峡项目成果交易会，泉州市对接项目主要涉及电子信息、机械制造、新型材料、新能源和节能技术、现代农业，环保和综合利用等领域，其中投资总额超亿元项目17项、超5000万元项目67项。同时全市在线征集技术需求214项。交易会期间，泉州展馆突出展示泉州市装备制造业项目对接和发展成果，重点组织自动化控制技术与装备、智能装备、轨道交通装备、工程机械、汽车制造等领域产品参展。泉州邀请包括中科院海洋研究所院士侯保荣在内的120名来自上海理工大学、东华大学、哈尔滨工业大学等高校和科研机构的专家参会。其间组织650多家企业参加交易会各种现场活动。交易会期间在泉州举办的军民融合产业发展双向对接会上，飞通通讯、信和新材料等9家企业与军方签署合作协议。

泉州市第二届“敬老文明号”创建活动启动

泉州市第二届“敬老文明号”创建活动启动仪式暨首届夕阳红才艺交流展示大赛会演举行，旨在打造温馨的“东亚文化之都”敬老品牌。“敬老文明号”创建活动是全国老龄委发起开展的，以“关爱老人、构建和谐”为主题的文明为老服务争创活动。2012年以来，泉州市以创建首届“敬老文明号”为平台，从“文化搭台、行业带动、制度创新”入手，促进敬老服务常态化，涌现一批典型。第二届“敬老文明号”创建活动，着力落实惠老政策，加强文化养老，营造敬老氛围，做到“一县（市、区）一品牌，一行业一特色”。推进基层老年文化事业快速发展，加强老年文化活动场所和老年文化组织建设，开展敬老文化活动，让全体老年人有保障、有尊严，健康、充实、幸福地安度晚年。

《昭惠庙与洛阳桥》首发式举行

《昭惠庙与洛阳桥》出版首发仪式在泉州台商投资区洛阳镇昭惠庙举行。《昭惠庙与洛阳桥》由泉州市文联副主席、著名作家陈瑞统主编，立足洛阳当地历史文化，整合洛阳桥和昭惠庙的历史沿革、来龙去脉。此书历时一年多编著完成，全书由古庙新貌、史迹采风、诗联荟萃、传说故事、文史丛谈、修葺纪事六部分组成。此书内容丰富多彩，不仅集合洛阳当地历代诗词题咏、楹联匾额、民间传说、神话故事、风物掌故等内容，而且汇集现当代作家、诗人以洛阳桥、昭惠庙为题材创作的文学作品。这是对闽南文化的一次深度挖掘，为传承泉州历史文脉、保护和弘扬闽南文化添上宝贵的一笔。

“翰墨情深”书法展在泉州举行

由市文联、市书法家协会、市青年书法家协会等联合举办的“翰墨情深”——梁碧龙颜素珠伉俪书法展在泉州华侨历史博物馆桑莲居举行。此次书法展颇具特色，梁碧龙、颜素珠夫妻俩同书翰墨，均毕业于中国美院书法专业。梁碧龙1971年生于泉港，现为中国书法家协会会员，曾获全国第三届扇面书法展一等奖；颜素珠1974年生于晋江，现为省书协会员，曾获《书法报》主办的首届全国教师现场书画创评一等奖。此次展览共展出夫妻俩的书法作品60幅，涵盖篆、隶、楷、行、草等诸多字体，书风古朴，笔墨酣畅，均为佳作。活动期间启动书家免费题赠斋名或商号的公益活动，引起社会各界广泛关注。

泉州市千人自行车骑行活动举行

由泉州市体育局、泉州市东海开发有限公司、泉州广播电视台联合举办的2014年福建省全民健身运动会泉州市“东海湾”杯千人自行车骑行活动在东海湾广场举行。本次活动路线由东海湾太古广场出发，沿东海湾美丽岸线到达城东街路口折返，原线返回至东海湾太古广场，全长28千米。有30多个自行车俱乐部（队）及部分自行车爱好者近2000人参加。

骑行现场　　（图/李芸生）

周银芳参加石狮市攻坚提速促跨越动员会

石狮召开攻坚提速促跨越动员会，学习贯彻省委省政府工作检查精神，部署下阶段工作。市委副书记周银芳参加会议。周银芳指出，这次省委省政府工作检查，看了石狮的“星期YI”服饰创意园项目，《福建日报》一版登出《喜见石狮嬗变》评论员文章，这是对石狮工作的充分肯定，说明石狮班子好、队伍好、群众好。周银芳强调，石狮要以省委省政府的工作检查为新起点，定好位、铆足劲、向前冲，以更高的质量、更快的速度推动跨越发展；要发挥“五个作用”，即发挥党委的领导作用、政府的组织实施作用、市场在资源配置中的决定作用、人民群众的主体作用、先进典型的借鉴作用，以改革创新促跨越；要发扬“石狮”二字蕴含着的“坚定顽强、敢于担当、王者风范、勇于拼搏、团结协作”精神，做到咬定目标、勇于负责、争创一流、抱团发展；要运用好群众路线教育实践活动的成效，切实解决好“四风”问题，在更好地服务群众过程中真正转变作风，激发党员干部干事创业热情，为石狮跨越发展注入新的动力。

泉州市启动“童心向党”歌咏活动

由市委文明办、市教育局、团市委、市妇联、市关工委主办的2014年泉州市中小学生“童心向党”歌咏比赛暨活动启动仪式在泉州音乐厅举行。活动旨在积极推进社会主义核心价值观进校园，落实“我的中国梦”主题教育，强化立德树人根本任务和充实“做一个有道德的人”主题活动的具体内容。歌咏比赛吸引全市12所学校组队参加。泉州市实验小学和泉州师范附属小学获一等奖，德化县实验小学等四所学校获二等奖，泉州台商投资区惠南中学等六所学校获三等奖。

“至真堂•东亚文化之都体验之旅”在德化举行

由泉州晚报社和福建省至真堂健身馆有限公司主办的“至真堂•东亚文化之都体验之旅”在德化“中国白”艺术宫举行。活动邀请体验者与陶瓷大师陈仁海一道分享“中国白”艺术独特的魅力。此次体验之旅举办之际，“中国梦•中国白”陈仁海全球鉴藏会专门举办德化感恩回报展，让体验者全方位地感受“中国白”的独特魅力。体验者还到德化陶瓷博物馆参观，了解瓷都德化辉煌的陶瓷历史。“至真堂•东亚文化之都体验之旅”此前已成功举办四站，其高雅的文化意蕴深受参与者的赞赏。

活动现场　　（图/郭冰德）

“榜书人”书法大赛颁奖典礼在晋江举行

由泉州市委宣传部、泉州市文联、晋江市人民政府、世界榜书联合会联合主办的世界“榜书人”书法作品大赛颁奖典礼在晋江举行，共有160名书法家参加。这些书法家中，既有祖国大陆书法家，也有来自台湾的同胞和美国、印尼侨胞。颁奖典礼颁发榜书类、小字类一等奖10名、二等奖20名、三等奖50名。现场展馆还展出近200幅获奖及特邀书法作品，展期为14天。据主办方介绍，此次活动是在继承中国榜书书法优秀传统的基础上开展“走出去”与“请进来”的举措，旨在联系海内外书法家，加强海峡两岸的文化交流，扩大世界书法交流活动。

泉州市首批优秀社工评选揭晓

泉州市首批5名优秀社会工作人才评选揭晓，他们分别是丰泽区民政局吕岚岚、泉州市仁风军休所陈湘茹、石狮市社会福利中心林永红、泉州市新家园社会工作服务中心林映麟、晋江市致和社工事务所夏晋城。入选者获得泉州市人才专项资金一次性3万元补助，并有资格优先推荐参评福建省优秀社会工作人才。

相关链接：全市从事社会工作服务的工作者约有7500人，取得职业资格认证的社会工作者有606人，其中初级427人、中级179人，民办社工机构15家，涵盖社区综合服务、居家养老服务、救助服务、青少年社会工作服务、企业社会工作服务等领域。这支队伍在社会公共服务中发挥着较好作用，受到社会各界的广泛好评。

6月22日

星期日
农历甲午年五月廿五
温度：26℃—30℃
阵雨

●石狮召开攻坚提速促跨越动员会，学习贯彻省委省政府工作检查精神，部署下阶段工作。市委副书记周银芳参加会议。

●由市委文明办、市教育局、团市委、市妇联、市关工委主办的2014年泉州市中小学生“童心向党”歌咏比赛暨活动启动仪式在泉州音乐厅举行。

●由泉州晚报社和福建省至真堂健身馆有限公司联合主办的“至真堂•东亚文化之都体验之旅”在德化“中国白”艺术宫举行。

●由泉州市委宣传部、泉州市文联、晋江市政府、世界榜书联合会联合主办的世界“榜书人”书法作品大赛颁奖典礼在晋江举行，160名书法家参加。

●泉州市首批5名优秀社会工作人才评选揭晓。

6月23日

星期一

农历甲午年五月廿六

温度：26℃—30℃

阵雨

●市委召开常委会，传达贯彻省委、省政府工作检查精神，结合省领导对泉州的点评，对下阶段工作进行部署。

●泉州入选信息惠民国家试点城市。

●省委宣传部决定将泉州市泉港区涂岭镇黄田村原党支部书记陈其伟列为先进典型。中新社福建分社等十余家中央、省、市媒体深入黄田村，深入了解陈其伟生前感人事迹，采访后在媒体重要版面、重要时段集中宣传报道。

●23—26日，福建省老科学技术工作者协会专家一行8人到泉州，开展农业特色优势产业专题调研。

●截至23日，全市175万多名流动人口申领居住证，占当前登记在册流动人口总数310万人的56.5%。

市委召开常委会传达贯彻省委省政府工作检查精神

市委召开常委会，传达贯彻省委、省政府工作检查精神，结合省领导对泉州的点评，对下阶段工作进行部署。市委书记黄少萍，市委副书记、市长郑新聪分别传达省委书记尤权、省长苏树林等省领导的讲话精神，并就贯彻省委、省政府工作部署提出要求。市委常委参加会议，市人大常委会党组、市政协党组主要领导列席会议。会议指出，此次全省工作检查是对上年以来工作的大检阅，也是科学发展跨越发展的比学赶超。泉州扎实开展各项工作，认真做好迎检准备，在工作检查中交出一张令人满意的答卷。全市各级各部门要再接再厉，增强发展的危机感、责任感、紧迫感，在全省大局中审视自己、找准标杆，学习先进、紧跟步伐，推动各项工作取得新进展、新突破。就如何做好下阶段工作，会议提出五点要求。一要突出全方位创新，推动科学发展跨越发展。二要突出龙头大项目，打牢长远发展后续支撑。三要突出薄弱环节，努力实现“百姓富”、“生态美”。四要突出先行先试，激发改革开放活力。五要突出边学边改，确保整治“四风”立竿见影。

泉州入选信息惠民国家试点城市

根据国家发改委网站发布的通知，国家发展改革委等12部门决定，将80个城市列为信息惠民国家试点城市。福建的泉州、厦门和福州入选。12部门将适时组织专家对试点城市的试点效果进行考核评价，选出试点效果突出的作为信息惠民国家示范城市。这份《关于同意深圳市等80个城市建设信息惠民国家试点城市的通知》要求，各试点城市在工程实施中，要注重资源整合，在已有资源基础上集中构建统一的城市信息惠民公共服务平台，原则上在地市层级建设部署，在街道社区统一应用，实现基础信息集中采集、多方利用。基于统一的信息惠民公共服务平台实现部门间的业务协同和信息共享，逐步实现公共服务事项和社会信息服务的全人群覆盖、全天候受理和“一站式”办理。要避免区县以下层级分散建设同类信息平台，避免重复投资、重复建设，避免形成新的信息孤岛。同时，要注重条块结合，强化试点城市建设与社会保障、健康医疗、养老与社区服务等信息惠民十大领域行动计划的有机融合。要鼓励市场参与，创新服务模式，拓宽服务渠道，构建方便快捷、公平普惠、优质高效的公共服务信息体系，全面提升各级政府公共服务水平和社会管理能力。

中央、省市媒体采访报道福建省先进典型陈其伟

省委宣传部决定将泉州市泉港区涂岭镇黄田村原党支部书记陈其伟列为先进典型。中新社福建分社等十余家中央、省、市媒体深入黄田村，了解陈其伟生前感人事迹，采访后在媒体重要版面、重要时段集中宣传报道。采访团一行通过听取介绍、座谈交流、实地参观、个别访谈等方式，与泉港区、镇、村干部，陈其伟的亲属，以及黄田村企业家、村民等深入交流，还原老支书平凡而伟大的一生。

相关链接：陈其伟，男，泉港区涂岭镇黄田村人，1957年4月出生，1987年1月起担任黄田村党支部书记。2013年7月7日，因积劳成疾，猝逝于工作一线。担任村党支部书记的26年中，陈其伟同志全心全意为村谋发展，使黄田村由市级重点帮扶村，发展成为市级社会主义新农村建设示范村和省级文明村，村党支部被评为全省先进基层党组织，其本人也被亲切地称为“大山深处领路人”，先后获评全国、省、市劳动模范和省、市“优秀共产党员”。2013年11月，泉州市委发出《关于开展向陈其伟同志学习活动的决定》，决定在全市广泛开展向陈其伟同志学习的活动。

采访现场　（图/庄子瑜）

全市175万流动人口申领居住证

截至23日，全市175万多名流动人口申领居住证，占当前登记在册流动人口总数310万人的56.5%。其中，2013年以来申领居住证人数为市公安局全年预计发证任务数的106%。泉州市自2012年10月1日起全面试行流动人口居住证制度，外地到泉州工作、经商的流动人口，凭居住证可享有24项市民待遇。

6月24日

星期二
农历甲午年五月廿七
温度：24℃—31℃
阵雨转多云

●郑新聪带队到惠安调研省、市重点项目，并召开座谈会，协调解决项目建设中存在的困难和问题。

●市十五届人大常委会召开第十七次会议。潘燕燕辞去市十五届人大常委会副主任职务。

●市工商联（总商会）召开十三届四次常委（扩大）会议。

●2014年20个市级新农村建设试点示范村名单公布，每村扶持资金50万元。

●泉州市文艺创作座谈会举行。

●泉港区首家村史馆在南埔镇惠屿村开建。

●24—26日，泉州市第十八届老年人健身节柔力球赛在永春举行，来自各地的十支代表队参加角逐，永春县男女代表队均获第一。

郑新聪到惠安调研重点项目

市长郑新聪带队到惠安调研省、市重点项目，并召开座谈会，现场协调解决项目建设中存在的困难和问题。座谈会上，郑新聪指出，重大项目是支撑泉州发展的关键所在、财源所在、后劲所在，是创新转型的突破口，未来三五年的发展取决于现在抓项目的结果。当前，中央支持福建科学发展、跨越发展，各级各部门务必把握这一大好机遇，争取更多重大项目落地泉州，形成项目群、连成产业链，为泉州赶超跨越奠定更加坚实的基础。要完善抓项目的组织体系，健全市、县两级重大项目协调调度机制，落实领导挂钩机制，做到权责分明、上下联动、协调高效；要特别注重重大项目的策划和招商，组成专门班子深入对接在谈项目，围绕中化等产业龙头，延伸拓展产业链配套项目，善于捕捉信息、“无中生有”，精心组织好专场招商会，争取更多大项目、好项目落地；相关部门要集聚合力、及时指导、主动服务，共同推动重点项目建设，特别是在建项目前期工作要取得突破。郑新聪还对惠安加快产城融合、做大做强建筑业总部等提出具体要求。

市十五届人大常委会第十七次会议召开

市十五届人大常委会召开第十七次会议。市人大常委会主任陈海基主持会议，副主任陈万里、洪泽生、陈全顺、吕竞、王远东、张建生，秘书长吴春林参加会议。市委常委、常务副市长林伯前，市中级人民法院、市检察院负责人列席会议。会议听取和审议市政府关于2013年市本级决算草案的报告、关于2013年市本级预算执行和其他财政收支的审计工作报告，审查和批准2013年市本级决算。会议审议通过市人大常委会关于加强市人大代表与人民群众联系的意见、市人大常委会组成人员联系市人大代表的意见，以及人事辞职、免职事项；书面听取市政府关于泉州市城市少数民族流动人口服务管理体系建设试点工作情况的报告。

根据《中华人民共和国地方各级人民代表大会和地方各级人民政府组织法》第二十七条的规定，鉴于潘燕燕任职年龄原因，泉州市第十五届人民代表大会常务委员会第十七次会议决定：接受潘燕燕辞去泉州市第十五届人民代表大会常务委员会副主任职务的请求，报泉州市第十五届人民代表大会第五次会议备案。

20个市级新农村建设试点示范村公布

2014年20个市级新农村建设试点示范村名单公布，每村扶持资金50万元，并继续采取领导联系、部门挂钩、资金捆绑、项目带动等措施加强指导和扶持。试点示范村名单包括，洛江区河市镇河市村；泉港区后龙镇土坑村；石狮市鸿山镇洪厝村、永宁镇第四社区；晋江市紫帽镇紫星村、龙湖镇南浔村、东石镇檗谷村；南安市诗山镇声东村、石井镇岑兜村、洪濑镇大洋村；惠安县山霞镇山霞村、螺城镇溪南村；安溪县城厢镇码头村、官桥镇善坛村、尚卿乡黄岭村；永春县蓬壶镇汤城村、岵山镇和林村；德化县水口镇村场村、国宝乡祥云村；泉州台商投资区张坂镇后蔡村。

泉州市文艺创作座谈会举行

泉州市文艺创作座谈会举行。泉州市作家协会、书法家协会、美术家协会等十几个文艺团体的负责人、代表参加会议。会议回顾近期泉州文艺创作、演出、参展等取得的成绩，分析文艺创作，演出等存在的问题。会议认为，要抓住重点，创作以海丝文化等泉州历史文化为题材的文艺作品；要潜心创作，静下心来，打造一批在国内有影响的力作；要加强交流，相互学习，不断提高创作水平；要营造氛围，加强文艺精品创作的宣传力度。与会文艺家还就打造文艺精品、讴歌火热生活、加强合作交流、培育文艺新人、壮大创作队伍等话题展开讨论。

泉港修建首家村史馆

泉港区首家村史馆在南埔镇惠屿村开建。惠屿村史馆项目利用村集体旧仓库进行改造，占地面积600平方米，计划按照清代开村、帮扶项目、民生改善、美丽惠屿等9个版块布展，展出不同历史时期的家用电器、生活用具、新旧船模、生产工具，以图片、文字和实物的形式直观展现该村的发展历程。该村史馆将成为惠屿旅游的新亮点和党员干部教育示范基地。

6月25日

星期三
农历甲午年五月廿八
温度：26℃—32℃
多云

●《人民日报》刊发《晋江党建“抱团”促“抱团”发展》一文，关注全国闻名的民营经济“热土”晋江的党建工作。

●市政府、市政协2014年联席会议召开。

●泉州市住房公积金管理中心公布2013年度泉州市住房公积金执行情况。

●福建省2014年高考成绩揭晓，泉州3名考生分别获省文科原始分第一名和省文科、理科投档分第一名。获得省文科原始分第一名的是惠安一中考生江冰森，原始总分671分；获得省文科投档分第一名的是泉州五中考生林子晗，投档总分676分；获得省理科投档分第一名的是泉州五中考生张昊文，投档总分700分。

●“2014年中国文化行——福建海丝文化营”在泉州开营。

●25—28日，2014年福建省职工健身系列竞赛活动男子篮球比赛在晋江市SM国际广场三楼体育中心举行，来自全省的9支球队在晋江切磋球艺。

●南音微电影《新三千两金》首映礼在泉州师院音乐厅举行。

●泉州市首个受益于“单独二孩”政策诞生的宝宝迎来出生后的第60天。

市政府市政协联席会议召开

市政府、市政协2014年联席会议召开。会议通报1—5月全市经济运行情况，并就拟出台的泉州市中心市区机动车停车场所管理及进一步鼓励社会力量参与建设公共停车场所相关文件首次开展事前协商、征求意见。市领导郑新聪、杨俊峰、林伯前、卢炳椿、李建辉、林万明、吴共湖、苏小青、陈铭福、王祖耀、李冀平、王瑞强，市政协秘书长洪川夫参加会议。

2013年度泉州市住房公积金执行情况公布

泉州市住房公积金管理中心公布2013年度泉州市住房公积金执行情况。住房公积金归集情况：2013年全市新增住房公积金归集单位2028个，同比增长26.22%；新增归集职工55048人，同比增长14.22%；新增归集住房公积金44.31亿元，同比增长20.53%。全市累计9762个单位，442164名职工缴存住房公积金，累计归集住房公积金253.87亿元。住房公积金提取情况：2013年全市共批准446357人提取住房公积金30.23亿元，比增37.38%。其中：离退休提取4525人，2.94亿元；调动转出提取839人，0.21亿元；购建房提取22009人，15.14亿元；还贷提取405144人次（包括逐月冲还贷382822人次），10.50亿元；出境出国等原因提取13840人，1.44亿元。全市职工历年累计提取135.24亿元。住房公积金资金运用情况：2013年，全市新增发放个人住房公积金贷款9868户，发放贷款金额33.18亿元，同比增长24.39%。2013年年底，个人住房公积金贷款余额99.37亿元。全市历年累计发放个人住房公积金贷款71278户158.66亿元，支持职工购建房990.12万平方米。住房公积金增值收益情况：2013年，全市住房公积金实现增值收益21545.10万元。其分配方案如下：上缴财政专户1156.27万元；提取专项费用3300万元；提取城市廉租住房建设补充资金9844.43万元；提取贷款风险准备金7244.40万元。

泉州市3名考生分获省高考文理科第一名

福建省2014年高考成绩揭晓，泉州市近5万名考生可以上网查询自己的考试成绩。泉州3名考生分别获省文科原始分第一名和省文科、理科投档分第一名。获得省文科原始分第一名的是惠安一中考生江冰森，原始总分671分；获得省文科投档分第一名的是泉州五中考生林子晗投档总分676分；获得省理科投档分第一名的是泉州五中考生张昊文，投档总分700分。据了解，包括泉州3名考生在内，2014年高考全省共有5名考生获第一名。另外两名考生分别为：获得省理科原始分第一名的福州一中考生林宇鋆，原始总分692分；与泉州五中考生林子晗并列获得省文科投档分第一名的龙岩一中考生叶宇王番。与上年相比，2014年高考试卷难度下降，考生成绩普遍提高，文史、理工类总分在600以上的考生大幅增长。泉州考生总体成绩仍然较好，特别是泉州市文史类、理工类高分考生在全省中占有优势。如泉州五中文史类有10人进入全省前50名，理工类有4人进入全省前100名。泉州一中文史类、理工类总分在600分以上的考生明显增多，文史类、理工类均有考生进入全省前200名。泉州七中理工类有3人进入全省前50名（总分分别为680分、678分、676分），有1人进入全省文史类前70名。泉州实验中学文科实验班就有30人总分在600分以上，其中1人成绩进入全省文史类前100名。

南音微电影《新三千两金》首映

南音微电影《新三千两金》首映礼在泉州师院音乐厅举行。首映礼上，由泉州师院泉州南音学院首届文化产业与南音文化推广方向的2名研究生举行南音文化推广推介会，现场同时举行南音传统曲目《新三千两金》和南音四宝表演、南音洞箫独奏。南音微电影的创作，很好地利用现代媒体和平台用于古老文化的推广和传播。这种“老酒装新瓶”的方式，能够吸引更多的年轻人喜欢南音，从而弘扬南音文化。

泉州首个“单独二孩”健康成长

泉州市首个受益于“单独二孩”政策诞生的宝宝迎来出生后的第60天。小宝宝名叫庄航睿，有个13岁的哥哥叫庄鑫龙。从各级计生部门获悉，自福建省实施“单独二孩”政策以来，泉州已审批发放“单独二孩”再生育服务证上千本，其中丰泽区最多，发放496本；鲤城区次之，发放488本。

十一届市政协常委会第十五次会议召开

十一届市政协常委会第十五次会议召开。市政协主席杨俊峰，副主席许连捷、吴共湖、苏小青、骆沙鸣、陈铭福、王祖耀、李冀平、王瑞强，秘书长洪川夫参加会议。副市长周真平应邀参会，并通报泉州市民综改革工作情况。19位市政协委员围绕“进一步深化拓展泉州市民营经济综合配套改革”议题建言献策。会前，十一届市政协第十七次主席会议召开。

共建“瑞泉科技合作交流服务平台”协议在泉州签订

市科协与瑞士瑞中经济科技文化交流中心签订共建瑞泉科技合作交流服务平台协议，这是全省首个“海外智力”科技服务平台。根据协议，双方在市科技馆内共同建设“海智项目展示馆”，展示瑞士的环保、新材料、机械、日用化工、电子、医疗等高新技术项目和产品，成为向泉州企业推介瑞士最新技术产品、项目、人才等信息的常设展示窗口；瑞中经济科技文化交流中心优先为泉州企业牵线搭桥，引进瑞士的高新技术、项目和人才，协助解决市场拓展等问题，组织企业前往瑞士现场考察、交流与合作。

相关链接： 瑞士的科技创新能力处于世界前列，其创新指数连续6年位居全球首位。此前，签约双方已持续交流合作三年。近年来，泉州市科协积极实施“智力服务工程”，引入高端智力支持服务泉州企业“二次创业”，推动组建22家院士专家工作站。在院士资源稀缺的情况下，启动海外智力为国服务行动计划，成立全省首家“海智”工作站，推动海外人才和智力与泉州企业对接。

市教育局和泉州晚报社联合举办高招咨询会

市教育局和泉州晚报社联合举办的2014年高校招生志愿填报咨询会在泉州晚报大厦举行，省内外100多所高校组成的“高招咨询团”，迎来约5万人次考生和家长的咨询。现场人气“爆棚”，不仅吸引泉州本地的考生，也有全省各地的考生远道而来。各咨询台被热情的人流挤得水泄不通，现场人声鼎沸。学校带来的厚厚一沓招生材料，没多久就被一抢而空。现场气氛的火爆足见考生和家长对高招咨询的重视，咨询会为高校和学子之间架起相互沟通桥梁，不仅服务考生，畅通升学渠道，而且让高校更加了解泉州，是一个“多赢”的活动。同日下午举行的“高考志愿填报讲座”也十分火爆，座无虚席。曾任省高招办主任、现为黎明大学党委书记林其天的精彩讲座，为学子填报志愿提供有益的参考。

咨询会现场　（图/李芸生）

泉州企业华泰集团在“新三板”成功挂牌

陶瓷龙头企业华泰集团在全国中小企业股份转让系统（俗称“新三板”）成功挂牌，实现泉州企业冲刺新三板零的突破。“新三板”是经国务院批准设立、中国证监会监管下的全国性证券场外市场，其试点从2006年1月就率先在中关村科技园区启动，2013年年底扩大到全国。从2013年11月启动挂牌准备，到2014年6月13日获批，华泰集团冲刺“新三板”之快，得益于上年年底“新三板”扩容。扩容后的“新三板”，让更多泉州企业看到一条融资新通道。“新三板”的目标群体，不再仅局限于高科技企业。“不设立财务门槛，申请挂牌的公司只要是股权结构清晰、经营合法规范、公司治理健全、业务明确并履行信息披露义务的股份公司，哪怕是尚无盈利，都可以经主办券商推荐申请挂牌。作为一家建筑陶瓷领域的高新技术企业，近年来华泰集团推出节能降耗型拳头产品“TOB”陶板，市场占有率高。集团还主导多项国家标准、行业标准制修订。此次华泰成功挂牌不仅获得泉州市级财政40万元奖励，按照扶持政策，晋江市政府也给予80万元一次性奖励。

6月26日

星期四
农历甲午年五月廿九
温度：27℃—33℃
多云

●《泉州晚报》全文刊发黄少萍理论文章《运用批评与自我批评的武器　提高领导干部发现和解决问题的能力》，指导全市开展第二批教育实践活动的单位开好专题民主生活会。

●十一届市政协常委会第十五次会议召开。

●市科协与瑞士瑞中经济科技文化交流中心签订共建瑞泉科技合作交流服务平台协议。这是全省首个“海外智力”科技服务平台。

●泉州市开展工业领域、特种设备安全生产现场检查及重点整治百日行动工作督查。

●市教育局和泉州晚报社联合举办的2014年高校招生志愿填报咨询会在泉州晚报大厦举行

●陶瓷龙头企业华泰集团在全国中小企业股份转让系统（俗称“新三板”）成功挂牌，实现泉州企业冲刺新三板零的突破。

●第27个国际禁毒日，泉州警方通报一起2014年破获的、近年来泉州市乃至福建省罕见的特大跨境走私毒品案。

●南安市开展以“珍爱生命，远离毒品”为主题、形式多样的禁毒宣传教育活动。

6月27日

星期五
农历甲午年六月初一
温度：27℃—32℃
多云

●省委常委、教育工委书记陈桦到安溪县调研福建农林大学安溪茶学院建设及办学情况。

●南安市召开“一先两优”代表座谈会，表彰在改革发展中涌现出来的115个先进基层党组织和92名优秀共产党员、94名优秀党务工作者。

●泉州市首批技能大师名单公布。

●石狮市委、市政府研究，灵秀镇塔前村被确定为石狮首个按单元改造试点。

●《石狮市非物质文化遗产图典》征编工作启动。

●石狮市与西安工程大学、江西服装学院、武汉纺织大学深入合作，分别签订联合成立三所高校石狮研究院的产学研用合作协议。

陈桦到福建农林大学安溪茶学院调研

省委常委、教育工委书记陈桦到安溪县调研福建农林大学安溪茶学院建设及办学情况。市领导郑新聪、陈庆宗参加调研和相关活动。调研中，陈桦一行深入学校图书馆和学生宿舍实地察看，与在校师生代表亲切交流，详细了解办学特色、进展和存在的困难问题。在安溪期间，陈桦一行还参观安溪县金融行政服务中心、中国茶博汇等。福建农林大学安溪茶学院是目前全国唯一以茶产业链为主线设置专业的综合性、多学科本科院校，曾创下全省单个教育项目社会捐资数额最多的纪录。学校近期办学规模4000人，远期8000人。一期工程于2013年8月投用，现有在校生1150人，2014年秋季计划招生550人。

调研现场（图/刘伯怡）

泉州市首批技能大师名单公布

2013年评选出的泉州市首批10名技能大师名单公布，分别是：泉州市汽车运输总公司石狮公司维修厂刘永胜、晋江市信龙机械工业有限公司帅丽华、泉州腾达精铸有限公司黄王杰、福建惠安霞飞石雕工艺有限公司张秋霞、惠安县洛阳宁远木雕工艺厂郑煌章、福建省维真工艺制品有限公司王国华、安溪鹏程茶业有限公司苏鹏鸣、凯毅（福建）体育用品有限公司钟长林、福建兴隆香业有限公司林文溪、中化泉州石化有限公司平传宝。首批技能大师的工作领域涉及机电、工艺美术、鞋服等多个行业。

石狮确定首个“社区自改”试点

经基层上报，镇推荐，石狮市委、市政府研究，灵秀镇塔前村被确定为石狮首个按单元改造试点。按单元改造更便于理解的提法就是“土地重划、社区自改”。根据石狮市出台的单元改造试点工作指导意见，“土地重划、业主自改”办法是指在城市更新改造中，探索建立“由政府规划指导、社区组织协调、业主自愿拆迁、土地重新划分、公建共同分担、市场适度参与、就地改造重建”的新模式。“社区自改”是以群众自治形式推动的片区改造。与此前由政府主导推动的片区改造相比，“社区自改”对群众来说有两大好处：首先是对改造方案有更大的话语权，只要符合政府规划，片区怎么改、房屋怎么盖基本上是群众说了算，以“社区自改”方式改造的片区，未来必然更加符合群众的居住习惯；其次是改造后的权益不外流，“社区自改”的项目权利人是片区内全体群众，虽然短期内大家都需要一定的投入，但可以得到长远、完全的改造权益。政府还要投入资金建设片区内的市政设施，所得到的“好处”是改善城市环境，消除安全隐患。

《石狮市非物质文化遗产图典》征编工作启动

石狮市政府公布三批石狮市级非物质文化遗产名录项目36项，一批石狮市级非物质文化遗产项目代表性传承人36人。目前，石狮拥有国家级非遗项目1项、省级7项、泉州市级12项、石狮市级36项。《石狮市非物质文化遗产图典》作为石狮非物质文化遗产保护工作的重要成果，将以图文并茂的形式客观、全面地展现各级非物质文化遗产名录项目的存续状况、遗产风貌，以及代表性传承人的基本信息、遗产实践经历、传承谱系、遗产实践成就及代表作等内容。

三个市校产学研用合作项目落地石狮

石狮市与西安工程大学、江西服装学院、武汉纺织大学深入合作，分别签订联合成立三所高校石狮研究院的产学研用合作协议。协议签订后，这三所高校便启动在石狮的合作事宜，在星期YI星光大厦设立驻石狮办事机构，负责对接市校企合作事宜，并指派专门工作人员长期驻点石狮。三所院校均在石狮启动产品研发、新技术推广应用等合作项目。

6月28日

星期六
农历甲午年六月初二
温度：27℃—33℃
多云

●28—30日，副省长陈冬陪同有“新加坡规划之父”之誉的刘太格一行到泉州，调研新型城镇化和城乡规划提升工作。

●“东亚文化之都·2014泉州”县域活动暨“文化之都·大美晋江”文化周在市区西街旧面粉厂钢结构大厅启动。

●安溪“美丽乡村”自驾游暨首届虎邱葡萄采摘节开幕，活动集自驾游、乡村游和亲子互动为一体。

陈冬陪同刘太格到泉州调研新型城镇化提升工作

28—30日，副省长陈冬陪同有“新加坡规划之父”之誉的刘太格一行到泉州，调研新型城镇化和城乡规划提升工作。市领导郑新聪、周银芳、周真平、李建辉等分别参加调研。陈冬、刘太格一行先后前往晋江、永春，实地考察五店市传统文化街区、八仙山公园、晋江城市展馆、草庵、灵水古民居、永春仙碇岩、福兴堂、桃溪流域综合治理示范段、东关桥水景公园项目、北环路片区大型生态住区、大羽村等地，并以座谈的形式，深入了解晋江、永春城市总体规划修编及新型城镇化建设情况，提出具体指导意见和建议。

陈冬指出，刘太格以国际的视野、大师的眼光提出指导晋江、永春新城建设的意见，要将这些真知灼见融入既有的城市总规修编中，加以吸收转化。具体而言，晋江要做更加长远的城市规划，把大的城市格局研究清楚，明确发展方向；在确定城市主体规划的基础上，对人口、城市基础设施等进行必要的梳理，找准规划实施的切入点。在城市建设、管理上要多学习新加坡的先进经验。对生态环境的保护和文化的传承要形成制度，贯穿于城市建设的全过程，明确划出生态文明功能区红线，真正建成闽南文化的保护区。永春要继续控制好中心城区的建筑密度和高度，在规划建设上更加注重山水的融合，保护生态环境，保全城乡风貌。要研究城中村的改造问题，做好古建筑的普查，尽快制定美丽乡村的标准，以最少的钱建设最美的乡村；要对发展旅游休闲产业进行专题研究，有选择地发展当地产业，实现产城融合发展。在生态空间的保护和建设上要体现永春的特色，以更长远的眼光来审视规划、制定标准，坚定信心，打造独具特色的“最美县城”样本。

“文化之都·大美晋江”文化周启动

“东亚文化之都·2014泉州”县域活动暨“文化之都·大美晋江”文化周在市区西街旧面粉厂钢结构大厅启动。现场约500条传统灯谜展示晋江“中国民间文化艺术（灯谜）之乡”的风采。在晋江文创企业·特色食品展示馆内，杨梅干、土笋冻、“虎咬草”等特色食品备受欢迎。晋江市掌中木偶艺术保护传承中心的摊位上，一个个精致可爱的掌中木偶也吸引不少市民驻足。在晋江市文创企业·特色食品展示馆，主要展示晋江12家被评为国家、省、市级文化产业示范基地的企业，8家传统手工艺、伴手礼、特色食品、创意玩具等不同类型的企业。“城韵·商道”摄影展览，则全面展示晋江城市建设、经济发展、民俗风情等；施清凉“晋江古厝”摄影展，展示晋江近代建设并保留下来的富有闽南传统建筑风格的红砖古厝风貌；晋江市国家级文物保护单位图片展，展示安平桥、草庵、磁灶窑址等9处被评为国家级文物保护单位的图片；晋江企业品牌LOGO墙，集中展示晋江获得中国名牌、中国驰名商标的企业和43家上市企业。晋江城市宣传片主要包括晋江城市系列宣传片，和以晋江文化为主题的电影及微电影。

启动仪式　（图/吴寿民）

安溪“美丽乡村”自驾游暨首届虎邱葡萄采摘节开幕

安溪“美丽乡村”自驾游暨首届虎邱葡萄采摘节开幕。该活动集自驾游、乡村游和亲子互动为一体。从泉州、厦门分头出发的自行车骑友陆续抵达虎邱镇汽车站——对面就是被称为“闽南葡萄沟”的虎邱镇百亩葡萄园。两百多亩的葡萄园被分为观光葡萄和酿酒葡萄两个园区，来自美国、日本、法国等地的“香悦”“夏黑”“美人指”观光葡萄风情无限，“白纯”“桂葡一号”“刺葡萄”等酿酒葡萄花落挂果。虎邱镇通过土地流转，促进规模经营，引入促进良种葡萄成片种植的“庄园主”模式，盘活土地资源，提升土地效益，也让农民切切实实得到实惠。

葡萄采摘活动现场　（图/郭冰德）

6月29日

星期日
农历甲午年六月初三
温度：25℃—32℃
多云

●省水利厅项目评审中心召开初步设计报告审查会，泉州市惠女水库引调水工程（山美水库至惠女水库连通工程）通过审查。

●泉州市召开对接《赣闽粤原中央苏区振兴发展规划》座谈会，会议提出安南永德四地将争取更多泉州项目纳入国家、福建省规划大盘。

●《泉州特产（农产品）》出版。

●晋江首次公布流域污染源分布。

●福建戴云山国家级自然保护区管理局观测人员深入七里洋进行首次野外调查，戴云山两栖动物资源调查工作启动。

●华侨大学2014届毕业生摆“华”字队形航拍毕业照。

●仰恩大学首届“德信杯”电商创业大赛举办。

《泉州特产（农产品）》出版

《泉州特产（农产品）》出版。该图书收录泉州市区域内具有地域特色、历史传统或品牌效应的果蔬、薯蔗、菌菇、茶叶、畜禽、水产品和农产品加工品、涉农特色工艺品以及特色农家小吃等，是泉州市特色农产品的集萃。其中农林方面茶叶12项、水果18项、蔬菜10项、薯芋4项、食用菌5项、中草药3项，畜牧方面6项，设施农业方面5项，水产方面甲壳类3项、贝类3项、鱼类3项、其他2项，特色小吃各县（市、区）共70项，加工品26项。

晋江首次公布流域污染源分布

晋江生态办率先公布坝头溪的污染源分布情况。根据排查，坝头溪流域内存在14家工业企业、2家养猪场和27个排水点。在被排查出的14家工业企业中，除了3家企业要加强日常监管外，其余的都将依法查处，责令停产；2家畜禽养殖场将限期关闭；27个排水点都是直接将生活污水排入坝头溪，对坝头溪造成污染。对此，晋江市政园林局表示，将在2015年前完成坝头溪流域内的截污管网建设，将沿溪的生活污水收集入管。

戴云山两栖动物资源调查启动

福建戴云山国家级自然保护区管理局观测人员深入七里洋进行首次野外调查，戴云山两栖动物资源调查工作启动。戴云山自然保护区2014年4月被增设为全国两栖动物观测样区，设12条样线、5个人工掩蔽物样方，于每年6月、8月和10月开展3次观测，每样线（方）每次连续3天，观测内容主要为样线（方）中两栖类物种及种群（物种组成、优势种及稀有种、性别、成体亚成体、个体肥满度）、生境信息（经纬度、海拔、生境类型、气温、水温、湿度、PH值、水体信息）和威胁因素（受干扰和破坏状态、经济活动）等。

华侨大学毕业生摆“华”字队形航拍毕业照

华侨大学2014届的毕业典礼拉开帷幕。航拍当天，团队带着器材到华侨大学校园，先航拍有6000多名毕业生参加的毕业典礼，此后航拍的小飞机绕着华侨大学的校园飞一圈，拍下校园里的美景，留作纪念。最后从中挑取500多名大学生，其中200多名按照工作人员的要求，在陈嘉庚纪念堂前排出“华”字，还有300名的学生在校门口高呼，排成“一”字形。航拍毕业照的优势在于，全程在空中记录毕业的热闹和感人场面，并能配上相应的音乐，毕业生可以把航怕的视频上传到网上，随时回顾这一段精彩的青春历程。

航拍现场 （图/郭冰德）

仰恩大学首届“德信杯”电商创业大赛举办

仰恩大学首届“德信杯”电商创业大赛举办，企业通过提供产品及技术等支持参赛团队创业，团队通过电商渠道进行销售，销售业绩成为唯一的评判标准。此次参加创业大赛的大学生70多名，选手进入企业进行培训，学习网店的装潢、运作等。培训结束后，由销售企业提供服装或家居用品，参赛团队将各自开设网店进行销售，各个网店成为企业的电商分销平台。主办方表示，电商创业大赛为学生提供一个提升实践能力、创业能力的平台，也让大学生提前接触到企业，为以后的就业或创业打下基础。

6月30日

星期一
农历甲午年六月初四
温度：27℃—33℃
多云

●泉州湾跨海大桥主桥顺利合龙。

●市政府召开企业资金保障工作座谈会，分析企业融资面临的困难和问题，研讨对策，保障企业生产经营资金需求。

●泉州市举行学习《关于加强和改进新形势下侨联工作的意见》精神宣讲报告会。

●泉州市“数控一代”机械产品创新应用示范工程推进会召开。

●2014年度全市消防工作会议召开。

●《黄河万里图》国画长卷“七一”献礼展在中国闽台缘博物馆开幕。

●“欢乐泉州·喜庆七一”泉州市庆祝中国共产党成立93周年文艺演出在市区府文庙举行。

泉州湾跨海大桥主桥合龙

上午9时，随着最后一道湿接缝混凝土浇筑完成，泉州湾跨海大桥主桥顺利合龙，比原计划提前整整一个月。这标志着泉州湾跨海大桥这一长度全国第六、全省第一的主桥主体结构建成。全长26.7千米，其中跨海大桥长约12.45千米。至此，泉州湾跨海大桥项目已完成投资53.47亿元，占概算69.23亿元的77.2%。按照施工进度，预计主体工程年底前建成，2015年上半年可实现全线通车。

相关链接：2008年12月底，泉州湾跨海大桥项目获国家发改委批复。泉州湾跨海大桥项目所在地风速大、风况复杂，最大潮差达6.92米，海洋大气及海水腐蚀性很强。为克服海洋环境对钢筋混凝土及钢结构的强腐蚀性，大桥建设者在福建省内首次大规模使用致密性、耐久性好的海工混凝土。用于钢箱防腐的油漆，源于泉州本土知名品牌信和涂料。为减少海上现场作业时间，在主梁的结构型式上，采用国内首创的干拼组合梁，取消高空现浇作业，每个节段至少缩短三四天，降低抗台风风险。在海上互通50米跨径主线桥上，采用变截面大吨位移动模架施工，最大宽度为31.6米，一次浇筑混凝土1616立方米，浇筑重量达4200吨，也属国内少有。

泉州湾跨海大桥建成后，将使环城高速由“玦”成“环”，成就一条串起泉州除安溪、永春、德化、泉港以外所有县（市、区）的高速公路。12.45千米的大桥横跨泉州湾南北，连接晋江、石狮、惠安、台商投资区等泉州经济最活跃、发展最快的环湾区域。通过串联起全球著名的服装、鞋业、石雕、树脂、陶瓷等产业基地，泉州湾跨海大桥未来将推动各县（市、区）、中心城市各组团向湾区聚集，加快泉州湾980平方千米经济圈闭合和形成，对于发挥东南沿海港口资源优势、加快区域经济社会协调发展、促进泉州海湾型城市的形成和中心城市规划的实施具有重要战略意义。

最后一道湿接缝混凝土浇筑　　（图/吴寿民）

建设者欢庆大桥主桥合龙　　（图/吴寿民）

《黄河万里图》国画长卷在泉州展出

《黄河万里图》国画长卷“七一”献礼展在中国闽台缘博物馆开幕。国画长卷《黄河万里图》长220米、高1.45米，是目前国内参与画家最多、长度和幅面最大的黄河题材精品。它由中国美协主席刘大为担任艺术总顾问、总设计，郭怡孮、龙瑞、孙克担任艺术总监，济南泉州商会企业家邀请国内三十多位书画名家共同创作。该画描绘黄河自青海三江源流经九省至山东省黄河入海口的自然风貌、历史人文景观及改革开放以来黄河两岸的标志性建筑。

“欢乐泉州·喜庆七一”文艺演出举行

“欢乐泉州·喜庆七一”泉州市庆祝中国共产党成立93周年文艺演出在市区府文庙举行。此场演出由市委宣传部、市委文明办、市文广新局、市文联、泉州晚报社、泉州广播电视台主办，演出由开场舞蹈《旗帜》拉开序幕，演出形式丰富多彩，有歌曲、舞蹈、歌剧、配乐诗朗诵等，《山丹丹开花红艳艳》《小二黑结婚》《把一切献给党》等经典节目在广场激情上演，最后，大型歌舞《欢乐泉州》将演出推向新高潮。

演出现场　　（图/李芸生）

7月1日

星期二
农历甲午年六月初五
温度：27℃—33℃
多云

●洪捷序到永春县调研土地整治情况。

●泉州市调整住房公积金缴存上下限标准。

●由市非公经济理想信念教育实践活动领导小组、市委统战部、市直统战系统委员会、市工商联（总商会）主办的光明城“新泉商好声音·欢歌庆七一”歌唱活动团体赛和个人赛总决赛在泉州音乐厅举行。

●泉州签出首批中瑞自贸区优惠原产地证。

●即日起，福建电视台综合频道连续播出大型访谈节目《大山深处领路人——陈其伟》，以及介绍陈其伟事迹的新闻小专题一、二、三集。

●1—25日，“天工荟萃”——闽台工艺美术大师作品联展·陈明华大师专场在中国闽台缘博物馆举行。

●泉州选手的《闽南讲古》获福建省首届“丹桂奖”少儿曲艺大赛一等奖。

●由市慈善总会和泉州晚报社主办的“共同托起他们的理想·14行动”启动。

●泉州疾控中心和鲤城区鲤中街道东门社区的党员们开展“先锋在行动”义诊活动，免费发放药品及科普材料。

●市红十字会水上安全救援志愿服务队开始每日值班，防止溺水事件发生。

●泉港区评选区直机关“十佳服务品牌”。

洪捷序到永春县调研土地整治情况

副省长洪捷序到永春县调研土地整治情况，副市长陈灿辉陪同调研。洪捷序察看岵山镇硋溪、塘溪、铺上片区土地整理项目，并了解永春县2014年、2015年用地情况以及土地节约集约利用情况。洪捷序要求，旧村居民点的土地整合要注重科学规划、合理设计，在增加有效耕地面积的同时，不影响群众的生产生活和实际利益。要坚持守住农田保有量这条红线，节约集约利用土地，将保护耕地作为土地整理工作的首要任务。

洪捷序在永春调研　（图/康庆平）

泉州市调整住房公积金缴存上下限标准

泉州市2014年度住房公积金缴存上下限标准开始执行，执行时间自是日起至 2015年6月30日。根据省政府关于福建省最低工资标准文件精神和市统计局公布数据，2013年度全市城镇非私营单位在岗职工年平均工资为44895元，市直、鲤城区、丰泽区、洛江区、泉港区、石狮市、晋江市、南安市、惠安县最低月工资标准为1170元，安溪县、永春县、德化县最低月工资标准为1050元。住房公积金缴存上下限标准依据上一年的月平均工资进行调整，每年市住房公积金管委会都会研究确定新的住房公积金上下限缴交标准。2014年，泉州市职工个人住房公积金月缴存上限标准为3368元，中央驻闽单位职工个人住房公积金月缴存上限标准为5612元；市直、鲤城区、丰泽区、洛江区、泉港区、石狮市、晋江市、南安市、惠安县（含泉州台商投资区）的职工个人住房公积金月缴存下限标准为118元，安溪县、永春县、德化县的职工个人住房公积金月缴存下限标准为106元。与2013年相比，泉州市职工住房公积金月缴存上限标准增加了284元。

闽台工艺美术大师作品联展陈明华大师专场举行

1—25日，由市委宣传部、中国闽台缘博物馆、市城镇集体工业联合社和市文联等主办，泉州晚报社、泉州广播电视台和泉州市工艺美术协会等协办的“天工荟萃”——闽台工艺美术大师作品联展·陈明华大师专场在中国闽台缘博物馆举行。展览展示福建省工艺美术大师陈明华的53件陶瓷作品。

相关链接：陈明华现任德化明华陶瓷艺术研究所艺术总监，是高级工艺美术师，国家一级技师。陈明华生长在德化陶瓷世家，自幼受到陶瓷文化熏陶，15岁师从父亲陈海荣学习陶瓷制作技艺，后又师从中国工艺美术大师柯宏荣、福建省工艺美术大师陈桂玉、老艺人李国章学习陶艺。

展览现场　（图/吴寿民）

泉港区评选区直机关“十佳服务品牌”

1600多名泉港区机关党员干部投票选出心目中的区直机关“十佳服务品牌”。图为泉港区参与投票的党员干部在区直机关“十佳服务品牌”图片展暨决选活动现场，听取参评单位工作人员讲解。　（图/庄子瑜）

市政府市人大常委会市政协分别召开党组专题民主生活会

市政府党组班子党的群众路线教育实践活动专题民主生活会召开。市长、市政府党组书记郑新聪主持会议。省委第四督导组第一组长曹德淦强调，要深化学习，领会习近平一系列重要论述、讲话精神，深学、细照、笃行，提高自己的素质和能力。要抓好整改落实、建章立制工作。在落实中央规定的同时，对教育实践活动中查摆出来的问题，要逐项研究，分解立项，抓紧制定整改方案，落实整改措施，建立项目整治责任制，把优良作风内化于心、外化于行、固化为制度，确保各项整改措施落到实处。要以作风建设新成效促改革、促发展。处理好唯GDP论与经济合理增长，扩大经济总量与提高经济效益，创新驱动、促进转型升级以及推动改革发展等问题，发挥对全省的示范带动作用。郑新聪表示，将提高认识，把学习教育贯穿始终，通过学习提升理论水平，增强党性修养，拧紧思想“总开关”。抓好整改工作，坚持问题导向，分解分工、推动落实，制定班子整改方案和班子成员个人整改措施，做好第三环节工作。推进建章立制，在抓常、抓细、抓长上下功夫，建立健全作风建设的长效机制和治本之策。坚持统筹兼顾，抓好改革、发展、稳定各项工作，做到两手抓、两不误、两促进。市人大常委会党组班子党的群众路线教育实践活动专题民主生活会召开。市人大常委会党组书记、主任陈海基主持会议。省委第四督导组组长李德仁指出，要抓好整改落实和建章立制工作，开展专项整治，善始善终、善做善成，深入推进教育实践活动。陈海基表示，要深化学习教育，增强践行党的群众路线的思想自觉和行动自觉，增强政治定力，树立社会主义核心价值理念、共产党人的理想信念；制定“两方案一计划”，落实市委“五个专项行动”、厅级党员干部认领“立即改”专项行动，做好查摆和征求意见的整改落实和巩固；及时总结整改工作的好经验、好做法，推动作风建设的常态化、长效化；加强班子建设，严格党内生活，完善权力运行和监督机制；通过抓党组、带机关，严格督导把关，推动市人大常委会党组和机关教育实践活动扎实深入开展；坚持“两手抓、两不误、两促进”，站在“跨越发展”的全局高度，关注泉州经济社会的健康发展，依法履职、勇于担当，为泉州发展做出新的更大贡献。市政协党组班子党的群众路线教育实践活动专题民主生活会召开。市政协党组书记、主席杨俊峰主持会议。委第四督导组副组长郑恢先认为，泉州市政协党组班子要深化学习教育，增强思想自觉，树立群众观点和人民政协为人民理念。要抓好整改落实，对查摆出的问题建立台账抓紧整改。同时，要抓好作风建设，形成坚持群众路线的长效机制。要加强班子自身建设，树立良好形象，提高履职建言、政协提案、调研视察报告、社情民意信息质量，发挥政协职能作用。杨俊峰表示，要按照中央、省委、市委部署精神，制定党组班子整改方案和成员个人整改措施，推进第三环节工作。要狠抓整改落实，针对专题民主生活会会前梳理、会上查摆出的问题及相互批评意见进行分解立项，制定整改落实的路线图、任务书和时间表，抓好整改落实。要加强制度建设，制定出台《市政协党组关于加强和改进作风建设的意见》，建立健全市政协党员领导干部和机关联系服务委员、群众等制度，改进工作作风，使密切联系群众制度化、常态化、长效化。

台湾航空公司进入泉州航空市场

台湾复兴航空GE340航班从台北桃园机场起飞，顺利抵达泉州晋江机场。此次台湾复兴航空公司开通台北直飞泉州的定期航班，标志台湾航空公司进入泉州航空市场。（图/陈起拓）

4D电影首现泉州

美国科幻片《变形金刚4》的4D电影“升级版”在泉州某影城上映。4D电影也叫四维电影，即三维的立体电影和周围环境模拟组成四维空间，将震动、吹风、喷水、烟雾、气泡、气味、布景、人物表演等特技效果引入3D电影中，形成一种独特的表演形式。

7月2日

星期三
农历甲午年六月初六
温度：27℃—34℃
多云

●市政府党组专题民主生活会召开。

●市人大常委会党组专题民主生活会召开。

●市政协党组专题民主生活会召开。

●新华社在大型集成报道“新丝路 新梦想”专栏推出长篇述评《千年潮未落 风起再扬帆》，关注海上丝绸之路沿线省区期待在推进“21世纪海上丝绸之路”建设中实现新作为。文章呈现包括泉州的港口、南音、陶瓷等“海丝”文化遗存和特色产品，展示泉州融入“一带一路”战略、全方位打造“海丝”先行区的作为和成效。

●泉州市党外代表人士实践锻炼基地授牌仪式暨2014年选派挂职干部动员会举行。

●台湾航空公司进入泉州航空市场。

●黎明职业大学扩建工程启动。

●2014年亚洲击剑锦标赛在韩国水原举行，泉州选手陈海威获男子花剑个人亚军。

●4D电影首现泉州。

7月3日

星期四
农历甲午年六月初七
温度：27℃—34℃
多云

●3—5日，福建省十二届全国人大代表到泉州调研海丝先行区建设。

●全省“两违”综合治理“百日攻坚”行动电视电话会议后，泉州市随即召开全市“两违”综合治理电视电话会议，就落实“百日攻坚”行动，推进“两违”治理工作作部署。

●“华大讲堂”第45讲举行。

●3—5日，泉州市公安机关按照省公安厅部署，开展“剑盾”1号集中统一行动，出动警力23394人次。清查旅馆1799家（次）、娱乐场所959家（次）、出租房屋19753间（次）、网吧767家（次）、涉爆企业（含烟花爆竹）1001家（次），收缴枪支21支、子弹44发、炸药5.4千克、管制刀具51把、毒品0.6396千克。

●3—4日，泉州市第四届残疾人运动会在泉州侨乡体育中心举行。

●泉州市“美丽社区科普行”大学生暑期社会实践活动在泉州师范学院启动。

●公益海滨行动暨“7·11”世界人口日纪念活动举行。

●石狮市居电商发展百佳县第四。

福建省十二届全国人大代表专题调研组到泉州调研海丝先行区建设

3—5日，以全国人大代表、省人大常委会副主任、党组书记徐谦为召集人的福建省十二届全国人大代表专题调研组到泉州，开展“21世纪海上丝绸之路”先行区建设专题调研。全国人大代表、全国人大常委会委员、全国人大教科文卫委员会副主任委员、致公党中央专职副主席严以新，全国人大代表、全国人大法律委员会委员、省检察院原检察长倪英达，全国人大代表、市长郑新聪参加调研。市领导陈海基、林伯前、吕竞、林万明陪同调研。调研组指出，泉州是联合国教科文组织认定的“海丝”起点城市，历史文化积淀浓厚，在落实“21世纪海上丝绸之路”先行区建设上优势得天独厚。泉州全面推进经济社会发展的同时，以“海丝”为抓手梳理征集融入海丝建设项目48个，拓展经贸合作，使“21世纪海上丝绸之路”先行区建设逐渐起色。希望泉州发挥“海丝”起点城市的优势，整合文化资源，开展系统化、完整性研究；依托海内外华人华侨，鼓励境外投资，加强与“海上丝绸之路”沿线国家的经贸往来；发挥闽南文化魅力，搭建国际性文化交流载体，扩大闽南文化的世界影响力。

调研现场　（图/王虎文）

全市“两违”综合治理电视电话会议召开

全省“两违”综合治理“百日攻坚”行动电视电话会议后，泉州市随即召开全市“两违”综合治理电视电话会议，就落实“百日攻坚”行动，推进“两违”治理工作作部署。市领导郑新聪、李建辉、陈灿辉参加会议。市长郑新聪要求，各级各部门要跟踪落实、领导靠前、全力攻坚，主要领导要亲自负责、过问、协调，市领导小组各成员单位每月至少一次到现场检查工作，各县（市、区）每半月至少组织一次统一行动，乡镇（街道）每周组织2至3次拆违行动；落实省上要求的“五个一”工作机制；统筹安排“百日攻坚”行动专项资金，确保行动顺利推进。要锁定目标、加快进度，对照目标要求抓紧组织再调查、再摸底，把握工作主动性。要抓好典型、敢于碰硬，对党员干部涉及“两违”的坚决予以查处；对历史形成的违建“大户”、本地区影响恶劣的大宗“两违”坚决拆除。要部门联动、协同协力，公安、司法、供电、供水、供气、通信等部门要配合拆违行动，市县两级、县（市、区）间要统一行动，形成氛围和声势，共同维护公平正义。要舆论监督、曝光促拆，加强对“两违”及治违行动的跟踪报道，鼓励“两违”举报。要完善机制、强化督查，建立完善“两违”治理长效机制和考评考核体系，加强督查问责，做好信息沟通交流，关心群众住房的实际需求，打赢“百日攻坚”战役，为后续拆违纠违打下基础。

泉州市“美丽社区科普行”大学生暑期社会实践活动启动

由泉州师范学院、市科协主办，鲤城、丰泽、洛江区科协协办的泉州市“美丽社区科普行”大学生暑期社会实践活动在泉州师范学院启动，泉州师范学院大学生科普志愿服务团同时成立。泉州师范学院大学生科普志愿服务团首批40名成员到鲤城、丰泽、洛江辖区内的10试点社区开展为期一周的科普志愿服务工作，围绕社区未成年人、老年人、家庭妇女等社区居民的实际需求，开展“八个一”科普志愿活动：举办一场科普知识讲座、组织一场技术服务活动、举行一场科普巡展活动、组织一场中小学生科技制作辅导、开展一次社区社会调查、组织一场科学读书班、组织一次科技观摩体验活动和举办一次社区社会实践座谈会及其他社区科普益民活动。

启动仪式　（图/傅志雄）

周银芳林万明到洛江区调研美丽乡村建设工作

市委副书记周银芳、副市长林万明带队到洛江区调研美丽乡村建设工作。周银芳要求，美丽乡村建设工作要注重目标引动，因地制宜找准目标定位，高标准、高起点规划布局。抓示范线的建设既要体现每点特色，又能串点成线，以点带面。要突出项目带动，加强项目策划，把美丽乡村建设与新型城镇化建设、现代农业、石结构房改造等衔接起来，引进高科技、无污染的龙头企业参与建设，促进产业结构调整和农民增收。要注重方法促动，从最基础的环境卫生做起，逐次逐步推进。坚持抓“两头”，既要抓好示范村建设也要抓好后进村的工作，集中力量重点突破，发挥典型示范效应。要突出组织推动，结合党的群众路线教育实践活动，发挥党员先锋模范作用，带领农民发挥主力军作用。各职能部门要上下联动、加强指导，要一级抓一级，实行目标管理，推动美丽乡村建设再上新台阶。

福建首个省级院士专家工作站在泉州师院揭牌

福建省泉州师院院士专家工作站揭牌，成为全市首个建立在高校的省级院士专家工作站。该站由泉州师院与中国工程院金鉴明院士联合组建，挂靠在该校的化学与生命科学学院。该站成立后，将整合泉州师范学院化学与化工、环境与生态、人文地理与城乡规划等相关学科的软硬件优势，重点开展三方面的研究：一是开展生态工业园区建设评价指标体系及生态工业园区建设规划研究；二是选择生态工业园区构建的关键领域深入开展清洁生产技术、废物资源化技术、再循环利用技术、物质和能量集成技术、污染治理技术和生态无害化技术等研究；三是开展工业园区的空间布局和各功能区的有机联系及生态化改造等方面研究。同时，该站还将借助院士及其创新团队智力和人脉优势，协助泉州师院引进、聚集、培养高素质的创新技术人才；在项目申报、课题研究上实施指导，以增强科研攻关的实力和竞争力。

2014年两岸大学生闽南文化生活产品设计营开营

由市文广新局、市台办主办，泉州博物馆、市工业设计协会、市创意产业协会等承办的2014年两岸大学生闽南文化生活产品设计营在泉州博物馆开营，来自华东理工大学、华侨大学、台湾成功大学、东华大学、台湾亚洲大学的近30名大学生参加活动。在9天时间内，两岸大学生漫步泉州西湖、西街、源和1916创意产业园等地，感受泉州文化，并以闽南文化为元素，设计相关生活及旅游纪念产品，把文创设计与企业和市场对接，使设计产生社会和经济效益。

泉州小学生科技之旅夏令营举行

由市科技局关工委主办、侨乡科技报社承办的泉州小学生科技之旅夏令营在泉州市高新技术企业孵化基地海峡技术转移中心举行。活动中，讲解员向60多名小学生讲解3D打印技术，演示打印孩子们喜欢的卡通形象——愤怒的小鸟。生产力促进中心相关人员还向学生们展示太阳能台灯、高级芯片等泉州自主研发的最新科技成果，带领学生参观孵化基地内几家高新技术企业的生产和泉州企业挂牌上市的情况。通过与学生互动，现场演示多个生活小实验。其间还向学生播放本土动漫企业制作的动画片《蔡六》，让学生感受泉州闽南文化的底蕴。

泉州8家企业入选“2013年服装行业百强企业”

中国服装协会发布“2013年服装行业百强企业”名单。泉州企业九牧王、格林、柒牌、超越服饰、虎都男装、威兰西服饰、大帝集团、好田服饰分别入选2013年服装行业“产品销售收入”“利润总额”“销售利润率”百强企业名单。“2013年中国服装行业百强企业”名单沿用往年评选方式，根据“会员参与、自愿申报”的原则，分别对“产品销售收入”“利润总额”和“销售利润率”三项指标进行排序。

纺织制鞋机械产能现场对接会在晋江市举行

由市政府主办的泉州市“万家企业手拉手”系列活动——纺织制鞋机械产能现场对接会在晋江市梅岭文体活动中心举行。现场共对接企业项目信息与需求信息48个，有9对配套协作企业上台签约。全市相关行业协会负责人和行业龙头企业代表等约200人，见证现场对接。

7月4日

星期五
农历甲午年六月初八
温度：28℃—34℃
阴转多云

●周银芳、林万明到洛江区调研美丽乡村建设工作。

●福建首个省级院士专家工作站在泉州师院揭牌。

●2014年两岸大学生闽南文化生活产品设计营在泉州博物馆开营。

●泉州小学生科技之旅夏令营在泉州市高新技术企业孵化基地海峡技术转移中心举行。

●泉州8家企业入选“2013年服装行业百强企业”。

●泉州市“万家企业手拉手”系列活动——纺织制鞋机械产能现场对接会在晋江市梅岭文体活动中心举行。

●鲤城区“服务下基层 共筑中国梦”党员志愿服务义诊专场活动在常泰街道华塑社区举行。

7月5日

星期六
农历甲午年六月初九
温度：28℃—35℃
多云

●5—6日，第九届中国青少年艺术节泉州总评选在市区梨园古典剧院举行。

●5—11日，全国青年篮球联赛女子组A组第二阶段（决赛）在永春县棣兰体育馆举行。

●2014年市区初中招生电脑派位举行。

●后渚大桥封闭检测。

●“MD未来之光”Cosplay夏日盛典动漫展在市区西街旧面粉厂举行。

●井盖彩绘活动在市市政工程管理处举行。

●美丽乡村休闲游河市体验季启动。

●5—7日，2014年第十一届“全国武术之乡”武术比赛在湖南东安县举行，石狮市代表队获六金八银二铜。

第九届中国青少年艺术节泉州总评选举行

5—6日，由泉州青少年文化艺术交流协会主办的第九届中国青少年艺术节泉州总评选在市区梨园古典剧院举行，全市700多名儿童进入总评选，最终选出70名儿童到北京参加表演比赛。中国青少年艺术节是教育部、文化部、中国艺术家协会主办的全国性一年一度的文艺盛会。为挖掘青少年文艺人才，传承和发扬泉州特色文化，泉州市青少年文化艺术交流协会已连续举办三届选拔赛，参赛项目有声乐、舞蹈、乐器(民乐和西乐)、影视表演(语言类、模特秀、武术)、地方戏曲和艺术表演(绘画、书法)。

2014年市区初中招生电脑派位举行

2014年市区初中招生电脑派位举行，鲤城区和丰泽区4874名小学毕业生参加6所公办中学初中招生电脑派位。根据2014年泉州市小升初招生方案，公办学校实行免试、就近划片升学或免试、就近划片电脑派位升学的招生办法。所有小学毕业生(含外来务工人员随迁子女)均免试升入初中。与往年不同的是，由于生源减少，市区6所公办中学的初中招生总数量有所下降。教育部门当场打印各中学录取学生的名单，并由相关部门存档。各学校也派出代表参加派位并领回本校学生录取结果，派位结果由原毕业小学公示并通知到每一名学生。

后渚大桥封闭检测

后渚大桥封闭检测。检测人员首次用专业设备在大桥不同部位布好应变片，用载重37吨重型货车进行动态和静态检测。图为检测现场。

（图/陈起拓）

Cosplay夏日盛典动漫展举行

“MD未来之光”Cosplay夏日盛典动漫展在市区西街旧面粉厂举行。该动漫展是“东亚文化之都·2014泉州活动年”鲤城文化周活动项目之一，是2014年泉州最大型的Cosplay展会，内容包括动漫游戏真人秀、动漫歌曲翻唱、创意市集、动漫衍生品贩卖等。参与动漫展的多数是中学、大学的在校学生。据活动主办方介绍，泉州高校及中小学校的动漫社团已有40多个，动漫展越来越受到学生们的追捧。

市区井盖彩绘活动举行

井盖彩绘活动在市市政工程管理处举行，多支由志愿者组成的绘图团队现场进行涂画。此前泉州市政联合东南早报发出井盖涂画作品及志愿者征集令，征集到热心网友提供的创意作品60多件，既有卡通造型，也有文都风情，种类繁多。主办方为此邀约热心网友到市市政工程管理处集体作画，为市区井盖添色彩。在市市政工程管理处大院，22个井盖依次排开，26名志愿者用手中的画笔在井盖上创作独具特色的“泉州元素”，22个井盖很快脱胎换骨，成为一件件艺术品。为了让涂鸦井盖效果更好，由市政工程管理处统一提供绘画原材料，这种材料不易褪色，附着性强。这些井盖将被安放在九一街文化宫至电脑城人行道上。

美丽乡村休闲游河市体验季启动

主题为“多彩河市 乐活乡村”的河市镇美丽乡村休闲旅游体验活动在洛江区河市镇俞大猷纪念馆开幕，现场100多名骑行爱好者与游客一起畅玩河市。在启动仪式上，一套俞家棍，一曲《陈三五娘》唱段将河市呈现在游客面前。主办方根据陈三五娘的爱情故事设置特色游戏体验环节，让游客融入美丽传说，在游戏中领略河市的特色景点。畅玩后，游客们还在南塘农夫创意市集中品尝由当地名厨掌勺的“土”味农家菜——萝卜咸饭、肉丸汤等。此外，后溪帐篷足球乐活夜、挑战市田“Z”字爬坡、田格里拉篝火烧烤等活动也供游客选择。

7月6日

星期日
农历甲午年六月初十
温度：28℃—36℃
多云转阵雨

●6—10日，郑新聪带领泉州市交流考察团访问台湾。

●央视四套《城市1对1》栏目品读泉州。

●“惠泉啤酒”杯2014世界搏击王者争霸赛在惠安县体育馆举行。

●第九届“铭模坊海西少儿模特才艺大赛”全省总决赛在泉州举行。

●由中国医促会国际合作推广专业委员会、中国医师协会主办的2014年中国·海峡两岸首届国际男科学术论坛在泉州男健医院举行。

●德化陶瓷大师作品助学义拍暨大师作品限量收藏签约活动在厦门举行。

郑新聪带领泉州市交流考察团访问台湾

6—10日，市长郑新聪带领泉州市交流考察团访问台湾，从屏东县、高雄市、台南市、南投县、台中市到台北市，一路走亲访友谈生意。

叙乡情是泉州交流考察团此行的重点。在南投县草屯镇，两地筹备了一场两岸宗亲暨同宗同名村交流活动，中国闽台缘博物馆还派出团队开展闽台族谱对接咨询。活动前，郑新聪到草屯镇看望参加活动的闽台宗亲。

在台湾期间，考察团与台东县县长邝丽珍、屏东县县长曹启鸿、南投县代县长陈志清、大甲镇澜宫董事长颜清标、台湾妈祖联谊会会长郑明坤等面叙友情、畅谈合作，并与在台泉州市台商投资协会部分骨干成员座谈。郑新聪感谢会长杨荣辉等台协会骨干成员对此次在台湾举办宗亲交流活动的支持，对在泉台商长期以来为全市经济社会发展所作的贡献表示感谢。郑新聪表示，当泉州改革开放刚刚起步时，是台湾乡贤积极投资家乡，为更多泉州之外的资金项目投资泉州进行示范引路；多年来，台商们在发展企业的同时，不忘为泉州的社会事业和慈善事业慷慨解囊。这份深情厚谊，我们永远铭记。今后，希望大家继续把泉州当成自己的家，优先选择在泉投资，组织和带动更多在大陆、有影响力的祖籍泉州台商常回家看看，寻觅商机，对接项目，共促家乡发展。

交流团还走访考察乔本生医股份有限公司、朝清水产养殖场、嘉信游艇公司、巨大机械工业集团等台湾大企业，与工商界知名人士就相互关心的问题进行交流，学习先进的企业文化、科技创新和管理经验。郑新聪表示，泉州是台商投资创业的热土，经济活跃、势头蓬勃向上，拥有良好的产业基础、广阔的市场和优越的投资软硬环境。新时期，中央支持福建加快科学发展、跨越发展，泉州的国家级金改区、民营经济综合改革试点、台商投资区等一系列政策利好，具备蓄势而发、乘势而上的巨大潜能和有利条件，正全力加快创新转型，打造经济升级版。泉州将以更开放的气魄广开合作大门、广泛借智借力，为包括台湾在内的海内外投资者创造更多更好的商机。希望与台湾在先进制造业、生物医药、医疗事业、海洋产业等领域展开全面合作，做长久生意，实现互利共赢。

央视四套《城市1对1》栏目品读泉州

央视四套中文国际《城市1对1》栏目聚焦泉州和斯里兰卡首都科伦坡，品读两座海港的海丝缘分和独特魅力。节目时长45分钟，从泉州的面线糊、牛肉羹、润饼、烧肉粽、土笋冻，到泉州多元宗教文化古迹清净寺、开元寺；从通过海丝贸易广受世界人民喜欢的德化白瓷“中国白”，到千年雅乐南音，以主持人和嘉宾互动、演播室访谈和实地探访拍摄相结合的形式，凸显泉州作为海上丝绸之路起点城市、“东亚文化之都”的城市魅力，并与斯里兰卡科伦坡的美食、人文、物产等作横向的对比和呈现，充分展示泉州悠久的历史、深厚的人文和自信开放的城市发展态势。

2014世界搏击王者争霸赛在惠安县举行

由惠安县文体局与国际搏击赛事推广机构WMC世界泰拳理事会、WKFO世界功夫组织主办的“惠泉啤酒”杯2014年世界搏击王者争霸赛在惠安县体育馆举行，中国、巴西、法国、西班牙、泰国和日本等国搏击选手参赛，其中包括18名世界级选手。惠安籍选手、全国馆校赛散打冠军卢冬强战胜日本名将迁二郎，夺得世界功夫组织颁发的洲际金腰带。

德化陶瓷大师作品助学义拍在厦门举行

由中国瓷都·德化品牌宣传工作领导小组、福建省铭思艺文化发展有限公司主办，中华艺术名家协会、省艺术收藏协会、德化县关工委、德化县收藏家协会、厦门垣大工贸有限公司协办的德化陶瓷大师作品助学义拍暨大师作品限量收藏签约活动在厦门举行。在收藏认购现场，苏玉峰作品《祥龙福虎》一件以2万元起拍，最终被厦门万洲金属的爱心企业家陈荣林以8万元拍得，拍卖款项当场捐给德化县关工委，用于支持德化县下一代青少年的成长、成才。活动现场，还举行大师作品限量收藏签约活动，百年老店“蕴玉瓷庄”的第三、第四代传人苏玉峰、苏献忠，福建省工艺美术大师陈明良分别创作限量版陶瓷艺术作品《祥龙福虎》《思想曲》《持莲观音》参与活动，受到厦门市收藏家的好评。

7月7日

星期一
农历甲午年六月十一
温度：27℃—34℃
多云转阵雨

●7—11日，尤权带领福建省交流考察团到台湾参访，郑新聪参加相关活动。

●市人大常委会与市政府、市中级法院、市检察院召开座谈会，讨论落实市十五届人大四次会议关于《进一步加强我市食品安全监督管理议案的决议》的有关事项。

●市工商部门发布消费警示，提醒家长：为孩子选择培训机构应留意合同细节。

●泉州电网负荷电量刷新历史纪录。

●“我是非遗传承人”大型主题公益活动启动。

●安踏爱心桥公益项目落地青海。

●“最中国美食城市”评选活动主办方组织采访团队到泉州探访美食。

●晋江市生态办公布可慕溪和梧桐溪两条流域污染源分布图，责令8家违反环保法规的工业企业停产，1家养猪场关闭。

●安溪县芦田镇“计生三户”暑茶初制赛在芦田村举行。

●安溪县城厢镇涝港村青林山创冠垃圾焚烧发电厂垃圾渗滤液池发生爆炸，造成工人3死2伤。

市人大常委会与市“一府两院”食品安全工作座谈会召开

市人大常委会与市政府、市中级人民法院、市检察院召开座谈会，听取市政府《关于进一步加强我市食品安全监督管理议案的决议办理方案（征求意见稿）》（下称“《办理方案》”），讨论落实好市十五届人大四次会议关于《进一步加强我市食品安全监督管理议案的决议》（下称“《议案决议》”）。市人大常委会主任陈海基、副主任陈全顺，副市长陈荣洲，市人大常委会秘书长吴春林参加座谈。陈海基要求，要提高认识，从《议案决议》是代表全市人民的共同意志，关系人民群众的切身利益的高度，根据群众的呼声要求，全面行动起来，采取有力措施，保障食品安全；要看到食安工作面临的艰难局面，健全运作机制，加强工作协同，加强各级各部门的检测、监测力量，引导形成全社会监督食安工作的有效力量。各级各部门要根据《办理方案》，明确总体目标，明晰年度计划，做好任务分工，加强上下联动；要整合各方力量，做好基层工作，形成打击食品安全问题的高压态势；要加大创新，创建一套在泉州走得了、行得通、出成效的食品安全工作体制、机制；要多渠道、多方面发动群众参与到食品安全工作中，给人民代表大会、给人民群众一个满意答复。

市工商部门警示提醒学生家长正确选择培训机构

市工商部门发布消费警示，提醒家长：为孩子选择培训机构应留意合同细节。工商部门执法人员介绍，本地培训市场主要存在几个问题：一是价格没谱。一些培训机构在培训过程中以各种理由增加培训费用，且往往不提供正式发票，只开具收款收据。二是师资不到位，家长报名时往往冲着广告上介绍的名师而去，可等到培训开始时，名师全都不见了，取而代之的是一些普通教师，甚至是在校大学生。三是场地不合格。个别培训机构将档次比较高的教室换为设备简陋的教室，有的先说是小班教育，可开课后不断有新生插入，最后小班变大班，培训效果大打折扣。四是乱收资料费，变相涨价。一些培训机构随意兜售培训资料，将不需要或不适合的学习资料强行推销给学生。对此，工商部门提醒消费者，在为孩子选择培训机构时应尽可能找办学多年、信誉良好的培训机构，了解学校是否有办班或办学资质；交费前要与培训机构签订书面培训合同，尽量注明培训时间、地点、收费标准、课程设置、师资力量以及相关退费事宜等细节，避免事后因“口说无凭”而难以维权；应索取正规发票，对培训机构发放的招生简章、广告宣传单等有关资料，也应注意收集和保存，一旦发生纠纷，可作为维权依据。

泉州电网负荷电量刷新历史纪录

泉州地区电力全口径负荷首次突破670万千瓦大关，达671.5万千瓦，比历史最高负荷增长3.36%，当日电量突破1.4亿千瓦时，比历史单日最高电量增长2.76%，双双刷新历史最高纪录。进入7月，泉州地区持续高温，气温的不断上升带动泉州电网负荷和电量的持续攀升。泉州供电公司密切关注高温负荷的实时情况，做好电网负荷预测，合理安排电网运行方式，科学分配供电负荷，重点关注重载馈线及设备，做到早晚高峰时段的密切监控，确保夏季用电高峰期电网设备安全运行。此外，泉州供电公司还疏理、整治低电压台区，统筹优化电网建设项目，重点解决可能引发电网大面积停电的安全隐患和“卡脖子”问题，确保重点项目按计划保质保量完成，确保泉州市民清凉度夏。

“我是非遗传承人”大型主题公益活动启动

由东南早报、泉州网、市艺术馆、市非遗保护中心主办的“我是非遗传承人”大型主题公益活动启动，南少林武术和闽南讲古两个“非遗”培训班同时开课。在南少林武术班上，市武术协会秘书长张晓峰为40名学员传授五祖拳。张晓峰是五祖拳传承人，曾编排泉州市中小学五祖拳健身操。张晓峰先向学生们介绍五祖拳的历史，然后手把手教授孩子们马步、弓步等武术基本动作。在闽南讲古培训班上，黄老师先教学生们基础发声，通过绕口令、童谣、讲古让孩子们学习闽南语的咬字吐音，提高语言表达能力。该活动共开设南少林武术、闽南讲古、妆糕人、南音、刻纸、花灯、民间舞蹈7门“非遗”项目课程，原计划每个课程招生30人，但学生报名火爆，最后将每班限额增至40人。每个课程都邀请一到两位“非遗”代表性传承人授课。

张志南到泉州调研

8—9日，省委常委、常务副省长张志南到泉州调研，市领导周银芳、李建辉、陈灿辉参加调研与座谈。在福建泉州（湖头）光电产业园晶安光电、天电光电企业，张志南指出，产业园符合国家和福建省产业规划布局，省市县相关部门要形成共识，主动服务、靠前服务，促进产业集聚，推动更多大项目、好项目落地，以产业园为原点推动泉州光电产业集群向千亿产业集群冲刺。在察看中国国际信息技术（福建）产业园（EC产业园）的数据中心、服务外包基地、惠普聚贤数字媒体体验馆等项目后，张志南要求，相关部门要做好基地招商选资工作，拓展数据应用，推动产业园尽快产生更大效益。在北车泉州海峡轨道客车项目现场，张志南鼓励泉州市加快发展轨道交通，与北车项目携手创新发展，立足海西，辐射周边，拓展海外市场，创造泉州北车项目服务海西地区城轨交通事业的新辉煌。在听取泉州市金改工作汇报、现场观摩市企业信用信息交换共享平台项目演示后，张志南指出，泉州在全省率先建立起该平台，是金改工作的亮点之作，相关部门要加快优化完善平台，重点先解决中小微企业融资难问题。就下阶段工作，张志南强调，要增强发展信心，推动项目优势转化为前进的强大正能量，发挥龙头产业带动作用，加快产业集群发展；要创新商业模式，引导企业细分市场、找准突破口，应用电子商务、现代物流开拓市场；要尽快出台优惠扶持政策，针对重要问题可以做到“一企一策”，帮扶企业把握产业发展“拐点”，尽快实现转型升级；要完善配套措施，各级各部门主动服务，解决项目用人、用地、用电等要素保障问题；要理顺体制机制，为发展营造良好环境。省里也将针对企业的重点、难点问题，加快研究制定相应措施。张志南还察看安溪湖头山都村“三安幸福小镇”，安溪茶学院、茶博汇，先创集团暨海西电子信息育成基地等。

张志南在安溪县调研　（图/刘伯怡）

泉州警方首次以动漫演示预防诈骗常识

市公安局召开新闻发布会，首次以动漫形式演示诈骗案，还原受害人被骗全过程，将预防虚假电信诈骗案的常识融入画面中，更为生动真切地提醒市民防止受骗。市公安局提醒市民，公安局、检察院、法院等国家机关工作人员在执行公务时，不会电话了解存款，不会电话做笔录，不会设“国家安全账户”，不会传真法律手续，不会指定网站看通缉令，不会要求操作网银接受远程扫描审查账户。警方还提醒，接到陌生短信、电话时，要做到不轻信、不害怕、不转账、不汇款。遇到类似事情时，一定要和家人、亲属商量，不自作主张。新闻发布会还介绍市公安局出入境管理支队已在泉州台商投资区、洛江、泉港三地增设出入境办证大厅，三地群众可就近申领相关证件。

中国闽台缘博物馆闽台族谱对接咨询活动在台湾举行

中国闽台缘博物馆两岸谱牒文献中心闽台族谱对接咨询活动暨闽台同宗同名村交流活动在台湾南投县草屯镇举行，泉州、漳州的宗亲和同宗同名村代表22人，台湾10多个宗亲会、30多个宗姓的代表共60多人参加活动。许多台湾宗亲特地携带族谱、文献资料乃至手抄的家族记录到场，翻阅对岸族谱，认真比对，不时向文史专家咨询。苗栗县苑里镇与惠安县辋川镇的张姓等数对两岸宗亲现场对接成功。

黎明大学暑期环保科普行动在晋江市举行

8—12日，黎明职业大学环保志愿服务队暑期环保科普行动在晋江市龙湖镇举行。服务队成员到龙湖镇湖北村的西畲、十三施、庄厝、翁厝、枪城等自然村进行入户访谈和问卷调查，发放问卷300多份；搭建科普宣传平台，根据当地的实际情况和特点向村民发放环保科普宣传手册，向村民宣传农村生活垃圾分类收集处理、生活污水处理、空气污染防治等环保科普知识。

7月8日

星期二
农历甲午年六月十二
温度：28℃—35℃
多云

●8—9日，张志南到泉州调研。

●8—9日，郭振家带领省政协调研组到泉州开展《关于加快我省海洋产业发展的建议》重点提案督办调研。

●市政府组织调研组检查晋江防洪工程和彭村水库项目进展情况。

●泉州市迎接“国家二类城市语言文字工作达标评估”动员大会召开。

●泉州警方首次动漫演示预防诈骗常识。

●中国闽台缘博物馆两岸谱牒文献中心闽台族谱对接咨询活动暨闽台同宗同名村交流活动在台湾南投县草屯镇举行。

●8—11日，由福州大学、福建农林大学和泉港义工协会等主办的“关爱留守儿童夏令营”在泉港区益海实验小学举办。30多名大学生志愿者以分组家庭的形式，陪伴100多名留守儿童开展多种活动。

●8—12日，黎明职业大学环保志愿服务队暑期环保科普行动在晋江市龙湖镇举行。

●由洛江区人口计生局、教育局主办的“二女户”女儿才艺培训班开班。

7月9日

星期三
农历甲午年六月十三
温度：28℃—36℃
多云

●苏树林在泉州会见中化总裁刘德树并察看泉州石化项目。

●泉州晋江机场新开直飞重庆航班。

●泉州市首届航运公司安全管理技能比武竞赛举行。

●洛江公安分局出入境办证大厅建成。

●晋江市交通事故调处中心揭牌运行。

●9—11日，2014年亚太机器人国际邀请赛在澳大利亚悉尼举行，晋江市南侨中学与北京市陈经纶中学分校、上海市市西中学组成的联盟队获冠军。

苏树林会见中化总裁刘德树并察看泉州石化项目

省长苏树林在泉州会见中化集团总裁刘德树，并共同察看泉州石化炼油项目建设进展情况，慰问一线建设者。省委常委、常务副省长张志南，国有重点大型企业监事会主席时希平，中化集团领导韩根生、张志银、杜克平、杜国盛，市领导黄少萍、陈海基、周银芳、翁祖根、林伯前参加活动。苏树林指出，泉州石化项目的顺利实施对中化集团自身业务发展、福建产业转型升级和企地深化合作都具有重要的战略意义。希望双方把项目建设取得的阶段性成果作为开启新一轮合作的里程碑，推进后续项目建设，扩大合作规模，共同将泉州石化打造成资源节约、环境友好、管理先进、可持续发展的国际一流现代化石化产业基地，为地方发展提供强有力支持。刘德树表示，中化将发挥自身优势，在更多领域与福建开展广泛深入的合作，加大在闽投资力度，助力能源产业升级，为福建经济社会发展做出更大贡献。

泉州晋江机场新开直飞重庆航班

西部航空PN6301航班抵达泉州晋江机场，泉州机场首条直飞重庆的航线正式开通。“泉州—重庆”直飞航班每周三、五、日执行，航班号为PN6301/02，机型为A320飞机，8月起将加密至每天一班。该航班12时40分从重庆江北机场起飞，14时30分到达泉州晋江机场；15时20分从泉州晋江机场起飞，17时30分到达重庆江北机场。西部航空公司相关负责人介绍，此前乘客从泉州飞重庆搭的是经停航班，飞机要到其他地方停顿后再抵达重庆，需3.5—4小时，而泉州—重庆直飞航班飞行时间仅2小时，免去旅客中转劳累，节约不少时间。泉州与重庆经贸往来频繁，两地旅游文化交流日益密切，川渝籍在泉务工、生活人员已达80万人。此次开通直飞航班，为泉州与重庆两地搭起更加顺畅的空中交通桥梁。

泉州市首届航运公司安全管理技能比武竞赛举行

由泉州海事局主办的泉州市首届航运公司安全管理技能比武竞赛举行。全市46家航运公司137名航运公司安全管理人员参赛。竞赛侧重考察航运公司岸基管理人员的安全管理能力和水平，旨在挖掘一批安全管理知识扎实、业务能力高超的岸基管理人员，推选一批安全管理水平高、发展潜力大的航运公司。经过理论知识测试和技能比武两轮角逐，福建安达船务有限公司代表队获得团体冠军，泉州市泉港兴通船务有限公司的海务郑兴平获得个人冠军。

洛江公安分局出入境办证大厅建成

经公安部授权，洛江公安分局出入境办证大厅建成对外服务。洛江辖区面积382平方千米，距离泉州中心城区最近11千米，最远约62千米，实有人口17.76万人，2013年出入境办证人数为8千人。为解决洛江区各乡镇地域狭长、路途遥远，群众出入境办证不便的问题，同时满足邻近地区群众办证需求，经公安部授权，洛江公安分局出入境办证大厅对外服务。户籍在福建省的居民，均可到该服务大厅申请办理相关出入境业务，包括办理普通护照申领、换发、补发、加注及失效重领，往来港澳通行证和大陆居民往来台湾地区通行证申领、换发、补发及签加注。

晋江市交通事故调处中心揭牌运行

晋江市交通事故调处中心揭牌运行，公安、法院、司法、保险、鉴定等部门进驻，当事人可一站式解决事故理赔问题。赔偿标准统一、本地化，可大为减少交通事故民事诉讼，减轻当事人的时间成本和经济成本。该调处中心设立交通警察、交通法庭、仲裁委员会、人民调解员、保险公司理赔服务岗等，人员主要由3名交管民警，法院4名法官、2名书记员，人民调解员3组6人和中保、平安、太平洋三大保险公司工作人员等组成。调处中心主要负责交通死亡事故和基层交管中队初次调解未成案件，每天上午9时到下午5时开放，中午和周末不休息。

晋江市南侨中学代表队获亚太机器人国际邀请赛冠军

9—11日，2014年亚太机器人国际邀请赛在澳大利亚悉尼举行，全球40支代表队500人参赛。晋江市南侨中学与北京市陈经纶中学分校、上海市市西中学组成的联盟队（晋江市南侨中学代表队为队长）在决赛中击败韩国队与美国队组成的联盟队，获得2014年亚太机器人国际邀请赛联盟冠军。同时，南侨中学机器人代表队成员施志鑫、施晓晴、施铭杭获得澳大利亚麦考瑞大学入学邀请。

陈绍军到泉州督办重点提案

10—11日，省政协副主席陈绍军带领调研组到泉州开展《关于构筑21世纪海上丝绸之路的建议》重点提案督办调研，市领导杨俊峰、陈荣洲、李冀平陪同调研或参加相关活动。陈绍军指出，泉州要以发展省域经济、和谐海丝各国关系为目标，理清发展思路，做好总体规划及各类专项规划的编制工作。要成立专门的政府工作小组和专家小组，重视遗产保护基础和海丝申遗基础，加强海丝文物保护修复力度。要举办各类官方、民间论坛，办好经贸类、文化类展会，推动海丝经贸文化交流。要发挥侨乡优势，联系海外华侨群体、贸易往来群体，同步发展线下市场和线上市场，推动本土实业与海丝沿岸各国实业共同发展。要注重联通港口航线和空中航线，规划设计海上旅游和空中旅游线路，打造海丝美食街和免税购物街区，拓展海丝文化旅游内涵。要研究相关政策，弘扬海丝文化，通过经济、民生等帮扶，和谐海丝沿岸各国关系。

市委通报市级领导班子专题民主生活会情况

市委召开情况通报会，通报市级领导班子专题民主生活会情况。省委第四督导组第一组长曹德淦、组长李德仁出席会议并作指导讲话。市委书记黄少萍作情况通报，市委副书记周银芳主持会议，陈海基、杨俊峰等市领导出席会议。省委第四督导组对泉州市党的群众路线教育实践活动开展的成效表示肯定，认为活动开展以来，全市各级党组织把握教育实践活动的总要求，推进活动不断深入开展，取得阶段性成效。市级领导班子专题民主生活会开得严肃认真，敢于揭短亮丑、直面问题，勇于触及灵魂、深剖细析，查摆问题不偏、不空、不虚、不绕，做到见人见事见思想，批评不留情面、意见中肯尖锐，整改方向明确、措施可行，体现整风精神，达到既红红脸、出出汗，又鼓鼓劲、加加油的目的，整个会议氛围好效果好，很真实很到位。全市各级党组织要以专题民主生活会为新起点，坚持思想不松、标准不降、镜头不换、力度不减，确保活动善始善终、善作善成。要深化学习教育，学习习近平系列讲话精神，把学习和弘扬焦裕禄、谷文昌精神作为红线贯穿活动始终，争做焦裕禄、谷文昌式的好党员、好干部。要抓好整改落实，抓紧制定整改方案，确保会上查摆出来的问题件件有着落、项项见实效，并以务实管用的制度固化作风建设成果。要开展专项整治，以整改的深入促进活动的深入。要加强班子自身建设，落实“三严三实”要求，为群众办实事、好事。要坚持两手抓、两促进，把活动激发出来的干劲和热情转化为全面深化改革和抓好当前各项工作的动力。黄少萍表示，要把解决突出问题和建立长效机制结合起来，把总结成功经验和转化运用成果结合起来，把抓好教育实践活动和促进改革发展结合起来，以作风建设的实际成效推动泉州科学发展、跨越发展。要抓好整改落实，针对查找出来的问题，下大力气开展专项整治，接受群众监督和评价。要推进教育实践活动，加强分级分类指导，从实督导、从严把关，确保各级各部门开好高质量的专题民主生活会和组织生活会。要加强市级领导班子自身建设，按照“三严三实”要求，坚定理想信念、密切联系群众、严格党内生活、弘扬担当精神、坚持清正严明。要加强全市干部队伍建设，完善班子和队伍结构，增强干部队伍战斗力。要把开展活动与推动全市科学发展、跨越发展结合起来，培育新增长点，确保完成全年目标任务，发挥好泉州在全省发展中的“东部”作用。

泉州市环卫处首批环卫工人休息室启用

泉州市环卫处首批环卫工人休息室启用。休息室配有空调、微波炉、饮水机、风扇和常用医疗药品等，供环卫工人休息、喝水、热饭。此次共有湖心、泉秀、东海等7座垃圾中转站的富余管理房被改造为环卫工人休息室。

环卫工人在休息室休息　（图/戴涵琦）

7月10日

星期四
农历甲午年六月十四
温度：28℃—35℃
多云

●10—11日，陈绍军到泉州开展《关于构筑21世纪海上丝绸之路的建议》重点提案督办调研。

●市委通报市级领导班子专题民主生活会情况。

●台湾文化创意产业联盟协会荣誉理事长、台北市原副市长李永萍到泉州举办文创主题讲座。

●2014年第三季度全市新闻季谈会召开。

●2014年度泉州市金秋助学暨“感恩·15年”活动启动。

●10—14日，国务院侨办文化司组织四川成都彭州市侨爱通济中学18位教师到泉州交流。

●10—20日，泉州画家陈晓晓参加国家国际艺术项目组——关于印象派色彩教学与研究高级研修班，到法国、瑞士等国进行艺术考察。其画作《南音清韵》代表中国国际艺术项目组赠送给联合国收藏。

●福建医科大学基础医学院“光明之行”实践队与惠安惠光眼科医院组织到惠安县辋川镇居仁村，开展以“白内障康复工程”为主题的义诊活动。

●泉州市环卫处首批环卫工人休息室启用。

●10—12日，世界首届安溪开先县令詹敦仁文化节暨詹敦仁1100周年诞辰纪念活动在安溪县祥华乡举行。

7月11日

星期五
农历甲午年六月十五
温度：28℃—35℃
多云

●市政组织协视察近海水域保护和利用情况。

●泉州市推进全国文明城市创建工作会议召开。

●《中国工商报》头版头条刊发通讯，介绍泉州市工商局通过创新服务方式等举措，鼓励企业商标国际注册。打造国际品牌的事迹。

●全市首个新型船舶污染防治联防体在泉港区成立。

●11—17日，“东亚文化之都·2014泉州”县域活动暨“文化之都·魅力南安”文化周活动在泉州市区旧面粉厂及源和1916创意产业园举行。

●由泉州市计生委、计生协会和晋江市计生局、妇联、计生协会主办的泉州市纪念世界人口日晚会在晋江市万达广场举行。

●市园林局工作人员将菊花茶、冬瓜茶送到西郊园林绿化管理所，慰问高温下作业的一线绿化工人。

●由鲤城区总工会、东南早报主办的鲤城区“小鸿雁”夏令营开营，来自江西、安徽、湖北、湖南等地的45名在泉州务工人员子女参加活动。

●洛江区人口计生局为辖区内建筑工地一线工人送去西瓜、饮料等防暑降温物品，慰问高温下坚守岗位的工人。

●泉州台商投资区公安分局举行“剑盾”行动赃款赃物发还、认领大会。

市政协组织视察近海水域保护和利用情况

市政协组织视察近海水域保护和利用情况。市政协主席杨俊峰，副主席吴共湖、苏小青、骆沙鸣、王瑞强、陈益，秘书长洪川夫参加视察。市委常委、常务副市长林伯前应邀参加。政协委员察看泉港区郭厝溪小流域整治、中化罐区码头、惠安县崇山污水处理厂建设、崇武镇西沙湾沙滩修复工程和玖龙纸业有限公司污水处理情况，听取市直有关部门情况介绍，并就做好近海水域保护和利用工作建言献策。杨俊峰指出，各级各相关部门要提高认识，增强近海水域保护和利用的责任感和紧迫感；总结经验，巩固近海水域保护综合整治的工作成效；严格执法，营造近海水域保护和利用的良好氛围；健全机制，形成近海水域保护和利用的工作合力，把这项工作抓实抓好。市政协委员要认真履职，开展调研活动，为近海水域保护和利用多提真知灼见。

泉州市推进全国文明城市创建工作会议召开

泉州市推进全国文明城市创建工作会议召开。市领导周银芳、陈庆宗、张建生、周真平、李冀平参加会议。会议传达市委书记黄少萍关于文明城市创建工作的批示。批示指出，文明城市创建工作是接地气、连民心的群众性实践活动，是打基础、利长远的惠民工程。自1995年泉州市启动文明城市创建工作以来，历届党委、政府持续不懈，付出巨大努力和心血。在冲刺决胜的关键阶段，全市各级各部门务必振奋精神、鼓足干劲，发动群众参与，营造全民创建的热烈氛围；要对照各项创建标准和要求，立足强基固本、做足亮点、凸显特色、常态长效，加强薄弱环节；要抓实抓细，确保责任到人、措施到位，全力以赴争创全国文明城市。市委副书记周银芳强调，各级各部门要发扬泉州“爱拼敢赢”精神，克服畏难厌战情绪，坚持高标准、严管理，确保“规定动作”全面达标；要围绕市委创建文明城市的目标任务，对照测评体系要求，依靠群众，发动群众，解决群众反映的突出问题、热点问题；要全面进入迎检状态，加强组织领导，明确职责分工，把各自承担的工作任务抓实抓好。同时要强化激励和问责，推动创建文明城市工作全面深入开展。

全市首个新型船舶污染防治联防体成立

全市首个新型船舶污染防治联防体在泉港区成立。湄洲湾（泉港辖区）船舶污染防治联防体由国电泉州热电有限公司、泉州沙格港务有限公司、福建肖厝港物流有限责任公司、福建东港石油化工实业有限公司、福建富源石化仓储发展有限公司、泉州奥德费尔方正码头仓储有限公司、泉州市兴通港口服务发展有限公司七家单位共同组建。该联防体是在海事部门和地方政府的推动和引导下，各单位本着平等自愿、联防合作的初衷，在相关法律法规框架内，自发成立的船舶污染防治联合体，旨在通过联防共建的形式共同抵抗船舶污染事故。作为辖区首个新型船舶污染防治联防体，该联防体采用码头公司与船舶污染清除单位联防共建的先进模式进行组建，组建后的联防体将统一配置防污应急设施设备，依托各码头应急队伍和专业清污队伍，构建统一的应急指挥体系，在联防体应急委员会统一领导下，共同承担六家码头及其附近水域的船舶污染应急防备和应急处置任务。

成立仪式　（图/肖咸强）

泉州台商投资区举行赃款赃物发还认领大会

泉州台商投资区公安分局举行“剑盾”行动赃款赃物发还、认领大会。图为群众从民警手中领回被盗现金和首饰。　（图/郭冰德）

华大“丝路文旅”境外生夏令营启程

华侨大学2014年中国文化之“丝路文旅”境外生夏令营启程，在为期七天的行程中，团队赶赴甘肃、青海重走丝绸之路，感受丝路文化。来自马来西亚、厄瓜多尔、印尼、缅甸、菲律宾等国家及港澳台地区的41名境外生参加活动。

相关链接：“根在中国”文化之旅是国务院侨办支持暨南大学、华侨大学两所侨校的品牌活动。该活动始于1985年，旨在让港澳台侨学生在实践中走进祖（籍）国，感受祖（籍）国，热爱祖（籍）国，在了解中提升境外生对中华传统文化的认知，增强学生对中华文化的认同感和归属感。

会议现场　　（图/许文明）

石狮“四位一体”提升农民工技能

2014年以来，石狮市通过创建技能培训、技能竞赛、技能帮带、技能晋升“四位一体”的职工成长成才机制，培养适用型技能农民工队伍。完善农民工培训政策和长效机制，制定实施《2014年工会培训计划》，明确四大类12项目培训任务，提高农民工就业创业技能。开展职业技能竞赛，鼓励农民工参加竞赛，展示技术、切磋技艺，提高技能水平。每年从各行业中选树一批技术领先的高级技术工人为职业技能带头人，开展“名师带高徒”活动。围绕人力资源市场需求和农民工培训愿望，推行职工技能、学历再教育培训。

第二届新晋江青年集体文明婚礼举行

由晋江市委宣传部、晋江市委文明办、共青团晋江市委主办的第二届新晋江青年集体文明婚礼在晋江市八仙山公园举行。在主婚人的祝福及新人亲友团的见证下，来自四川、湖南、江西等14个省、市的50对新晋江新婚夫妇，手牵手共同迈向幸福门。为了让更多的小爱转化成大爱，倡导社会公益，现场十对新人向十个小小新晋江人赠送书包和文具，小朋友们则为新人们戴上铭记感恩与祝福的红领巾。参加婚礼活动的嘉宾向新人们赠送同心锁，新人们共同将同心锁锁在爱情树上，象征着同心永久。在婚礼仪式后，新人们登上婚车巡游市区，让市民们共同见证幸福。该次集体婚礼以“执爱公益，创领时代”为主题，展现新晋江青年追求幸福生活、推动晋江市幸福健康城建设的良好精神风貌。同时，婚礼以“文明节俭，健康喜庆”为基调，倡导移风易俗、婚事新办的社会文明新风，普及健康文明、积极向上的婚庆观念。

集体婚礼现场　　（图/许文明）

第二届“寻找晋江最爱读书的孩子”总擂台赛举行

晋江市第四届“悦”读节之第二届“寻找晋江最爱读书的孩子”总擂台赛在晋江市图书馆举行，晋江第二实验小学六年级学生施赫婧从全市参赛的近2000名选手中脱颖而出，当上“女状元”。总擂台赛仿效古代科举形式，包括“乡试”“会试”“殿试”三个环节。“乡试”采取现场15分钟答试卷的方式，遴选出成绩前30名的选手进入“会试”“殿试”环节。比赛内容涉及历史、地理、人文、科技等领域，旨在拓展小读者们的课外知识量，提升阅读兴趣，鼓励少年儿童多读书、读好书。

永春县“中国·岵山第二届荔枝文化节”举行

12—31日，由永春县旅游局主办、岵山镇政府承办的永春县“中国·岵山第二届荔枝文化节”举行。开幕式后，还举行荔枝现场品鉴会暨优质荔枝展销会、“品味岵山”古镇文化·乡村美食之旅、“红遍岵山”古镇半日游暨荔枝采摘体验等活动。文化节期间，举办“丹荔传情”单身青年岵山甜蜜之旅、岵山古镇旅游标识及宣传口号征集活动、印象岵山手机摄影大赛等活动。

7月12日

星期六
农历甲午年六月十六
温度：28℃—34℃
多云

●华侨大学2014年中国文化之“丝路文旅”境外生夏令营启程。

●石狮“四位一体”提升农民工技能。

●石狮市宝乐佳儿童创意乐园开业。

●第二届新晋江青年集体文明婚礼在晋江市八仙山公园举行。

●晋江市第四届“悦”读节之第二届“寻找晋江最爱读书的孩子”总擂台赛在晋江市图书馆举行。

●12—31日，永春县“中国·岵山第二届荔枝文化节”举行。

7月13日

星期日
农历甲午年六月十七
温度：28℃—34℃
多云

●报载，上半年，泉州市进出口总值924.4亿元，保持全省第二。

●13—17日，第十四届中国大学生游泳锦标赛在电子科技大学举行，华侨大学选手黄伟鹏获男子50米蝶泳冠军，并打破该项目的赛会纪录。

●华侨大学天桥开始拆除。

●“中国篮球赴欧第一人”尚平到石狮市传授球技。

●13—16日，晋江青年商会首届关爱留守儿童——“小候鸟”夏令营在泉州市示范性综合实践基地（金井石圳）举办。

●“墨趣禅境”书画印展开幕式在南安市雪峰寺举行。

上半年泉州市进出口总值保持全省第二

从海关方面获悉，上半年，泉州市外贸进出口总值924.4亿元，保持全省第二位，进口值和出口值分别为402.8亿元和521.6亿元。除进口值同比略有下降外，进出口总值与出口值均在全省总体水平下降的情况下保持逆势增长，其中，进出口总值同比增长6%，出口值同比增长15.6%，整体外贸形势较为良好。泉州市上半年主要进口来源地为沙特阿拉伯、非洲，其中来自沙特阿拉伯的进口值最多，达216.1亿元；出口主要市场为欧盟、东盟和美国，其中对欧盟出口111.9亿元，同比增长约34%。上半年，民营企业进出口总值以约20%的增势继续领跑，外资企业、国有企业进出口值则出现下降。作为占全市外贸总值近半的主导力量，外商投资企业上半年进出口总值461.4亿元，同比下降约5个百分点；国有企业进出口总值近30亿元，同比下降近一成。

华大选手获中国大学生游泳锦标赛男子50米蝶泳冠军

13—17日，由中国大学生体育协会游泳分会主办的第十四届中国大学生游泳锦标赛在电子科技大学举行，清华大学、浙江大学、上海交通大学、华侨大学等全国高等院校的48支代表队、480名大学生运动员参赛。比赛设自由泳、蛙泳、仰泳、混合泳四个竞赛大项，其中包括20个分项，运动员分成四个组展开比赛。华侨大学选手黄伟鹏获男子50米蝶泳冠军，并打破该项目的赛会纪录。

华侨大学天桥开始拆除

随着泉州北迎宾大道拓宽改造（一期）工程的进展，国道324线华侨大学天桥于0点开始拆除。华大天桥1996年2月建成，主桥总长49米，主跨30.5米，净高5.5米，由旅居菲律宾的惠安籍乡贤庄妈珍捐资兴建。依据之前制定的相关方案，交巡警部门从0时至6时，对华大天桥周边区域进行单向全封闭交通管制，禁止一切车辆和行人在该区域通行，以确保安全及天桥拆除工作顺利展开。施工方负责人介绍，华大人行天桥拆除后，另行开辟临时人行通道，供华大学生及道路两边行人穿越马路。华侨大学正大门前方是城东街主线下穿隧道，华大大门前行人立体过街通道将同步建设。华大大门左右两侧，以及学生街入口旁，会有三条过街人行通道，让学生和行人穿越马路更方便、安全。

“中国篮球赴欧第一人”尚平到石狮市传授球技

“中国篮球赴欧第一人”尚平到石狮市闽南理工学院，与学生交流球艺，并指导学生运球、扣球等技巧。尚平是中国篮球运动员，司职大前锋及中锋，是中国出战欧洲联赛第一人。早在2013年10月22日，尚平便完成在希腊的首秀，当时他出战6分钟，两投全中拿下4分。2014年，他随帕纳辛纳科斯队获得希腊杯冠军，同时也拿下个人职业生涯首个冠军奖杯。此次是尚平以教练的身份受闽南理工学院邀请，给石狮学子传授球艺。

晋江青年商会首届关爱留守儿童夏令营举办

13—16日，晋江青年商会首届关爱留守儿童——“小候鸟”夏令营在泉州市示范性综合实践基地（金井石圳）举办。45名来自全国各地的在泉州务工人员子女参加夏令营。夏令营活动包括基地内的水上滑索等户外体验、闽南童谣教学、篝火晚会以及海滩寻宝、晋江景点半日游等。青商家庭的子女也参与活动，和外来小伙伴一起交流，增进彼此间情感。晋江青年商会联合晋江团市委策划开展此次夏令营，旨在加强在泉务工人员子女对晋江的了解，感受晋江丰厚的历史文化底蕴和独特的城市魅力。

“墨趣禅境”书画印展举行

“墨趣禅境”书画印展开展仪式在南安市雪峰寺举行。南安市美术家协会雪峰寺写生创作基地和福建省南安市书法家协会雪峰寺写生创作基地揭牌仪式同时举行。展览汇聚南安市美术家协会主席苏佑辉数十件书画印作品，大部分是其平时写生练习创作所得。苏佑辉表示，许多优秀书画篆刻作品都蕴涵着深广的禅门意理，书画家作书作画，修炼技艺本身就是参悟禅理的过程，同时又将禅理融入作品中，这也是此次作品展选择这一主题的原因。苏佑辉是文化部青年联合美术委员会委员、中国工艺美术学会会员。其山水画作品屡屡入展中国美协主办的大型赛事。

郑新聪检查泉州湾跨海大桥及环城高速三期工程

市长郑新聪带队检查泉州湾跨海大桥项目和环城高速公路三期工程，并召开座谈会协调解决工程建设中的具体问题。郑新聪要求，沿线地区、相关部门和参建单位要把质量安全放在第一位，精益求精，严格施工管理，做好后续扫尾工程，特别要重视防台防汛安全；要按照时序进度扎实推进，确保大桥年底基本建成、2015年上半年实现通车；要全面梳理资金运行情况，做好统筹调度，确保资金使用管理安全；各级分管领导要亲自抓安征迁工作进展，亲临一线现场协调调度，及时解决工程建设中存在的困难和问题，确保无障碍施工，把泉州湾跨海大桥建设成为高标准高质量的精品工程、示范工程，带动环湾城市与产业的发展。

泉州印花机流行微创新

泉州市印花机市场正从圆网印花，向平网印花、喷墨印花、数码印花等多种新技术和产品发展，一些企业在主要工艺过程不变的前提下，加大技术细节上的创新，以迎合市场变化。

一向专注研发圆网印花的龙头企业佶龙机械，近两年逐步将研发力量投向平网印花市场。该企业技术负责人表示，平网印花较适用于小批量精细印花，近年来随着小批量印花订单增多，公司顺势推出多种平网印花机。业内人士分析，从技术研发、本地企业采购和更新设备的形势来看，在未来一段时间里，圆网印花机、平网印花机仍将占据印花机市场的主要份额。其主要工艺过程不会有大变化，但在技术细节上仍有改进的空间。目前纺织服装市场需求正向精细化、个性化定制发展，纺机设备研发也会沿着这一轨迹完善技术，这些技术改进可能涉及提高印花精度、缩短制版工序、降低制版成本、适应多品种小批量印花、提高色彩鲜艳度和丰富图案变化效果。

不久前，福建省下达2014年淘汰印染、造纸等行业落后产能的任务目标，印染行业2015年须淘汰落后产能1500万米。如何在生产过程中实现节能减排，成为印染企业在采购、更新设备时关注的另一焦点。聚旺印花企业负责人表示，企业在更新设备时，关注的重点已经逐渐从价格向兼顾节能减排技术和价格两方面倾斜。石狮纺织机械市场负责人认为，国内许多省市都按照城市规划要求陆续将印染企业从市区搬迁到郊区的工业集中区，并对节能减排不达标企业进行关停，这使企业更加主动加快淘汰落后产能，采购新型环保节能设备。

“我的中国梦·闽台新童谣”少儿歌手赛泉州赛区决赛举行

由省文联和省音乐家协会主办，市文联、市艺术馆、市音乐家协会承办，泉州农商银行、各县(市、区)音乐家协会协办的2014年“刺桐红”杯“我的中国梦·闽台新童谣”少儿歌手赛泉州赛区决赛在市艺术馆举行。比赛旨在展示泉州市当代少年儿童音乐文化艺术风采，促进青少年艺术素质教育，培养和发现少年儿童艺术才华。27位少儿歌手，以优美歌声唱响闽台新童谣。决赛分幼儿组、儿童组、少年组三个级别，决出金、银、铜奖。

2014年泉州市刺桐雏鹰训练营举办

14—18日，由市妇联、市妇女儿童活动中心、市科技馆主办的2014年泉州市刺桐雏鹰训练营在市妇女儿童活动中心举办。该活动旨在让孩子们在暑假期间走进社会、走近自然，在实践中体验并掌握更多的知识技能和生存常识，让孩子们乐观面对学习与生活的挑战，促进少年儿童综合发展、快乐成长。活动内容包括烹饪学习、公交车应急逃生安全常识培训、心理教育游戏、观看球形3D电影等。

鲤城区第十九期少年军校举办

14—20日，由鲤城团区委、区教育局、区关工委、区双拥办、区支前办、区委文明办、区少工委主办的鲤城区第十九期少年军校在武警泉州支队训练基地举办。活动旨在通过队列、形体训练、军体拳训练、观看影片、听专题讲座、拔河比赛、趣味运动会、会操评比、联欢晚会等活动，引导青少年学生学习践行社会主义核心价值观和爱国主义教育，加强青少年学生的国防意识和观念，培养“五自能力”（自学、自理、自护、自强、自律），使青少年学生在严肃、紧张的军事化生活中，磨炼坚强意志，过一个健康安全而有意义的暑期。

7月14日

星期一
农历甲午年六月十八
温度：28℃—34℃
多云

●郑新聪检查泉州湾跨海大桥及环城高速三期工程。

●报载，泉州印花机流行微创新。

●2014年“刺桐红”杯“我的中国梦·闽台新童谣”少儿歌手赛泉州赛区决赛在市艺术馆举行。

●由市委组织部和皇品微电影联合推出的泉州人才微电影在市区领SHOW天地开拍。

●14—18日，2014年泉州市刺桐雏鹰训练营在市妇女儿童活动中心举办。

●14—20日，鲤城区第十九期少年军校在武警泉州支队训练基地举办。

●85岁的欧阳淑华女士向鲤城区慈善会捐赠500万元，成立“鲤城区慈善会泉郡溪灵宫欧阳淑华基金会”，用于为伍堡社区的困难群体提供助学、治病、帮困、解难等帮扶。

●记录中国陶瓷艺术大师苏献忠的微电影在德化县开拍。

7月15日

星期二
农历甲午年六月十九
温度：28℃—35℃
多云

●15—17日，省委教育实践活动办调研组到泉州调研。

●东南公益联盟“爱心奉水”第三季暨“清凉行动”启动。

●“手拉手·共筑梦”丰泽区2014年“暑期第三课堂”活动开营仪式在丰泽区华大街道宇源轻工举行。

●2014年石狮和奥地利、德国、瑞士武术太极拳交流表演大会在石狮市体育馆举行。

●爱心公益协会和济成慈善社组织爱心人士和义工到晋江市安海镇开展助困活动，向50户贫困家庭赠送营养品和洗涤用品等物资。

省委教育实践活动办调研组到泉州检查工作

15—17日，省委教育实践活动办调研组到泉州调研检查党的群众路线教育实践活动开展情况。调研组到市公安局、市人力资源和社会保障局、鲤城区、石狮市等单位和县（市、区）调研，并召开座谈会，听取有关召开专题民主生活会、加强基层组织建设、打通服务群众“最后一公里”等工作的汇报。泉州市教育实践活动专题民主生活会已全面铺开。市委常委班子和市政府、市人大常委会、市政协党组已全部召开专题民主生活会，各县（市、区）、市直单位将于7月底前完成，乡镇和村、社区等基层组织将于8月陆续召开。在活动开展过程中，全市有2.8万名干部走村入户，解决社区民生问题1460个，为群众办好事实事10305件；各地各单位累计解决“四风”突出问题1697个，联系服务群众“最后一公里”问题1236个；选派224名优秀机关党员干部驻村任职，整顿软弱涣散基层党组织。调研组肯定泉州市教育实践活动取得的成效，认为泉州市教育实践活动开展健康有序，专题民主生活会准备充分，批评和自我批评动真格有辣味，整改落实措施针对性和操作性强，希望泉州市突出问题导向，聚焦反对“四风”问题，推动教育实践活动深入开展。

东南公益联盟“爱心奉水”第三季暨“清凉行动”启动

由东南早报发起的东南公益联盟“爱心奉水”第三季暨“清凉行动”启动，倡议为环卫工等在高温下坚持劳动的抗高温劳动者献爱心，并得到爱心商家和有关方面响应，街头出现多处免费奉水点，为路人带来清凉。东南公益联盟召集人、爱心公益协会会长表示，作为城市美容师，环卫工值得全社会尊重和关爱。从2012年起，爱心公益协会即与东南早报一起发起“爱心奉水”公益行动，组织设立奉水点，采购防暑降温物资赠送环卫工等。协会又组织采购一批矿泉水赠送环卫工人。希望通过示范带动作用，发动更多的商家和市民都来关注、关爱环卫工。鲤城区总工会相关人士介绍，环卫工、交巡警、建筑工等全天候户外工作，容易中暑。为此工会准备一批矿泉水、蜂蜜、药品药箱等用于慰问。此外，环卫部门和网友呼吁，高温天请市民尽量不要乱扔垃圾，这也是关爱环卫工的一种表现。7月初泉州网友@傅永顺 在微博上发布一组泉州环卫工群体的照片，得到“@人民日报”官方微博的转发，呼吁大家理解并体谅他们的艰辛工作。环卫工有时候不得不用手去清理垃圾，这就很有可能被尖锐的垃圾扎伤。丢弃尖锐和危险垃圾时，要顾念环卫工，最好简单包裹后再放进垃圾桶。“@人民日报” 为此倡议：1、不乱扔杂物；2、嚼过的口香糖，用纸巾包起再丢；3、拒绝车窗抛物；4、开车遇到环卫工，应减速慢行；5、街边店铺可能的话请允许他们纳凉避暑。

丰泽区2014年“暑期第三课堂”活动举行

由丰泽区非公企业党工委、区教育局、区文体局、区总工会、团区委、区妇联、区计生协会、区关工委等单位联合华侨大学团委、泉州师范学院团委、黎明大学团委、泉州信息学院团委、丰泽区致和社工事务所主办的“手拉手·共筑梦”丰泽区2014年“暑期第三课堂”活动开营仪式在丰泽区华大街道宇源轻工举行。丰泽区“暑期第三课堂”2014年共设25个活动营，招募大学生志愿者85人，社会志愿者和返乡大学生志愿者近百人，参加活动的中小学生学员近千人。自7月15日到8月15日为期一个月，各个活动营的志愿者围绕“东亚文化之都”主线结合自身特长，自行开发适合小学员的兴趣课程，内容包括：辅导小学员完成作业，拓宽其知识面；文明礼仪习惯养成教育；开展如舞狮、漫画、演讲、折纸等体音美兴趣培养；组织户外写生、参观游览、清洁家园等主题活动；举办汇报演出，展现小学员风采。

石狮和奥地利德国瑞士武术太极拳交流表演大会举行

由石狮市文体旅游新闻出版局、石狮武术协会等主办的2014年石狮和奥地利、德国、瑞士武术太极拳交流表演大会在石狮市体育馆举行。奥地利、德国、瑞士三国的30位太极拳手与石狮本土200多名武术太极拳手参加活动。大会围绕太极武术文化展开一系列表演，有集体24式太极拳、32式太极剑、48式太极拳，也有陈氏太极拳、剑、推手，还有双节棍、功夫扇、八卦掌、养生气功等，轮番上演。其中，来自上述三国的太极拳爱好者进行的陈氏老架二路表演最引人注目。

新技术新工艺新材料提高泉州公路安全性能

为提高公路安全性能，更好保障群众出行，市公路局多措并举，给公路安全上多重保险，让百姓出行更有保障。该局注重依靠科技手段，推广应用安全性能可靠的新技术、新工艺和新材料，提高公路安全性能。如直属、石狮、安溪、永春、德化分局应用红色陶瓷防滑材料，在陡坡、急弯、交叉路口路段设置减速带共计10845平方米，投入资金216.9万元；国道324线泉港路段在路面重铺时，中央隔离栏采用水泥混凝土防护新工艺。这些新材料、新工艺的应用，大大提高安全防护效果，受到好评。

市红十字会开展水上安全应急救援演练

市红十字会在市区江滨南路黄龙大桥下开展水上安全应急救援演练。据统计，6月30日以来，市区笋江桥下已发生7起溺水事故，平均每两天发生1起，7名溺水者中有6名被救起，1人不幸失踪。市红十字会呼吁，不熟悉水域情况的市民应尽量避免前往公开水域游泳，游泳时最好结伴前行；提倡所有下水的人都应绑带泡沫救生圈，而充气式救生圈安全性相对较低，不建议使用；不谙水性的市民应杜绝下河戏水。针对频频出现的溺水事故，市红十字会已经把笋江桥下重点水域作为试点，每天13时至19时，安排4—6名志愿者值班，加强人道主义宣传、劝导。市红十字会还将培训救生人员，配备救生器材，在浮桥至金鸡水闸流域内的10个市冬泳协会下属分会点安排人员值班，一旦发现险情，立即投入救援。

洛江区“三送”助推流动人口均等化服务

洛江区人口计生部门通过开展“三送”服务，完善服务体系，推进流动人口卫生计生均等化服务。送知识：印制集流动人口计生知识为一体的宣传小折页、宣传手册以及购物袋并免费发放。开展计生知识有奖问答、猜谜和游园等活动，把计生国策宣传寓于活动之中。借助“大美洛江”微信公众平台，让流动人口通过手机了解更多的计生知识和服务资讯。送健康：把流动人口纳入基本公共卫生服务体系，为流动人口免费提供计划生育基本技术服务项目、优生咨询、孕前优生检测、出生缺陷干预等服务。人口计生、卫生部门还组织卫技人员免费为流动人口体检，建立健康档案，免费为部分患病的流动人口育妇提供治疗药物。送关爱：组织流动人口志愿服务队，到企业车间、建筑工地一线，为外来员工送去西瓜、万应茶等防暑物品，保障其身心健康。走访慰问部分流动人口困难家庭，送去慰问金和慰问品。

海峡两岸排水技术交流会议在泉港区召开

由纳川排水公司主办的两岸排水技术交流会议在泉港区召开。来自台湾的新型管材制造与施工技术代表团，全省市政设计、给排水、城市基础设施建设等近百位专家与会，展示和分享海峡两岸最新产品、技术和市场资讯。台湾技术代表王先生带来《柔性与钢性短管推进工法》(台)，展示了小管径柔性管与刚性管短管（顶管）的优势性能及施工过程中的优势和条件。来自中南院的领导表示，台湾代表团分享的小口径产品和技术可以弥补国内800毫米以下管径的应用市场空缺，前景看好。随后，纳川排水公司陈总经理为来宾介绍其主营的预铸聚酯树脂混凝土排水沟、聚酯树脂混凝土管产品。项目管理部负责人介绍钢骨架聚乙烯(PE)塑料复合管，向与会者展示新型材料、产品的先进工艺、优势性能、应用领域和便捷的施工方法。

晋江市7个村污水处理设施成村中一景

在晋江市，已有7个村启动农村生活污水处理设施建设，将生活污水处理系统与村庄园林景观建设结合起来，取得良好的社会效益。在晋江市安海镇后林村田坑杨自然村，污水处理系统建在公园下面，看上去就是一处建着古香古色小凉亭、花草繁茂的园林景观，没有传统污水处理厂的臭味及成堆的污水沉淀残渣。全村的生活污水通过管网收集进此污水处理系统后，经过处理，流到灌溉蓄水池里就是清澈的水。为了支持和鼓励镇村开展农村生活污水治理工作，晋江市财政建设资金补助各村建设资金的80%，采取分期拨付模式，项目完成前期工作并正式启动前拨付30%，项目验收后拨付50%。经晋江市市政园林局征求意见，基本确定62个村（社区）污水处理直接纳入污水管网，24个村（社区）进行小型污水处理设施建设，包括田坑杨自然村在内的7个村庄已建成或在建污水处理设施。

7月16日

星期三
农历甲午年六月二十
温度：28℃—35℃
多云

●报载，新技术新工艺新材料提高泉州公路安全性能。

●市红十字会在市区江滨南路黄龙大桥下开展水上安全应急救援演练。

●南京一科技公司福建分公司组织60名泉州经销商到鲤城区福利院，为老人们送去450盒营养早餐、水果、点心等。

●报载，洛江区“三送”助推流动人口均等化服务。

●海峡两岸排水技术交流会议在泉港区召开。

●报载，晋江市7个村污水处理设施成村中一景。

7月17日

星期四
农历甲午年六月廿一
温度：27℃—35℃
多云

●17-19日，张高丽到福建调研。

●在全国全省安全生产工作视频会议召开后，泉州市随即召开全市第三季度防范重特大生产安全事故会议，部署相关工作。

●17—19日，2014年哈尔滨精品粮油（泉州）展销会在泉州市东方五洲大酒店举行。

●鲤城区足球协会成立。

张高丽到福建调研

17—19日，中共中央政治局常委、国务院副总理张高丽在省委书记尤权、省长苏树林陪同下，到福建泉州、厦门、平潭、福州等地调研。张高丽对平潭综合实验区建设高度重视，专程到实验区听取规划建设汇报，调研娘宫二线卡口运作，考察平潭港区吉钓码头，到宸鸿科技公司了解台资企业入驻情况。张高丽还到福州科立视公司、福清核电项目、福建奔驰公司，厦门三安光电公司，泉州新型城镇化建设五店市项目、泉州港后渚作业区和安踏公司等单位，了解企业运营、工程建设和听取干部职工意见。科技部党组书记、副部长王志刚，工业和信息化部部长苗圩，环境保护部部长周生贤，交通运输部部长杨传堂，发展改革委副主任何立峰，商务部国际贸易谈判代表兼副部长钟山，国务院副秘书长丁向阳，财政部副部长刘昆，国研室副主任韩文秀陪同考察，省领导张昌平、于伟国、杨岳、陈桦、姜信治、叶双瑜、苏增添、张志南、李书磊、王蒙徽、倪岳峰、徐谦、洪捷序、陈荣凯、李红、徐钢、陈冬、郑晓松分别陪同考察或参加座谈会。在泉州期间，泉州市领导黄少萍、郑新聪陪同调研。

19日，张高丽与福建省部分领导干部，就推进海上丝绸之路建设、做好当前经济工作、推动福建改革开放科学发展进行座谈。张高丽指出，推进“一带一路”建设，对于构建开放型经济新体制、形成全方位开放新格局，对于实现“两个一百年”奋斗目标、实现中华民族伟大复兴的中国梦具有重要意义。福建要合理确定功能定位，既符合国家长远发展战略，又体现自身特色和比较优势。要加强与海上丝绸之路沿线国家和地区的经贸往来，扩大双向投资规模。要建好港口、铁路等重大基础设施，构筑沿海地区连接中西部地区的快速运输大通道。要发展海洋经济，提高海洋经济质量效益。要用好多边双边等多种合作机制，促进各领域务实合作。福建要发挥优势，为深化两岸合作做出新贡献。要建设重大合作平台，加快平潭综合实验区建设，抓好厦门深化两岸交流合作综合配套改革试验。要加强产业深度对接，推动重点合作项目和政策的实施。要加强文化、教育、卫生、科技等领域交流交融，促进人员、货物往来便利化，增进两岸人民福祉。福建要按照中央决策部署，围绕推动改革开放科学发展，培育新的增长点，加快经济社会发展步伐；搞好城乡统筹，推进新型城镇化建设；加强环境保护，建设生态文明先行示范区；改善民计民生，提高人民生活水平；深化改革开放，推动科技创新驱动发展。

“文化之都·魅力南安”文化周活动举行

11—17日，由“东亚文化之都·泉州”建设发展委员会主办、南安市政府承办的“东亚文化之都·2014泉州”县域活动暨“文化之都·魅力南安”文化周活动在泉州市区旧面粉厂及源和1916创意产业园举行。文化周以“文化之都·魅力南安”为主题，活动内容包括闽南伴手礼展销、传统手工艺现场展示活动、南安旅游资源推介、《武荣纪实》电视专题片展播、主题图片展览、“写意家园”瑾毅油画作品展、“魅力南安”走进源和1916系列文艺演出等。

活动现场 （图/吴寿民）

哈尔滨精品粮油（泉州）展销会举行

17—19日，由哈尔滨市政府和泉州市政府主办的2014哈尔滨精品粮油（泉州）展销会在泉州市东方五洲大酒店举行。此系泉州市粮食部门首次以展销推介的模式组织粮食产销对接，将“有户口”、安全健康、产地直供的东北精品粮油引入泉州。哈尔滨方面参展产品主要以哈尔滨地理标识、绿色认证农产品（无公害、有机认证）和名优特农产品为主，重点安排哈尔滨所属八区十县（市）近28个知名农产品龙头企业参展，组织大米、玉米深加工产品、食用油、杂粮及山产品五大类，37个知名品牌130余种系列的优质绿色粮油产品以及山特产品现场展示销售。

市政协组织督办“石结构房屋改造工作”重点提案

市政协组织督办十一届三次会议关于“石结构房屋改造工作”的3件重点提案。市政协主席杨俊峰，副主席吴共湖、苏小青、骆沙鸣、陈益参加督办活动。副市长李建辉应邀参加督办。委员们视察鲤城西郊社区、惠安黄塘松溪村石结构房屋改造示范项目，并召开座谈会听取提案办理情况汇报，就做好石结构房屋改造工作提出意见和建议。杨俊峰指出，要统筹规划建设，坚持规划优先，因地制宜地推进石结构房改造，在改造中完善配套设施建设，让“城市像城市，农村像农村”。要倾听群众意见，创新改造方案，完善扶持政策，优先照顾低收入家庭和弱势群体需求，千方百计为群众降低建房成本，改善居住条件，把好事办好、实事办实。要分清轻重缓急，摸清情况、掌握底数，依轻重缓急分类改造，同时要注重废旧石材的收集再利用。要加强协调沟通，各级各有关部门要发挥职能，密切配合，形成合力。要加大宣传力度，激发群众参与的积极性和主动性。

市公安局“猎狐捕鼠”专项行动赃物发还大会举行

市公安局在泉州侨乡体育中心举行“猎狐捕鼠”专项行动新闻发布暨赃物发还大会，包括宾利在内的20多部豪车，数十部电动车及44万余元现金等赃款赃物发还给失主。3月19日起，泉州警方组织开展打击防范侵财犯罪“猎狐捕鼠”专项行动，至7月17日，全市破获侵财犯罪案件6969起，其中盗窃案件5542起、诈骗案件1095起，摧毁犯罪团伙242个，抓获犯罪嫌疑人2661名。打击犯罪的同时，警方还将追缴赃款赃物作为打击犯罪的重要内容，只要发现存在销赃环节，办案民警就循线查证、一追到底，尽最大努力为受害群众挽回损失。“猎狐捕鼠”专项行动开展以来全市缴获大量的汽车、摩托车、电动车、手机、金器、银行卡、现金等赃款赃物，总价值约3544万元，并集中将这些赃款赃物及时发还给受害人，各地已举办10场赃款赃物发还大会。

市政府出台多措施扶持高校毕业生就业

市政府出台《关于做好2014年普通高等学校毕业生就业工作的通知》，推出多项措施，扶持2014年普通高校毕业生到基层就业。从8月1日起，参加市级“三支一扶”计划的高校毕业生，服务期间生活补贴提高至每人每月2000元；参加服务社区计划的高校毕业生，服务期间生活补贴每人每月1800元，从省级就业专项资金中解决；对大学生村干部每人每年补助工作生活补贴资金9000元。鼓励高校毕业生到中小企业就业。对小型微型企业新招收毕业年度高校毕业生，在6个月之内开展岗前培训的，按规定标准给予企业职业培训补贴，最高补贴金额不超过每人300元。继续对城乡居民最低生活保障家庭的毕业年度高校毕业生，给予每人1000元的一次性求职补贴，并有针对性地提供就业帮扶。加大高校毕业生创业孵化基地建设和创业项目扶持力度，组织遴选一批高校毕业生创业项目，申报省级创业项目3万—10万元资金扶持。

泉州旅游企业对接市场推介泉州景点

泉州旅游协会通过引导旅游企业对接市场、加强校企合作等措施，加大对泉州旅游资源的宣传、推介力度，让更多的人了解泉州。协会把泉州市景区与景区、景区与旅行社、旅行社与酒店连接起来，捆绑营销。配合政府主管部门，加大客源地营销力度，重点加强对珠三角、长三角、动车沿线城市、飞机航线直达城市等地方的宣传推介力度。以“东亚文化之都”和“21世纪新海上丝绸之路”建设为主题，引导旅游企业主动走出去对接市场，争取在宣传营销的内容和形式上有新突破，开拓市场，拓展泉州市旅游业发展空间。

第四届德化国宝云龙谷乡村旅游节启动

第四届德化国宝云龙谷乡村旅游节启动。本届旅游节以生态休闲体验为主题，活动内容包括葡萄采摘和品鉴、品尝农家美食、云龙谷景区观光、漂流体验、荷花池瑜伽等。在祥云村农业观光园永德生态农业专业合作社果园采摘葡萄，是本届旅游节的重头戏，吸引两三百名游客到场体验。游客还到云龙谷景区观光休闲，参与橡皮艇漂流体验，欣赏与自然融为一体的瑜伽表演，体会纵情于自然的无穷乐趣。

7月18日

星期五
农历甲午年六月廿二
温度：28℃—33℃
多云转阵雨

●市政协组织督办“石结构房屋改造工作”重点提案。

●市公安局在泉州侨乡体育中心举行“猎狐捕鼠”专项行动新闻发布暨赃物发还大会。

●报载，泉州市政府出台多措施扶持高校毕业生就业。

●报载，泉州旅游企业对接市场推介泉州旅游景区景点。

●18—20日，由永春团县委、妇联、安监局、文体新局、羽毛球协会主办的“安全助美杯”福建省全民健身运动会永春县青少年儿童业余羽毛球友谊赛，在永春县棣兰体育馆举行。

●第四届国宝云龙谷乡村旅游节启动。

7月19日

星期六
农历甲午年六月廿三
温度：28℃—34℃
多云转阴

●报载，泉州市确认20人入选市引进高层次创业创新人才。

●泉州边检站得知一名台湾旅客因意外骨折急需飞返台湾接受治疗后，执勤人员立即启动紧急救助预案，并协调检验检疫、海关等联检部门，开通全程紧急"绿色生命通道"。

●由泉州网主办的2014年泉州婚恋节开幕。

●19—25日，华侨大学环球伟业男子篮球队到美国访问交流。

●报载，石狮市推行"失信名单"进村入户。

●第十二届泉州市（安溪湖头）摄影艺术节暨泉州市摄影家协会成立30周年纪念活动在安溪县湖头镇举行。

泉州市引进高层次创业创新人才入选名单揭晓

由市公务员局负责组织评选、经市委人才工作领导小组审核确认，黎立璋等20人入选2013年度"泉州市引进高层次创业创新人才"。获选人员包括：福建三安钢铁有限公司董事长黎立璋（为泉州市引进高层次创业创新人才第三层次人选）；华侨大学信息学院教授王可；泉州师范学院教授吴启辉；华侨大学机电及自动化学院教授杨帆；福建省闽安机械制造有限公司副总经理杨溢民；华侨大学生物医学学院副院长崔秀灵；福建百宏聚纤科技实业有限公司副总经理裘大洪（以上为泉州市引进高层次创业创新人才第四层次人选；按姓氏笔画排序）；泉州师范学院文学与传播学院讲师王伟、数学与计算机科学学院讲师吴春秀、教师吴小东；泉州市儿童医院眼视光中心主任金丽文；泉州农商银行任培强；阳光国际集团科技发展有限公司福建省植物活性成分提取企业工程研究中心主任马筠；福建省晋江优兰发纸业有限公司技术部经理余仕发；福建晋工机械有限公司工程技术部经理邵远鹏；福建晋江福源食品有限公司饮料研发中心总监高宪枫；中宇建材集团有限公司企业技术中心主任陈永禄；南安职业中专学校数控教师赖海峰；泉州万华世旺超纤有限责任公司副总经理李革；福建三宏再生资源科技有限公司总经理张振文。

泉州边检站启动紧急预案救助台胞

泉州边检站得知一名台湾旅客因意外骨折急需飞返台湾接受治疗后，执勤人员立即启动紧急救助预案，并协调检验检疫、海关等联检部门，开通全程紧急"绿色生命通道"。图为泉州边检站战士为台胞服务。（图/张九强）

华侨大学篮球队到美国访问交流

19—25日，华侨大学环球伟业男子篮球队到美国访问交流。在美国期间，华大男篮访问加州大学洛杉矶分校篮球运营部、惠蒂尔学院体育系、美国泉州总会篮球队和美国福建同乡会。

石狮市推行"失信名单"进村入户

7月起，为督促被执行人主动履行法律文书，结合"法官进社区"活动，石狮法院在石狮市各村居推行"失信名单"进村入户措施。该院已在石狮市127个村（社区）发放失信被执行人名单，通过69名社区法官进村入户走访，了解失信被执行人的真实情况，并在各村（社区）的协助下督促失信被执行人自动履行生效裁判文书确定的义务。自2013年10月1日最高法院《关于公布失信被执行人名单信息的若干规定》施行后，石狮法院通过报纸、网络、电视媒体同步曝光失信被执行人名单；同时，通过在石狮市法院大楼外、人民广场、九二路商业街LED大屏幕滚动播放失信被执行人名单，让"老赖"无处藏身。

第十二届泉州市摄影艺术节在安溪县举行

由安溪县委宣传部、市摄影家协会主办，湖头镇政府、安溪县文联、安溪县摄影家协会承办的第十二届泉州市（安溪湖头）摄影艺术节暨泉州市摄影家协会成立30周年纪念活动在安溪县湖头镇举行。活动当天还举行"茶都风情""名相故里""宜居安溪·幸福人家""巾帼风采""梦幻戴云·神奇九仙""泉州—金门—厦门两岸三地"摄影交流展和"泉州市摄影家协会湖头创作基地""泉州海岸线摄影创作基地"授牌仪式。

活动现场 （图/吴寿民）

泉州市和安溪县开展渔业资源增殖放流活动

市海洋与渔业局和安溪县农业与茶果局在晋江上游安溪河段开展渔业资源增殖放流活动。当日放流草鱼、鲢鱼、鳙鱼和鲤鱼苗种12万尾，放流的鱼苗个体大、活力强，具有很高成活率。增殖放流鱼类苗种将改善晋江流域的水域生态环境和水质，促进晋江流域渔业资源的恢复增长和渔民增收，确保渔业可持续发展。

第七届“农商银行杯”青年男子篮球赛暨非公企业邀请赛在晋江市开幕

由晋江团市委、晋江市文体新局和晋江农村商业银行主办的第七届“农商银行杯”青年男子篮球赛暨非公企业邀请赛在晋江市磁灶镇张林村开幕。48支青年篮球队参赛，参赛球员552人，其中市直单位13队，镇、街道16队，非公企业6队，国有或国有控股企业及社会团体13队。参赛球队分成市直青年组、基层青年组、企业青年A组、企业青年B组四个组别，每个组别进行独立比赛、独立评奖。市直青年组取前4名，基层青年组取前6名，企业青年A组取前3名，企业青年B组取前4名，总共进行97场比赛。各组设置最佳球员1名，道德风尚奖和优秀组织奖若干名。为提高赛事整体竞技水平，提升比赛观赏性，扩大青年参与程度，本次赛事在保留基层青年组的基础上，将原市直青年组内国有或国有控股企业调整至企业青年B组。针对社会团体组织开放报名，邀请异地社会团体参赛。此外，本次赛事对非公企业参赛队伍放宽报名资格。

首届海峡两岸诗词联吟大会在南安市举行

由中国泛华集团、台北诗词学会、中华第一诗村理事会主办，贵峰诗社承办的首届海峡两岸诗词联吟大会在南安市举行，来自两岸的300多名诗词爱好者参加活动。活动中，台北诗词学会和南安溪美街道贵峰诗社诗词爱好者畅谈诗词，以诗会友。贵峰诗社常务副社长王赎回表示，举办两岸诗词联吟大会旨在通过诗词架起两岸交流平台，用诗词作为纽带，加强两岸的民间来往和文化交流，为促进两岸和平贡献一份力量。台北诗词学会名誉理事长李宏建表示，两岸同根同源，有许多对诗词感兴趣的群众。此次到贵峰诗村参加活动，深感荣幸。贵峰诗村在诗词方面卓有成就，非常值得学习。2013年，南安和台北签订两岸诗词联盟协议，2015年将在台北举办诗词联吟大会，欢迎大陆诗词爱好者参加。

永春白鹤拳协会举行方七娘诞辰纪念活动

农历六月廿四，系永春白鹤拳创始人方七娘诞辰日，永春白鹤拳协会举行方七娘诞辰纪念活动。200多名白鹤拳师在位于大羽村的中国永春白鹤拳史馆举行拜祖仪式，随后在永春桃源殿举行纪念白鹤拳师祖方七娘诞辰系列活动，包括白鹤拳武术套路展示、搏击术展示等。

相关链接：永春白鹤拳是中华武术百花圃中的一朵奇葩，由清代杰出女性方七娘创立。在经历数百年的传承与发展后，白鹤拳已繁衍成众多的分支流派，世界五大洲50多个国家和地区均设有拳馆和传人，习拳者更是遍布世界各国。

“点亮淘宝路”中小卖家扶持论坛在德化县举办

由德化县政府、淘宝大学主办，德化县委宣传部、县经济贸易局、县科学技术局、泉州市电子商务行业协会、德化县电子商务协会协办的“点亮淘宝路”中小卖家扶持论坛在德化县举办。活动内容包括淘宝大学泉州机构落地德化仪式、“电商互助贷”签约及授信仪式等。论坛上，淘宝小二秋煌作《淘宝的机遇与挑战》、淘宝小二雪莲作《蜕变与抉择——淘宝大学老师，来自网商的榜样》、家装家居百货小二天仇作《集市茶具类目的2014年规划》、淘宝大学金牌老师叶萌作《传统企业突围电商——如何玩转线上分销》、淘宝大学金牌老师许仙作《引爆搜索，高效抓取免费流量》和《如何打造热销单品》讲座等，为中小卖家传道授业、解疑释惑，帮助中小卖家解决实际运行中的具体问题，在保障中小卖家利益的基础上，尽全力推动中小卖家成长，让更多中小卖家从新淘宝网的基础上迅速成长起来，为社会提供更多的就业机会，为用户创造更多的消费机会。

7月20日

星期日
农历甲午年六月廿四
温度：27℃—34℃
多云

●市海洋与渔业局和安溪县农业与茶果局在晋江上游安溪河段开展渔业资源增殖放流活动。

●全市开展交通违法行为集中整治统一行动，重点查处涉牌涉证、超速行驶、客车超员、货车超载和疲劳驾驶等交通违法行为。

●泉州五中、泉州培元中学、泉州现代中学等学校的40多名中学生，在市区丰海路举行自行车竞速比赛。

●第七届“农商银行杯”青年男子篮球赛暨非公企业邀请赛在晋江市磁灶镇张林村开幕。

●首届海峡两岸诗词联吟大会在南安市举行。

●农历六月廿四，系永春白鹤拳创始人方七娘诞辰日，永春白鹤拳协会举行方七娘诞辰纪念活动。

●“点亮淘宝路”中小卖家扶持论坛在德化县举办。

●“昔日知青点——纪念泉州知青上山德化45周年”专题摄影展在市区万维生邮票艺术馆开幕。

7月21日

星期一
农历甲午年六月廿五
温度：27℃—35℃
多云

●黄少萍、郑新聪分别就防御第10号台风“麦德姆”工作作出批示。市气象部门发布台风蓝色预警信号。市防汛抗旱指挥部启动防台风Ⅳ级应急响应。

●报载，全市法院现有人民陪审员892人。

●20—25日，全市中学生排球联赛在泉州侨乡体育馆举行。

●福建泉州市伍氏特香包有限公司在直营的20家门店设立爱心奉水点，每日8时至22时免费提供饮用水。

●鲤城区“青年志愿者服务文明城市创建”行动启动。

●14岁的晋江学生蔡宏博钢琴独奏会在厦门大学艺术学院举行。

●南安市公安局出入境管理大队向媒体通报，12名缅甸人因非法就业、非法居留，被拘留审查，中介、用工企业及其责任人均被处理。

●安溪县通过国家生态县考核验收。

全市法院现有人民陪审员892人

根据市人大2014年监督工作计划，市人大常委会开展人民陪审员工作情况专题调研。从调研中获悉，2010年泉州市首批人民陪审员任期届满，经换届及之后的补选、增选，全市现有人民陪审员892人，分布于各个基层法院中。2008—2013年，共有434名人民陪审员参与法院38916件案件审判工作，参审率89.1%。泉州市现有的人民陪审员主要通过单位或组织推荐和个人自荐的方式选任，年龄集中在31—50岁，有基层干部、科研院校和专业技术人员、社区工作者、工商业人员、普通居民、农民、进城务工人员等。2013年7月，泉州市启动“倍增计划”，增选411名人民陪审员，其年龄结构趋年轻，学历结构大幅提升，专业结构更合理，职业结构更广泛，其中不少人是行业中的专家能手。全市人民陪审员与办案法官的比例达1∶1以上。市中级人民法院于2012年在台商较多的丰泽、晋江、石狮、南安、惠安5个基层法院试行选任16名台胞担任人民陪审员，参与危险驾驶、非法经营、离婚、借贷等18项“涉台”案件的审判工作。

全市中学生排球联赛举行

20—25日，由市教育局、体育局主办的全市中学生排球联赛在泉州侨乡体育馆举行。全市各中学的男、女13支代表队170余名运动员参加比赛。通过比赛丰富了学生暑期生活、增进同学之间友谊、强健自身体魄，展现了奋力拼搏、永不言败的良好精神风貌。北师大泉州附中、晋江英林中学、南安侨光中学、晋江养正中学、南安成功中学、洛江奕聪中学分别获高中男子组前六名；南安国光中学、北师大泉州附中、晋江毓英中学、南安诗山中学、晋江养正中学、安溪沼涛中学分别获高中女子组前六名；南安侨光中学、晋江英林中学、北师大泉州附中分别获初中男子组前三名；晋江养正中学、南安国光中学、南安侨光中学分别获体育道德风尚奖。

鲤城区“青年志愿者服务文明城市创建”行动启动

由鲤城区团委主办的“青年志愿者服务文明城市创建”行动启动。启动仪式上，青年志愿者代表宣读《丰富假期生活 服务“四城”创建——致暑期回乡青少年朋友们的一封信》，倡议暑期回乡的青年行动起来，关心“四城”创建活动，以主人翁姿态投身于环境整治和创建活动，为鲤城的创建工作出主意、助把力、添光彩。启动仪式后，青年志愿者分为四支队伍，在全区各街道开展家园清洁青年志愿行动。志愿者们到居民区、小巷、市场等区域，拾捡垃圾、清理卫生死角、清除牛皮癣、卫生大扫除、擦洗公交站牌、清理绿化道等，并对乱丢垃圾、乱闯马路等不文明行为进行劝导，营造清洁美丽的城区卫生环境，提升城区形象。

晋江学生蔡宏博钢琴独奏会在厦门举行

14岁的晋江学生蔡宏博钢琴独奏会在厦门大学艺术学院举行。蔡宏博先后演奏《贝多芬第三叙事曲》《普罗柯菲耶夫第三奏鸣曲》等经典曲目。蔡宏博2000年出生于晋江青阳。4岁半开始学琴。2011年，11岁的蔡宏博到意大利参加瓦尔提多恩国际音乐大赛，以96.5分高分获A组比赛一等奖。此外，还先后获得第二届香港国际钢琴公开赛总决赛A组特等奖、珠江·恺撒堡青少年钢琴大赛总决赛三组二等奖等奖项。2012年6月，蔡宏博以优异成绩考入上海音乐学院附中，师从著名青年钢琴演奏家周挺教授，成为该专业当年面向全国招考录取的16位学生之一。

安溪县通过国家生态县考核验收

安溪县创建国家生态县工作通过考核验收，成为继德化县、永春县、南安市后泉州市第四个通过国家级考核验收的县（市）区。自2008年启动国家生态县创建工作以来，安溪县实施“生态立县”“环境优先”战略，落实“退出石材行业、建设生态茶园、治理水土流失、发展绿色工业、打造森林安溪、狠抓环境整治”六项举措，取得较好成效。城区环境空气质量均达到或优于国家二级标准，城区饮用水源水质达标率100%，并获“国家有机产品认证示范创建区”“国家农产品质量安全示范区”等多项国字号表彰，获“中国生态旅游大县”“中国最具特色魅力旅游名县”“中国青年最喜爱的海西旅游目的地”“国家级园林县城”等称号。全县建成国家级生态乡镇20个，省级生态乡镇2个，市级生态村360个。考核验收组认为，安溪县各项基本条件和建设指标达到国家生态县考核指标要求，同意安溪县通过国家生态县考核验收，并按程序报环境保护部审定批准。

全市防御第10号台风视频会议召开

全市防御第10号台风“麦德姆”视频会议召开，传达中央、省、市有关会议和批示精神，动员和部署全市防御工作。黄少萍再次作出批示，要求贯彻李克强批示精神，落实各项防抗措施，尽最大努力减少灾害损失。市防汛抗旱指挥部将防台风应急响应提升到Ⅱ级。根据会议要求，市防指23日组织9个检查组到各地检查督促基层落实各项防范措施；沿海各县（市、区）和海洋与渔业、海事部门通知和组织232艘出海作业渔船、近海作业的无动力船只以及泉州海域的过往船舶在22日18时前全部进港避风，沿海养殖474名渔排人员20时前全部转移上岸；防汛、气象、水文、海洋、国土等部门加密监测、预警、报警，第一时间掌握信息，报告险情、灾情；各类新闻媒体利用报纸、网络、广播等载体不间断滚动播报台风信息和防台风部署；各地根据风、浪、雨、水等汛情预测预报和发展变化，提前做好危险区域群众及禽畜养殖等生产经营场所人员的安全转移和安置工作；农业、通讯、电力、供水、高速公路部门和国、县、乡道，以及各类水库、山围塘、江海堤防、水闸等以及市政公用部门采取相应措施，加强巡查值守，确保安全度汛；效能部门开展防台风效能督查，杜绝出现思想麻痹、工作懈怠、责任不落实、措施不到位等情况。

第十六届全国中学生国学夏令营在泉州开营

由中国教育学会高中教育专业委员会、台湾“素书楼”文教基金会主办，培元中学承办，泉州晚报社协办的第十六届全国中学生国学夏令营在泉州培元中学开营。该夏令营是国内最高等级的、影响最大的国学夏令营活动，系首次在福建举行。夏令营为期一周，以“闽南（海丝）文化”为主题，以研读和实地考察相结合，为营员搭建学习、交流、互动的平台。在泉州期间，来自北京四中、北师大二附中，以及香港、台湾的中学等20多所名校近200名学生，聆听国学大师讲座，走访泉州名胜古迹，感悟“海丝”文化魅力。

洛江区通过国家生态区考核验收

洛江区创建国家生态区工作通过考核验收，成为继德化县、永春县、南安市、安溪县后泉州市第五个通过国家级考核验收的县（市）区，也是全省首个通过国家级考核验收的市辖区。自启动国家生态区创建工作以来，洛江区坚持“生态宜居”“绿色兴区”发展战略，围绕建设泉州城市花园的目标，将生态区创建作为惠民工程的重要载体，发展生态产业，深化城乡环境综合整治，开展宣传教育，生态区创建工作取得明显成效。全区建成污水管网94.17千米，建成5个垃圾中转站，城镇生活垃圾无害化处理率达100%。全区森林覆盖面积2.3万多公顷，森林覆盖率达63.24%，城镇人均公共绿地面积16.57平方米。

“中国香都”落户永春县

“中国香都 永春达埔”授牌仪式系列活动在永春县举行，“中国香都”落户永春。系列活动包括星云大师墨宝赠送仪式，发布“中国香都”LOGO征集大赛成果，发放“中国香都·美丽永春”主题卡，举行企业与高校合作签约仪式，台湾香道表演队香道表演等。同时，永春县还启用福建省香产品质量检验中心、福建永春香品研发中心、香都大道、香文化展示中心、彬达工业旅游点等，并宣布12家覆盖香产业原料供应、设计制造、产品包装等整个产业链的企业入驻香品产业园（二期）。

授牌仪式

“中国香都”落户永春　（图/姚德纯）

7月22日

星期二
农历甲午年六月廿六
温度：27℃—36℃
多云

●全市防御第10号台风“麦德姆”视频会议召开，传达中央、省、市有关会议和批示精神，动员和部署全市防御工作。黄少萍再次作出批示，要求贯彻李克强批示精神，落实各项防抗措施，尽最大努力减少灾害损失。市防汛抗旱指挥部将防台风应急响应提升到Ⅱ级。

●22—23日，市人大常委会组织调研水资源保护情况。

●最高法院微博直播泉州法官执法。

●省旅游局发布《2014年上半年度福建省旅游人气城市排行榜》，泉州获“过夜人气城市”排行榜冠军；在“到达人气城市（不含本市）”排行榜中位居第二位。

●第十六届全国中学生国学夏令营在泉州培元中学开营。

●中国教育电视台大型书画访谈栏目“水墨丹青”书画艺术（泉州）交流中心启动。

●由市计生协会主办的“谢雪芳同志先进事迹报告会”举行。

●洛江区通过国家生态区考核验收。

●由晋江市教育局、民政局等主办的“安全度夏，快乐你我”——2014年晋江市学生安全度夏系列活动启动。

●嘉森木业慈善捐资仪式在南安市官桥镇举行，嘉森国际控股有限公司捐赠250万元，用于发展家乡教育、公共服务和慈善公益事业。

●“中国香都”落户永春县。

7月23日

星期三
农历甲午年六月廿七
温度：27℃—32℃
多云转中雨

●黄少萍、郑新聪部署检查防御“麦德姆”工作。

●2014年击剑世锦赛在俄罗斯喀山举行，泉州4名运动员代表中国队参赛，其中陈海威和施嘉洛获男团亚军。

●市建设工程质量安全监督站采购120箱矿泉水，分别赠送给市环卫处垃圾转运站、垃圾车汽修厂和丰泽铭湖社区垃圾管理所的工人。

●泉州开发区“三星杯”机械行业数控车工职业技能大赛举行。

黄少萍郑新聪部署检查防御台风“麦德姆”工作

第10号台风“麦德姆”在福清登陆，登陆时减弱为强热带风暴。市委书记黄少萍关注全市防御工作进展并多次作出批示、要求。市长郑新聪召集相关部门研判会商，到泉港、惠安检查，并召开全市视频会议部署防御工作。市委副书记周银芳等市领导分赴挂钩地区检查防御工作。黄少萍指出，要深入了解情况、排查隐患，加强水库巡查值守，特别是严防强降雨及可能引发的滑坡、泥石流，做到不留死角、万无一失。郑新聪指出，要把工作重点转移到防雨、防潮、防涝、防地质灾害上，警报解除前，严禁渔船擅自出海，人员擅自回流。沿海要重视防范回南风，同时抓好防潮；全市要全面防雨，特别是安溪、永春、德化、南安、洛江、泉港等地的山区要做好危险地带人员转移；要重视城区、公路积水内涝问题，分组对市政设施、交通要道进行排查处理；要注重防范山洪、塌方、泥石流等地质灾害，夜间和雨后初晴尤其不可放松警惕；要加强沿海大排档、旅游点、工地等处安全管理，落实水库、山塘管护责任，预见性地加强汛限库容科学调度，做好交通安全应对措施和驻泉部队、应急抢险队伍备勤工作。

渔民在市区丰海路蟳埔码头用钢缆加固渔船
（图/陈晓东）

泉港区峰尾镇抢险分队在抢救海边被冲散的小渔船
（图/庄子瑜）

市人大常委会组织调研水资源保护情况

22—23日，市人大常委会组织调研水资源保护情况，听取市政府关于水资源管理和保护情况专项工作的报告，并召开座谈会。市人大常委会主任陈海基，副主任陈万里、洪泽生、吕竞、王远东、张建生，副市长卢炳椿、林万明，市人大常委会秘书长吴春林参加调研或座谈。调研组察看德化彭村水库水源工程建设项目、山美水库湖泊生态保护试点项目、安溪县龙门镇洋坑崩岗治理等23个项目。调研组建议，要加强领导、创新机制，落实水资源保护规划，抓住重点、突破难点，解决水资源紧缺和污染问题；严格水质监测监控，发挥供配水工程体系的作用；重视水源地保护，注重生态建设和科学治理；完善落实晋江、洛阳江上下游水生态保护补偿机制；加大水资源的监督执法力度，提高污染水资源的违法成本；强化水资源保护宣传教育，提升社会公众珍惜、保护和节约用水的自觉性。

调研现场　（图/市人大）

泉州开发区“三星杯”机械行业数控车工职业技能大赛举行

由泉州开发区工委会和人事劳动局主办的泉州开发区“三星杯”机械行业数控车工职业技能大赛在福建省三星电气股份有限公司举行。区内万龙金刚石、群峰智能机械、艺达车用、正鑫机械、威兰汽配、运城制版、三星电气等7家机械行业选派45名数控车床操作工参赛，最终由三星电气公司田建获得大赛冠军。

市委市政府向老干部通报上半年工作情况

市委、市政府召开工作通报会，向老干部通报上半年全市工作情况。市领导郑新聪、陈沈阳，市直单位离休干部、原任地厅级退休干部、“5·12”退休干部，省部属驻泉单位离休干部、“5·12”退休干部参加会议。受市委书记黄少萍委托，市长郑新聪代表市委、市政府向老干部通报上半年工作情况。郑新聪指出，当前，中央对福建发展寄予厚望，泉州正把握机遇，大力先行先试，新型城镇化发展、“海丝”先行区建设、吉永泉铁路等重大基础设施项目和中化等重大产业项目建设得到上级重视和支持。同时，按照省委、省政府部署，市委组织实施“54321”计划，全力推动科学发展、跨越发展。2014年以来，在全市老干部的支持和推动下，全市经济社会各项事业发展扎实有序推进。上半年，市委、市政府多措并举，力促经济稳中有进；创新驱动，推进产业转型升级；项目带动，不断增强发展后劲；先行先试，着力推进“金改”和“综改”；文化引领，全力打好“东亚文化之都”和“海上丝绸之路”起点品牌；突出宜居，加快推进城乡建设；致力民生，社会保持和谐稳定；严肃认真，深入扎实开展教育实践活动。广大老干部关心关注泉州，是推动泉州发展的重要力量。希望老领导、老干部一如既往地关心支持市委、市政府工作，为泉州发展建设建言献策。市委、市政府将以更高的要求、更实的举措推进老干部工作，做到“让党放心、让老干部满意”。

2014年第四次全市重大项目协调调度会召开

市政府召开2014年第四次全市重大项目协调调度会，听取市直相关部门、县（市、区）有关重大项目进展情况，协调解决存在的问题。市长郑新聪，市委常委、常务副市长林伯前，市政府秘书长吴友才参加会议。郑新聪要求，各级各部门要抓紧推进海丝先行区、新型城镇化建设和中化、吉永泉铁路等重大项目。要提升项目尤其是产业链项目、重大基础设施项目的策划生成水平。其中，产业链项目要重点围绕石化、装备制造、食品、纺织、光电、集成电路、生物技术等，制订行业的产业链规划，瞄准行业关键、突出核心或重要环节进行策划；基础设施项目策划要紧抓港口、高速公路、铁路、城市地下设施以及城市轨道交通等。注重围绕产业链上下延伸、左右拓展策划生成项目，包括生产性服务业和总体解决方案总承包商方向发展的一体项目；注重从重点央企、重点民企中寻找项目，突破若干投资量大、水平高的外资项目。要增强项目合作的接洽能力和水平。勤学知识，熟悉项目及所在行业情况、项目业主的历史沿革和发展计划；熟悉自身在项目及与合作方合作上的特别优势、综合环境优势；抓大放小算综合账，对小的利益、增量带来的辅助利益适当考虑返奖；促进人才集聚，完善个人收入、子女就学、住房等措施；善用人脉资源，组建若干专业招商谈判团队，促成项目。

惠安县启动惠安女Q版六姐妹命名征集活动

惠安县旅游局启动惠安女Q版六姐妹命名征集活动。六姐妹分别是大姐古城寻踪游、二姐惠女风情游、三姐雕艺文化游、四姐滨海休闲游、五姐朝圣祈福游和六妹生态体验游。图为惠女模特在惠安女民俗风情园展现惠安女下海、补网、绣花、扛石等劳动景象。

上海东华大学组织学生到惠安县大岞村考察惠女服饰

上海东华大学组织学生到惠安县崇武镇大岞村惠安女创作基地考察惠女服饰。同学们表示，惠女服饰很有地域特色，此次实地考察，对了解泉州的地域文化很有帮助。图为同学们围着惠女聆听关于惠女着装的介绍。（本版图片/陈起拓）

7月24日

星期四
农历甲午年六月廿八
温度：24℃—31℃
暴雨转阵雨

●市委、市政府召开工作通报会，向老干部通报上半年全市工作情况。

●2014年第四次全市重大项目协调调度会召开。

●24—27日，福建省梨园戏实验剧团到香港参加由香港特区政府康乐及文化事务署主办的“中国戏曲节2014”，在香港文化中心、九龙油麻地戏院举行两场梨园戏专题讲座、一场梨园戏音乐会专场以及《陈三五娘》《吕蒙正》等四场传统折子戏专场。

●惠安县旅游局启动惠安女Q版六姐妹命名征集活动。

●报载，上海东华大学组织学生到惠安县崇武镇大岞村惠安女创作基地考察惠女服饰。

7月25日

星期五
农历甲午年六月廿九
温度：25℃—33℃
阵雨

●省委第四督导组与市委活动领导小组第四次联席会议召开，听取近阶段泉州市党的群众路线教育实践活动情况汇报，对下阶段工作提出要求。

●市人大常委会、市政府联席会议召开。

●由台盟中央两岸文化交流委员会等主办的“美丽乡村”建设讲坛——“泉台精致农业与新型职业农民研习班”开讲。

●泉州银行在银行间市场成功发行第一期同业存单，成为全省区域性城商行发行的首笔同业存单。

●“蓝天情怀筑梦东南”——“迎八一·心连心”军民联欢晚会在驻泉州某部举行。

●由泉台民间交流协会主办的泉台民间文化交流座谈会召开。

●由东南早报《医线通》栏目和泉州爱民医院主办的“关爱的哥 清凉一夏”特别公益活动启动。

●《小童猫之喵星来客》大型3D动画片暨关爱儿童公益行动发布会在市区源和1916创意产业园举行。

●25—30日，“东亚文化之都·2014泉州”县域活动暨“文化之都·山海泉港”文化周活动在市区旧面粉厂及源和1916创意产业园举行。

●晋江市政府与福建农林大学签署战略合作框架协议。

省委第四督导组与市委活动领导小组第四次联席会议召开

省委第四督导组与市委教育实践活动领导小组第四次联席会议召开，听取近阶段泉州市党的群众路线教育实践活动情况汇报，对下阶段工作提出要求。省委第四督导组第一组长曹德淦出席会议并讲话。市委书记、市委党的群众路线教育实践活动领导小组组长黄少萍作表态发言。省委第四督导组组长李德仁出席会议。省委第四督导组副组长郑恢先代表督导组发言。市领导、市委党的群众路线教育实践活动领导小组副组长周银芳、沈耀钦、翁祖根、陈庆宗参加。在听取汇报后，曹德淦指出，前一阶段全市教育实践活动推进有力、进展顺利、态势较好，取得阶段性成果。在第一、二环节开端良好的基础上，整改落实、建章立制是教育实践活动取得实效的关键所在。就下阶段工作，曹德淦要求，要对照中央《关于在第二批教育实践活动中深化“四风”突出问题专项整治的通知》精神，创新工作方法、召开动员大会、开展自查自纠，扭住“四风”突出问题不放，深化专项整治。要把整治发生在群众身边的不正之风问题作为反对“四风”和专项整治的重要内容，因地制宜确定专项整治重点，结合实际制订具体实施方案，上下联动确保整治工作取得成效。要抓紧做好建章立制工作，建立健全改进作风的各项规章制度，形成坚持群众路线的长效机制。要组织开好专题组织生活会，开展好民主评议党员工作，发挥榜样作用、加强指导督促，提高基层党组织的凝聚力和战斗力。黄少萍表示，省委第四督导组对泉州市教育实践活动严格把关、精心指导、有力督导，全市教育实践活动开展扎实、成效良好。下阶段，泉州市将按照中央、省委统一部署和省委第四督导组要求，做好四项工作。把学习教育贯彻活动始终，学习领会习近平讲话精神，引导党员干部争当焦裕禄、谷文昌式的好干部。抓好问题整改，按照中央、省委提出的专项整治要求，建立上下联动抓整改机制，通过项目化运作落实整改，通过建章立制固化活动成果。加压指导活动开展，加强对基层党组织的分级分类指导，以实际行动打通联系服务群众“最后一公里”。坚持两手抓、两促进，激发党员干部的作为担当、热情干劲，确保完成全年目标任务，为全省大局多作贡献。

市人大常委会市政府联席会议召开

市人大常委会与市政府召开2014年上半年联席会议，通报上半年各自工作情况。市领导郑新聪、陈海基、陈万里、洪泽生、陈全顺、吕竞、王远东、张建生、周真平、卢炳椿、李建辉、林万明，市人大常委会秘书长吴春林，市政府秘书长吴友才等参加联席会。市长郑新聪指出，实现跨越发展，泉州要在重大产业提升、重大企业促进、重大项目建设，对接争取中央、省重大投资和政策利好的支持，推进教育、医疗、卫生等民生建设方面有新作为、新成效。恳请市人大一如既往帮助市政府开展工作，发挥人才多、层面宽、联络广等优势，为市政府工作提出富有前瞻性和建设性的意见建议，同时创新对市政府的监督方式。市政府将增强法律意识和人大意识，依法主动执行市人大及其常委会的决议决定、接受人大监督、向人大报告工作，主动支持人大代表依法履职，认真办理人大代表建议意见，做好与市人大专门委员会的联系。市人大常委会主任陈海基指出，要把握好千载难逢的发展机遇，把握好“一带一路”的政策利好，解决发展中遇到的问题。要从加快构建现代立体交通体系，重新全面审视产业布局、优化结构、壮大集群，加强文化建设、提升发展软实力等方面入手，完善基础设施建设、生态和创业环境。要调动人的积极性，发挥泉州人爱拼敢赢的智慧胆识，咬定目标，形成推动发展的强大合力；做好资本文章，发挥金改、综改优势，做大做强做规范泉州资本市场，引导社会闲散资金流动到实体经济上；研究物的问题，立足地域优势，发展大港口大物流，发挥中心枢纽作用，打造全国物流集散地；注重保护知识产权，加快转变政府职能、简政放权，释放改革红利。

联席会议现场　（图/市人大）

7月26日

星期六
农历甲午年六月三十
温度：27℃—34℃
多云

●报载，泉州市推出商业模式创新“示范计划”。

●由国际大学生体育联合会主办的第13届世界大学生羽毛球锦标赛在西班牙科尔多瓦举行，华侨大学学生刘成、刘鑫助中国代表队获得混合团体冠军。

●“瓷海雅韵 温澜潮生”万达儿童基金·雅澜文化慈善义拍晚宴在市区万达文华酒店举行，义拍所得善款116500元，将通过万达儿童基金会为贫困山区的孩子购买衣物。

●26—27日，泉州市基督教义诊队到平潭县平原镇开展义诊赠药活动。

●第二届石狮电影文化节暨微电影《再给我一座城》开拍仪式在石狮市左岸影城举行。

●德化县入选第一批全省智慧旅游工作试点县。

泉州市推出商业模式创新“示范计划”

2014年，泉州市实施最佳商业模式示范计划，每年认定50家商业模式创新典型，着重给予扶持、宣传和推广。对纳入案例库管理的企业，2年内将优先享受省、市两级政府出台的金融扶持政策。金融扶持政策主要包括：纳入小微企业融资项目库，享受“助保贷”“万家小微企业成长贷”“共担资金”等系列扶持中小企业贷款政策。在人才政策方面，泉州市对相关企业所推荐的核心骨干人才（每家企业不超过3人），经市委人才工作领导小组认定，将颁发《市高级人才证》享受相应的政策礼遇。资金补助方面，经确立的案例企业，泉州市从商业模式创新1000万元专项资金中安排一定的资金给予奖励，市经贸、财政部门将协助企业争取上级部门资金、政策扶持，以及获得专家针对性的辅导。企业还可优先获得参观考察学习商业模式创新成功案例的机会，免费参加商业模式创新的专题培训，并安排知名专家一对一给予指导。

泉州市基督教义诊队到平潭县开展义诊赠药活动

26—27日，泉州市基督教义诊队到平潭县平原镇开展义诊赠药活动。此次义诊设有内科、儿科、妇科、骨科、心血管科、皮肤科、中医科、五官科、骨伤科、肿瘤科、精神科、理疗科、生化、化验、B超、心电图、血压测量等项目。活动中诊治患者1384人次，辅助治疗720人次，为病人节省医药费用7万多元。

相关链接：成立于1996年的泉州市基督教义诊队有成员78人（其中退休人员60人、在职人员18人），平均年龄接近70岁，主任医师10人，副主任和主治医师32人，分设18个科室。18年来，该队开展义诊活动368次，行程2.97万千米，诊治病人12.6万人，为群众节省诊治费及赠药合计464万元；同时开展健康讲座34场，形成农村疾病方面调查报告3份。获得福建省“海西春雨行动”先进集体、全国基督教界为经济社会发展做贡献先进集体等荣誉。

第二届石狮电影文化节启动

由石狮市委宣传部、石狮日报社、石狮市广电局主办，德辉控股集团有限公司冠名的第二届石狮电影文化节暨微电影《再给我一座城》开拍仪式在石狮市左岸影城举行。该届电影文化节以“电影盛宴·全民共享”为主题，是一次全民性的文化娱乐活动，旨在通过电影文化节这个平台，给市民的精神文化生活抹上一笔鲜艳的色彩。主要活动包括电影节开幕式、励志微电影《再给我一座城》开机、《再给我一座城》男女主角海选、电影《小时代3：刺金时代》女主角郭碧婷见面会。为突出公益性、平民化，主办方邀请石狮市先进英模人物及孤寡老人、孤儿等特殊群体免费观影，举办电影节影片展公益电影下乡系列活动，以及“走进电影城1元看大片”“白天场电影30元通看”“午夜场电影25元通看”等活动。

电影《小时代3：刺金时代》女主角郭碧婷与影迷见面 （图/石狮日报社）

德化县入选第一批全省智慧旅游工作试点县

省旅游局在经过严格审核申报材料和综合评价的基础上，公布第一批10个全省智慧旅游工作试点县（市、区），德化县入选。全省入选县（市、区）包括：福州市马尾区，厦门市海沧区，漳州市漳浦县、东山县、南靖县，三明市泰宁县、将乐县，龙岩市永定县、连城县。省旅游局要求加大对试点县（市、区）的工作指导，进一步完善思路、细化方案、明确重点，引导民间资本参与智慧旅游建设，各试点城市要不断优化智慧旅游发展规划或行动计划。

相关链接：“智慧旅游”指借助网络，通过多种渠道向不同人群提供全方位的互动服务，为游客提供多样化、定制化的旅游线路导览及展示，让游客实时通过各种媒介获知所有景区信息、游客分布及周边交通、车位、天气、住宿、餐饮、娱乐等相关旅游信息，甚至是相关旅游优惠信息。

7月27日

星期日
农历甲午年七月初一
温度：27℃—35℃
多云

●报载，一批项目推进公共服务均等化。

●泉州中小微企业信用信息交换共享平台试运行。

●第二十五届威远楼戏剧节开幕。

●石狮市第八届民间戏剧展演节在石狮市文化馆开幕。

●晋江市第27届戏剧展演节在晋江市文化中心广场开幕。

●“诗书画惠安，共圆中国梦”文化联谊活动暨中国诗书画协会惠安艺术作品展示馆成立揭牌仪式在惠安县举行。

一批项目推进公共服务均等化

泉州市印发《泉州市推进基本公共服务均等化实施意见》（以下简称《意见》）。《意见》明确政府在基本公共教育、基本医疗卫生、公共文化体育、就业公共服务、社会保险、人口和计划生育、基本社会服务、残疾人基本公共服务、基本住房保障九大领域公共服务均等化的主要任务、重点服务项目、保障标准等。对经流入地政府统筹安排在公办学校和民办学校就读的进城务工人员随迁子女，与当地学生享有同等的免费政策，符合条件的家庭经济困难学生全部纳入政策资助范围，由县（市）财政承担，省级以上财政以奖代补。通过对办园规范的城乡普惠性民办幼儿园给予适当补贴，对符合税法规定的给予税费减免优惠，建立公办和民办幼儿园对口帮扶制度等方式，扶持民办幼儿园。2013年起，逐步减少幼儿园班生额，提升公办幼儿园的办园质量，2015年，实现学前三年毛入园率95%。宽带网络校校通，到2015年建成泉州市和各县（市、区）教育城域网，全市的中小学和中等职业学校基本实现光纤宽带接入，信息点覆盖所有教学场所。网络学习空间人人通，到2015年90%以上的学校师生建成实名制网络学习空间，全面推进网络学习空间在教学教研、教学管理、家校互动、资源共建共享等方面的应用。完善卫生监督体系，建立食品安全风险评估、监测预警、应急处置体系和饮用水卫生监督监测体系。坚持中西医并重，落实中医药优惠政策，加强中医医疗机构能力建设，鼓励提供与使用中医药。有条件的公办体育设施（含学校体育设施）向公众开放，其中泉州侨乡体育中心免费开放体育场跑步、室外篮球（灯光球场）、门球、气排球、健身路径5个项目，开放时间较公众工作、学习时间推后3—4小时，全民健身日免费开放，国家法定节假日和学校寒暑假期间，适当延长开放时间。对家庭经济困难且生活难以自理的失能半失能65岁以上城乡居民，制定老年人身体状况和家庭收入情况评估标准，给予分级补贴，补贴标准根据经济发展水平适时调整。向当地城市低收入住房困难家庭提供经济适用房，向城镇中等收入住房困难家庭及符合政府规定年限的中低收入、无房外来务工人员提供限价商品住房。“十二五”期间，增加经济适用房、限价商品住房不低于21142套，用于面向有一定支付能力的城镇中低收入住房困难家庭销售。

第二十五届威远楼戏剧节开幕

泉州市第二十五届威远楼戏剧节开幕，演出内容包括梨园戏、高甲戏、南音、掌中木偶、闽南歌舞、芗剧，以及由社区老年团体组织的歌舞表演。图为演出现场。（图/李芸生）

石狮市第八届民间戏剧展演节开幕

由石狮市文体旅游新闻出版局主办、石狮市文化馆承办的石狮市第八届民间戏剧展演节在石狮市文化馆举行。该次展演节持续至8月3日，旨在更好地保护和弘扬非物质文化遗产项目，丰富人民群众的文化生活，传承闽南戏曲文化。

晋江市第二十七届戏剧展演节开幕

晋江市第二十七届戏剧展演节在晋江市文化中心广场开幕。该次展演节有22家民营剧团参加，展演时间至8月7日，共安排四个演出地点，其中7月27日—8月2日在晋江文化中心广场举行，金山高甲戏剧团、新大福高甲戏剧团、四季红高甲戏剧团、艺林森高甲戏剧团、小百花高甲戏剧团、群艺高甲戏剧团、侨声歌舞团等团体献演。

中国诗书画协会惠安艺术作品展示馆成立

由中国诗书画协会、中国电影电视艺术家协会主办的中国诗书画协会惠安艺术作品展示馆成立揭牌仪式在惠安县举行。活动现场，中国诗书画协会向惠安县政府捐赠长6.8米、宽2.8米的大型牡丹图《惠安之春》及《松鹤延年图》《喜上眉梢》等书画作品。

市纪委监察局领导班子专题民主生活会召开

市纪委监察局领导班子党的群众路线教育实践活动专题民主生活会召开。市委书记黄少萍到会全程指导，市委常委、市纪委书记沈耀钦主持会议。黄少萍指出，市纪委监察局领导班子专题民主生活会查摆问题比较到位、剖析原因比较深入、整改措施比较实在，通过会议触动思想，触及灵魂，达到“团结—批评—团结”的目的，是一场高质量的民主生活会。市纪委监察局坚持一手抓自身教育实践，一手抓对全市活动的执纪监督，教育实践活动取得阶段性成效。黄少萍要求，要带头学得更深，学习贯彻习近平系列讲话精神，深怀忧患意识，务实担当、严肃执纪。要带头立说立改，抓紧解决好群众反映强烈、涉及纪检监察工作全局、关系干部队伍建设的重大问题，完善查办案件、信访举报、党风政风建设、效能建设等方面做法。要带头抓好班子建设，把对党忠诚作为最根本的政治要求，加强对纪检监察干部的教育、管理和监督。市纪检监察机关要把握转职能、转方式、转作风“三转”新要求，勇担监督执纪问责重任，为加强党的建设、深化反腐败斗争做出更大贡献。要瞄准靶心、攥紧拳头、聚焦主业，落实好党风廉政建设监督责任。要督促有关部门针对“四风”共性问题建章立制，办好“政风行风热线”。要坚持教育、制度、惩治“三位一体”，坚持“零容忍”惩治腐败。沈耀钦表示，市纪检监察机关将按照市委要求，开展教育实践活动第三阶段“整改落实、建章立制”各项工作，制定整改方案、着力解决问题、完善制度机制、落实“两手抓，两促进”，将教育实践活动中的好做法固化为好传统、新常态，以良好的精神状态和工作作风开拓反腐倡廉建设新局面。

2014年泉州市粤港澳产业链专场对接恳谈会在深圳召开

2014年泉州市粤港澳产业链专场对接恳谈会在深圳召开，对接、洽谈产业链招商项目62个，其中36个项目现场签约。全国政协常委林树哲，全国政协委员李贤义、许明金，市领导郑新聪、陈荣洲等参加恳谈会。市长郑新聪在致辞中表示，泉州将打造“最开放、最优惠、最高效”的投资区域，梳理重点产业链条，策划生成重大产业龙头项目，推出市场前景好的产业链中下游项目，为在外乡贤提供更多发展机会；实施国家级行政服务标准化试点，推行“一表式”全程网上审批，打造与国际接轨的营商环境；完善重大项目协调调度制度，解决融资、用地、用工、用林、用海等问题，为项目建设提供全方位、“月嫂式”服务。希望各位乡贤一如既往地关心泉州、投资泉州、收获泉州，共创宏图大业。郑新聪还到广州拜访广东振戎集团洽谈相关项目。恳谈会前，郑新聪会见部分在外乡贤。

相关链接：此次对接的62个项目中，有外企项目45个、民企项目17个。45个外企对接项目投资额36.7亿美元，拟利用外资18.39亿美元。其中，合同项目29个，投资额24.05亿美元；在谈项目16个，投资额12.65亿美元。外企对接项目中，投资额超亿美元以上项目13个，投资额24.3亿元，包括1个投资总额5亿美元的项目，为中航国际崎山商业中心项目。参与对接的外企有香港南益集团、香港连捷国际、香港南泰集团、香港通达集团等侨界名企，以及红孩儿集团、培新国际、宏太控股等境外上市企业。17个民企对接项目均为合同项目，总投资125.8亿元，平均单项投资规模7.4亿元。其中，总投资超10亿元的项目5个，合计总投资为78.8亿元。万科地产、菜鸟网络、中骏集团、卡帝乐鳄鱼、中闽百汇等多家知名民企及国内行业龙头企业也有签约项目。

周银芳走访慰问驻泉部队

市委副书记、市双拥工作领导小组常务副组长周银芳带队走访慰问驻泉部队，送上节日问候和良好祝愿。周银芳指出，长期以来，驻泉部队官兵在完成部队各项任务的同时，支援和参与地方经济社会发展，在抢险救灾、扶贫帮困、军民共建、维护稳定等方面，做了大量卓有成效的工作，得到各级领导和社会各界的高度评价。周银芳要求，各地各单位各部队要紧抓2015年新一轮全国双拥模范城评选表彰年的契机，加强军地互动，多办实事，多办好事，推进军民融合深度发展，打造泉州市双拥工作升级版，为争创全国双拥模范城“八连冠”做出新的更大贡献。

7月28日

星期一
农历甲午年七月初二
温度：27℃—35℃
多云

●市纪委监察局领导班子专题民主生活会召开。

●2014年泉州市粤港澳产业链专场对接恳谈会在深圳召开。

●市十五届人大常委会第三十次主任会议召开，听取市人大常委会调研组关于中心市区道路交通安全管理及交通信号情况的调研报告等。

●周银芳走访慰问驻泉部队。

●2014年“挑战杯——彩虹人生”全国职业院校创新创效创业大赛全国终审决赛在浙江经贸职业技术学院举行，泉州艺术学校选送的《文都传艺坊》和《舞餐舞蹈餐厅》分获特等奖和一等奖。

●28—31日，全市公安机关开展“打四非、查四违”第一次集中行动。

●“永远跟党走”第九届中国青少年艺术节全国总决赛在北京举行，泉州艺校学生洪何爵获美声唱法青年组B组金奖，并获中国艺术家协会颁发“全国优秀艺术人才”奖。

●由市全民健身领导小组、市体育局、市教育局等主办的泉州市第十九届百队千场篮球赛暨第十二届广场篮球公开赛在泉州侨乡体育中心开幕。

●7月28日—8月1日，2014年鲤城区青少年科普夏令营在鲤城区昇文小学举办。

7月29日

星期二
农历甲午年七月初三
温度：27℃—35℃
多云

●29—30日，中央统战部副部长，全国工商联党组书记、常务副主席全哲洙到泉州调研，召开新形势下商会建设综合调研座谈会，并走访晋江市陈埭商会。

●全市教育实践活动专项整治工作动员部署会议召开。

●全市双拥工作表彰大会召开。

●2014年海外华裔及港澳台地区青少年“中国寻根之旅”武术夏令营福建营在市区锦绣庄民间艺术园开营。

●泉州参加2014年“三支一扶”计划的56名高校毕业生开始为期2年的支教、支农、支医和扶贫工作。

●由市委宣传部、市文联主办的“欢乐泉州”慰问驻泉州某部文艺演出举行。

●由市民政局、市书法家协会主办的“迎八一”书法家走进军营送书法活动在驻泉州某部举行。

●由市关工委、市委老干部局主办的“文化下基层 共筑中国梦”闽南“非遗”项目展示传承活动在安溪县官桥镇山珍村青少年社会教育活动中心举行。

●泉州晋江海事处联合晋江市农业局执法大队、海警三大队等涉海部门，出动4艘执法船艇和30余名执法人员，在围头湾水域开展打击海上非法采运砂行为。

全市教育实践活动专项整治工作动员部署会议召开

全市党的群众路线教育实践活动专项整治工作动员部署会议召开，贯彻中央、省委关于专项整治工作精神，对做好专项整治工作进行动员和部署。省委第四督导组第一组长曹德淦、副组长郑恢先及督导组其他成员，市领导黄少萍、陈海基、杨俊峰、陈沈阳、沈耀钦、许昆贞、翁祖根、陈庆宗、林伯前等参加会议，市委常委、组织部部长、市委党的群众路线教育实践活动领导小组副组长陈沈阳主持会议。省委第四督导组指出，泉州市党的群众路线教育实践活动启动以来，全市各级党组织高度重视，精心组织，抓好各项工作，教育实践活动推进有力、态势良好，取得阶段性成果。当前，市、县两级领导班子即将转入第三环节——整改落实、建章立制。这一环节是教育实践活动取得实效的关键所在，要贯彻中央、省委有关精神，完成各项整改任务，确保教育实践活动善始善终、善作善成。要强化工作指导，组织开好县直部门和乡镇（街道）领导班子专题民主生活会和村、社区等基层党组织专题组织生活会。要坚持立行立改，对查摆的问题提出有针对性的整改措施，抓紧制定“两方案一计划”，实行开门整改，接受群众监督；抓好前一阶段初步解决问题的巩固提高，防止反弹；抓紧做好建章立制工作，形成作风建设抓常、抓细、抓长的制度机制。要抓住重点突破，抓好上级要求的专项整治任务；确定具有本地特色的专项整治重点项目；通过项目化推进确保整治工作取得实效、取信于民。要加强领导监督，强化组织协调，搞好上下联动和部门联动，确保整改工作落实到位。市委书记、市委党的群众路线教育实践活动领导小组组长黄少萍强调，教育实践活动成效最终要体现到整改工作成效上。各地各单位要把握中央、省委要求，统一思想认识，增强行动自觉，把专项整治作为解决“四风”顽症的一剂猛药，通过问题倒逼推动整改落实，决不让整改方案挂在墙壁上、停留在口头上，从具体事情抓起，从具体问题改起，以重点突破推动作风整体好转，敬终如始地抓好教育实践活动，向群众交出满意答卷。要明确重点任务，落实好中央、省委部署的17个专项整治任务，确定若干个具有本地本单位特色的重点整治项目，整治发生在群众身边的不正之风。要发扬“钉钉子”精神，以“准狠韧”劲头打好专项整治攻坚战，把做好“规定动作”和“自选动作”结合起来，做到自查自纠、摸清问题，明确进度、项目化推进，上下联动、形成合力，依靠群众、推动落实，形成制度、固化成果。要保持作风建设永远在路上的自觉，不松劲放手、不降格以求、不虎头蛇尾，按照责任分工加强组织领导，认真履责、紧抓不放，把专项整治工作抓好，推动教育实践活动健康深入开展。

“中国寻根之旅”武术夏令营福建营在泉州开营

由国务院侨办主办，省侨办、泉州市侨办、厦门市侨办承办，泉州市南少林国际学校协办的2014年海外华裔及港澳台地区青少年“中国寻根之旅”武术夏令营福建营在市区锦绣庄民间艺术园开营。德国、肯尼亚、比利时、荷兰等9个国家和台湾地区的200多名营员，在泉州、南平、厦门等地开展为期12天的夏令营活动，学习福建历史地理文化、福建侨史、中华书画、中华武术、手工制作等，同时参观泉州、武夷山、厦门等地的名胜古迹。

56名高校毕业生“三支一扶”服务基层

全市参加2014年“三支一扶”计划的56名高校毕业生经过岗前培训后到洛江区、泉港区、南安市、惠安县、安溪县、永春县、德化县和泉州台商投资区8个县（市、区）的基层乡镇，开始为期2年的支教、支农（含林业、海洋与渔业）、支医和扶贫工作。从近年报名情况看，报名参加“三支一扶”计划的高校毕业生人数呈逐年上升趋势，2014年的报名人数达到历年最高水平。报名者以本科学历为主，学科构成比较多样化，除支医、支教等专门岗位外，以管理类学科居多。参加“三支一扶”计划的高校毕业生，服务期间由县“三支一扶”办、服务单位负责日常管理和服务。从8月1日起，参加市级“三支一扶”计划的高校毕业生，服务期间生活补贴提高至每人每月2000元并统一办理社会保险。同时，享受每人每年200元的人身意外伤害保险。为鼓励高校毕业生到农村基层从事“三支一扶”工作，泉州市出台专门政策，对参加“三支一扶”计划且服务期满考核合格的大学生，在公务员招考中设置专门职位定向考录；在事业单位招聘、研究生考试等方面享受加分的优惠待遇；专科学历的可以免试入读福建省成人高等学历教育专科起点本科。

市委常委会学习贯彻习近平给福建企业家回信精神

在福建55位厂长经理呼吁为企业“松绑”放权30周年之际，福建30位企业家再次致信习近平建言加快企业改革发展，习近平收到后随即回信。30日，市委召开常委会，学习贯彻习近平回信精神。市委书记黄少萍主持会议并讲话，市委常委出席会议，市人大常委会党组、市政协党组主要领导列席会议。会议要求，各级各部门要把学习回信精神与学习习近平系列讲话精神和对福建工作重要指示结合起来，与推动全面深化改革结合起来，把各项支持企业措施落到实处，推动民企“二次创业”、全方位创新，争当全面深化改革“排头兵”“试验田”。要坚持解放思想，常怀忧患意识，强化“短板”思维，直面发挥新时期福建“东部”作用的更高要求，保持敢闯敢试、敢为人先的激情和干劲，为企业做大做强营造好“四个环境”，培育具有全球化视野、锐意改革创新、勇于做大做强、自觉诚实守信的企业家队伍。要抓住政策机遇，释放改革红利。用好国家级“金改区”“民综改革试点”等政策支持，加快转变政府职能，把简政放权和加强服务结合起来，为企业发展创造公平高效、充满活力的市场环境；开展“阳光减负”行动，解决帮扶企业措施落实的“最后一公里”问题，给予企业信心和帮助。要坚持政企互动，引导企业坚守实业、坚持创新。实施“龙头促进计划”，引导企业锻造更强核心竞争力。突出“企业全方位创新，政府全方位服务”，培育更多科技小巨人、百亿企业、全国民企500强，巩固扩大泉州民营经济、制造业优势。

泉州“七库连通”首条“经脉”接通

泉州市七个水库连通引调水工程之一的菱溪至外走马埭垦区引调水工程泉港区辋川镇许厝村段和梧山村段连通完毕。由此，泉州市七库连通工程首条“经脉”连通。该项目自2月28日动工以来，除去61天因下雨等天气因素无法施工，仅用93天时间就保质保量地完成了这一引调水工程。菱溪至外走马埭垦区工程在湄南供水工程良种场处开设分水口，建设13.08千米输水管线，横跨泉港区、惠安县两地，设计供水规模为每天10万立方米，总投资15亿元。

相关链接：“七库连通”工程指通过连通彭村水库、龙门滩、山美、惠女、菱溪、陈田和泗州7座大中型水库，实现晋江、洛阳江、菱溪、坝头溪四个流域水系互通互连，形成“上蓄下饮、资源互补、丰枯调剂、环境优美”的河库水系连通总体格局。工程包括新建水源工程、拟建引调水工程和规划的流域综合治理项目三大类，项目估算总投资约62亿元。根据初步测算，工程建成后，年均可调水量约为1.55亿立方米，将从根本上解决洛江、惠安、泉港和泉州台商投资区等地水资源严重紧缺的问题。

“文化之都·山海泉港”文化周活动举行

25—30日，由“东亚文化之都·泉州”建设发展委员会主办、泉港区政府承办的“东亚文化之都·2014泉州”县域活动暨“文化之都·山海泉港”文化周活动在市区旧面粉厂及源和1916创意产业园举行。文化周以“文化之都·山海泉港”为主题，活动内容包括：民俗表演，以打正鼓、舞狮、锣鼓等形式，编排民俗节目，与现场观众互动；文艺专场演出，以泉港北管乐团、芗剧演出团体为主，演奏北管、芗剧名曲及近年的文艺创新节目；北管专场演出；“中国梦·文都情”泉港书画展，展出泉港籍书画家及省、市书画家创作的泉港题材的书画作品；“美丽家园·人文泉港”摄影展，展出反映泉港厚重人文底蕴，建设美丽泉港的摄影作品；“海国文明地 中华长寿乡——泉港”主题文化墙，展出反映泉港绿色新城、宜居生态的摄影作品；“出彩维真”油画展，展出泉港籍美术大师创作的泉港题材的油画作品。泉港区还现场展示当地文化旅游产品、非物质文化遗产、旅游招商及项目等，如泉港浮果、古船模制作、北管乐器制作技艺等。

活动现场　　（图/吴寿民）

7月30日

星期三
农历甲午年七月初四
温度：28℃—35℃
多云

●省政协副主席张燮飞、郭振家带领省政协调研组到泉州开展“加快推进厦漳泉同城化发展”专题调研。

●市委常委会学习贯彻习近平给福建企业家回信精神。

●30—31日，全省县域数字城市地理空间框架建设工作会在永春县召开。

●泉州“七库连通”首条“经脉”接通。

●中央文明委推进诚信建设制度化工作座谈会在北京召开，晋江市作为全国唯一县级单位受邀参加会议，并在会上介绍“弘扬诚信精神，建设诚信晋江”的经验和做法。

●永春县见义勇为工作协会成立。

7月31日

星期四
农历甲午年七月初五
温度：28℃—34℃
多云

●泉州·南平山海协作第十九次党政联席会议在泉州召开。

●市领导带队走访解放军第一八〇医院和武警福建省边防总队医院，向官兵、医护人员致以节日问候，并慰问驻泉部队住院伤病员。

●市政协组织听取市检察院工作情况通报。

●泉州市组织收听收看全省农村土地承包经营权确权登记颁证视频会议。

●泉州市食品药品打假志愿者服务队成立。

●“鲤城区职工书屋”揭牌仪式在泉州书城举行。

●晋江市首届跨境电商创业大赛启动。

●南安警方将12名缅甸非法劳工遣送回缅甸，5年内不得再次入境。

●“数字永春”项目通过预验收。

市政协组织听取市检察院工作情况通报

市政协组织听取市检察院上半年工作情况通报。市政协主席杨俊峰，副主席吴共湖、苏小青、骆沙鸣、王祖耀、李冀平、王瑞强、陈益，秘书长洪川夫参加会议。市检察院检察长欧秀珠通报上半年检察机关工作情况，政协委员们围绕强化法律监督、维护公平正义、加大惩治和预防职务犯罪力度等建言献策。杨俊峰指出，全市检察机关要继续为发展大局提供服务保障，营造公平竞争的市场环境。要维护好社会公平正义，提升执法司法公信力。要保障人民群众安居乐业，开展查办和预防损害群众利益职务犯罪专项工作，惩治教育、社会保障、医药卫生、食品药品安全、征地拆迁、生态环境等领域的职务犯罪，保持对各类腐败行为的高压态势。要建设一支信念坚定、执法为民、敢于担当、清正廉洁的检察队伍。政协各参加单位、各民主党派、工商联和政协委员要发挥优势，履行民主监督职能，宣传和支持检察机关工作。

泉州市食品药品打假志愿者服务队成立

泉州市食品药品打假志愿者服务队成立，首批150名志愿者加入泉州市食品药品打假服务队。这些志愿者来自新闻媒体、食品药品生产经营单位、行业协会、公立医疗机构和高等院校等单位，并分成食品、药械、媒体和学院四个小组。服务队将根据志愿者自身能力和特长开展相应的食品药品打假志愿服务，并应邀参与食品药品监管部门开展的各项打假行动和宣传活动。志愿者的主要职责包括收集食品药品违法违规信息，举报食品药品违法违规行为、收集群众对食品药品监管部门的意见和建议等。对于志愿者提供的信息，食品药品监管部门将及时组织力量进行排查，依法处理，确保有落实、有回音；对于已经查实的典型案例，将借助新闻媒体进行曝光，警示社会。

“鲤城区职工书屋”揭牌

“鲤城区职工书屋”揭牌仪式在泉州书城举行。凡持有鲤城区工会会员服务卡的职工均可在书屋“阅读厅”免费阅读书城内12万册在架图书，并可享受8.8折购书优惠。“鲤城区职工书屋”由鲤城区总工会、开元街道工委会和泉州书城创建。传统的“职工书屋”只对本单位职工开放，且有藏书量有限、书籍更新慢等缺点，“鲤城区职工书屋”弥补了这一缺陷，并且增加优惠购书等项目，是对传统“职工书屋”职能的完善和创新。

晋江市首届跨境电商创业大赛启动

由晋江市政府、福建省邮政公司、阿里巴巴集团全球速卖通事业部主办的晋江市首届跨境电商创业大赛启动。启动仪式上，阿里巴巴代表杨帆表示，据中国电子商务研究中心监测数据显示，2013年，晋江已有7万多家国内电商网店，由此可知，晋江本地速卖通商家店铺数有较大增长空间。举办本届大赛有利于加快引导本地企业开辟跨境电商新渠道，有利于为晋江本地企业培养电商人才，解决晋江本地电子商务企业人才难求的现状。

“数字永春”项目通过预验收

“数字永春地理空间框架建设项目”通过预验收。“数字永春”是福建省县域数字城市地理空间框架建设第二个试点项目，由省测绘地理信息局、市国土资源局、永春县政府三方共同建设，历时2年多，采用政务版平台独立建设模式，建设永春县基础地理信息集、公共框架数据集、地理信息公共平台和典型应用示范系统，建成永春县统一权威的地理空间框架，并在国土、应急保障、社会公众等领域开展示范推广。项目依托“天地图·泉州”构建“天地图·永春”公众版在线服务平台，有效对接国家天地图地理信息服务平台，实现“一个网、一张图、一个平台”的地理信息资源节约集约特色。同时，基于“天地图·永春”构建的美丽乡村服务网，以二维地图、多媒体导游等方式，以美丽乡村为主线，推介永春县特色农产品、展示美丽乡村示范工程成果及新农村精神文明风貌，提升社会服务保障能力。

永春县桃城镇丰山村（图/姚德纯）

全市新型城镇化建设现场会在晋江召开

市委、市政府在晋江召开全市新型城镇化建设现场推进会，学习贯彻总书记习近平关于“晋江推进新型城镇化试点工作”的重要批示精神，研究部署加快推进新型城镇化工作。市领导黄少萍、郑新聪、陈海基、杨俊峰、周银芳、陈沈阳、沈耀钦、许昆贞、翁祖根、陈庆宗、林伯前等参加会议。与会人员参观晋江新型城镇化试点项目五店市传统文化街区。晋江市、石狮市、德化县作典型交流发言。

市委书记黄少萍主持会议并讲话。黄少萍指出，总书记习近平的重要批示，是对晋江城镇化发展的肯定，为我们推进新型城镇化指明了方向。近年来，泉州城镇化快速扩张，各地探索出一些可学习、可复制、可推广的经验做法，体现出注重工业化、城镇化良性互动，注重以人为本、建设包容性城市，注重文化传承、凸显文化地标，注重统筹城乡、生态文明等特点，符合国家新型城镇化导向。各级各部门要贯彻落实习近平批示精神，学习晋江的典型做法，探索具有泉州特色、的新型城镇化道路。要突出“产业、就业、人气”支撑带动，着力打造混合型城镇功能区；突出“中心城市、县域城关、重点镇”差异发展，着力塑造城镇独特竞争力；突出“产业人、农业人、创新人”集聚融入，着力实现基本公共服务均等化；突出“绿色、人文、智慧”有机融合，着力提升可持续发展能力；突出“政府、企业、群众”协作共赢，着力推进重点领域改革。要坚持市县联动，加紧研究新型城镇化配套政策。市一级要坚持典型引路，强化政策支持保障，留足弹性空间，充分调动各地创造性。县一级要围绕特色主题，抓好组织动员；顺应政策导向，加紧重点领域探索；加强长远谋划，贯穿“十三五”发展，共同推动泉州新型城镇化建设再上新台阶。

市长郑新聪对下阶段新型城镇化工作作具体部署。郑新聪指出，城镇化建设要突出规划先行与观念革新，让新型城镇化建设与全市科学发展、跨越发展相衔接，与产业发展相融合，与生活配套相同步，与生态环境共提升。要解决好“城”的问题，中心城市要加快塑造现代中心城市形象，加快推进古城文化复兴；县域要推进多种形式的新型城镇化试点；有条件的小城镇要积极向“小城市”发展；要成片推进美丽乡村建设，不断完善城乡公共配套设施，努力构建规模适度、布局合理、功能齐全、环境优美的城镇发展体系。要注重“人”的城镇化，着力推进公共服务均等化、农业转移人口市民化等，促进人口城镇化与土地城镇化同步发展。要做好“地”的文章，做到把握底线、坚守红线、突出改革、严格管控。要加快完善多元化筹资、人本化征迁、精细化管理、环湾同城发展等推进新型城镇化发展的体制机制，在抓好顶层设计的同时深入实施多层级、多主题的新型城镇化试点工作，把泉州新型城镇化推向更高水平。

泉州市出台暂行规定要求公职人员文明举办婚丧喜庆事宜

全市开始施行《泉州市厉行节约文明举办婚丧喜庆事宜的暂行规定》（以下简称《暂行规定》）。《暂行规定》要求，党员干部和公职人员在举办婚庆事宜时应坚持从严、从简、文明、节俭、廉洁办事。单方举办婚宴，宴请人数不得超过15桌（每桌不超10人），婚嫁双方联办婚宴的，宴请人数不得超过25桌（每桌不超10人）；不得在新闻媒体做广告或庆贺；婚礼用车不得超过5辆。党员干部、公职人员及其子女举办婚礼，原则上不邀请非亲戚关系的人员参加，也不参加非亲戚关系人员举办的婚礼。不得收受亲戚以外人员的礼金、礼品。党员干部和公职人员举办婚礼要报批。党员干部和公职人员应当在操办婚礼7个工作日前填写《泉州市党员干部和公职人员举办婚礼报告表》，说明操办时间、地点、邀请人数及范围等情况。举办婚庆事宜应主动移风易俗、推动社会风气的好转，提倡婚宴准时开宴。党员干部和公职人员原则上不得参加非亲戚关系人员，在营业场所举行的生日、乔迁、升学、升迁、参军、就业、开业等庆贺事宜的宴请。丧事应严格执行《中共中央办公厅、国务院办公厅关于党员干部带头推动殡葬改革的意见》的规定。不准动用公务用车。党员干部和公职人员违反《暂行规定》的，视情节轻重，给予相应的组织处理；构成违纪的，给予党纪、政纪处分。各级党委（党组）负主体责任，严格执行此规定；各级纪委负监督责任，对党员干部和公职人员违反《暂行规定》的行为不制止、不查处，或者制止、查处不力的，对所在单位分管领导或主要领导予以问责。《暂行规定》适用于全市各级党的机关、人大机关、行政机关、政协机关、审判机关、检察机关、群众团体、民主党派、事业单位、国有企业中的党员干部和工作人员。村（社区）工作人员参照执行。

8月1日

星期五
农历甲午年七月初六
温度：28℃—35℃
多云

●全市新型城镇化建设现场推进会在晋江召开。

●郑新聪到晋江市征兵体检站，检查征兵体检工作。

●泉州市施行《泉州市厉行节约文明举办婚丧喜庆事宜的暂行规定》。

●“2014中国城市榜——全球网民推荐的最中国美食城市”揭晓，泉州首次当选“全球网民推荐的最中国美食城市”。

●市委宣传部、市文联组织开展以“情系子弟兵·文化促文明”为主题的“送文化进军营”拥军慰问活动。

●1—25日，为纪念中国人民解放军建军87周年，市委宣传部、市双拥办等单位联合主办第十五届军民心连心系列活动。

●泉州市企业年度报告公示制度实施，首日有超百家企业完成年报公示。

●军旅文化题材百部系列微电影《福建军魂》启动仪式在泉州举行，拉开中国首部军旅文化题材系列微电影的拍摄序幕。

●第8期“天工荟萃”——闽台工艺美术大师作品联展·中国石雕艺术大师王向荣及其创作团队专场展览在中国闽台缘博物馆开幕。

●清源山及市区公园增设便民服务项目。

●闽台篮球友谊交流赛在南安市体育馆举行。

8月2日

星期六
农历甲午年七月初七
温度：28℃—35℃
多云转阴

●全市双拥工作表彰大会召开。

●农历七月初七，中国传统的“七夕”节，120多位远嫁海峡对岸的“围头新娘”带着伴侣、孩子回到晋江金井镇围头村，参加第三届海峡两岸（晋江围头）七夕返亲节，集体在娘家度过特殊的“情人节”。

●由泉州网主办的2014年泉州婚恋节的重要组成部分——“七夕单身公益派对”活动在紫帽山下举行，近200名单身青年参与活动。

●报载，全市37家出租汽车企业整合为16家。

全市双拥工作表彰大会召开

近日，全市双拥工作表彰大会召开，总结经验，表彰先进，推动双拥工作创新发展，争创全国双拥模范城“八连冠”。市领导黄少萍、郑新聪、周银芳、陈庆宗，泉州军分区政委郑健等参加大会，并为受表彰的单位和个人代表颁奖。市委书记、市双拥工作领导小组组长黄少萍代表市委、市政府和军分区，向受表彰的单位和个人表示祝贺，向为双拥工作作出贡献的各级各部门和社会各界人士表示感谢，向长期关心支持泉州经济社会发展的官兵致以节日问候，向全市军队离退休干部、残疾军人、转业复员退伍军人和烈军属表示慰问。黄少萍要求，全市各级党委、政府和驻泉部队领导机关要领会军民融合发展重大战略思想，更自觉地把双拥工作抓紧抓实抓好，以共同理想信念凝聚党心军心民心，加强双拥文化建设，创新工作方法，推动全市双拥工作继续走在全国前列。要强化军地协作，推动军民融合深度发展，在融合中形成强大合力、激发拥军支前的活力、展现拥政爱民的魅力，各级党委政府要调动地方资源，支持部队加强军事建设，驻泉部队要大力支援地方，支持泉企进军军需行业。要强化政策落实，解决双拥工作热点难点问题，要结合开展党的群众路线教育实践活动，以开展“双拥在基层”为抓手，认真办实事，主动解难题，服务好部队、官兵和优抚对象。要强化组织领导，加强领导、健全机制、突出特色，做好双拥工作，巩固军政军民团结，推进泉州科学发展、跨越发展和驻泉部队现代化建设，争创全国双拥模范城“八连冠”。

百名围头新娘携台湾新郎回娘家

农历七月初七，中国传统的“七夕”节，120多位远嫁海峡对岸的“围头新娘”带着伴侣、孩子回到晋江金井镇围头村，参加第三届海峡两岸（晋江围头）“七夕”返亲节，集体在娘家度过特殊的“情人节”。在此次返亲节上，金门县陈坑陈氏宗亲会8位代表到围头寻根，并进行族谱对接。据史料记载，金门陈坑陈氏家族始祖，于宋朝自围头渡海徙居金门。

围头返亲节　（图/郭冰德）

“泉金”航线开通“七夕亲情通道”

在“七夕”佳节来临之际，“泉金”（泉州—金门）航线迎来“大陆新娘”返乡过节客流高峰，为方便旅客通关，泉州边检站特别开通“七夕亲情通道”。图为泉州边检站工作人员为“大陆新娘”黄紫翎（左一）一家人送上鲜花，并引导通关。　（图/周小红）

全市37家出租汽车企业整合为16家

从市交通委获悉，全市37家出租汽车企业已整合为16家，正办理车辆过户、工商及税务变更登记等相关手续，9月30日前变更完毕。这37家出租车公司共有3290辆出租车，存在“多、小、散、弱”现状及服务不规范、车辆档次低等问题。每家出租车企业车辆平均拥有量不足百辆。车辆规模达150辆的仅有5家，分别是中心市区2家，晋江、石狮和南安各1家。位于德化县的中旅汽车公司，仅有13辆出租车。此次整合，旨在引导企业走公司化经营模式，实现管理上台阶、企业上规模、车辆上档次、服务上水平。泉州市范围内车辆规模未达到150辆的出租汽车客运企业均列入整合对象。至6月30日，37家出租汽车企业在规定时间通过平等协商、共同发起、自行整合的形式，确认16家符合要求的出租汽车企业主体。

全国武术学校大赛泉州代表获佳绩

第十四届全国武术学校套路比赛在呼和浩特闭幕，该次比赛由国家体育总局武术运动管理中心主办，来自全国22个省（市、自治区）的145所武术学校、398名运动员，在“英雄少年”、“功夫青春”两个集体项目和长拳、刀术、剑术、枪术、棍术、少林拳、少年规定拳，传统拳、南拳、南刀、南棍等个人全能项目上展开角逐。泉州南少林国际学校武术健儿战绩颇丰：夺得集体项目一等奖；童心获女子组华拳第一名，规定拳第一名，全能第一；张雅玲获规定拳单项第一名，全能第一；丁鹏程获男子组查拳第一名，规定拳第二名，全能第二；陈龙玉获男子组规定拳第二名，少林拳第五名，全能第三。该学校代表队获“体育道德风尚奖”。

爱心书画作品慈善拍卖会在市区举行

由泉州市志愿者协会和丰泽区妇女联合会主办的“书画传递爱心·艺术放飞梦想”书画作品慈善拍卖会在市区举行，成功拍卖数十件书画和工艺品。活动旨在通过慈善拍卖的方式，筹集部分爱心款，用于关爱未成年人项目各类活动，让困难儿童感受到社会的温暖与亲情，倡导社会互助精神。主办方现场将拍卖和募捐的20020元捐赠给泉州爱心妈妈之家，用于关爱未成年人“牵手行动”项目。

泉州各界积极支援云南鲁甸地震灾区

3日16时30分许，云南省昭通市鲁甸县发生6.5级地震，造成重大人员伤亡和财产损失。在云南昆明、昭通的泉商立即投入当地抢险救灾活动。随后数日，泉州各界通过各种方式，支援灾区人民抗震救灾和灾后重建工作。

4日，云南省福建总商会向在云南的50家闽籍商（协）会和40万闽商发出短信，通报灾情，希望能募捐爱心款。三日内，云南闽商共捐资790488元，其中昆明市洛江商会捐款30万元。在云南的泉商志愿者深入第一线，到灾区现场做机动服务。

5日，由7人组成的福田公益救援队，携带1000件新衣服到达鲁甸灾区现场，与东南公益、云南福建总商会、昭通福建商会组成鲁甸救灾公益联盟，打通福建籍企业家的捐赠救灾通道。在鲁甸救灾总指挥部、火德红乡救灾指挥现场协助搬运物资、指挥交通、搭建帐篷、安置灾民、慰问伤员。

5日，泉州市红十字会、泉州市慈善总会公布账号，呼吁各界人士奉献爱心，帮助灾区人民。共青团泉州市委、市青年联合会、市青年商会、市青年志愿者协会迅速行动，发动各界青年踊跃为地震灾区募集资金物资。晋江市青年志愿者协会心连心服务队和新塘街道服务总队分别为灾区募集全新服装3000件和2000件，以及食品、帐篷、日用品等共160多箱送交泉州爱心公益协会接收点。安踏公司在晋江总部举行捐赠仪式，通过晋江市慈善总会捐赠价值500万元的款物，用于救灾和灾后重建。利郎集团、九牧王公司各捐赠100万元。福建好彩头食品公司捐款20万元和80万元食品。七匹狼男装在了解到灾区人民需要衣服、食品、帐篷等物资后，向灾区赠送价值300多万元的日常物资。晋江连捷纺织印染实业有限公司捐赠3000多件衣服。泉州市台资企业协会向台资企业发出为灾区献爱心倡议，全市台资企业共捐出爱心款100万元。

安溪首次举办茶叶专业合作社制茶大赛

3—4日，由安溪县委组织部、县委党的群众路线教育实践活动领导小组主办，县农业与茶果局和祥华乡党委、政府承办的以“党建强社 合作富民”为主题的安溪县示范茶叶专业合作社制茶大赛在该县祥华乡举行。来自全县县级以上茶叶专业合作社示范社及17个建立党组织的茶叶专业合作社的党员社员、茶王社员，共44位制茶能手，比试晒青、晾青、炒青等操作技艺，沉稳细腻地“创作”安溪铁观音好茶。茶样出炉后，由专业技术人员及制茶工艺大师代表进行审评，主办单位对获奖选手进行表彰。一等奖获得者为祥华乡仙踏石茶叶专业合作社詹建华，二等奖获得者为祥华乡创兴茶叶合作社詹良华、福田乡金仑茶叶专业合作社陈艺坤。

颁奖仪式　　（图/郭冰德）

8月3日

星期日
农历甲午年七月初八
温度：27℃—35℃
多云转阴

●第十四届全国武术学校套路比赛在呼和浩特闭幕，泉州南少林国际学校武术队取得两个全能第一、一个全能第二、五个单项全国冠军的战绩。

●由泉州市教育局、泉州晚报社主办，福建省教育厅阳光高考信息平台协办的高招专科咨询会，在泉州信息工程学院举行。

●“书画传递爱心·艺术放飞梦想”书画作品慈善拍卖会在市区举行，成功拍卖数十件书画和工艺品。主办方现场将拍卖和募捐的20020元捐赠给泉州爱心妈妈之家，用于关爱未成年人“牵手行动”项目。

●16时30分，云南省昭通市鲁甸县发生6.5级地震，造成重大人员伤亡和财产损失。在云南昆明、昭通的泉商第一时间投入抢险救灾活动。随后数日，泉州各界纷纷捐款捐物，支援灾区人民抗震救灾和灾后重建工作。

●3—4日，以“党建强社 合作富民”为主题的安溪县示范茶叶专业合作社制茶大赛在该县祥华乡举行。

8月4日

星期一
农历甲午年七月初九
温度：27℃—33℃
阵雨转多云

●省流域办组织的2013年度市长环保目标责任书（重点流域水环境综合整治部分）考核结果公布，泉州市以83.18分的总成绩位列全省第一，实现在全省该项考核中的“四连冠”。

●泉州市召开安全生产工作紧急会议，传达中央领导批示精神，就有关重点工作进行部署。

●第十二届中国国际合唱比赛在京闭幕。泉州市青少年宫侨乡少儿合唱团获得童声组银奖，泉州师院音乐与舞蹈学院恒安合唱团获得成人女声组银奖，华侨大学合唱团获得成人混声组表演奖。

●在全国第二届“关爱明天·普法先行”青少年普法教育活动总结表彰大会上，泉港区被中国关工委、司法部、中央综治办联合授予“全国青少年普法教育示范区”称号。

●安踏体育用品有限公司与国家体育总局体操运动管理中心合作签约发布会在北京举行。

全省重点流域水环境综合整治考核泉州获“四连冠”

省流域办组织的2013年度市长环保目标责任书（重点流域水环境综合整治部分）考核结果公布，泉州市以83.18分的总成绩位列全省第一，实现自2010年度以来在全省该项考核中的“四连冠”。

相关链接：2013年，泉州市重点流域水环境质量继续保持良好水平，重点流域省控监测断面Ⅲ类水质达标率100%，13个集中式饮用水水源地Ⅲ类水质达标率100%。饮用水源地保护方面，泉州市推进山美水库湖泊生态环境保护试点工作，确保泉州市“大水缸”的水源安全。山美水库于12月通过环保部江河湖泊生态环境保护工作竞争性立项，成为全省第一个进入国家优先支持的项目，目前已开工的19个项目中10个完成年度投资计划。环保基础设施建设方面，泉州市将生活污水处理设施网络向农村地区延伸，全市建成150余座农村小型集中式污水处理设施、人工湿地、氧化塘；在一些较为分散的农村区域，推广2万多套聚乙烯户用生活污水处理设施；建成生活污水管道2230.6千米。污染防治方面，2013年，全市109家规模养殖场全部完成综合治理；基本完成晋江等地皮革企业“五水分流”；基本完成晋江市、南安市建陶企业LNG替代。组织开展21条小流域清淤河道47.96千米，关闭搬迁违法企业118家，使大部分重点流域水质有较明显的改善。

泉州市开展地毯式安全生产大检查

泉州市召开安全生产工作紧急会议，传达中央领导批示精神，就有关重点工作进行部署，并于启动全市安全生产大检查。会议要求各级各部门结合当前正在开展的安全生产专项整治，全面组织地毯式安全生产大检查，特别突出铝镁制品加工企业、油气管道、道路交通、消防安全、建筑施工、特种设备等重点领域专项整治。会议还部署全市在9月底前开展道路交通、消防安全、建筑施工、有限空间、危险物品、渔业、旅游、暑期学生安全、防汛、油气管道等十个重点行业（领域）专项整治。在是日下午的安全生产大检查中，有一家无证危险化工储存企业被责令停产。

中国国际合唱比赛泉州三支参赛队伍获奖

由文化部主办的第十二届中国国际合唱比赛在北京落下帷幕。泉州市青少年宫侨乡少儿合唱团获得童声组银奖，泉州师院音乐与舞蹈学院恒安合唱团获得成人女声组银奖，华侨大学合唱团获得成人混声组表演奖。泉州市青少年宫侨乡少儿合唱团为此次比赛精心准备了三首演唱曲目：外文歌曲《Adiemus》、闽南童谣《西北雨直直落》、锡伯族民歌《春天来到田野上》。表演者身着具有闽南特色的惠安女服饰上台演唱，让现场的中外观众感受到了东亚文化之都——泉州的独特魅力。中国国际合唱节是中国举办的规模最大、规格最高的国际合唱艺术盛会，是国务院唯一认定的国家级政府举办的合唱赛事。此次比赛为期7天，共有来自43个国家和地区的188支队伍参加比赛。

泉港上榜全国青少年普法教育示范区

在全国第二届“关爱明天·普法先行”青少年普法教育活动总结表彰大会上，泉港区被中国关工委、司法部、中央综治办联合授予“全国青少年普法教育示范区”称号，该区关工委、综治办、教育局、司法局4个单位被授予“全国青少年普法教育先进单位”，另有6所学校获“零犯罪学校”称号，14人获“全国青少年普法教育先进个人”、27人获“全国青少年普法教育优秀辅导员”称号。“关爱明天·普法先行”青少年普法教育活动由中国关工委、司法部、中央综治办联合开展。

相关链接：泉港区有7万多名青少年。针对大多数青少年是在校学生的实际，该区坚持把创建“零犯罪学校”作为争创示范区的重要载体，按学生数1%的比例，在各中小学校、幼儿园推荐选聘“法制辅导员”，建立一支350多人的法制辅导员队伍，让学校法制宣传教育常态化、制度化。为构建学校、家庭、社会三位一体的教育网络，泉港把“零犯罪学校”的创建延伸到社会，发动各镇（街道）、各村（居）积极开展“零犯罪村居（社区）”创建。该区整合“涉老”“涉青”部门及社会力量，建立以政法干警、法制副校长、学校法制辅导员为主体的法制教育辅导员队伍，以法制工作者、心理专家、家庭教育专家为主体的专家队伍，以关工委“五老”为主体的青少年思想道德关爱队伍和以共青团干部、优秀青年、志愿者为主的社工队伍，开展青少年普法教育和有针对性的帮扶帮教活动。自活动开展以来，该区各学校均未发生未成年人犯罪案件和重大安全责任事故，违法犯罪事件明显减少。

泉州市开展落实中央“八项规定”精神专项整治工作

市纪委召开全市落实中央“八项规定”精神专项整治工作会议。会议强调，要提高思想认识，把专项整治与落实整改结合起来。各级纪检监察机关要把做好中央巡视组对福建省巡视情况的反馈意见整改工作作为当前和今后一个时期的重大政治任务，不折不扣整改到位。要强化工作措施，打好“组合拳”：一要抓住重点、抓住要害，重点是公款大吃大喝、公车私用等；二要查处违纪案件，以查处警醒干部、鼓舞群众；三要强化责任，对违反“八项规定”的行为，不仅要查当事人，也要调查党委（党组）领导是否履行了主体责任、纪委（纪检组）领导是否履行了监督责任。要加强组织领导，抓紧部署、迅速推进专项整治工作。要密切配合，上下联动，形成社会效果，通过有效作为掀起整治的小高潮，使遵守“八项规定”成为干部的自觉行动，让群众看到落实“八项规定”的成果。

2014年泉州市直机关运动会举行

5—22日，2014年泉州市直机关运动会举行。运动会设9大类24个比赛小项，包括定点投篮、羽毛球、游泳、象棋、围棋、网球、乒乓球、拔河和飞镖，根据男子组、女子组、处级组划分为24个比赛小项。来自市直机关各部门和驻泉州省部属单位的47个代表队、1154名运动员参加相关赛事。该次运动会是泉州市市直机关全民健身运动和体育工作的一次大展示、大检阅。举办市直机关运动会，是推动机关全民健身运动深入开展、提高机关干部体能素质的基本途径，是推动精神文明创建活动、建设文明城市的重要内容，也是进一步激发干部职工干事创业热情、锤炼艰苦奋斗作风的有益实践。

开幕式　　（图/李芸生）

泉州市青年书法家协会换届

泉州市青年书法家协会召开第五次会员代表大会，选举产生新一届理事会。张文璟当选新一届泉州市青年书法家协会主席。泉州市青年书法家协会目前有会员310余人，成为泉州市青年联合会下属青年社团中会员最多的协会之一。近三年来，在由中国书法家协会主办的国家级权威书法篆刻大展中，泉州市青年书法作者共有200多人次的书法作品入展，其中数十人次获奖。

以晋江刑警为原型的电影《刑侦队》开拍

由晋江市公安局、北京丝宾丝文化传媒有限公司联合摄制的首部反映晋江刑警先进事迹的电影《刑侦队》开机。公安部宣传局局长刘家伟在讲话中指出，《刑侦队》以晋江公安刑侦大队为原型，以晋江刑警侦破的一起电信诈骗案例为创作素材，展示了基层公安民警爱岗敬业、无私无畏的职业素养和忠诚智慧、爱民为民的真挚情怀。

相关链接：在2013年全国公安题材影视剧创作座谈会上，公安部宣传局领导同福建省公安厅领导商定：拍摄一部反映晋江刑警的电影，弘扬“背包精神”，填补近10年来福建省公安题材影视剧作品的空白。2013年4月，电影制片人和编剧到晋江市公安局采访、创作，通过与刑警同吃同住、随警作战，体验刑警生活，历经八次修改才完成剧本创作。

泉州市防护林工程获中央补助3050万元

省发改委转发下达2014年防护林工程中央预算内投资计划，泉州市获中央补助资金3050万元，用于建设沿海防护林面积2.47万公顷，其中人工造林0.13万公顷、封山育林2.33万公顷。这些工程的建设，将促进泉州市森林城市建设，保障经济社会可持续发展。2014年省政府下达给泉州市0.62万公顷年度造林绿化任务，上半年已完成造林绿化面积0.65万公顷，占总任务的104.5%。其中：人工造林更新0.23万公顷，占任务的116.8%；“四绿”工程建设0.42万公顷，占任务的98.9%。同时，动员全社会参与植绿护绿和义务植树认建认养活动，完成义务植树1510万株，占任务数的107%。

8月5日

星期二
农历甲午年七月初十
温度：27℃—33℃
多云

●市纪委召开全市落实中央“八项规定”精神专项整治会议。

●2014年泉州市直机关运动会开幕。

●泉州市青年书法家协会召开第五次会员代表大会，选举产生新一届理事会。

●由晋江市公安局、北京丝宾丝文化传媒有限公司联合摄制的反映晋江刑警先进事迹的电影《刑侦队》开机。

●首届“安溪铁观音幸福家庭制茶大赛”在“中国茶叶第一镇”——安溪感德举行。

●报载，泉州市获中央补助3050万元，再建37万亩防护林。

8月6日

星期三
农历甲午年七月十一
温度：27℃—33℃
多云转阴

●郑新聪调研石狮、晋江、南安跨境流域水环境污染综合整治情况。

●陈海基到惠安螺城溪南村调研新农村建设，勉励村干部永远做群众的贴心人。

●全市综治委指导人民调解工作协调领导小组成员会议召开。会上公布，2014年以来全市各级人民调解委员会受理各类民间纠纷10485件，调解成功10301件，成功率达98.2%。

●福建省县级工商局外资登记授权授牌大会在石狮市举行，石狮、晋江、仙游三个县级工商局获得外商投资登记管理权。

●全市农民第五套健身秧歌展示表演活动在泉州侨乡体育馆举办。

●6—9日，由惠安县委宣传部、福建省书法家协会主办的第五届中国书法“兰亭奖”、第十一届书法国展福建看稿会暨福建书法家走进惠安采风活动举行。

●220千伏虎邱变电站至110千伏安桥变110千伏线路成功送电，将为安溪县南翼新城建设及西坪镇、龙涓乡等茶叶主产区提供优质的电源保障。

郑新聪调研跨境流域水环境整治情况

市长郑新聪带队调研石狮、晋江、南安跨境流域水环境污染综合整治情况，现场察看南安大盈溪流域环境整治，石狮中心区污水处理厂尾水回用工程，晋江海烟沟、西滨军垦农场外租企业整治、南港污水处理厂工程等，并召开座谈会听取汇报，部署下阶段整治工作。市委常委、常务副市长林伯前，市政府秘书长吴友才参加检查。郑新聪指出，跨境流域整治功在当代、利在千秋，是各级党委政府的职责所在，也是泉州市委市政府党的群众路线教育实践活动重点整改项目之一，意义重大，任务繁重。下一步，要按照“源头严防、过程严管、后果严惩”的思路，进一步明确目标任务，主动对接落实好福建省建设生态文明先行示范区和泉州市创建国家级生态市工作，结合宜居环境建设行动、“美丽乡村”建设，加大力度，扎实推进。要自加压力，把跨境流域整治列为本地重点流域整治的重中之重，抓好2014年整治方案的完善和实施，完成晋江、石狮5条跨境流域和晋江、南安九十九溪、大盈溪及支流的跨境流域整治。要借鉴好经验好做法，加快推动2014年新增的晋江西溪永春段（安溪剑斗镇上游）、黄塘溪（惠安—泉州台商投资区）2条跨境小流域整治，力争早出实效。

陈海基到惠安县调研新农村建设

市人大常委会主任陈海基带队到惠安县螺城镇溪南村调研新农村建设，勉励村干部要永远做群众的贴心人。陈海基指出，要以村级便民服务大厅为平台，集中梳理村民需要办理的服务事项，探索和创新新农村公共管理、社会治理的新模式、新机制，发挥其互帮互助、应急救难、化解矛盾、方便群众的作用，更好地促进村民自治。

石狮晋江工商局获外商投资企业登记管理权

福建省县级工商局外资企业登记授权授牌大会在石狮市举行。在授权大会上，石狮、晋江、仙游三个县级工商局获得外商投资企业登记管理权，这意味着石狮、晋江的外资企业今后在办理注册、变更、注销等手续时，不必再往返泉州市区，石狮和晋江两市服务外商、引进外资能力将因此进一步提升。

相关链接：石狮、晋江是著名侨乡，以服装、鞋类闻名于世，是海西最具活力和竞争力的投资热土之一。目前石狮市共有外商投资企业1030家，总投资额37.4亿美元，注册资本25.9亿美元，涉及服装、纺织品、鞋业、五金、电子等众多行业。外资企业在繁荣石狮市经济建设、推进城乡统筹发展、服务人民群众等方面发挥很重要的作用。工商登记制度改革以来，石狮市外商投资企业发展更加迅猛，投资者要求外资企业登记授权的呼声也越来越高。2013年，石狮市工商部门专门报送相关授权请示，得到国家、省级工商主管部门关注。

农民第五套健身秧歌展示表演活动举行

由市农民体育协会主办的第六个“全民健身日”暨农民第五套健身秧歌展示表演活动在泉州侨乡体育馆举行。活动邀请石狮市、南安市、晋江市、永春县、泉港区、丰泽区、德化县、安溪县、洛江区、惠安县、鲤城区以及泉州台商投资区12支队伍参加表演。各代表队在集体展示中以统一的舞蹈亮相，随后又一一展示自己特色。该活动旨在通过在农村推广普及第五套健身秧歌，使农民群众享受到体育带来的健康和快乐。

活动现场　　（图/李芸生）

福建书法家走进惠安采风活动举行

6—9日，由省书法家协会和惠安县委宣传部主办，县文学艺术界联合会、县创建“中国书法之乡”办公室、县书法家协会承办的第五届中国书法“兰亭奖”、第十一届中国书法国展福建看稿会暨福建书法家走进惠安采风活动举行。该活动旨在围绕惠安县委、县政府“文化提升年”和创建“中国书法之乡”的活动，促进惠安书法事业跨越发展。

倪岳峰到泉州调研

省委常委、省纪委书记倪岳峰率调研组到泉州调研查办腐败案件体制机制改革试点工作。省纪委常委、秘书长江玉平，市领导郑新聪、周银芳、沈耀钦参加调研。调研组走访洛江区福建嘉泰数控有限公司、丰泽区微柏数控技术有限公司，听取相关工作汇报，召开座谈会了解泉州市开展“查办腐败案件以上级纪委领导为主”试点工作进展情况。倪岳峰指出，省纪委决定在泉州开展查办腐败案件体制机制改革试点工作，目的是改革创新不适应办案需要的观念、方式和方法，更好地完成中央纪委交给各级纪委的反腐败任务。试点工作在强调地方党委党风廉政工作主体责任的同时，突出体现了上级纪委对下级纪委强有力的支持、指导、督促和约束，为纪检战线干部有效解压，督促各级纪委落实职责到位；让各地纪委办案标准趋于规范、统一，确保查办腐败案件工作在上级纪委的管辖范围内有条不紊地进行。在实施过程中，要对腐败案件线索排查、处置方法予以改革，全面收集线索，正确处置线索。对一些棘手、难办的重点案件，泉州纪委可试行异地办案、交叉办案等新举措。要加强办案力量的配备，加强培训，试行异地任职。要明确向上级纪委报告的腐败案件线索的范围，上级纪委不包办、替代下级纪委的工作，只集中精力和人力处理重点线索和重点工作。倪岳峰希望泉州市纪委，洛江区、晋江市、德化县和市公安局纪委等试点单位，要大胆改革查处腐败案件的机制体制，为全省全国探索新经验新做法。

2014年全市用电最高负荷六次刷新

自2014年迎峰度夏以来，全市用电负荷不断攀升，最高负荷已刷新6次，达到683万千瓦，比上年最高负荷增长5.12%。在国网泉州供电公司的多措并举下，泉州电网运行平衡。中心市区、晋江、惠安、南安等地区的负荷增长最为明显。为满足日益增长的负荷需求，泉州地区电力建设全面“提速”，2014年以来共投运了220千伏虎邱变电站以及110千伏冷水变电站、朴新变电站。为保证局部供电严峻的居民用电，泉州供电公司制定相应的应急预案和事故预想，加强电网负荷的实时跟踪，做好电网负荷预测，合理安排电网运行方式，科学分配供电负荷，重点关注重载馈线及设备，确保夏季用电高峰期电网设备安全运行。

军警民联合开展洛阳江河口湿地保护活动

一场以“保护湿地 军警民在行动”为主题的环保服务活动在洛阳江边展开。活动由泉州边防支队洛阳边防派出所、泉州湾河口湿地保护区管理处、泉州台商投资区农林水局、洛阳镇政府以及泉州各高校有关社团组织开展。参与活动的军警民代表各成员单位人员沿着洛阳江河口红树林湿地徒步巡逻检查，记录河口红树林及其相关动植物、自然景观、人文景观以及污染情况，到周边村庄入户宣传环保法律法规，动手对洛阳江河口红树林湿地环境进行清理，清扫生活垃圾，打捞附近海面的垃圾和漂浮物，在洛阳镇白沙二村湿地滩涂上种上1000棵红树苗。

泉州获全省旅游“过夜人气城市”第一名

泉州获福建省旅游人气城市排行榜“过夜人气城市”第一名。泉州市近几年积极打造旅游文化城市，仅上半年旅游总收入达200多亿元。图为在开元寺内，充满文化魅力的景色吸引各地游客。

（图/陈晓东）

8月7日

星期四
农历甲午年七月十二
温度：27℃—34℃
多云

●倪岳峰到泉州调研。

●泉州·南平山海协作第十九次党政联席会议在泉州召开。

●2014年全市用电最高负荷六次刷新。

●军警民联合开展洛阳江河口湿地保护活动。

●泉州获全省旅游“过夜人气城市”第一名。

8月8日

星期五
农历甲午年七月十三
温度：28℃—34℃
多云

●中国海军新型护卫舰泉州舰入列命名授旗仪式在厦门某军港举行。

●市政府召开常务会议，听取2014年以来全市安全生产情况汇报，部署下阶段安全生产工作。

●市政协组织督办十一届三次会议关于“加快安置房‘两证’办理工作”的重点提案。

●全市干部监督工作会议召开。

●省旅游局对外发布消息称，文化部公布第四批国家级非物质文化遗产代表性项目名录入选项目名单。泉州洛江陈三五娘传说和安溪竹藤编上榜。

●“蔡国强：九级浪”展览在上海当代艺术博物馆开幕。

●8—10日，“东亚文化之都·2014泉州”县域活动暨“文化之都·魅力德化”文化周在市区旧面粉厂举行。

●第十二届台湾世界青少年“金百合花奖”艺术大赛在台北举行。应邀参赛的泉州蓝天幼儿园获得赛事最高奖——“金百合花奖”。

●“全民健身日”，全市公共体育场馆全部免费对市民开放。

●2014年首届全国武术运动大会在天津揭幕。在首日比赛中，泉州市五祖拳代表队，在25支队伍参与的武术段位制展示表演中，得分与成都体院队并列第二。

海军泉州舰入列命名授旗仪式举行

中国海军新型护卫舰泉州舰入列命名授旗暨继承“海上猛虎艇”称号仪式在厦门某军港举行，标志泉州舰加入海军战斗序列。东海舰队政委王华勇，副省长陈荣凯，东海舰队某基地司令员陈琳、政委陈显国，厦门市有关领导，泉州市领导郑新聪、陈海基、周银芳、陈荣洲，泉州军分区政委郑健等参加仪式。王华勇向泉州舰授旗并颁发命名证书。王华勇简要阐释“海上猛虎精神”的由来与精髓，并指出，祖国尚未完成统一，海洋安全形势严峻，部队处在海峡一线，肩负重要责任，尤其要传承好“海上猛虎精神”，在高起点上开好头、当标兵，勇立功勋，续写辉煌。要把对党忠诚、为国而战的红色基因，枕戈待旦、时刻备战的使命担当，敢打硬拼、不怕牺牲的战斗精神融入官兵血脉，做到强敌面前敢亮剑，困难面前不怕苦，风险面前不畏惧。要融入时代精神，高举党的旗帜，做中国特色社会主义道路、理论和制度的坚定拥护者、实践者和捍卫者，强化忧患、苦练精兵，为实现祖国统一作出应有贡献。要善于吸收命名城市泉州勇立潮头、勇于创新等优秀文化因子，善用新思维、新理念、新视野审视指导工作，为部队建设的创新和发展注入强劲动力。陈荣凯指出，泉州舰入列命名，是福建人民的喜事，更是泉州市的荣耀。海军福建基地是具有光荣革命传统和辉煌战绩的部队，自成立以来，与福建人民命运与共，血脉相连，“猛虎精神”威震海疆，为捍卫海洋国土和主权完整做出突出贡献。希望新入列并继承“海上猛虎艇”称号的泉州舰发扬传统，继承荣誉，再立新功，再创辉煌。福建作为全国唯一所有设区市连续三届均被评为“全国双拥模范城”的省份，将发扬拥军优属传统，做好双拥工作，巩固和发展军政军民同呼吸、共命运、心连心的大好局面，为促进国防与军队现代化建设，实现“中国梦”和“强军梦”作出新的更大贡献。受市委书记黄少萍委托，市长郑新聪在仪式上代表市四套班子、泉州军分区和泉州人民，表达对泉州舰入列命名授旗的喜悦、自豪与祝福。郑新聪指出，泉州素有双拥优良传统，已连续七届获全国双拥模范城称号。通过命名，泉州舰与泉州建立起血浓于水的关系。泉州就是泉州舰全体官兵的“第二家乡”，泉州舰就是泉州流动的“家园”。泉州市委、市政府和泉州人民将关心支持泉州舰的建设和发展，与舰队密切鱼水情谊，加强合作共建，当好坚强后盾，为建设强大国防做出应有贡献。希望泉州舰劈波斩浪、一往无前，成为捍卫国家安全和维护世界和平的海上劲旅，成为泉州的一张亮丽名片。

泉州舰入列命名授旗仪式

海军泉州舰　（图/林劲峰）

“蔡国强：九级浪”展览在上海开幕

随着国内首件“白天焰火”作品“无题：为‘蔡国强：九级浪’开幕所作的白天焰火”绽放于上海黄浦江上空，“蔡国强：九级浪”展览开幕。此次个展是蔡国强近年来重要创作理念和形式的回顾，也是对蔡国强长年穿梭世界多元文化间、与当地族群互动合作，实现作品在多种艺术形式甚至文化形态间的转换，持续开拓艺术观念和形式边界的方法论的总结。“蔡国强：九级浪”是首个在上海当代艺术博物馆举行的当代中国艺术家大型个展。展览中的许多作品均为上海当代艺术博物馆的空间量身打造，并对公众开放其制作过程，艺术家与观众、空间与作品之间形成实时而直接的对话。观众所见的作品，亦是一系列行为和事件的成果。

“蔡国强：九级浪”在上海当代艺术博物馆大厅展出（图/陈英杰）

8月9日

星期六
农历甲午年七月十四
温度：28℃—34℃
多云

●市委、市政协召开新型城镇化规划专题协商座谈会。

●泉州光州民间旅游互访活动启动，70名市民幸运被抽中赴韩国光州进行旅游交流互访。

●第二届福建省海峡青少年古筝演奏比赛在泉州举行。

市委市政协召开新型城镇化规划专题协商会

市委、市政协召开新型城镇化规划专题协商座谈会。市领导杨俊峰、周银芳、李建辉、吴共湖、苏小青、骆沙鸣、陈铭福、李冀平、陈益，市政协秘书长洪川夫参加。会上，市政协委员和市各民主党派、工商联负责人听取《泉州市新型城镇化规划（2014—2020年）（送审稿）》的起草说明，并提出意见建议。杨俊峰指出，新型城镇化建设应突出“新型”，重点在“精、细、特”上下功夫，既要发展特色经济，也要提升教育、卫生、社保、户籍等服务保障，实现公共服务均等化，并注重规划的指导性和可操作性。杨俊峰希望，市政协各参加单位、广大政协委员，特别是委员界别小组、政协机关的牵头委室，要继续围绕新型城镇化建设深入调研、视察，为市委、市政府推进新型城镇化建设，提供更多更有价值的决策参考。周银芳代表市委感谢市政协、各民主党派、工商联对市委工作的支持，希望大家继续围绕全面深化改革的热点难点问题积极履职建言，助推泉州加快实现“三大战略”。周银芳指出，要围绕处理好市本级与县城、环湾与非环湾、产业与城镇、农村与城市、共性与个性、建设与管理、政府主导与共同参与等关系，定准目标、把握关键，合理谋篇布局，进一步完善新型城镇化的规划。

泉州光州民间旅游互访活动启动

70名泉州市民幸运地被抽中赴韩国光州进行旅游交流互访。为宣传“东亚文化之都”品牌形象，加强中国泉州与韩国光州之间的民间交流活动，“东亚文化之都·泉州”建设发展委员会主办、泉州市旅游局启动“泉州—光州民间旅游交流互访活动”。7月31日，泉州市旅游局在《泉州晚报》刊登“东亚文化之都·泉州”相关文化知识问答，凡是身体健康、无未了民事刑事案件、无不良记录的泉州籍市民都可以参加答题，共收到400多张答卷。泉州市旅游局组织人员对之进行评卷，符合条件的答卷有345张，主办方从中随机抽出70名幸运市民，一等奖2名，可享受团费全免；二等奖4名，可享受在韩国光州4天3晚的食宿交通费用全免，国际往返机票、首尔食宿交通和签证费5折优惠；余下64名为三等奖，可享受在韩国光州4天3晚的食宿交通费用全免，但需承担国际往返机票、首尔食宿交通和签证费约3130元的费用（不含因私护照费用）。这70名幸运市民将分两批赴韩国光州交流。

第二届福建省海峡青少年古筝演奏比赛在泉州举行

由省音乐家协会主办，福建音协考级委员会、泉州舒雅古筝琴行承办的第二届“鼎韵杯”福建省海峡青少年古筝演奏比赛在泉州举行。比赛旨在为进一步发展福建省的社会音乐教育事业，促进海峡青少年古筝演奏艺术的交流，更好地培养广大青少年的优秀音乐后备人才。比赛设地市选拔赛和省总决赛两轮。各地市选拔赛以省音协考级委员会牵头实施，并与各市音协或相关单位进行本地区选拔比赛，并按分配名额推荐选手参加全省总决赛。

比赛现场　　（图/李芸生）

重点流域水环境综合整治全省考核泉州“四连冠”

从市环保局获悉，在省流域办组织的2013年度市长环保目标责任书考核中，泉州市以83.18分的总成绩位列全省第一，实现自2010年度以来泉州市在全省该项考核中的“四连冠”。近年来，泉州市着力推进“江河湖海”治理。2013年，泉州市重点流域水环境质量继续保持良好水平，重点流域省控监测断面Ⅲ类水质达标率100%，13个集中式饮用水水源地Ⅲ类水质达标率100%。饮用水源地保护方面，除坚持对饮用水水源地开展定期检查和监测外，积极推进山美水库湖泊生态环境保护试点工作。以完善环保基础设施为抓手，将生活污水处理设施网络向农村地区推广延伸，全市建成150余座农村小型集中式污水处理设施、人工湿地、氧化塘，并在一些较为分散的农村区域，推广2万多套聚乙烯户用生活污水处理设施。至2013年底，全市污水收集处理设施建设项目完成年度投资11.01亿元，建成生活污水管道2230.6千米。

8月10日

星期日
农历甲午年七月十五
温度：27℃—34℃
多云

●福建电视台播出《“两个责任”系列：专访泉州市委书记黄少萍》。黄少萍通过电视屏幕向观众介绍泉州党风廉政建设和反腐工作成效。

●海峡两岸青少年武术联谊交流活动在泉州举行。

●第四届黑马大赛创二代主题赛决赛在晋江闭幕。

●由市体育局、市工商联等单位组织的“全民健身 漫步清源”公益活动在清源山举行，近万市民漫步清源山10千米慢行道，体验徒步行走健身的乐趣。

●报载，福建省决定对安溪、永春、德化实行“绿色考评”。

●泉港区施厝扁担拳文化研究会成立。

第四届黑马大赛创二代主题赛决赛在晋江闭幕

第四届黑马大赛创二代主题赛决赛在晋江闭幕。在为期两天的比拼中，全国各地近30位青年创业精英展示自己的创业项目。此次创二代主题赛设立了广州、温州和晋江三大分赛场，从6月初筹备开始，历经两个月，决赛以“创业晋江，智造未来”为主题，聚焦热门话题“创二代”，请来知名企业家及台湾地区创业者，构架海峡两岸文化交流新桥梁。在决赛上，三大分赛场最佳选手汇聚一堂进行项目路演，通过讲述创业项目，展示创业风貌。在创二代分享会“接过你的手，走出我的路”上，宣读了创二代宣言，昭显新时代青年创业者新风貌。

“文化之都·魅力德化”文化周活动举办

8—10日，“东亚文化之都·2014泉州”县域活动暨“文化之都·魅力德化”文化周活动在市区旧面粉厂举办。活动期间，多场具有浓郁德化味道的“大戏”缤纷登场：十多个小时的精彩文艺表演、妙趣横生的陶艺DIY互动、令人垂涎的各类德化特产以及文化味十足的非物质文化展和陶瓷展等，令人意犹未尽。此次活动展出了明代瓷塑家何朝宗的三件作品：《达摩渡江像》《自在观音像》《观音倚坐像》。细腻温润的白瓷质地、眉目传神栩栩如生的人物，三件作品都透着股仙气和灵性，精湛的制作工艺令人拍手称绝。

德化文化周活动现场　（图/吴寿民）

“全民健身 漫步清源”公益活动举行

由泉州晚报社、市体育局、市工商联、清源山风景区管委会、泉州少林寺、兆基·光明城主办的“全民健身 漫步清源”公益活动在清源山举行，近万市民参加活动。活动旨在倡导市民坚持每天行走，把健康行走的习惯融入生活之中。行走路线以光明城清源水街为起点，经齐云路、北山路到达清泰岩、老君岩、游客中心，再返回清源水街。

活动现场　（图/吴寿民）

安溪永春德化实行“绿色考评”

福建省取消对34个县（市）的地区生产总值考核，实行生态保护优先和农业优先的绩效考评方式。被划为全省重点生态功能区的安溪、永春、德化名列其中。根据各地经济社会发展情况，结合《福建省主体功能区规划》，福建省将84个县（市、区）划分为优化开发区域、重点开发区域、农产品主产区、重点生态功能区 4 个类别。其中，后两类均为限制开发区域。福建省将22个县（市）划入农产品主产区，将包括安溪、永春、德化在内的12个县（市）划入重点生态功能区。这34个县（市）将实行生态保护优先和农业优先的绩效考评方式，取消对其地区生产总值的考核。与此相对应，各设区市要对本地区制定的2014年绩效管理工作方案进行修订，调整对县（市、区）的绩效考核指标体系，及时取消对限制开发区域的GDP考核。

泉港施厝扁担拳文化研究会成立

泉港区施厝扁担拳文化研究会成立。施厝扁担拳师现场与泉州南少林武僧团切磋技艺。在泉港区南埔镇施厝村，村里的拳师们把手中六尺长的扁担舞得虎虎生风，众多村民前来围观。

相关链接：施厝扁担拳的前身是泉州南少林的护寺棍法，属泉州南少林武功在民间的遗技，自清朝乾隆年间传入施厝已有200多年历史，不少村民从小习练扁担拳。近年来，越来越多的年轻人渐渐喜欢上扁担拳。目前该研究会有会员130多人。它的成立，对传承与挖掘“扁担拳”这一民间拳术、进一步宣传“东亚文化之都”品牌形象提供更好的平台。

郑新聪调研民政老龄残疾人工作

市长郑新聪带队调研民政、老龄、残疾人工作，走访丰泽区东湖街道少林社区、丰泽街道源淮社区、市残疾人康复中心、市救助管理站、市社会福利中心，并召开座谈会，研究部署下阶段工作。副市长陈荣洲、市政府秘书长吴友才参加调研。郑新聪指出，市委、市政府高度重视民政、老龄、残疾人工作，各级各有关部门认真履职、开拓创新，许多工作走在全省前列。但要清醒认识泉州市“欠账”仍然较多，发展面临很大压力。各级各部门要增强紧迫感和责任感，研究新形势下泉州民政工作的对策和措施，主动把各项工作做得更好。郑新聪强调，要保障基本民生。高度重视社会救助工作，宣传贯彻国务院《社会救助（暂行）办法》，坚守底线公正，做好低保工作，从源头上解决“人情保”“关系保”“违规保”问题；发展养老事业，提升现有机构养老设施，加快建设城乡公办养老机构，推行居家养老、社区养老，依托专业队伍、志愿者和社会力量，提升居家养老服务水平；加强残疾人救助管理，开拓社会福利工作思维，抓好残疾预防和康复，做好残疾人就业安置，探索残疾人服务社会化；强化减灾救灾能力建设，研究避灾点标准化建设管理模式；做好慈善救助工作，发挥企业家乐善好施的优势，加大慈善救助力度。要创新社会治理。总结少林社区“一定五化”做法，充实内涵、示范推广，提升社区管理服务水平；落实社区工作场所，完善老人、儿童健身活动场所设施；协调好社区、业委会、物业、社工的关系，发展社会工作专业人才队伍和志愿者队伍；推进社区信息资源整合共享。要做好拥军优属，围绕争创“八连冠”目标做好各项工作。要加强苏区老区帮扶，对接落实好《赣闽粤中央苏区振兴发展规划》，推动安溪、南安、永春、德化享受各项优惠的政策。

市公安边防支队“爱民固边·梦想花开”警营文化节启动

市公安边防支队“爱民固边·梦想花开”警营文化节启动仪式在市区西街旧面粉厂钢结构大厅举行。这是“东亚文化之都·2014泉州”文化周县域活动之外首个由部门举办的文化节，因而得到“东亚文化之都·泉州”建设发展委员会办公室的大力支持，被纳入到文化周推介。警营文化节启动仪式上，以“爱民固边·梦想花开”为主题的诗歌朗诵会将警营文化、警民情深表达得淋漓尽致。整场诗歌朗诵会通过“刺桐港·梦的起航”“戍边情·薪火相传”“光明城·走向辉煌”三个篇章，弘扬主旋律，传递正能量，沟通警民情，赞颂警地青年奋发有为、勇争一流的昂扬风貌，展示警营官兵投身边防事业，为维护社会和谐稳定、促进地方经济发展做贡献的信念和决心。

丰泽区中小学校长高级研修班在吉林长春开班

丰泽区中小学校长高级研修班开班仪式在吉林长春东北师范大学举行。该区教师进修学校、全区各公办中小学的43名校长以及区教育局部分股室负责人参加本次集中培训。研修班为期10天，邀请东北师范大学“国家级教学名师”柳海民、张向葵等一批知名教授以及长春六中、东北师大附中、吉林省第二实验学校、长春市树勋小学等一批名校校长到场授课。“美国基础教育对我们的启示”“关于教科研若干问题的思考”“领导者的工作效能和智慧开发”等课程激发了校长们浓厚的学习兴趣。研修班还就学校文化建设、教学改革和高效课堂、学生评价与素质培养、教师队伍建设等内容进行专题研讨。

红砖墓志铭记载北宋官员事迹

近日，市民王先生致电泉州晚报社，称其朋友在南安丰州桃园水库边缘发现一块红砖墓志铭。据了解，墓志铭刻在红砖上已发现不少，但是此次发现的这块红砖墓志铭长60厘米、宽40厘米，上面雕刻了800多字，较为少见。遗憾的是，这块墓志铭因为底部深埋泥土，此外经过发掘者的刷洗，有部分文字缺失。根据考古工作者刘志成的解读，这块红砖墓志铭应随葬于李邦宪的长女及女婿合葬坟中。根据墓志铭的记载，李邦宪系山东聊城人，“知明州（今宁波）奉化县”一职，于宋绍兴二十四年冬出任泉州按察推官。墓志铭除介绍墓主的生平，也着重讲述李邦宪事迹。

8月11日

星期一
农历甲午年七月十六
温度：27℃—33℃
多云转阵雨

●11—12日，南京军区征兵工作检查组到泉州检查廉洁征兵工作。

●郑新聪调研民政、老龄、残疾人工作。

●市公安边防支队“爱民固边·梦想花开”警营文化节启动仪式在市区西街旧面粉厂举行。

●清源山茗山湖出现古老珍稀的腔肠动物——桃花水母。

●丰泽区中小学校长高级研修班在吉林长春东北师范大学举行开班仪式。

8月12日

星期二
农历甲午年七月十七
温度：27℃—32℃
阵雨转中雨

●全省安全生产标准化建设提升工程三年行动现场推进会暨道路交通安全综合整治工作会议在南安召开。

●泉州市召开企业家座谈会，学习贯彻总书记习近平给福建企业家回信精神，征求企业家对泉州制造业转型升级的意见。

●“刺桐花映双拥路”——泉州市双拥工作成就图片展揭幕。

●12—13日，由福建省检察院决定、泉州市检察院承办、莆田市和南平市检察院配合协作的泉州莆田南平三市检察机关侦查监督业务协作练训活动在晋江市检察院举行，来自三地市检察机关侦查监督部门的32名选手参加练训活动。

●泉州市行政机关公文处理培训会议召开，主题是提高办文质量和效率，推进公文处理规范化、制度化。

●泉州港首个滚装码头——秀涂作业区16号泊位全面完成沉箱预制工作，转入沉箱安装、堆场回填、上部结构施工等环节的建设。

全省安全生产标准化建设现场会在南安召开

省政府安委会在南安市召开全省安全生产标准化建设提升工程三年行动现场推进会暨道路交通安全综合整治工作会议，动员、部署开展相关工作。副省长徐钢参加会议并讲话。市长郑新聪在会上致辞，副市长林万明参加会议。徐钢强调，要进一步增强做好安全生产标准化建设和道路交通安全综合整治工作的紧迫感；要明确工作职责、把握关键环节、强化动态管理、建立长效机制、严格管控考核，全面推进安全生产标准化建设提升工程三年行动；要持续推进道路交通安全综合整治工作，狠抓各项措施，确保年度工作目标实现。此外，全省从8月至12月底，开展“六打六治”打非治违专项行动，其间同一企业1个月内发现2次严重非法违法行为的，一律予以关闭，并严肃追究企业主要负责人责任；对“打非治违”不力、导致事故的，在追究企业及其负责人责任的同时，依法追究相关政府、部门及其责任人的责任。

泉州市召开学习贯彻习近平给福建企业家回信精神座谈会

市经贸委、市企业与企业家联合会召开学习贯彻习近平总书记给福建企业家回信精神座谈会。30名来自全市各大产业的龙头企业负责人汇聚一堂，谈学习心得体会，议新一轮发展思路，习近平的回信激发泉州企业家在新形势下继续发扬“敢为天下先”“爱拼才会赢”的闯劲，全面深化企业改革，推动企业创新发展，为打造泉州经济“升级版”增添新动力。会上，匹克集团董事长许景南、南益集团（福建）有限公司总经理吴长谋、海天材料科技股份公司董事长王启明、连捷投资集团总经理许清水、华远电讯集团董事长陈文海、晋工机械总经理柯金鏁、格林集团董事长赵建河、桃城建工集团董事长汤志强8位企业家代表结合自己的企业发展情况，畅谈交流学习贯彻习总书记给企业家回信精神的体会和举措，纷纷表示要带头践行习近平在回信中提到的“进一步解放思想，改革创新，敢于担当，勇于作为，不断做大做强，促进联合发展，实现互利共赢”的要求，竭尽全力推进企业全面深化改革，闯出改革的样板，不辜负习近平的殷切期望。座谈中，企业家代表还对政府如何简政放权、搭建企业转型提升平台、支持企业创新发展提出不少建议和意见。副市长陈灿辉指出，在纪念“松绑”放权30周年、改革进入攻坚期和深水区的特定历史背景下，广大企业家要勇于多层面改革创新，要加强学习，善于借助外脑，做大做强企业，带动全行业发展；政府要进一步转变职能，提升服务水平，努力为企业发展搭建更好的平台。

泉州莆田南平检察精英晋江练兵

12—13日，由福建省检察院决定、泉州市检察院承办、莆田市和南平市检察院配合协作的泉州莆田南平三市检察机关侦查监督业务协作练训活动在晋江市检察院举行。练训内容主要针对公开审查逮捕案件和审查逮捕阶段非法证据排除进行实训和讨论。32名参训人员分成四组，根据会务组提供的电子格式案例和练训规则展开讨论，并根据分工的扮演角色模拟办理公开审查逮捕案件和审查逮捕案件非法证据排除过程。参训人员把法律知识与侦监实务、案件的审查判断与侦查监督、书面表达与口头表达结合起来，对从事侦监工作必备的知识和能力进行训练和提升。

泉州市双拥工作成就图片展举行

“刺桐花映双拥路”——泉州市双拥工作成就图片展在市区侨乡体育馆揭幕。图片展展示南安、石狮、晋江等多地军民互帮互助的工作照片及中国著名陶艺大师陈明良代表陶瓷作品，吸引数百名军民到场参观。图为活动现场。（图/吴寿民）

全市城镇妇女再就业率达90%

2014年泉州市妇女儿童工作委员会全体成员会议暨“两纲”工作推进会召开，副市长周真平参加会议。会议指出，全市城乡妇女医疗保险参保率已达96%以上，城镇妇女再就业率保持在90%以上。

相关链接：自2011—2020年《泉州市妇女发展纲要》《泉州市儿童发展纲要》（简称“两纲”）颁布实施以来，妇女儿童工作持续稳步推进。至此，全市有妇幼保健机构13所，建成并投入使用的市、县两级妇女儿童活动中心6个，儿童之家339个，妇女儿童健康保健及文化设施逐步建成并完善。在促进妇女就业和再就业方面，多部门联合开展了“整顿规范人力资源市场秩序专项行动”，保障妇女平等参与就业的权利。至2013年年底，参加失业、工伤和生育保险的女性分别比2010年增加5万、9.4万和8万人。市妇联系统通过开展“双学双比”活动，两年来发放妇女创业贴息贷款8098万元，受惠妇女1052人。

市政府组织开展海上安全巡查

市政府组织海事、海洋渔业、港口管理、海关、国检、海警、边防、航标等涉海部门，由副市长陈荣洲带队，乘坐泉州海事局“海巡0803”对泉州后渚港至湄洲湾部分水域进行安全巡查。重点检查泉州湾跨海大桥桥区水域、禁航区及周边水域养殖区分布情况；石湖码头前沿水域和七星礁锚地水域；泉州湾和湄洲湾湾口水域船舶流量、养殖情况和主航道航标状况；中化青兰山30万吨码头及福炼30万吨码头前沿水域、周边养殖区分布情况等海上通航环境、海上作业与建设情况。陈荣洲一行还参观泉州溢油应急设备库和泉州海巡基地，并在海巡基地主持召开工作协调会，听取泉州海事局有关海上救助、溢油应急、通航秩序、服务地方等方面工作汇报。陈荣洲要求，要督促相关部门尽快落实泉州湾跨海大桥主通航孔防碰撞措施。要协调有关部门对侵占主航道、码头前沿水域、锚地水域的非法养殖作业开展治理整顿。要联合涉海单位持续开展“打非治违”行动，重点整治采运砂船、施工作业船等非法违法海上作业船只，维护通航秩序和海洋环境。

陈荣洲检查泉州溢油应急设备库　（图/泉州海事局）

泉州贤銮奖颁发奖助学金137万元

泉州贤銮福利基金会第二十七届（2014年）奖学金颁奖活动在泉州七中举行。此届泉州贤銮奖获奖人数达606人次，发放奖、助学金和社会福利金137万元。此届贤銮奖设有奖学、青少年科技奖、助学三大类，发放的奖、助学金比上年增多；增设贤銮科学教育基金专项奖、泉州市青少年贤銮科技奖等，分别委托省和市科协组织评选；中考、高考优秀生奖向一般中学倾斜，中考甲等奖和高考甲、乙等奖由各类学校竞争，中考乙等奖和高考丙等奖根据办学条件对一般中学适当照顾名额；与两所培训学校合作开展免费英语助学、扶优培训等。由爱国侨胞何瑶煌捐资创办的泉州贤銮福利基金会，奖、助学并重，奖励范围广、层次多，27年来共有9684人次的优秀学子和先进科技工作者获奖，累计发放奖、助学金和社会福利金1546多万元。

泉州发现千年古船桅杆

一根古木头被从晋江溜石塔公园运至泉州江滨公园码头。两年前，渔民在泉州海边发现这根长达17.85米的古木，此后一直被搁浅，直到四个月前，一位神秘商人以1万元买下它，打算捐赠给泉州博物馆。古木被运到博物馆后，经工作人员现场测量，其长17.85米，最宽处直径50厘米，最顶端的直径20厘米。其中部有7个严重生锈的铁环，第一个铁环距古木根部有6.2米。专家确定该木头为古船桅杆，至少有上千年历史，并认为该船船舱至少有6.2米深。但古木的材质还要等相关专家考证才能确定。吴幼雄、陈日升等泉州文化专家及泉州博物馆馆长陈建中推测认为，这根桅杆为泉州“海丝”研究又添珍贵标本。陈建中表示，将邀请有关古船专家进行相关考证，并组织考古力量，在渔民当年发现古木的海域进行科学考证工作。泉州博物馆考古部负责人表示，将先采取相关措施不让古木曝晒，并对古木进行除盐。

8月13日

星期三
农历甲午年七月十八
温度：27℃—32℃
多云转阵雨

●2014年泉州市妇女儿童工作委员会全体成员会议暨“两纲”工作推进会召开。

●市政府组织开展海上安全巡查。

●泉州贤銮福利基金会第二十七届（2014年）奖学金颁奖活动在泉州七中举行，获奖人数606人次，发放奖、助学金和社会福利金137万元。

●惠安大众讲坛开讲，华侨大学城市建设与经济发展研究院常务副院长、旅游学院教授黄安民应邀作《城市品牌的塑造与惠安城市品牌建设》专题讲座。

●晋江渔民在蟳埔海域打捞的一根长达17.85米古木头被吴姓古玩木材商人购买后，捐献给泉州博物馆。专家推测该木头为古船桅杆，至少有上千年历史，为泉州“海丝”研究增添珍贵实物标本。

8月14日

星期四
农历甲午年七月十九
温度：27℃—33℃
阵雨

●郑新聪到华侨大学、泉州师范学院调研，了解学校建设发展情况，召开座谈会，解决学校发展中存在的困难和问题。

●市人大常委会召开第三十一次主任会议。

●市工商联组织企业家深入挂钩联系点永春县苏坑镇东坑村开展“党旗飘扬·爱心传递”助学捐赠活动。

●第六届全国少儿曲艺大赛在四川省彭州市闭幕。泉州培元中学创作的南音《春游即景》获一等奖，丰泽区少儿艺术团创作的闽南讲古《共虎挽齿》获二等奖。

●14—15日，泉州市第二十四届中小学生南音演唱演奏比赛在市艺术馆举行，上百名从各地选拔出来的优秀选手同台竞技。

●14—15日，首届安溪铁观音青年高技能人才制茶赛在安溪龙涓内灶茶叶合作联社举行。

●德化县举行2014年金龙中心城奖学助学基金暨文昌阁奖学金发放仪式，向一百多名学子发放奖助学金65.25万元，并为2014年两位文理科状元颁发奖励及荣誉奖牌。

●14日，泉州网制作的《文都·石狮》专题上线。

郑新聪到高校现场办公

市长郑新聪带队到华侨大学、泉州师范学院调研，实地了解学校建设发展情况，召开座谈会，解决学校发展中存在的困难和问题。副市长周真平、市政府秘书长吴友才等参加调研。

“华大是泉州人自己的大学，泉州人以华大为自豪。希望华大继续扎根泉州、服务泉州。”郑新聪指出，泉州市委、市政府历来高度重视华大发展，在各级各界的共同努力下，华大自创办以来，取得了令人瞩目的成绩，有力地促进了地方经济社会建设和国家华侨事业发展。今后，泉州市将继续全力支持华大发展，进一步落实校地联席会议制度，在校区扩建、科研建设、学科发展、校企合作以及改善师生教学生活条件等方面，提供各种帮助和支持。希望华大发挥侨的优势和科研、人才优势，为泉州发展贡献更多力量。

“师院在泉州土生土长，要始终融入当地、争创一流。”郑新聪指出，多年来，泉州师院在办学中突出地方特色，各项事业取得长足进步，正在加快向综合性大学发展。要与泉州经济社会发展相结合，进一步找准办学定位，突出工科建设；要合理确定办学规模，优化学科设置，坚持就业导向，注重与企业联办实训基地；要重视师资队伍建设，创新激励考评和培训管理制度；要形成自己的大学精神和文化，努力创建高质量新型地方大学。泉州将从学科发展、设施提升、科研平台建设、人才引进、管理队伍等方面予以支持。

“眼下，泉州正启动新一轮科学发展、跨越发展，推进企业全方位创新，这些目标的实现，离不开高校的人才支撑和智力保障。”调研中，郑新聪强调，泉州高校要进一步增强融入地方发展的责任担当，坚持实用研究为主，着重办好地方需要的学科，推进产学研深度融合，建立密切的校企合作关系，培养各类产业转型需要的应用型、技术型、创新型人才。泉州市将从政策、资金、项目等方面全力支持高校发展。

市工商联开展助学捐赠活动

泉州市工商联组织企业家深入挂钩联系点永春县苏坑镇东坑村开展“党旗飘扬·爱心传递”助学捐赠活动，给予两名贫困大学生每人每年2500元，一次性补助四年；给予5户困难户一次性补助2000元。此次活动公益资金由泉州福州商会赞助，旨在发扬泉商精神，推动机关深入基层、服务发展，帮助一批贫困学生实现梦想，解决一批贫困党员的生活困难，促进商会、企业和基层乡村互融交流。

相关链接：6月，市工商联在东坑村组织召开企业、苏坑镇干部和东坑村村两委等多方座谈会，探讨交流整顿软弱涣散基层党组织工作和帮助扶持贫困村发展经济的意见和措施，提出对接受帮扶的贫困生建立动态管理机制，定期了解贫困生的学习和生活情况，争取每年召开一场次帮扶对象与企业家座谈会，力促帮扶常态化长效化。

泉州南音节目获全国少儿曲艺大赛一等奖

第六届全国少儿曲艺大赛在四川省彭州市闭幕。由福建省曲协选送的4个作品获“1金2银1铜”的佳绩。其中，由泉州培元中学创作的南音《春游即景》获一等奖，泉州丰泽区少儿艺术团创作的闽南讲古《共虎挽齿》获二等奖。此次大赛各省区共推选150多个节目，经专家初审，60个节目进入总决赛，共产生一等奖10个、二等奖20个、三等奖30个。南音《春游即景》主要反映一群中学生春游看到园林工人辛勤工作触景生情，激发他们保护环境，热爱大自然的热情。培元中学18个同学参与演出，为此次参赛人数最多的作品。此次获奖，是南音节目参加历届少儿曲艺大赛首次获得一等奖，也是此次比赛福建省唯一获得的一等奖。

全市中小学生南音演唱演奏比赛举行

14—15日，泉州市第二十四届中小学生南音演唱演奏比赛在市艺术馆举行，吸引了上百名从各地选拔的优秀选手同台竞技。此次比赛由市文广新局、市教育局主办，泉州市艺术馆、泉州市南音传承中心承办。比赛由市直及各县（市、区）选拔的优秀选手组成代表队参与比赛，其中小学演唱组有35人，中学演唱组23人，中小学演奏组共52人，分两天举行比赛。小选手们演唱了《元宵十五》《直入花园》《因送哥嫂》《感谢公主》等曲目，表演各有千秋。中小学南音演唱演奏比赛自1991年起至此已举办了二十四届，旨在展示南音进校园的成果，为南音这一非物质文化遗产的传承输送新鲜血液。

22家泉企入选第二批省级两化融合示范企业

省经信委公布第二批省级两化融合示范企业名单，泉州市有22家企业入选，占全省近三分之一，涵盖纺织鞋服、机械装备、电子信息等行业。泉州市制造业企业，特别是大中型企业在研发、生产、管理和销售等方面较为广泛地运用信息技术，信息化指标有较大幅度提高。相当部分企业已开展计算机设计、生产控制与管理应用，开展财务、采购、销售、物资管理信息化应用的企业也占相当比例。全市规模以上工业企业信息技术的应用率达到80%以上，中小企业信息化建设也不同程度地展开，部分中小企业信息化已从单项应用向集成应用发展。

25家小微企业获1.56亿元授信

泉州市重点小微企业融资银企对接会召开。富纶纺织、肩并肩服饰、斯凯柏箱包等25家小微企业成功“牵手”银行，共获得授信额度1.56亿元。同时，包括这25家企业在内，800多家企业首批入库泉州市“重点小微企业融资项目库”。2014年以来，泉州市积极发挥小微企业信贷风险补偿共担资金等资金池的增信作用，研究设立政府主导的融资担保公司，推动银行创新小微企业金融产品近70项，形成类似“无间贷”产品、“年审制”贷款延期法等5大系列，进一步提高了银行业金融服务小微企业能力和信贷风险承受能力，推动小微企业持续健康发展。

“文化之都·时尚石狮”文化周活动启动

15—19日，东亚文化之都石狮文化周在泉州源和1916文创园举办，文化周以“时尚织就梦想”为主题，以新锐的艺术表现形式展示石狮风采。石狮文化周的启动仪式首秀，推出了“海丝印象”服装发布秀，以时光流转为轴，通过年代和服装的变化，再现“刺桐城”和“东方第一港”的胜景。同时也通过新时期纺织服装产业的繁荣风采，展示石狮服装在海内外的影响力。石狮文化周共推出了9项活动——动态演出5场次，静态展览4项。除非遗项目狮阵和戏曲票友属于优秀传统项目外，“海丝印象”服装年代秀、激情广场音乐汇、闽南婚嫁习俗专场和石狮城市文化摄影展都是近期石狮市打造的文化精品。

石狮文化周活动现场　　（图/李芸生）

福建青少年校园足球固美英才计划在南安启动

福建青少年校园足球固美英才计划项目在南安启动。前中国女排主教练、省体育局副局长陈忠和参加启动仪式。南安固美职业足球俱乐部同时授牌。当天还举行武汉老甲A足球队与固美（武体）队比赛。该项目旨在通过科学和专业的训练来普及和推广校园足球运动，为南安足球、福建足球、中国足球输送人才。活动以南安为起点，逐步扩大到全省，主要包括各类足球人才培养、办足球学校、青少年国内外夏令营活动、组建职业足球俱乐部等。

《永春白鹤拳之擎天画卷》全国院线上映

以永春白鹤拳为背景，展现永春武术文化、闽南风土人情的现代功夫喜剧电影——《永春白鹤拳之擎天画卷》在全国各大院线同时上映。该片由香港著名导演梁家仁执导，著名影星成龙的弟子易扬、杨政、赵聪，著名模特、演员沈芳熙联袂主演，著名演员郑佩佩、汤镇业、黄一飞鼎力助阵。该片以《永春白鹤拳108式拳谱》为线索，讲述四个年轻人为完成祖辈心愿，一起保护画卷，经历一番波折，最终有惊无险，在永春白鹤拳文化节上将画卷捐献给主办方的故事。影片全程取景永春，当地的白鹤拳师以及学生参与拍摄，呈现永春独特的白鹤拳文化底蕴及热情淳朴的民风。该片重要道具《永春白鹤拳108式拳谱》被上海大世界基尼斯总部认证为最长的纸织拳谱。画卷采用永春民间传统工艺纸织画制作，总长50多米，由画师、裁工、织工、裱褙总计12名制作人员历时8个月完成。

8月15日

星期五
农历甲午年七月二十
温度：27℃—33℃
多云

●郑新聪到市信访局接访群众，要求各级各相关部门增强为民意识，做好信访工作。

●省经济和信息化委员会公布第二批省级两化融合示范企业名单，泉州市有22家企业入选，占全省近三分之一，涵盖纺织鞋服、机械装备、电子信息等行业。

●泉州市重点小微企业融资银企对接会召开。富纶纺织、肩并肩服饰、斯凯柏箱包等25家小微企业成功“牵手”银行，共获得授信额度1.56亿元。

●“东亚文化之都·2014泉州”县域活动“文化之都·时尚石狮”文化周启动。

●福建青少年校园足球固美英才计划项目在南安启动。南安固美职业足球俱乐部同时授牌。

●以永春白鹤拳为背景，展现永春武术文化和闽南风土人情的现代功夫喜剧电影——《永春白鹤拳之擎天画卷》在全国各大院线同时上映。

●市旅游局联合泉州宝中旅行社开展“送清凉·感恩环卫工人”爱心活动，把近千顶红帽子、千把扇子及一批防暑降温的茶饼等送到环卫工人手中。

8月16日

星期六
农历甲午年七月廿一
温度：27℃—34℃
多云

●16—20日，2014年“东亚文化之都”泉州青少年夏令营举办。来自韩国光州、日本横滨的26名青少年与13名泉州中学生参加夏令营活动。

●16—17日，由福建文化经济交流中心、福建师范大学、闽南文化发展基金会、“东亚文化之都·2014泉州”泉港区建设发展领导小组联合举办的第二届海峡传统文化·北管学术研讨会在泉港举行。

●由中民慈善捐助信息中心主办的第三届“中国城市公益慈善指数”发布典礼在北京会议中心举行。晋江获评“七星级慈善城市”称号，这是该评比活动的最高星级荣誉。

●由惠安县委、惠安县政府主办的第四届“达利教育基金”奖学金颁奖仪式举行，颁发学生类奖学金630余万元，2190名学生获得奖励。

●由泉州市青年联合会主办的“流韵纷香”泉州市青联委员走进少林禅文化交流活动在泉州少林寺举行。

“东亚文化之都”青少年夏令营开营

16—20日，2014年“东亚文化之都”泉州青少年夏令营举办。来自韩国光州、日本横滨的26名青少年与13名泉州中学生共度4天夏令营生活。营员们先后到泉州少林寺、泉州海交馆、清源山、开元寺、清净寺、灵山圣墓等地参观，并观看高甲戏、提线木偶等非物质文化遗产展演，从中感受富有闽南特色的泉州文化。光州市政府观光策划担当李圭永表示：“十年后这些孩子将成为促进三国之间文化交流的主力，希望本次活动能更好地增进中韩日三国在文化方面的互相理解。”横滨市文化观光局创造都市推进课东亚文化之都担当系长中岛知昭表示，年青一代的交流对于三国文化交流十分重要，希望青少年间的交流活动形成常态，推动三个“东亚文化之都”建设，也让三国间的文化交流不断延续。

营员体验少林功夫　（图/戴涵琦）

海峡两岸北管“姊妹花”同台绽放

16—17日，第二届海峡传统文化·北管学术研讨会在泉港举行。活动由福建文化经济交流中心、福建师范大学、闽南文化发展基金会、“东亚文化之都·2014泉州”泉港区建设发展领导小组联合举办。泉州北管和台湾北管同根同系，被学者喻为大陆北方传统工尺谱体系“母树”上开出的两朵“姊妹花”。研讨会上，海峡两岸的专家学者共聚一堂，就各自研究的北管曲牌曲目源流考证、风格特色、音乐流变、继承与发展、人才培养等内容发言交流。

北管表演现场　（图/庄国辉）

晋江获评全国“七星级慈善城市”

由中民慈善捐助信息中心主办的第三届“中国城市公益慈善指数”发布典礼在北京会议中心举行，晋江获评“七星级慈善城市”称号，这是该项评比活动的最高星级。南安获评五星级慈善城市。在所有参评城市中，晋江在“中国城市公益慈善社会捐赠指数”单项排名第七，在中国城市慈善百强榜（2012—2013）中，晋江位列第25。“中国城市公益慈善指数”是由民政部中民慈善捐助信息中心开展的地域慈善事业发展调查评估活动，通过一套科学指标体系对城市慈善事业发展水平进行综合监测与科学评价而得到的数值结论，可以形象地称之为“爱心GDP”。该指标体系从社会捐赠、慈善组织、慈善项目、志愿服务、政府支持、慈善文化6个方面对城市公益慈善事业进行综合考量，指数优的为七星级，良的为六星级，一般的为五星级。

相关链接：晋江历年来累计募集善款20多亿元，投入各类帮扶资金近10亿元，受益者15万人次。2007年和2009年，晋江市慈善总会获得中华慈善总会“中华慈善事业突出贡献奖”和“中华慈善先进机构奖”；2012年，晋江被中华社会救助基金会授予“中国爱心城市”。

惠安举行第四届“达利教育基金”奖学金颁奖仪式

由惠安县委、惠安县政府主办的第四届“达利教育基金”奖学金颁奖仪式举行，颁发学生类奖学金630余万元，2190名学生获得奖励。学生奖项分六个大类，包括教育英才奖、教育精英奖、教育技能奖、教育智慧奖、教育励志奖和教育卓越奖。最令人关注的奖项为教育精英奖，该奖项主要用于奖励参加高考被北京大学、清华大学或香港大学录取的惠安学子。2014年，有3人获得此奖项，其中考入北京大学的福建省文科状元江冰森获得10万元奖金，另外2名考入清华大学的学生各获得5万元奖金。

市委下发通知建立市级党政领导联系优秀人才制度

从市委组织部人才办获悉，泉州市将实行市级党政领导联系优秀人才制度，原则上按照市级党政领导挂钩联系县（市、区）或工作分工确定联系对象，每位领导联系3名人才。市级党政领导联系人才的具体任务，主要是向联系对象传达上级人才工作重大决策、部署和精神，宣传泉州市人才政策和举措，介绍泉州市经济社会发展状况；了解联系对象的工作、生活、学习、思想状况，帮助协调解决联系对象在工作生活中遇到的困难和问题；听取联系对象对泉州市经济社会发展和市委、市政府重大决策部署、重要政策实施等方面的意见建议，征询联系对象对人才强市战略实施、人才开发、载体建设、政策创新、人才作用发挥等方面的意见建议。根据市委办下发的《关于实行党政领导联系优秀人才制度的通知》，市级党政领导可采取座谈、走访、打电话、发信函、发电子邮件等方式，主动与联系对象联系，每年至少走访联系对象1至2次。联系对象可通过面谈、电话、信函、发电子邮件等形式，主动和挂钩领导就学习、工作情况进行交流，对泉州市经济社会发展和人才工作提出意见建议。

恒安集团入选中国民企500强

全国工商联发布2014年中国民营企业500强、2014年中国民营企业制造业500强和2014年中国民营企业服务业100强名单。在民企500强名单中，福建有8家企业入选，其中包括来自泉州的恒安集团。另外，福建有12家企业登上中国民营企业制造业500强榜单，比上年增加1家，其中3家来自泉州，分别是：排第154名的恒安集团、排第352名的安踏（中国）和排第393名的三安集团，营业收入总额分别为1690460万元、728126万元和622700万元。

泉州选手获青奥会女子花剑比赛铜牌

南京青奥会女子花剑季军争夺战结束，泉州选手黄啊丽以13：8力克俄罗斯选手玛塔，为中国青奥代表团再添一枚铜牌。根据青奥会的规则，参加女子花剑比赛的13名剑客先分成两组打小组排位赛，而后进行单败淘汰，直至决出冠军。在排位赛中，黄啊丽表现出色，以5胜1负的战绩排在小组第二位。 当天下午的1/4决赛中，黄啊丽再次遭遇在排位赛中击败自己的巴西选手塞奇尼，面对身高和臂展都超过自己的对手，黄啊丽稳扎稳打，利用速度上的优势多次反击得手，最终以15：8报了“一箭之仇”。然而在半决赛中，黄啊丽以7：12不敌美国选手塞布里娜，被阻挡在决赛门外。随后的铜牌争夺战，黄啊丽迅速从失利的阴影中走出，以13：8击败俄罗斯选手玛塔，为中国青奥代表团赢得一枚铜牌。年仅17岁的黄啊丽是中国击剑队的后起之秀，在国内的排名一直稳居前列，曾夺得亚少赛个人和团体冠军，在世青赛上也曾代表中国队夺得团体第四名。

“东亚文化之都体验之旅”第七站活动举行

“至真堂·东亚文化之都体验之旅”第七站在市区芳草园崇正书院举行。五祖拳国家级非物质文化遗产传承人周焜民现场与体验者一道分享五祖拳独特的魅力和走向世界的辉煌篇章。周焜民自幼习武，对五祖拳有长期的研究，五祖拳成为生活中很重要的一部分，其徒弟遍布海内外。从1963年起，周焜民历时45年，编纂成《五祖拳谱》，填补了泉州具有千年历史的五祖拳无完整拳谱的空白，具有相当高的学术价值。其中，拳史部分为周焜民撰述，资料宏富翔实，稽古振今，首次整理出五祖拳的形成、发展、传承历史，是至今所能看到的第一部五祖拳发展简史，为五祖拳的发展与传承做出了卓越贡献。

活动现场 （图/吴寿民）

8月17日

星期日
农历甲午年七月廿二
温度：27℃—34℃
多云

●市委下发通知建立市级党政领导联系优秀人才制度。

●全国工商联发布2014年中国民营企业500强、2014年中国民营企业制造业500强和2014年中国民营企业服务业100强名单。恒安集团入围民企500强，恒安集团、安踏（中国）、三安集团入围民营企业制造业500强。

●在南京青奥会女子花剑比赛中，泉州选手黄啊丽力克俄罗斯选手玛塔，为中国青奥代表团增添一枚铜牌。

●“东亚文化之都体验之旅”第七站活动，在市区芳草园崇正书院举行。

8月18日

星期一
农历甲午年七月廿三
温度：27℃—35℃
多云

●由人民网主办的“行走新丝路”大型跨国全媒体报道活动在首都北京和海上丝绸之路起点城市泉州、陆上丝绸之路起点城市西安三地同时启动。

●报载，郑新聪到中化泉州石化公司现场办公。

●市政府举办电子商务专题讲座，特邀国家电子商务示范城市创建工作专家咨询委员会专家组组长、清华大学教授、博士生导师、电子商务交易技术国家工程实验室主任柴跃廷作《我国电子商务发展趋势和对策》的专题讲座。

“行走新丝路”大型跨国全媒体报道活动在北京泉州西安三地启动

由人民网主办的“行走新丝路”大型跨国全媒体报道活动在北京和海上丝绸之路起点城市泉州、陆上丝绸之路起点城市西安三地同时启动。人民网副总裁罗华、副总编辑刘红，福建省委宣传部副部长、网信办主任卢承圣，泉州市领导黄少萍、翁祖根、陈庆宗、张建生、陈荣洲、李冀平等，与社会各界人士代表一道出席在市区西街钢结构文化大厅举行的泉州启动仪式。市委书记黄少萍在致辞中表示，泉州古称“刺桐城”，曾经是东西方经济文化聚集地和交汇点，宋元时期被誉为“东方第一大港”，与近百个国家和地区贸易往来，有700万泉州籍乡亲居住在“海丝”国家和地区，为中外文明交流互鉴做出重要贡献。泉州也是全国18个改革开放典型地区之一，36年来民营经济迅速崛起，经济总量连续15年居福建省首位。2013年以来，习近平多次发出“一带一路”的美好倡议。这一宏伟构想承载着丝路沿途各国发展繁荣的梦想，更给福建省充分发挥民营经济、侨台、港口等优势，在对外开放大格局中凸显作用，带来历史性契机。作为改革开放先行城市，泉州与“海丝”国家和地区产业互补性强，经贸合作潜力巨大，融入“一带一路”建设具有很好的现实基础。泉州将致力扩大多元文化交流，与“海丝”沿线城市重温相知相交的美好历史，建立更多友好城市、友好港口关系，与兄弟城市联合申报“海丝”世遗，建设“中国海上丝绸之路国际文化交流展示中心”，为“一带一路”战略凝聚广泛共识和正能量；将致力打造区域经济合作升级版，发挥国家级金改区、民营经济综合改革试点的政策效应，加快推进铁路、港口等基础设施互联互通，着力拓展对外合作，建设更具活力、包容、共赢的开放型经济体系。欢迎海内外媒体到泉州观光访问、采访报道，共同体验泉州多元文化的底蕴和魅力；希望与“海丝”沿线友好城市、各界友人，携手开辟“一带一路”的崭新未来，为促进世界和平发展、增进各国人民福祉做出新贡献。启动仪式在全球同步直播。启动仪式上，泉州的启动嘉宾将海水注入启动器，海上丝绸之路的轮廓显现，中国从泉州出发，拥抱世界，世界从海上来，造访中国。再现泉州宋元时期东方第一大港繁华图景的歌舞剧《光明之城》也亮相仪式。根据安排，“行走新丝路”大型跨国全媒体报道活动分为丝绸之路经济带、海上丝绸之路两大报道团队，到18个国家27个城市采访。泉州、漳州、福州、广州、北海、苏州、宁波7座城市，是海上丝绸之路国内线的采访城市。

活动仪式　（图/吴寿民）

郑新聪到中化泉州石化公司现场办公

市长郑新聪带领市直相关部门负责人到中化泉州石化有限公司现场办公。郑新聪到中化泉州石化公司中控室察看炼油项目投产情况，随后到乙烯项目回填现场检查工程进展情况，并召开座谈会，协调解决项目推进中遇到的问题。郑新聪指出，中化泉州石化项目是福建省最大的产业类项目，也是海西建设的石化龙头项目，对泉州产业转型升级和科学发展、跨越发展至关重要。市直有关部门和惠安县要与中化泉州公司一道，进一步密切政企合作，系统交叉推进，合力共为推进中化泉州炼化项目的顺利建设。

市政府举办电子商务专题讲座

市政府举办电子商务专题讲座，特邀国家电子商务示范城市创建工作专家咨询委员会专家组组长、清华大学教授、博士生导师、电子商务交易技术国家工程实验室主任柴跃廷作《我国电子商务发展趋势和对策》的专题讲座。市领导郑新聪、陈荣洲、陈灿辉等参加讲座。柴跃廷阐述电子商务为何是重要的战略性新兴产业，并对电子商务发展总体趋势和全球、中国电子商务发展格局，电商产业发展主流方向，电商环境下消费、流通、生产方式发展趋势，商贸流通产业、生产制造业和农业转型升级途径作出基本判断。

郑新聪到泉港和泉州台商投资区调研中小企业发展情况

市长郑新聪到泉港、泉州台商投资区，实地走访恒昂工贸、和盛置信、天线宝宝、宝飘轻工、辉盛消防、集友鞋业等企业，并召开企业家座谈会，分析当前经济形势，研究解决企业遇到的困难和问题。市政府秘书长吴友才参加调研。郑新聪强调，市委、市政府历来高度重视政企银互动，联手应对发展中的问题。各级政府要按照市委部署要求，加强与银行和企业的互动，顺势而变，合力共为；要守土有责、分级负责，抓好政策兑现、协调调度、服务提升，真心实意地为企业排忧解难。银行要多一些与企业同舟共济的担当，多一份雪中送炭的责任，切实加大投放、创新产品、防范风险。企业要发挥主体作用，坚定信心，加快转型，推进全方位创新，坚持诚信为本，以对社会、对伙伴负责的态度，迎难而上，不断实现自我超越。

相关链接：2014年前7个月，全市经济增速相对较快，GDP增长10%，高于全国、全省平均水平，在全国经济总量靠前的地级市中保持较高水平；规模以上工业增加值增长12.1%，产销率达97.3%，出口增长19.7%，电商交易快速拓展；绝大部分行业保持增长，泉州市首位产业——纺织服装规上工业增加值增长11.8%，特别是处于产业链上游的纺织业每月增幅均高于15%，回暖趋势明显；金融运行健康平稳，不良贷款率仅0.7%，为全省最低水平，投向小微企业的贷款增幅远高于其他贷款；工商登记制度改革以来，新增企业5.49万家，增长62.8%。情况显示，泉州实体经济基础稳固，市场拓展有力有效，质量效益持续向好，创业氛围十分浓厚。但是，一些企业发展尚未适应“新常态”，生产经营困难加大，潜在风险增多，急需政府、企业、金融机构进一步密切沟通，采取主动措施防抗风险、克服困难。

全市教育实践活动进入第三环节

来自市委党的群众路线教育实践活动领导小组办公室的消息，泉州市教育实践活动有序健康开展，市、县（市、区）、市直部门专题民主生活会全部召开，乡镇（街道）专题民主生活会基本完成。全市教育实践活动进入第三环节——整改落实、建章立制环节。教育实践活动开展以来，泉州市打出多套组合拳，狠抓整改落实，为第三环节工作的开展奠定良好基础。4月中旬，全市确定40个边学边改首批整改项目，先行抓好整改落实。在此基础上，针对群众反映强烈的问题，泉州市于5月中旬印发《关于开展教育实践活动“五个专项行动”的通知》，在全市范围组织开展“立即改”、转变大操大办不良社会风气、支持企业全方位创新等5个专项行动，要求每位厅级、处级党员至少认领1项“立即改”项目，市、县、乡、村、企多级联动，集中力量进行攻关，一项一项整治，一项一项突破。截至目前，厅级党员领导干部共认领“立即改”项目56个、整改率达53.57%，处级党员领导干部共认领“立即改”项目1243个、整改率达50.68%。

泉州市为农村二女户女儿上大学发放助学金

泉州市举行生育关怀行动捐资表彰暨农村二女户女儿上大学助学仪式。仪式上，269名纳入低保、家庭贫困的农村二女户女儿顺利领到助学金，发放助学金45万元以上。

相关链接：泉州市自2006年开展生育关怀行动以来，采取“政府拨一点、社会募一点”和“谁筹集、谁管理、谁使用”的办法，广开渠道筹集资金。2013年以来，全市生育关怀资金新筹集4900万元，全市各级计生协会筹集的生育关怀资金已达3.79亿元。作为生育关怀行动的重点项目，泉州市资助农村二女户上大学项目从2002年开展至今，发放奖学金、助学金超过3362.3万元，受益农村二女户女儿达1.5万人次。

洛江发放“生育关怀·金秋助学”奖学金

洛江区举办“生育关怀·金秋助学”奖学金发放仪式，分别为全区27名二女户特困女孩发放3000—5000元不等的奖学金，以帮助每一位考上大学的贫困生都能圆梦大学，完成学业。

（图/张九强）

8月19日

星期二
农历甲午年七月廿四
温度：26℃—31℃
多云转阵雨

●“行走新丝路”大型跨国全媒体报道活动人民网采访团在泉州开展实地采访。

●郑新聪到泉港和泉州台商投资区调研企业发展情况。

●全市教育实践活动进入第三环节。

●泉州市举行生育关怀行动捐资表彰暨农村二女户女儿上大学助学仪式。269名农村二女户女儿领到助学金45万元以上。

●泉州边检站举办“阳光夏日·走进边检”警营开放日活动，社会各界代表30余人走进泉州边检站晋江机场分站营区，与官兵互动，体验警营生活。

●肖厝边检站开展边检服务品牌集中宣传暨边检警营开放日活动。

●洛江区人口计生局、计生协会举办“生育关怀·金秋助学”奖学金发放仪式，分别为全区27名二女户特困女孩发放3000-5000元不等的奖学金，以帮助每一位考上大学的贫困生都能圆梦大学，完成学业。

●第十九届国际奥委会主席杯全国百城自行车赛“光明城杯”泉州赛区预赛暨泉州市自行车运动协会成立新闻发布会在兆基·光明城举行。

●石狮市祥芝渔民在外海捕捞到体长4米的国家二级保护动物鲸鲨，当日交由厦门海洋珍稀物种保护区管理中心处理。

8月20日

星期三
农历甲午年七月廿五
温度：25℃—31℃
阵雨

●全市渣土车交通安全整治工作会召开。

●泉州市第二届基层“最美人物”系列评选活动20名获奖者和提名奖获得者名单正式出炉。

●由泉州市慈善总会与泉州晚报社联合主办的“共同托起他们的理想·14行动”助学金发放仪式在鲤城大酒店举行，共发放助学金219万余元，资助493名学子。

全市渣土车交通安全整治工作会召开

全市渣土车交通安全整治工作会召开。会议透露，泉州市近期将出台扶持渣土车运输企业发展壮大和加强建筑废土处置管理工作的规范性文件，督促各职能部门进一步履行监管责任。2013年以来，泉州市持续加大渣土车交通安全整治执法工作力度，创新管控措施，健全完善工作机制，渣土车交通安全整治工作取得显著成效，涉及渣土车道路交通安全事故率大幅下降。泉州市渣土车整治工作得到省领导肯定，并在全省推广。泉州市将进一步强化监管力度，各职能部门将综合运用监控系统、卫星定位等技术手段，加大对车辆行驶时间、线路、速度的核查力度，严防各类违法违规行为发生。建立动态考评机制，组织检查小组开展中心市区渣土运输项目不间断的考评和明察暗访，督促各地加强监管。定期开展联合执法，对未经核准而擅自运输处置渣土和建筑垃圾等现象实施重点打击，抓典型案件，实行顶格处理，并登录管控平台对有关处理情况进行公示，做到查处一起，震慑一片。下一步，泉州市将落实渣土车发包单位必须和持有道路运输许可证的运输企业签订废土运输合同的规定，全面限制新增外籍渣土车进入管控平台，禁止未按期限二次维护并安全检测合格的渣土车承接业务，确保安全行驶，文明运输。

泉州市第二届基层“最美人物”评选揭晓

泉州市第二届基层“最美人物”系列评选活动20名获奖者和提名奖获得者名单公布。该活动由市委宣传部主办，市委组织部、教育工委、农工办、文明办，市教育局、公安局、民政局、文广新局、卫生局、环保局、总工会、团市委、妇联，泉州晚报社、泉州广播电视台协办，旨在表彰先进模范人物在培育和践行社会主义核心价值观中的重要作用，引导和激励全市干部群众以先进模范人物为榜样，争做社会主义核心价值观的积极践行者，在全社会形成学习先进、争当先进的浓厚风气，为打造泉州经济升级版、改革创新示范区、生态宜居幸福城、建设“海丝”先行区，推动泉州科学发展跨越发展营造浓烈氛围。

10名“最美泉州人”获得者为：最美职工王菊蓉（女，泉州市邮政报刊发行局泉港分局投递员）、最美农民苏进全（德化县双全农业有限公司总经理）、最美教师付心知（女，泉州聋哑学校中学一级教师）、最美医生许华萍（女，德化县医院副院长、主任医师）、最美警察郭桂标（南安市公安局交管大队副中队长）、最美村干部吴金程（晋江市磁灶镇大浦村党支部书记、村主任）、最美环保人杨莹（女，德化县环保局总量股负责人、工程师）、最美志愿者吴金峰（石狮市海泳协会会长）、最美社区工作者缪栋梁（鲤城区鲤中街道和平社区党支部书记、居委会主任）、最美文化员黄祖贤（惠安县崇武镇文化站站长）。

10名提名奖获得者为：最美职工谢利英（女，福建省佳美集团公司彩绘工）、最美农民张联财（南安市东联农业科技示范场场长）、最美教师郑坚帜（永春二中团委书记、中学一级教师）、最美医生王英俊（泉州市第一医院小儿外科主治医师）、最美警察林金龙（晋江市公安局西滨派出所副所长）、最美村官张汉辉（惠安县崇武镇潮乐村党委书记）、最美环保人汤奇月（女，泉州市环境监察支队副支队长、经济师）、最美志愿者连丽双（女，鲤城区志愿者协会副会长、国家二级心理咨询师）、最美社区工作者王纯真（女，丰泽区东湖街道少林社区党支部书记、居委会主任）、最美文化员陈德杉（泉州台商投资区洛阳镇文化站负责人）。

“共同托起他们的理想·14行动”助学金发放仪式举行

由市慈善总会和泉州晚报社主办的“共同托起他们的理想·14行动”助学金发放仪式在泉州鲤城大酒店举行。这是该助学活动持续开展的第12个年头。活动自开展以来，受到社会各界人士的大力支持。2014年，共筹得助学款219万余元，资助学生493人，其中泉州晚报社派人走访或报道的34名品学兼优的贫困学生全部获得资助。“共同托起他们的理想”助学活动多年成功举办，已经成为泉州市助学活动的一大品牌。市慈善总会下设的各冠名慈善基金积极参与的同时，越来越多来自各行各业的企业和个人热心加入助学公益事业，形成一个全社会参与慈善助学的良好氛围。

全市工商登记制度改革第一次联席会议召开

市长郑新聪、副市长陈荣洲等参加会议。会议总结阶段性成效，部署进一步深化改革事项。郑新聪指出，泉州是全省工商登记制度改革试点，2014年以来，各项改革扎实推进，改革红利进一步释放，新登记市场主体数量大量增加，取得了明显的阶段性成效。工商登记制度改革是一项牵动政府、市场、社会的系统性工作，各级各相关部门要把握改革主线，增强全局意识、主动意识、节点意识，细化改革举措，持续推进下阶段改革。在进一步放宽市场主体准入的基础上，加强事中事后监管。主要从五方面入手：一是盯重点。按照“谁主管、谁负责，谁审批、谁负责”的原则，分行业牵头开展市场监督执法专项行动。二是重协同。建立健全工商登记改革后行业主管部门许可认领与后续监管相衔接的市场监管责任机制，建立政府、协会、公众多元参与、协同共治的市场监管格局。三是促创新。探索推行科学合理的市场抽查监管模式，完善举报制度，深化属地监管，推进“科学监管”，强化信用联动监管和信用信息综合应用。四是防空档。“市场主体登记许可及信用信息共享与公示平台”建成前，各职能部门要继续通过“福建企业监督管理信息抄告平台”对市场主体加强监管，防止缺位；平台建成后，各相关部门通过平台信息共享，主动“认领”市场登记主体信息，落实许可审批与监管，加强后续监管。五是优服务，探索推广“证照合一登记制度”、电子化登记措施、联合审批登记模式，统一规范审批流程、要件、标准和时限，建立更加便捷高效的行政审批服务体系。

“走向世界的地方学研究”学术研讨会在泉州举行

“走向世界的地方学研究”学术研讨会在泉州举行，来自韩国以及国内各地的100多名专家学者齐聚一堂，助力泉州学研究走向世界。该次研讨会为泉州“东亚文化之都”系列活动之一，由泉州东亚文化之都建设发展委员会、泉州市委宣传部和中国地方学研究联席会主办，泉州市社科联和泉州学研究所承办。会议主题为“走向世界的地方学”。这是泉州当选“东亚文化之都”后，在泉州建设东亚文化之都、打造21世纪海上丝绸之路先行区背景下，地方学研究确立全球视野，更好地走向世界、推动地方学研究上新台阶的一次有益探索。在研讨会上，不少专家表示，要弘扬海洋文化，促进泉州学走向世界；闽南文化的本质就是海洋文化，应当深入研究泉州作为中华海洋文明代表城市的丰富内涵，进一步弘扬中华优秀海洋文化。

研讨会开幕式　　（图/吴寿民）

永春师范学校并入泉州幼高专

泉州幼儿师范高等专科学校永春校区揭牌。经市政府批准，永春师范学校并入泉州幼高专，成为其永春校区。这意味着，永春师范学校将从中专层次的院校升格为大专层次的院校，成为永春地面上唯一的高等学府。两校合并后，泉州幼高专永春校区将承担“五年专”教育和小学教师的培训任务。同时，该校将进一步提升办学硬件设施，强化内涵建设，提高办学水平，探索既与总校管理相一致又具有特色的校区管理新模式，力争建设成为集教师教育与非师教育为一身，融职前培养与职后培训为一体的专科层次的新型校区，为构建现代职业教育体系做贡献。

相关链接：永春师范学校始创于1906年。该校几度兴衰，1984年复办，占地10公顷，有全日制在校生1249人，是一所办学基础较好的中等师范学校。2000年起，该校开始承担全市小学骨干教师的职后培训任务，年均培训3000多人次；2001年起，该校开始承办师范类“五年专”教育，并挂靠泉州幼高专招生。为了适应国家教师教育由三级师范教育向二级师范教育过渡、教师教育呈现大学化发展趋势的新形势，泉州市决定将永春师范学校并入泉州幼高专。历经多年的筹备，“两校合一”的蓝图终于实现，成为泉州教育界的一大盛事。

8月21日

星期四
农历甲午年七月廿六
温度：26℃—34℃
多云

●全市工商登记制度改革第一次联席会议召开，总结阶段性成效，部署进一步深化改革。

●全市人口计生工作形势分析会召开，分析当前计生工作形势，部署下阶段计生工作任务。

●“走向世界的地方学研究”学术研讨会在泉州举行。

●泉州幼儿师范高等专科学校永春校区揭牌仪式举行。

●2014年市关工委“爱心助学”座谈会公布，市关工委秋季筹集80多万元，资助约300名贫困生。

●《东亚文化之都·泉州——闽南40期精选本》首发，向中国首个“东亚文化之都”泉州献礼。该书由泉州学研究所选编，列入泉州学丛书系列。

8月22日

星期五
农历甲午年七月廿七
温度：26℃—33℃
多云

●郑新聪到市区在建医疗项目现场办公。

●泉州市召开全市教育实践活动工作座谈会，深入学习贯彻总书记习近平系列重要讲话及中央和省委系列会议精神，研究部署下阶段工作。

●“华大讲堂”五周年座谈会在北京举行。

●“东亚文化之都·2014泉州”县域活动“文化之都·仙山洛水”洛江文化周在市区西街旧面粉厂钢结构大厅启动。

●来自台湾地区31名青少年营员参加的寻根之旅夏令营洛江营，在泉州南少林国际武术学校举行闭营式。台湾营员们表演了《五步拳》。

●石狮市工商局在得到国家工商行政管理总局批准，获得外商投资企业核准登记权后核发首张外资企业营业执照。

●永春横口乡福中村纪念朱德率领红四军驻扎该村85周年。村里老人向武警战士和学生讲述当年红军的故事，让那段光辉历史代代相传。

●“大美洛江·锦绣罗溪美术作品展”在市区桑莲居艺术馆开幕。该次展览展出由5位本土画家创作的50余件作品，集中展示了罗溪镇的山水人文。

郑新聪到市区在建医疗项目现场办公

市长郑新聪带队到市中医联合医院、泉州医疗中心、福建医科大学附属第二医院东海院区项目现场办公。市领导周真平、李建辉、陈灿辉等参加活动。郑新聪指出，泉州市医疗卫生资源供给满足不了群众就医需求，群众对此反应比较强烈。市区三个在建医疗卫生项目备受关注，尽快建成投入使用是群众所盼。各相关单位要正视项目进度滞后问题，抓紧落实好各项议定事项，市县两级及相关部门要积极支持、全力配合，加紧推动项目扫尾工程及设备采购、安装、调试，尽快发挥作用。市监察局、市效能办和市政府督查室要强化督查，对未完成既定时间节点任务的单位和责任人要严肃问责。政府部门对医疗机构要靠前服务，大胆、灵敏地协调项目推进中遇到的问题；要加强资金的筹措运作，确保项目的顺利实施；要超常规支持卫生人才的招聘、培训和储备工作；要维护好正常医疗秩序，保障医护人员的合法权益，依法妥善处理医患纠纷。医疗机构要全力服务好群众，治理损害患者利益的不正当行为，尽可能为群众提供优质、安全、快捷、便利的医疗服务，让群众看病更方便、更实惠。

“华大讲堂”五周年座谈会在京举行

“华大讲堂”五周年座谈会在北京举行。国侨办副主任任启亮、何亚非，中国社科院副院长李培林、蔡昉，市委常委、宣传部部长、教育工委书记陈庆宗，华侨大学校长贾益民与“华大讲堂”主讲嘉宾一起，分享“华大讲堂”成功经验。与会人员肯定“华大讲堂”所取得的成效，希望拓宽讲座领域，坚持高端水准，立足地方特色，一以贯之办好，讲好中国故事。主讲嘉宾表示，将继续关注泉州，融入泉州，为泉州发展建言献策，合力打造更具影响力的讲坛，向福建省乃至国内外传递“文都”泉州的文化新名片。主办方表示，将加强合作，完善机制，创新方法，拓宽渠道，围绕地方经济社会发展需要，传播先进文化，把“华大讲堂”打造成为独具特色和魅力的区域性高端文化品牌，提升和丰富“东亚文化之都”泉州的城市品位、文化内涵，扩大泉州和华侨大学在海内外的社会知名度和影响力。

“文化之都”洛江文化周举办

“东亚文化之都·2014泉州”县域活动“文化之都·仙山洛水”洛江文化周在市区西街旧面粉厂钢结构大厅启动。市领导杨俊峰、翁祖根、张建生、林万明出席启动仪式。以“文化之都·仙山洛水”为主题的洛江文化周活动，推出展示历史文化遗产、展示生态旅游资源、展示特色美食饮品和食材、畅享美术书法艺术创作大餐等四大板块，包括启动日活动、特色美食·伴手礼展销、洛江文创企业工业展示、洛江旅游资源推介展示、洛江传统手工艺现场展示、“大美洛江·童心飞翔”少儿舞蹈展演、闽南讲古——陈三五娘传说、闽南民俗音乐会——陈三五娘南音专场会唱、掌中木偶表演、俞家棍展示、陈三五娘梨园折子戏演出、洛江区文化遗产图片展、“中国梦·洛江美”书画摄影作品展、“大美洛江·锦绣罗溪”美术作品展等15场次的活动。

洛江文化周活动现场　（图/李芸生）

“东亚文化之都·泉州”国门摄影展在京举办

由文化部、泉州市政府和北京首都国际机场主办的“文化国门·美丽中国”——“东亚文化之都·泉州”国门摄影展在北京首都国际机场T3航站楼举行，用63张充满“泉州味”的摄影作品展现泉州魅力。（图/戴涵琦）

黄少萍郑新聪接受人民网“行走新丝路”采访团专访

连日来，继北京、泉州、西安同时启动“行走新丝路”大型跨国全媒体报道活动后，人民网采访团到泉州采访。市委书记黄少萍就泉州如何发挥优势、主动作为，服务“一带一路”战略大局接受专访。黄少萍认为，作为联合国教科文组织唯一认定的“海上丝绸之路”起点城市，泉州与众多“海上丝路”沿线国家和地区关系源远流长，有深厚的商缘、文缘和亲缘。无论是泉州入选国务院首批历史文化名城，还是成为联合国教科文组织全球首个“世界多元文化展示中心”，或是当选首届“东亚文化之都”，都主要得益于“海上丝路”中的泉州元素。泉州与“海上丝路”国家和地区的因缘际遇持续传承深化。商缘上，泉州产品遍布东盟、中东、南亚和非洲的50多个“海上丝路”国家和地区，与“海上丝路”国家和地区的进出口贸易额占全市总额的52%；文缘上，泉州城市完好保留诸多古“海上丝路”历史印记和文化遗存；亲缘上，大量古代外国商人、船员和传教士的后裔世代定居泉州，700多万泉州华侨华人侨居东南亚等“海上丝路”沿线国家。“‘一带一路’国家战略的提出和实施，对泉州人民乃至海外乡亲的思想、认识、定位都产生很大触动，对区域发展的带动效应逐步显现。”黄少萍说，融入“一带一路”建设，泉州已具备改革先行活力、产业基础实力、千年古港潜力、海洋资源承载力以及企业家队伍魄力的五大基础优势。2013年以来，“一带一路”国家战略的提出，更是为泉州带来“三个促进”。一是促进泉州“海上丝路”文化觉醒。从举办2013年世界闽南文化节，到承办“东亚文化之都·2014泉州活动年”，再到推进“21世纪海上丝绸之路先行区”建设，在讲好闽南故事、传播好中国声音、服务国家“一带一路”大局的过程中，海内外3000万泉州乡亲更加充满自豪感和责任感，更加充满文化自觉和自信。二是促进泉州城市美誉度提升。一年来，国家部委的研讨、中央和境外媒体的采访，以及高端论坛、对话会、国际研讨会在泉州举办，其频繁程度和影响程度，是泉州改革开放以来前所未有的。三是促进泉州人气商气集聚。来泉旅游观光、投资贸易、商务洽谈的“人气指数”不断上升，泉州获福建省“过夜人气城市”排行榜冠军，直接带动文化旅游、对外贸易发展。黄少萍表示，泉州将发挥优势，践行“一带一路”战略，通过坚持先谋后动，加强规划研究，坚持务求实效、强化项目运作，坚持文化引领、复兴古城古港，坚持改革开放互动互促，加快科学发展跨越发展，建设“21世纪海上丝绸之路先行区”，以实际行动为国家战略加快实施作出应有贡献。市长郑新聪就泉州如何打造“21世纪海上丝绸之路先行区”接受专访。郑新聪认为，中央提出“一带一路”战略构想，泉州很快提出打造“21世纪海上丝绸之路先行区”。泉州之所以有这份底气和自信，来自六大优势：一是贸易基础，泉州2013年进出口总额达291亿美元，52%来自“海上丝路”沿线国家；二是产业基础，泉州制造业销售收入近1.1万亿元，其中纺织服装、鞋业、石化、机械装备四大产业达5600亿元；三是人脉优势，泉州在外华侨750多万人，90%侨居“海上丝路”沿线，居住在泉州的阿拉伯后裔达5万人；四是文化交汇，泉州是国家历史文化名城、东亚文化之都、世界多元文化展示中心，这三项文化头衔，都与“海上丝路”密切相关；五是港口潜力，泉州与23个国家和地区开通国际运输航线，港口吞吐量达1亿多吨；六是企业家队伍优势，海外形成一批泉籍商界翘楚，在本土有亿元企业1891家、上市公司89家，国内异地泉商150多万人，“海上丝路”带来开放格局和商业活力，为泉州对外经贸合作带来新机遇。郑新聪表示，泉州将以“文化引领、经贸合作、互联互通、互惠互利”为主线，以实现习近平提出的政策沟通、道（航）路联通、贸易畅通、货币流通、民心相通为主要目标，扩大“海上丝路”多元文化交流，构建面向“海上丝路”的开放型经济体系，加快基础设施互联互通建设，搭建“海上丝路”沟通协作平台，争当“21世纪海上丝绸之路”建设的“排头兵”和“试验田”。郑新聪指出，泉州正着力抓项目运作，初步筛选融入“海上丝路”建设项目48个；抓经贸拓展，组团赴阿联酋等国推介石化产业合作园区，举办首届中阿城市论坛，筹备海上丝绸之路品牌博览会、海上丝绸之路多边商务理事会；抓文化交流，办好“东亚文化之都”框架内系列活动，参与“中国—东盟文化交流年”活动，推动“海上丝绸之路”联合申遗，筹建中国“海上丝绸之路”国际文化交流展示中心；抓港口发展，重振古港雄风，力争到2020年，港口年吞吐量达1.8亿吨，集装箱吞吐量达500万标箱。以先行区建设为契机，泉州还制定“54321”计划，以重大项目为抓手，推动全面开放，加快新一轮科学发展、跨越发展。

8月23日

星期六
农历甲午年七月廿八
温度：26℃—34℃
多云

●报载，黄少萍、郑新聪接受人民网“行走新丝路”采访团专访。

●由永春县旅游事业局、永春县达埔镇党委政府主办，福建兴隆香业有限公司赞助举行泉州市学生记者团永春采风之旅。25名学生记者走进永春岵山镇古民居、永春白鹤拳名村大羽村和“中国香都·永春达埔”，度过了舒心愉悦又开阔眼界的一天。

8月24日

星期日
农历甲午年七月廿九
温度：27℃—34℃
多云

●第十九届国际奥委会主席杯全国百城自行车赛——光明城杯·泉州赛区预赛在清源山鸣枪开赛。

●由泉州边防支队领导带队，石狮市第三实验小学负责人及该校家委会代表组成的泉州“警校爱心交流团”，到西藏阿里地区噶尔县昆莎乡，探望藏族困难学生次仁卓嘎和德吉曲宗。

●泉州社会工作服务三项目获民政部立项。

●“华大讲堂”5年多举办45场高水平报告会。

●南安市启动人事审批网络平台。

全国百城自行车赛泉州区预赛举行

第19届全国百城自行车赛“光明城杯”泉州区预赛在美丽的“光明城清源水街—清源山”赛道举行，泉州数百位自行车好手同场竞技。经过激烈角逐，男子山地车青年组、男子山地车中年组、男子公路车组、女子大众组四个组别分别决出优胜者。这些优秀选手将代表泉州参加全国百城自行车赛总决赛。（图/高泽漳）

泉州“警校爱心交流团”到西藏阿里探望藏族困难学生

由泉州边防支队领导带队，石狮市第三实验小学负责人及该校家委会代表组成的泉州“警校爱心交流团”，到西藏阿里地区噶尔县昆莎乡，探望藏族困难学生次仁卓嘎和德吉曲宗。爱心交流团于22日抵达西藏阿里，行程为期两周，带去大量学习用品、衣服，分批捐赠给当地贫困学子，并与西藏孔繁森小学10名贫困学子结成对子，每月为其提供不少于300元的物资帮助。

泉州社会工作服务三项目获民政部立项

近日，民政部发布2014年度福利彩票公益金特殊困难老年人社会工作服务示范项目拟立项公示公告，泉州3个社会工作服务项目获立项。三个项目分别是晋江启航社工服务中心申报的“‘村改居’社区特殊困难老年人居家养老服务支持网络建构项目”、晋江益心社工服务中心申报的“夕阳‘心’家园——晋江市青阳街道孤寡老人社会工作帮扶计划”和晋江致和社工事务所申报的“晋江造乐土·银发享晚年——‘村改居’低保老年人社会工作服务项目”，占福建省立项总数的1/3，每个项目获得约20万元的民政部福利彩票公益金支持。这些项目将运用专业社会工作理念和方法，为泉州市部分社区的孤寡、低保等特殊困难老人提供专业化、个性化服务。

“华大讲堂”5年多举办45场高水平报告会

据报载，2009年3月23日，“华大讲堂”启动仪式在华侨大学陈嘉庚纪念堂举行。五年多来，“华大讲堂”已举办45场高水平报告会，传播先进文化，服务泉州发展。来自中央党校、中国科学院、中国工程院、中国社会科学院、国家行政学院、清华大学、北京大学、香港科技大学、博鳌亚洲论坛、海协会、香港政策研究所等知名智库和一流高校的学者，以及国家发改委、央行、国侨办、国台办、中央编译局、国务院研究室等部委的官员，担任主讲嘉宾。主讲嘉宾均为相关专业领域颇有影响和建树的权威专家，既有中国著名智库、一流高校的学者，又有国家部委的官员；既有人文社会科学著名专家，又有两院院士；既有中央政治局集体学习主讲人，又有党和国家重要文件起草人；既有境内学者，又有境外学者。“华大讲堂”45场专题演讲的内容，涵盖经济形势与发展战略、政治发展与政府治理、社会建设与公共管理、国际形势与国际关系、台海局势与两岸关系、依法治国与法制建设、文化战略与文化产业、绿色发展与生态文明等政治经济社会发展的诸多热点问题。“华大讲堂”每场报告会都通过网络、视频、微博进行直播，泉州市和华侨大学都建立“华大讲堂”专题网页。根据主讲嘉宾现场报告内容精心整理而成的讲堂年度文集——“华大讲堂”丛书已出版5辑。

南安市启动人事审批网络平台

近日，南安市公务员局启动“人事审批平台”系统。该系统依托人事管理信息平台，建立南安市人事管理网上审批局域网，每个单位配备1台专用电脑，各单位负责人事业务的工作人员根据业务办理流程审批表，将工资、奖惩、任免、职称评审等相关材料整理上传至网上，并设置所属办理的业务类型，公务员局各科室则根据各自职责对业务工作进行流转会审，由分管领导审批后办结归档。

市直单位教育实践活动重点整改项目推进会召开

省委第四督导组第一组长曹德淦、组长李德仁、副组长郑恢先以及督导组全体成员；省委活动办副主任、省委组织部副巡视员陈安；市领导黄少萍、郑新聪、杨俊峰、周银芳、陈沈阳、沈耀钦、许昆贞、翁祖根、林伯前等四套班子党员领导等参加会议。会议由市长、市委党的群众路线教育实践活动领导小组副组长郑新聪主持。曹德淦指出，当前，教育实践活动已进入整改落实、建章立制环节，这是各级党委和党员领导干部兑现承诺，用实际行动检验活动成果和取信于民的重要环节。泉州要深入贯彻落实中央、省委的部署要求，再接再厉，对确定的整改事项一抓到底、抓出成效，全面完成规定动作、突出做好自选动作，彰显让群众满意的决心与意志。要把作风建设的新变化，转化为推进经济社会发展的新动力。在开启新常态、面对新挑战的当下，通过转变作风、积极作为，实现稳增长、促改革、调结构、惠民生。就下阶段工作，曹德淦强调，一要选准项目。围绕群众反映最强烈的突出问题，做到现实问题和历史遗留问题、共性问题和个性问题、重点单位重点人群的问题和整个面上的问题、班子的问题和班子成员个人的问题“四个一起解决”。二要扛起责任。认真自查自纠，上下联动整治，坚持群众参与，强化正风肃纪，以项目化的理念推动专项整改工作，进而形成长效机制。三要明确目标。各级领导干部要敢于负责、对号入座，一项一项查，一个一个纠。重点整改项目要实行销号管理，明确时限、严格标准、一改到位。市委书记、市委党的群众路线教育实践活动领导小组组长黄少萍指出，整改工作犹如滚石上山，越往后任务越重、压力越大，越需要持续用劲。当前，泉州市整改工作取得一定进展，但与中央、省委的要求还有差距，还存在一些问题和不足。全市各级各部门要不折不扣贯彻中央、省委精神，坚持问题导向，发扬“钉钉子”精神，保持“准狠韧”劲头，扭住“四风”不放松，以严肃、认真、负责的态度，持续打好解决问题的攻坚战。具体而言，整改项目要再过细、严把关；整改推进要重表率、严督导；整改过程要真开门、开大门；整改成果要制度化、管长远，确保市委26个专项整治项目和市直单位136项“为群众办实事好事”重点整改项目落到实处。要坚持“两手抓、两促进”，把落实市委市政府工作部署、推动改革发展重点工作等作为检验教育实践活动成效的重要标准，通过抓重点整改来拓展“保稳求进攻坚”的工作举措，确保完成2014年经济社会发展目标任务，努力为全省大局多做贡献。

省第七届残疾人运动会泉州获金牌总数团体总分双第一

25—28日，福建省第七届残疾人运动会在福州举行，泉州代表团获40金17银5铜，超第二名11枚金牌；团体总分532分，领先第二名82分，金牌总数和团体总分双第一。该届残疾人运动会设田径、游泳、乒乓球、羽毛球、飞镖5个比赛项目，泉州有25名残疾运动健儿参与5大项60多个小项的角逐，获得田径团体总分第一，游泳、乒乓球、羽毛球项目也进入单项团体前六名，并获得体育道德风尚奖。

丰泽区见义勇为工作站首荐义举

江西人李荣从丰泽区见义勇为协会工作人员手中接过“见义勇为先进分子”荣誉证书，成为丰泽区首个经见义勇为工作站举荐申报的见义勇为先进分子。6月7日16时左右，在泉州打工的河南省驻马店市19岁女孩宋某因情绪失控，跳入泉州刺桐公园湖中轻生。李荣和家人正在附近散步，听到有人喊“有人落水了”的呼救声后，赶紧跑过去。他让家人拨打“110”报警，自己则跳入湖中游向落水者，从后面将其托出水面，慢慢游向岸边，使其脱离危险。施救过程中，李荣的脚、大腿被湖中茂密且带有粗刺的荷茎划伤多处并流血。事后，李荣向丰泽派出所申请确认见义勇为。不久后挂牌的丰泽区见义勇为协会丰泽工作站，立即着手向协会提出举荐、申请，最终李荣的行为被确认为见义勇为。该协会有关人士介绍，为进一步弘扬见义勇为的良好社会风尚，及时发现见义勇为事迹，丰泽区见义勇为协会在全市范围内率先完成工作站的建设。协会于年初成立，随后开展大量细致的工作，在丰泽区8个街道设立东湖、丰泽、泉秀、东海、城东、北峰、清源、乌屿、后渚9个工作站。工作站以派出所为依托，街道工作人员、派出所民警兼负责工作站事务。工作站还在辖区内开展宣传活动，建设见义勇为志愿者队伍，定期走访见义勇为人员及家属，帮助解决实际困难。

8月25日

星期一
农历甲午年八月初一
温度：26℃—34℃
多云

●泉州市再次召开市直单位教育实践活动重点整改项目推进会，贯彻落实中央和省委相关精神，研究部署下阶段工作。

●25—28日，福建省第七届残疾人运动会在福州举行，泉州代表团获40金17银5铜，团体总分532分，金牌总数和团体总分双第一。

●丰泽区见义勇为工作站首荐义举。

●南安青年画家创作的漆画《家园》和《青春·花语》、油画《阳光里》和《琴岛钟声入晚云》四件作品入选第十二届全国美术作品展览。

8月26日

星期二
农历甲午年八月初二
温度：26℃—34℃
多云

●省长助理、省公安厅厅长王惠敏到泉州调研。

●市政府、市政协联合开展“保护晋江源头、加强泉州市水资源管理”的重点提案督办活动。

●市科技局、市生产力促进中心在泉州经济技术开发区召开“黑金刚智能工业设备”现场推介会。

●泉州市区承天寺向来自鲤城区鲤中街道各社区、泉州五中、泉州三中、晋光小学等校学生及鲤中街道环卫工困难户子女共140名贫困学子捐资12万余元，帮助其完成学业。

●丰泽区计生系统执法工作培训会在区中心会场召开。区人口计生局全体人员，各街道分管计生副书记、计生办全体人员，各社区计生工作人员等近300人参加培训。

王惠敏到泉州调研

省长助理、省公安厅厅长王惠敏带队到泉州调研。市委书记黄少萍与调研组座谈，市领导许昆贞、卢炳椿参加相关活动。王惠敏对泉州市各项公安工作，特别是建精建强网上网下两支“特警队”的做法予以充分肯定。王惠敏指出，泉州是发展的热土，也是治安的高地。泉州市委、市政府历来高度重视公安工作，不断加大投入，通过建设公安视频监控系统、提升消防应急能力、加大公安队伍建设等，各项软硬件设施日趋完善；全面完成县级公安机关巡特警和网安队伍组建，为“网上网下两个战场都要取胜”奠定基础。希望泉州公安系统，再接再厉、再创佳绩，进一步提升群众的安全感和满意度，为地方经济社会发展保驾护航。黄少萍指出，公安队伍是保一方平安的重要力量。长期以来，泉州市公安队伍敢于担当、爱拼敢赢，有效履行维护社会大局稳定、促进社会公平正义、保障人民安居乐业的神圣使命，圆满完成市委、市政府交办的各项任务。今后，市委、市政府将进一步加大对各项公安工作的支持力度，希望省公安厅一如既往关心、支持泉州公安工作，为泉州市新一轮跨越发展创造和谐稳定的社会环境。在泉期间，王惠敏一行走访丰泽公安分局特警大队、市公安局网安支队。

市政府市政协联合开展重点提案督办活动

市政府、市政协联合开展“保护晋江源头、加强我市水资源管理”的重点提案督办活动。市领导杨俊峰、周真平、林万明、吴共湖、苏小青、骆沙鸣、李冀平、王瑞强、陈益，市政协秘书长洪川夫参加活动。提案单位、提案办理单位和部分政协委员察看安溪县感德镇退茶还林治理、永春县吾峰镇农村水源保护和县工业园区污水处理、山美水库湖泊生态保护等项目，听取水利、环保等部门情况介绍，并就做好水源地保护、水资源管理提出意见建议。

“黑金刚智能工业设备”现场推介会召开

市科技局、市生产力促进中心在泉州经济技术开发区召开“黑金刚智能工业设备”现场推介会。推介会的主推产品是黑金刚（福建）自动化科技股份公司（以下简称“黑金刚”）自主研发的智能机器人柔性制鞋成型生产线、智能标记印线机等产品。作为泉州市“数控一代”示范工程重点的项目企业，黑金刚从2007年开始涉足数控设备研发，至今已经拥有20项发明及实用新型专利。展出的智能机器人柔性制鞋成型生产线主要包括机器人自动鞋底打磨系统、机器人自动喷胶系统、全自动喷粉机等。黑金刚董事长阙小鸿介绍，该生产线融入六轴机器人及控制器、3D视觉数据采集、喷胶轨迹自动生成等先进技术，改变传统的人工刷胶及烤箱流水线组成，每条成型线可减少8—10名刷胶熟练工，每天的加工产能达到3000双，而预售价仅为欧洲品牌同类型设备的1/3，大约200万元，是国内完成的第一台具有自主知识产权、专利产权的相关产品。智能标记印线机是印刷标记线自动化的机械，也叫自动印线机。大部分的企业在进行鞋面、服装、包袋等产品的水印标记线印刷都是采用传统式的手拿网板刮印式操作，不仅产品质量存在偏差，还容易造成资源浪费。智能印线机采用传动带喷式，具有高精度UVW平台视觉对位系统和CCD自动对位矫正，可以快速完成承印物对位，从而实现准确印刷。智能标记印线机还取消水性网版，既节省人工，也减少油墨的浪费和网版清洗所带来的环境污染，网板检验岗位随之取消，具有良好的经济效应。

承天寺捐助140名贫困生上学

泉州市区承天寺向来自鲤城区鲤中街道各社区、泉州五中、泉州三中、晋光小学、东门小学、升文小学、新隅小学的学生及鲤中街道环卫所困难户子女共140名贫困学生捐发助学金12万余元，帮助其完成学业。其中，29名大学生、大专生各获得2000元资助，18名高中生、中专生和93名初中生、小学生也获得资助。

市人大常委会召开第十八次会议

27—29日，市十五届人大常委会召开第十八次会议。市人大常委会主任陈海基，副主任陈万里、洪泽生、陈全顺、吕竞、王远东、张建生，秘书长吴春林参加会议。市领导林伯前、卢炳椿、林万明列席会议。

会议听取和审议市人大常委会检查组关于建筑法执行情况的检查报告。会议审议提出，市政府要进一步加大宣传力度，强化主体责任意识，加大执法监督力度，优化建筑业发展环境。会议听取和审议了市政府关于禁毒法实施情况审议意见办理情况的报告，并对其审议意见办理情况的报告进行满意度测评。此次测评结果为基本满意。

会议听取和审议市政府关于2014年上半年我市国民经济和社会发展计划执行情况、关于2014年上半年预算执行情况报告。会议审议认为，下半年市政府要采取有效措施，强化创新转型，深化“两项改革”，保障改善民生，确保完成年度目标任务，推动经济社会健康发展。

会议审议人事任免事项，听取和审议市中级人民法院关于人民陪审员工作情况的报告、市人大常委会代表资格审查委员会关于个别代表的代表资格的审查报告、市政府关于2014年地方政府债券转贷收支相应调整市本级预算的议案，审查批准了市本级预算调整方案。会议还听取和审议了市政府关于水资源保护工作情况专项报告并开展专题询问。

会议现场　　（图/市人大）

市政协组织党员干部开展进村入户活动

市政协主席杨俊峰带领市政协党组成员和政协机关部分委室办干部，到挂钩联系的洛江区罗溪镇建兴村开展进村入户工作，市政协副主席吴共湖、苏小青、李冀平、王瑞强，秘书长洪川夫参加活动。市政协党组成员为7位贫困大学生送去助学金，鼓励其努力学习，早日成才，回报父母、回报社会，并走访受资助大学生的家庭，同家长座谈。随后，市政协党组成员还现场指导位于下山、五其垄、岭头自然村的“山围塘”项目建设。杨俊峰指出，建兴村“山围塘”建设不能“撒胡椒面”，应根据村里生产发展实际，对急需建设、效益好的“山围塘”项目，集中力量组织实施除险加固和维修养护等工作，确保安全运行；要发动群众共同建设，抓紧施工，逐步解决生产用水问题，造福百姓。杨俊峰要求，村干部应了解群众所想所盼，从群众利益出发，多为村民办实事；要在日常的点滴工作中与群众打成一片，带领群众心往一处想，力往一处使，把村里的为民办实事项目做好做到位。

座谈会现场　　（图/李德志）

东亚海洋考古图片展在泉州举行

东亚海洋考古收获成果图片展在泉州博物馆举行。在展厅展出的中国华光礁号沉船打捞、“碗礁一号”沉船考古、韩国水下考古器械、日本水下考古收获以及泉州市水下考古陆地调查等100多张图片，向观众揭开水下考古工作神秘的面纱。这些图片是从中、日、韩三国水下考古资料中精选出来的，展现水下考古收获、设备器材以及各地海洋文化、信仰习俗等。图片中，中国不少水下考古收获，都印证泉州作为“海上丝绸之路”起点的重要地位。为了更好地促进东亚海洋考古交流合作，东亚文化之都——东亚海洋考古学术研讨会同日在泉州市举行。

研讨会现场　　（图/吴寿民）

8月27日

星期三
农历甲午年八月初三
温度：26℃—33℃
多云

●27—29日，市十五届人大常委会召开第十八次会议。

●市政府、市政协联合开展“关于加强泉州市精神卫生方面工作的建议”和“关于促进泉州市民营医疗机构健康发展的建议”重点提案督办活动。

●杨俊峰带领市政协党组成员和政协机关部分委室办干部，到挂钩联系的洛江区罗溪镇建兴村开展进村入户工作。

●2014年泉州市统一战线“海西（桐江）春雨行动”工作座谈会暨扶贫助学金发放仪式举行，泉州市59名大学生受到资助。

●东亚海洋考古收获成果图片展在泉州博物馆举行。

●“东亚文化之都·2014泉州”系列活动之泉州老街巷摄影展暨《泉州老街巷》画册首发式在市区府文庙举行。该画册是泉州市资深摄影家陈敬聪耗时一年半，深入泉州古城区333条老街巷拍摄，从上万张照片中挑选出700多幅优秀作品编撰而成的，向读者描绘了泉州老街巷“全景图”。

8月28日

星期四
农历甲午年八月初四
温度：27℃—34℃
多云

●市委召开工作会议，深入贯彻习近平总书记对福建工作的新要求和中央领导来闽考察重要讲话精神，落实省委科学发展跨越发展决策部署，总结分析2014年以来全市经济社会发展和党的建设情况，部署推进下半年工作，确保全年各项目标任务顺利完成。

●央视《新闻联播》用大约1分钟时间报道晋江在新型城镇化建设中实现农民、市民同城化待遇。随后，央视《焦点访谈》节目，以《美丽城乡 温馨家园》为题报道了晋江在城市改造、城乡一体化、户籍制度改革等新型城镇化工作中的探索。

●泉州市公安局在石狮凤里派出所举行新闻发布会，对建设银行石狮分行员工庄耀翔及时劝阻客户汇款，使得客户免于被骗30万元的行为给予表彰，并奖励其2000元现金。这是全市首例银行工作人员因成功劝阻避免客户损失而获得公安机关表彰奖励。

●泉州组织60名市劳动模范和省五一劳动奖章获得者，开始为期3天的厦门休假疗养活动。2014年，泉州市参加全国、省、市工会组织疗休养活动的劳模职工将达300人，均为一线艰苦岗位劳动者。

中央主流媒体聚焦晋江新型城镇化

央视《新闻联播》用大约1分钟时间报道晋江在新型城镇化建设中实现农民、市民同城化待遇。随后，《焦点访谈》栏目，以《美丽城乡 温馨家园》为题报道晋江在城市改造、城乡一体化、户籍制度改革等新型城镇化工作中的探索，指出晋江城乡一体化的成效得益于以人为本的理念。

连日来，多家中央主流媒体在其重要版面、主要播出时段关注晋江新型城镇化，为晋江在践行“以人为本”、善待外来工、推进城乡一体化等新型城镇化工作的成效“点赞”。

晋江在新型城镇化建设中凸显的产城互动提升、外来人口本地化和进城农村人口市民化、以文兴城的经验，得到中宣部及中央主流媒体的肯定。8月8日，中宣部下发《关于做好福建晋江新型城镇化建设经验宣传报道的通知》，要求中央相关主流媒体及福建省委宣传部要深入宣传福建晋江新型城镇化建设的经验做法，为推动各地城镇化健康发展提供有益借鉴。

8月20—24日，人民日报、新华社、中央电视台、中央人民广播电台、中新社、光明日报、经济日报、中国青年报、中国日报、农民日报等十余家中央主流媒体记者相继来到晋江，走访晋江社会保障综合服务中心、审批中心流动人口落户专用窗口、五店市传统文化街区、洪山文化创意产业园等，与民众面对面，了解晋江新型城镇化带给群众实实在在的好处。

27日，新华社发表题为《城像城 乡是乡 本地外来一个样》的报道，肯定晋江“近年再发力新型城镇化建设，推进公共服务城乡一体，着力打造产业与城市互动发展、本地居民与外来务工人员和谐相融的美丽新家园”。

除央视及新华社外，多家中央主流媒体对晋江的新型城镇化陆续进行报道。《中国青年报》在头版刊发《福建晋江百万流动人口乐享新生活》的通讯，并配发《晋江户籍制度改革调查》。《光明日报》从晋江城市改造中对文脉的保留，刊发《晋江：用文化之美涵养新型城镇化》。《中国日报》发表《“晋江模式”走向“产城一体”》《晋江：把安置房建在市中心》两篇报道。《农民日报》以纪实报道的形式，在头版发表《写好一个“人”建靓一座城》。中新社发表《晋江新型城镇化并非简单“造城”》的报道。

晋江五店市传统文化街区　　（图/陈起拓）

泉州组织60名一线职工劳模到厦门休假疗养

60名泉州市劳动模范和省五一劳动奖章获得者，在泉州市总工会具体安排下，开始为期3天的厦门休假疗养活动。2014年，泉州市参加全国、省、市工会组织疗休养活动的劳模职工有300人，均为一线艰苦岗位的劳动者，主要来自制造、建筑、科技、教育、卫生、医疗、农业等行业。组织劳模疗休养是党和政府关爱劳模的重要形式，也是工会服务劳模的品牌工作。通过多年来持续开展该项活动，“关爱劳模、尊重劳模、崇尚劳模”的良好氛围在泉州蔚成风气。

惠安五群村青少年社会教育活动中心投入运行

惠安县净峰镇五群村青少年社会教育活动中心投入运行。活动中心室内设有科技活动室、图书室、绿色网吧、书画室、音乐室等12个活动室，室外设有灯光球场、广场舞台、地掷球场等活动场地。　（图/王灿洪 张剑欣）

郑新聪到泉州供电公司调研

市长郑新聪带领市直有关部门负责人到国家电网泉州供电公司，检查迎峰度夏相关措施落实情况，协调解决有关问题。副市长陈灿辉、市政府秘书长吴友才参加调研。郑新聪查看国家电网泉州服务快速响应中心、泉州运营监测中心和电力调度控制中心运行情况，听取工作汇报。郑新聪指出，多年来，泉州供电公司紧紧围绕市委、市政府工作大局，以客户为中心、以问题为导向，积极探索、主动作为，在规范化、标准化、精益化、信息化、系统化建设管理上采取一系列新举措，服务项目建设有力有效，电网改造提升步伐加快，与各级政府和用户联系合作更加密切，为经济社会发展做出重要贡献。当前，泉州正加快推进新一轮发展，对电网规划建设提出新的更高要求。希望泉州供电公司继续以服务泉州跨越发展为己任，再接再厉，再创佳绩。要全力保障城乡生产生活用电，做好供电预测预警、设施运营维护、高峰低谷调度等工作，有效落实相关政策，加快智能电网升级改造。要提升服务质量和水平，创新完善体制机制，做到安全、及时、高效、低成本。要增强重点输配项目布局建设的前瞻性和系统性，紧密对接所在地各项规划，向上争取列入计划节点、获得资金支持，以长远的眼光，系统研究提升泉州电网保障能力和效率水平。郑新聪要求，各级各部门要支持电力事业发展，及时帮助协调解决相关问题。供电公司要加强与地方政府的协作配合，组织做好电力设施建设维护工作。要以开展党的群众路线教育实践活动为契机，整改存在的问题和不足，兑现对群众和社会的承诺，持续提升廉政服务水平，保持服务大局、服务发展、服务民生的风气和正气。

泉州市召开损害群众利益突出问题专项整治工作推进会

泉州市召开2014年度损害群众利益突出问题专项整治工作推进会，要求把专项整治工作作为巩固和深化党的群众路线教育实践活动成果的实际行动，确保得到扎实有效的推进。2014年以来，泉州市把关注民生民利，整治损害群众利益的突出问题作为党风廉政建设的重要工作，不断提升政风行风建设水平，组织开展整治医药购销和医疗服务、教育领域、保障性住房工作、食品安全四个方面损害群众利益的突出问题的专项整治，取得一定成效。针对下阶段的专项整治工作，会议要求，各级政府要坚持“谁主管，谁负责”和“管行业必须管行风”原则，健全完善工作机制。各级纪委要加大执纪执法力度，突出对牵头、参加单位履职情况、治理成效、问题整改的监督，运用好民主评议政风行风的结果，将其纳入落实惩防体系和党风廉政建设责任制、党建工作、精神文明建设和政府绩效管理考评的重要内容。要落实责任追究，严肃查处公职人员在监管工作中失职渎职、以权谋私行为和不作为、慢作为、乱作为问题，造成重大损失和不良社会影响的，还要追究有关领导的责任，决不允许隐瞒袒护，姑息迁就。

“横滨文化周”首场演出在泉州举行

“横滨文化周”首场演出在泉州南音艺苑举行，来自日本的菲莉斯女子合唱团以及爵士乐队“德田雄一郎RALYZZDIG”为泉州观众带来浓浓横滨风情的音乐会，让人感受到日本高雅艺术的独特魅力。该场音乐会分为两个部分，第一部分是菲莉斯女子合唱团的合唱表演，分别是：“日本之歌：歌唱自然”“近代西洋文化的发祥地横滨港：起源于基督教音乐的日本西洋音乐”“文明中国的歌谣”“从横滨到日本文化”“欧洲与亚洲的融合”。合唱团指导土屋广次郎所言表示，横滨作为港口城市，对于西洋音乐有着较好的吸收，希望该次演出，为泉州市民献上中日文化、东西方文化融合的成果。当谷村新司所作的《昴》（中文译为《星》）唱响时，这一在中国广为流传的经典音乐顿时引起共鸣，动人的旋律在台上台下交融流淌。音乐会第二部分为爵士乐队“德田雄一郎RALYZZDIG”的演奏，或动感或悠扬浪漫的爵士乐，令人如痴如醉。

演出现场　　（图/李芸生）

8月29日

星期五
农历甲午年八月初五
温度：27℃—34℃
多云

●郑新聪带领市直有关部门负责人到国家电网泉州供电公司，检查迎峰度夏相关措施落实情况，协调解决有关问题。

●泉州市召开2014年度损害群众利益突出问题专项整治工作推进会，要求把专项整治工作作为巩固和深化党的群众路线教育实践活动成果的实际行动。

●市政府召开国家园林城市复查迎检工作动员会，部署复查迎检相关工作。

●“横滨文化周”首场演出在市区南音艺苑拉开帷幕，来自日本的菲莉斯女子合唱团以及爵士乐队“德田雄一郎RALYZZDIG”表演带有浓浓横滨风情的音乐。

●29—31日，以“展书画魅力 唤爱心精神”为主题的大型书画义卖慈善活动，在市区源和1916创意产业园7号楼公共展厅举行，义卖所得将用于帮助社会弱势群体。

8月30日

星期六
农历甲午年八月初六
温度：26℃—34℃
多云

●报载，市人大常委会首次对市政府工作开展满意度测评。

●东海学园晋光小学东海校区正式揭牌，确保了该小学于9月1日对外招生。晋光小学东海校区坐落于市行政中心一期东南侧，占地约2.79公顷，建设为48班六年制完全小学，共2160名学生规模，总建筑面积约3.33万平方米。

●在泉港石化工业区南山片区福建联合石化公司环氧乙烷（EO）/乙二醇（EG）项目工地，一座重1583吨、高105.75米的洗涤塔，借助目前世界最大吨位（4000吨级）的移动式履带起重机，完成一次性整体吊装就位。这标志着福建联合石化EO/EG项目设备全面安装阶段取得关键性节点的顺利实现。

●报载，"晋江公安"粉丝戒毒所里学"防毒"。

市人大常委会首次对政府工作开展满意度测评

在市十五届人大常委会第十八次会议上，市人大常委会组成人员就对市政府关于《禁毒法》实施情况审议意见办理情况进行满意度测评。根据市人大常委会2014年监督工作计划，3月市人大常委会组织开展《中华人民共和国禁毒法》执法检查，对泉州市禁毒宣传教育、毒品管制、戒毒措施、禁毒保障等情况进行重点检查。4月，市人大常委会执法检查组发布执法检查报告，建议各级各部门深化禁毒宣传教育，强化禁毒工作领导，增强禁毒执法保障，保持禁毒严打高压态势，进一步推进社区戒毒（康复）工作。5月，市政府接到《泉州市人大常委会关于禁毒法实施情况的审议意见》后，立即召开专题会议，对市人大常委会审议意见逐项细化、分解，明确责任单位，狠抓工作落实，并于法定期限内向市人大常委会报送审议意见办理情况的报告。分管市领导在报告中指出，整治期间，各级各部门深入开展禁毒宣传教育进学校、进社区、进家庭、进单位、进场所、进农村活动，尤其有针对性地开展预防青少年吸、贩毒违法犯罪宣传教育。加大对涉毒违法犯罪的打击力度，保持严打高压态势。市、区两级司法、禁毒部门将鲤城区金龙街道作为试点，探索将社区戒毒与社区矫正相结合的新型管理模式和办法。在永春县中医院、安溪县第三医院各设立一个美沙酮药物维持治疗门诊，前期工作正在开展。此次满意度测评采用无记名表决的方式进行，分满意、基本满意和不满意三个等级。满意票达到常委会全体组成人员半数以上的，为满意；不满意票达到常委会全体组成人员半数以上的，为不满意；其他情况视为基本满意。市人大常委会组成人员表示，市政府及其相关职能部门对市人大常委会的审议意见高度重视，能够针对存在的问题逐项细化自查，进一步明确责任，突出整改重点，短短几个月时间，在禁毒宣传、缉毒执法、人员经费等方面都有新动作、新举措，值得肯定。禁毒工作任重而道远，市人大常委会组成人员期待市政府继续按照人大审议意见的要求，采取有效措施，预防为主，综合治理，加强禁毒工作领导，深化宣传教育，加大防范和治理力度。会上，市人大常委会组成人员现场表决，最终得出"基本满意"的测评结果。

晋光小学东海校区揭牌

经过18个月的紧张施工，东海学园晋光小学东海校区揭牌，确保该小学于9月1日对外招生。晋光小学东海校区坐落于市行政中心一期的东南侧，占地约2.79公顷，计划开设48班六年制完全小学，2160名学生规模，总建筑面积约3.33万平方米。东海学园是市委、市政府为民办实事项目之一，写入2014年政府工作报告。该学园整合泉州一中、晋光小学、机关幼儿园三所市优质教育资源，力求打造泉州市区新的优质教育圈。东海片区作为泉州市环湾城市的中心区，是新的政治、经济、商务、文化的中心，东海学园的建设有利于完善片区基础设施，提升教育的资源质量。

泉港区最大单体化工设备整体吊装作业完成

在泉港区石化工业区南山片区福建联合石化公司环氧乙烷（EO）/乙二醇（EG）项目工地，一座重1583吨、高105.75米的洗涤塔，借助世界最大吨位（4000吨级）的移动式履带起重机，成功实现一次性整体吊装就位。此系泉港完成的最大单体化工设备整体吊装作业，标志着福建联合石化EO/EG项目设备全面安装阶段取得关键性节点的顺利实现。该项目是福建联合石化"脱瓶颈"系列项目之一，总投资16亿元，投产后预计年新增产值约43亿元。

"晋江公安"粉丝戒毒所里学"防毒"

50多名"晋江公安"粉丝走进泉州市强制隔离戒毒所。晋江市公安局"晋江公安"微博平台策划的此次活动以"粉丝进警营 感受戒毒者"为主题，带网友走进强制戒毒所，学习"防毒"知识，增强"防毒"意识。在戒毒所民警的带领下，粉丝团参观禁毒教育基地，听工作人员讲解吸毒对身心健康、家庭、社会的危害及禁毒工作的政策界限。3名吸毒者现身说法，警醒市民朋友勿染毒品。晋江公安还制作《拒绝毒品 从我做起》倡议书，粉丝一起在倡议书上签了名参与该次活动的粉丝来自社会各个层面，包括企业家、个体户、学生和老师等。

黄少萍郑新聪会见菲律宾华社代表访华团

菲律宾菲华商联总会理事长施文界、菲华各界联合会主席黄锡堃率菲律宾华社代表访华团到泉州考察。市委书记黄少萍、市长郑新聪会见访华团一行，市领导周银芳、翁祖根、陈荣洲参加会见。黄少萍代表市委、市政府和泉州830多万人民，对访华团的到来表示欢迎。黄少萍指出，以菲华商联总会、菲华各界联合会为代表的华人华侨社团，始终心系桑梓，为促进中菲关系发展、弘扬中华文化、敦睦乡谊、服务乡亲做了大量卓有成效的工作，为泉州经济社会发展和公益事业倾注了大量心血。泉州昔年的发展得益于侨，泉州今日的跨越，更需要海内外3000万泉州人合力共为。随着“东亚文化之都”、国家级“金改”“综改”试验区等政策平台的持续发力，泉州迎来前所未有的发展机遇。希望广大乡亲多回来走走，联络感情，投资创业，共促家乡发展。作为联合国唯一认定的海上丝绸之路起点城市，泉州正积极呼应国家“一带一路”战略，建设“21世纪海上丝绸之路先行区”。泉籍华侨华人90%以上居住在“海上丝路”沿线的东南亚各国，希望大家共同努力，发挥好这一海外优势，推动泉州成为国家“一带一路”战略支点城市。施文界、黄锡堃表示，近年来，泉州经济快速发展，人民生活水平不断提高，让旅外泉州籍乡亲倍感骄傲和自豪。大家虽然身在异国，但心系家乡，希望加强与泉州的交流和联系，寻找更多投资机会，共同推动家乡迈向更加繁荣、更加光明的未来。

泉州市开展“七打七治”打非治违专项行动

8月至12月，泉州市开展“七打七治”专项行动，集中打击、整治煤矿、金属与非金属矿山、危险化学品、油气管道、交通运输、建筑施工、消防、粉尘防爆等重点行业领域的非法违法、违规违章的行为。一、打击无采矿许可证开采、越界开采矿产资源的；非法转让探矿权、采矿权的；未按批准的开发利用方案组织生产的。整治图纸造假、图实不符问题，未按矿山安全设施设计组织生产的；将新（改、扩）建项目安全设施发包给不具备相应资质的单位承担的。二、打击破坏损害危险化学品、城镇燃气和油气输送管道的行为。整治管道周边乱建乱挖乱钻、违法占压的问题。三、打击未取得危险货物运输许可或非经营性危险货物运输单位，擅自从事危险货物运输的；从事危险货物运输驾驶人员、押运人员未取得从业资格证等危化品非法运输行为。整治危险化学品无证经营、充装、运输，非法改装、认证，违法挂靠、外包，违规装载等问题。四、打击建设单位规避招标，不办理施工许可、质量安全监督等手续，将工程发包给不具备相应资质、无安全生产许可证的施工企业的；施工、监理单位弄虚作假，无相关资质或超越资质范围承揽工程，转包、违法分包工程的。整治工程项目不认真执行项目负责人现场带班、安全隐患排查治理、安全事故报告等制度规定，危险性较大的分部分项工程不执行安全专项施工方案编制、审核及论证制度，施工现场管理混乱，建筑施工脚手架、起重机械安全设施不到位、安全防范措施不落实，存在重大安全隐患；施工企业对作业人员安全培训不到位，“三类人员”及特种作业人员无证上岗的，作业人员违章操作、违章指挥、违反劳动纪律的。五、打击营运车辆驾驶人超速、超载、超员、疲劳驾驶、酒后驾车，以及无驾驶证驾车；非法改装车辆从事运输的；未取得道路运输经营许可，擅自从事道路运输经营的；擅自改装已取得车辆营运证的车辆的；无从业资格证驾驶运输车辆的。整治渣土车加高栏板、加大轮胎、增加钢板等非法改装或未按要求安装GPS；旅游包车未取得包车证或持空白包车证的；不具备营运资格车辆非法营运的；营运车辆私自关闭动态监控装置逃避动态监管的。六、打击小生产加工场所生产、储存、经营场所与居住场所设置在同一建筑物内，不符合消防技术标准的；未经审批，违章搭盖建筑较多，造成先天性重大火灾隐患。整治小型生产经营场所、危旧民房、老旧小区、建筑工地民房、废品收购场所等场所各种电器路线安装不符合规定，存在火灾隐患；单位埋压、圈占、遮挡消火栓或者占用防火间距，占用、堵塞、封闭疏散通道、安全出口或者有其他妨碍安全疏散行为的；单位建筑消防设施损坏、不能正常运行、擅自关停，或者消防控制室人员没有持证上岗、不会操作设施设备的。七、打击粉尘爆炸危险场所企业厂房规划建设未按规定要求，采用单层建筑车间，轻型结构屋顶。整治粉尘爆炸危险场所安全管理不到位，工艺设计布局没有满足安全距离规定，动火作业审批制度未落实；企业防爆设施、设备没有配齐，没有有效运行；企业作业场所，通风除尘系统没有安全运转，粉尘未能及时清理；企业职工未能了解企业粉尘爆炸危险场所的危险程度和防爆措施，没有经过培训、考试直接上岗的。

8月31日

星期日
农历甲午年八月初七
温度：26℃—33℃
多云

●菲律宾菲华商联总会理事长施文界、菲华各界联合会主席黄锡堃率菲律宾华社代表访华团到泉州考察。市委书记黄少萍、市长郑新聪会见访华团一行。

●报载，泉州市开展“七打七治”打非治违专项行动。

●泉州市第一届管乐艺术节落幕。在三天的时间里，泉州市民欣赏到中、韩、日三国管乐艺术家的精彩演出。

9月1日

星期一
农历甲午年八月初八
温度：26℃—34℃
多云

●省政府在泉州召开晋江新型城镇化发展研讨会，贯彻落实总书记习近平关于晋江新型城镇化重要批示精神，围绕晋江新型城镇化建设工作开展实地考察和交流研讨。

●2014年市十五届人大代表履职培训班开班。

●十一届市政协第十八次主席会召开。

●泉州解放纪念日，也是“防空警报市民日”。上午9时，全市232台警报装置发出的警报声响彻天空，近10万人举行疏散演习。

●2014年秋季开学之际，位于城东学园内的泉州五中新校区、位于东海学园的晋光小学新校区、位于江南学园的鲤城区第二实验幼儿园建成投入使用。

●泉州市中小学开学第一天，各校分别举行升旗仪式、防空演练等活动，对学生进行爱国主义和理想信念教育。

●即日起，全市11家县级公立医院实施药品零差率销售。

●市教育局、市诚信促进会举办的“好家风给我的教育”征文演讲比赛启动。

●德化仙峰寺千佛殿揭彩仪式举行。该寺是在千年古刹仙峰岩上复建的，由已故传畅法师及其弟子释道川等牵头建设，历时近20年。

●首批来自鲤城、丰泽、洛江、泉州台商投资区的18名见义勇为先进分子凭交通卡可免费乘坐市区公交车。

省政府在泉州召开晋江新型城镇化发展研讨会

省政府在泉州召开晋江新型城镇化发展研讨会，贯彻落实总书记习近平关于晋江新型城镇化重要批示精神，围绕晋江新型城镇化建设工作开展实地考察和交流研讨。住建部原副部长、全国政协委员郭允冲，副省长陈冬，市领导黄少萍、郑新聪、李建辉以及来自国家发改委、国土资源部、中国城市规划设计研究院、中国社科院、同济大学等有关部委、院校、研究机构的专家学者和省直相关单位负责人参加会议。研讨会由市长郑新聪主持。与会专家学者就晋江城镇化工作进行交流探讨。陈冬在讲话中指出，总书记习近平的重要批示高度契合福建实际，为福建新型城镇化工作指明方向。全省上下必须认真领会和贯彻习总书记重要批示精神，坚持城市群、产业群、港口群“三群联动”，实现新型城镇化与新型工业化、信息化、农业现代化“四化并举”和“人进城、建好城、管好城”的目标，走具有福建特色的新型城镇化路子。晋江的新型城镇化实践为全省新型城镇化工作提供鲜活经验和有益启示。具体而言，就是以人为核心，有序推动农业转移人口市民化，促进社会和谐；以工业化推动城镇化发展，以城镇化倒逼产业转型升级，促进产城融合发展；以规划为先导，促进城镇生产生活生态空间的合理布局；以体制机制创新为动力，激发城市发展活力；以生态为底色，提升城市发展品位；以传承文化为魂，凸显城市特色。市委书记黄少萍在介绍泉州经济社会发展情况后指出，综观工业化、城镇化发展历程，泉州走的是先轻工后重工、先产业后城镇的路子。进入新世纪，泉州坚持工业化、城镇化良性互动，着力解决中心城市集聚辐射能力较弱、城镇创新要素集聚功能不强、现代服务业发展滞后等现实问题；坚持外来务工人员、本地农业人口市民化并重，建设以人为本的包容性城市；坚持凸显闽南文化特色、海上丝绸之路文化底蕴，更好地保护历史文化名城，提升城市文化软实力；坚持差异化、多元化发展路子，沿海、山区县域都立足资源禀赋、产业基础、城乡结构、人口分布等实际，探索各具特色的城镇化模式。这些生动实践，有力地促进泉州经济转型升级和社会和谐进步，赋予“晋江经验”“泉州模式”新的内涵和活力。

2014年市十五届人大代表履职培训班开班

2014年市十五届人大代表履职培训班开班。市人大常委会主任陈海基，副主任陈全顺、吕竞、张建生，秘书长吴春林以及120余名市人大代表参加培训。培训班为期两天，邀请专家教授分别做宪法、监督法、代表法等相关法律知识讲座。陈海基在动员讲话中指出，人大代表要主动学习、掌握国家重大方针政策、经济发展形势变化，夯实履职基础；定期深入基层，形成走访群众的常态，与原选举单位和群众保持联系，了解群众所需，准确反映社情民意。希望通过培训，借助现代科技，创新履职方式；讲究方式方法，广泛倾听百姓心声；分类梳理群众诉求，从小事做起，为群众解决困难；及时收集民生热难点问题，向人民代表大会提出议案、建议，扎实履职。

培训现场　（图/陈意鸣）

全市11家县级公立医院取消药品加成

即日起，全市11家县级公立医院开始实施药品零差率销售。与此同时，在综合考虑取消药品加成、医保支付能力、减轻群众负担的前提下，适当调整部分医疗服务价格。此次医药价格改革在晋江、石狮、惠安和泉港的11家县级公立医院实施，取消药品的15%加成（不含中药饮片）。所取消的加成，分别由财政补偿15%，医院分担3%，医疗服务价格调整补偿82%。医疗服务价格调整主要从以下几方面入手：着重提高能够体现医务人员劳动价值的服务项目和偏低的服务项目，降低大型仪器设备的检查和检验检测费，适当调整部分手术诊疗项目价格。该次医药价格改革还为市级公立医院医药价格改革预留空间，力求市、县价格拉开差距，促进病人分流，逐步实现“小病留县”。该次医药价格改革将与相关医保政策同步实施，纳入医保报销范畴。

9月2日

星期二
农历甲午年八月初九
温度：26℃—34℃
多云

●市委召开常委会，学习习近平在纪念邓小平诞辰110周年座谈会上的重要讲话精神。

●市人大常委会开展重点流域（含近海水域）环境污染综合整治情况的专题调研，重点调研南安市、晋江市和石狮市的整治情况。

●周银芳到安溪县调研农业农村工作。

●2—7日，“百态观音·慈航普渡”德化瓷艺大师暨全国书画名家作品全国巡回展在普陀山书院举行首场展出。

●在“泉金”客运码头，泉州边防检查站官兵与台湾船员一道，开展纪念抗日战争胜利69周年活动。

●永春县武装部工作人员到确定参军的双胞胎兄弟王德铉、王德峰家中座谈，与兄弟俩畅谈共圆绿色军营梦。

市委常委会学习习近平在纪念邓小平诞辰110周年座谈会上的重要讲话精神

市委召开常委会，学习习近平在纪念邓小平诞辰110周年座谈会上的重要讲话精神。市委书记黄少萍主持会议并讲话，市委常委参加会议，市人大常委会党组主要领导列席会议。会议指出，习近平的重要讲话具有很强的理论性、战略性和指导性，对于坚持中国特色社会主义发展道路，做好改革发展稳定各项工作，具有极其重要的指导意义。各级党委要坚持发展是硬道理，致力推动经济社会较快发展。坚持保稳、求进、攻坚，抓紧支持企业全方位创新、培育经济新增长点、开展重大项目建设等工作，全力完成年度目标任务，推进科学发展跨越发展。要弘扬改革创新精神，争当“排头兵”和“试验田”。当前，改革开放已进入攻坚期、深水区，要围绕国家、省里战略导向，赋予“晋江经验”“泉州模式”新内涵；要用好用足政策机遇，推动“金改区”“民综改革”“东亚文化之都”“21世纪海上丝绸之路先行区”建设进程。各级领导干部要增强责任担当意识，不断提升执行力和落实力；广大党员干部要放开手脚干工作，把市委、市政府各项决策部署落到实处。要坚持党要管党、从严治党，着力建设风清气正的政治生态。加强思想政治建设，拧紧思想“总开关”；抓好群众路线教育实践活动，把活动激发的热情转化为推动发展的内驱力和执行力；深入推进党风廉政建设和反腐败斗争，确保干部清正、政府清廉、政治清明。

市人大常委会开展重点流域环境污染综合整治情况专题调研

市人大常委会调研组到石狮、晋江、南安等地，对全市开展重点流域（含近海水域）环境污染综合整治情况进行专题调研。调研组采取察看、暗访和听取汇报相结合的形式，先后察看南安大盈溪流域环境整治、晋江可慕溪河道整治、石狮中心区污水处理厂尾水回用等工程整治和运转情况。调研组指出，要进一步落实重点流域环境污染治理目标责任制，强化责任落实；明确流域水环境保护目标，列出整治清单，制定整治计划；夯实环保基础设施，加大投入解决历史欠账问题；强化专项整治，加强环境执法检查，对违法排污行为，发现一起、查处一起。

周银芳到安溪调研农业农村工作

市委副书记周银芳率市农办、市农业局负责人到安溪县实地考察长坑乡山格淮山专业合作社、祥华乡仙踏石茶叶专业合作社、省级扶贫开发重点村祥华乡珍山村、虎邱镇高建发茶叶庄园和玖玖天诚生态农业。周银芳在调研中指出，安溪县委、县政府围绕增加农民收入，做大做强茶产业，大力发展现代农业，加大扶贫开发力度，农业农村各项工作取得较好成效。周银芳强调，各专业合作社要不断学习、创新，开发特色产品，探索新模式。农业部门要扶持并规范专业合作社的建设，充分发挥其示范带动作用，让更多的农民受益。要用“生态、健康、绿色”的理念引导现代农业发展，把改造传统农业与加强生态保护、发展休闲旅游结合起来，不断提高现代农业的综合效益。周银芳指出，泉州的扶贫开发工作任务十分繁重，各级各部门要落实市委的一系列部署，发挥好省、市下派驻村干部的作用，按照“办实事、带队伍、改作风、促发展”的要求，实施科学扶贫、精准扶贫，提升扶贫开发工作水平。

调研现场　　（图/刘伯怡）

德化“百态观音·慈航普度”首场展出举办

2—7日，“百态观音·慈航普度”德化瓷艺大师暨全国书画名家作品全国巡回展在普陀山书院举行首场展出。以观音文化为题材的展览，对德化尚属首次。“百态观音·慈航普度”巡回展从策划至今，历时近5年，20位德化当代瓷艺大师以“中国梦·德化瓷”为主题，携手创作“百态观音”，每位大师创作5尊不同形态的观音像，作品大小不一、造型各异，刻画细腻，栩栩如生；瓷质洁白，如脂似玉；气韵生动，形神合一，极具艺术欣赏和收藏价值，堪称德化观音瓷塑上品。

9月3日

星期三
农历甲午年八月初十
温度：27℃—35℃
多云

●中化集团公司总经理蔡希有到泉州视察中化泉州项目，与市领导商谈有关合作事宜。

●著名国际城市规划大师、有“新加坡规划之父”美誉的刘太格博士到泉州考察并受聘泉州市规划顾问。

●郑新聪到南安检查第七届海峡两岸（泉州）农产品采购订货会准备情况。

●泉州边检站在泉金航线石井客运码头专门开设“中秋团圆通道”，做好台胞通关服务。

●晋江市公安局将270辆电动车发放给基层派出所，使其更好地服务群众。

黄少萍郑新聪与中化集团总经理座谈

中化集团公司总经理蔡希有率队到泉州视察中化泉州项目，与市领导商谈有关合作事宜。市委书记黄少萍、市长郑新聪与客人座谈。黄少萍、郑新聪指出，中化泉州项目建设的顺利建成投产，对中化集团自身业务发展以及推动泉州乃至全省产业转型升级、企地深化合作都具有重要的战略意义，是双方开启新一轮战略合作的里程碑。作为全国九大石化产业基地和九大炼油基地之一，泉州石化产业拥有坚实的产业基础、完整的产业链条和光明的发展前景。希望中化集团加快推进乙烯、芳烃等在泉后续项目建设，全力推动二期项目早日建成投产。欢迎中化集团组团到泉州进一步考察，将集团在化工、能源、农业、金融、地产、物流等领域的优势，与泉州的政策、经济、区位、产业和市场等优势相结合，开展更加广泛深入的合作，力争有更多项目和资源布局泉州。市委、市政府将在用地保障、行政服务等方面一如既往给予全方位支持，努力实现企地双方互利共赢、共同发展。蔡希有表示，中化泉州一期项目的顺利实施，较好地积累经验、锻炼队伍。中化集团看好泉州的发展，下阶段将再接再厉，推进后续项目建设，发挥自身优势，扩大投资领域，加大投资力度，为泉州石化产业升级和经济社会发展做出新的更大贡献。

相关链接：中化集团是中国中化集团公司的简称，为国有大型骨干中央企业，已24次入围《财富》全球500强，2014年名列第107位。中化集团主业分布在能源、农业、化工、地产、金融五大领域，是中国四大国家石油公司之一，最大的农业投入品（化肥、种子、农药）一体化经营企业，领先的化工产品综合服务商，并在高端地产酒店和非银行金融领域具有较强的影响力。

郑新聪为刘太格颁发“泉州市规划顾问”聘书

著名国际城市规划大师、有“新加坡规划之父”之誉的刘太格博士到泉州考察，与泉州相关部门就《泉州市概念性空间发展规划及老城区和中央商务区城市设计》项目编制事宜进行洽商。市长郑新聪会见刘太格一行，并为刘太格颁发泉州市规划顾问聘书。副市长李建辉与刘太格分别代表市政府、新加坡雅思柏设计事务所签订《泉州市概念性空间发展规划及老城区和中央商务区城市设计》委托意向书。该城市规划设计合作意向的达成，旨在借鉴新加坡城市规划建设的先进经验，借助规划大师的智慧，使泉州城市规划水平进一步提升，并与国际接轨。项目规划设计主要包括四层次内容：泉州市域战略性空间规划研究主要针对未来泉州整体的城镇发展规模来考虑，结合对外及市域内的交通组织的规划研究工作；泉州市中心城区概念性空间发展规划主要考虑未来泉州市中心城区发展规模，以配合未来人口规模的发展；泉州中心片区概念性空间发展规划对中心片区进行规划；泉州老城区和中央商务区城市设计主要是对中心片区内的中央商务区和老城区进行城市设计，处理好控制老建筑与新开发区的城市肌理和形象的关系。

市领导检查农订会投洽会筹备工作

市长郑新聪到南安市，实地检查第七届海峡两岸（泉州）农产品采购订货会准备情况，听取农订会、“9·8”投洽会筹备工作情况汇报。副市长陈荣洲、市政府秘书长吴友才参加检查。检查农订会布展现场后，郑新聪要求各级各部门要落实各项筹备工作。要突出实效，多想新点子、新办法，力争多签合同、多交朋友、多达成订单、多促成采购；要维护好、运作好农订会品牌，积极携手向上争取政策支持，不断提升展会的吸引力和影响力。要突出专业，深化市场化运作方式，提升专业化办展水平；顺应电商潮流趋势，打造永不落幕的农订会。要突出氛围，不断优化周边环境，提供周到细致服务。要突出安全，切实强化预案，抓好展馆、交通、食品等安全防控，做好全程保障。要突出节俭，严格按照“八项规定”精神，精简环节、从简接待、节约开支。就做好“9·8”投洽会参会工作，郑新聪要求，要按照省里和市委的统一部署，再检查、再督促、再落实，抓紧抓细各项筹备扫尾工作。要盯项目，努力达成参会目标，致力推动项目签约，争取对接更多大项目、好项目，为全市大盘多做贡献。要盯客商，参加好重点活动，接待好境外客商，用好客户资源，千方百计、形式多样、务实高效地开展招商活动。要盯细节，加强沟通、密切配合，衔接好投洽会、农订会活动日程安排，确保无疏漏、无差错，力争取得更好成效。

黄少萍到泉州台商投资区调研

市委书记黄少萍带队到泉州台商投资区调研。市领导陈沈阳、林伯前参加调研。黄少萍肯定台商投资区近年来的发展成效，经过积极争取，中央编办正式同意台商投资区规格升格为副厅级。黄少萍强调，台商投资区要在更大责任中前行，争取更大作为。全区干部尤其是领导干部一定要解放思想，凝心聚力，以建设一流开发区的标准来要求自己，抢抓发展“黄金期”，创新体制机制，甩开膀子大干快上，建设名副其实的中心城市“新增长极”。要强化责任担当，研究思考如何加快赶超跨越，以强烈的差距意识、发展意识，争取各方面工作特别是外资企业数量和规模、产业层次、经济总量、项目运作等有更大进步。要用好政策支持，对照发展目标和市委新要求，增强信心、迎难而上、精准施策，确保发展速度、发展质量等主要指标高于全市平均水平，为全市大局多做贡献。要推进产城融合、尽快提升形象，坚持现代制造业和现代服务业两手抓，推动城市经济各形态、各环节融合发展；积极探索从农村城镇向城市核心区跨越的新路子、“典型样板”，建设宜居、宜业、宜人的幸福新城。要突出“对台、高新”的属性，坚持以抓项目论英雄、大胆超常规运作、讲究项目亩产效益，大力引进龙头产业项目，加快形成台商发展的经济生态，着力培育高新产业和新型业态，努力打造一批规模化、高端化、品牌化、国际化的产业集群。

郑新聪到永春调研农业农村工作

市长郑新聪带队到永春，调研农业农村工作。在介福乡，郑新聪了解到，租赁来的农用土地无法抵押贷款，成为制约许多农业龙头企业发展的瓶颈。要求相关部门加强研究，通过政府增信、贴息贷款等方式，帮助破解“融资难”。在湖洋镇，昔日柑橘之乡一度因黄龙病面临绝收风险，如今，改种中草药和名贵花木带来可观效益。郑新聪肯定产业的华丽转型，要求加快土地流转和低效柑橘园改造，发展“订单农业”式的苗木基地。得知该镇青壮年大多外出经营超市，郑新聪指出，要引导建立超市联盟，统一采购、配送，提高议价能力，降低成本，打造有竞争力的本土连锁零售龙头。在吾峰镇，郑新聪察看河道整治工程和湿地公园，要求永春加强水源地保护，把生态建设放在突出位置，多建设一些“会呼吸的河道”，注重产业的可持续发展。郑新聪指出，各级各部门要善于借鉴经验、对接政策，审视和谋划好农业和农村工作，树立问题导向，从惠及面最广、最急需处做起，逐年分批地解决问题。要着力农业增效，突出示范引导，善于突破瓶颈，平衡各方利益，加强科技服务，走“一乡一业”“一村一品”的特色发展道路。要促进农民增收，通过加大政策扶持，鼓励土地流转、“公司+农户+合作社”模式和生产性服务业等，千方百计增加农民财产性、经营性、转移性和工资性收入。要持续实施清洁家园行动，逐步发展教育、医疗、养老等社会事业，完善基础设施，建设美丽乡村。要加强农村基层党组织建设，实行村务公开，完善村规民约，重点关注五保户、贫困户、孤寡老人等特殊人群。

市人大常委会组织视察市政府执行食品安全决议情况

4—5日，市人大常委会组织四个小组到各县（市、区）及有关职能部门，对市政府执行《关于进一步加强泉州市食品安全监督管理议案的决议》情况进行视察。市人大常委会主任陈海基，副主任洪泽生、陈全顺、吕竞、王远东、张建生，秘书长吴春林参加视察活动。副市长陈荣洲陪同视察。该次视察，市人大常委会采取随机抽查方式，现场确定被视察检查的企业或单位。经过两天的视察活动，市人大常委会认为，泉州市食品安全监管工作任重道远，必须按照最严格的标准、最严密的监管、最严肃的问责、最严厉的处罚要求，常抓不懈。各职能部门要理清机构职责，无缝对接职能调整后的各自分工，对食品安全认真监管、分类指导；要落实食品安全法律法规，协同协作，创新监管方式；要向基层倾斜执法力量，实行执法追责制度，将工作负责到底、追责到位。

视察反馈会　（图/陈意鸣）

9月4日

星期四
农历甲午年八月十一
温度：27℃—33℃
多云转阵雨

●黄少萍到泉州台商投资区调研。

●郑新聪到永春，调研农业农村工作。

●4—5日，市人大常委会分组到各县（市、区）及有关职能部门，对市政府执行《关于进一步加强泉州市食品安全监督管理议案的决议》情况进行视察。

●新华社播发通稿，对泉州通过创新推动鞋服行业转型升级取得的成绩进行分析报道。

9月5日

星期五
农历甲午年八月十二
温度：26℃—32℃
阴转多云

●市政协组织听取市中级人民法院2014年以来工作情况通报。

●市政协举行中秋书画笔会。

●鲤城区举办第四届“笋江月·闽南风”中秋民俗文化节活动。

●在丰泽区城东明日广场公交站，13路公交车司机刘师傅让乘客牟某续投一元车费，两人发生纠纷，牟某用刀捅伤刘师傅，导致刘师傅肾脏严重损伤。

●丰泽区总工会、团委、妇联等单位主办“相约中秋·缘聚丰泽”单身青年联谊活动，旨在拓宽单身青年交友渠道，帮助其早日步入婚姻殿堂。

●金门浯江南乐研习社与鲤城区泉州南音研究社举行古乐演唱交流活动，共庆中秋佳节。

市政协听取市中级人民法院工作情况通报

市政协组织听取市中级人民法院2014年以来工作情况通报。市政协主席杨俊峰，副主席苏小青、骆沙鸣，秘书长洪川夫参加会议。市中级人民法院代理院长欧岩峰向政协委员通报2014以来法院工作情况。政协委员围绕完善人民陪审员制度、公正廉洁执法、加大法制宣传等建言献策。杨俊峰指出，全市法院要围绕市委、市政府决策部署，认真研究新问题、新情况，严厉打击经济领域犯罪活动，为发展大局提供服务保障。要坚持维护社会公平正义，把握司法为民、公正司法主线，完善司法公开各项制度，不断提升司法公信力。要维护人民群众合法权益，严厉打击群众深恶痛绝的犯罪活动，依法审理好劳动争议、社会保障、医疗纠纷等涉及民生的案件，探索司法为民便民利民新机制。

通报会现场　（图/李德志）

市政协举办中秋书画笔会

为欢度中秋佳节，庆祝建国65周年、人民政协成立65周年，市政协举行中秋书画笔会。市政协刺桐书画院特聘书画摄影家们欢聚一堂，泼墨挥毫，创作一幅幅精美的书画摄影作品，用笔墨丹青抒发对文都泉州的热情赞颂。该活动旨在弘扬传统文化，丰富“东亚文化之都·2014泉州活动年”内涵，扩大政协组织联谊交流，营造团结、团圆的中秋节日氛围。

书画笔会现场　（图/李德志）

鲤城举办第四届“笋江月·闽南风”中秋民俗文化节活动

鲤城区石笋公园的石笋古渡边，一群身穿日本、韩国、泰国、印度、英国等国家传统服装的演员坐在游船上，展示古代中外商人通过泉州石笋渡口的欢乐景象。笋江公园里，彩球舞、火鼎公婆、摇钱树、彩婆、大鼓凉伞等闽南民俗文化节目正在上演。在精彩的民俗表演过后，复古中秋拜月仪式令人眼前一亮。只见古装礼生手提“泉郡”“浮桥”府灯挂，在鼓台上摆着月饼、水果的祭桌前，12名身着古代服饰的女子作为执事，一名主献女子洗净双手，表示对月娘的尊敬，在唱礼声中经上香、奠酒、读祝等，再将写满祝福的薄纸放进金桶焚烧，宣告拜月仪式结束。随后，泉州歌舞剧团演员表演精彩的音乐、舞蹈、诗词朗诵等节目。月夜中，有的市民参与传灯活动，有的市民则参与猜灯谜、观看糖画、博饼等活动，石笋公园里一片欢乐的景象。

文化节现场　（图/李芸生）

泉州公交司机因车费纠纷被乘客捅伤

在丰泽区城东街道明日广场公交站，13路公交车司机刘师傅让乘客牟某续投一元车费，两人因此发生纠纷，牟某竟抽出随身携带的水果刀捅向刘师傅的腰间，导致刘师傅肾脏严重损伤。事发后，为了防止牟某伤害其他乘客，刘师傅忍住剧痛疏导乘客安全下车，最终昏厥过去。牟某被警方抓获并刑拘，因涉嫌故意伤害罪，被检察院批捕。经法医初步鉴定，受伤的公交司机刘师傅的伤情为重伤二级。得知刘师傅的事件后，泉州众多企业和爱心人士在市公交公司为刘师傅捐款，仅通过公交公司渠道所捐的爱心款超过10万元。

泉州各县（市、区）联袂参展第十届旅博会

6—11日，第十届海峡旅游博览会在厦门举办。泉州各县（市、区）以“县域合作，强强联手”的形式，联袂推出泉州“海上丝绸之路”起点城市、“东亚文化之都”的参展品牌和形象。市旅游局筛选71个旅游项目编制成册，在旅博会上集体“招亲”。其中，“城南旧事”创意文化休闲街区、丰泽蟳埔民俗文化村、仙公山生态休闲旅游项目、惠屿岛滨海旅游休闲度假区开发、石狮闽台民俗文化街区、海峡第一村——围头景区、南安蔡氏古民居旅游区、崇武半岛海丝文化旅游度假区、安溪云中山生态旅游开发项目、泉州高端生态健康养生养老项目、大戴云旅游开发、泉州台商投资区雕艺展览城12个项目，为重点推介项目，市、县两级组织旅游部门、旅游企业以及惠女表演和香道表演团队200多人，通过旅游资源综合展示、乡村旅游专项展示、旅游产品热卖、旅游项目招商、海峡两岸乡村旅游圆桌会议、旅游投融资合作洽谈会、民俗风情表演等多个平台和活动展示泉州的风采。

旅博会现场　　（图/周斯明）

泉州台商投资区上塘雕艺街正式通街

泉州台商投资区上塘雕艺街正式通街，该区雕艺馆同日开馆。“一街一馆”打开泉州台商投资区雕艺产业大发展的新空间。上塘雕艺街是泉州乃至福建首个专业且上规模的专业雕艺市场，是该区重点打造的文创产业特色项目之一。区、镇两级投入2500多万元，历时9个多月。这条街全长1.1千米，有600多间店面，以闽南建筑的红色为主色调，以中式“窗花、格栅”为主要元素，以“坡屋面、燕尾脊”为主要建筑风格，充分展现闽南建筑的地域特色。泉州台商投资区雕艺馆是规模性区域雕艺作品展示中心，总建筑面积8600平方米，第一层为大师馆，展出黄泉福、卢思立、孙文宏、倪世杰等八位国家级、省级工艺美术大师的精品力作；第二层为精品馆，主要展出历届展会获奖作品；第三层为综合馆，展出规模以上雕艺企业的作品（产品）。

泉州市教师节师德报告会举行

市教育系统召开“庆祝第30个教师节暨师德报告会”，对泉州市2014年16户“教育世家”以及“中国梦·劳动美”中小学、幼儿园教师岗位练兵竞赛获奖人员进行表彰。在师德报告会上，惠安一中教师骆汉忠、安溪县龙涓中心学校内灶小学教师陈莹煌以及泉州市第二届最美教师——泉州市盲聋哑学校教师付心知以自身爱岗敬业、无私奉献的真实故事，为教育事业发展展示正能量。在“2014年泉州市教育世家认定表彰”名单上，89岁的郑子山一家子特别引人注目。1954年，郑子山调至永春一中任校长，从此与教育事业结下不解之缘。任教期间，郑子山与同为教师的黄秀菊结为夫妻，两人携手教书育人。在父母的言传身教下，六个儿子中有五个投身教育事业。加上孙辈，全家三代二十多口人中有13人从事教育事业，执教年限累计310年。

纪念解放军长江支队南下福建65周年大会召开

纪念中国人民解放军长江支队南下福建65周年暨泉州市中国人民解放军长江支队历史研究会成立大会在市老干部活动中心召开。65年前，由太行、太岳两个革命老区的4000多名老红军、老八路和老解放区地方干部及军队、地方武装干部组成的长江支队，是解放福建、建设福建的重要力量。其中，第一大队的800多名干部直接参与解放泉州的战斗。

大会现场　　（图/孙清添）

9月6日

星期六
农历甲午年八月十三
温度：26℃—34℃
多云

●6—11日，第十届海峡旅游博览会在厦门举办。泉州各地以“县域合作，强强联手”的形式组织参会，共同展示“海上丝绸之路”起点城市、“东亚文化之都”的品牌形象。

●泉州台商投资区上塘雕艺街正式通街，泉州台商投资区雕艺馆同日开馆。

●市教育系统召开“庆祝第30个教师节暨师德报告会”，表彰泉州市2014年16户“教育世家”及“中国梦·劳动美”中小学、幼儿园教师岗位练兵竞赛获奖人员。

●由泉州晚报社和福建省至真堂健身馆有限公司携手打造的“东亚文化之都体验之旅”在至真堂健身馆举行，国际太极拳大师陈小旺现场授课。

●纪念中国人民解放军长江支队南下福建65周年暨泉州市长江支队历史研究会成立大会在市老干部活动中心召开。

●由市文联主办、市作家协会承办的中秋文都笔会暨《闽南相思树》出版座谈会在市区七彩艺文会馆举行，会议宣读中国作家协会的倡议，发动全市文学工作者践行社会主义核心价值观。

●泉州市游泳协会成立。

●100名来自全国各地的钓鱼爱好者聚集在丰泽区东海街道一水库边举行钓鱼比赛。

●泉州一中泉州校友会第七届理事会举行教师节慰问母校教职工活动。

9月7日

星期日
农历甲午年八月十四
温度：27℃—34℃
多云

●7—9日，第七届海峡两岸(泉州)农产品采购订货会在南安市石井镇举行。

●郑新聪会见到泉州参访的老挝副总理宋沙瓦·凌沙瓦一行。

●住建部等部门公布全国重点镇名单，泉州市16个镇入选，数量居全省第二。

●全国公开水域邀请赛暨福建省公开水域海泳冠军赛在晋江金井镇石圳村月亮湾举行，来自福建、安徽、山东、浙江等地的40支队伍的近千名海泳爱好者参赛，选手年龄最大的74岁，最小的仅8岁。

第七届海峡两岸（泉州）农产品采购订货会举行

7—9日，第七届海峡两岸（泉州）农产品采购订货会在南安市石井镇举行。副省长陈荣凯宣布开馆。中国农产品流通经纪人协会会长于培顺，海峡两岸经贸交流协会会长王辽平，泉州市领导黄少萍、郑新聪、翁祖根、陈荣洲、林万明，来自海峡两岸的农产品供应商、采购商、企业家等800多人参加开馆仪式。作为“9·8”投洽会系列活动之一，“农订会”已成为祖国大陆最具代表性和影响力的两岸农产品专业展会之一，也是商务部重点支持的展会。历届展会坚持打好涉台涉农特色牌，吸引众多海内外客商前来采购和洽谈，为两岸农产品推介、供需见面、项目对接、研讨交流提供综合性的平台。本届“农订会”将原来展览面积由1万平方米扩大到1.3万平方米，500个国际标准展位扩容到700个国际标准展位，其中包括新增设境外及东盟农渔产品展销区。参展商从海峡两岸扩展到东盟、韩国等国家和澳门地区。“农订会”期间，有165家大陆专业采购商、6家韩国采购商和45家大型台湾供应商对接洽谈，达成合作意向协议235份，意向金额8.69亿元，比上届增长22.9%。本届“农订会”还举行海峡两岸互联网农业电商峰会，来自大陆的知名农业专家学者教授、最新农业模式倡导者实践者、知名农业及生鲜电商平台渠道商、典型县域农业电商代表、知名新农人代表、知名农业资讯信息服务网站平台等100多人齐聚一堂，探索交流互联网农业电商发展之道。主办方将大陆县域电商最典型的“遂昌模式”、“成县模式”搬到现场，展示最前沿的县域电商经济模式；开发“网上农订会展示平台”，供未能到实地参会的客商点击、互动，打造“永不落幕”的网上交易会。网上“农订会”初具规模，至活动落幕之日的9月9日，共有160家企业超过1000种产品上网展示，官网浏览量超过6万条（次）。

黄少萍讲话

开馆式现场　　（图/吴寿民）

郑新聪会见老挝副总理

老挝副总理宋沙瓦·凌沙瓦一行到泉州参访。市长郑新聪在会见时表示，当前，中央提出“一带一路”战略部署，与海上丝路沿线国家交流合作迎来新机遇。泉州作为古代海上丝路起点，经济基础雄厚，文化优势明显，期待双方进一步加强双边交流，寻求合作商机，实现互惠共赢。副市长陈灿辉、市政府秘书长吴友才参加会见。

泉州市16个镇入选全国重点镇

住建部等部门公布全国重点镇名单，泉州市16个镇入选，数量居全省第二。被列入全国重点镇的分别是：泉港区前黄镇，惠安县崇武镇，安溪县湖头镇、龙门镇，永春县蓬壶镇、五里街镇，德化县浔中镇、三班镇，石狮市祥芝镇、永宁镇，晋江市安海镇、东石镇、金井镇，南安市仑苍镇、官桥镇、水头镇。

相关链接：“全国重点镇”要求人口达到一定规模、区位优势明显、经济发展潜力大、服务功能较完善、规划管理水平较高、科技创新能力较强。住建部要求，全国重点镇要结合本镇中长期社会经济发展规划，实事求是地制定推进本镇建设与发展的工作方案，并报省级建设行政主管部门备案。要立足于完善城镇功能、繁荣农村经济和增加农民收入，充分运用市场机制多渠道筹措资金，加快建设与发展步伐。要编制科学合理的城镇规划和土地利用总体规划，严格按规划进行建设。坚持节约用地，严格保护耕地。力争经过五到十年的努力，将全国重点镇建设成为规模适度、布局合理、功能健全、环境整洁、具有较强辐射能力的农村区域性经济文化中心，其中少数具备条件的要发展成为带动能力更强的小城市，使全国城镇化水平有一个明显的提高。

泉州在“9·8”投洽会揽资42.5亿美元

8—11日，第18届中国国际投资贸易洽谈会在厦门举办。市领导黄少萍、郑新聪、翁祖根、林伯前、陈荣洲等参加投洽会相关活动，并到泉州馆、泉州开发区馆、泉州台商投资区馆、第十届海峡旅游博览会综合馆巡馆指导。泉州准备162个重点招商项目赴会对接，涉及基础设施、城市建设、园区平台、工业、服务业、农业等多领域，总投资2650亿元。在展馆布置方面，泉州馆凸显泉州建设“东亚文化之都”“金改区”“综改区”“21世纪海上丝绸之路先行区”等方面的成就和特色。泉州开发区、泉州台商投资区在中国开发区展区独立布馆。泉州开发区重点突出聚龙2.5产业园及官桥园区的招商推介；泉州台商投资区与中国北车合作共同布展。泉州从实际需求出发，组织各县（市、区）招商小组参加107场活动，成功对接项目71个，投资总额42.5亿美元，拟利用外资18.2亿美元。其中，合同项目57个，投资总额26.5亿美元，合同外资12.3亿美元。对接项目拟利用外资居全省首位，合同外资居全省第三位，实现会前预定的“项目签约成果超过上届”“项目对接成效居全省前列”的参会目标。在开展项目对接的同时，泉州还组织企业代表参与跨国公司恳谈会、第八届海外华商投资中国峰会、海上丝绸之路专题论坛、十大产业投资项目对接等活动，力争让更多商机花落泉州。

央视多个频道报道泉州中秋节活动

中秋节晚，央视科教频道《味·道》栏目里，泉州美食令观众“大饱口福”，牛肉羹、元宵圆、猪蹄、面线糊……占据半小时屏幕。是日下午，中文国际频道大型直播特别节目“传奇中国节——中秋”里，华侨大学作为全球首个直播连线点现身央视，该校三个特色节目——发源于马来西亚的二十四节令鼓演奏、泰国学生水灯漂流、台湾学生天灯祈愿与泉州传统中秋活动一起亮相，展现泉州兼容并蓄的胸怀。永春小伙林伟龙用闽南语放歌央视综合频道，让世界听见泉州方言歌曲。在中秋节前的6日，央视新闻频道《东方时空》栏目“月是故乡明·2014中秋特别节目”即把镜头对准泉州市区大坪山郑成功主题公园，盛赞该公园因为有了民族英雄郑成功铜像，从而成为海峡两岸人民中秋寄托美好愿景的赏月必登之处。

华侨大学二十四节令鼓表演　（图/陈小阳）

千年古礼拜月仪式在晋江五店市街区举行

“中秋古装游·拜月五店市”中秋赏月活动在晋江五店市传统街区举行。当晚8时，伴着悠远古朴的琴声，庄重而热烈的“中秋拜月”活动拉开序幕。拜月祭台的舞台上，摆设着香炉、月饼、水果等，祭台上摆放的红烛，与明月相映争辉。随着一声号鼓响起，身着汉服的主祭、执事和参祭者登台，拜月仪式正式开始，主祭出位，引导众拜月少女步上奠席前，待众人跪于祭席之上后，执事递上三支香，接由主祭在蜡烛上点燃，递送予少女们祭拜月神。上香之后，主祭念诵祭月祝文，以托祝愿，并率众向“月神”行三次拜，由此传达三种不同的祈愿，一拜祈愿风调雨顺年年丰，二拜祈愿月圆人圆事事圆，三拜祈愿家和国和天下和。三拜之后，拜月礼成。除了拜月古礼之外，当晚活动中亦有各种以“月”为题的文艺演出陆续上演，当中有用闽南语演绎的古诗词、有传统古筝弹奏、有由剑舞与书法结合表演的创新节目《书剑武中舞》，还有传统木偶戏、南音等传统戏剧表演。为了让市民体验闻香品茶的乐趣，除了有香道、茶道者登台献艺外，在五店市老街区还开设“香席”、茶座，让参与中秋赏月活动的市民在观礼、听乐、品茗、赏月中，共度一个别有文化韵味的中秋佳节。

穿汉服的女子游览五店市街区　（图/陈起拓）

9月8日

星期一
农历甲午年八月十五
温度：27℃—34℃
多云

●8—11日，第18届中国国际投资贸易洽谈会在厦门举办。市领导黄少萍、郑新聪、翁祖根、林伯前、陈荣洲等参加投洽会相关活动。

●郑新聪与参加“9·8”投洽会的美国AP公司中国区副总裁冯燕一行座谈。

●“合作、发展、共赢——共建21世纪海上丝绸之路”专题论坛举办，郑新聪出席。

●中国传统的中秋节，央视多个频道报道泉州中秋节活动。

●全市“两违”综合治理“百日攻坚”行动结束。全市拆除“两违”370万平方米。

●“中秋古装游·拜月五店市”中秋赏月活动在晋江五店市传统街区举行。

●国际太极拳名家陈小旺拜访泉州少林寺，五祖拳国家级非物质文化遗产项目代表性传承人周焜民、泉州少林寺方丈释常定与陈小旺一行交流中华武术文化。

9月9日

星期二
农历甲午年八月十六
温度：27℃—35℃
多云

●肯尼亚众议院副议长乔伊丝·拉波索女士率团访问泉州，寻找合作项目。

●市委、市政协召开新型城镇化规划专题协商座谈会。

●首届中国（泉州）海上丝绸之路国际品牌博览会执委会第一次成员会议召开。

●泉州世界贸易中心会员招募启动仪式暨泉州品牌企业对接推介会举行。

●国家级非物质文化遗产项目——高甲戏进校园展演活动启动仪式在泉州师院附小举行。

●泉州华侨历史博物馆与马来西亚华人博物馆在泉州举行文化合作伙伴协议签约仪式。

●泉州国家级科技特派员创业培训基地仙岭培训中心、泉州星火科技“12396”信息服务站揭牌。至此，全市拥有国家级科技特派员创业培训基地4个，星火科技“12396”信息服务站10个。

肯尼亚众议院副议长到泉州访问

肯尼亚众议院副议长乔伊丝·拉波索女士率友好代表团访问泉州，考察泉州相关产业，寻找合作项目。在市人大常委会主任陈海基、秘书长吴春林陪同下，肯尼亚友好代表团参观匹克集团、福建南方路面机械有限公司、泉州海交馆，并与企业家座谈。

市委市政协召开新型城镇化规划专题协商座谈会

市委、市政协召开新型城镇化规划专题协商座谈会。市领导杨俊峰、周银芳、李建辉、吴芸湖、苏小青、骆沙鸣、陈铭福、李冀平、陈益，市政协秘书长洪川夫参加座谈会。会上，市政协委员和市民主党派、工商联负责人听取《泉州市新型城镇化规划（2014—2020年）（送审稿）》的起草说明，并提出意见建议。杨俊峰指出，新型城镇化建设应突出“新型”，重点在“精、细、特”上下功夫，既要发展特色经济，也要提升教育、卫生、社保、户籍等服务保障，实现公共服务均等化。要注重规划的指导性和可操作性。杨俊峰希望，市政协各参加单位、政协委员，特别是委员界别小组、政协机关的牵头委室，继续围绕新型城镇化建设深入调研、视察，为市委、市政府提供更多更有价值的决策参考。周银芳希望大家继续围绕全面深化改革的热点难点问题积极履职建言，助推泉州加快实现“三大战略”。周银芳指出，要围绕处理好市本级与县城、环湾与非环湾、产业与城镇、农村与城市、共性与个性、建设与管理、政府主导与共同参与等关系，定准目标，把握关键，科学谋篇布局，完善新型城镇化的规划。

座谈会现场　　（图/李德志）

首届中国（泉州）国际品牌博览会执委会第一次会议召开

首届中国（泉州）海上丝绸之路国际品牌博览会执委会第一次成员会议召开，研究部署博览会筹备工作。副市长陈荣洲主持会议。市长郑新聪指出，眼下离“品牌博览会”开幕不足80天，该次又是首届，时间紧，任务重，压力大。各级各有关方面要以问题为导向，抓好筹备工作的落实。要凸显办会主题，呼应国家“一带一路”战略，对接省里“打造21世纪海上丝绸之路重要枢纽”的部署，把举办博览会作为泉州建设“21世纪海上丝绸之路先行区”的重要内容，作为对泉州办展办会水平的检阅和考验，提升泉州城市美誉度，泉州品牌影响力，再振泉州古港雄风，争创泉州开放型经济新优势。要讲求实绩实效，务实抓好客商邀请工作，争取交流合作取得新成果；发挥专业展会机构、国际友城和“东亚文化之都”的作用，提高办展水平；充实活动内容，展览方面要把好品牌企业参展标准，论坛方面要按照“求精不求量”的原则，进一步推敲、细化活动主题和流程；争取达成更多对接成果，把握海内外知名品牌、企业汇聚的良机，组织企业、组建经贸对接团队，开展交流、洽谈和对接，争取签下更多的购销合同、投资合作意向；加强宣传引导和氛围营造，通过办好此次“品牌博览会”，进一步打响泉州“海上丝路”品牌，突出泉州“海上丝路”优势，争取中央、省里对泉州海上丝绸之路先行区建设的更多倾斜支持。

泉州世界贸易中心会员招募启动仪式举行

泉州世界贸易中心会员招募启动仪式暨泉州品牌企业对接推介会在泉州世界贸易中心营销中心举行，全球各地的世贸组织重要成员及来宾参加活动。再次来到泉州的世贸协会主席加齐阿布纳尔表示，泉州世界贸易中心是世贸协会一个重要环节。世界贸易组织拥有悠久的历史，会员单位遍布近100个国家300多个主要城市，会员有机会借助国际商机繁荣本地市场，泉州将在世界贸易中发挥越来越重要的作用。

相关链接：作为世界贸易中心第310家成员单位，泉州世界贸易中心拥有诸多优势。项目规划齐全：集合五星级酒店、商务办公、高端商业、高档住宅等为一体的综合性项目；208米高的世贸主楼将成为泉州又一地标性建筑。区位优势突出：项目位于滨江商务区，处于泉州环湾核心，亦是大泉州交通的中心地带，交通便捷，发展潜力巨大。未来，泉州世界贸易中心将为会员提供国际贸易信息、国际教育培训、国际会议中心，世界贸易中心商务俱乐部设施等服务，将泉州打造成为国际品牌之都，为海西建设做出新贡献。

市委市政府召开庆祝教师节座谈会

中国第30个教师节。市委、市政府召开庆祝教师节座谈会，市领导黄少萍、郑新聪、张建生、周真平、李冀平与教师代表共聚一堂，学习习近平总书记关于教育工作的重要论述，畅谈泉州教育发展大计。座谈会由市长郑新聪主持。座谈会上，教师代表围绕“带头践行社会主义核心价值观”的主题提出意见建议。在认真听取大家的发言后，市委书记黄少萍代表市四套班子向全市广大教师和教育工作者致以节日问候和崇高敬意。就下阶段教育工作，黄少萍提出四点要求。一要深入学习贯彻习近平总书记关于教育工作的重要论述。对照人民的期盼和要求，把教育摆在优先发展的战略位置，努力促进教育公平。为全体人民提供更好的教育，力争到“十三五”末基本实现教育现代化。二要毫不松懈地抓好德育工作，让社会主义核心价值观的种子生根发芽。要用好课堂讲坛、校园阵地，主动回应热点、解疑释惑、正面发声，让德育工作更有生命力。三要共同推动教育改革，促进教育公平。教育主管部门要实施“管办评分离”，更多运用法规、规划、财政等手段支持学校发展；学校要加快完善内部治理机制，最大限度激发学生、教师的创造性。四要大力弘扬尊师重教的良好风尚，使教师成为最受社会尊重的职业，让尊师重教蔚然成风。要积极培育、大力宣传优秀教师典型，激发广大教师教书育人的光荣感、责任感和使命感，造就一批教学名师、学科领军人才和教育家。

教师节当天，学生向老师奉茶致谢　（图/林劲峰）

全省政法系统先进事迹巡回报告会在泉州举行

全省政法系统先进事迹巡回报告会在市公安局举行，来自省法院、省检察院、省公安机关、省司法行政部门的四名英模和他们所在单位同事，分别讲述英模们践行群众路线的先进事迹。“最美基层法官”黄志丽深怀爱民之心，恪守为民之责，力行为民之举；“全国模范检察官”刘龙清对检察事业、对法医工作高度负责，对公平正义执着追求；“省特级优秀人民警察”吴祥江扎根基层，尽心尽力为群众办好每一件事；“全国道德模范”陈黎华身患严重疾病仍自强不息，敬业奉献。他们是在平凡岗位上书写不平凡业绩、传递法律正能量的优秀政法干警。

泉州师院联手刺桐里打造教师艺术创作平台

泉州师院美术与设计学院和刺桐里文化平台在泉州师院举行“尊师重教”公益联盟签约暨“刺桐里”教师创作交流平台启动仪式。双方在启动仪式上表示，以泉州师院美术与设计学院教师刺桐里创作交流平台，借助学院的力量，促进文化创意公益事业的延伸发展，加强学院教师、学生与社会各界的创作交流，把该平台办成一个跨界文化交流与学习的平台，办成一个传递慈善正能量的平台。该平台启动后将开展师生采风活动、艺术考察、学生原创美术大赛、手绘大赛等一系列活动。它的设立将助推泉州文化事业的繁荣发展。

四川女孩张腊梅在泉州捐献遗体器官

张腊梅的家人领到“中国人体器官捐献荣誉证书”。该“荣誉证书”是由中国红十字会总会、中国人体器官捐献管理中心发出的，证书上写着：“张腊梅自愿在逝世后捐献器官，恩泽患者，造福社会，这种高尚的人道奉献精神，将永远受到人民的尊敬和赞扬。”18岁的四川女孩张腊梅跟随来泉州务工的父母到惠安，就读于泉州医高专惠安卫校教学点护理专业。5月，已是中专三年级的张腊梅在惠安县医院实习。8月27日夜，张腊梅搭“摩的”回宿舍，途中路面遭遇紧急情况，“摩的”司机紧急避让，侧坐在后座的张腊梅从车上摔落，不幸脑死亡。张腊梅家人根据她生前遗愿，将其遗体器官无偿捐赠出来，希望用另一种方式让张腊梅的生命延续下去。在有关部门的支持帮助下，张腊梅捐出的器官已成功移植给3名患者（2人肾移植，1人肝移植）。四川女孩张腊梅在泉州捐献遗体器官的事迹传出后，泉州市民深受感动，深受教育，许多市民纷纷为张腊梅亲人表示慰问和关心。张腊梅母校师生掀起学习张腊梅的活动，组织多场募捐活动，帮助其亲人渡过难关。一位八旬老者看到报道后，特意从石狮乘车到惠安，就为了在腊梅的遗体前深鞠一躬，表达对张腊梅的敬意。

9月10日

星期三
农历甲午年八月十七
温度：27℃—35℃
多云

●中国第30个教师节。市委、市政府召开庆祝教师节座谈会，市领导与教师代表共聚一堂，学习习近平关于教育工作的重要论述，畅谈泉州教育发展大计。

●中共泉州市委党校举行2014年秋季开学典礼，第57期领导干部进修班、第68期科级干部进修班开班。

●全省政法系统先进事迹巡回报告会在市公安局举行。

●泉州师院美术与设计学院和刺桐里文化平台在泉州师院举行“尊师重教”公益联盟签约暨“刺桐里”教师创作交流平台启动仪式。

●四川女孩张腊梅在泉州捐献器官。泉州市民深受感动，深受教育。

●即日起，泉州市将集中换发出租汽车驾驶员从业资格证，涉及换证的出租汽车3290部。

●泉州电信举办天翼4G品鉴会，邀请新闻媒体、客户代表现场体验天翼4G产品。

9月11日

星期四
农历甲午年八月十八
温度：27℃—34℃
多云

●泉州市家庭工作现场会召开。

●11—14日，“东亚文化之都·2014泉州”县域活动之“文化之都·飘香安溪”文化周在市区西街旧面粉厂举办。

●《永春县美丽乡村建设规范》通过专家组评审。

●由公安部和中央电视台主办的第五届“我最喜爱的人民警察”评选活动启动，首批20名候选人名单公布，晋江市公安局局长陈文荣上榜。

●泉州市、鲤城区两级反恐办在市区府文庙广场开展反恐防恐宣传活动。民警向市民讲授反恐、防恐常识，发放《公民防范恐怖袭击手册》。

●11—13日，连续三个晚上，安溪县高甲戏剧团在市区西街“大麦仓”演出《凤冠梦》《玉珠串》《五女拜寿》三个精品剧目。

●市自来水公司在其968812营业窗口设置缴费机，持有银联卡的市民可在此缴交水费。

泉州市家庭工作现场会召开

泉州市家庭工作现场会召开。会议根据市委市政府下发的《关于开展新时期家庭工作的实施意见》部署，市妇联将联合全市20个部门（单位）全面推开泉州市新时期家庭工作。该活动以“弘扬好家风、共筑中国梦”为主题，以家庭美德、家庭教育、家庭服务为主要内容，实施“三大工程”，落实以良好家风带动家庭和睦、社会和谐。其中，家庭美德工程以深化文明家庭创建活动、打造家庭美德传播平台、构筑家庭关爱体系为重点，引导家庭成员形成良好道德风尚；家庭教育工程立足加强家庭教育阵地和队伍建设、深化“双合格”家庭教育主题活动，营造浓厚家庭教育氛围；家庭服务工程将围绕提升家政服务队伍技能水平，搭建家庭公共服务平台，建立家庭纠纷化解机制，增强家庭发展能力，提升家庭幸福指数和居家生活质量。

家庭工作现场会　（图/市妇联）

市公安局发送《公民防范恐怖袭击手册》

市公安局向市民发放《公民防范恐怖袭击手册》。该手册分为“什么是恐怖活动、恐怖组织、恐怖活动人员”“遇到怎么办”“紧急情况下如何自救互救”等42个问题，以文字和漫画相结合的方式，形象地介绍公民反恐、防恐的基本常识，并就公交车、地铁、商场等人员密集场所，发生纵火、爆炸、枪击等危机情况时，市民该如何躲避、报警、自救等进行说明。

《公民防范恐怖袭击手册》发放活动　（图/王盼阳）

晋江市公安局局长入围“我最喜爱的人民警察”候选人

由公安部和中央电视台主办的第五届“我最喜爱的人民警察”评选活动启动，并公布首批20名候选人名单，晋江市公安局局长陈文荣榜上有名。陈文荣从警22年，直接参与或指挥侦破各类刑事案件2400多起，被誉为“神探局长”。任晋江市公安局局长两年多来，陈文荣坚持“破案是硬道理，少发案才是真正的为民”理念，如今的晋江“两抢零警情”成为常态。晋江群众正享受着“发达之地也可以是安宁之城”的别样幸福。

“文化之都·飘香安溪”文化周活动举办

11—14日，“东亚文化之都·2014泉州”县域活动之“文化之都·飘香安溪”文化周在市区西街旧面粉厂举办。茶是安溪的金字名片，在活动主场地西街旧面粉厂及源和1916创意产业园，所有相关指示牌和展板等都以绿色为主色调。启动仪式开始，嘉宾揭开茶碗盖瓯，注入从泉州母亲河晋江发源地——安溪桃舟汲取的山泉水，在舞台装置的作用下，顿时水雾弥漫、茶香升腾，“飘香安溪”可感可触。舞台中央是一盏标识有“中国驰名商标——安溪铁观音”LOGO形象的金色茶碗，大小为平常茶盏的上百倍，背后的LED大屏幕则循环播放《飘香》MV、微电影，茶乡的风情扑面而来。安溪原生态的茶歌、茶舞，中韩日三国艺术家带来《茗香墨酣》茶艺。国家历史文化名镇湖头的名小吃，让各地游客大饱口福。曾获得四项国家级大奖、连续16次走进央视的安溪县高甲戏剧团，先后在“大麦仓”展演精彩剧目《凤冠梦》《玉珠串》《五女拜寿》。在源和1916创意产业园内刺桐里，安溪籍著名书画家现场创作和展示茶诗茶句茶画等茶文化相关作品。

文艺表演　（图/李芸生）

市委召开常委会研究贯彻“一带一路”战略部署

市委召开常委会，学习贯彻福建省推进丝绸之路经济带和21世纪海上丝绸之路建设战略部署，听取有关工作汇报，研究下阶段工作。市委书记黄少萍主持会议并讲话，市委常委参加会议，市人大常委会党组主要领导列席会议。会议指出，省委对融入“一带一路”高度重视。省委书记尤权在《求是》杂志刊发署名文章，深刻阐明福建建设21世纪海上丝绸之路的重大意义、优势潜力，提出“四个突出”建设思路。省里的战略部署，充分体现“四个突出”的精神和要求，标志着福建省融入“一带一路”战略进入从概念思路到实质性运作的新阶段。泉州作为联合国教科文组织唯一认定的古代海上丝绸之路起点城市，地位和作用不可替代、不可动摇，但更要从历史和现实的强烈反差中感受到压力，增强运作的责任感和紧迫感，切实把泉州与“海上丝路”的情缘、情结，转化为推动新一轮发展的目标、具体行动和成效。会议要求，制订泉州行动方案，动作一定要“快”，思路一定要“明”，具体项目一定要“实”。具体而言，一要开阔视野，明确争什么、取什么。要在做精、打响文化项目的基础上，主动思考、积极作为，发挥好闽南文化和“东亚文化之都”的品牌优势，把注意力和精力转移到基础设施互联互通、产业对接合作、深化贸易合作、扩大双向投资等工作上，大力推动泉州有需要、有条件、有基础做好的项目。二要群策群力，多方协调策划项目。各级各部门要协同协作，把省里政策转化为实体项目和交流合作平台，确保真正可操作、可推进；要充分凝聚方方面面的力量和智慧，把项目策划得更深、更细、更广。要认真梳理比对先期确定的51个“海上丝路”项目，加强港口交通等项目的策划建设，发挥“亿吨大港”优势，重振古港雄风，为“海上丝路”战略实施提供坚实基础设施保障。三要明确责任，确保可落实、可检查。行动方案要明确任务分解，明确时间节点、责任人、责任单位。牵头单位要把项目细化为具体工作计划，主动做好向上对接和落实检查工作。

全市新能源汽车逾3700辆

来自市交通委的消息，全市新能源汽车的使用量总计3726辆，主要集中在公共交通领域。泉州市新能源汽车的使用情况为，天然气型3286辆，多用于出租车、大客车；混合动力型319辆，多用于私家车；电能型121辆，多用于私家车。从统计数据来看，全市使用CNG（压缩天然气）、LNG（液化天然气）或双燃料的公交车有185辆，出租汽车1986辆，教学车辆225辆，客运车辆442辆，货运车辆306辆(含牵引车275辆)。全市有加汽站8座，其中中心市区2座。

相关链接：新能源汽车是指除汽油、柴油发动机之外所有其他能源汽车。包括燃料电池汽车、混合动力汽车、氢能源动力汽车和太阳能汽车等，其废气排放量比较低。据不完全统计，全世界现有超过400万辆液化石油气汽车，100多万辆天然气汽车。中国市场上在售的新能源汽车都是混合动力汽车。混合动力是指那些采用传统燃料的，同时配以电动机/发动机来改善低速动力输出和燃油消耗的车型。按照燃料种类的不同，主要又可以分为汽油混合动力和柴油混合动力两种。目前国内市场上，混合动力车辆的主流都是汽油混合动力，而国际市场上柴油混合动力车型发展也很快。

“关爱老人·构建和谐”征文评选揭晓

由泉州市老龄办、泉州市文联、《泉州文学》编辑部联合开展的“关爱老人·构建和谐”征文评选结果揭晓。由泉州知名作家、专家组成的评委会经过初评，从全国735篇来稿（其中，省外来稿470篇，本省、市265篇）中评选出30篇优秀作品，最后从文学性、思想性、可读性等角度复评，评出获奖作品17篇。何葆国小说《一瓶老陈醋》、向迅组诗《我差点在人群中失声叫出了“父亲”》获一等奖；郑剑文散文《我那欲说还休的乡愁》等5篇作品获二等奖；余显斌散文《渐行渐远的乡村老人》等10篇作品获三等奖。泉州台商投资区老龄办、石狮市老龄办、安溪县老龄办获组织奖。

晋江首次普查历史风貌建筑

晋江邀请古建筑保护专家对历史风貌建筑进行首次普查。此次行动将详细记录每处历史风貌建筑的名称、位置、地理坐标、年代和特征等基本情况，建筑本体的保存情况和损毁原因，建筑周边的自然环境和人文环境现状，建筑的所有权属和使用管理情况等。古树名木以及正逐渐退出历史舞台的古河道、古驿道、古渡口、古码头等也在普查之列。

9月12日

星期五
农历甲午年八月十九
温度：27℃—33℃
多云

●市委召开常委会，学习贯彻福建省推进丝绸之路经济带和21世纪海上丝绸之路建设战略部署，听取有关工作汇报，研究下阶段工作。

●全市新能源汽车的使用量总计3726辆，主要集中在公共交通领域。

●市海洋与渔业局组织在晋江市深沪湾和围头湾海域放流增殖长毛对虾苗种1.38亿尾。

●由泉州市老龄办、泉州市文联、《泉州文学》编辑部联合开展的“关爱老人，构建和谐”征文评选结果揭晓。

●12—15日，2014年第三届厦门国际武术大赛在海沧区体育中心举行，鲤城区太极拳协会14名运动员参加，获得15金15银9铜。

●晋江邀请古建筑保护专家对历史风貌建筑进行首次普查。

9月13日

星期六
农历甲午年八月二十
温度：27℃—34℃
多云

●市委办、市政府办出台《关于推进石结构房屋改造工作的意见》。

●“东亚文化之都——泉州”图片世界巡回展在马来西亚古晋启动。

●由中国国际标准舞总会、泉州市文学艺术界联合会、中共晋江市委宣传部主办的2014年中国国际标准舞公开赛暨“中国杯”国际标准舞巡回赛泉州站比赛在晋江祖昌体育馆举行。

●在南安市侨联的帮助下，经李宗伟家人确认，世界羽坛名将马来西亚选手李宗伟的祖籍在南安洪梅镇山溪村。

●第十五届福建省运动会柔道项目比赛在诏安结束，泉州代表队获3金5银3铜，该项目泉州奖牌数居全省第二。

●13—19日，光明城·城市人文艺术系列之“微尘里的大千世界”林建军精微透雕艺术展在刺桐里开幕。

●泉州高校开始迎来新生入学，泉州师范学院5000余名新生陆续到校报到。

●市区刺桐公园实施“拆墙透绿”改造，此举旨在让市民方便地共享城市公共绿地。

泉州市《关于推进石结构房屋改造工作的意见》出台

市委办、市政府办出台《关于推进石结构房屋改造工作的意见》，进一步明确和优化石结构房屋改造的审批流程、土地利用、资金保障、收费优惠等，鼓励群众在政府引导下主动参与石结构房屋改造。该意见明确，城市规划区外的农村石结构房屋零星改造（含修缮加固）项目，由所在乡（镇）政府审批，报县（市、区）农办、住建、规划、国土部门备案。石结构房屋申请改造免危房鉴定。意见还明确，城市规划区、县城、建制镇镇区范围内，未纳入五年内改造计划或规划进行成片改造但超过五年未实施，以及城镇规划区外的石结构房屋，在符合规划要求，并留足道路及公共设施空间的前提下，应批准翻建。

意见明确，石结构房屋改造在行政收费方面可享受减免优惠，主要包括，参照保障性安居工程项目，一律免收应安置面积部分的各项行政事业性收费和政府性基金。就地翻建的房屋住户涉及的水、电、气、有线电视、通讯等设施报停、重新开通等环节一律免予收费。安置小区的有线电视和供水、供电、供气、排水、通讯、道路等市政公用设施，涉及的经营服务性收费，凡有上下限的收费项目，一律按下限标准收费，并按照保障性安居工程项目优惠幅度，给予收费优惠。免收新建建筑防雷装置技术评价费，雷击灾害风险评估费按收费标准的50%收取，新建建筑物防雷装置跟踪检测费按收费标准的80%收取。电力配套建设的内部供配电设施工程，按收费标准的90%收取，由供电企业统一建设，并承担建成后配套供配电设施的维修、改造、供电安全等责任。列入“造福工程”的石结构房屋改造，农户搬迁安置占用耕地的，免收新增建设用地土地有偿使用费和耕地开垦费。

“东亚文化之都——泉州”图片世界巡回展在马来西亚启动

“东亚文化之都——泉州”图片世界巡回展在马来西亚古晋启动。展出的48幅“东亚文化之都——泉州”系列图片，系此前在北京首都国际机场T3航站楼展出的63张图片基础上精心挑选出来的。图片展从泉州概况、“东亚文化之都”建设、“海上丝绸之路”起点城市、宗教文化、地方文化特色、城市建设等方面，向海外客人全方位、多角度展示泉州作为历史文化名城的深厚文化底蕴，以及改革开放以来泉州经济、社会、文化、生态等方面的建设发展成就。该次图片世界巡回展，由福建省对外文化交流协会、海峡出版发行集团、福建新华发行集团、“东亚文化之都·2014泉州”建设发展委员会办公室、泉州市对外文化交流协会联合主办，福建省出版对外贸易有限责任公司承办。巡回展旨在加强泉州与海上丝绸之路沿线各国和地区的文化交流，为泉州建设21世纪海上丝绸之路先行区营造良好的舆论氛围。

“中国杯”国标舞巡回赛在晋江举办

由中国国际标准舞总会、泉州市文学艺术界联合会、中共晋江市委宣传部主办的2014年中国国际标准舞公开赛暨“中国杯”国际标准舞巡回赛泉州站比赛在晋江祖昌体育馆举行，来自全国各地的3000多名舞蹈选手、舞蹈爱好者分职业组、专业组、专业院校组、普通院校组、业余组、少儿组等组别，进行舞蹈技艺展示与交流。比赛沿用2013年赛制，采用奖杯传递的方式。2014年“中国杯”国标舞巡回赛经过沈阳、上海、济南、泉州站的激战后，还将转战郑州，最后在深圳举行年度总决赛。该赛事已成为推动、发展国标舞艺术事业面向大众的著名舞蹈品牌。

羽坛名将李宗伟家人到泉州谒祖

世界羽坛名将马来西亚选手李宗伟的大哥李宗顺及妻儿在母亲许金水的带领下，到南安洪梅镇山溪村寻根谒祖。因为备战亚运会，李宗伟此次并未成行。在山溪村池仔头的李氏百年祖屋里，李宗顺点着香，虔诚地给李氏祖先上香。在南安宗亲李庆唱、李庆龙并不宽敞的客厅里，李宗顺一家人与山溪村李姓宗亲百余年来首次见面，畅叙亲情。原来李宗顺这次寻根相当不易，其祖上迁居到马来西亚，到他这代是第五代。百余年来，祖辈们从哪里迁居到马来西亚的种种缘由已不得而知，但李宗顺爷爷的墓碑上刻着“南安”两字，这就是说其家族的祖籍在南安。李宗顺远在马来西亚的四婶婆打电话告诉李宗顺要到六都去寻找，说祖辈曾说过是从六都出来的。南安市侨联确认，“六都”是南安洪梅镇山溪村的旧称，并很快找到“六都”仅有的一户李姓宗亲李庆唱、李庆龙兄弟。

黄少萍与泉籍艺术家蔡国强一行座谈

市委书记黄少萍与泉籍艺术家蔡国强一行座谈。市领导翁祖根、陈庆宗参加座谈。黄少萍表示，作为世界知名的艺术大师，蔡国强一直对家乡有很深的感情。当前泉州正积极建设“东亚文化之都”，希望蔡国强持续关注家乡建设，发挥影响力，为泉州文化走向世界、融入时代精神、焕发新的生机贡献更多智慧和力量。

华侨大学海上丝绸之路研究院揭牌

“21世纪海上丝绸之路高端论坛”暨华侨大学海上丝绸之路研究院揭牌仪式在华侨大学举行。国务院侨办主任裘援平、泉州市市长郑新聪、华侨大学校长贾益民等出席活动。裘援平在发表主题演讲时指出，建设“一带一路”具有重要战略意义，它翻开中国全方位对外开放的新篇章，为中国同世界各国扩大交流合作提供新平台，也为世界各国借力中国发展提供新机遇。华侨大学敏锐把握时机，成立海上丝绸之路研究院，组织开展有针对性的研究，为丝路建设贡献力量，十分必要，也很有意义。国务院侨办将全力支持研究院的发展建设，力争将其办成丝绸之路理论研究的学术高地和丝绸之路战略决策的重要智库。裘援平希望该研究院发挥“侨”的优势，围绕“侨”字作文章，挖掘在新丝路建设中用足用好华侨华人资源，突出研究的特色；围绕“一带一路”战略的重大理论和现实问题，发挥多学科综合集成优势，深入开展基础调查研究。受市委书记黄少萍委托，郑新聪在致辞中表示，响应国家“一带一路”战略构想，泉州率先提出建设21世纪海上丝绸之路先行区的思路，立足泉州与“海上丝路”沿线的贸易基础、产业基础、人脉交往、文化认同、港口潜力、企业家队伍等优势，力争在扩大“海上丝路”多元文化交流，构建面向“海上丝路”的开放型经济体系，加快基础设施互联互通建设，搭建“海上丝路”沟通协作平台，打造“海上丝路”建设的“排头兵”和“试验田”等领域取得突破。华侨大学海上丝绸之路研究院的成立意义重大，希望参加论坛的专家、学者积极献策献计，为推进21世纪海上丝绸之路建设凝聚更多共识和力量。华侨大学海上丝绸之路研究院由华侨大学、中国新闻社、福建省人民政府侨务办公室、福建社会科学院、福建省社会科学联合会合作共建。揭牌仪式后，举行“21世纪海上丝绸之路高端论坛”，专家学者从诸多领域共论“海上丝路”的发展未来。

揭牌仪式（图/郭冰德）

第二次全国土地调查泉州市主要数据公布

市国土资源局和市统计局联合发布第二次全国土地调查泉州市主要数据成果公告。根据此次调查的数据成果，全市耕地14.84万公顷（222.67万亩），主要集中在安溪县、南安市、惠安县、永春县、晋江市等地。其中，有灌溉设施的耕地11.35万公顷（170.22万亩），比重为76.44%；无灌溉设施的耕地3.50万公顷（52.46万亩），比重为23.56%。调查数据显示，全市人均耕地0.022公顷（0.33亩），仅为全省人均耕地0.037公顷（0.55亩）的59.46%，为全国人均耕地0.106公顷（1.52亩）的21.52%，耕地保护形势十分严峻。因此，必须毫不动摇地坚持最严格的耕地保护制度和节约集约用地制度，管住总量、严控增量、盘活存量，切实调整优化城乡用地布局和土地利用结构，提高土地利用效率。公告要求，全市各级政府、有关部门编制规划和计划时应采用二次调查成果数据，切实发挥调查成果的基础性作用，发挥二次调查数据平台作用，推动二次调查成果的广泛应用。

相关链接：土地调查是全面查清土地资源和利用状况，掌握真实准确的土地基础数据，为科学规划、合理利用、有效保护土地资源，实施最严格的耕地保护制度，加强和改善宏观调控提供依据，促进经济社会全面协调可持续发展。土地调查的内容包括：土地利用现状及变化情况，包括地类、位置、面积、分布等状况；土地权属及变化情况，包括土地的所有权和使用权状况；土地条件，包括土地的自然条件、社会经济条件等状况。进行土地利用现状及变化情况调查时，应当重点调查基本农田现状及变化情况，包括基本农田的数量、分布和保护状况。

9月14日

星期日
农历甲午年八月廿一
温度：27℃—34℃
多云

●黄少萍与泉籍艺术家蔡国强一行座谈，翁祖根、陈庆宗参加座谈。

●“21世纪海上丝绸之路高端论坛”暨华侨大学海上丝绸之路研究院揭牌仪式在华侨大学举行。

●市国土资源局和市统计局联合发布第二次全国土地调查泉州市主要数据成果公告。

9月15日

星期一
农历甲午年八月廿二
温度：27℃—34℃
多云转阵雨

●黄少萍到泉州五中城东校区和晋光小学东海校区调研，实地查看新校区建设和运行情况，就推动优质教育资源均衡发展提出要求。

●《人民日报》头版报道泉州“金改”经验。

●第八届中国曲艺“牡丹奖”揭晓，泉州南音新秀庄丽芬获新人奖，填补福建省“牡丹奖”新人奖的空白。

●泉州市公安局出入境办证大厅全面启用电子往来港澳通行证（2014版往来港澳通行证）。

●由泉州市教育局主办的“泉州首届小学生汉字听写大赛”在市区府文庙广场启动。

●第十五届省运会赛艇（青少年部）比赛在漳州华安利水平湖结束，泉州市代表队获三金一银一铜，该项目金牌数位居全省第二。

●福建省第十五届运动会蹦床（青少年部）比赛在漳州市少体校综合馆收兵，泉州队获一金一铜。

●德化县盖德中心小学举行“心天地多媒体互动阅读教室”揭牌仪式。该项目为省教育系统关工委德育中心“书香福建”捐赠助读公益项目。

黄少萍到泉州五中晋光小学新校区调研

市委书记黄少萍带队到泉州五中城东校区和晋光小学东海校区调研，实地查看新校区建设和运行情况，就推动优质教育资源均衡发展提出要求。市领导翁祖根、陈庆宗、周真平参加调研。在泉州五中城东校区，黄少萍现场查看校园建设和运行现状，一路听取学校发展有关情况介绍。在晋光小学东海校区，一年级的孩子们正在上心理健康课，黄少萍轻步从教室后门走入，观看课堂上的师生互动，接着到宿舍和食堂仔细察看，对学校环境建设、师资配备、硬件设施等情况予以肯定。黄少萍要求，各级教育部门和学校负责人要从新区校园特点出发，注重食品卫生安全保障，加大校园安全工作力度，从小处着眼、从细节入手，加强物业管理、完善应急预案、强化灵活处置，照顾好孩子们的饮食起居，营造安全、文明、温馨的校园环境。在听取城东、东海指挥部负责人关于新区学校建设情况介绍后，黄少萍强调，优质教育资源对新区发展的带动作用十分突出。在城市新区开发建设过程中，要提前考虑优质教育资源的合理布局，让教育基础设施与片区同步规划、同步建设、同步交付使用；在保证区域教育资源均衡发展的基础上，要顺应新形势、新要求，把学校办成人民满意的好学校，把老师培养成人民满意的好老师，更好地满足群众对优质教育的期待，为泉州经济社会发展增添后劲。

泉州南音新秀获第八届中国曲艺“牡丹奖”新人奖

第八届中国曲艺“牡丹奖”揭晓，泉州南音新秀庄丽芬获新人奖，填补福建省“牡丹奖”新人奖的空白。中国曲艺“牡丹奖”是经中宣部批准，中国文学艺术界联合会、中国曲艺家协会主办的全国性曲艺专业奖项，每两年评选一届，是中国曲艺界最高奖，与中国戏剧“梅花奖”、中国电影“金鸡奖”、中国音乐“金钟奖”并列为中国文艺界最具专业性、权威性和影响力的国家级专业大奖。本届中国曲艺“牡丹奖”评委会收到各地报送参评项目365个，涵盖86个南北曲种，报送项目和曲种数量均为历届之最，竞争十分激烈。泉州市南音传承中心优秀青年演员庄丽芬参加本届“牡丹奖”新人奖的角逐。在余杭赛区的比赛中，庄丽芬的南音表演唱《落尘》成为该赛区的压轴节目，获得牡丹新人提名奖，并与全国其他赛区的30名优秀选手参与“牡丹奖”新人奖终评。庄丽芬凭借过硬的演唱实力和扎实的表演功底，成为获此大奖的8名演员之一。

相关链接：中国曲艺牡丹奖是自2000年起由中国文联和中国曲艺家协会共同举办的全国性曲艺艺术专业奖项，是曲艺界的最高奖。奖项包括节目奖，表演奖，文学奖，新人奖，理论奖和终身成就奖。

泉州全面启用电子往来港澳通行证

往来港澳通行证将告别纸质，迎来电子时代，一张与居民身份证大小相当的卡式证件，替代现行本式通行证。是日，全市有1467人（次）申办电子往来港澳通行证。电子往来港澳通行证参照有关国际标准设计制作的卡式证件，内部嵌有非接触式集成电路芯片，存储持证人个人资料及证件、签注签发管理信息，采用成熟的数字安全防伪机制进行保护，印制过程中还使用多项物理防伪技术，防伪能力明显增强。电子往来港澳通行证启用后，内地和港澳地区口岸查验部门查验时不再加盖验讫章，签注使用情况由计算机信息系统记录管理，有需要的持证人可向内地及港澳地区主管部门查询签注剩余次数等信息。在持证人（或其监护人）授权的情况下，内地公安机关出入境管理部门可在签发电子往来港澳通行证时，协助将持证人的指纹模板信息同时写入内置芯片中的香港、澳门主管部门专属应用区域，持证人可免于向香港、澳门地区主管部门登记采集指纹而享受到自助通关服务。改版后，成人电子往来港澳通行证有效期将延长为10年，对未满16周岁的仍签发5年有效通行证，收费标准不变。有效期内的旧版证件可继续使用，也可以申请换发电子往来港澳通行证。

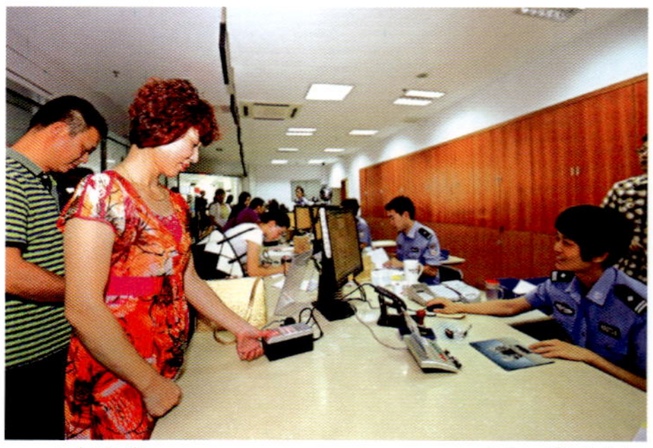

办证现场　　（图/戴涵琦）

潘功胜到泉州调研“金改”工作

16—17日，中国人民银行副行长潘功胜带队到泉州调研指导“金改”工作。市领导黄少萍、翁祖根、陈灿辉及泉州市金融机构、类金融机构、中小微企业负责人代表与调研组座谈。在听取泉州市“金改”工作汇报，并就大家提出的意见建议进行现场答复和协调解决后，潘功胜指出，泉州在推进“金改”工作中因地制宜、积极作为，根据自身小微企业众多、民间资本充裕的实际，在信用体系建设、金融生态体系建设、规范民间金融等方面开展大量卓有成效的创新探索，有力支持地方经济持续健康发展，也为全国其他城市提供有益借鉴。市委书记黄少萍指出，泉州“金改”工作在人民银行的指导帮助下，在有效激活、打通“两个通道”，为实体经济发展提供金融支撑。下阶段，泉州将贯彻人民银行关于深化“金改”工作的指示精神，加大金融创新力度，提升金融服务实体经济能力与水平，缓解融资贵、融资难问题，继续为全国“金改”工作探索新路径。同时，将通过加强金融监管力度，依法打击金融犯罪等务实举措，维护金融秩序，防范区域性金融风险，营造安全健康的良好金融生态环境。

市委常委会传达贯彻省委九届十一次全会精神

市委召开常委会，传达省委九届十一次全会精神，研究泉州市贯彻意见。市委书记黄少萍主持会议，市委常委参加会议，市人大常委会党组、市政协党组主要领导列席会议。会议指出，此次省委全会吹响福建科学发展跨越发展的号角。全市上下要把思想和行动统一到省委重要决策上来，把握千载难逢的历史机遇，坚定信心决心，正视困难挑战，将潜在优势变成现实优势，在全省跨越发展大局中勇担当、打头阵、走前列。会议要求，要增强使命感和紧迫感，努力保持全省平均水平以上的发展速度。要弘扬“爱拼敢赢、不输人更不输阵”的精神，迎难而上，按照“三个必须”要求，加紧实施“三大战略”，把中央和省委部署落实到年度计划、项目支撑、新增长点上。要推动科学发展跨越发展和“百姓富、生态美”有机统一。紧抓做大总量、优化结构、改善民生、融合发展四大任务，在产业发展、城乡建设、改革开放、文化融合、生态文明、民生改善等方面打头阵，继续当好全省排头兵。要迅速对接政策支持，组织专门力量、对口部门，全方位梳理对接、跟踪推进中央、省里的支持措施，争取更多重大项目获批或纳入国家、省里“十三五”重大生产力布局；抓紧修改完善泉州行动计划和实施意见，加紧策划港口交通、现代产业等“对号入座”项目；坚持“大招商、招大商”工作思路，以等不起慢不得、“黏上就甩不掉”的劲头抓项目、跑项目，加快一批促进结构调整的龙头项目落地建设。要抓好责任分解，不等不靠，能做的工作先做起来，具备条件的项目全速推进；要把完成2014目标任务作为落实科学发展跨越发展战略的具体行动，坚持既定目标不动摇、不松懈，把更多力量压到抓项目投资、帮扶企业、外贸出口等重点工作上，全力完成GDP增长11%等年度目标。要强化考核机制，把落实科学发展跨越发展部署作为效能督查的重要内容、关键指标，调动干部推动事业发展的积极性；要树立干事创业导向，鼓励想干事、能干事的干部大胆工作，把敢担当、协调能力强的干部用起来，使科学发展跨越发展成为考验干部、培养干部、锻炼干部的大舞台，凝心聚力、奋发进取，为全省科学发展跨越发展开好局做出更大贡献。

全市城乡石结构房屋改造工作推进会召开

泉州市召开工作推进会，对全市城乡石结构房屋改造工作进行再动员、再部署。市长郑新聪向市住建局、各县（市、区）、泉州台商投资区颁发石结构房屋改造目标责任书。市领导周银芳、王远东、李建辉、林万明、苏小青，市政府秘书长吴友才参加会议。市委副书记周银芳主持会议。副市长李建辉就进一步推动石结构房屋改造工作作部署。副市长林万明宣读省、市相关扶持政策文件。鲤城区、石狮市、惠安县政府负责人作表态发言。郑新聪指出，各级各相关部门要按照“五年基本完成全市1.61亿平方米石结构房屋改造任务”的总要求，2014年主要抓落地、抓试点、作示范，完成总量10%改造任务和开展10个示范项目试点“两个10”目标；2016年全市实现“过半”，石狮、晋江、南安、惠安、泉州台商投资区等地要确保完成50%的改造任务，其他县（市、区）要完成60%的改造任务；2018年基本完成所有石结构房屋改造工作。

9月16日

星期二
农历甲午年八月廿三
温度：27℃—32℃
阴转阵雨

●国务院召开新型城镇化建设试点座谈会，福建晋江市、云南红河州、山东恒台县马桥镇负责人汇报推进新型城镇化的思路、做法和经验。中共中央政治局常委、国务院总理李克强在讲话中对各地的积极探索给予肯定。

●潘功胜带队到泉州调研指导“金改”工作。

●市委召开常委会，传达省委九届十一次全会精神，研究泉州市贯彻意见。

●全市城乡石结构房屋改造工作推进会召开。

●16—17日，由中国发明协会主办，市总工会、市职工技术协会承办的第十八期“创新与知识产权”培训班在泉州开班。

●泉州市7个区（市）义务教育“基本均衡”获国家认定。

●由中国地市报研究会、安溪县政府、泉州晚报社主办的“安溪铁观音，香约中国梦”品牌推广行动之五项评选活动，除安溪铁观音制茶技术比赛外，其他四项评选活动均进入网络投票阶段。

●洛江区162套保障性住房开始接受申请，其中马甲库区廉租房144套、杏园小区廉租房18套。

●16—20日，第十五届省运会路拳道(青少年部)比赛在长泰县体育馆结束，泉州选手获3金7银8铜，该项目奖牌数和总分均居全省第二位。

9月17日

星期三
农历甲午年八月廿四
温度：27℃—33℃
多云

●17—26日，郑新聪带领泉州市友好访问团到法国、西班牙、土耳其开展友城访问。

●陈海基、陈万里到惠安县紫山镇尾山村调研。

●市政府下发《泉州市绿色建筑行动实施方案》，泉州市城镇新建建筑将严格落实强制性节能建筑标准，并逐步建立完善政策激励机制。

●由福建省美术家协会、中国徐悲鸿画院和厦门大学艺术学院主办的著名泉州籍画家郭银土画展在厦门美术馆举行。

郑新聪率团赴友城访问

17—26日，市长郑新聪带领泉州市友好访问团到法国、西班牙、土耳其，参加在联合国教科文组织总部举办的“丝绸之路与创意城市”主题展览开幕式，开展友城访问，洽谈经贸合作，拜会泉籍乡贤，达到“推介泉州、加深友谊、凝聚侨心、推进合作”的预期目的。国务院副总理刘延东、联合国教科文组织总干事伊琳娜·博科娃、文化部副部长丁伟等先后参观泉州展馆，并给予肯定。郑新聪在陪同参观中详细介绍泉州在“海上丝绸之路”中的历史地位及深厚的“海上丝路”文化底蕴，表示泉州将紧抓国家“一带一路”战略带来的历史机遇，加快“海上丝路”申遗和“海上丝路”先行区建设各项工作。在访问友城法国埃罗省和土耳其梅尔辛伊尼赛市时，双方围绕“友谊、合作、对话、共赢”主题，共同描绘友好合作交流的美好前景，达成拓展更广更深领域交流、促成更多实质性合作的共识。郑新聪邀请友城官员参加11月底在泉州举办的首届“海上丝绸之路”国际品牌博览会及东亚文化之都系列活动。访问团拜会旅法国福建同乡会、西班牙福建同乡会等海外社团，与旅外泉籍企业家座谈交流。郑新聪介绍泉州发展的最新情况和新一轮发展的前景，希望旅外乡贤继续关心家乡，参与“东亚文化之都”和“21世纪海上丝绸之路”先行区建设，推动家乡事业和自身事业的双赢。旅外乡亲为家乡日新月异的发展和日臻完善的投资创业环境感到由衷高兴，表示将继续为家乡发展多做贡献。在法国，访问团与埃罗省就深化泉州茶业与埃罗省葡萄酒业的合作展开洽谈。在西班牙，访问团深入考察当地石材市场以及泉州石材企业与当地企业在矿山资源开发上的合作情况，见证泉企华辉集团与西班牙LEVANTINA集团在水头设立“中国南安（西班牙）石材产业园”的合作签约仪式。在土耳其，访问团考察当地最大矿业公司TEKMAR集团，就双方 合作投资建设石材互联网电子商务中心达成共识；与梅尔辛商会和港航公司就组团到泉州考察港口合作等达成多项意向。

陈海基到惠安紫山镇尾山村调研

市人大常委会主任陈海基、副主任陈万里到挂钩的惠安县紫山镇尾山村调研，市人大常委会秘书长吴春林参加调研。在考察尾山溪流整治等项目后，陈海基强调，挂钩扶贫工作要落实强农惠农富农政策，发展集体经济和农户增收项目；要加强村级组织建设；要在理清当地各类资源的基础上，认真做好规划，关注民生发展，回应群众期盼。

调研现场　　（图/陈意鸣）

《泉州市绿色建筑行动实施方案》出台

市政府下发《泉州市绿色建筑行动实施方案》。泉州市城镇新建建筑将严格落实强制性节能建筑标准，并逐步建立完善政策激励机制。该方案要求，从2014年起，新立项政府投资的公益性项目、大型公共建筑（指建筑面积2万平方米以上的公共建筑）、10万平方米以上的住宅小区以及财政性投资的保障性住房四类项目要全面执行绿色建筑标准。市财政性投资的保障性住房增投资金由市物价局核定，市造价站负责发布绿色建材价格信息。严格落实固定资产投资项目节能评估审查制度。方案发布之日起，主动执行绿色建筑标准并取得星级运行标识的民用建筑（从2014年起有强制性要求的项目除外），项目属地财政根据方案给予适当的资金扶持补助；金融机构应对绿色建筑建设和消费在授信管理、额度、定价等方面给予适度倾斜。鼓励财政投融资建设项目率先采用二、三星级绿色建筑标准。绿色建筑项目的咨询服务、设计费可上浮收费，上浮幅度为：一星级8%、二星级10%、三星级15%，增加的咨询服务、设计费在项目获得星级绿色建筑设计标识后支付；环境检测费用和投资增量成本按实纳入项目建安成本。在“鲁班奖”“闽江杯”“刺桐杯”“优秀勘察设计奖 ”等评优活动中，优先推荐绿色建筑项目。

新加坡政府和企业代表团到泉州考察

由新加坡总理公署部长兼外交部第二部长、环境及水源部第二部长傅海燕率队，新加坡政府和企业代表团一行到泉州考察访问，市领导周银芳、翁祖根等与代表团座谈。市委副书记周银芳指出，泉州不断扩大与新加坡在经贸、人文等各领域的交流合作，取得明显成效。泉州作为古代海上丝绸之路的起点城市，正积极响应国家“一带一路”战略构想，为建设“21世纪海上丝绸之路”发挥应有作用。泉州将与包括新加坡在内的“海上丝路”沿线国家进一步强化交流合作。傅海燕表示，新加坡与中国政治、经济、民间交流往来频繁，与福建、泉州有着密切的血缘、地缘关系。近年来，新加坡与福建、与泉州贸易投资快速增长，立体式互访和交流大幅增加，呈现良好的发展势头。希望通过此次考察访问，深化双方在经济、人文各领域的交流合作，造福两国和两国人民。

泉州参与举办“丝绸之路与创意城市”展览

18—20日，泉州、西安、成都、洛阳四个中国城市联合在位于巴黎的联合国教科文组织总部举办“丝绸之路与创意城市”展览。该展览为纪念中法建交50周年文化交流的组成部分。作为海上丝绸之路的唯一代表城市，泉州展区以图文、视频、实物、表演等形式，向世界全方位展示泉州在古代海洋世界和当代国际社会的独特魅力，反映中国对古代海上丝绸之路的开创和卓越贡献，及丝绸之路精神对于当代社会的启示和影响。展览开幕首日，便吸引各国外交官员、驻联合国教科文组织官员及中法社会各界知名人士近300人前来参观。国务院副总理刘延东、联合国教科文组织总干事博科娃、中国文化部副部长丁伟，约旦王后拉妮娅、联合国教科文组织战略规划助理总干事汉斯·道维勒、联合国教科文组织教育助理总干事唐虔等中外贵宾先后到展区参观。泉州市市长郑新聪出席展览开幕式，并为中外嘉宾介绍泉州展区。

泉州名列入境旅游全国最具吸引力城市

2014年中国跨境消费高层研讨会在北京举行，新华社《经济参考报》与Visa公司联合发布《中国跨境消费年度指数报告（2014）》。报告指出，在入境旅游方面，全国最具吸引力的城市中，泉州名列第二。《中国跨境消费年度指数报告（2014）》是国内首份跨境消费指数报告。报告推出中国入境旅游市场吸引力指数，包括综合市场吸引力指数、入境旅行时间指数、旅行单位时间支出指数三大指标。根据对入境旅游市场吸引力指数的研究和统计，国内最具吸引力的省市（省级行政区域）是天津、北京和江苏；最具吸引力的三个城市是福州、泉州和南京，其中，福州的指数值为244，是全国中间水平的2.44倍，泉州和南京分别为全国中间水平的1.78倍和1.57倍。

泉州至长沙高铁动车开通

泉州至长沙高铁动车D2608开通，全程运行时间为6小时10分。今后每天都有一趟动车从厦门北站始发，经停泉州站发往长沙。一等座票价386元，二等座286.5元。从泉州站出发时间为上午9时10分，到达长沙南站时间为当日15时20分，途中经停莆田、尤溪、三明北、将乐、建宁县北、抚州、南昌西、新余北、宜春东、萍乡北10个站，最后到达长沙南。从长沙南返回泉州的时间为14时10分发车，到达泉州站的时间为当日20时22分，返回途中不经停宜春东，全程需要6小时12分。

石狮首批272名新市民享受购房补贴

272名在石狮工作的外来人员，拿到石狮新市民积分管理“实验批”“积分入住”凭证。这意味着他们在购买普通商品房或二手房时，能够享受到7万元至12万元的财政补贴，大大缓解外来务工人员在城市安家的压力。这样的“积分入住”制度，在全国范围内尚属首创。

相关链接：所谓“积分入住”，即达到一定积分要求的新市民，在购买普通商品房或二手房时，能够得到政府购房资金补助。按照石狮市规定，外来人员购买住房面积90—120平方米，政府补贴12万元；购买住房面积60—90平方米，政府补贴10万元；购买住房面积在60平方米以下，政府补贴7万元。

9月18日

星期四
农历甲午年八月廿五
温度：27℃—33℃
多云

●省委第四督导组第一组长曹德淦、组长李德仁，市领导黄少萍、陈沈阳到石狮市，对石狮市党的群众路线教育实践活动进行调研指导。

●由新加坡总理公署部长兼外交部第二部长、环境及水源部第二部长傅海燕率队的新加坡政府和企业代表团一行到泉州考察访问。

●泉州、西安、成都、洛阳四个中国城市联合在位于巴黎的联合国教科文组织总部举办“丝绸之路与创意城市”展览。该展览为纪念中法建交50周年文化交流的组成部分。

●2014年中国跨境消费高层研讨会在北京举行，新华社《经济参考报》与Visa公司联合发布《中国跨境消费年度指数报告（2014）》。《报告》指出，在入境旅游方面，全国最具吸引力的城市中，泉州名列第二。

●市政协组织对重点提案《关于推进泉州旧楼加装电梯惠民工程的建议》落实情况，开展“回头看”视察活动。

●泉州至长沙高铁动车D2608开通。

●泉州市第十三次见义勇为模范表彰大会召开。

●石狮首批272名新市民享受购房补贴。

9月19日

星期五
农历甲午年八月廿六
温度：27℃—32℃
多云

●市防汛抗旱指挥部召开视频会议，部署防御2014第16号台风“凤凰”工作。

●19—24日，泉州市组织的“东亚文化之都·泉州”艺术团一行20人到日本横滨举办文化周活动。

●泉州火车东站开出首趟“赣闽货物快运列车”——X762次列车。

●19—21日，“东亚文化之都·2014泉州”县域活动之“璀璨文都·多彩丰泽”丰泽文化周在泉州市区西街旧面粉厂钢结构大厅举办。

●泉州市全国科普日大型科普广场活动在市工人文化宫举行。

●泉州安踏、361°等体育品牌出现在仁川亚运会。

●19—21日，首届“东亚文化之都·泉州”婚庆博览会在泉州府文庙广场举办。

●19—24日，“书之像”——黄坚书法作品展在市区领SHOW天地举办。

●第17届亚洲运动会在韩国仁川开幕，中国代表团中有五位泉州籍运动员，分别是拳击选手李泉龙，皮划艇选手陈芳佳，击剑选手陈海威、陈冰冰和刘咏诗。

泉州市部署防御台风“凤凰”工作

省、市防指召开视频会，部署防御2014第16号台风“凤凰”工作。市委书记黄少萍、市长郑新聪作出批示，强调密切关注“凤凰”动向，结合实际，提前做好各项防御准备工作。市防指总指挥、副市长林万明部署具体防御工作，要求各级各防汛部门、防指有关成员单位、防洪工程单位等启动24小时值班和领导带班制，相关责任人全部上岗到位。沿海养殖渔排上的老弱妇幼于19日18时前全部撤离上岸，劳动力人员20日10时前全部撤离上岸；位于闽中和闽南渔场的海上作业渔船应于20日8时前全部就近进港避风，位于闽东、闽外渔场和钓鱼岛海域的海上作业渔船应在20日17时前全部就近进港避风。在建水利工程、高速公路、桥梁、建筑工地、企业厂房等提前做好工程设施的加固防护，视情况适时停工。部分沿海、临山、临河的旅游景点适时关闭；各类学校要组织校园在建工地、校舍安全隐患排查，做好校舍加固和师生安全防范工作。加强对全市1373处地质灾害点和6368处潜在地质安全隐患点的巡查、监测、示警，及时组织危险区域的群众转移避险。

“东亚文化之都·泉州”文化周在日本横滨举行

19—24日，泉州市组织的“东亚文化之都·泉州”艺术团一行20人赴日本横滨举办文化周活动。21日，文化周第一场演出在横滨中华街举行，泉州提线木偶表演的《若兰行》和《花好月圆》，其高超的操线功夫，令人叹为观止；掌中木偶《入城》以杂耍的形式展现掌中布袋戏的独特艺术形态和高超技艺，妙趣横生；南音《梅花操》《将进酒》和《走马》再现中国历史最悠久的汉族古乐，节奏鲜明，古朴雅致；高甲传统小戏《桃花搭渡》载歌载舞，风趣幽默，展现鲜明的地方色彩和浓郁的生活气息。22日，文化周第二场演出在有着140多年历史的横滨能乐堂举行。演出中，全场观众鸦雀无声，场间常报以热烈的掌声；演出结束时，观众以经久不息的掌声要求加演节目。活动期间，泉州市精选40多件“非遗”精品在横滨市历史博物馆展出。展品有泉州花灯、陶瓷、木偶头、惠女服饰、木雕等。李尧宝刻纸传承人还在现场展示刻纹技艺。

泉州火车东站开通赣闽货物快运列车

泉州火车东站开出首趟“赣闽货物快运列车”——X762次列车，把在该站办理托运的449件货物送往漳州漳平站中转后，再送至泉州安溪及江西萍乡。X762次列车每日17:38从泉州火车东站开出到漳平站后，通达的货运网络可将托运货物送至上饶、南平、厦门（杏林）、瑞金、井冈山、醴陵、萍乡等128个站点。同以往铁路货运只受理“粗、大、笨”的整车及大宗货物运输情况比，该列车以客车化、循环开行的方式，运送沿途零散货物，运输更快，价格更低。货物不论体积、重量、件数，都敞开承运。列车运行最高时速120千米，与以往的铁路货车相比提升一倍，大大增强铁路物流周转能力。

“璀璨文都·多彩丰泽”文化周活动举办

19—21日，“东亚文化之都·2014泉州”县域活动之“璀璨文都·多彩丰泽”丰泽文化周在泉州市区西街旧面粉厂钢结构大厅举办。在文创集市的展示部分，浦西瑶绿豆饼、泉州木偶头、武夷清源茶饼等“古早味”和潮品妙品、瓶艺作品、丝网印刷商品、创意雕塑系类等文创产品悉数登场。泉州花灯DIY产品也在此设点传艺，不少市民亲自动手学习制作地道的泉州花灯。系列展演部分由五个专题演出和微电影展演组成，包括“荟萃丰泽”歌舞晚会、“雅韵丰泽”南音大汇唱、“丰泽新荷”少儿综艺晚会、“舞动丰泽”舞蹈专场演出、“丰泽颂歌”主题语言表演专场等。每场演出前，市民通过舞台LED屏幕欣赏到丰泽区企业拍摄的微电影、动漫电影。此外，多彩丰泽主题图片展、蟳埔女风情习俗摄影展、人文丰泽文化遗产图片展三个专题展览，全方位展示丰泽区建设发展成果。

文艺表演（图/李芸生）

全市有非公企业党组织4824个

据市委组织部统计，全市现有非公企业党组织4824个，覆盖13885家非公企业，基本实现有党员的企业党组织覆盖率100%、从业人员50人以上的企业党员覆盖率100%、所有非公有制企业党的工作覆盖率100%。泉州在工作体系完善、组建模式、工作合力等多方面下足功夫。全市非公企业党组织引进急需人才6100多名，为职工群众做好事实事15000多件，承担急难任务、技术革新5600多项，为企业创造效益超过10亿元。

《蓝蓝泉州湾》同题音乐会举行

《蓝蓝泉州湾》同题音乐会在泉州南音艺苑举行，省内外多名作曲家以不同风格演绎这首歌词，与谷建芬的经典版本同台歌唱。在该 场音乐会上，施定其、王鼎南、洪明良、张婉斌、蒙汀、庄稼等省内知名作曲家创作的不同版本《蓝蓝泉州湾》被同台演绎，有通俗型、有民族唱法、有美声唱法，有圆舞曲，还有南音，形式多样。泉州歌舞剧团周月皓、王小春、罗小玲、黄时勋、万正军、郑艺等优秀的歌手倾情演唱，给该歌曲注入新的时代风采。时隔20年，如此多首不同曲谱的《蓝蓝泉州湾》同堂唱响，给泉州市音乐爱好者和市民一种别样的艺术享受。

演出现场　（图/何韶峰）

市区东边巷公租房全部入住

来自市廉租住房与公房管理所的消息，市区东边巷94套公租房全部入住。东边巷公共租赁住房项目是泉州市保障性安居工程建设任务之一，用地规模约3.41亩，总建筑面积约5287平方米（包括公租房、商业配套用房、管理服务配套用房等），有公租房94套。该项目突出“公租房社区”概念，充分考虑中低收入居民就业、上学、购物和生活的方便，选择城市基础设施和公共服务配套较完善以及交通便捷的区位；配套建设相应的生活服务设施和公共设施，满足居住者对公共配套设施的基本需求。户型设计注重通风采光，分区明确，生活空间和居住空间合理安排；每套建筑面积在36平方米—60平方米之间，户型分为一房一厅一厨一卫和二房一厅一厨一卫。

泉州1450人参加2014年国家司法考试

20—21日， 2014年国家司法考试举行。全市有1892人报名参加，第一场考试实际参加泉州考区考试人数为1450人，参考率为76.6%，与上年相比略有下降。2014年泉州考区的考生中，来自政法部门的人员在考生中占比较大，占24.3%。本科在读人员比例依然突出，其中高等学校2015年应届本科毕业生（即大三本科在读生）报名人数349名，占18.5%。双学士学位、研究生等高学历报名参考人数比例也有所上升。考生年龄趋年轻化也是2014考生的特点之一，其平均年龄为26岁，25岁以下人员占比超过四成，最小年龄为19岁。为保证考试安全有序进行，各考场首次安装安检系统，对进入考场的考生进行安全检查。

2014年不间断城市骑行活动泉州站举行

2014年不间断城市骑行活动泉州站举行，近300名骑行爱好者乘着夜色，途经滨海街、府西路、海星街、丰海路、东海大街。该活动在泉州、福州、厦门、宁德、漳州、莆田六座城市开展各类型的城市骑行。泉州作为2014不间断城市骑行活动的第四站，骑行全程约18千米。

市公安局微博好友应邀参加警营开放日活动

40多名泉州市公安局的微博好友应邀参加警营开放日活动。博友们先后到特警训练基地和该局指挥中心等地，观摩真人版“反恐精英”的擒拿格斗和战术射击训练。随后的座谈会上，博友们就改善警民关系、打击网络谣言等话题热烈发言。警方表示将与市民及博友保持沟通联系，共同维护泉州良好的社会治安和网络环境。

9月20日

星期六
农历甲午年八月廿七
温度：26℃—31℃
多云转阴

●全市现有非公企业党组织4824个，覆盖13885家非公企业，基本实现有党员的企业党组织覆盖率100%、从业人员50人以上的企业党员覆盖率100%、所有非公有制企业党的工作覆盖率100%。

●《蓝蓝泉州湾》同题音乐会在泉州南音艺苑举行。

●市区东边巷94套公租房全部入住。

●20—21日，泉州1450人参加2014年国家司法考试。

●2014不间断城市骑行活动泉州站举行，近300名骑行爱好者乘着夜色，途经滨海街、府西路、海星街、丰海路、东海大街，全程约18千米。

●市公安局微博好友应邀参加警营开放日活动。

●2014年第16号台风“凤凰”给泉州沿海带来大风，市防指启动防台风Ⅲ级应急响应，再次部署全市防御工作。

9月21日

星期日
农历甲午年八月廿八
温度：25℃—29℃
阵雨转小雨

●21—22日，由文化部、福建省人民政府主办，福建省文化厅、文化部艺术司承办的“庆祝新中国65华诞·同圆中国梦——福建戏剧优秀剧目晋京展演”举行压轴大戏演出，逾千名观众在国家大剧院、梅兰芳大剧院观看泉州梨园戏《皂隶与女贼》与木偶剧《赵氏孤儿》。

●第六届闽台佛教文化交流周暨海峡两岸禅茶文化交流活动在泉州开幕。

●第十届省运会跳水（青少年部）比赛在漳州结束，泉州代表队获2金2银2铜。

●赵宋南外宗与东亚文化之都学术研讨会在泉州举行。

●安溪龙涓凶杀案告破。是日凌晨1时，龙涓美岭村村民李某忠夫妻以及两个孩子一家4人在家中被杀害。案件发生后，省、市、县三级公安机关200多警力侦破工作，经66个小时奋力攻坚，于24日凌晨1时终于破案。犯罪嫌疑人李某福2年前因猥亵李某忠妻子被判刑，2014年7月刚刑满释放。20日晚，李某福从家中带着凶器潜入李某忠家图谋报复，将其一家四口杀害。

泉州传统戏剧晋京展演

21—22日，由文化部、福建省人民政府主办，福建省文化厅、文化部艺术司承办的“庆祝新中国65华诞·同圆中国梦——福建戏剧优秀剧目晋京展演”举行最后两场演出，逾千名观众在国家大剧院与梅兰芳大剧院观看压轴大戏泉州梨园戏《皂隶与女贼》与木偶剧《赵氏孤儿》。《皂隶与女贼》由著名剧作家、国家一级编剧、泉州戏剧研究所所长王仁杰编剧，由上海“白玉兰”戏剧艺术主角奖得主龚万里与福建省梨园戏实验剧团团长、“二度梅”得主曾静萍联合导演并担任主演。该剧讲述古代劫富济贫的女贼一枝梅在被皂隶杨一索押解到省归案途中，为求逃脱使尽浑身解数，杨一索不为所动，令一枝梅生出敬意与爱意，一枝梅成功逃脱后又投案自首以救皂隶，最终两人生死相随的故事。《赵氏孤儿》讲述中国春秋时期的一个感人故事。贤良爱民的丞相赵盾一家三百余口被权奸屠岸贾挟持昏君下令诛杀，为救忠良遗孤“赵氏孤儿”，草泽医人程婴及其妻儿、公主庄姬、乳娘卜凤、下将军韩阙、隐退大夫公孙杵臼前仆后继，英勇献身，谱写出一幕幕壮烈诗篇。该剧由泉州木偶剧团团长、一级编剧王景贤与《剧本》月刊副主编、中国戏剧曹禺剧本奖评委范小宁共同编剧，由国务院特殊津贴专家吕忠文导演。该剧曾获第十四届文华奖优秀剧目奖、第五届福建艺术节暨福建省第25届戏剧会演剧目一等奖。全体演员获“第十届中国艺术节表演奖”。泉州木偶剧团该次晋京演出，启用文华奖原班人马，并对剧目再次修整、制作，重新调试布景、道具、木偶等，使演出水平得到新的提升，演出现场叫好声、惊叹声不绝于耳。来自泉州的梨园戏《皂隶与女贼》、木偶剧《赵氏孤儿》作为福建戏剧晋京展演的压轴演出，凸显泉州“戏曲之乡”的主体地位，见证泉州古老剧种的魅力，对推动“东亚文化之都”建设发展具有重要意义。

海峡两岸禅茶文化交流活动在泉州开幕

第六届闽台佛教文化交流周暨海峡两岸禅茶文化交流活动在泉州开幕。以台湾“中国佛教会”理事长圆宗长老、福建省佛教协会常务副会长普法法师为代表的两岸佛教界高僧大德、学者、艺术家共襄盛会。国家宗教局、省委统战部、省民族宗教厅领导，市领导黄少萍、翁祖根、李建辉等参加活动。市委书记黄少萍代表市委、市政府对活动的举办表示祝贺。黄少萍指出，佛教文化和茶文化在泉州有着悠久历史、优良传统和广泛的影响力。佛教信众在市佛协带领下，高举爱国爱教、团结进步的旗帜，热心慈善公益、主动服务社会，为促进泉州各项事业发展、社会和谐做出积极贡献。泉州也是重要的茶叶产地和茶文化传播地，禅茶历史悠久、茶韵悠远。在历代法师的推崇下，两岸茶文化交流不断延续发展，成为两岸佛教界交流交往的重要载体，成为联系两岸同胞情谊的桥梁纽带。黄少萍希望两地佛教界通过闽台佛教文化交流周这一平台，不断发挥禅茶文化凝聚人心、修身养性、促进和谐的积极作用，共同弘扬中华民族博大精深的茶文化与佛教文化，为推动闽台深度融合、促进两岸关系和平发展做出更大贡献。圆宗长老、普法法师以及国家宗教局、省民族宗教厅领导在会上致辞。本届闽台佛教文化交流周首次由两岸共同举办，在泉州开幕，在高雄闭幕。两地佛教界一道品茶论禅，共溯海峡两岸文化同根、茶香同源，推进海峡两岸禅茶文化在研究和实践上的交流合作，增进闽台情谊。在泉州期间，与会嘉宾参观书画展，开展品茗、座谈、考察等活动。

赵宋南外宗与东亚文化之都学术研讨会在泉州举行

泉州市举行“东亚文化之都·2014泉州活动年”——赵宋南外宗与东亚文化之都学术研讨会，来自省内外的100多名专家学者共同探索赵宋南外宗正司与泉州之间的历史文化渊源。研讨会主办方赵宋南外宗正司研究会的学术顾问小组在征集到的40多篇相关论文中，精心筛选出28篇编印成册，其中不乏观点新颖的作品。赵宋南外宗正司是宋朝时期赵氏皇族为了管理外居宗室人员设立的专门机构，最早成立于南京，南宋时期迁移泉州。研究会成立20年来，一直致力于南外宗正司学术及赵宋历史文化研究。赵宋南外宗带着历经两千多年的中原文化和赵宋皇室宫廷文化来到泉州，与泉州地方文化交汇融合、发展演变，形成具有独特闽南地域特色的多元文化。赵宋南外宗在泉州拥有众多历史文化史迹和历史文化遗产，是“文都”文化内涵的重要组成部分。

于伟国到泉州调研

22—24日，省委副书记于伟国带领省直相关部门负责人到泉州调研，省委第四督导组第一组长曹德淦，市领导黄少萍、周银芳、翁祖根、林伯前、许连捷参加调研和座谈。调研组察看嘉泰数控、铁拓机械、龙峰集团等工业龙头企业。在瓷都德化，于伟国走进协发光洋陶器公司、顺美陶瓷文化生活馆，了解产业发展现状和前景，面对面倾听陶瓷大师、陶瓷业领军人物的意见和建议。于伟国指出，陶瓷企业要准确把握陶瓷产业商业和文化两种属性，以文化植入提升商业价值，以商业活力推动文化传承发展；党委政府要主动作为，在加强整体宣传推介、建立完善电商平台、整合陶瓷文化旅游资源等方面更好发挥“有形手”的作用。在全省首个县级农村产权交易中心——德化农村产权交易中心，农民手中的林权、土地使用权等农村产权，打破“信息孤岛”，摆上“交易货架”，有效激活农村沉睡资产，规范农村产权交易，也为农民进城当市民积累最初资本。于伟国对这一做法表示肯定，希望德化总结推广经验，持续推进城乡要素平等交换，探索新型城镇化建设的特色样本。在石狮星期yi服饰创意博览园，省领导了解到石狮从曾经的服装加工基地，到如今的服装时尚风向标，“东方米兰·质量石狮”的序曲已经奏响等情况，于伟国鼓励石狮延续良好态势，做深做精做细服饰文化，真正打造成服装设计的硅谷。在晋江五店市，历史文化街区保护与城市更新改造有机结合，带来城市发展与文化保护双赢的局面。于伟国强调，新型城镇化要始终与文化传承结伴而行，真正让市民“看得见山，望得见水，记得住乡愁”；历史文化街区的保护修缮要树立精品意识，保持风貌、延续文脉。在晋江恒盛民间借贷登记服务中心，于伟国详细了解并充分肯定泉州在致力打开金融资本进入实体经济和民间资本进入金融领域“两条通道”，努力缓解企业融资难、融资贵的创新实践，并召开座谈会，听取泉州市和晋江、石狮、南安、安溪等部分县市经济社会发展情况汇报，以及各行业企业家围绕政策、融资、用地、市场、人力人才等领域提出的看法和建议。在泉州期间，于伟国一行还实地检查群众路线教育实践活动整改项目——社保卡“办卡慢、办卡难”问题的整改情况，省市重点项目——泉州湾跨海大桥建设进展情况，专程看望慰问离休老战士孟宪瑜。

市政协常委会第十六次会议召开

十一届市政协常委会召开第十六次会议，听取泉州市东亚文化之都建设情况通报，围绕“加快‘东亚文化之都·泉州’建设与发展”议题建言献策。市政协主席杨俊峰，副主席许连捷、吴共湖、苏小青、骆沙鸣、陈铭福、王祖耀、陈益，秘书长洪川夫参加会议。副市长李建辉应邀参会。杨俊峰强调，要把握历史机遇，深入贯彻落实中央“一带一路”战略构想和省委、市委决策部署，把文都建设作为泉州重要的发展动力源，立足长远，统筹推进，努力打造文化强市和泉州经济“升级版”；要打响文都品牌，推进闽南文化生态保护区建设，提升城市建设与创意能力，加快文化旅游融合，扩大对外宣传和经贸文化交流，构建覆盖城乡的公共文化服务体系，持续增强文化软实力。

会议现场　（图/李德志）

泉州木偶戏获第五届全国木偶皮影中青年技艺大赛多个奖项

22—25日，由文化部牵头举办的“金狮奖·第五届全国木偶皮影中青年技艺大赛”在哈尔滨举办，来自全国各地的20多个专业院团40多个节目参赛。泉州市木偶剧团选送《命运傀儡》《目连救母·速报审》《哭人彘》三个小戏，以及《双下山》（与上海戏剧学院合作）参赛。《命运傀儡》表演者戴勋获“最佳表演奖”，《目连救母·速报审》《哭人彘》的表演者张耀华、蔡思雅、叶霖霖、洪俊敏获“优秀表演奖”，《双下山》的表演者姚聪晓、胡力伟获“优秀新人奖”，洪建生、陈应鸿获“指导老师奖”，陈志杰获演奏奖。晋江市掌中木偶艺术保护传承中心选送的《行路》和《追父归家》获“最佳表演奖”，《公子游》获“优秀表演奖”，李胜奕、王晓鑫获优秀指导老师奖。

9月22日

星期一
农历甲午年八月廿九
温度：24℃—31℃
小雨转阴

●省委副书记于伟国22-24日到泉州调研。

●十一届市政协第十九次主席会议召开。

●泉州籍运动员林清峰在仁川亚运会男子69公斤级举重比赛中，以体重轻的微弱优势帮助中国举重队赢得第一块金牌。

●仁川亚运会男子花剑赛场上，来自泉州南安市的20岁小将陈海威获得铜牌。

●第十五届省运会皮划艇（青少年部）比赛在漳州华安县利水平湖结束，泉州队获2金3铜。

●2014年秋季丰泽洛江片区企业调研座谈会召开。

●泉州市木偶剧团获第五届全国木偶皮影中青年技艺大赛多个奖项。

●即日起，安溪着手建设茶叶专家人才库。

9月23日

星期二
农历甲午年八月三十
温度：24℃—32℃
多云

● 市政协党组学习习近平在人民政协成立65周年大会上的讲话精神。

● 五名泉商入选2014胡润百富榜。

● 闽台工艺美术大师作品联展在泉州举行。

● 泉州公安机关捣毁特大盗抢电动车团伙。

● 泉州首部公安题材微电影《营救》首映。

● 安溪计生二女户制茶培训基地揭牌。

市政协党组学习习近平在政协成立65周年大会上的讲话精神

市政协党组召开（扩大）会议，学习习近平总书记在庆祝中国人民政治协商会议成立65周年大会上的重要讲话精神。市政协主席杨俊峰，副主席吴共湖、苏小青、骆沙鸣、陈铭福、王祖耀，秘书长洪川夫参加会议。杨俊峰指出，全市各级政协组织和政协委员要以学习贯彻讲话精神为动力，继续为泉州科学发展、跨越发展献计出力。要坚持学用结合，把学习贯彻讲话精神贯穿于政协工作实践的全过程，推动政协工作创新发展；深入开展党的群众路线教育实践活动，确保取得实实在在的成效；梳理全年工作要点、工作计划的落实情况，加大工作力度，顺利完成年度目标任务；认真筹备召开县（市、区）政协主席工作座谈会，推动市县两级政协更加系统深入地学习贯彻讲话精神；筹备市政协十一届四次全会，用心谋划2015年工作；发挥政协组织的优势，调动干部群众干事创业的积极性和创造性，为助推泉州经济社会健康平稳发展做出新的贡献。

五名泉商入选2014胡润百富榜

胡润研究院发布2014胡润百富榜，50岁的马云及其家族以1500亿元财富首次问鼎中国首富，马云成为胡润百富榜成立16年来第11位中国首富。泉州籍富豪在百强中占据5个席位，分别是：以400亿元财富排名17位的许荣茂家族；以205亿元财富排名47位的陈发树；以180亿元排名58位的施文博；以175亿元排名61位的许连捷；以150亿元排名78位的林秀成、林志强父子。

闽台工艺美术大师作品联展在泉州举行

由市委宣传部、中国闽台缘博物馆、市城镇集体工业联合社、市文联主办的“天工荟萃——闽台工艺美术大师作品联展”第十期展览在中国闽台缘博物馆举行。该次展出的作品出自海峡两岸23位工艺大师之手，涵盖锡雕、木雕、木偶雕刻、剧装制作、刻纸、纸扎、“妆糕人”技艺、金苍绣、花灯制作等十余个门类。其中，在台湾较为流行的布袋戏偶“台湾金光戏戏偶”尤为引人注目，该戏偶高25寸，一位表演者只能操控一个木偶。

展览现场　（图/吴寿民）

泉州公安机关捣毁特大盗抢自行电动自行车团伙

泉州市公安局发出通报称，泉州、丰泽两级公安机关经过一个多月缜密侦查，精准打击，摧毁以黎某为首的特大盗抢、销赃电动自行车团伙，抓获团伙成员10人，缴获电动车车牌44套、电动车充电器41个及撬锁工具等物品，并收缴部分毒品，破获系列盗窃电动车案30余起、抢劫案1起、贩毒案1起。其中，团伙头目黎某及成员莫某辉就是“8·15”案件中刺伤警员陈伟峰的嫌疑人。

相关链接： 8月15日，两名男子在市区泉秀街中远名城楼下的电信营业厅门口盗窃自行电动车，准备到别处销赃。泉州市公安局刑侦支队七大队组织实施追踪、抓捕，该队队员陈伟峰在其后跟踪，伺机抓捕。在跟踪两名嫌疑男子至市区淮云路与东祥街交叉路口时，陈伟峰实施拦截，两名男子持刀拒捕，刺伤陈伟峰手臂，造成其大动脉、肌腱、神经断裂。案发后，泉州市、丰泽区两级公安机关迅速成立专案组，全力展开侦破工作。

泉州首部公安题材微电影《营救》首映

泉州市首部公安题材微电影《营救》首映式在泉州闽南影城举行。《营救》由泉州市公安局警察公共关系处、石狮市公安局、石狮市公安局湖滨派出所和福建西窗影视文化传播有限公司联合出品。影片根据4年前发生的真实案件改编，讲述石狮公安局湖滨派出所基层民警林少钧及其同事，尽心尽力尽职打击犯罪，追踪持刀抢劫情侣案的犯罪嫌疑人，却冷落交往多年的女友，甚至差点失去女友的故事，真实体现基层民警工作“维护稳定，打击犯罪，保护群众”的献身精神，同时也反映民警家属从对民警工作的不理解到全力支持的转变。

黄少萍与中兴通讯公司董事长座谈

市委书记黄少萍与到泉州洽谈合作的中兴通讯公司董事长侯为贵一行座谈。市领导周银芳、陈灿辉参加座谈。中兴通讯正在泉州投资建设海丝路跨境电商平台项目，旨在依托中兴通讯先进信息化技术和全球化营销网络，打造千亿级跨境电子商务平台，帮助泉州企业开拓海外市场、树立国际品牌、发展电商服务，再建泉州品牌走出国门的"海上丝绸之路"。

黄少萍指出，泉州制造业发达，民营经济活跃，品牌优势突出，纺织鞋服、箱包、食品、建材、水暖、茶叶等区域特色经济占有很大市场份额，是全国网络电商的重要供货基地。泉州是创业乐土，市委、市政府长期致力于营造优良的政策环境、周到的配套措施、灵活的体制机制，努力吸引好项目、大项目落地投产。当前，泉州正认真贯彻省委九届十一次全会精神，政企合力推进全方位创新，民企在发展电子商务、创新商业模式、加快信息化建设等领域深耕细作，转型升级步伐持续加快。希望中兴通讯公司深入发掘合作空间，搭建电商平台，助推电商服务业发展和高端人才聚集，让市场优势与技术优势在泉州携手并进，实现合作共赢。

侯为贵表示，泉州拥有广阔的市场空间和发达的制造能力，中兴通讯将发挥技术优势，在信息化、智能化领域与泉州开展广泛合作，携手推动企业转型升级和城市信息化建设，为电商产业及相关服务业在泉州集聚发展贡献力量。

市十五届人大常委会第33次主任会议召开

市十五届人大常委会第33次主任会议召开。市人大常委会主任陈海基，副主任陈万里、陈全顺、吕竞、王远东、张建生，秘书长吴春林参加会议。会议讨论人事任免事项。会议听取市人大常委会调研组关于泉州重点流域（含近海水域）环境污染综合整治情况的调研报告。报告指出，近年来，泉州市重点流域综合整治氛围浓厚，成效明显，妥善解决一些"老大难"问题，但污染排放治理形势仍不容乐观。调研组建议，要继续落实重点流域综合整治目标责任制、夯实环保基础设施、强化专项整治和环境保护宣传教育，谋划好2015年计划，持之以恒抓好整治工作。会议听取市人大常委会调研组关于泉州市"东亚文化之都"建设发展情况的调研报告。调研组认为，泉州把"文都"建设发展作为当前全市工作的一个重点，让民众享受并参与其中，建设发展工作有序推进。下一步应继续做好"文都"泉州建设发展规划方案和组织实施，深入挖掘整合文化资源，完善公共文化服务体系，推动文化产业优化发展。会议还讨论市人大常委会关于市十五届人大四次会议代表建议、批评和意见办理工作的视察方案，关于开展《加快造林绿化、推进"森林泉州"建设情况的审议意见》研究处理情况的调研方案。

泉州中心城区景观风貌规划通过技术评审

《泉州市中心城区景观风貌规划》通过有关部门组织的专家评审。规划为泉州中心城区形象定位是：两江汇海众山环，多元文化贯名城。一座汇集东亚历史现代产业城市多元风貌的文化都市；海西区域具有山水环抱特征的、自然环境友好型门户城市。规划确定泉州市内重点保护的九个山体群：清源山、紫帽山、文笔山、桃花山、大坪山、鹰歌山、安峰山、九日山、仙公山。山体一重环位于湾内，由三座山体群落构成一重环湾的滨海山体景观，空间特质是海丝文化、现代山水城市；山体二重环线构成城市山体背景及生态旅游的景观片区，空间特质是城市历史、宗教文化、旅游休闲、城市公园。规划构建三个山体脉络，即：西部脉络，指晋江城市近郊旅游休闲为主的紫帽山脉络；中部脉络，指泉州历史文化城市旅游为主的清源山桃花山脉络，同时继承山水龙脉；东部脉络，指泉州北部生态旅游休闲为主题的仙公山、文笔山脉络。规划确定城市级与组团级两个层次的水体景观结构，以晋江、洛阳江两岸及泉州湾水域城市级水体为核心，借助沿岸生态绿色廊道及内部现状水渠与支流，串联城市湖体与核心水体，形成城市重要特色功能景观节点与水体结合布置的风貌特征。城市级水体为泉州湾、晋江、洛阳江；组团级水体为西湖、百崎湖、惠女水库、紫湖水库、群生水库、赤山水库、草邦水库、西华洋滞洪区、东山村水景节点、城西路洛阳江支流、九十九溪与双沟河水道及其他现有城市水道等。落实"大山大水"总体景观结构，规划提出八大类城市风貌分区，即历史文化景观域、特色民俗景观域、过渡景观域、居住生活景观域、港口景观域、产业风貌景观域、门户景观域、公共服务景观域。

9月24日

星期三
农历甲午年九月初一
温度：25℃—33℃
多云

●黄少萍与到泉州洽谈合作的中兴通讯公司董事长侯为贵一行座谈。

●市十五届人大常委会第33次主任会议召开。

●《泉州市中心城区景观风貌规划》通过技术专家评审。

●2014年仁川亚运会击剑女子花剑团体赛结束，由泉州选手刘咏诗、陈冰冰等组成的中国队夺得银牌。

9月25日

星期四
农历甲午年九月初二
温度：26℃—31℃
多云

●泉州湾跨海大桥陆域水域全线贯通。

●泉州斗尾港区同时停靠两艘30万吨油轮。

●25—28日，“文化之都·美丽永春”县域活动举办。

●全市干部职工“迎国庆”朗诵大赛决赛举行。

●泉州市第四届残疾人职业技能竞赛举行。

●25—26日，首届安溪铁观音“十佳制茶能手”大赛在该县龙涓乡举行。

●安溪县官桥镇企业流动人口服务中心成立。

●安溪参内乡启动“家庭发展”志愿者服务队。

●市区东街二郎巷、泉秀街大华酒店、泉秀街欢乐迪、义全街伍堡街、涂门街东鲁路五个禁左路口启用高清探头，监控抓拍。

●“首届海峡两岸·东亚文化之都大型鉴宝活动”在中国闽台缘博物馆举行。鉴宝活动期间，举办“首届海峡两岸文化收藏暨东亚文化之都泉州民间藏品鉴定评选大赛”。

●德化县举办“八闽电商行走进德化”电子商务大讲堂活动，全球跨境电子商务协会联合发起人蔡华和阿里巴巴协议讲师江银洲分别作《跨境外贸B2B平台的机会和挑战》和《大外贸与小电商——外贸电商新趋势》讲座。

两艘30万吨油轮同时停靠泉州斗尾港区

两艘满载30万吨原油的超大油轮，同时在泉州斗尾港区油码头靠泊卸油。这两艘超大油轮分别于23日和24日入港的，一艘是来自巴拿马的“纳瓦林”号，一艘是来自马绍尔群岛的“罗莎琳”号，都是世界上最大的油轮之一。该次两艘超大型油轮同时靠泊在泉州斗尾港区进行作业，打破该港区以往只能大型油轮单一靠泊的历史。

“文化之都·美丽永春”县域活动举办

25—28日，“东亚文化之都·2014泉州”县域活动之“文化之都·美丽永春”在市区西街旧面粉厂钢结构大厅举办。活动期间，市民欣赏到永春民间音乐、山歌对唱、香道表演、高甲小戏和永春白鹤拳表演，在现场品赏老醋、麻糍、香饼、一都红酒等永春美食，欣赏永春纸织画和漆篮等非遗传统手工艺品。系列展演部分有非遗传统手工艺现场展示、主题图片展览、“美丽永春”走进源和1916系列文艺演出。非遗传统手工艺现场展示活动包括国家级非遗项目“永春纸织画”编织技艺和省级非遗项目“永春漆篮”破竹篾、编篮坯技艺现场表演；主题图片展览涵盖“美丽乡村”“中国香都·永春达埔”摄影作品展及永春非遗项目图片展、永春县旅游景区展示；“美丽永春”走进源和1916系列文艺演出包括专场文艺表演、高甲戏专场表演《长乐宫》和掌中木偶戏专场《闹花灯》等。

相关链接：“文化之都·美丽永春”县域活动山歌对唱的歌手为四男四女，男的身着白色汗衫、黄色裤子，看起来黑瘦精壮；女的身着桃色演出服，看起来纯美朴实。男歌手率先“发难”：“一条路子白偏偏，挽茶娘子是什名？什名什姓给阮说，不通阿哥去探听。”一名女歌手马上点起兰花指，动情唱道：“日头起来红又红，挽茶娘子一都人。做哥那卡不识妹，哥你要做什么人。”一来一回，山歌男女情歌对唱富有的“挑逗性”展现得淋漓尽致，不少观众拿起手机录下全过程。

文艺演出　　（图/许文明）

全市干部职工“迎国庆”朗诵大赛决赛举行

由市直机关工委、市总工会、团市委主办的以“中国梦·泉州美”为主题的全市干部职工“迎国庆”朗诵大赛决赛在泉州音乐厅上演，来自全市党政机关的16支队伍同台献艺，上演一场展示泉州“东亚文化之都”独特文化魅力的视听盛宴。比赛中，选手们饱含深情地朗诵一篇篇展现泉州发展辉煌成果的美文，抒发着对美丽泉州的热爱、对幸福生活的讴歌以及对美好明天的向往。在背景音乐的烘托下，富有感染力的朗诵打动在场观众。经过激烈角逐，市直经贸委系统党委选送的《巷陌深深》、市直宣传系统党委选送的《文化之都的胎记》获一等奖。

朗诵决赛现场的文艺演出　　（图/许文明）

首届安溪铁观音“十佳青年制茶能手”评出

25—26日，首届安溪铁观音“十佳青年制茶能手”大赛在安溪龙涓乡举办。经各乡镇推选，29名青年制茶能手参加决赛。选手熟练操作晒青、摇青、杀青、揉捻、烘焙等各道制茶工序，力求每一粒茶，在外形、口感、香韵等方面都能达到最好。茶样出炉后，由专家审评得出比赛结果。前10名优胜者被授予首届安溪铁观音“十佳青年制茶能手”称号。

颁奖仪式　　（图/郭冰德）

9月26日

星期五
农历甲午年九月初三
温度：26℃—32℃
多云

●黄少萍与到泉州参观考察的上饶市委书记座谈。

●泉州5个镇被纳入福建省首批“小城市”培育试点

●泉州市召开市直单位教育实践活动重点整改项目工作会。

●2014年福建省工业设计与制造业融合发展对接会暨香港创意营商日在晋江举行。

●泉州地区首个电工专委会成立。该平台将为各重要企业用电客户提供专业化技术服务，加强重要电力客户安全生产管理，确保供用电安全。

●泉州上饶商会成立大会在晋江召开。

●“多彩文都，幸福晚年”泉州第七届老年文化艺术节在晋江开幕。

●由泉州市文联和市美术家协会主办的“迎国庆，赞文都”——泉州美术家金秋笔会举行。

●第二届华侨大学侨生“美丽泉州行”活动开幕。来自泰国、斐济、西班牙、阿根廷等19个国家的近百名2014级侨生参观泉州景点。

黄少萍与上饶市委书记座谈

市委书记黄少萍与到泉州参观考察的江西上饶市委书记陈俊卿一行座谈。市领导翁祖根参加座谈。黄少萍指出，泉州正在加紧创新转型，泉州与上饶在产业、旅游、市场、投资等方面具有很强的合作潜力，希望两地相互学习、携手发展。陈俊卿表示，作为东部经济发达地区，泉州发展亮点频出、经验可贵，希望两地常来常往，加强协作对接，共谱发展新篇。

泉州5镇纳入福建省首批“小城市”培育试点

《中共福建省委福建省人民政府关于促进中小城市和城镇改革发展的若干意见》下发。其中，南安市水头镇，晋江市金井镇、安海镇，安溪县湖头镇、龙门镇等15个中心镇成为全省第一批“小城市”培育试点，条件具备的可设立“镇级小城市”，允许在核定的编制总数内和不膨胀的机构前提下，优化机构设置和人员配备。根据意见，福建省将积极总结和推广晋江新型城镇化经验，组织实施好国家新型城镇化试点，争取国家更多政策支持，力争在农业转移人口市民化成本分担机制、多元化可持续的城镇化投融资机制等方面取得突破，创造可复制、可推广的经验和模式。同时，推进泉州晋江、石狮、德化，南平邵武等省级新型城镇化试点，加强指导，研究解决试点工作中遇到的问题，构建与新型城镇化发展相适应的体制机制。意见提出，按照主体功能区规划和新型城镇化规划要求，正确把握大中小城市及城镇的不同功能和发展定位，发挥中小城市和城镇优势，力争用三至五年时间培育和发展一批城市功能完善、特色明显、空间布局合理、治理体系健全、产业和人口吸纳能力强、以城带乡和就地就近城镇化成效显著的宜居宜业中小城市。

市直单位教育实践活动重点整改项目工作会召开

泉州市召开市直单位教育实践活动重点整改项目工作会，对市直单位重点整改项目进行再督促，确保整改工作落实到位，取信于民。省委第四督导组第一组长曹德淦、副组长郑恢先；市领导黄少萍、陈海基、周银芳、陈沈阳、沈耀钦、许昆贞、陈庆宗、林伯前等参加会议。全市党的群众路线教育实践活动开展以来，泉州市先后确定市委26个专项整治项目和市直单位136个重点整改项目。市委专项整治项目完成23个，市直单位重点整改项目完成81个。曹德淦对泉州市教育实践活动成效给予肯定。曹德淦指出，泉州“规定动作”不走样，“自选动作”有特色，特别是立体推进市委专项整治项目和市直单位重点整改项目，集中解决一批群众反映强烈的问题，有效整肃“四风”、造福民生。黄少萍强调，要切实两手抓两促进，推动年度目标任务完成。要深入贯彻落实省委九届十一次全会精神，把教育实践活动激发出来的热情和干劲，投入到推动泉州经济社会发展工作中，帮助企业解决发展难题，有效形成政企合力，完成全年目标任务，及早谋划下一年各项工作，推动泉州在全省发展大局中打头阵，走前列。

福建省工业设计与制造业融合发展对接会在晋江举行

由福建省经信委、香港贸发局、中国工业设计协会主办，晋江市人民政府、泉州市经贸委、晋江市工业设计与时尚创意协会承办的2014年福建省工业设计与制造业融合发展对接会暨香港创意营商日在晋江举行，14家中国“十佳”工业设计公司、29家香港创意设计机构和39家福建省工业设计机构、9家工业设计院校等近百家设计机构代表，实地考察晋江，并与泉州企业“面对面”对接、交流，引领设计创新驱动，推动产业转型升级。在安踏晋江总部展厅，在艾派国际的时间收藏馆，在信龙机械的车间，一群胸口别着“十”字形红色徽章的客人，为晋江企业的优秀设计创新，或驻足凝视，或短暂耳语。深圳浪尖、北京东道、杭州凸凹、上海浩汉、宁波大业、佛山东方麦田、厦门拙雅等14家中国“十佳”工业设计公司的掌门人、总经理、总监，相约晋江，汇聚一堂，为晋江工业设计把脉。

泉州上饶商会成立

泉州上饶商会成立大会在晋江召开，来自上饶市委、市政府有关领导，中共泉州市委统战部、民政局、工商联等有关单位负责人，兄弟商会代表，商会会员代表等近500人参加。大会宣布泉州上饶商会理、监事会成员名单，红日袜业股份有限公司董事长计红日当选为首届会长。

9月27日

星期六
农历甲午年九月初四
温度：26℃—33℃
多云

●《泉州晚报》刊发中共泉州市常委班子党的群众路线教育实践活动整改方案及整改清单。

●由市委宣传部、市委文明办、市文广新局、市文联、泉州晚报社、泉州广播电视台主办的泉州市庆祝中华人民共和国成立65周年文艺演出在泉港区峰尾镇金秋阳光海岸广场举行。

●由泉州市政协文史和学习宣传委、泉州诗词学会主办的2014年国庆吟诵会举行。

●第三届石狮市永宁古卫城暨城隍文化节开幕。

●“博能·泉州非遗展示公众体验系列活动”第四场在市区真武庙博会会所开启。

●泉州实验中学学生在市区东海街头举行义卖活动，为“爱心午餐”募集善款。

●丰泽区东湖街道铭湖社区老协会的老人自编自演文艺节目，迎接重阳节。

●27—29日，以“全民健身、活力园区”为主题的“珠穆朗玛”杯晋江经济开发区首届企业职工运动会举办。

●永春传统高甲戏《长乐宫》在“大麦仓”（泉州市区西街旧面粉厂钢结构大厅）上演。

泉州市庆祝中华人民共和国成立65周年文艺演出举行

由市委宣传部、市委文明办、市文广新局、市文联、泉州晚报社、泉州广播电视台主办的泉州市庆祝中华人民共和国成立65周年文艺演出在泉港区峰尾镇金秋阳光海岸广场举行，上千市民到场观看精彩的演出。演出由开场表演《欢度国庆》拉开序幕，紧接着歌舞表演《祖国万岁》等10多个节目轮番上台。演出既有传统高甲戏、武术表演，也有如舞蹈《丝海飞天》等创新节目。《丝海飞天》曾在2014年获得中国青少年文化艺术舞蹈比赛金奖，一曲霓裳羽衣，伴随着古乐南音的旋律，彩云般翩翩起舞的“丝海飞天”，传递着文都泉州许多美丽动人的传说，出神入化的表演受到观众的喜爱。由泉港区委宣传部选送的舞蹈《采莲曲》，不仅对流传至今的“采莲舞”进行精彩演绎，还融入当地北管等器乐，十分“接地气”。整场演出在《歌唱祖国》中落幕。

演出现场　（图/陈智勇）

市政协2014年国庆吟诵会举行

由泉州市政协文史和学习宣传委、泉州诗词学会主办的2014年国庆吟诵会举行。吟诵会上，泉州市诗词界知名人士王仁山、王松柏、薛俊安等现场吟诵10多首近期创作的得意之作。这些诗词作品立足当代泉州经济、文化、民生等实际，表达真情实感。吟诵之后，不少诗朋词友畅谈创作心得，认为要深入生活，汲取营养，多出精品，讴歌新时代；要有文化担当意识，要以弘扬民族精神、时代精神，推动优秀传统文化的发扬光大为己任，为构建当代泉州人的精神家园，助力泉州东亚文化之都的大发展大繁荣。

第三届永宁古卫城暨城隍文化节开幕

第三届石狮市永宁古卫城暨城隍文化节开幕。来自中国台湾、香港、澳门等地区和新加坡、菲律宾、马来西亚、泰国等国家的数千名嘉宾出席活动。文化节期间，举行首届两岸热气球嘉年华活动，国内外十几支动力伞飞行表演队，为民众呈现一场空中飞的精彩表演。本届文化节凸显“闽南古早味”特色，有妆糕人、剪纸、糖画、木偶等非遗文创活动展示以及闽台地方戏曲表演。文化节继续保留传统的“永保安宁”两岸城隍会香祭典、两岸书画摄影作品联展及永宁城隍庙会等活动，还有“热气球宝贝”“沙滩音乐节”“沙滩啤酒节”“两岸美食嘉年华”“梦幻游乐场”“沙滩微电影”等游乐观赏项目。

相关链接：在永宁东门，一座古卫城门城楼拔地而起。永宁卫，修建于明洪武二十七年，在当时与天津卫、威海卫并称全国三大卫所，距今有600多年历史。2013年第二届文化节期间，永宁古卫城城门城楼修复工程拉开建设序幕。经过一年的紧张建设，这个投资2000多万元、首期长近300米的永宁古卫城城门城楼顺利修复。

开幕式　（图/朱娟娟）

泉州网非遗公众体验第四场活动开启

由“东亚文化之都·泉州”建设发展委员会指导，市委宣传部、市文广新局主办，泉州网、泉州市非遗保护中心承办，博能集团协办的“博能·泉州非遗展示公众体验系列活动”第四场在市区真武庙博会会所开启。主办方邀请曹淑贞和李葱葱两位非遗代表性传承人，分别展示彩扎花灯和泉州歌诀。活动当天，曹淑贞介绍彩扎花灯的制作工艺，并提供材料，现场传授制作花灯技艺。泉州歌诀短小精炼，妙趣横生，代代口头相传。李葱葱带领泉州市机关幼儿园的小朋友演绎闽南情景剧《老安公》《羊仔囝》等，以闽南童谣游戏的形式，让小朋友在嬉戏玩耍中体会童谣魅力。

泉州选送节目参加海峡两岸闽南非物质文化遗产展演

28—30日，由中华全国台湾同胞联谊会、北京市台湾同胞联谊会、福建省台湾同胞联谊会和国家大剧院主办的“闽南古韵·两岸传情”海峡两岸闽南非物质文化遗产展演在国家大剧院举行。由泉州艺术学校选送的高甲戏《送水饭》、南音演唱《元宵十五》、梨园戏《赏花》三个节目与厦门、漳州及台湾的民间艺术家带来的节目一起，为首都人民及参加国庆65周年观礼活动的台湾同胞倾情演绎闽南传统艺术之美。此次展演旨在彰显两岸同根同源的传统艺术魅力，推动两岸文化交流与合作。展演以“弘扬闽南传统文化、促进两岸文化交流、共圆两岸同胞中国梦”为主题，分为“亲情”“乡情”“海峡情”三个篇章。节目涵盖厦漳泉三地及台湾的优秀传统文艺作品，包括泉州南音、泉州高甲戏、梨园戏、漳州锦歌、闽台歌仔戏(芗剧)、答嘴鼓、闽台木偶戏等非物质文化遗产项目。

泉州市部署第四季度安全生产工作

泉州市召开第四季度防范重特大生产安全事故会议，部署下阶段安全生产工作。会议要求，要加强事故分析研判，制定防范措施，严肃约束措施，加强安全监管，确保完成全年安全生产目标任务。要推进标准化建设提升工程三年行动；加强监督检查，深化“七打七治”打非治违专项行动；继续做好纳入省委省政府2014年为民办实事项目的119处隐患路段整治；持续推进消防安全等十个重点领域整治，并突出特种设备、城镇燃气等领域专项整治；加强安全发展示范城市工作，努力营造安全生产浓厚社会氛围。针对即将到来的国庆长假，会议提出，要在节前组织一次煤矿、非煤矿山、交通运输、消防安全、危险化学品、烟花爆竹、建筑施工及人员密集场所等重点行业领域的安全检查；强化节假日高速公路免费通行期间车流秩序监控、重点车辆管控和大型群众活动的安全监管，确保节日安全。

第八届“书香泉州”全民读书月启动

由市委宣传部、市委文明办、市文广新局等单位主办的泉州市第八届“书香泉州”全民读书月活动启动仪式在市区中山公园举行。该次活动以“弘扬核心价值观，共筑伟大中国梦”为主题，活动期间以多种形式营造“书香泉州”的社会氛围，打造“东亚文化之都泉州”的良好形象。启动仪式上，举行首届全国、全省“书香之家”泉州市获奖家庭授牌仪式，向陈志泽、傅志雄、陈瑞统、涂健圻、王赎回等获得首届全国“书香之家”的家庭授予牌匾。王乃钦、吴树衍、曾国文等获得首届全省“书香之家”的家庭同时授牌。活动期间，开通“泉州市数字农家书屋阅读平台”；表彰2012—2013年度“泉州市双优诚信”书店和2012—2013年度“泉州市出版发行工作”先进个人；举行《家庭妙招——优秀家庭教育案例集》首发、经典诵读和家庭教育主题演讲活动。

“东亚文化之都·泉州”旅游文化大使评出

由“东亚文化之都·泉州”建设发展委员会主办，泉州市委宣传部和泉州市旅游局承办，泉州网、东南早报、腾讯网协办的“东亚文化之都·泉州”旅游文化大使网络评选活动决赛举行，晋级决赛的八强选手在个人展示、问答题、辩论题等方面一较高下，经过多轮紧张角逐，最终1号选手华爽、8号选手张华、7号选手王珊珊获“东亚文化之都·泉州”旅游文化大使称号。

东亚文化教育传统与学前教育国际学术研讨会在泉州举行

由“东亚文化之都·泉州”建设发展委员会主办、泉州幼儿师范高等专科学校承办的“东亚文化教育传统与学前教育国际学术研讨会”在市幼高专举行。研讨会开幕式上，泉州幼高专的师生们联合作《妙音鸟驻足的地方》的闽南文化传承与创新成果汇报演出。研讨会以“弘扬传统文化，促进幼教发展”为主题，设置“文化传承与教师教育”“学前特殊教育发展与展望”“学前教育改革与发展趋势的国际比较”“幼儿园传统文化教育实践与探索”四个专题的分会场研讨，旨在传承和弘扬优秀的东亚文化教育传统，促进学前教育事业发展，开创中、韩、日三国东亚文化之都在学前教育领域的交流与合作。来自韩国、新加坡及中国香港、台湾等国家和地区以及省内外的逾百名幼教特教研究专家、学者共聚一堂，分享交流各地学前教育发展的宝贵经验和研究成果。

9月28日

星期日
农历甲午年九月初五
温度：26℃—32℃
多云

●由中华全国台湾同胞联谊会、北京市台湾同胞联谊会、福建省台湾同胞联谊会和国家大剧院主办的“闽南古韵·两岸传情”海峡两岸闽南非物质文化遗产展演在国家大剧院举行。

●泉州市召开第四季度防范重特大生产安全事故会议，部署下阶段安全生产工作。

●泉州市第八届“书香泉州”全民读书月活动启动仪式在市区中山公园举行。

●“东亚文化之都·泉州”旅游文化大使评出，1号选手华爽、8号选手张华、7号选手王珊珊获“东亚文化之都·泉州”旅游文化大使称号。

●由“东亚文化之都·泉州”建设发展委员会主办、泉州幼儿师范高等专科学校承办的“东亚文化教育传统与学前教育国际学术研讨会”在市幼高专举行。

●由市委统战部、民革泉州市委员会主办，泉州市各民主党派协办的“同心·共建文都泉州”书画摄影展在泉州华侨历史博物馆举行。

●德化县甲午年祭孔典礼在德化文庙大成殿举行。

9月29日

星期一
农历甲午年九月初六
温度：26℃—33℃
多云

●全省新型城镇化工作晋江现场会召开。会议期间，省委书记尤权、省长苏树林与泉州一批知名企业家座谈。

●“‘闽南古韵·两岸传情’——海峡两岸闽南非物质文化遗产展演”系列活动在北京国家大剧院开幕。

●“福地茶寿——安溪百岁老人品茶话养生”活动在安溪茶厂举行。

●视界——黄嘉胜、柯伟祥、黄坚摄影作品联展在源和1916创意园区刺桐里文化交流平台开幕。

●“祖国颂·中国梦”市直基层工会职工文艺汇演在市工人文化宫乡音广场举行。

●丰泽区丰泽街道源淮社区第一届邻里节暨职工厨艺技能大赛在云谷小区老年人活动中心举办。

全省新型城镇化工作晋江现场会召开

全省新型城镇化工作晋江现场会召开。省领导尤权、苏树林、杨岳、姜信治、叶双瑜、李书磊、王蒙徽、陈冬出席会议。省委常委、常务副省长张志南主持会议。省直有关部门主要负责人，各设区市市委书记、市长，平潭综合实验区党工委书记、管委会主任，各县（市、区）委书记、县（市、区）长，15个全省第一批镇级小城市培育试点的党委书记参加会议。省委书记尤权在会上强调，要认真学习贯彻总书记习近平关于城镇化工作的重要批示精神，落实省委九届十一次全会部署，深入总结晋江等地新型城镇化工作经验，推动全省中小城市和城镇改革发展取得更大进展。省长苏树林强调，要突出因地制宜，扎实提高质量；要突出规划引领，提升特色品位；要突出产城融合，增强发展支撑；要突出人的城镇化、促进融入融合；要突出要素保障，破解瓶颈制约；要突出改革创新，激活发展动能。会议下发《关于促进中小城市和城镇改革发展的若干意见》。会上，晋江市、石狮市、泰宁县、莆田市城厢区、福州市青口镇作交流发言。会前，与会代表考察晋江市规划展示馆、生态项目晋阳湖、五店市传统文化街区、桂华苑新型安置小区、洪山文化创意园、大埔村美丽乡村建设、社会保障服务中心等新型城镇化建设情况。

同日，出席全省新型城镇化工作现场会的省委书记尤权、省长苏树林与泉州一批知名企业家座谈，了解企业生产经营现状，传递发展信心，希望政企携手推动经济社会持续健康发展。恒安、安踏、匹克、盼盼、浔兴、九牧王、361°、利郎、中宇、八马等一批中国鞋服、水暖、建材、食品行业的领军品牌企业家参加座谈。企业家们表示，面对当前挑战，将携手同心、抱团发展，发扬“敢于天下先、爱拼才会赢”的闯劲，在全省发展大局中走前列、做贡献。

调研现场（图/陈起拓）

安溪百岁老人品茶话养生活动举行

由中国茶叶流通协会、海峡茶业交流协会、安溪县政府、福建中医药大学中西医结合研究院、福建农林大学安溪茶学院、市老龄办、泉州晚报社主办的“福地茶寿——安溪百岁老人品茶话养生”活动在安溪官桥的安溪茶厂举办。10位老人身穿喜庆的唐装，共同拣茶、泡茶、品“凤山”铁观音并共同切蛋糕，百岁老人们首先向大家展示他们的良好精神面貌和多姿多彩的生活。中华民族尊老敬老的传统美德在现场传递。活动现场，各级领导向老人们发放慰问金、颁发纪念牌匾。福建中医药大学中西医结合研究院副院长彭军解读安溪铁观音茶的“健康因子”，探讨长寿与饮茶的深层联系，认为喝“凤山”铁观音茶叶确实有养生保健的效应。现场还举行安溪蓬莱镇与安溪铁观音集团的“清水禅茶”合作开发框架签订仪式。

相关链接：参加活动的老人名单：陈省（1916年出生）、白好（1916年出生）、陈辛舟（1919年出生）、林妹（1913年出生）、苏忠培（1917年出生）、叶理（1914年出生）、谢淳（1914年出生）、陈阔（1914年出生）、陈切（1913年出生）、廖肯（1914年出生）。

活动现场（图/刘伯怡）

丰泽源淮社区第一届邻里节举办

丰泽区丰泽街道源淮社区第一届邻里节暨职工厨艺技能大赛在云谷小区老年人活动中心举办。27位选手既有社区居民，也有附近餐饮企业的厨师，大家各自精心烹制三菜一汤带到现场展示并邀邻里品尝。专家评委对27位选手制作的菜肴按照色泽、形态、创意、整体效果等进行评比，并现场进行颁奖。随后工作人员将碗筷分发给现场居民，邀请大家一起品尝参赛的菜肴。源淮社区居委会相关负责人表示，邻里厨艺展示，不仅可以让居民们切磋厨艺、交流心得，此次活动丰富社区的文化生活，也增进邻里间的沟通和交流。

郑新聪检查市场供应食品安全和治安工作

市长郑新聪带队 到市区农贸市场、供气站、商场、学校、客运站，检查市场供应、食品安全、安全生产和治安防控工作。市领导陈荣洲、林万明，市政府秘书长吴友才等参加检查。在新门菜市场，郑新聪仔细询问商品的价格、货源，认真翻阅食品安全检测台账，了解食品抽检和不合格商品处置情况。郑新聪要求检测人员要确保抽检的随机性和准确率，发挥检测中心的食品安全监督作用，保障市民吃上放心菜。在供气站、商场、学校、客运站检查时，郑新聪了解消防设施、治安巡逻、应急预案等落实情况后指出，市场供应、食品安全、安全生产和治安防控工作事关民生，要按照市委部署要求，为群众生产生活提供安全保障。要筑牢监管和防控体系，加强协同协力和综合施策，拓展供应渠道，组织好节日市场供应；从城乡结合部、供气源头、出租屋等入手开展"黑气点"专项整治；教育公安两部门联手，加强人防技防、共保校园安全；严厉查处食品安全和安全生产领域违法行为；加强安全隐患排查整治，重拳打击"黑车"运营和"黑作坊"；加强治安防控，坚决打击治安突出问题。要夯实基层和基础，强化食品安全教育培训，建立企业台账，实行举报制度；推进安全生产标准化建设，提高群众安全意识；加大治安防控投入，配强队伍。要坚决落实企事业单位主体责任，强化部门监管责任和"一岗双责"，严肃追责问责。

泉州市召开庆祝全国人民代表大会成立60周年地方人大设立常委会35周年座谈会

泉州市举行庆祝全国人民代表大会成立60周年、地方人大设立常委会35周年座谈会，学习总书记习近平在庆祝全国人民代表大会成立60周年大会上的重要讲话，总结泉州市地方人大设立常委会35周年的实践，凝聚各方力量，加快推动泉州科学发展跨越发展。市委书记黄少萍出席会议并讲话。市领导郑新聪、陈海基、周银芳、翁祖根、陈万里、洪泽生、陈全顺、吕竞、王远东、张建生、苏小青、陈益，市中级人民法院代理院长欧岩峰、市人民检察院检察长欧秀珠，历届市人大常委会部分领导出席会议。座谈会由市人大常委会主任陈海基主持。会上，全国人大代表李振生、省人大代表丁毓玲、市人大常委会委员王伟明、晋江市人大常委会主任陈健倩等结合自身工作实际，畅谈对人民代表大会制度的认识和泉州市各级人大及其常委会工作和建设的成就，以及进一步发挥人大作用的意见和建议。

座谈会现场　　（图/陈意鸣）

泉州市举行向革命烈士纪念碑敬献花篮仪式

中国迎来首个法定"烈士纪念日"，泉州市在泉州市革命烈士陵园举行向革命烈士纪念碑敬献花篮仪式。市四套班子、泉州军分区领导，市中级人民法院、市检察院以及市直和省部属驻泉有关单位的主要负责人，鲤城区、丰泽区、洛江区四套班子领导和机关干部代表，烈属、老战士、学校师生、驻泉部队官兵、公安干警、新闻媒体等各界代表400多人参加活动。10时，向革命烈士纪念碑敬献花篮仪式开始。军乐团奏响《义勇军进行曲》。全场肃立，向为捍卫国家独立、民族解放和社会主义事业而英勇献身的烈士默哀。60名少先队员唱响《我们是共产主义接班人》。在深情的《献花曲》旋律中，10名礼兵抬起5个花篮，缓步走向革命烈士纪念碑，将花篮摆放到纪念碑基座上。市领导黄少萍、郑新聪、陈海基、苏小青分别代表市四套班子，泉州军分区政委郑健代表泉州军分区，神情庄重地登上纪念碑基座，仔细整理花篮缎带。随后，参加仪式人员瞻仰革命烈士纪念碑，并参观革命烈士纪念馆。

敬献花篮仪式　　（图/李芸生）

9月30日

星期二
农历甲午年九月初七
温度：26℃—32℃
多云

●郑新聪到市区农贸市场、供气站、商场、学校、客运站，检查市场供应、食品安全、安全生产和治安防控工作。

●泉州市举行庆祝全国人民代表大会成立60周年、地方人大设立常委会35周年座谈会。

●中国迎来首个法定"烈士纪念日"，泉州市在泉州市革命烈士陵园举行向革命烈士纪念碑敬献花篮仪式。

●"连云港—泉州—广州"内贸集装箱航线成功首航，满载400多个集装箱的"江信7"轮从石狮华锦码头驶向广州港。

●纪念南音入选人类非遗代表作五周年座谈会暨泉州南音记录工程成果发布座谈会在源和1916创意园区刺桐里文化交流平台举办，来自海内外的数十名专家齐聚一堂，畅谈泉州南音的保护与传承。

●由中国戏剧出版社出版的《泉州弦管曲词总汇》首发。该书是闽南文化生态保护丛书之一，由泉州地方戏曲研究社社长郑国权历经四年编成。

●第16届泉州国际汽车展在晋江SM国际展览中心开幕。

10月1日

星期三
农历甲午年九月初八
温度：25℃—31℃
多云

●市直机关庆祝中华人民共和国成立65周年升国旗仪式在市行政中心广场举行。

●是日16时30分许，3名游客在晋江市金井镇围头湾海边游玩时，不幸落水遇难。黄少萍、郑新聪对此作出批示，要求做好假日旅游安全工作。

●市区开元寺内的泉州湾古船陈列馆完成修缮重新开馆。

●1—5日，庆祝中华人民共和国成立65周年专题书展在市区威远楼举行。

●1—7日，由中国海西艺术网、市青年书法家协会和晋江市书画院主办的颜晓军楹联书法特惠展在市区桑莲居艺术馆开幕。

●1—7日，泉州木偶剧院小剧场每晚举行公益性演出，庆祝国庆。

●1—3日，由泉州自行车协会与泉州弘德中医国医堂主办的“九九重阳：关爱父母·关爱老人”活动举行。

●1—3日，全市首届兵马俑艺术展在市区紫湖国际高尔夫山庄举行。

●闽南文化生态保护区洛江区展示点虹山聚峰宫在洛江区虹山乡落成。

●1—3日，晋江市首届深沪美食节举行。

●厦门市南安商会组织20多名在厦门的乡贤到南安走访慰问50多户困难乡亲。

●熊山飞瓦岩健身登山节在南安市举行。

●2014年“崇武古城杯”象棋公开赛在惠安县崇武镇建明玉石城举行。

市直机关庆国庆升国旗仪式举行

市直机关升国旗仪式在市行政中心广场举行，庆祝中华人民共和国成立65周年。市领导黄少萍、郑新聪、周银芳、沈耀钦、许昆贞、翁祖根、陈庆宗、林伯前等与市直机关干部职工代表，公安干警、武警官兵代表和自发到场的群众近千人参加仪式。

升国旗仪式　（图/吴寿民）

黄少萍郑新聪要求做好假日旅游安全工作

是日16时30分许，3名游客在晋江市金井镇围头湾海边游玩时，不幸落水遇难。市委书记黄少萍、市长郑新聪对此作出批示，要求做好假日旅游安全工作。这3名游客为2男1女，均来自贵州，其中一人约22岁，另外两人40岁左右。据目击者称，国庆期间有不少游客到围头湾景区附近海边游玩，其中七八名来自贵州的游客无视海边禁区危险的警示标志，爬到禁区内礁石上玩耍拍照，不料一阵大浪打来，多人被打落海中，其中3人被海浪卷走。事发后，当地边防派出所和消防官兵立即赶往救援，连夜在附近海域搜寻失踪人员。2日，救援人员在附近海域找到3名失踪者的遗体。

泉州湾古船陈列馆重新开馆

位于市区开元寺内的泉州湾古船陈列馆，在闭馆修缮3年后重新开馆，首日接待市民游客逾5000人。泉州海交馆相关人士介绍，重新开馆后的古船馆，展览将专注于后渚港古船的船型结构及随船出土物，再现古船的发掘经过等，同时设计多款互动项目，重现700年前宋船航行的商贸历史与生活图景，为静态的展陈注入活力。为提升知识性和趣味性，开馆首日，泉州海交馆还举行“聆听古船故事”和纸船创意折叠比赛等活动，引起参观者尤其是小朋友的兴趣。

相关链接：作为泉州海交馆7个馆中的重要展陈馆之一，泉州湾古船陈列馆于1979年开馆，展品为1974年于泉州后渚港发掘的宋代古船及出土遗物。2011年10月，因墙壁和电线脱落老化等状况，古船馆闭馆开展勘察和设计工作，并于2014年4月启动修缮工作。

庆祝建国65周年专题书展举行

1—5日，由市书法家协会主办的庆祝中华人民共和国成立65周年专题书展在市区威远楼举行。何锦龙、周焜民、陈敦三、林汉宗、林坚璋、王乃钦、林剑仆、陈伟平、杨条砻、林英明、尤慎、刘顺华、洪光辉、许长锋等海内外知名书法家，以及史晓方、林景辉、赵炳坤、王志安等近年来在全国书法大赛获奖的青年书法家创作的作品参加展览。参展作品大部分是围绕国庆的主题创作，体现书法家热爱祖国、热爱家乡的赤子情怀。

全市首届兵马俑艺术展举行

1—3日，全市首届兵马俑艺术展在市区紫湖国际高尔夫山庄举行。展览内容包括约30尊大型兵马俑、一架秦国战车、秦砖秦瓦古城墙。以真实兵马俑为原型，穿着各式绚丽外衣的彩色兵马俑也亮相展览厅，游客可免费参观展览。展览现场还举行系列互动游戏，包括兵马俑考古挖掘游戏、古代投壶游戏、亲子捞鱼游戏等。参加兵马俑考古挖掘游戏的游客，由主办方提供的考古挖掘工具及物料，作考古游乐活动，身着秦朝服饰的老师现场给予指导。投壶是古代士大夫宴饮时的一种投掷游戏，在战国时已相当普及。主办方提供古代壶、铝箭等仿古器物，游客站在隔离带外投中壶体，即可获得15厘米左右的小型兵马俑奖品。

10月2日

星期四
农历甲午年九月初九
温度：24℃—30℃
多云

●黄少萍、郑新聪联名在《泉州晚报》发表《致全市老年朋友的慰问信》。

●全市举办各类活动庆祝重阳节。

●由平安银行泉州分行、泉州大开元寺扶贫救灾公益协会和东南早报发起的重阳节关爱活动启动。

●2—4日，全市首个亲子音乐节在市区锦绣庄民间艺术园举办。

●泉州仰恩大学国庆足球赛举行。

黄少萍郑新聪发表《致全市老年朋友的慰问信》

农历九月初九重阳节，黄少萍、郑新聪联名在《泉州晚报》发表《致全市老年朋友的慰问信》，向全市老年朋友致以问候和祝愿。慰问信全文如下。

全市老年朋友们：

金秋送爽，今又重阳。值此老年节和“敬老月”来临之际，我们谨代表泉州市委、市政府向全市老年朋友们致以节日的问候和衷心的祝愿，向长期关心支持我市老龄事业发展的社会各界人士表示真诚的感谢和崇高的敬意！

老年人是各项事业的开拓者、奠基人，是国家和社会的宝贵财富。年轻时，你们在各条战线上忘我工作、艰苦创业，为改革开放伟大事业奉献了青春，做出了突出贡献。如今，你们仍然关注着国家的未来、社会的进步，通过多种形式和渠道为泉州发展献计献策，为社会和谐稳定贡献力量，用实际行动赢得了全社会的爱戴和尊重，激励着全市人民开拓进取、不断前进。

敬老爱老助老是中华民族的传统美德，是社会文明进步的重要标志。目前，我市老年人口已达83.9万，占全市户籍人口11.85%，人口老龄化加速发展。近年来，市里出台了《关于加快社会养老服务体系建设和支持社会力量兴办养老服务机构的实施意见》等政策，建设了250个城乡社区居家养老服务站和百村百座老年活动中心，为1800名特困失能老人提供政府购买服务，兴办了一大批市县社会福利中心、乡镇敬老院，全市老龄事业正迎来历史上最好的发展时期。市委、市政府将更加高度重视老龄事业发展，进一步建立健全养老保障、养老服务和老龄工作体系，多为老年人办实事、办好事；社会各界要积极行动起来，尊重老年人，理解老年人，关心老年人，服务老年人，特别是帮助那些有特殊困难的老年人，让全市广大老年人晚年生活更加幸福安康。

莫道桑榆晚，为霞尚满天。当前，全市上下正深入贯彻省委九届十一次全会精神，全力推动新一轮科学发展跨越发展，加快打造泉州经济升级版、改革创新示范区、生态宜居幸福城。诚挚希望广大老年朋友们，在保证身体健康的前提下，继续关心支持各级党委、政府工作，帮助我们把各方面事业做得更好，一起建设美好家园、幸福泉州。

夕阳无限好，人间重晚情。祝全市老年朋友们节日快乐，健康长寿！

泉州各地举办各类活动庆祝重阳节

全市各县（市、区）举办各类活动庆祝重阳节。不少爱心人士到社区开展关爱老年人的公益活动。在中心市区泉州商城广场，100多名老人自发组织骑行活动。为丰富老年人节日生活，洛江区虹山村举行老年人运动会，包括门球赛、篮球定点投篮、夹珠子等活动。泉港区卫生局、文明办等部门开展重阳节敬老义诊活动，到山腰街道荷池社区为高龄老人免费义诊，关爱老年人的身体，普及卫生保健知识。仁建集团捐资500万元在石狮市蚶江镇石湖村设立“仁建石湖村老年慈善基金会”。晋江市青阳街道陈村社区邀请世界冠军敖特根·巴特尔、张美煊及奥运冠军蔡良蝉开展“关爱老人公益活动”。晋江市深沪镇华峰村居家养老服务站的爱心食堂开张。是日起，该村60岁以上的老年人均可预约到食堂免费吃一顿价值10元以内的午餐。为鼓励年轻人敬老爱老，泉州台商投资区东园村老年人协会举行“孝顺敬老好儿媳”“五好文明家庭”表彰大会，让更多的人认识到对老人的关爱是一种责任。

100多名老人在市区泉州商城广场自发组织骑行活动
（图/陈起拓）

全市首个亲子音乐节举办

2—4日，全市首个亲子音乐节在市区锦绣庄民间艺术园举办。音乐节设有舞台区、展位区、亲子互动区三大活动区域。舞台区包括童星演唱、乐器演奏、舞蹈表演、潮童走秀等节目。展位区开设亲子创意集市供家长和孩子游览。亲子互动区设立亲子游戏竞技区、儿童才艺指导区、儿童创意DIY区，锻炼孩子双手的灵巧性，开发孩子的创造力。

10月3日

星期五
农历甲午年九月初十
温度：22℃—28℃
阴

●报载，5学校获评国家级消防安全教育示范校。

●报载，泉州动车站前大道鲤城段国庆期间加紧施工。

●2014年福建省“崇武古城杯”海峡两岸公开海域游泳锦标赛在惠安县崇武镇西沙湾海滨泳场举行。

●3—10日，泉州培元中学交流团到法国塞尔维亚市姐妹校阿尔弗雷德・科鲁兹中学，进行住家式友好交流活动。

●来自洛江、南安、德化等地的近百名南音弦友在洛江区马甲镇文化中心，用传统的会唱形式庆祝国庆、纪念泉州南音入选人类非物质文化遗产代表作五周年。

●晋江市金井镇围头村金沙湾风景区游客购物服务中心突发大火。

泉州五学校获评国家级消防安全教育示范校

2014年以来，泉州市狠抓学校安全教育和管理工作，校园安全工作取得明显成效，5所中小学校被评为国家级消防安全教育示范学校。全市学校综治安全情况总体平稳，未发生学校组织活动的死亡事故，未发生重大及以上安全事故，未发生校车交通安全责任事故，未发生影响社会稳定的治安案件，未发生破坏学校教育秩序恶性事件。至8月底，全市校园及周边设置治安、交通岗亭1510个，设立警务室1299个；全面排查有肇事肇祸倾向的精神病人等5类重点人员480名，并逐一落实动态管控措施；中小学校、幼儿园配备专职保卫人员2655名、保安员2667名，安装监控报警系统2321套，其中与公安机关联网896套，组织应急演练1580次。

泉州动车站前大道鲤城段国庆期间加紧施工

国庆期间，泉州动车站前大道鲤城段抓紧时间进行工程路面铺设，争取项目早日完工。据项目部负责人介绍，该项目已完成工程量八成左右，正在进行的作业包括路缘石安装、人行道铺装、沥青砼路面摊铺及附属工程的施工。泉州站前大道鲤城段位于鲤城区江南新区，是该区路网规划中南北主干道之一，北经黄龙大桥与福厦高铁泉州站衔接，南与南环路（省道308线）相接，沿线与繁荣大道、泉南公路（县道301线）交叉。工程全长3.472千米，主道为双向六车道，并配有双向六车道的辅道供非机动车、公交车行驶，设计时速为60千米。自2012年开工以来，已陆续完成路基铺设、雨污排水、电力、电信工程等，在金柄社区与古店社区交叉口架设的305米长高架桥已基本完工，正等待路面铺设沥青。从福厦高铁泉州站至南环路，原本要走黄龙大桥，再经过笋江桥、浮桥街才能到达，路上车流量大，行驶速度较慢，全程将近1小时。站前大道鲤城段投入使用后，最多10分钟即可到达。该路段的投用还将完善江南新区的交通路网，改善周边投资、生活环境，带动区域经济发展。

海峡两岸公开海域游泳锦标赛在惠安县举行

2014年福建省“崇武古城杯”海峡两岸公开海域游泳锦标赛在惠安县崇武镇西沙湾海滨泳场举行，崇武队、石狮队、厦门队和福州队分获前四名。本次赛事是民间团体自发组织的规模最大的公开海域赛事，参赛代表队数目为历届之最。此次竞赛项目为10×200米接力，由8男2女共10名选手组队参赛，分别以蛙泳、自由泳的泳姿完成接力赛。代表泉州参赛的崇武队、石狮队分别获得冠军和亚军。来自台湾的“中华台北成人游泳总会”金门游泳总会代表队的选手，与来自香港、澳门以及福建省游泳协会、各级冬泳协会共42支代表队的600多名游泳健儿参加比赛。

泉州培元中学交流团到法国进行住家式友好交流活动

3—10日，泉州培元中学交流团到法国塞尔维亚市姐妹校阿尔弗雷德・科鲁兹中学，进行住家式友好交流活动。活动中，中法师生一起参观被联合国教科文组织列入世界文化遗产之一的卡尔卡松城堡、艺术博物馆，以及法国第八大城市蒙彼利埃市政府所在地——“活石之家”。其间，还接受蒙彼利埃市广播电台记者的采访。除了参观访问，泉州同学们还到法国同学的教室中一起上课。塞尔维亚市阿尔弗雷德・科鲁兹中学是一所初中校，共有四个年段。与中国不同的是，这里的中学生并没有固定的教室；学生们需要根据自己所要上的科目到不同的教室找不同的老师上课。在学校的安排下，泉州同学到美术课、历史地理课及音乐课的教室里与法国同学一起学习。课间，双方的师生还一起切磋中国的国球“乒乓球”，引来众多法国学生围观。

晋江围头游客购物中心突发大火

是日7时许，晋江市金井镇围头村金沙湾风景区游客购物服务中心突发大火。晋江市消防部门迅速出动3部消防车、18名消防官兵赶赴现场，经两小时奋战扑灭火情。火灾未造成人员伤亡。起火的游客购物服务中心在8月初刚开业，由6间店面组成，面积约200平方米，主要经营台湾特产、日常用品及小吃等。由于起火时间在清晨，购物中心还未开业，现场无人员被困。

市财政要求市级部门预决算和“三公”经费信息全面主动公开

泉州市财政局下发文件指出，10月底前，市级部门预决算和“三公”经费预决算信息全面主动公开，接受公众监督。根据“谁主管、谁公开、谁负责”的要求，各部门（单位）是本部门（单位）预决算、“三公”经费预决算公开的主体，原则上由一级预算单位汇总所属预算单位信息后统一公开。除涉密部门外，所有使用财政拨款的部门（单位）都应当公开部门预决算。所有使用财政拨款安排“三公”经费支出的部门（单位）都应公开财政拨款“三公”经费预决算。预决算信息主要通过部门（单位）门户网站公开。各部门（单位）要在市财政局批复年初预算后的20个工作日内公开部门预算。为便于公众理解，还应公开本部门职责、机构设置、数据增减变化的情况说明，并对专业性较强的名词进行解释。公开预算的部门（单位），其决算在市财政局批复决算后的20个工作日内公开，并附相关说明。部门（单位）“三公”经费预决算分别随部门（单位）预决算一并公开。按照有关规定，“三公”经费包括因公出国（境）费、公务接待费和公务用车购置及运行费。

泉州九家企业（单位）获海洋经济发展补助

泉州市2014年度第一批海洋经济发展补助资金下达，有9家企业（单位）获得补助，总额共415万元。获补助的9家企业（单位）分别是:石狮市领航（福建）渔业有限公司、泉港区金燕海洋生物科技股份有限公司、石狮市古浮紫菜协会、石狮市海百皇水产食品有限公司、晋江市美味强食品有限公司、永春蓬兴山海副食品有限公司、泉州亲亲食品有限公司、泉州台商投资区管委会科技经济发展局、石狮市祥渔码头管理有限公司。本年度首批补助资金重点补助远洋渔业、品牌建设、海洋生物食品（非海洋产业食品企业）、海洋经济相关规划、远洋渔船基地项目等。其中，1家企业因2013年12月经国家工商总局商标局认定为“中国驰名商标”而获得50万元奖励，4家企业因2013年12月16日经省工商行政管理局认定为“福建省著名商标”各获得15万元的品牌建设奖励。

加拿大泉州同乡会成立八周年庆典举行

加拿大泉州同乡会、北美华商联合总会成立8周年暨第五届理监事就职庆典在加拿大温哥华举行，泉州市派出庆贺团到场祝贺。加拿大泉州同乡会2006年10月在温哥华成立，会员总数超过2000人，拥有自置会所及专属商会。北美华商联合总会2007年10月成立，现有企业会员近两百人。在历任会长带领下，两会团结凝聚旅加侨亲之力，为旅加华侨华人提供援助和服务，增进中加两国人民友好交往。通过开展形式多样的经贸交流、社团服务、同乡联谊等活动，扩大泉州文化在加拿大的影响力，促进中加商贸、文化方面合作，受到两国政府的赞许和旅加乡亲的好评，推进泉州在加拿大的知名度、美誉度及泉州人在加拿大的社会地位不断提高。新一届同乡会会长黄国华、华商会会长苏亚帅表示，新一届理监事会将加强与旅加乡亲和留学人员尤其是华裔新生代、创二代的联络，促进旅加乡亲更好地融入移居国政治经济文化建设，关心支持中华民族统一大业和祖籍国发展，主动沟通与家乡党委、政府联系，主动开展特色活动，发挥才智，抱团发展，为祖籍地和居住国的经济社会建设奉献心力，实现共赢。

沈海高速泉州晋江机场连接线国庆期间加紧施工

沈海高速公路泉州晋江机场连接线工程工人们放弃国庆假期的休息时间，坚守岗位，开始进行沥青混凝土路面的铺设工作。沈海高速公路泉州晋江机场连接线起于泉州田安大桥南岸江滨南路互通，向南延伸经晋江池店镇大洲、溪头、东山、霞福、古福等村，跨凤池路、沈海高速公路，经池店镇新店村落地后再跨九十九溪、浦沟路，与双龙路相交设互通，终于和平路，全长5.54千米，采用一级公路兼具城市交通主干道标准，桥涵设计荷载公路Ⅰ级，路基宽度60米，双向10车道，主线设计行车速度60千米/小时，辅道设计行车速度40千米/小时，采用沥青混凝土路面。该项目是泉州田安大桥越江进入晋江的直接通道，也是沈海高速公路池店出入口和泉州晋江机场空港的重要集散道路。工程建成后将把泉州市区与晋江市区时空距离拉至10分钟内，极大地拓展泉州城区发展空间，促进晋江的滨江组团、城北组团、池店南片区组团及城东片区融入泉州同城化发展。

10月4日

星期六
农历甲午年九月十一
温度：23℃—30℃
多云转晴

●市财政要求泉州市级部门预决算和“三公”经费预决算信息全面主动公开。

●报载，泉州9家企业（单位）获海洋经济发展补助。

●4—5日，福建晨至信大型艺术品（秋季）拍卖会在市区锦绣庄民间艺术园举行。

●加拿大泉州同乡会、北美华商联合总会成立8周年暨第五届理监事就职庆典在加拿大温哥华举行，泉州市派出庆贺团到场祝贺。

●沈海高速泉州晋江机场连接线国庆期间加紧施工。

10月5日

星期日
农历甲午年九月十二
温度：21℃—28℃
多云转晴

●黄少萍到泉州湾古船陈列馆调研。

●市政府下发文件，规范与行政审批相关的中介组织。

●报载，泉州市金融领域领军人才及骨干人才名单公布。

●5—7日，“为了泉州的孩子”东南公益摄影展在市区府文庙举行。

●安溪县公益机构平凡助学促进会组织18户志愿者家庭，到长坑、祥华两地帮扶16名贫困学子，发放助学金1.2万多元。

黄少萍到泉州湾古船陈列馆调研

市委书记黄少萍到泉州湾古船陈列馆调研。黄少萍指出，泉州海上丝路文化遗存丰富、保存完好、代表性与典型性突出，不仅在国家“一带一路”建设中具有独特优势，也在全市文化旅游发展中释放巨大潜力。国庆黄金周期间，百万国内外游客畅游泉州，最吸引他们的正是泉州人文与自然交相辉映、历史与现代传承衔接的厚重古朴之美。各级各相关部门要乘势国家“一带一路”建设、“东亚文化之都”建设等大好机遇，凸显海上丝路主题，加强传统文化传承保护和发展，打响泉州文化品牌，复兴古港古城。要加快现代化泉州建设步伐，推动城市与时代共生共荣，让市民在城市与时代的并进中，生活得更加幸福美好。

泉州湾古船陈列馆　（图/吴寿民）

泉州规范与行政审批相关的中介组织

市政府办下发文件，要求推进与行政审批相关的中介组织规范发展。与行政审批相关的中介组织，是指依法登记设立，通过专业知识和技术服务，按照相应的业务规则程序，有偿为委托人在行政审批过程中提供所需的技术性审查、评估、鉴定、咨询报告或意见书等专业性资料，并承担相应责任的法人机构、其他组织和个体工商户。该文件指出，泉州市每年将从市服务业发展专项资金中，拨出一定比例，用于中介服务行业诚信体系建设。引导中介组织向企业总部、行政中心和其他区域性政治、经济功能区集聚发展。加快基本公共服务社会化供给体系建设，通过政府向中介组织购买服务的形式，为社会提供中介服务类公共产品。支持登记为个体工商户的中介机构转型升级为公司，并为其保持档案、名称的连续性，对已经取得的前置许可证件，经甄别可作为转型后公司的前置许可证件办理。监管方面，泉州市将依托全市市场主体信用信息平台建立相关模块，并与省级平台互通。建立中介服务信息定期公布制度，重点推进政府购买服务信息的公开；强化备案管理和日常监管，探索实施中介服务成果终身可追溯制度，建立失信黑名单制度，供市民公开查询。

泉州市金融领域领军人才及骨干人才名单公布

2013年度泉州市“海纳百川”高端人才聚集计划“泉州市金融领军人才及泉州市金融骨干人才”项目入选名单公布，7人入选“泉州市金融领军人才”，20人入选“泉州市金融骨干人才”。入选“泉州市金融领军人才”的包括：泉州农商银行董事长黄斌、中信银行泉州分行行长李耀东、安邦财产保险泉州中心支公司总经理林立、中银保险泉州中心支公司总经理陈宏、紫金财险泉州中心支公司总经理范云章、中国人保财险晋江分公司副总经理林强、泰康人寿保险公司泉州中心支公司总经理陈华平。入选“泉州市金融骨干人才”的包括：泉州农商银行副行长黄永忠、产品总监兰可雄，安邦财产保险泉州中心支公司副总经理吴东明，工商银行泉州分行副行长赵红宇、副行长黄时跃，建设银行泉州分行副行长蔡洪潮，交通银行泉州分行行长助理史家明，招商银行泉州分行市场拓展三部总经理黄劲松，民生银行泉州分行资产监控部经理洪永锋、发展规划部经理冉永超，邮储银行泉州分行行长助理吴伟琪，华兴（泉州）典当有限公司总经理李云川、副总经理黄浩，太平洋财产保险泉州中心支公司总经理王军，新华人寿泉州中心支公司总经理汪良庆，长安责任保险泉州中心支公司总经理王景阳，都邦财险泉州中心支公司副总经理朱艳芳，晋江长盛保险公司副总经理徐笃礼，农银人寿保险公司泉州中心支公司副总经理林丽清，民安保险公司泉州中心支公司总经理陈作彬。

“为了泉州的孩子”东南公益摄影展举行

5—7日，“为了泉州的孩子”东南公益摄影展在市区府文庙举行。活动期间，每天有4名爱心公益协会志愿者在现场维持秩序、解说。现场还设立募捐箱，募集到的所有资金待摄影展结束时捐给东南公益联盟，用于公益行动（默认为捐给爱心午餐项目，也可指定用途）。

10月6日

星期一
农历甲午年九月十三
温度：21℃—28℃
多云转晴

●报载，全市1239人取名“国庆”。

●报载，全市建成19个法治文化阵地。

●6—7日，2014年全国体育传统项目学校武术比赛在湖北宜昌举行，泉州南少林国际学校选手获两枚金牌。

●6—7日，泉州刺桐大桥进行荷载试验。

●报载，石狮市新农合在革新中让更多群众受益。

全市1239人取名“国庆”

从市公安局户政部门获悉，在泉州户籍当中共有1239人取名“国庆”。其中，男性1223人，女性16人，出生于10月1日的共有223人，1966年有50个人取名国庆。放眼全国，名叫“国庆”的公民超过42万。据介绍，1966年出生的“国庆”最多，是因为那时候新中国正处于成长期，这些名字寄托人们对未来的期望。而“国庆、建国、建华”这些名字本身比较阳刚，更适合男性，故取名“国庆”的人群中，男性居多，女性较少。

全市建成十九个法治文化阵地

全市已建成包含法治文化广场、公园、长廊的各级法治文化阵地19个，另有12个法治文化阵地在建，数量居全省前列。“六五”普法启动以来，泉州市把法治文化阵地建设作为新形势下深化全民法制宣传教育工作的有力新载体，本着因地制宜、循序渐进、城乡互动、注重特色的总体思路，推进法治文化阵地建设，为城乡群众学法提供一条新渠道。据不完全统计，2011年以来，市、县两级投入500多万元用于建设法治文化阵地，每个县（市、区）都建有一个以上的法治文化阵地，提前并超额完成“六五”普法规划确定的目标。

泉州南少林国际学校选手获全国学校武术比赛两金

6—7日，由国家体育总局青少年体育司、教育部体育卫生与艺术教育司主办的2014年全国体育传统项目学校武术比赛在湖北宜昌举行，泉州南少林国际学校选手获两枚金牌，并获集体项目第四名，金牌数居全国第三。全国24个省代表队275名运动员参赛，在“英雄少年”“功夫青春”两个集体项目和长拳、刀术、剑术、南拳、南刀等个人单项上展开角逐。泉州南少林国际学校选手张颖获女子南刀金牌、女子南拳金牌。

画师教小朋友绘文都

画师任莫德在市区涂门街清净寺前给小朋友讲述素描技巧。任莫德认为，泉州历史古迹众多，是绘画的绝好素材。小朋友现场作画，既锻炼观察、绘画能力，还能加深对泉州的了解。

（图/陈起拓）

石狮市新农合在革新中让更多群众受益

从2004年石狮市在全省率先主动试行新农合制度后，石狮市新型农村合作医疗工作在不断革新中发展壮大，让更多的群众得到保障。这种变革主要体现在筹资水平、服务质量、保障能力等方面。筹资：10年提高11.5倍。2004年，筹资标准是40元/人年，到2014年，提高到460元/人年。2013年，又在全省率先建立“以农民纯收入3%为基准，以政府补助为主、参合人合理负担”的筹资增长机制，确保财政持续合理投入。服务：推多项创新举措。实行基金封闭管理，保费筹集后，全部缴入市财政基金专用账户，专款专用，补偿款由新农合定点医疗机构垫付或直接由基金支出户拨入参合人银行账户，确保经办人员不经手补偿款现金。制定操作规范，实行参合人就医报备和核查制、补偿稽查和审核制、补偿回访和登记制、补偿三级公示制、定点医疗机构定期巡查和年度考评制、每月通报制、履职保证金和责任追究制等一系列制度，确保基金运行安全，有效降低基金出险。保障：范围不断扩大。2004年保障范围仅限因病住院的参合患者，2013年扩大到因病住院、计划内分娩住院、意外事故住院以及新生儿等，并普及门诊治疗。补偿标准不断提高，住院报销实行分段补偿和差别补偿，在镇级医院就医，500元以下可补70%，500元以上补95%；市级500元以上补80%，1000元以上补90%；市外10000元以下补45%，10000元—30000元以下补65%，30000元以上补80%。

10月7日

星期二
农历甲午年九月十四
温度：21℃—27℃
多云转晴

●香港惠安同乡总会暨香港惠安泉港泉州台商投资区同乡会第十四届董事会就职典礼在香港举行。

●国庆长假期间，全市接待境内外游客229.3万人次，实现旅游收入18.52亿元，双双创下历次“黄金周”之最。

●第三届泉州市青少年钢琴大赛暨2014年上海喜马拉雅全国钢琴公开赛福建选拔赛（泉州赛区）在市区东海湾实验学校举行。

●泉州部分女性网友自发组织旗袍派对，近200位身着旗袍的泉州女性参与活动。

●广州市福建永春商会成立。

香港惠安同乡总会第十四届董事会就职典礼在香港举行

香港惠安同乡总会暨香港惠安泉港泉州台商投资区同乡会第十四届董事会就职典礼在香港举行。泉昌有限公司董事副总经理、香港福建社团联会青委会主任黄楚恒当选新一届董事会主席。来自澳大利亚、菲律宾、马来西亚及中国台湾等20多个海内外惠安籍同乡组织和其他兄弟社团代表参加典礼。省委统战部副部长李家荣、中央政府驻港联络办公室社团联络部副部长黎宝忠、泉州市政协副主席苏小青和惠安县、泉港区、泉州台商投资区相关负责人，以及香港福建社团联会主席吴良好等出席典礼。黄楚恒表示，第十四届董事会将更加积极地发挥香港惠安人与家乡的沟通联系，加深乡亲情谊，通过举办各种不同形式的活动，激发他们爱国爱乡的情怀，鼓励在港乡亲积极投身海峡西岸的经济、社会和文化建设。

相关链接：惠安县是中国著名侨乡和台湾汉族同胞主要祖籍地之一，旅外侨胞有80多万人，香港惠安同乡总会成立于1987年9月，该会成立以来，设立“香港惠安同乡总会奖学金”救助家乡贫困学生；组织大型海西参访团访问家乡，投身家乡经济、社会和文化建设；发挥沟通桥梁作用，加深乡亲联谊。

国庆长假期间全市实现旅游收入18.52亿元

2014年国庆长假期间，全市接待境内外游客229.3万人次，同比增长21.2%；实现旅游收入18.52亿元，同比增长24.3%，双双创下历次“黄金周”之最。节日期间，全市假日旅游产品丰富多彩，文化气息厚重浓郁，旅游市场井然有序，游客在泉州度过一个欢乐、祥和、喜庆的假期。特别是海上丝路起点城市和“东亚文化之都”品牌效应日渐发力，成为主要指标再攀新高的关键原因。至是日下午5时，长假期间市假日办接到咨询电话21个，无旅游服务质量投诉案件，取得“安全、秩序、质量、效益”四统一的预期目标。国庆长假期间，市工商局12315指挥中心受理消费者咨询、投诉和举报1067件，同比增加5%，其中咨询件902件，已回复902件，回复率100%；投诉件155件，至是日，办结33件，为消费者挽回经济损失约18900元。

游客在清源山老君岩游玩　（图/吴寿民）

游客参观晋江深沪文化广场的古船模　（图/陈起拓）

第三届泉州市青少年钢琴大赛举行

由省钢琴艺术教育学会和市音乐家协会钢琴艺术专业委员会主办的第三届泉州市青少年钢琴大赛暨2014年上海喜马拉雅全国钢琴公开赛福建选拔赛（泉州赛区）在市区东海湾实验学校举行。468名选手报名参赛，比赛分为年龄组、四手联弹组、考级组和教材组进行。在限定的时间内，参赛选手弹奏不同的曲目，展示各自的钢琴演奏技艺。成绩优异者将参加2014年上海喜马拉雅全国钢琴公开赛。

广州市福建永春商会成立

广州市福建永春商会成立。广州市兴盛号包装材料有限公司董事长苏世昌当选会长。该商会的成立，将为永春乡亲在广州经商创业搭建一个交流合作、资源共享、互助共赢的平台。相关负责人希望商会能够秉承正确的办会宗旨，把握合作发展的主题，遵循和谐共进的原则，主动接受有关部门的业务指导和监督管理，把在广州的永春乡亲团结起来、凝聚起来，加强沟通联系，密切亲情乡谊，引导会员加强学习、树好形象、抱团发展，在融入并为当地经济社会发展做贡献的同时，加强与家乡的联系，为永春的发展建言献策、出谋出力，为永春的招商引资牵线搭桥、提供信息。

广东泉州商会回乡创业联络部在晋江市成立

广东泉州商会回乡创业联络部在晋江市成立。泉州市政协副主席、市工商联主席许连捷，广州市政协副主席孙峰出席揭牌仪式。广东泉州商会自2012年12月成立以来，多次组织商会企业回乡开展商务考察、交流联谊等活动。商会热衷社会公益、积极回馈乡梓，为石狮敬老院、晋江安海孝亲安养院、泉州盲聋哑学校等机构捐赠善款物资。许连捷表示，广东泉州商会成立泉州第一家异地商会回乡创业联络部“正当其时，适得其势”，将为商会企业回归发展提供更为有力、更为高效、更为直接的平台支撑。泉州市各级工商联组织要做好异地商会“回归工程”的宣传引导和跟踪服务工作，帮助商会企业解决回归过程中遇到的困难和问题，为泉商回归创业营造良好环境。

泉州24个乡镇入选国家级生态乡镇

环保部公布2012—2013年度国家级生态乡镇名单，泉州24个乡镇入选。福建省有181个乡镇入选，其中包括：福州市13个、莆田市8个、漳州市30个、龙岩市48个、三明市28个、宁德市30个。

相关链接：“国家级生态乡镇”考核内容包括集中式饮用水水源地水质达标率、农村饮用水卫生合格率、地表水环境质量、空气环境质量、声环境质量、建成区生活污水处理率等15项指标。

泉州一村二景入选“中国最美”

农业部公布2014年中国最美休闲乡村和中国美丽田园名单，泉州市1个村和2处农事景观分别入选。农业部自2013年起开展该两项评选活动。入选的乡村具有村容景致独特、乡村文化浓郁、民俗风情多彩、组织管理到位等特点。经地方推荐、专家评审和网上公示等程序，南安市眉山乡观山村和德化上涌稻田景观、德化辉阳梨花景观分别入选2014年中国最美休闲乡村和中国美丽田园名单。

德化辉阳梨花景观　　（图/张泉春）

泉州夜空上演月全食

18时许，一场月全食在泉州夜空上演。整个月食过程持续到20时35分结束。全食阶段（食既至生光）从18时25分开始，持续近1个小时。天文爱好者、摄影爱好者、市民纷纷到室外欣赏红月亮。图为泉州夜空中的红月亮。（图/陈起拓）

安溪“茶书”亮相国际书展

由世界图书出版公司出版的《安溪寻茶记：名山名茶名人》首发式在2014年德国法兰克福书展举行。此系中国茶文化系列图书首次亮相国际书展，也是安溪铁观音作为中国茶的代表，第一次在国际书展系统宣传展示。《安溪寻茶记：名山名茶名人》由谢文哲主编，选取“中国茶都”安溪县境内的32座有代表性的山头，以人为关注点，建构起安溪“名山系统”。书中配有法国摄影师阎雷等众多摄影师为安溪拍摄的230多张照片和画家专门绘制的安溪“山头图谱”，将安溪产茶名山、各种名茶及涉茶名人汇聚于一书，便于读者直观感受安溪独特的茶文化及民俗风情。

相关链接：法兰克福书展是世界上最大规模、最享盛誉的书展，被誉为“世界出版人的奥运会”。书展为来自世界各国的出版商、代理商以及图书馆人员提供一个洽谈版权交易、出版业务及展书订书的场所。

10月8日

星期三
农历甲午年九月十五
温度：21℃—28℃
晴转多云

●广东泉州商会回乡创业联络部在晋江市成立。

●环保部公布2012—2013年度国家级生态乡镇名单，泉州24个乡镇入选。

●农业部公布2014年中国最美休闲乡村和中国美丽田园名单，泉州1个村和2处农事景观分别入选。

●泉州市李贽学术研究会第二届会员代表大会举行。

●8—9日，安溪县公安局首届武器警械及信息化应用大比武举行。

●《安溪寻茶记：名山名茶名人》首发式在2014年德国法兰克福书展举行。

●永春县政协举办政协委员履职培训班，对该县县政协委员及机关干部进行履职尽责业务培训。

10月9日

星期四
农历甲午年九月十六
温度：21℃—29℃
晴转多云

●省委巡视五组到泉州开展巡视工作。

●工信部公布2014年度"宽带中国"示范城市（城市群）名单，泉州入选。

●国家质检总局公布第一批进境粮食58个指定口岸名单，泉州港口岸的肖厝港作业区入选。

●"东亚文化之都·2014泉州"活动年之李贽与东亚文化国际学术研讨会在泉州召开。

●上海戏剧学院在泉州建立的生源基地揭牌。

●上海戏剧学院教学实践基地在晋江市掌中木偶艺术保护传承中心揭牌。

●9—11日，由市台湾同胞联谊会主办的2014年泉州返台定居乡亲回泉参访活动举行。

●由中国地市报研究会、安溪县政府、泉州晚报社主办的中国地市报走进安溪铁观音采风活动启动。

●首届福建民间文艺"山茶花"奖·民间文学奖暨第五届福建省民间文学优秀作品奖颁奖仪式在泉港区举行。

●2014年市妇联系统"争六好、创特色"主题活动在市妇女儿童活动中心举行。

●9—12日，2014年全国田径锦标赛在江苏苏州举行，泉州选手王乌品获女子跳远金牌。

●丰泽区第四届人大代表在城东街道美仙山花苑一期小区青少年活动中心，集中开展"选民联系日"活动。

省委巡视五组到泉州开展巡视工作

省委巡视五组进驻泉州开展巡视工作动员会召开。市委书记黄少萍主持会议并讲话，省委巡视五组组长、正厅级巡视专员危廷芳讲话。省委巡视办有关负责人就配合做好巡视工作提出要求。省委巡视五组副组长高国跃及全体成员，市领导郑新聪、陈海基、杨俊峰等，市法院、市检察院负责人，市纪委监察局和市委组织部班子成员，市直各单位主要负责人，各县（市、区）党政主要负责人，中央、省驻泉单位主要负责人出席会议。部分厅级离退休老同志，市民主党派、工商联负责人及无党派人士代表等列席会议。危廷芳强调，该次巡视工作重点是监督检查泉州市领导班子及其成员的以下情况：一是在推进党风廉政建设和反腐败工作方面，发现是否存在权钱交易、以权谋私、贪污贿赂、腐化堕落等违纪违法问题；二是在执行中央八项规定精神和加强作风建设方面，发现是否存在"四风"方面突出问题；三是在严明党的政治纪律方面，发现是否存在对涉及党的理论和路线方针政策等重大政治问题公开发表反对意见、阳奉阴违等问题，以及落实党风廉政建设主体责任、监督责任方面存在的突出问题；四是在执行组织纪律、民主集中制和干部选拔任用方面，发现是否存在组织涣散、纪律松弛现象，是否存在选人用人上的不正之风和腐败问题。危廷芳要求，泉州各级领导班子和领导干部要正确认识和对待巡视监督，把接受巡视监督的过程作为锻炼党性、查找不足、发现问题、改进工作的过程。要如实公正地反映情况和问题，实事求是地查找和反映工作中存在的不足和问题，研究制定整改方案并抓好落实。黄少萍指出，全市各级各部门和党员干部要深刻认识巡视工作的重要性和必要性，把巡视作为改进工作、促进发展的契机，作为加强党性锻炼、提高自身素质的契机，作为落实"两个责任"、提振精神面貌的契机，在行动上全力支持，认真对待巡视监督，实事求是反映情况，主动配合做好服务，确保巡视工作顺利开展。要抓好整改，把巡视监督与经济社会发展和全面深化改革各项工作结合起来，与群众路线教育实践活动结合起来，运用巡视成果，动真碰硬抓好"四风"突出问题专项整治，推动各项事业发展，为全省科学发展跨越发展开好局、起好步做出更大贡献。

泉州港成为国家首批进境粮食指定口岸

国家质检总局公布符合条件的第一批进境粮食58个指定口岸名单，其中泉州港口岸的肖厝港作业区与福建省主要粮食进口口岸松下港口岸、莆田港口岸、厦门港口岸通过考核，成为首批进境粮食指定口岸。按质检总局公告，国家实行进境粮食指定口岸制度。进境粮食指定口岸应满足具备国家批准的对外开放口岸且拥有口岸相应资质，布局合理以及相关的检验检疫现场查验设施等六项基本技术要求。泉州港口岸被列入首批进境粮食指定口岸名单，对于泉州市扩大粮食进口，利用国际市场和国外资源，确保粮食安全具有重要战略意义。

李贽与东亚文化国际学术研讨会在泉州召开

由泉州东亚文化之都建设发展委员会和市社科联主办的"东亚文化之都·2014泉州"活动年之李贽与东亚文化国际学术研讨会在泉州召开，中、韩、日三国100多位专家学者围绕泉州籍思想家李贽的哲学、文学等方面成就展开学术交流。研讨会上，专家学者就李贽的家世与生平、李贽思想的丰富内涵及其特征、李贽思想的社会影响及时代意义、李贽思想与东亚文化四个方面进行研究。会议收到论文近40篇，其中不乏日、韩学者的学术成果。例如，韩国庆熙大学申龙澈教授所撰的《韩国学界对李贽的评价》、日本学者佐藤炼太郎的《苏辙与李贽〈老子解〉的对比研究》等。申龙澈表示，对比中国的研究成果，韩国对李贽思想的研究还不成熟，希望能多举办类似的学术交流活动，为三国的思想文化交流搭建更多平台。

研讨会现场　（图/洪　旭）

10月10日

星期五
农历甲午年九月十七
温度：22℃—30℃
多云

●全市政府职能转变和机构改革动员大会召开。

●第五届中国茶都安溪国际茶业博览会在安溪茶博汇开幕。

●泉州港首次实现美国远洋货运航线“准直航”。

●石狮市金融服务中心开业。

●两岸电影出品制片（总裁班）研讨活动在泉州聚龙小镇举行。

●10—12日，“东亚文化之都·2014泉州”县域活动暨“文化之都·惠女石韵”文化周活动在市区西街旧面粉厂举行。

全市政府职能转变和机构改革动员大会召开

全市政府职能转变和机构改革动员大会召开。市领导黄少萍、郑新聪、周银芳、陈沈阳、陈庆宗、林伯前、陈荣洲、周真平、陈灿辉、林万明等参加会议。市委书记黄少萍强调，要以优化组织结构为着力点，深化政府机构改革，规范机构设置，加大职能相近机构的整合归并力度，理顺职责关系，建立健全部门间协调配合机制，探索实行“大科室制”。要以控编减编为抓手，严格机构编制管理，坚持严控总量、调整优化、改革创新，减少编制需求压力，减轻财政负担。要以强化组织领导为保障，确保完成改革任务。各级各部门主要负责人要亲自抓、负总责，通盘考虑、统筹安排。要做深做细思想政治工作，引导涉改单位班子成员和干部识大体、顾大局，以良好党性修养、优良政治品行和过硬思想作风接受组织考验。要确保工作衔接平稳顺畅，做到思想不散、工作不断、秩序不乱，做到服务群众、服务企业、服务基层不受影响。要执行有关工作纪律，不得借改革之机突击进人、突击提拔干部和超职数配备领导干部，不得违规转移资产、私分公款公物、突击花钱，确保国有资产不流失。

第五届中国茶都安溪国际茶业博览会开幕

由省政府、中国茶叶流通协会、海峡两岸茶业交流协会主办，市政府、省农业厅、福建农林大学、中华全国供销合作总社杭州茶叶研究院、中国地市报研究会协办，安溪县政府承办的第五届中国茶都安溪国际茶业博览会在安溪茶博汇开幕。展会设两大展厅、1400个展位，创省内同类型展会之最。展会期间，安溪县与中国林业产权交易所签署合作协议，合作建设中国茶叶交易中心，启动交易中心筹备工作；弘桥智谷电商产业园在官桥镇开园，成为全省最大电商产业园；“安溪铁观音·京东秋茶季”启动，首创移动互联网O2O模式展会；举行中国茶业自媒体高峰论坛、全国茶叶机械标准化专题研讨会，探讨助推产业发展；举行首届全国安溪铁观音茶文化书画大赛；组织“茶韵安溪一日游”等。

开幕仪式

展会现场

签约仪式　　（图/刘伯怡）

泉州港首次实现美国远洋货运航线“准直航”

泉州检验检疫局在泉州石湖港区对泉州玖龙纸业2批、172个标箱、1788吨废纸原材料进行检验检疫现场查验。此次进口的两批废纸均来自美国，分别从奥克兰和长滩起航，经台湾高雄过驳中转后由泉州“丰泽园”货轮直运泉州石湖港区，标志着福建省重点项目玖龙纸业原材料实现从泉州口岸上岸、实现本地化通关，也是泉州港口首次实现美国远洋货运航线“准直航”。

关检人员对美国废纸原材料进行关检　（图/黄忠族）

10月11日

星期六
农历甲午年九月十八
温度：24℃—32℃
多云转晴

●市委常委会召开，学习贯彻习近平在中央党的群众路线教育实践活动总结大会上的讲话精神。

●市人大常委会党组（扩大）会议召开，学习贯彻习近平在中央党的群众路线教育实践活动总结大会上的讲话精神。

●市政协党组（扩大）会议召开，学习贯彻习近平在中央党的群众路线教育实践活动总结大会上的讲话精神。

●市纪委常委（扩大）会议召开，学习贯彻习近平在中央党的群众路线教育实践活动总结大会上的讲话精神和市委常委会议精神。

●《中华建筑文化》首发式在中国闽台缘博物馆举行。

●“盛苑之夜 琴动文都”霹雳娇娃六手联弹钢琴音乐会在泉州影剧院举行。

●由泉州师范学院音乐与舞蹈学院副教授、硕士生导师叶晓丽创作的闽南创新舞蹈《海的女儿》赴法国巴黎，参加联合国教科文组织主办的“中国一日·重返泉州”系列活动演出。

●11—12日，由国家体育总局健身气功管理中心、中国健身气功协会主办的2014年首届海峡两岸暨港澳地区健身气功交流比赛在广东广州举行，泉州选手杨苗获易筋经女子组一等奖，杨苗、庄淑芽获五禽戏女子组一等奖。

●2014年福州场地超级马拉松接力赛在福州举行，德化县瓷都健跑协会代表队获冠军。

市委常委会学习习近平在中央党的群众路线教育实践活动总结大会上的讲话

市委常委会召开，集体学习习近平在中央党的群众路线教育实践活动总结大会上的讲话精神，研究巩固教育实践活动成果、坚持从严治党、加强党的建设工作。市委书记黄少萍主持会议，市委常委参加会议，市人大常委会党组、市政协党组主要领导列席会议。与会人员结合各自工作实际，逐一发言谈体会、讲感受。会议提出四点要求。一要组织学习习近平讲话，在领会精神实质、指导实际工作上下功夫、求实效，领会和把握讲话中的新观点、新要求，把讲话精神落实到教育实践活动整改、作风建设和党的建设各项工作中。二要以钉钉子的精神抓好整改方案落实、重点整改项目推进、制度机制建设，以实实在在的成效取信于民，用教育实践活动激发出来的热情和干劲，推动完成2014年各项任务，抓早抓实2015年发展。三要把教育实践活动的成功经验总结好、提炼好，用以指导作风建设新的实践，把作风建设引向深入、落地生根；要研究探索党建工作规律，加强和改进党的建设，提升党建科学化水平。四要坚持从严管党治党，推动形成作风建设新常态。全市各级党委（党组）要履行好管党治党责任，持之以恒加强作风建设，严明党的纪律，旗帜鲜明反对和惩治腐败，形成风清气正的从政环境。

市人大常委会党组学习习近平在中央党的群众路线教育实践活动总结大会上的讲话

市人大常委会党组（扩大）会议召开，学习贯彻习近平在中央党的群众路线教育实践活动总结大会上的讲话精神。市人大常委会党组书记、主任陈海基，副主任陈万里、洪泽生、陈全顺、吕竞、王远东，秘书长吴春林等参加会议。陈海基指出，市人大常委会机关党员干部要学习领会讲话的精神实质，注重工作细节，明确工作责任，维护好教育实践活动成果。要总结教育实践活动中令群众满意的工作经验，推进作风转变，改进完善监督方式、方法。要聚焦“四风”，紧盯整改，落实意见清单，加强作风建设。一方面抓紧完成建章立制工作，落实分工职责，另一方面着实回应群众提出的“四风”整改意见，做到件件有回音。要从严治党，学会运用唯物辩证法，探讨总结机关党建工作规律，从严管理干部，加强干部监督，严明组织纪律，规范党内政治生活，恪尽党员职守，做到在党爱党、言党、忧党、为党、兴党。

市政协党组学习贯彻习近平在中央党的群众路线教育实践活动总结大会上的讲话

市政协党组（扩大）会议召开，学习贯彻习近平在中央党的群众路线教育实践活动总结大会上的讲话精神。市政协党组书记、主席杨俊峰，副主席吴共湖、苏小青、骆沙鸣、李冀平参加会议。杨俊峰指出，全市政协机关、政协委员要以讲话精神为指导，加强作风建设和党的建设。要把讲话精神贯穿到政协履职实践的全过程，力求在发挥协商民主重要渠道作用上有新拓展、在凝聚推动发展的正能量上有新作为、在加强履职能力建设上有新举措。要善始善终抓好党的群众路线教育实践活动，总结市政协党组、机关党委的教育实践活动经验，巩固和扩展活动成果，建立和完善长效机制。要加强政协党组织建设，落实从严治党责任，把抓好政协党组织建设与政协履职结合起来，贯彻习近平对新形势下坚持从严治党所提出的“八项要求”，把党的建设各项制度落到实处。

“盛苑之夜 琴动文都”霹雳娇娃六手联弹钢琴音乐会在泉州举行

由德国博兰斯勒钢琴基金会、泉州盛苑文化艺术学校主办，泉州盛苑琴行、德国博兰斯勒钢琴（中国）有限公司承办的“盛苑之夜 琴动文都”霹雳娇娃六手联弹钢琴音乐会在泉州影剧院举行。德国博兰斯勒“霹雳娇娃”六手联弹音乐会是全球著名钢琴音乐巡演项目，近年来风靡世界，2014年巡演第一次到中国，泉州是继上海站的第二站。为让演奏达到最佳效果，全球著名钢琴品牌博兰斯勒特别将旗下顶级的钢琴从德国运到泉州，供音乐会表演使用。

泉州市出台措施严管车辆安全运输

根据福建省出台的《加强道路运输安全生产若干措施》，泉州市制定相应措施，加强对运输车辆的安全监管，对凌晨2时至5时，不按规定接驳运输的企业，将对违规车辆予以停运整改，情节严重的要取消其接驳运输试点资格。长途客运接驳运输接驳时间应在23时至次日2时之间，接驳点应当主要设置在高速公路服务区或者高速公路出口附近。接驳运输企业应当2年内未发生负同等以上责任的重特大道路交通事故，并经过交通部门审批。严禁营运客车超速行驶。发生超速50%以上被公安交通管理部门处罚的营运客车，停班1个月，解聘驾驶员；1年内发生两次上述行为的，取消线路经营权。严禁营运客车超员行驶。对发生超员20%以上被公安交通管理部门处罚的营运客车，将停班1个月，解聘驾驶员；1年内发生两次上述行为的，取消线路经营权；发生超员50%以上被公安交通管理部门处罚的营运客车，取消线路经营权，取消驾驶员从业资格。严禁营运客车串线行驶、在高速公路上下旅客。违者停班1个月，解聘驾驶员；1年内发生两次上述行为的，取消线路经营权。

泉州老年大学艺术团到韩国光州参加艺术节活动

12—16日，泉州老年大学艺术团到韩国光州参加艺术节活动。泉州老年大学艺术团表演的节目，不论是体现东湖美景的《六月清荷》，还是茶乡风味的《茶韵飘香》；不论是传唱海内外的《爱拼才会赢》，还是歌颂泉州的《蓝蓝泉州湾》；不论是享誉世界的提线木偶，还是有闽南传统特色的时装舞蹈《正月点灯红》，都富有泉州味道，深深吸引韩国观众，让他们了解“东亚文化之都·泉州”的文化魅力。特别当泉州老年大学艺术团献演泉州人莫耶作词、韩国光州人郑律成作曲的《延安颂》和韩国传统民歌《阿里郎》时，引起韩国观众强烈共鸣。

泉州老年大学艺术团在韩国光州参加艺术节活动
（图/泉州老年大学）

晋江市加入全国“城市一卡通”

晋江市成功安装住建部授权的“城市一卡通密钥管理系统”，标志着晋江公共交通加入全国城市一卡通互联互通，市民出行将更加智能、更加便捷。“城市一卡通”项目是2014年晋江市委、市政府为民办实事的重要项目，也是智慧城市建设的重要组成部分。安装“城市一卡通密钥管理系统”是实现各城市互联互通的前提。该卡开通后应用范围涵盖公交、出租车、公共事业收费、公共停车场管理、小区物业及商业领域的小额支付。手持晋江发行的互联互通卡，可以刷遍全国所有互联互通城市的相关收费。

“文化之都·惠女石韵”文化周活动举行

10—12日，“东亚文化之都·2014泉州”县域活动暨“文化之都·惠女石韵”文化周活动在市区西街旧面粉厂举行。文化周主题为“惠女石韵”。作为“中国民间艺术（雕刻）之乡”和“中国石雕之都”，文化周在会场设立雕艺展区，展示惠安工艺大师的石雕、木雕、玉雕等作品。惠安文化品牌标志的惠女服饰及惠女文化特色表演在启动仪式和综合文艺演出中得到充分展示。文化周还在其他展区设立“惠女风情”“惠女今昔”摄影作品展，同时展现惠安建筑特色。活动周现场，还有惠安地方特色的非物质文化遗产项目，如掌中木偶戏、高甲戏及南音等文艺演出，推介惠安旅游资源，设置23个伴手礼摊位，展出如崇武鱼卷、猪仔粿、油酥饼、菜头粿、地瓜粉团等名小吃，让市民在丰富活动中进一步了解惠安。

文艺演出现场　（图/吴寿民）

10月12日

星期日
农历甲午年九月十九
温度：22℃—32℃
多云转晴

●报载，泉州市出台措施严管运输车辆。

●12—16日，泉州老年大学艺术团到韩国光州参加艺术节活动。

●晋江市加入全国“城市一卡通”。

●晋江市农电工职业技能竞赛举行。

10月13日

星期一
农历甲午年九月二十
温度：21℃—30℃
晴转多云

●市委十一届七次全会召开。

●市政府党组（扩大）会议召开，学习贯彻习近平在中央党的群众路线教育实践活动总结大会上的讲话精神。

●“红领巾相约中国梦”——泉州市庆祝中国少年先锋队建队65周年纪念活动暨2014年泉州市少先队鼓号展示大赛在泉州侨乡体育馆举行。

●13—14日，由全国老龄办主办的第四届中国老年文化艺术节“华夏保险杯”2014年全国综艺大赛在安徽合肥举行，泉州市老龄办选送的4个节目获1个金奖3个银奖。

●特步集团特步大学揭牌仪式在厦门观音山世纪大厦举行。

●鲤城区“中医中药中国行·文化科普宣传周”活动启动。

●永春县第一期“师德讲堂”活动举行。

市委十一届七次全会召开

市委十一届七次全会召开。会议讨论《关于进一步加快泉州科学发展跨越发展的行动方案》《泉州市贯彻落实〈国务院关于支持福建省深入实施生态省战略加快生态文明先行示范区建设的若干意见〉的实施意见》，审议通过《中共泉州市委十一届七次全会决议》。市委书记黄少萍作报告，市委副书记、市长郑新聪就行动方案和实施意见作说明。市委副书记周银芳，市人大常委会党组书记、主任陈海基，市政协党组书记、主席杨俊峰，市领导沈耀钦、许昆贞、陈庆宗、林伯前、林俊其等出席会议。黄少萍指出，泉州加快科学发展跨越发展总体要求是，学习贯彻习近平系列讲话、对福建工作的指示精神和中央支持福建进一步加快经济社会发展的战略部署，贯彻省委九届十一次全会精神，坚持科学发展跨越发展和百姓富、生态美有机统一，按照“三个必须”要求，解放思想、开拓创新，求真务实、埋头苦干，在全省跨越发展大局中勇担当、打头阵、走前列，争取2018年前后全市综合实力再上新台阶。各级各部门要站位全局，找准方位，发挥优势，在产业发展、城乡建设、改革开放、文化融合、生态文明、民生改善六方面打头阵。要把握最紧迫的任务，保持高于全省平均水平的发展速度。各县域要加压奋进，筹划“十三五”发展，实现结构优化、质量提升与做大总量相统一，力争GDP年均增长11%。要把握最直接的支撑，打造产业升级版。在坚持“全方位创新、加重二产、壮大三产”的主攻方向和一手抓传统产业、一手抓新兴产业中，推动政策取向和企业战略转型同频共振，加快构筑现代产业体系。要把握最重要的抓手，集中精力抓项目投资，完成2.2万亿元投资规模；坚持龙头带动，实施“54321”计划；开展“四大攻坚”，确保固投增长20%。要把握最独特的优势，加快建设“21世纪海上丝绸之路”先行区，通过扩大世界闽南文化节、东亚文化之都、“海上丝路”重要起点城市等文化品牌效应，乘势对接基础设施、产业投资、贸易合作的开放大格局，推动国家级“金改区”“民综改革试点”建设等改革开放互动。要把握最根本的落脚点，让发展成果更多更公平惠及人民群众，更好地统筹城乡发展、生态文明先行示范区建设。各级党组织要按照从严治党要求，抓好班子、带好队伍，为跨越发展提供坚强政治保证。要坚持党建工作和中心工作“两手硬”，落实从严治党责任，坚持党建工作和中心工作一起谋划、一起部署、一起考核，把各个领域的党建工作抓具体、抓深入。要坚持思想教育和纪律约束并重，从严管理干部，以严的标准要求干部，以严的措施管理干部，以严的纪律约束干部。要坚持在“常”“长”二字上下功夫，巩固教育实践活动成果，总结推广经验，整治“四风”。要坚持落实党风廉政建设主体责任和监督责任“两个责任”，毫不手软反腐败，营造风清气正的从政环境和政治生态。

会议现场 （图/陈小阳）

市政府党组学习贯彻习近平在中央党的群众路线教育实践活动总结大会上的讲话

市政府党组（扩大）会议召开，学习贯彻习近平在中央党的群众路线教育实践活动总结大会上的讲话及省委、市委全会精神，推动落实政府各项工作。市政府党组书记、市长郑新聪主持会议并讲话，市政府党组成员参加会议。郑新聪要求，政府各部门要按照市委要求，把学习贯彻习近平讲话精神作为重大政治任务抓紧抓好。要学深学透，牢记全心全意为人民服务的根本宗旨，增强对群众的感情感恩、敬重敬畏，并把这种理念和情感贯穿于政府各项工作的始终。要自觉行动，践行群众路线，围绕群众所需、所急、所盼，集中力量解决好就业、教育、医疗、社保、住房、交通、出行等具体问题。要狠抓整改，以“钉钉子”的精神、“准、狠、韧”的劲头，完成好各项整改工作。要转变作风，让作风建设要求落地生根，建设廉洁、高效政府。

黄少萍与新华社福建分社社长朱海黎座谈

市委书记黄少萍与到泉州调研采访的新华社福建分社社长朱海黎座谈，市委副书记周银芳参加座谈。黄少萍指出，长期以来，新华社福建分社在及时传达党中央、国务院决策部署的同时，结合地方经济社会发展实际，以客观、公正、权威的态度，关注泉州改革发展，为泉州各领域建设提供有力舆论支持。希望新华社福建分社一如既往地关心支持泉州发展，挖掘、宣传泉州经济、社会、文化各领域亮点特色，为泉州新一轮发展营造良好的舆论氛围。朱海黎表示，改革开放至今，泉州经济发展和社会建设成效突出，在全国走出一条改革发展的特色道路，赢得“民办特区”“品牌之都”“民营经济乐园”的美誉。泉州文化底蕴深厚，港澳侨台优势突出，宗教民俗传统独特，是主流媒体关注和报道的焦点。新华社福建分社将持续关注泉州，挖掘泉州经济发展、文都建设、海上丝路特色、社会管理等方面的亮点经验，为泉州发展贡献力量，为上级决策提供参考。

省政协组织侨联界委员到泉州调研“百侨帮百村·共建美丽乡村”工作

14—15日，省政协组织侨联界委员到泉州调研“百侨帮百村·共建美丽乡村”工作。委员们察看晋江市深沪镇运伙村、金井镇围头村和泉州台商投资区洛阳镇屿头村的美丽乡村建设情况。调研组认为泉州发挥侨乡侨务资源优势和潜力，以“百侨帮百村·共建美丽乡村”为载体和抓手，在行动上有规划、有宣传、有思路，在具体帮扶上多渠道、多层次、多方位，美丽乡村建设内涵丰富、数量多、领域广，体现侨联系统的影响力和价值观，帮（联）建活动扎实，成效显著。委员们还就物质文明与精神文明建设并重、持续性发展与生产生活兼顾、挖掘本村区位优势与人文特色、做好侨捐款项监管和财政要有配套资金投入等工作进行讨论和交流，提出意见和建议。

“中国一日·重返泉州”系列活动在联合国教科文组织总部举行

应联合国教科文组织邀请，泉州市文化代表团在法国巴黎联合国教科文组织总部，参与举办“中国一日·重返泉州”系列活动，成为继陕西渭南市后，中国第二个在联合国教科文组织总部参与举办主题系列活动的城市。联合国教科文组织举办的“同一个地球同一片海洋”主题活动，是“世界海洋日”的特别纪念活动。联合国教科文组织1991年将泉州列为“海上丝绸之路”最重要城市之后，经过实地考察、筛选国内众多城市，再次将目光聚焦泉州。在“中国一日·重返泉州”系列活动中，泉州非物质文化遗产木偶、南音、南少林武术等的展演受到当地市民和旅法侨胞欢迎。该次活动规格高、影响大，有助于加深国际社会对泉州的了解，宣传和推广古代“海上丝绸之路”起点城市泉州的灿烂文化，提升“东亚文化之都”泉州的影响力、知名度。

联合国教科文组织海洋总干事怀特与战略规划顾问徐波一起观看图片展

南音传承人王大浩现场表演洞箫独奏　（图/吴刚强）

海峡两岸养生养老合作展望暨老年人乐活健康论坛在泉州举办

由台湾养生休闲保健协会、泉州市养生理疗协会、康龄时代国际老龄产业集团有限公司主办的海峡两岸养生养老合作展望暨老年人乐活健康首场论坛在泉州迎宾馆举办。与会人员就如何将养老产业形成一条完整的产业链，政府部门应如何引导，社会企业应如何协助配合，如何立足国情，结合当地民情，制定可行性合作方案等问题进行探讨。

10月14日

星期二
农历甲午年九月廿一
温度：20℃—28℃
晴转多云

●黄少萍与到泉州调研采访的新华社福建分社社长朱海黎座谈。

●市人大常委会党组（扩大）会议召开，学习贯彻市委十一届七次全会精神。

●14—15日，省政协侨联界委员到泉州调研“百侨帮百村·共建美丽乡村”工作。

●“中国一日·重返泉州”系列活动在法国巴黎联合国教科文组织总部举行。

●由市科技局、市生产力促进中心主办的“微柏工业机器人”现场推介会在洛江区河市五金机电产业园举行。

●海峡两岸养生养老合作展望暨老年人乐活健康首场论坛在泉州迎宾馆举办。

●由鲤城区委宣传部、区委教育工委、区教育局和团区委主办的鲤城区首届教师主题辩论赛在泉州七中举行。

10月15日

星期三
农历甲午年九月廿二
温度：19℃—27℃
晴转多云

●黄少萍到市信访局接访。

●市政协党组（扩大）会议召开，传达学习市委十一届七次全会精神。

●15—16日，市人大常委会组织视察市十五届人大四次会议代表建议、批评和意见办理工作情况。

●泉州市高速公路2014年第三季度建设调度会召开。

●泉州506家企业参展第116届“广交会”。

●泉州首本古碑文通俗读本——《泉郡碑刻百篇译注》在南安一中首发。

●泉州师范学院美术老师完成6米长的手绘长卷《东亚文化之都泉州——画说闽韵》。

●15—17日，省“银龄行动”专家组到安溪县开展义诊送药、科技支农活动。

●德化县公安局举行“猎狐捕鼠”专项行动赃款赃物发还大会，把近期破案追回的价值约10万元的摩托车、助力车、电动自行车、手机以及部分现金等财物公开发还给受害群众。

黄少萍到市信访局接访

市委书记黄少萍到市信访局接访，现场协调解决群众反映的具体问题。市领导许昆贞参加接访。黄少萍强调，各级各部门要践行群众路线，强化群众观点，特别是在推动经济社会发展和项目建设中，更要善于换位思考，想群众所想、急群众所急，用真心和行动回应百姓关切。

市政协党组（扩大）会议召开

市政协党组（扩大）会议召开，传达学习市委十一届七次全会精神，明确贯彻思路。市政协党组书记、主席杨俊峰，副主席吴其湖、苏小青、李冀平，秘书长洪川夫参加会议。杨俊峰指出，市委十一届七次全会明确了泉州市科学发展跨越发展的主要任务和重大举措，具有重大的现实意义。全市各级政协组织和政协委员要深入学习，把思想和行动统一到市委的决策部署上来，以更大的担当为服务泉州科学发展跨越发展贡献力量。要准确定位，发挥人民政协作为协商民主重要渠道的作用，畅通协商渠道、丰富协商内容、改进协商形式、增加协商密度，提高协商实效；发挥政协智力密集、联系广泛、渠道畅通的优势，提出真正有价值的意见建议；坚持协商于决策之前和决策之中，组织政协委员和邀请党政有关部门、专家学者进行深入协商议政，有效履行民主监督职责。要立足实际，改进工作作风，落实年度协商计划，谋划2015年工作，做好政协各项工作。

泉州506家企业参展第116届“广交会”

第116届中国进出口商品交易会在广东广州开幕，泉州506家企业参展，设展位1554个，参展企业和展位数占福建省团的41.48%和45.46%。泉州市参展的大部分企业在广交会的第二、三期集中亮相。其中，一期有53家企业参加，展位数111个，分属建材、电子、机械产品等行业；二期有214家企业参加，展位数750个，分属日用消费品、礼品、家居行业；三期有239家企业参加，展位数693个，分属纺织服装、鞋类、箱包、食品行业。此外，本届广交会泉州市有42家企业首次参展，占全市参展企业数8.3%。参展商品以纺织鞋服、建筑建材、箱包及伞、陶瓷树脂、食品饮料、机械等传统优势商品及电子、汽车配件等新兴产业商品为主。

泉州首本古碑文通俗读本首发

泉州首本古碑文通俗读本——《泉郡碑刻百篇译注》在南安一中首发。该书由南安一中退休语文教师陈立献与两位同龄好友王焕民、孙陈清历时8年走访调研编著。该书选取古泉郡（含当时的同安县及当时隶属同安的厦门）的101篇碑刻（记），译注为现代文，方便现代人读懂碑文，了解那些绝闻少知的历史典故，兼具学术性和普及性。

泉州师院师生展示6米手绘长卷

在泉州师范学院软件学院内，美术老师施并招和学生展示一幅长达6米的手绘长卷《东亚文化之都泉州——画说闽韵》。该幅长卷由施并招历时三个月绘制而成，画中从郑成功公园开始到崇武古城结束，展示泉州海交馆、老君岩、东西塔等景点，同时穿插拍胸舞、舞龙舞狮、南音、高甲、梨园、提线木偶和火鼎公婆等，生动展现泉州地域文化特色。

手绘长卷《东亚文化之都泉州——画说闽韵》
（图/陈晓东）

省“银龄行动”专家组到安溪县义诊送药

15—17日，由省老龄办和省老科协组织的“银龄行动”专家组到安溪县开展义诊送药、科技支农活动。专家组成员包括医疗专家、农业专家、健康教育专家，分别到长坑乡卫生院、县卫校、县离退休老干部活动中心、龙门镇，开展送医药、送健康、送科技活动，针对疑难病症开展会诊，面向乡村医生开展健康教育与培训，对龙门茭白的高产、病虫害的预防、产业附加值的提升等进行指导。

陈绍军带队到泉州视察高校办学质量提升状况

省政协副主席、农工党福建省委主委陈绍军带领省政协视察组到泉州视察高校办学质量提升状况，市政协副主席李冀平陪同视察。陈绍军走访闽南理工学院、泉州信息工程学院，并召开座谈会，听取学校建设发展和办学质量提升状况汇报，了解办学中存在的困难和问题。陈绍军指出，民办高校提升办学质量要先明确办学目标，围绕目标培养“知识够用、业务熟悉、马上能用”的应用型、技术型、技能型人才；坚持培养为地方产业服务的实用型人才，紧跟地方产业特别是主导产业的发展动向，及时调整教学内容和教学方式。要找准适合自己的内涵式发展道路，从教师、教材、教学方法三方面入手，通过聘请兼职教师、名师指导、集体备课等方式，拓宽师资来源渠道和教材选择范围，提高教学水平和教学质量；学习借鉴台湾等地同类高校的先进经验，创新教学方式，突出办学特色；加强校企合作，组织有特色的课外教学活动，培养学生的动手实践、沟通交流、分析归纳、批判思维和创业创新能力，为地方发展输送合格的实用型人才。

市人大常委会组织视察代表建议办理工作

15—16日，市人大常委会组织视察市十五届人大四次会议代表建议、批评和意见办理工作情况。市人大常委会主任陈海基，副主任陈万里、洪泽生、陈全顺、吕竞、王远东、张建生，秘书长吴春林等参加视察，副市长周真平、林万明陪同。在视察部分重点督办件办理情况并听取汇报后，视察组肯定办理工作取得成效的同时指出，部分代表建议办理工作离代表和群众要求仍有一定差距，主动沟通联系代表工作不够到位，“重答复、轻落实”现象仍然存在。各相关部门要加强组织协调，把代表建议作为推动工作、解决问题的重要抓手，提升建议办理工作质量。要重视建议办理的答复率、反馈率和满意率，更要在办理实效上下功夫，给人民群众一个满意的答复。陈海基要求，各级各部门要把办理代表的建议放在取信于民的高度来认识。代表的建议关系民生，要把办理成效上升到政府的管理能力水平提高和治理体制的完善上，使社会的公平正义得到体现。在具体工作中，要注意总结经验教训，放眼长远，对代表提出的建议要举一反三，推动面上其他问题的解决。

视察活动现场　（图/王虎文）

泉州市区二手汽车商贸同业公会成立

泉州市区二手汽车商贸同业公会成立大会举行。该公会是由市区从事二手汽车及相关行业的法人代表和民营企业自愿组成，经鲤城区经贸局批准设立，鲤城区民政局登记注册的地方性、非营利性的社团组织。公会作为政府与行业的桥梁与纽带，秉承“团结互助抱团共赢”的发展理念，搭建行业交流平台，凝聚泉州二手车行业力量，发挥公会的资本资源、人脉资源、市场信息资源等优势，整合市区二手车商、金融、保险、汽车租赁、汽修美容、4S店、媒体网络等资源，向会员提供项目、资金、人力、产品、技术、市场、法律等各种信息和服务，引导和促进泉州二手车市场走规范化、服务一体化、品牌化、高端化路线。

上海自贸区创新制度在泉州落地应用

适用于海关特殊监管区域内企业办理货物进出境和进出区通关业务的新版进出境货物备案清单，在泉州出口加工区启用。当日，晋江太古势必锐复合材料有限公司申报的一批货物清单通过审核，成为泉州出口加工区首票简化统一进出境备案清单，标志着泉州出口加工区复制上海自贸区14项创新制度之“简化统一进出境备案清单”落地应用。作为上海自贸区14项海关监管创新举措之一，新版备案清单剔除旧版备案清单的“征免性质”“批准文号”等申报项目，申报项数由40项简化至30项；根据特殊区域特点调整2项申报内容。泉州海关相关负责人表示，此举措可简化企业申报手续，降低通关成本，将来实行联网申报后效益将更加明显；还可以提高海关信息化管理系统的运行效率，提升海关审单工作效能。

10月16日

星期四
农历甲午年九月廿三
温度：19℃—27℃
晴转多云

●陈绍军带队到泉州视察高校办学质量提升状况。

●杨俊峰到挂钩联系的新农村建设试点示范村洛江区河市镇河市村调研。

●市纪委常委（扩大）会议召开，传达学习市委十一届七次全会精神，提出贯彻意见。

●市委宣传部、讲师团专题学习会召开，学习习近平在中央党的群众路线教育实践活动总结大会上的讲话和省委十一届九次全会、市委十一届七次全会精神。

●适用于海关特殊监管区域内企业办理货物进出境和进出区通关业务的新版进出境货物备案清单在泉州出口加工区启用。

●泉州市居家养老信息呼叫服务平台启动。

●泉州市纪念世界粮食日暨爱粮节粮宣传活动在丰泽区城东街道霞美社区和福建乐当家粮油发展有限公司泉州田安店举行。

●泉州网微商城项目入选2013—2014年中国报业新媒体项目创新50强，泉州晚报社苏智峰获新媒体新锐人物奖提名奖。

●泉州市区二手汽车商贸同业公会成立。

●泉港区农业科技供销信息发布平台启用。

●石狮市农村学校委托管理试点签约仪式举行，5所市直学校与5所农村学校签订委托管理协议。

10月17日

星期五
农历癸巳年九月十三
温度：18℃—25℃
多云

●全市党的群众路线教育实践活动总结大会召开。

●省以下工商质监行政管理体制调整动员部署视频会议召开。

●由中小城市经济发展委员会等主编的《中小城市绿皮书：中国中小城市发展报告（2014）》发布，泉州市5个县（市）入选“中小城市综合实力百强县市”，5个镇入选“中小城市综合实力百强镇”。

●由省教育系统关工委等主办的“书香福建”捐赠助读公益活动暨“爱心示范图书室”揭牌仪式在惠安县紫山镇后垵小学举行。

●17—21日，“东亚文化之都·2014泉州”县域活动暨“文化之都·活力新区”泉州台商投资区文化周活动在市区西街旧面粉厂举行。

●泉州市“道德模范故事汇基层巡演暨家风家训诵读活动”在德化县瓷都广场举行。

●市侨联“百侨帮百村·共建美丽乡村”现场会召开。

●泉州首根公共电动汽车充电桩建成。

●17—19日，2014年第三届国际大学生微电影盛典暨高峰论坛在北京举行，华侨大学文学院选送的《川藏千里行》和《再见曼谷》分获纪录片类二、三等奖。

●由丰泽区政府、泉州信息工程学院主办的“清源讲堂”和推进“校企合作加速器”项目在泉州信息工程学院启动。

全市党的群众路线教育实践活动总结大会召开

全市党的群众路线教育实践活动总结大会召开。省委第四督导组第一组长曹德淦，市委书记、市委党的群众路线教育实践活动领导小组组长黄少萍出席会议并讲话。省委第四督导组组长李德仁、副组长郑恢先和督导组全体成员等参加会议。市委副书记、市长、市委党的群众路线教育实践活动领导小组副组长郑新聪主持会议。市委、市人大、市政府、市政协领导班子成员，在泉州的省委委员、候补委员和省纪委委员，原任正厅级老干部代表，各县（市、区）、泉州开发区、泉州台商投资区主要负责人，市直和驻泉省部属有关单位党员主要负责人等参加会议。曹德淦指出，泉州市党的群众路线教育实践活动开展以来，各级党组织按照中央和省委部署，围绕第二批教育实践活动的指导思想、主要内容、目标要求、方法步骤，坚持把学习教育作为搞好活动的关键性、基础性的工作来抓，坚持突出问题导向，坚持领导带头，坚持知行合一，坚持把增强担当意识作为反“四风”、转作风的着力点，高标准展开、高质量推进。全市党员和干部群众积极响应、热烈支持，整个活动有序有效、扎实深入，取得丰硕成果，带来新变化、新气象。作风建设是永恒课题，作风建设永远在路上。习近平在中央党的群众路线教育实践活动总结大会上的讲话，是推动党的建设新的伟大工程的纲领性文献，是在新起点上把作风建设引向深入的根本指针。各级党组织和党员干部，要把习近平讲话精神贯穿到巩固拓展活动成果和深化作风建设的各项工作之中，以踏石留印、抓铁有痕的决心和措施，抓好整改落实、建章立制；要把“为民务实清廉”作为价值追求，扎根于思想和行动之中，做到在其位谋其政；要下大气力抓好基层党组织建设，通过补“短板”、强“核心”、保纯洁、重服务、抓发展，提升基层党组织战斗力；要以作风建设的新成效开创改革发展的新局面，把教育实践活动中激发出来的热情和干劲转化为推动改革发展的动力。黄少萍指出，泉州市教育实践活动按照中央、省委统一部署，在省委第四督导组的严督实导下，高标准、严要求推进各环节工作。通过教育实践活动，党员干部精神上补了“钙”，理想信念、宗旨意识和群众观点进一步增强；“四风”积弊得到有效整治，党员干部作风形象进一步转变；党内政治生活更加严格，领导班子凝聚力战斗力进一步增强；群众反映强烈的突出问题得到逐步解决，党群干群关系进一步融洽；制度机制不断健全完善，作风建设进一步常态化长效化；干事创业热情不断激发，跨越发展氛围进一步形成。黄少萍强调，泉州市教育实践活动取得的成果是初步的，要清醒地看到存在的问题和不足，锲而不舍、驰而不息打好持久战，让好作风落地生根。全市各级党组织和党员干部要学习贯彻习近平在教育实践活动总结大会上的讲话精神，认识从严治党的重大意义，在落实责任上下功夫；规范党内政治生活，在经常、认真、细节上下功夫；从严管理干部，在思想养成、纪律约束、日常监督上下功夫；推进作风建设，在抓党风、促政风上下功夫；抓好制度建设，在务实管用、执行落实上下功夫；提振精神士气，在推动发展、促进跨越上下功夫，坚持从严治党和科学发展跨越发展“两手抓、两手硬”，抓好党建促发展，为全省大局多做贡献。

24个村（社区）入选“百侨帮百村”首批示范点

市侨联“百侨帮百村·共建美丽乡村”现场会召开，晋江市深沪镇运伙村、鲤城区江南街道乌石社区等24个村（社区）被命名为首批示范点。图为“百侨帮百村·共建美丽乡村”现场会。

（图/李慧东）

泉州首根公共电动汽车充电桩建成

设立在清源山下慢山庄农家的泉州首根公共电动汽车充电桩建成。这根适用于市面上大部分充电汽车的充电桩将对市民免费开放使用。电动汽车充电桩安装在庭院停车场的一处墙上，旁边安放着充电盒，里面有一条充电线和两个插座，市民可根据自己爱车的充电方式选择充电。

《泉州市国家森林城市建设总体规划》评审会召开

国家林业局宣传办主任程红带领国家森林城市规划评审专家组，对泉州市创建国家森林城市工作进行考察。泉州市政府组织召开《泉州市国家森林城市建设总体规划》评审会。省林业厅副厅长谢再钟、副市长林万明出席评审会。评审会上，规划编制单位介绍规划的总体情况。评审专家肯定规划的编制成果以及泉州市的“创森”工作，同意通过《泉州市国家森林城市建设总体规划》。谢再钟介绍福建省创建国家和省级森林城市的总体情况，感谢国家林业局长期以来对福建省“创森”工作的关心、支持和指导，希望泉州市以规划评审为新起点、为载体，加强生态林业和民生林业建设，让城市森林布局更加合理，生态效益更加显著，森林生态文化更加繁荣。

泉州市2014年社会科学普及宣传周启动

由市委宣传部、市社科联主办的泉州市2014年社会科学普及宣传周在市区府文庙广场启动。宣传周主题为“宣传贯彻福建省社会科学普及条例·培育和践行社会主义核心价值观”。2014年是福建省社科普及立法第一年，与往年相比，2014年泉州宣传周活动融入“东亚文化之都”“海上丝绸之路”等文化元素，更加突出公益性、社会性、时效性。活动内容包括专家义诊、法律帮扶、闽南传统文化展示等。从18日至24日，主办方还在各县（市、区）组织社会科学专题讲坛、讲座40场，举办系列免费展览活动43场、特色科普活动40场，免费向各地市民发放科普读物。

启动仪式　　（图/洪　旭）

“东亚文化与郑成功”论坛举办

由台盟中央两岸文化交流工作委员会、中国闽台缘博物馆、泉州郑成功研究会、国际郑成功文化交流协会主办的“东亚文化与郑成功”论坛在中国闽台缘博物馆举办，国内外近300名专家学者和各界人士参会。研讨会以“东亚文化与郑成功”为题，多视角探讨郑成功在东亚文化与全球化时代的历史意义及当代价值，对拓展新视野，开辟研究新领域达成新的共识：共同弘扬东亚文化，提炼“亚洲价值”，传承郑成功精神，促进东亚繁荣。

论坛现场　　（图/洪　旭）

泉州南音青年演员庄丽芬获中国曲艺牡丹奖新人奖

由中国文学艺术界联合会、中国曲艺家协会主办的第八届中国曲艺牡丹奖颁奖典礼在江苏南京举行，泉州市南音传承中心青年演员庄丽芬获牡丹奖新人奖。图为颁奖现场。（图/何韶峰）

10月18日

星期六
农历甲午年九月廿五
温度：19℃—27℃
多云

●《泉州市国家森林城市建设总体规划》评审会召开。

●泉州市2014年社会科学普及宣传周在市区府文庙广场启动。

●“东亚文化与郑成功”论坛在中国闽台缘博物馆举办。

●第八届中国曲艺牡丹奖颁奖典礼在江苏南京举行，泉州市南音传承中心青年演员庄丽芬获牡丹奖新人奖。

●由北京大学环境科学与工程学院教授、北京大学中国持续发展研究中心常务副主任宋豫秦主讲的《道学与生态文明》演讲在清源山举行。

●市助学志愿者协会组织20多名志愿者在市工人文化宫流动献血车开展志愿献血活动。

●丰泽区电子商务人才研修班和管理技术人才培训班在泉州信息工程学院举办。

●泉港区北京经济与文化促进会成立庆典在北京阳光国际会议中心举行。

●福建省全民健身运动会“谁是球王”足球民间争霸赛福建南安选拔赛在南安市体育中心开赛。

●18—19日，惠安县教育系统“舞动师魂 健美人生”广场舞比赛在惠安县工人俱乐部举行。

●18—22日，2014年世界工艺文化节在浙江东阳举行，德化县作为世界手工艺城市受邀参加。

10月19日

星期日
农历甲午年九月廿六
温度：20℃—29℃
多云

●19—21日，韩国光州老年交流团到泉州访问交流。

●第八届海峡两岸闽南语原创歌曲歌手大赛（泉州赛区）首唱会在晋江市举行。

●19—25日，“中国梦·文都韵·华园情”华侨大学美术学院校友艺术作品展在泉州华侨历史博物馆举行。

●“悠悠箫音逐梦来”2014年泉州南箫之夜在泉州南音艺苑举行。

●晋江市公安局局长陈文荣应邀做客人民网，与网友在线交流。

●由泉州晚报社和福建省至真堂健身馆有限公司主办的“至真堂·东亚文化之都体验之旅”第九站活动在永春县五里街镇大羽村永春白鹤拳史馆举行。

●由中国茶叶流通协会主办的“第十届中国茶业经济年会”在广西梧州举行，安溪县获评“2014年度中国茶业十大转型升级示范县”称号。

韩国光州老年交流团到泉州访问交流

19—21日，韩国光州老年交流团到泉州访问交流。19日，光州老年交流团与泉州老年大学艺术团在泉州老年大学举行文化交流演出，来自光州的46名老年朋友表演韩国传统舞蹈《船歌，花桔梗》《羌羌水越来》和民谣合唱《阿里郎，珍岛阿里郎》等节目，让泉州观众领略到独特的异域风情。泉州老年大学艺术团表演的舞蹈《洗衣歌》、南音琵琶弹唱和时装表演《夕阳红》等，让光州朋友看到泉州老年人的风采。在泉州期间，光州老年交流团还游览清源山、开元寺、世界闽南文化展示中心、天后宫、南安蔡氏古民居等。

第八届海峡两岸闽南语原创歌曲歌手大赛（泉州赛区）首唱会在晋江市举行

由厦门市文化广电新闻出版局主办，厦门市非物质文化遗产保护中心、厦门广播电视集团广播中心承办的第八届海峡两岸闽南语原创歌曲歌手大赛（泉州赛区）首唱会在晋江市举行。大赛已举办七届，参与赛事的词曲作者达上千人，有来自海峡两岸的知名音乐人、明星、歌手，也有公职人员、企业老板、白领、学生等来自各行各业的音乐爱好者。涌现出一批活跃在海峡两岸闽南语歌坛的音乐人与歌手，如第六届海峡两岸闽南语原创歌曲大赛冠军作品《咱厝人唱咱厝歌》的创作者蒲庭龙，又创作了一些新作品参加此次大赛，其中一首由其创作并现场演唱的闽南语歌曲《拼》，写出闽南人爱拼不落人后的正能量精神，得到现场观众的共鸣。

华侨大学美术学院校友艺术作品展举行

19—25日，由华侨大学美术学院、丰泽区文联、市美术家协会主办的“中国梦·文都韵·华园情”华侨大学美术学院校友艺术作品展在泉州华侨历史博物馆举行。华侨大学泉州校友会校友以及来自海内外40多个国家和地区的校友会代表应邀观展。作品展汇集了华大美院教师及学生在全国美展等大型展览获奖及入选作品，其中包括入选2014年全国第十二届美展的7件作品，并邀请历届校友的一些优秀作品参展。该展览适逢华侨大学泉州校友会三十周年庆典和华侨大学泉州校友会美术学院分会成立，吸引大批校友到场观展。

晋江市公安局局长做客人民网

晋江市公安局局长陈文荣应邀做客人民网，与网友在线交流。陈文荣从警22年，参与破获各类案件2400多起，被誉为“侨乡神探”，任晋江公安局局长两年多来，提出“少发案才是最大的为民”口号，带领民警抓基础、防发案、保平安。2012年以来，晋江市刑事案件以年均15%的幅度下降，群众安全感不断提升。推出一套“打两抢”组合拳，把“两抢”案件当成重案来打击，组建市镇村三级巡逻队伍，在全市各主要地段、路口建设高清视频监控系统等措施，2013年3月24日，实现第一个“两抢”零警情日。2014年上半年，“两抢”平均一天发案1.09起，实现52天“零两抢”。8月初，晋江市公安局在全国率先推出两抢救济救助补偿机制，市民遭遇“两抢”报警之后，如果超过两个月公安机关还未能破案，就可得到补偿金。作为局长的陈文荣，有命案发生必到现场，甚至与民警一起抬运尸体。陈文荣在全省组建首支县级反扒专业队，配备30多名反扒队员。经过严厉打击，原先晋江市民反映强烈的公交车扒窃案件，已由当初的月均两三百起，下降到月均不到5起。

县（市、区）因地制宜提升绿化水平

晋江市晋阳湖公园经过多年建设维护，已经成为当地群众感受绿意、观赏喷泉的休闲好去处。图为晋阳湖公园全貌。（图/陈起拓）

市委常委会学习贯彻习近平在文艺工作座谈会上的讲话

市委常委会召开，学习贯彻习近平在文艺工作座谈会上的讲话精神，就推动泉州市文艺工作繁荣发展作部署。市委书记黄少萍主持会议，市委常委参加会议，市政协党组主要领导列席会议。会议指出，全市各级各有关部门要学习领会习近平的讲话精神，按照省委要求，结合泉州实际提出贯彻意见、工作举措，开创泉州市文艺工作新局面。会议要求，要贯彻好党的文艺方针政策，把握新形势下做好文艺工作的方向目标、重点任务和保障措施，推动泉州文艺大发展大繁荣，在时代发展进步中发挥更大作用。要高扬社会主义核心价值观，引导文艺工作者坚持“以人民为中心”的创作导向，把社会效益放在首位，创作更多社会效益与经济效益相统一，在思想上、艺术上取得成功又受市场欢迎的优秀文艺作品，塑造文化名城的崭新形象，传递真善美、向上向善的价值追求，激发爱拼敢赢、积极进取的奋斗精神，推动文艺创作更好反映人民心声、时代精神。要挖掘历史文化资源优势，引导文艺工作者树立十年磨一剑的意识，把握好传统与现代的结合点，静下心来、精益求精搞创作；推进文化管理体制改革，加大中青年文艺人才的培养和传帮带，扶持文艺演出团体、文化企业和有重大影响的文艺作品创作生产，加快建设一批文化创意园区、文博场馆等，让艺术家更好展现才华、多出精品，向全国乃至世界传播泉州的历史文化和精神气质，通过打造文化品牌提高泉州城市知名度和美誉度。

“双忠文化交流在两岸”活动举行

由中国闽台缘博物馆、商丘市双忠文化交流研究会主办的“双忠文化交流在两岸”活动在中国闽台缘博物馆举行。两岸八地的5家双忠文化研究会、70家双忠宫庙代表参加活动，其中来自台湾29家宫庙代表就有230多人。该次活动系两岸首场大规模双忠文化交流活动，也是中原文化与闽台文化的一次对话。活动以双忠文化为纽带，通过举办双忠文化交流展和双忠文化学术报告会等，旨在传承双忠文化，弘扬民族精神。活动对连接两岸同胞亲情，深化两岸交流合作，推动两岸关系和平发展，具有积极意义。

相关链接：张巡、许远是中国历史上著名的忠烈英雄，世称“双忠”。安史之乱中，他们率领睢阳军民死守孤城，抵抗叛军的忠烈壮举，创下守一城捍天下的千秋功勋。自唐宋以来，逐渐形成以忠、义、节、烈为主要内涵，以反对分裂、维护统一、精忠报国为重要内容的双忠文化。中原古城商丘是双忠文化的发源地，随着历史上中原移民历次南迁，双忠文化也随之向南传播到江淮闽粤等地，明清时期，更是跨越海峡，被闽粤移民带到宝岛台湾，落地生根，兴旺发展。近年来，随着两岸关系和平发展，到闽南、中原谒祖寻根的台湾双忠信众络绎不绝，双忠文化已成为两岸之间重要的文化纽带和民间交流的桥梁。

闽南文化研究基地开展社会科学普及宣传活动

20—24日，中国社会科学院文化研究中心闽南文化研究基地开展社会科学普及宣传活动。该基地安排四场具有闽南文化特色的学术讲座：吴力群《生态视域下的泉州宗教信仰》、魏雄辉《闽南文化与创意设计》、王伟《现代性语境中的〈陈三五娘〉》、陈彬强《清代闽台养子习俗与家族结构》，分别从闽南宗教文化、闽南视觉文化、闽南戏曲文化和闽南家族文化等角度解读闽南文化的内涵。基地还举办以闽南文化为主题的文艺晚会，演出南音、闽南民俗风情、闽南语歌曲等具有地方特色的文艺节目，展示闽南文化的魅力。

石狮日报社与台湾商报社签署合作协议

石狮日报社与台湾商报社在台北签署《加强新闻交流合作协议》和《合作开办收藏文化周刊协议》。根据协议，台湾商报将每天辟出一个整版，刊发由石狮日报社提供的福建省经济、文化、商贸新闻。图为签约仪式。

（图/石狮日报社）

10月20日

星期一
农历甲午年九月廿七
温度：21℃—29℃
多云

●市委常委会召开，学习贯彻习近平在文艺工作座谈会上的讲话精神。

●“双忠文化交流在两岸”活动在中国闽台缘博物馆举行。

●20—24日，中国社会科学院文化研究中心闽南文化研究基地开展社会科学普及宣传活动。

●丰泽区青少年“公民最基本的价值准则——爱国”主题教育活动首场报告会在泉州九中举行。

●石狮市39家企业60种面料入围2014年国际纺织流行面料。

●石狮市9个镇同时启用新市民积分服务窗口，申请参加“积分管理”的新市民可就近办理手续。

●石狮日报社与台湾商报社在台湾台北签署《加强新闻交流合作协议》和《合作开办收藏文化周刊协议》。

●20—24日南安市企业退休人员门球、气排球比赛举行。

●中国茶叶流通协会公布2014年度全国重点产茶县调查结果，安溪县再次获“全国重点产茶县”称号并位列首位。

●淘宝网特色中国福建馆德化频道上线，此系福建馆内开设的首个县级频道。

10月21日

星期二
农历甲午年九月廿八
温度：22℃—31℃
多云

●陈荣凯到泉港区和洛江区调研现代农业发展工作。

●《人民日报》刊发“共享丝绸之路特刊”，对“海上丝绸之路”起点城市泉州在擦亮城市品牌、繁荣外向经济、传承丝路文化中积极作为迈向新征程进行报道；同时，在特刊“丝路絮语”专栏中刊发泉州市委书记黄少萍署名文章《开创泉州崭新未来》。

●市政府第54次常务会议召开，分析前三季度经济形势，部署启动“跨越发展行动方案”推进落实机制，研究完成全年目标任务的措施。

●2014年第五次全市重大项目协调调度会召开，协调调度重大项目推进中的问题，研究部署泉州市跨越发展中实施的重大项目。

●市政协组织到安溪县湖上乡横坪畲族村视察调研并开展帮扶活动。

●2014年中日石材交流会在惠安县崇武镇举行。

●21—25日，由市委宣传部、中国闽台缘博物馆、市文联主办的“为文都喝彩”中国毛体书法与百名将军书画精品展在中国闽台缘博物馆举行。

●由泉港区综治办、检察院、教育局主办的法制教育进校园活动启动。

陈荣凯到泉港区和洛江区调研现代农业发展工作

副省长陈荣凯到泉港区和洛江区调研现代农业发展工作。市领导黄少萍、翁祖根、林万明参加相关活动。在福建省大象农业开发有限公司，陈荣凯对其在设施大棚上建设15万平方米柔性硅晶薄膜光伏发电设施的做法给予肯定。陈荣凯还到田间地头了解公司的设施大棚建设、土地流转方式与新品种培育等情况。在获悉泉州农商行泉港支行在全省首创以政府惠农财政补贴为质押物对企业发放贷款后，陈荣凯表示，这个做法为企业提供前置资金保障，确保企业生产经营，应在全省范围内推广。在泉美生物科技有限公司，陈荣凯鼓励企业加大力度引进培育新品种，开展科研攻关，扩大市场需求，并做好质量把控，以安全、有效的生物科技产品树立品牌、赢得市场。调研中，陈荣凯指出，要发展设施农业，加快农业科技成果转化，提高智能化种植水平，推动农业产业转型升级；要采取多种形式引导农村土地向龙头企业、专业合作社和种粮大户流转，使土地流转成为促进农业增效、农民增收的有效途径；要培育现代农业企业，加大科技研发力度，探索农业产业化双赢模式，带动周边农民持续增收。

《人民日报》“共享丝绸之路特刊”介绍泉州

《人民日报》刊发“共享丝绸之路特刊”，对“海上丝绸之路”起点城市泉州在擦亮城市品牌、繁荣外向经济、传承丝路文化中积极作为迈向新征程进行报道；同时，在特刊“丝路絮语”专栏中刊发泉州市委书记黄少萍署名文章《开创泉州崭新未来》。

市政协组织到安溪横坪畲族村开展帮扶活动

市政协组织部分市直单位、宗教界人士到安溪县湖上乡横坪畲族村视察调研并开展帮扶活动，市政协主席杨俊峰，副主席苏小青、骆沙鸣、李冀平、陈益参加活动。视察调研组察看横坪畲族村为民办实事项目建设情况，并召开座谈会，听取横坪畲族村工作汇报，举行帮扶捐资仪式，落实帮扶资金101万元。杨俊峰要求，横坪畲族村两委要加强班子建设，发挥基层组织战斗堡垒作用，理思路、谋发展、办实事，提升村民生活水平；要发展特色农业，引导村民科学种粮种茶，提高茶叶品质，促进村民增收；要保护生态，对过度开发的区域有计划地实行“退茶还林”，建设美丽乡村；要管好用好帮扶资金，组织实施帮扶项目，确保帮扶项目取得成效。安溪县、湖上乡两级党委政府和有关部门要加强对横坪畲族村项目建设的技术指导和跟踪落实，帮助村民走上脱贫致富的道路。

视察活动现场　（图/陈　翔）

“文化之都·活力新区”泉州台商投资区文化周活动举行

17—21日，“东亚文化之都·2014泉州”县域活动暨“文化之都·活力新区”泉州台商投资区文化周活动在市区西街旧面粉厂举行。在启动仪式上，市民欣赏到舞龙、伊斯兰舞蹈、闽南童谣、歌舞表演等；现场品尝台湾庙会特色小吃，欣赏漆线雕、文金堆剪、木雕等非遗传统手工艺品。系列展演部分包括非遗传统手工艺现场展示、主题图片展览、“活力新区”走进源和1916系列文艺演出。非遗传统手工艺现场展示包括中华一绝刘碧兰的影雕技艺，省级非遗传承人黄雪玉、省级工艺名人徐锦灿和孙晓东的漆线雕、木雕现场表演；主题图片展览涵盖洛阳古桥文化、东园侨乡文化、张坂雕艺文化、百崎伊斯兰风情、惠南工业园区企业风貌等。

泉州台商投资区南音协会表演南音《暗猜想》（图/林劲峰）

郝赤勇到泉州调研基层司法所建设情况

22—23日，司法部党组成员、副部长郝赤勇带队到泉州调研城镇街道司法所和开发区司法所建设情况，查看泉州台商投资区百崎司法所、丰泽东海司法所、鲤城海滨司法所和市级“中途之家”（社区矫正指挥中心），并召开座谈会，讨论《关于进一步加强城镇司法所建设的若干意见（征求意见稿）》。市领导黄少萍、许昆贞、翁祖根等参加相关活动。郝赤勇指出，司法所是司法行政系统的最基层单位，承担着维护社会稳定、推进依法治国、构建和谐社会的基础工作。泉州党委政府高度重视司法行政基层工作，不断加强资金保障，推动基层司法所实现高起点、规范化建设，取得明显成效，特别是在人民调解、社区矫正、普法教育等方面走在全国前列，创造了不少值得推广的好经验。希望泉州持续提升基层司法所建设的规范化水平，理顺开发区托管的司法所管理体制问题，探索解决人员编制不足的问题，及时总结推广相关经验，加强基层矛盾纠纷调处力量，更好地服务经济社会发展，助推依法行政、依法治市。黄少萍表示，泉州将结合泉州实际抓好中共十八届四中全会精神的贯彻落实，全面推进依法治市，加快建设法治泉州，特别是重视加强基层司法所建设，探索创新社会治理的新举措，确保泉州长治久安。

泉州市“百姓富、生态美”海洋生态·渔业资源保护专题活动举行

泉州市“百姓富、生态美”海洋生态·渔业资源保护专题活动举行。市领导黄少萍、郑新聪、周银芳、翁祖根参加活动，察看惠安县崇武镇西沙湾和山霞镇青山湾沙滩修复工程，并在青山湾放流海洋生物苗种。市领导充分肯定西沙湾和青山湾沙滩修复工程取得的成效，要求各级各相关部门要建立日常维护监管机制，巩固沙滩修复成果，科学规划、建设旅游配套设施，在保护自然资源、生态环境的基础上推动滨海旅游业发展。活动当日，泉州市在青山湾放流省水生野生保护动物中国鲎22.9万只、台湾海峡珍贵自然物种红鳍笛鲷23.6万尾，海洋环保志愿者在现场开展沙滩环境保洁活动。

高甲戏新作《美女与野兽》亮相上海国际艺术节

由上海戏剧学院与泉州高甲戏剧团合作创作的高甲戏新作《美女与野兽》亮相第十六届中国上海国际艺术节。该剧改编自法国经典名著《美女与野兽》，是泉州高甲首次用传统的高甲戏曲丑角和木偶等表演元素演绎西方戏曲，古老与现代的时空反差增加了戏曲的魅力。这种中西文化的结合是泉州高甲突破性创新，让泉州高甲艺术更有利于在国际上交流和推广。

石狮家长自发轮值护学

石狮市第三实验小学家长组成“护校队”，每逢下午放学时间，就穿着荧光义工服，举着标志牌，站在学校门口马路边疏导车辆。“护校队”用自发行动呵护学生们的安全，成员也从几十人发展到的全校性轮值。（图/陈起拓）

南安市投建国家农业综合开发高标准农田

2014年，南安市投入437.4万元建设2014年度国家农业综合开发洪濑片高标准农田，其中水利措施投资270.48万元、农业措施投资5.80万元、道路措施投资123.79万元、科技措施投资4.30万元、其他工作及措施投资33.03万元。该项目为国家高标准农田建设示范项目，项目区建设规模3000亩，包括洪濑镇大洋、三林村、乐峰印山林场，主要种植作物为水稻、薯类、豆类、果树、茶树等。预计通过6个月建设，建成现浇砼农渠9条总长4958米、PVC引水管2条总长2575米、田间支路6条总长3863米、改建排洪沟3条总长1717米等，计划增施有机肥58000公斤，技术培训100人次，开展农业科技示范推广80亩。

10月22日

星期三
农历甲午年九月廿九
温度：23℃—27℃
阴转小雨

●22—23日，司法部党组成员、副部长郝赤勇到泉州调研城镇街道司法所和开发区司法所建设情况。

●泉州市“百姓富、生态美”海洋生态·渔业资源保护专题活动举行。

●首届中国（泉州）海上丝绸之路国际品牌博览会新闻发布会在北京举行。

●由上海戏剧学院与泉州高甲戏剧团合作创作的高甲戏新作《美女与野兽》亮相第十六届中国上海国际艺术节。

●20—22日，由市全民健身领导小组、市体育局主办的2014年福建省全民健身运动会——泉州市“三彩金钰”杯保龄球比赛在市区从乐保龄球馆举行。

●22—31日，全市统一开展以灭蚊为重点的环境卫生整治行动。

●报载，南安市投建国家农业综合开发高标准农田。

●“书香福建”捐赠助读公益活动在安溪芦田中心小学举行，香港泉州慈善促进会等为该校援建“多媒体互动阅读教室”。

10月23日

星期四
农历甲午年九月三十
温度：19℃—26℃
阴转多云

●郑新聪调研“数控一代”示范工程。

●周银芳到南安市调研石结构房屋改造工作。

●市农业局举行全市农产品质量安全承诺活动签字仪式。

●由市经贸委主办、市工业设计协会和华侨大学工业设计研究院承办的泉州市工业设计名师讲堂第四讲暨设计分享会举行。

●《福建乡土》东亚文化之都——泉州专刊发刊暨赠刊仪式举行。

●10家闽企“新三板”集体挂牌仪式在北京举行，其中包括福建永信数控科技股份有限公司和福建华泰集团股份有限公司两家泉州企业。

●第116届广交会第二期揭幕，泉州市214家企业参展，展位数750个，主要为玩具、工艺品、陶瓷餐具、制伞等企业。

●全市19家海洋企业的水产精品进驻泉州名特优农副产品展示中心，为实现渔业品牌产品的线上销售提供实体展示。

●23—26日，由省体育局社体中心主办的2014海峡两岸武术文化节在福州大学城举行，泉州代表队获17枚金牌、10枚银牌和团体总分第一名。

●泉港区2014年度“读《月读》学经典”知识竞赛举行。

郑新聪调研“数控一代”示范工程

市长郑新聪带队调研“数控一代”示范工程，到丰泽、洛江、南安、晋江、泉州开发区，考察泉州“数控一代”科技创新中心、中科院海西研究院泉州装备制造研究所等科研平台和嘉泰数控、南星工业机械、特步等企业，并召开座谈会。副市长陈灿辉，市政府秘书长吴友才参加调研。郑新聪强调，“数控一代”示范工程是一项系统工程，各级各相关部门要上下联动、相互配合，政府、科研机构、设备供应商、企业之间要加强沟通、深化合作，推动形成政、企、学、研、用深度结合、协同创新的良好态势。要抓意识转变，引导企业认识应用数控技术的巨大效益和发展前景；引导科研机构以需求为导向，以应用为目标开展研究。要抓研发创新，建立政企学研用合作联盟，联合攻关，共享成果；加快研发平台建设，推动创新资源集聚。要抓推广应用，组织开展产能对接专场、数控产品推广现场会等，引导更多企业应用数控技术。要抓融资保障，鼓励金融机构成立产业基金，发展产业链金融，开展设备租赁贷款、专项贷款等，加大金融支持力度。要抓人才建设，为行业量身打造人才政策，引进数控技术创新团队和高级人才，加强培训，为企业应用数控技术培育实用型人才。

周银芳到南安市调研石结构房屋改造工作

市委副书记周银芳到南安市调研石结构房屋改造工作，察看官桥镇立新崇文片区、美林街道溪一村改造项目，并研究解决存在问题。周银芳强调，各级各部门要加强组织领导，主要负责人要经常过问并研究解决问题；要抓好责任落实，分解量化指标，层层签订责任状，加强科学督查，在媒体上定期通报；要学好用好政策，依法依规简化程序，实现政策效益最大化，调动群众改造积极性；要加大宣传力度，利用乡、村的墙报、公告栏等宣传阵地，编印通俗易懂、直观明了的小册子，进村入户宣传优惠政策；要谋划下阶段工作，按照2016年任务过半的要求，倒排时间、倒逼进度，明确2015年、2016年工作的目标思路和任务措施，确保石结构房屋改造有序扎实推进。

泉州市农产品质量安全承诺制工作启动

市农业局举行全市农产品质量安全承诺活动签字仪式，来自各县（市、区）的30家市级农产品质量安全可追溯试点单位负责人在承诺书上签字。该次农产品质量安全承诺活动是泉州市贯彻实施《中华人民共和国农产品质量安全法》的重要举措，是农产品生产经营企业（专业合作社、家庭农场）增进质量安全诚信意识，落实农产品质量安全责任，携手提升农产品质量安全水平的积极行动和共同倡议，标志着泉州市农产品质量安全承诺制工作启动。签字仪式上，泉州台商投资区集盛鸽业负责人带领30家试点企业宣读《泉州市农产品质量安全承诺书》，承诺为消费者提供优质、营养、安全的农产品，并主动接受监督。

石狮市60种面料入围中国国际纺织流行面料

20—23日，第二十届中国国际纺织面料及辅料（秋冬）博览会在上海举行。石狮市55家面辅料企业组团参展，展厅总面积超过5000平方米，其中面料联合馆面积3000平方米。在展馆表现形式上，融合石狮城市标识，凸显城市品位；设立流行趋势发布区、商务洽谈区，为参展企业商务合作提供服务。20日，2014年中国国际面料设计大赛暨2015/2016秋冬中国流行面料入围评审石狮入围企业授牌仪式举行，石狮市39家企业60种面料入围，其中，盖奇（中国）织染服饰有限公司选送的面料获银奖，新宏兴（福建）纺织营运中心有限责任公司、台隆控股集团有限公司选送的面料获最佳市场应用奖，其他面料获优秀奖。

相关链接：近年来，石狮市与西安工程大学、天津工业大学等纺织服装院校对接，通过“产学研合作”模式的推动，开发的面料在时尚性、科技性等方面均领先于同业。其中，针织、梭织和交织三大类面料产量和后整理处于全国领先水平。棉类、高支高密和混纺等不少高品质面料占据国内领先地位。新近研发的桑蚕丝、天丝、透气透湿功能性面料、超薄高密等多种生态、环保、低碳新型面料均得到市场认可。

泉州市庆祝福建省第十九届环卫工人节大会举行

泉州市庆祝福建省第十九届环卫工人节大会举行。50名环卫工人和10小区受到表彰。上半年，市考评中心、环卫处举行“城市美容师”评选活动，选出10名“最美环卫工人”、10名“先进环卫工人”和30名“优秀环卫工人”。从2013年10月开始，市市政公用局启动“最美小区”评选活动。经过6个多月、多轮次的考察评选，最终由鲤城区远建花园、中山花园，丰泽区东方金典、金帝花园、太平洋花园、盛世融城、尚园小区，洛江区阳光美尔奇，泉港区海韵花都和泉州开发区嘉龙现代城获得十佳“最美小区”称号。

市环卫处组织一线先进环卫工人参观即将建成的泉州湾跨海大桥 （图/陈晓东）

市十五届人大常委会第三十四次主任会议召开

市十五届人大常委会第三十四次主任会议召开，市人大常委会主任陈海基，副主任洪泽生、陈全顺、吕竟、王远东、张建生，秘书长吴春林参加会议。会议听取市人大常委会调研组关于加快造林绿化推进“森林泉州”建设审议意见研究处理情况的调研报告。调研组建议，持续推进造林绿化、发展绿色产业、深化林业改革、依靠科技兴林、加大林业投入、增强执法能力，打造“天蓝地绿水净山青林美”的美丽泉州。会议听取市人大常委会调研组关于泉州白濑水利枢纽工程进展情况的报告。调研组指出，要做好项目的风险评估工作，明确工程进度的时间表及路线图，加快工程的立项审批工作，尽快成立项目投资开发公司，积极筹措项目资金，确保项目前期工作顺利开展。会议讨论市人大常委会关于反贪污贿赂工作情况的审议意见稿，市人大常委会视察组关于加强食品安全监督管理的议案决议执行情况的视察报告和审议意见稿。会议还听取市人大常委会代表资格审查委员会关于个别代表的代表资格的审查报告，书面听取市人大常委会华侨委关于泉州市华侨捐赠兴办教育事业管理工作情况的调研报告。

会议现场 （图/王虎文）

泉州口岸率先实现关检“三个一”全覆盖

泉州口岸关检“三个一”合作平台上线运行。此系福建检区、厦门关区在全国率先实现跨检区关检合作“三个一”通关模式。是日，一批重90.44吨、货值28.9万美元的进口尼龙丝，一批重4.31万吨、货值633.6万美元的进口铁矿砂，一批重1.14吨、货值4000美元的台湾槟榔，以及一批77.1立方米、货值6.9万美元的荒料石，四种不同货物分别从围头、肖厝、石井、石湖四个港区，由泉州检验检疫局与泉州海关通过“一次申报、一次查验、一次放行”模式，实现全过程通关。“三个一”是指将原本需分别向海关、检验检疫部门办理的手续和环节，通过整合、优化后，使企业可一次性办理完所有手续。“三个一”全覆盖后，在泉州口岸的所有依法报关报检的货物均能享受到海关和检验检疫“一次申报、一次查验、一次放行”的便利。

泉州物流商会商贸交流座谈会举行

泉州物流商会商贸交流座谈会暨美国蒙特利公园市城市推介会举行。美国蒙特利公园市市长黄维刚，与泉州市纺织服装同业商会、市鞋业同业商会、市包袋同业商会、市家用电器商会、市金银珠宝协会、市沃商联合会、市物流商会、市侨商会8家行业商会负责人参加座谈。座谈会上，黄维刚做项目推介，各行业商会就推介项目进行咨询、交流。

10月24日

星期五
农历甲午年闰九月初一
温度：19℃—27℃
多云

●全市扶贫开发工作会议召开。

●泉州市道路交通安全综合整治“百日会战”行动启动。

●泉州市庆祝福建省第十九届环卫工人节大会举行。

●市十五届人大常委会第三十四次主任会议召开。

●全市冬春水利建设工作会议召开。

●24—27日，第七届海峡两岸文博会在厦门会展中心举行，泉州签约项目42.02亿元。

●泉州口岸率先实现关检“三个一”全覆盖。

●泉州物流商会商贸交流座谈会暨美国蒙特利公园市城市推介会举行。

●泉州市首个“全省廉政教育基地”在位于南安市金淘镇占石村的泉州华侨革命历史博物馆揭牌。

●泉州文化惠民工程——南音专场演出在泉州南音艺苑举行。

●在仁川亚运会上获男子花剑项目团体银牌和个人铜牌的陈海威，将家乡南安市官桥镇、东头村、宗亲会等向其颁发的奖金、慰问金3.5万元，全部捐给母校碧石小学设立体育基金。

●24—26日，市作家协会“梦仙乌髻·清新锦斗”采风活动在永春县锦斗镇乌髻岩举行。

●“巴金与东亚文化之都”讲座会在黎明职业大学举行。

10月25日

星期六
农历甲午年闰九月初二
温度：19℃—27℃
多云

●香港工联会闽南考察团到泉州参观考察。

●“和谐在我家”主题微电影开机仪式举行。

●“新丝路 新梦想”泉州市首届东亚文化之都辩论赛首场比赛举行。

●由共青团洛江区委、东南早报和安利泉州分公司主办的东南公益·安利72小时志愿者公益支教项目在洛江区虹山中心小学举行。

●由中国初级卫生保健基金会主办的“手握明天”公益项目泉州专场在福建医科大学附属第二医院举行。

●25—26日，2014年海外留学人员福建（晋江）创业项目竞赛在晋江市委党校举行。

●第二届中国·晋江自行车公开赛在晋江市体育中心开赛。

●由“晋江在线”和星光传奇（晋江）影视电视剧制作中心主办的首届“美在海西”美花总决赛在晋江洪山文创园举行。

●由惠安县委文明办和县教育局主办的第二届乡村（县城）学校少年宫才艺比拼活动暨“童心向党”歌咏比赛在惠安县广海中学举行。

●由惠安县文联主办的“漫谈惠安”文化沙龙交流会举行。

香港工联会闽南考察团到泉州参观考察

香港工联会闽南考察团一行1200人到泉州参观考察。市委副书记周银芳会见考察团一行，市委常委、秘书长、统战部部长翁祖根参加相关活动。香港工联会会长林淑仪代表访问团对泉州市的接待表示感谢，希望与泉州共同推动各领域的交流合作。香港工联会成立于1948年，会员超39万人，是香港最大的爱国爱港劳工团体。

“和谐在我家”主题微电影开机

由市委宣传部、市委文明办、市妇联、市文联等单位主办的“世茂·和谐在我家”主题微电影开机仪式举行。“和谐在我家”主题微电影的拍摄活动得到社会各界积极响应，征集到30部主题微电影剧本，123位选手报名参加微电影演员选拔。开机仪式后，活动组委会将组织省内专业摄制团队正式开拍，最终评选产生系列优秀微电影作品。

开机仪式　（图/吴寿民）

首届东亚文化之都辩论赛首场比赛举行

“新丝路 新梦想”泉州市首届东亚文化之都辩论赛首场比赛举行。大赛分辩论赛和演讲赛两种形式，选取“东亚文化之都”及“21世纪海上丝绸之路”建设发展中具有思辨空间的热点话题作为辩题。参赛主体为市直机关事业单位干部职工和在泉高校大学生。大赛自4月启动以来，已有6所高校8支代表队和7个市直（驻泉）单位报名参加辩论赛，14所高校24名学生和3个机关单位4名干部报名参加演讲赛。首场比赛中，仰恩大学与福师大闽南科技学院1队就“面对‘一带一路’建设，泉州机遇大于挑战还是挑战大于机遇”展开辩论；泉州师院与华侨大学就“作为历史文化名城，泉州更应注重复古还是推新”展开辩论。

2014年海外留学人员福建（晋江）创业项目竞赛举行

25—26日，2014年海外留学人员福建(晋江)创业项目竞赛在晋江市委党校举行。来自美、英、德等国的68名海外人才报名参赛。经过对参赛人员提交的创业项目计划书进行初审，确定34名海外留学人员及其创业项目入围，并邀请到晋江参加答辩。参赛项目均属高新技术领域，涉及电子信息、石油化工、生物医药、装备制造、轻工纺织、新材料、新能源、节能环保等项目，其中很多项目符合晋江产业转型升级的需求。晋江市创意创业创新园开发建设有限公司、中科院海西研究院泉州装备制造研究所等近20家科研机构和企业提出对接意向。竞赛获奖项目落地晋江的，晋江将按本市人才政策，提供人才津贴、住房保障、创业扶持、科研经费资助等优惠待遇。

第二届中国·晋江自行车公开赛开赛

第二届中国·晋江自行车公开赛在晋江市体育中心开赛。该赛事参赛人数约600人，设置公路精英组、公路专业组、男子山地车组、女子山地车组4个组别，奖金总额205500元，是省内规模最大、奖金最高的自行车赛事之一。大赛邀请塞尔维亚玫塔拉克队、荷兰北荷兰省队、CCN混合队、乌兹别克斯坦塔什干队等9支国际俱乐部车队，汇聚来自美国、荷兰、德国、塞尔维亚、澳大利亚、意大利、新西兰、斯里兰卡、韩国、泰国、印度尼西亚、乌兹别克斯坦12个国家的近50名外籍车手参加。此外，10支国内实力强劲的专业自行车队，也在公路专业组比赛中参与角逐。400多名山地车爱好者参加男子山地车组和女子山地车组比赛。经过角逐，塞尔维亚选手及两名荷兰选手分获个人精英组前三名，中国选手赵康获个人专业组冠军。

比赛现场　（图/陈起拓）

郑新聪就学习中共十八届四中全会精神接受专访

市长郑新聪就学习贯彻党的十八届四中全会精神，推进依法治市工作接受专访。郑新聪指出，作为一名领导干部，要带头学法守法用法，做到“三个表率”。做学法的表率，就要带头及时学、反复学，知法懂法，内化于心，增强法律意识，法治思维。做守法的表率，就要尊重和敬畏法律，带头遵纪守法，严守法纪红线，维护法律的严肃性和权威性。做用法的表率，就要坚持有法必依、执法必严、违法必究，在法律框架内开展工作，运用法治的方式来深化改革、推动发展、化解矛盾、维护稳定。作为政府主要负责人，要大力推进依法行政。依法行政的要义是：权由法授、程序法定、行为法限。落实到政府具体工作，要突出抓职能转变，以新一轮机构改革为契机，进一步理顺职责关系，抓好权力清单和负面清单建设，让政府部门“法无授权不可为”、让市场主体“法无禁止即可为”。要突出抓依法决策，按照四中全会决定要求，遵守重大行政决策法定程序，坚持邀请市人大、市政协领导参加市政府常务会议，完善与市人大、市政协的联席会议制度；重大决策广泛征询意见，充分进行协商，科学评估论证，集体研究决定。要突出抓依法办事，严格按照法定权限和程序行使职权，加强行政执法、政务公开、行政复议以及规范性文件备案审查等工作。要突出抓便民高效，全面推行政务服务标准化、便利化。要突出抓廉洁从政，深入践行群众路线，贯彻落实“八项规定”，坚决反对“四风”，强化对行政权力的制约和约束，完善纠错问责机制，促进干部清正、政府清廉、政治清明。

第四届泉州市业余羽毛球大赛开赛

由泉州市体育局主办，晋江SM国际广场承办，泉州市羽毛球协会协办，红牛维他命饮料有限公司独家冠名的“红牛·SM杯”第四届泉州市业余羽毛球大赛在晋江SM国际广场体育中心开赛。比赛项目同往届一样设为男子单打、女子单打，共有17个组别，近800名羽毛球爱好者参赛。在本届的比赛报名中增设微信线上自助报名，市民通过泉州晋江SM国际广场公众微信平台报名，及时了解本届赛事的最新动态和各队角逐情况。比赛分为预赛、决赛两个阶段，各组别的前八名晋级到决赛。

“民间纸本·中国诗歌民刊展”在晋江市举行

26—31日，“民间纸本·中国诗歌民刊展”在晋江职业中专学校举行。展览展出诗歌民刊400余册（份），时间跨度由20世纪80年代至今，资料非常丰富。其中一部分是创刊号、复刊号、终刊号，在当代诗歌史上占有重要位置。展览同时推出“晋江诗群”作品专栏。“晋江诗群”是中国诗坛中一支重要力量，成员中有中国作家协会会员8人、福建省作家协会会员30人，队伍之大居全省县（市、区）首位。此外，还辟有“蔡其矫专柜”，展出晋江籍当代著名诗人蔡其矫的全部作品及研究文集。

相关链接：始创于2009年6月的中国诗歌民刊收藏馆是吴谨程、林娜创办的民间诗歌报刊（纸本）收藏馆，馆藏包括民刊、诗歌、文学、方史四大系列图书，形成以诗歌为特色的馆藏阵容，是国内藏量最多的专业诗歌民刊收藏馆之一。该馆现有馆藏民刊400多种3000余册，社科类图书10000余册。

晋江市“关爱身边人·致敬城市美容师”活动举行

全国第27个环卫工人日，晋江青年商会和晋江青年志愿者协会发起“关爱身边人·致敬城市美容师”活动，邀请晋江籍世界体操冠军林超攀共同体验环卫工人的辛勤劳动。活动当天，晋江青年商会向全市近700名环卫工人赠送爱心便当盒。晋江青年志愿者协会向青年朋友发出倡议：“不乱丢乱吐，不乱贴乱画，让环卫工人少弯一次腰；不急速行车，不裸露垃圾，让环卫工人少受一次伤害；提供一个歇脚点，投以一个微笑，让环卫工人多得一份尊重；递上一瓶水，送上一盒饭，让环卫工人多享一丝关爱。”活动现场近百名青年志愿者与林超攀一起，拿起扫帚，在市区街巷穿梭，当起环卫工人。为扩大活动影响力，吸引更多的人关注环卫工人生存状态，晋江青年商会和晋江青年志愿者协会还用纪录片形式记录晋江市环卫工人工作生活的点滴，并在晋江共青团、青商会、青年志愿者协会微信平台及晋江电视台同步发布。

10月26日

星期日
农历甲午年闰九月初三
温度：20℃—28℃
多云转阴

●报载，郑新聪就学习党的十八届四中全会精神接受专访。

●“红牛·SM杯”第四届泉州市业余羽毛球大赛在晋江SM国际广场体育中心开赛。

●2014年中国移动“咪咕和Ta的朋友”王若琳歌友会在石狮市体育馆举行。

●鲤城区鲤中街道和平社区家庭综合服务中心举行“小鬼当家”之儿童超市购物体验及果盘制作活动。

●“大美晋江”惠民舞台工程走基层演出活动在晋江市磁灶镇大埔村举行。

●26—31日，“民间纸本·中国诗歌民刊展”在晋江职业中专学校举行。

●晋江市“关爱身边人·致敬城市美容师”活动举行。

●中法建交50周年文化交流活动之“安溪铁观音 我的莫逆之交”文化交流活动在安溪县举行。

10月27日

星期一
农历甲午年闰九月初四
温度：21℃—27℃
多云

●报载，陈海基、杨俊峰就学习中共十八届四中全会精神接受专访。

●27—28日，周银芳到上海泉州商会调研。

●市检察院敦促在逃境外经济犯罪人员投案自首专项活动启动。

●菲律宾钟峰国际学校组团到泉州南少林国际学校参加为期13天的秋令营活动。

●著名心理学博士、情商研究专家张怡筠女士到泉州举办《遇见更幸福的自己》主题演讲。

●由东南早报和丰泽区民宗局发起的东南公益联盟“爱心午餐”公益项目进入丰泽区最偏远的渔村小学——泉州乌屿小学，结对资助该校56名在泉州务工人员子女吃上免费营养午餐。

陈海基杨俊峰就学习中共十八届四中全会精神接受专访

市人大常委会主任陈海基、市政协主席杨俊峰就学习中共十八届四中全会精神接受专访。

陈海基表示，市人大常委会将把学习贯彻四中全会精神作为当前和今后一个时期的工作重点，把坚持依法治国、维护宪法法律权威作为重要任务，依法行使职权，积极开展工作，发挥人大及其常委会在建设社会主义法治国家中的重要作用。推进依宪治国，思考如何建立和完善宪法监督的程序，确保宪法在本行政区域的执行，为健全宪法实施和监督制度提出意见建议，更好统筹社会力量、平衡社会利益、调节社会关系、规范社会行为。自觉加强立法能力建设，增强学习的紧迫感，深入研究市情，及早组织开展“立法理念、立法理论、立法技术”等方面的立法知识学习和培训，提升常委会组成人员和立法工作人员的立法能力和工作水平。地方各级人大常委会要更加注重执法检查，保证宪法、法律、法规的遵守和执行，推进依法治市。特别要督促政府加快推行政府权力清单制度，建立重大决策终身责任追究制度和责任倒查机制；督促“两院”加快建立办案质量终身负责制和错案责任倒查问责制，让人民群众真实领略到司法的公平正义，社会的公平正义。

杨俊峰表示，四中全会的召开标志着党和国家开启全面推进依法治国、加快建设社会主义法治国家的新征程，具有里程碑意义。市政协机关要把学习贯彻全会精神作为当前和今后一个时期的重大政治任务，按照省委、市委部署，认真学习，深刻领会，把握全会精神实质和丰富内涵，抓好贯彻落实。要坚持以全会精神指导和推动政协工作科学发展，紧密结合实际，把全会精神贯彻落实到政协组织履行职能的全过程。要教育引导政协各参加单位和政协委员把思想和行动统一到全会精神上来，自觉学法、尊法、信法、守法，增强法治理念，树立法治信仰；要依照宪法规定，把握人民政协的性质定位，树立政协理念，讲团结、讲协商、讲包容、讲创新，在协商中增进共识，在协调中化解矛盾，凝聚推动泉州科学发展跨越发展的正能量；要发挥政协优势和作用，围绕全面推进依法治国重大问题，履行政治协商、民主监督、参政议政职能，提高履行职能的制度化、规范化、程序化水平；要宣传四中全会精神，营造推进依法治国、依法治省、依法治市的政治生态和社会环境。

周银芳到上海泉州商会调研

27—28日，市委副书记周银芳代表市委、市政府带领市工商联等部门负责人到上海泉州商会调研，走访部分会员企业并召开座谈会。座谈会上，上海泉州商会的30多位企业家就旅游文化、金融改革、招商引资等工作建言献策。周银芳表示，希望在沪泉商发挥上海人才智力密集，金融、信息、旅游、文化、城建、现代服务业发达的优势，促进上海和家乡“两个东部”的资源对接；转变观念，调整思路，适应经济“新常态”，为泉州科学发展、跨越发展做出新的贡献。上海泉州商会会长陈家泉及在沪企业家感谢市委、市政府的关心，表示要坚定信心，抱团发展，积极宣传泉州，动员更多乡贤回归创业，为家乡经济社会发展贡献力量。

第七届海峡两岸文博会泉州签约42.02亿元

24—27日，第七届海峡两岸文博会在厦门会展中心举行。经组委会组织专家综合评比，泉州市参展工作以总分第一的成绩获优秀组织奖（全国仅3家，其他两家为福州市和三明市）。该届文博会，泉州参展文创企业70家，设135个展位，签约项目17个，总金额42.02亿元；148项文创作品入围两岸工艺最高奖“中华工艺精品奖”，最终获金奖23项、银奖44项；237项文创作品入围“中华工艺优秀作品奖”，最终获金奖44项、银奖90项，均为全省最多，各项指标创泉州参展历史新高。泉州参展工作呈现三个特点：一是精，突出展示泉州文创精品，组织14位工艺美术大师、70多家文创企业和文化产业园区的文创精品、新品参展，体现泉州文化创意产业的发展特色、亮点和成效。二是实，突出实效和市场运作，把文博会作为推进泉州文化创意产业发展的平台，加大招商引资和项目推介，编印文化产业投融资手册，征集27个文创项目。泉州签约的42.02亿元项目大部分是合同项目。三是简，突出精简、节俭，泉州参展此次文博会投入费用为历届最少，主要发挥统筹、指引、服务作用，取得小投入大效应的良好成效。

10月28日

星期二
农历甲午年闰九月初五
温度：20℃—26℃
多云

●市委常委会召开，传达学习党的十八届四中全会和省委常委（扩大）会议精神。

●市委常委会召开，学习贯彻习近平给厦门市集美校友总会回信精神。

●黄少萍与晋江市女企业家座谈。

●杨俊峰到挂钩联系的洛江区河市镇河市村开展新农村建设试点示范村现场办公。

●呼伦贝尔旅游推介会在泉州举行。

●2014年福布斯中国富豪榜发布，泉州籍富豪许荣茂、陈发树、施文博、柯希平夫妇和许连捷入选前100名。

●丰泽公安分局“推进办事窗口单位文明执法规范化建设竞赛活动”启动。

●泉港区城乡石结构房屋改造项目银政合作协议签约仪式举行。

●晋江市妇女儿童爱心基金成立仪式暨庆祝晋江市女企业家联谊会成立20周年大会举行。

●由省纪委、省文化厅主办，省歌舞剧院、福建人民艺术剧院、省杂技团、福建京剧院和南安市纪委、市监察局、市文体新局承办的“八闽清风”廉政文艺走基层南安专场活动在南安市人民会堂举行。

●厦门大学艺术学院（德化）雕塑教学创作实践基地授牌仪式在德化县举行。

市委常委会传达学习中共十八届四中全会精神

市委常委会召开，传达学习中共十八届四中全会和省委常委（扩大）会议精神。市委书记黄少萍主持会议并讲话。市委常委出席会议，市人大常委会党组、市政协党组主要领导列席会议，市中级人民法院、检察院主要负责人参加。在传达四中全会和省委常委（扩大）会议精神后，与会的市领导结合各自工作，围绕加强和改进党对全面推进依法治国的领导、加快法治政府建设、提升立法能力水平、推进立法协商工作、推进司法改革和规范司法行为等方面畅谈学习心得体会。会议认为，全市各级党组织和党员干部，要把学习贯彻四中全会精神作为一项重大政治任务，把思想和行动统一到中央重大决策部署上来，当好学法、懂法、守法、用法的表率；全市人民要增强法治意识，推动依法治国、依法治市。要组织部署掀起学习宣传热潮。各级党组织要把学习贯彻全会精神与学习贯彻习近平系列讲话精神结合起来，引导干部群众原原本本、认认真真学习，领会精神内涵，统一思想行动；各级党委（党组）要安排专题学习，领导干部尤其要带头学习宣讲，把握工作要求，明确努力方向；各级新闻媒体要组织策划主题宣传报道，把全会精神覆盖到各个社会群体。要结合实际，研究具体贯彻措施。要边学习、边谋划、边推进，研究本地区法治建设重大问题，及时作出安排部署；各相关部门要加强向上对接，开展调研，完善依法治市、创建法治泉州的思路，研究具体实施方案和推进措施，提升依法治市水平。要发挥党委领导核心作用，统筹推进法治泉州建设。各级党委（党组）必须加强和改进党对法治工作的领导，把依法治市目标与从严治党要求结合起来，把党要管党、从严治党落到实处，促进党员领导干部带头学习、遵守和执行法律，带头维护法律权威。各级人大、政府、政协、审判和检察机关的党员领导干部要以身作则、率先垂范，带动公职人员依法办事，让法治精神贯穿到经济管理、社会治理全过程，让“办事依法、遇事找法、解决问题用法、化解矛盾靠法”蔚然成风。

黄少萍与晋江市女企业家座谈

泉州市委书记黄少萍到晋江市与女企业家座谈，省妇联党组书记、主席吴洪芹，泉州市副市长周真平等参加座谈。黄少萍指出，当前，省委、省政府正在推动科学发展跨越发展，并要求泉州勇担当、打头阵、走前列。这意味着重大的机遇和责任，也面临困难和挑战。晋江素有一路领跑的气势和勇气，希望干部、群众、企业家背水一战、攻坚克难，引领全市创新转型、跨越发展，特别是女企业家要以榜样的力量鼓舞、感召、凝聚更多的妇女同胞干事创业，在实体经济、新兴服务领域闯出更大天地，展现更大作为。

座谈会现场　　（图/市妇联）

杨俊峰到洛江区新农村建设示范村现场办公

市政协主席杨俊峰到挂钩联系的洛江区河市镇河市村开展新农村建设试点示范村现场办公。杨俊峰指出，要千方百计增加农民收入，围绕改善村民居住条件、提升村民生活水平等，持续加快传统蔬菜基地建设，发展第二、第三产业，并通过组织就业培训等方式促进当地村民增收，让村民得到实惠。要加强基层组织建设，特别是要巩固和发扬刚刚结束的党的群众路线教育实践活动的成果，结合实际，强化班子队伍建设，推进村务公开和便民服务工作，发挥基层党组织的“桥头堡”作用。要加强对项目建设的组织实施和管理，科学合理用好各级帮扶资金，把河市村打造成富有特色的新农村建设试点示范村。

杨俊峰在洛江区河市镇河市村现场办公（图/陈　翔）

10月29日

星期三
农历甲午年闰九月初六
温度：20℃—28℃
多云

●以“中华心·闽南情”为主题的2014年世界闽南文化节在澳门开幕，黄少萍、陈庆宗、骆沙鸣出席开幕式。

●市政府第55次常务会议召开，学习贯彻中共十八届四中全会和省委、市委常委会精神，部署推进依法行政工作。

●市人大常委会组织全体组成人员学习中共十八届四中全会精神。

●市十五届人大常委会第十九次会议召开，决定任命刘忠为泉州市人民政府副市长。

●第十一届市政协第四次县（市、区）政协主席工作座谈会召开，学习贯彻中共十八届四中全会精神和习近平在庆祝人民政协成立65周年大会上的讲话精神。

●泉州市试点创建“无欠薪项目部”。

●市环保局联合市交巡警支队开展机动车“绿标区”管理执行情况检查。

●庆祝全国人民代表大会成立60周年和地方人大设立常委会35周年书画展在市行政中心会议中心举行。

●鲤城区第四届道德模范表彰大会在泉州影剧院举行。

●由石狮市总工会主办的“缘在工会·爱在金秋”职工集体文明婚礼举行。

●晋江市“党员义工进村社”集中巡回服务活动启动。

市政府常务会议学习贯彻中共十八届四中全会精神

市政府第55次常务会议召开，学习贯彻党的十八届四中全会和省委、市委常委会精神。市长郑新聪主持会议并讲话。副市长卢炳椿、李建辉、陈灿辉、林万明、刘忠，市政协副主席吴共湖参加会议。郑新聪强调，各级各部门要坚持党的领导，把思想和行动统一到全会决策部署上来，推进依法行政，加快建设职能科学、权责法定、执法严明、公开公正、廉洁高效、守法诚信的法治政府。坚持领导带头，做学法、守法、用法的表率。坚持依法履职，抓职能转变，以新一轮机构改革为契机，理顺职责关系，抓好权力清单和负面清单建设；抓服务管理，做好公共服务、社会管理和环境保护；抓便民高效，深化行政审批制度改革，打造与国际接轨的营商环境；抓政府法制机构和队伍建设，建立政府法律顾问制度，为依法履职创造条件。坚持依法决策，执行各项法定程序；建立行政机关内部重大决策合法性审查机制、终身责任追究制度和责任倒查机制；完善与市人大、市政协联席会议制度；健全规范性文件的制定发布程序和评估、清理制度；完善行政决策跟踪反馈机制。坚持公正执法，深化行政执法体制改革，健全行政执法和刑事司法衔接机制；严格规范执法行为，回应群众关切；加强行政复议和行政应诉工作，化解行政争议；加强行政执法队伍建设，在树立法律权威和尊严的同时做到执法便民为民。坚持依法监督，加快构建科学有效的权力运行体系和制约机制，推行政务公开和信息公开；接受人大、政协的监督，完善纠错问责机制，践行群众路线，贯彻落实“八项规定”。坚持依法治市，深化“六五”普法，发挥乡规民约、行业规章等社会规范在社会治理中的作用。

市人大常委会学习贯彻中共十八届四中全会精神

市人大常委会组织全体组成人员学习党的十八届四中全会精神。市人大常委会主任陈海基指出，市人大常委会必须把握依宪治国这个亮点，组织学习好宪法，思考建立和完善宪法监督的程序，确保宪法在本行政区域的执行，为全国人大及其常委会健全宪法实施和监督制度提出意见建议。其次，必须立足当前，加强立法能力建设。市人大常委会成员必须深入对市情的研究，及早组织开展“立法理念、立法理论、立法技术”等方面知识的学习和培训，提升常委会组成人员和立法工作人员的立法能力和工作水平。再次，必须更加注重执法检查。四中全会把“深入推进依法行政、加快建设法治政府”“保证公正司法、提高司法公信力”作为全面推进依法治国的两项重大任务。市人大常委会要按照这一要求，围绕市委中心工作，集中力量抓好执法检查，督促有关部门解决问题，见到成效，为推进依法治市履行好职责。

刘忠任泉州市副市长

市十五届人大常委会第十九次会议召开，决定任命刘忠为泉州市人民政府副市长。刘忠，男，汉族，1968年6月出生，广东海丰人，中共党员，原任国办秘书二局副巡视员，2014年10月起任泉州市副市长。图为会议现场。（图/王虎文）

第十一届市政协第四次县（市、区）政协主席工作座谈会召开

第十一届市政协第四次县（市、区）政协主席工作座谈会召开，学习贯彻中共十八届四中全会精神和习近平在庆祝人民政协成立65周年大会上的讲话精神，总结交流各县（市、区）政协发挥协商民主渠道作用，推动协商民主广泛多层制度化发展的经验做法。图为座谈会现场。

（图/陈　翔）

市政府市政协专题协商“两江”景观整治方案

市政府、市政协举行2014年第二次专题协商活动，就晋江、洛阳江两岸景观整治实施方案开展现场视察、座谈协商。市领导郑新聪、杨俊峰、周真平、陈灿辉、林万明、吴共湖、苏小青、陈铭福、李冀平、陈益，市政府秘书长吴友才、市政协秘书长洪川夫参加活动。市长郑新聪指出，各级各部门要统一思想，步调一致，合力共为，抓好两江景观整治、提升和建设工作。要坚持规划引领，做到四个“结合”，即规划与水利、市政、住建等相关工作相结合，市本级规划与两江沿线县（市、区）的区域性规划相结合，左岸右岸、南岸北岸相结合，社会各界意见与专家顾问意见相结合，调整和深化晋江、洛阳江两岸景观整治规划体系。要强化组织实施，按照统一管控、统筹实施、分级负责的原则，分清先后缓急，推进各项整治提升工作。要坚持生态优先，尊重自然，尊重规律，推广建设“会呼吸”的河道、堤岸，最大限度地改善生态环境。要加强要素保障，多渠道解决资金问题，争取社会各界支持，为两江景观整治提升出钱、出力、出点子。市政协主席杨俊峰指出，两江整治规划首先要融入环泉州湾整体规划，两江沿岸不同地段要结合自身特色规划不同的标志性建筑，带动周边建筑群；建筑天际线力戒搞“一堵墙”，要留出自然景观走廊的建设空间；两江沿岸整治要注重堤路结合，发挥堤路的综合功能，提高可达性；解决沿江桥路互通中的问题，规划好桥与路的连接和结合；夜景工程日常要以体现建筑物线条和轮廓为主，节日再使用探灯、照灯。要分段分步组织实施，先做晋江段后做洛阳江段，从亟须整治的部分先做起，做到因地制宜、节约实用。要注重水面景观整治，晋江段要尽早启动疏浚清淤工作，洛阳江整治要以生态保护为主，统筹协调好湿地保护、洛阳古桥保护和后渚港区航道顺畅。要加强领导、统筹规划、统一指导、分级负责，抓好两江两岸景观整治提升。

座谈会现场　　（图/陈　翔）

全国老年远程教育工作推进会在泉州召开

30—31日，全国老年远程教育工作推进会在泉州召开，交流开展老年远程教育工作经验，表彰一批先进个人、先进收视点和优秀科研论文。中国老年大学协会会长张晓林、常务副会长袁新立，福建老年大学校长、中国老年大学协会副会长黄瑞霖，市领导郑新聪、陈沈阳参加会议。张晓林在肯定泉州老年大学等单位开展老年远程教育的经验后指出，开展老年远程教育，是扩大优质资源在城乡区域间覆盖面、加快推进老年教育的发展方向。各地老年大学要统一认识，先行先试，推动“三个一”（即在全国部分省市建立一批老年远程教育实验区，推荐评选并推广一批全国老年远程教育优质课件，开展一批老年远程教育的课题研究）行动计划的深入开展，实现老年远程教育的新发展。市长郑新聪表示，泉州市委、市政府长期高度重视老年人事业，特别是老年教育工作。把发展老年教育纳入经济社会发展的总体布局，连续制定三个老年教育五年规划，并逐年抓好落实；连续三年实施“双百”工程，即建立市、县级各100个远程教学示范点，以示范试点带动远程教育收视点全面推开。至2013年底，全市已办各级老年大学（学校）2456所，创办老年远程教育接收点2177个，每年参加学习的老年人16万多人，走在全省、全国前列。今后，泉州将以此次会议的召开为契机，学习借鉴全国兄弟城市的好经验，扩大老年教育覆盖面，提升办学实效；探索新形势下办好老年教育的新路子，动员各方力量，广开办学渠道，形成党政主导、多方参与、社会支持，多层次、多渠道、多形式发展老年教育的局面。与会人员还考察晋江市和惠安县的老年远程教育工作。

座谈会现场　　（图/陈　翔）

10月30日

星期四
农历甲午年闰九月初七
温度：20℃—29℃
多云

● 市政府、市政协举行2014年第二次专题协商活动，就晋江、洛阳江两岸景观整治实施方案开展视察、座谈协商。

● 30—31日，全国老年远程教育工作推进会在泉州召开，交流开展老年远程教育工作经验，表彰一批先进个人、先进收视点和优秀科研论文。

● 全省“两新组织”妇女之家建设片区工作会议在泉州召开。

● 市委政法委专题学习会召开，学习贯彻中共十八届四中全会精神。

● 由国家卫生计生委和全国总工会主办的全国妇幼健康技能竞赛决赛在北京举行，代表福建省参赛的泉州选手林秀英、蔡玉渝分获所参赛项目的一等奖和二等奖。

● 是日起，持泉州公交IC卡的市民可在全国50个城市刷卡乘车，并享受当地优惠政策。

● 由故宫博物院和德化县政府主办的“魅力中国白——德化窑陶瓷精品展”在北京故宫博物院开幕。

10月31日

星期四
农历甲午年闰九月初八
温度：22℃—30℃
多云

●全国“雨露计划”贫困村创业致富带头人培训闽甘、闽宁试点启动仪式在南安市蓉中村举行。

●“海峡技术转移专场——中国科学院百项新材料科技成果推介对接会”在泉州举行。

●泉州代表团参加“东亚文化之都·2014光州”闭幕式梦想嘉年华文艺演出。

●吉林延边朝鲜族自治州政协副主席、州工商联主席权贞子到泉州市工商联走访座谈，两地工商联签订友好工商联协议。

●市装备制造业协会成立。

●首届“CRI杯全球中学生多语种数字化故事大赛”颁奖仪式在北京意大利驻华使馆举行，由泉州七中学生拍摄的微电影《传延》获福建省第一名、全国第二名。

●10月31日—11月1日，2014年闽台大学生业余围棋赛在泉州师范学院举行。

●10月31日—11月1日，2014年全国纺织服装标准与质量管理大会在石狮市举行。

●万圣节游园活动在市区领SHOW天地举行。

●由丰泽区政府、泉州晚报社主办的丰泽区首届婚庆博览会启动。

●电视连续剧《清水祖师》演员甄选暨首届“安溪铁观音·梦想之星”选秀大赛启动。

●永春县通过“国家水土保持生态文明综合治理工程”水利部专家组评审。

全国“雨露计划”贫困村创业致富带头人培训闽甘闽宁试点启动仪式在南安市举行

全国“雨露计划”贫困村创业致富带头人培训闽甘、闽宁试点启动仪式在南安市蓉中村举行。首期培训班同时开班，为来自甘肃、宁夏等地的百名学员提供创业培训指导。国务院扶贫办党组书记、主任刘永富，甘肃省副省长王玺玉，宁夏回族自治区党委常委、自治区政府副主席李锐，福建省副省长陈荣凯出席启动仪式。刘永富指出，蓉中村是可学可推、愿为能为的典型，此次在蓉中村开展试点是发展生产、减贫增收的需要，是科学扶贫、精准扶贫、内源扶贫的需要，是探索创新扶贫培训方式的有益尝试。创业导师要真正传经送宝，持续跟踪教导，务求取得培训实效。参训学员要认真学习、努力实践、勇于开创，力争做贫困村脱贫致富的带头人、“领头雁”和“排头兵”，努力成为改变贫困村面貌的生力军。

“中国科学院百项新材料科技成果推介对接会”在泉州举行

由省科技厅、经信委，中科院科技促进发展局、上海分院、海西研究院，市政府主办的“海峡技术转移专场——中国科学院百项新材料科技成果推介对接会”在泉州举行。中国科学院副院长施尔畏，副省长洪捷序，市领导黄少萍、郑新聪、翁祖根、陈灿辉，中科院相关院所的领导、专家等参加相关活动。中科院16个研究院所的科研人员带来130多项新材料领域的研究成果，与200多家福建企业开展咨询对接。共有21个项目现场签约，其中与泉州企业携手19个。会后，中科院科研人员还到海西研究院泉州装备制造研究所和部分泉州企业参观调研。

泉州代表团参加“东亚文化之都·2014光州”闭幕式

由市委副书记周银芳带队的泉州代表团参加“东亚文化之都·2014光州”闭幕式梦想嘉年华文艺演出。演出以泉州节目开场，包括掌中木偶、武术、钢琴、舞狮等。韩国光州市市长尹壮炫、韩国光州东亚文化之都促进委员会委员长郑东采、日本横滨市议会议长佐藤祐文、中国驻光州领事馆总领事王宪民参加闭幕式。周银芳在致辞中表示，一年来，泉州与光州围绕“东亚意识、文化交融、彼此欣赏”的精神主题，开展文化周、青少年夏令营、民间旅游交流互访、文化创业产业展等交流活动，共同向世界展示亚洲文化的魅力。建设“东亚文化之都”，不只是为期一年的活动，而是一项利在长远、具有持续性的长期任务，希望三市进一步加强沟通，继续开展各种文化交流活动，开拓交流合作领域，为中韩日交流合作打下更坚实的基础。泉州代表团在光州期间还参观CGI中心（信息文化振兴院）、传统文化馆、双年展等高科技和文化项目。

泉州市装备制造业协会成立

泉州市装备制造业协会成立。该协会由南方路机、铁拓机械、晋工机械、信和新材料、卜硕机械、泉工股份、盛达机器等龙头企业发起组建，涵盖筑路机械、数控机床、制砖机械、消防阀门、汽车配件、仪表电气、纺织机械、石材装备、工程机械及配件等泉州主导的装备制造产业范畴。协会立后，将成为泉州装备制造产业涵盖范围最广的社团。

大会现场　（图/郭冰德）

2014年闽台大学生业余围棋赛在泉州举行

10月31日—11月1日，由省围棋协会、海峡两岸职业教育交流中心与泉州师范学院主办，台盟泉州市委员会和泉州丰泽棋院承办的2014年闽台大学生业余围棋赛在泉州师范学院举行。比赛分为团体赛和个人赛，其中个人赛分为精英组和普通组。台湾大学、台湾师范大学、台湾科技大学、中兴大学、佛光大学和长庚大学6所台湾高校和厦门大学、华侨大学、福州大学、福建师范大学、泉州师范学院等19所大陆高校共80余名大学生参赛。

泉州新增四家博士后工作站

泉州市又有4家博士后科研工作站获批成立。至此，全市博士后科研工作站总数为14家。此次福建省新增博士后科研工作站16家，其中泉州4家：福建欧美龙体育用品有限公司、福建火炬电子科技股份有限公司、福建先创电子有限公司、泉州市鲤城高新技术产业开发区。

相关链接：根据泉州市的有关规定，对新批准设立的博士后科研工作站，将给予一次性30万元建站资助；设站单位每招收一名博士后人员，将给予2万元培养资助；进站博士后人员，经中期考核和期满考核合格的，每人每年发放2.5万元的科研和生活补助，分两年发放，发放总额5万元。为了吸引博士后科研人员落户本地，对在本市从事科研工作，且与本市企事业单位签订3年以上劳动（聘用）合同的出站博士后人员，给予5万元的科研生活补助。

华侨大学迎来54周年校庆

国立华侨大学迎来54周年校庆。上世纪50年代，随着回国升学的华侨青年日益增多，中侨委决定创办一所大学，专供华侨学生回国深造，考虑到泉州是重点侨乡，最终选址在泉州。该校于1960年创办，发展至今成为全国华侨、港澳台学生及外国留学生最多的大学之一。新老照片，记录着学校54载风雨中的今昔变化，也记录下侨乡、侨校、侨生的不解情缘。

新老照片记录华侨大学今昔变化　（图/姚祖斌　张彬）

纪念弘一法师《清凉歌》音乐会在泉州举行

《清凉歌》音乐会在泉州影剧院举行。该音乐会是纪念弘一法师（李叔同）“清凉艺术节”的重头戏。此次艺术节由福建省爱和生命关怀公益协会主办，泉州市弘一大师学术研究会协办，是“东亚文化之都”系列庆祝活动之一。来自北京、上海、浙江、湖北、江西等地上千名观众共同欣赏一场高水准的清凉之歌。音乐会以弘一法师出家后创作的《清凉歌集》为主题，由弘一法师的作品《三宝歌》开场，分序幕、上半场、下半场和尾声组成，最后由著名的歌曲《送别》掀起高潮。演出的作品大部分是弘一法师创作的，也有部分音乐家专门为本场音乐会创作的歌曲如《弘一颂》《天心月圆》。福建师范大学音乐学院教授林立君、武汉音乐学院副教授周建良、美籍华裔歌唱家尤雁子等知名音乐家到场倾情献唱，知名音乐家张国文担任艺术总监，旅法青年指挥家孙莹担任指挥。

《清凉歌》音乐会现场　（图/陈智勇）

环保志愿者到泉州湾河口湿地开展志愿服务活动

市环保志愿服务总队在泉州湾河口湿地自然保护区开展“保护湿地，关爱母亲河”环保志愿服务活动。来自泉州市各高校的环保志愿服务分队、泉州湾河口湿地自然保护区管理处、泉州市湿地学会等单位的90名环保志愿者，通过种植海洋植物海马齿、清洁海滩活动、红树林巡护、观鸟和湿地保护宣传等活动，呼吁市民携手保护湿地，共建美丽泉州。

活动现场　（图/谢　曦）

11月1日

星期六
农历甲午年闰九月初九
温度：22℃—29℃
多云

●泉州市人民政府办公室退休人员党支部被中共中央组织部授予“全国离退休干部先进集体”称号。

●泉州新增四家博士后工作站。

●华侨大学迎来54周年校庆。

●中国高等院校影视学会第十五届年会暨第八届“中国影视高层论坛”、第八届“学会奖”以及第五届“学院奖”颁奖活动在南京举行，华侨大学选送的作品《再见曼谷》（新版）获纪录片一等奖，《南音雅艺》《土楼人家》获纪录片优秀奖。

●纪念弘一法师《清凉歌》音乐会在泉州影剧院举行。

●市环保志愿服务总队在泉州湾河口湿地自然保护区开展“保护湿地，关爱母亲河”环保志愿服务活动。

●由中国教育学会高中专业委员会、泉州市教育局主办的“普通高中特色办学”主题学术报告会在泉州培元中学举行。

●2014年全国纺织服装标准与质量管理大会在石狮落幕，11家石狮企业获“质量管理示范单位”称号。

11月2日

星期日
农历甲午年闰九月初十
温度：22℃—28℃
多云

●第十五届省运会在漳州闭幕，泉州代表团位列金牌榜第三名和总分第三名。

●“东亚文化之都泉州的历史回顾暨纪念陈泗东诞辰九十周年学术研讨会”在泉州师院举行。

●永春县玉斗镇2014年秋季佛手茶大奖赛举行。

●第十七届全国成人游泳锦标赛在深圳结束，石狮游泳协会组队参赛，获1金2银5铜。

●由晋江市绿化委编著、海峡书局出版的《玉兰菩提——晋江市花市树诗文集》在晋江市图书馆举行书展开幕式、作家签赠会暨出版座谈会。

第十五届省运会泉州代表团获总分第三

福建省第十五届运动会在漳州闭幕。该届省运会有一万多名选手参加，一批优秀青少年体育运动人才脱颖而出，有2人次破2项省纪录，18人次破14项省少年纪录。金牌榜排名为福州代表团居首，获232枚金牌；厦门代表团排名第二，金牌203枚；泉州代表团位居第三，金牌136.5枚；龙岩代表团、漳州代表团位居第四和第五。金牌120.5枚；总分榜排名福州代表团第一，厦门、泉州、漳州、龙岩代表团分居第二到第五。

文都泉州历史回顾暨纪念陈泗东诞辰九十周年学术研讨会举行

“东亚文化之都泉州的历史回顾暨纪念陈泗东诞辰九十周年学术研讨会”在泉州师院举行。此次会议收到论文42篇，来自东南大学、厦门大学、福建师大、福州大学、华侨大学、闽南师大、泉州师院等高校和泉州当地文史界的专家学者约百人与会研讨。与会专家学者表示，要学习陈泗东爱国爱乡的高尚情操，科学严谨的治学精神，弘扬优秀传统，开拓创新，为泉州市文化历史的传承发展做出应有的贡献。研讨会由泉州市社科联和泉州师院闽南文化生态保护协同创新中心、闽南文化生态研究中心、中国史重点学科主办。

相关链接：陈泗东长期从事泉州地方史研究，是泉州知名的地方史专家，曾被誉为“泉州通”。陈泗东撰写的《泉州少林寺阐微》《郑成功焚青衣处地点无误说》《泉州湾宋船沉没原因及带有文字的出土文物考证》等引起中国文史界注目。陈泗东主持翻印《泉州府志》，主编《泉州文史》《中国历史文化名城·泉州卷》《泉州名胜诗词选》《泉州风俗资料汇编》等。陈泗东生前大力倡导开展“泉州学”的研究，在泉州申报国家首批公布的历史文化名城、清源山申报国家级风景名胜区以及泉州海上丝绸之路考察、南少林在泉州，尤其在历史文化名城的保护、考古发掘等方面倾注了大量心血。

永春玉斗镇举行佛手茶大奖赛

永春县玉斗镇2014年秋季佛手茶大奖赛在镇政府二楼会议室举行，53种佛手红茶和255种佛手清香茶同场竞技，参评茶样数量远超往年。六名高级评茶师闻茶香、看汤色、赏滋味、评叶底，经过两个多小时的反复斟酌，最终评出优质佛手茶金奖1个、银奖2个、铜奖3个和优质奖若干。

相关链接：近两年，玉斗镇成立五家茶叶专业合作社，镇里聘请专家对其进行规范指导，致力于生态茶园建设，推进茶叶品种改良，测土配方施肥，注重病虫害防治，开展技术培训、技术交流和咨询服务。

晋江市持续推广市花市树

由晋江市绿化委编著、海峡书局出版的《玉兰菩提——晋江市花市树诗文集》在晋江市图书馆举行书展开幕式、作家签赠会暨出版座谈会，省内外知名作家、媒体记者及300多名市民参与活动。座谈会上，活动主办方介绍晋江市花玉兰、晋江市树菩提兼具美化环境和陶冶情操的双重作用，是晋江人文特色的浓缩和象征。此次特邀海内外知名作家通过文学作品的形式，挖掘白玉兰、菩提的文化内涵，并集中呈现、结集出版，就是为了让晋江市花市树更加深入人心，美名远扬。与会作家、学者认为，《玉兰菩提》的出版，是生态绿化与文学文化相融合的一次成功尝试，是“海滨邹鲁”晋江人文气息的生动表达，是晋江城市品位的纸墨呈现。书中选录的40篇名家作品，各具慧眼与巧思。读者通过作家笔下描摹的一朵花、一棵树，可以阅读、感知晋江城市的风土人情、人文魅力。

相关链接：2013年9月12日，晋江市出台《晋江市市花市树评选活动方案》，提出评选市花市树应“适应本地、形态优美、群众乐用、内涵丰富”四项要求，经过前期准备、专家初评、群众推荐、专家论证、市民投票等环节，评选出市树菩提树、市花白玉兰花。此后，晋江市把大量种植白玉兰花、菩提树作为彰显城市特色的载体之一，引导和鼓励市民广泛种植。

第十七届全国成人游泳锦标赛石狮泳将获1金2银

第十七届全国成人游泳锦标赛在深圳结束，石狮游泳协会组队参加比赛，获得1金、2银、5铜的好成绩。该赛事由国家体育总局游泳运动管理中心、中国游泳协会主办。来自中国游泳协会成人、冬泳委员会团体会员单位、游泳俱乐部及香港、澳门地区共70支代表队的1200多人参加。比赛中，石狮泳将蔡加欣获男子25—29岁组200米蛙泳金牌；林妮娜获女子25—29岁组100米自由泳银牌，蔡思诗获女子18—24岁组100米仰泳银牌；许文敬、王世雄、陈建荣、林妮娜、周丹分别在各自组别获铜牌。

省第八届少数民族传统运动会泉州列金牌榜奖牌榜第二

为期4天的福建省第八届少数民族传统体育运动会在厦门闭幕。泉州代表团59名少数民族运动员参加蹴球、射弩、武术、陀螺和板鞋竞速5个竞赛项目及表演项目的角逐，并夺得竞赛项目4枚金牌、5枚银牌、4枚铜牌，表演项目获2个金奖，金牌总数和奖牌总数均居全省第二名。金牌获得者是武术类女子器械庄吉、男子器械王乾龙、男子对练古宇飞、王乾龙；射弩类男子立姿钟忠兴。银牌获得者是武术类男子拳术杜家宝、女子拳术庄吉；板鞋竞速类男子60米贺欢等3人、男子2×100米兰靖玮等6人；射弩类女子立姿钟富治。铜牌获得者是武术类男子器械杜家宝；板鞋竞速类男子100米贺欢等3人、男女4×100米混合接力兰芳等12人。表演项目中的《击竹踏歌》位列金奖全省第一名。

泉州六件作品获评“福建最具创意文化产品”

由省委宣传部、省文改办等部门主办，东南网、福建文化产业网承办的“2014年度福建省最具创意文化产品评选”在承办单位东南网发布，泉州市有六件作品获奖。该活动旨在汇聚创意资源，培育创意人才，搭建创意品牌平台，促进文化创意设计成果的转化与深度开发。获评“福建省最具创意文化产业”称号的包括10件“十佳”作品和40件“优秀奖”作品。其中，由本土知名画家、泉州师院美术设计学院教授蔡永辉创作的《闽南文化使者“惠女阿芳”形象设计》摘得“十佳”作品探花，鲤城区大拾堂文化创意有限公司选送的《大拾堂创意系列》和惠安县旅游协会选送的《惠安女六姐妹系列宣传品（“乐游风情惠安”）》也跻身“十佳”，分别排名第九和第十。泉州获“优秀奖”的是：陶瓷艺术大师林鸿福选送的《忆南音》，永春彬达制香选送的《石来运转》以及国家级非遗安溪竹藤编技艺传承人陈清河选送的《四君子锦瓶》。

泉州民警获“我最喜爱的人民警察”特别奖

由公安部和中央电视台举办的第五届“我最喜爱的人民警察”评选揭晓，泉州市公安局副局长、晋江市公安局局长陈文荣获特别奖，并被授予“全国公安系统二级英雄模范”称号。陈文荣是泉州市公安系统近年来涌现出的杰出代表，其从警22年，在不同工作岗位上忠于职守，无私奉献，屡立战功。特别是担任晋江市公安局局长以来，秉持“破案是硬道理、少发案就是最大的为民”的理念，主动作为，积极应对，严打严防各类刑事犯罪。在警威的震慑下晋江的刑事发案数大幅下降，群众对社会治安的满意率从一度泉州市倒数第三跃升前三位。

泉州粮食业界组团参加国际粮油展

第十三届中国国际粮油产品及设备技术展示交易会在江西南昌闭幕。泉州市粮食局带领本地粮食加工企业集体参展交流，金穗米业参展的“金润”牌大米和华仁油脂参展的食用油产品获展会最高奖金奖。中国国际粮油产品及设备技术展示交易会是中国粮食行业规模大、档次高、参展企业及产品门类最全的综合展览会。此次金奖得主，是经各省粮食部门初评审核，业内专家评审，现场复审，在全国28个省区市及计划单列市中，从3000多种参展产品中经过层层推荐、评选而出的优质产品。展会还评选产生第五批全国放心粮油示范加工企业，泉州市金华油脂食品有限公司榜上有名。至此，泉州市已有5家企业被评为全国“放心粮油示范加工企业”，1家企业被评为全国“放心粮油示范销售店”。泉州市粮食局负责人表示，作为传统的粮食销区，通过组团参展，展示了泉州市粮油企业发展成果，开阔了参展企业的视野，密切了国内行业间的交流和联系。

“清溪雅集·幕天文人”茶会在安溪县举行

由安溪县委宣传部、市作家协会和安溪县文联主办的“清溪雅集·幕天文人”茶会在安溪县中国茶博汇茶文化大观园举行。中国著名文学评论家、中山大学中文系博士生导师、广东省作家协会副主席、国务院特殊津贴专家谢有顺教授，人民文学奖获得者、南方周末报系《mangazine精英》杂志副主编黄惊涛和泉州本土作家以及文学爱好者共近百人参加活动。与会者就“文学的突围”的话题，自由畅谈，分享各自独到的文学见解，并展开交流与对话。现场部分中学文学社代表就文学的地域性、校园文学的困惑等话题，和与会者互动交流。

11月3日

星期一
农历甲午年闰九月十一
温度：18℃—24℃
多云

●福建省第八届少数民族传统体育运动会在厦门闭幕。泉州代表团夺得竞赛项目4枚金牌、5枚银牌、4枚铜牌；表演项目获2个金奖。金牌总数和奖牌总数均居全省第二。

●由省委宣传部、省文改办等部门主办，东南网、福建文化产业网承办的“2014年度福建省最具创意文化产品”评选揭晓，泉州市有六件作品获奖。

●由公安部和中央电视台举办的第五届“我最喜爱的人民警察”评选揭晓，泉州市公安局副局长、晋江市公安局局长陈文荣获特别奖，并被授予“全国公安系统二级英雄模范”称号。

●第十三届中国国际粮油产品及设备技术展示交易会在江西南昌闭幕。泉州粮食加工企业集体参展交易，其中，金穗米业的“金润”牌大米、华仁油脂的食用油产品获展会最高奖“金奖”；金华油脂食品有限公司被评为第五批“全国放心粮油示范加工企业”。

●“清溪雅集·幕天文人”茶会在安溪县中国茶博汇茶文化大观园举行，福建籍著名文学评论家、中山大学中文系教授、博士生导师谢有顺和泉州本土作家共聚一堂，畅谈文学突围及新时期文学的作用。

●全程票价一元的市区55路公交车开始运营。

11月4日

星期二
农历甲午年闰九月十二
温度：16℃—24℃
多云

●市委召开常委（扩大）会议，传达学习习近平到福建考察时的重要讲话精神、省委常委（扩大）会议精神。

●市纪委召开常委（扩大）会，学习贯彻中共十八届四中全会、中纪委十八届四次全会和习近平在福建考察期间的重要讲话精神。

●晋江市召开2015年“全民动员 绿化晋江”活动动员会。

市委常委会议传达学习习近平到福建考察讲话精神

市委召开常委（扩大）会议，传达学习习近平总书记到福建考察重要讲话精神、省委常委（扩大）会议精神。市委书记黄少萍主持会议。市领导郑新聪、周银芳、陈海基、杨俊峰、陈沈阳、沈耀钦、许昆贞、翁祖根、陈庆宗、林俊其等参加会议。

在传达习近平到福建考察重要讲话精神、省委常委（扩大）会精神后，黄少萍强调，各级各部门要把学习贯彻习近平重要讲话精神作为当前的一项重要政治任务。要加大宣传力度，创新宣传形式，提升宣传效果，掀起学习宣传贯彻习近平重要讲话精神的热潮，引导帮助广大干部群众用习近平重要讲话精神武装头脑、指导实践，汇聚起推动全市经济社会又好又快发展的正能量；要紧紧抓住中央支持福建加快发展的重大战略机遇，完善跨越发展的思路举措，努力以“勇担当、打头阵、走前列”的要求，力促发展速度能快则快、产业创新有更大突破、生态建设同步协调、民生建设抓紧抓好，不辜负中央、省委的厚望。就泉州市贯彻落实讲话精神，黄少萍提出四点要求。一要深刻领会精神要义，全面落实跨越发展部署；二要增强责任担当意识，全力完成既定目标任务；三要加紧对接政策支持，乘势提升改革开放水平；四要落实从严治党责任，打造作风过硬干部队伍，带领干部群众把加快科学发展跨越发展要求落到实处，为建设机制活、产业优、百姓富、生态美的新福建做出新的更大贡献。

市纪委常委会学习贯彻十八届四中全会精神

市纪委召开常委（扩大）会，学习贯彻中共十八届四中全会、中纪委十八届四次全会和习近平到福建考察期间的重要讲话精神，部署下阶段纪检监察工作。会议要求，全市纪检监察系统要认真学习领会上级精神，把思想和行动统一到中央和省委的精神上来，统一到市委的各项工作部署上来。要持续加强作风建设，继续保持督促落实中央“八项规定”的力度，纠正“四风”问题，抓好《泉州市厉行节约文明举办婚丧喜庆事宜的暂行规定》等有关规定的贯彻落实，重点围绕元旦、春节等时间节点抓好监督检查，保持震慑态势。要继续保持查办案件力度，坚持“老虎苍蝇一起打”，争取年底前再突破查办一批有影响的大案要案。要严格督促落实省委最近下发的有关落实党委主体责任、纪委监督责任“两个责任”规定和责任追究办法，加大监督检查力度，对落实“两个责任”不力的领导干部进行问责。

晋江市发出全民绿化动员令

晋江市2015年“全民动员 绿化晋江”活动动员会召开，发出全民动员绿化令。会议总结回顾第一个“五年规划”的推进情况，安排部署今后五年的造林绿化工作，2015年拟投入1.09亿元，用于市花市树推广、小流域景观绿化、海防林修复、森林景观建设等一系列大规模改造绿化活动，实现“森林围城”的绿美晋江梦。2009年，晋江市实施“全民动员 绿化晋江”活动第一个五年规划，掀起一轮又一轮的植树造林热潮，完成造林绿化5.3万亩，获“国家园林城市”“省级森林城市”称号。在下一个五年，晋江市将以创建国家级生态市为目标，把生态文明理念全面融入新型城镇化进程当中，要求各级各部门树立“抓造林绿化工作也是政绩”的意识，全力以赴推进造林绿化工作。2015年，晋江计划投入1.09亿元，全年完成植树造林任务1.3万亩，其中非规划林地造林8000亩、林分改造5000亩。为确保造林绿化任务的顺利完成，晋江市坚持“七化并举”，即“城区建设园林化、山体植物多样化、流域整治系统化、镇村造景特色化、道路景观层次化、防护林建设功能化、造林管护专业化”，力求以点带面，做到工作有成效，成效有特色。通过科学制定绿化规划体系，晋江市严格落实保障措施，做到“同步规划、同步实施、同步落实责任、同步考核、同步落实配套资金”五个“同步”，形成高位推动机制，确保“全民动员 绿化晋江”活动有序展开，逐步满足晋江人民“天蓝、地绿、水清、岸美”的“森林围城”愿景，实现“百姓富”和“生态美”的有机统一，为晋江市科学发展跨越发展注入强大的绿色动力。

生态绿城晋江　　（图/朱向阳）

全市文艺工作座谈会召开

市委书记黄少萍主持召开全市文艺工作座谈会，与文艺工作者共同学习习近平在文艺工作座谈会上的重要讲话精神，共同探讨推动全市文艺事业繁荣发展大计。市领导翁祖根、陈庆宗、张建生、周真平参加座谈。参加座谈会的既有来自传统艺术领域的老艺术家，也有微电影等新兴领域的新锐人才，大家畅谈学习心得，建言文化发展，一致表示将继续坚持以人民为中心的创作导向，立足泉州这片文化的丰厚土壤，创作更多无愧于时代、影响深远的文艺精品，进一步擦亮城市文化品牌。黄少萍要求，要大力弘扬传统优秀文化，创新发展现代艺术，推动文艺繁荣发展。一要保护好传统文化，将泉州最传统、最纯粹、最原生态的文化因子原汁原味地坚守下来。二要紧跟时代步伐，抓住国际化机遇，充分吸收现代流行元素和高科技元素，创新演绎，让传统艺术散发时代光芒，吸引更多观众群特别是年轻受众。三要与经济融合，将文艺的传播力与全市特色产业发展紧密结合，扩大泉州文化产品和民生消费品的市场影响力。各级党委、政府要加大对文艺工作的支持扶持力度，宣传、文广新、文联、组织、人事等部门要及时研究解决文艺工作者提出的意见建议，共同构建推动文艺发展的良好工作格局。要更加注重人才培养，建立完善激励奖励机制，推动全市艺术院校、艺术学科持续发展，培养更多创作表演人才。要积极推进文化管理体制改革，引导社会资本、金融资本以多种方式投入公共文化服务领域，培育壮大各类文化企业和园区。

座谈会现场　（图/林劲峰）

省文明委测评泉州创建全国文明城市工作

5—7日，省文明委对泉州市创建全国文明城市工作和未成年人思想道德建设工作进行模拟测评，并召开会议反馈模拟测评情况。市领导周银芳、陈庆宗、张建生、周真平、李冀平参加反馈会。市委副书记周银芳指出，自1995年启动文明城市创建工作以来，市委、市政府高度重视，工作取得一定成效。但通过模拟测评可见，创建工作存在不少薄弱环节。各区各部门要秉持“文明发展、文明为民、文明光荣”的观念，强化“标准意识、自觉意识、素质意识、忧患意识、落实意识”，把创建文明城市作为塑造城市品牌形象、提升市民素质、改善民生的重要途径，努力做到“人更善、城更美、社会更和谐”。要强化尽职尽责，做到巩固强项、弥补缺项、补强弱项，确保存在问题整改到位。要深化创建工作，做到“全”，全面宣传、全民参与，形成合力；做到“精”，精心谋划、精细运作，统筹安排；做到“特”，争创特色、特事特办；做到“实”，真抓实干、落到实处。要健全长效机制，积极构建“层层有人抓、事事有人管、项项有指标、限时必落实”的创建保障体系，形成创建工作一盘棋的“大合唱”局面。

中国闽台缘博物馆晋级AAAA景区

市旅游局透露，泉州市新增3家A级景区，其中AAAA级1家，为中国闽台缘博物馆；AAA级2家，分别为领SHOW天地、泉港红星生态园。至此，泉州共有国家AAA级以上景区27家。其中，AAAAA级1家：清源山风景名胜区；AAAA级7家：开元寺、安溪清水岩、永春牛姆林、惠安崇武古城、德化石牛山、洛江仙公山、中国闽台缘博物馆；AAA级19家：安溪凤山旅游区、南安灵应寺、永春百丈岩、永春普济寺仙洞山、永春魁星岩、永春乌髻岩、晋江围头战地文化渔村、晋江衙口滨海旅游区、晋江灵源山、安溪洪恩岩、南安凤山寺、惠安净峰寺、南安天柱山、泉州山美湖旅游区、永春雪山生态旅游区、永春北溪文苑生态旅游区、德化国宝云龙谷景区、丰泽领SHOW天地、泉港红星生态园。

中国闽台缘博物馆外景　（图/吴寿民）

11月5日

星期三
农历甲午年闰九月十三
温度：17℃—25℃
多云

●泉州市文艺工作座谈会召开。

●5—7日，省文明委对泉州市创建全国文明城市工作和未成年人思想道德建设工作情况进行模拟测评。

●市旅游局发布消息，泉州市新增3家A级景区，其中AAAA级1家，为中国闽台缘博物馆；AAA级2家，分别为领SHOW天地、泉港红星生态园。至此，泉州有国家AAA级以上景区27家。

●由泉州市政协、中国闽台缘博物馆及各县（市、区）政协举办的“东亚‘文都’·魅力泉州”书画摄影作品展在中国闽台缘博物馆举办。

●5—7日，2014年村镇建设管理干部培训班举行，全市130多名乡镇负责人学习村镇规划编制与实施、村镇建设政策解读、打造村镇环境景观、农村集体产权制度改革的法律思考等知识。

●福建省“12355”青少年心理健康宣传月活动在泉州举行，专家团队到泉港区第三实小、洛江区双阳中学、泉州市青少年心理咨询体验中心进行巡回辅导。

●丰泽公安分局泉秀派出所、丰泽区消防大队、成洲社区、领SHOW天地等单位，在领SHOW天地园区举行“119消防宣传日”系列活动。

●省工商局公布首届福建省“十佳地理标志商标”，泉州“安溪铁观音”上榜。

11月6日

星期四
农历甲午年闰九月十四
温度：19℃—26℃
多云转阴

●全省政协民族宗教工作座谈会在泉州召开。

●市委督导组工作座谈会召开，总结交流督导经验，部署深化作风建设。

●国家知识产权局发出《关于第十六届中国专利奖授奖的决定》，泉州市获第十六届中国专利优秀奖3项，获中国外观设计优秀奖2项。

●全市道路交通安全工作电视电话会议暨“百日会战”动员部署会议召开。市政府决定自2014年11月1日至2015年2月10日，开展全市道路交通安全综合整治“百日会战”。

●由市委宣传部举办的第十六届泉州对外新闻奖评选结果发布，有47件作品获奖。

●辽田尖山古窑址（位于德化县和永春县交界处）考古发掘队首次对外发布考古发掘成果，初步确定该古窑址为商周时期德化龙窑遗址。此前德化发现最早的窑址是唐末时期的，该次重大考古发现将德化龙窑建窑史向前推进2000多年。

●泉州市举办社会发展论坛，以“志愿服务与和谐泉州”为主题，就泉州的志愿服务发展问题展开讨论。

●厦门国际银行股份有限公司泉州分行开业。厦门国际银行泉州分行联合闽都中小银行教育发展基金会，向丰泽区实验幼儿园、永春县蓬壶镇壶东小学捐赠助学善款10万元。

全省政协民族宗教工作座谈会在泉州召开

全省政协民族宗教工作座谈会在泉州召开。省政协党组副书记、副主席张燮飞，市政协主席杨俊峰，副市长周真平，省政协民宗委主任、副主任和委员，及各设区市政协分管领导和民宗委相关负责人参加座谈。张燮飞指出，新形势下要学习领会中央、省委关于全面深化改革、推进依法治国、开展党的群众路线教育实践活动、加强党的建设以及推进福建科学发展跨越发展的有关要求，理解和把握社会主义协商民主的内涵，发挥人民政协在社会主义协商民主中的重要渠道作用。要把握好方向、把握好角色、突出重点、注重实效，以务实有效的作为，推进全省政协民族宗教工作，为福建省民族团结进步、宗教和睦、社会和谐，为福建科学发展跨越发展和促进祖国统一大业贡献智慧和力量。

座谈会现场　（图/吴寿民）

市委督导组工作座谈会召开

市委督导组工作座谈会召开。市领导黄少萍、周银芳、陈沈阳参加会议。市委书记、市委教育实践活动领导小组组长黄少萍指出，9个月来，市委25个督导组重视抓好学习教育，帮助被督导单位找准“四风”问题，把关专题民主生活会，结合实际督促重点整改落实，推动建章立制，督导工作扎实有效，为开展集中教育活动提供了借鉴。黄少萍强调，各级各部门要学习领会习近平关于党建工作的新思想、新部署和建设“机制活、产业优、百姓富、生态美的新福建”的要求，运用督导经验做法，抓好教育实践活动的后续工作，以良好作风保障科学发展跨越发展。各督导组要督促各级党委（党组）逐级“对账单”，结合年底工作总结，对整改落实情况进行“回头看”，特别是对专题整治、制度建设、软弱涣散基层党组织整顿等重点工作，查找缺项、漏项和死角，防止挂空挡、挂倒挡。要加强作风建设，督促各单位固化活动成效，保持正风肃纪的高压态势，做到一丝不苟、严防死守、稳扎稳打、久久为功。要探索在新起点上全面推进从严治党的措施办法，把每条战线、每个领域、每个环节的党建工作抓实抓好。要推动跨越发展，准确理解习近平来闽考察强调的“四个切实”的科学内涵，落实市委十一届七次全会工作部署，把教育实践活动激发的热情转化为改革发展的内驱力、干事创业的原动力、落实工作的执行力，鼓足保稳求进攻坚的气势和干劲，广泛深入群众、基层和企业，抓好为民惠民、安全稳定各项工作。

泉州五项专利获第十六届中国专利奖

国家知识产权局发出《关于第十六届中国专利奖授奖的决定》，泉州市获第十六届中国专利优秀奖3项，获中国外观设计优秀奖2项，获奖数量为泉州历年最多，占福建省获奖数量逾三成。其中，泉州市的九牧厨卫股份有限公司的“手动伸缩龙头”发明专利、泉州劲鑫电子有限公司及深圳市嘉乐讯电子科技有限公司的“一种镍氢动力电池的生产工艺”发明专利、泉州市泉港迅达石化设备安装有限公司的“一种油品淤渣提油干渣机”实用新型专利获中国专利优秀奖；辉煌水暖集团有限公司的“水龙头（金樽玉宴）”外观设计专利和九牧厨卫股份有限公司的“马桶刷(0001)”外观设计专利获中国外观设计优秀奖。

第十六届泉州对外新闻奖评选揭晓

由市委宣传部举办的第十六届泉州对外新闻奖评选结果发布。该活动收到参评新闻作品115件，参评侨刊乡讯好版面作品11件。经评选，有47件作品获奖，其中特别奖9件。获得特别奖的9件作品、版面分别是：《香港泉州报》刊登的《东亚文化之都，花落泉州》，中央电视台播出的《四代人的寻找》，福建卫视新闻播出的《0.07分的动力源——泉州当选首届“东亚文化之都”》，泉州网刊登的《2013闽南文化节》，《澳门日报》刊登的《千年瓷都山水德化》，《晋江经济报·菲律宾版》刊登的《39个小时 一次跨国寻亲的幕后故事》，海峡卫视、东南卫视播出的《最闽南 醉世界》，《瓷都德化》的版面《五个瓷都绘蓝图 逐梦德化焕新颜》、《泉州商报》的版面《闽南文化节特刊·“最”闽南》。

黄少萍会见海基会董事长林中森

市委书记黄少萍会见到泉州参观考察的海基会董事长林中森一行，市领导周银芳、陈荣洲以及海协会、省台办相关负责人会见时在座。黄少萍指出，海基会一直致力于两岸关系和平发展，该次来访必将在更高起点上推动闽台、泉台交流合作，希望海基会与泉州市携手，共同做好联系服务台商工作，深化两地交流合作，不断凝聚推动两岸和平发展的正能量。诚挚欢迎更多台商到泉州参观考察、投资兴业，在泉州加快科学发展跨越发展中实现优势互补、互利共赢。泉州将提升服务效率，为台商营造更好的投资和生活环境。林中森认为泉台两地渊源深厚，改革开放后，泉州是台商最早回祖国大陆投资兴业的地区之一，泉州在联系台商、服务台资企业发展上作出表率，让海基会和广大台商十分感动。当前的泉州，经济发展活跃，人文底蕴深厚，可谓潜力无限，前景光明。海基会将结合台湾产业特色，拓展泉台两地在精致农业、文化创意、生物科技、观光旅游等领域的交流合作，共同打造区域合作典范，携手推动两岸繁荣发展。

2014年度福建经济十强县泉州占四席

由福建省区域和企业评价中心开展的“2014年度福建省县域经济实力十强、县域经济发展十佳”评价结果发布。县域经济实力十强依次为晋江市、石狮市、福清市、闽侯县、南安市、惠安县、长乐市、永安市、连江县、沙县。十强中，有四强分布在泉州湾（晋江、石狮、南安、惠安），四强分布在闽江口，两强分布在沙县发展轴，沙县是首次进入十强。县域经济发展十佳依次为福鼎市、闽侯县、连江县、长泰县、政和县、福安市、柘荣县、邵武市、松溪县、古田县。23个省级扶贫开发工作重点县“补短板”工作成效显著，大部分在县域经济发展水平中的排位都上升10位以上，政和、柘荣、松溪、古田四个扶贫开发重点县新进十佳。

省食品质检中心在晋江揭牌

福建省食品质量监督检验中心在晋江质检大楼举行揭牌仪式。该质检中心自2012年8月20日经省质监局批准筹备以来，坚持高起点、高标准、高水平建设，2013—2014年完成投资1500万元，主要是实验室场地改造、仪器设备采购、技术人员培训和新拓展项目认证等。该质检中心基本可对晋江及周边地区食品生产企业主要产品，依国内标准进行常规性及微生物、重金属元素、食品添加剂、有害有毒化学物质等安全卫生项目的检测，为食品产业优化升级、提升竞争力发挥积极作用。

泉州新闻界举办环西湖跑步活动

市委宣传部、市新闻工作者协会举办新闻界环西湖跑步比赛，庆祝第15个中国记者节。来自中央、省、境外驻泉新闻单位和市直新闻单位的新闻工作者近200人参赛。环西湖跑比赛从西湖南面起跑，沿南、东、北、西方向逆时针环西湖跑一圈，全程约3.8千米，男女各取前18名予以奖励。泉州晚报社庄少杰以17分钟的成绩获得男子组第一名。

记者节环西湖跑步活动　　（图/陈小阳）

泉州市“119”消防日主题宣传教育活动举行

泉州市在浦西万达广场举行以“找火灾隐患，保家庭平安”为主题的“119”消防日主题宣传教育活动。活动内容包括灯谜竞猜、逃生体验、灭火体验、技能展示和常识咨询等。消防部门还从点蚊香、使用液化气、使用电器、室内装修等与市民生活息息相关的方面，讲解防火细节，帮助市民寻找家庭生活中的火灾隐患。

11月7日

星期五
农历甲午年闰九月十五
温度：19℃—23℃
阴转多云

●黄少萍会见到泉州参观考察的海基会董事长林中森一行。

●由福建省区域和企业评价中心开展的“2014年度福建省县域经济实力十强、县域经济发展十佳”评价结果发布，晋江、石狮、南安、惠安进入县域经济实力十强。

●由市经贸委、市财政局、泉州晚报社、泉州广播电视台举办的“创新2014·发现泉州商业模式创新”系列活动启动。

●福建省食品质量监督检验中心在晋江质检大楼举行揭牌仪式。

●市委宣传部、市新闻工作者协会举办新闻界环西湖跑步活动，庆祝第15个中国记者节。

●泉州市在浦西万达广场举行以“找火灾隐患，保家庭平安”为主题的“119”消防日宣传教育活动。

11月8日

星期六
农历甲午年闰九月十六
温度：18℃—23℃
多云转阵雨

●8—11日，第十五届中国（南安）水头国际石材博览会在南安水头国际石材展览中心举行。

●新华网闽南文化网上线仪式暨泉州首届互联网高峰论坛在中国闽台缘博物馆举行。

●市文联和市摄影家协会召开各县（市、区）、市直各摄影家协会和摄影工作者代表座谈会，学习习近平在文艺工作座谈会上的重要讲话及全市文艺工作座谈会精神。

●2014年举重世界锦标赛在哈萨克斯坦结束，在男子56公斤级比赛中，泉州南安籍运动员李发彬夺得抓举亚军、挺举和总成绩两项第四名。

●“第二届海峡西岸胃肠肿瘤微创外科论坛”在福建医科大学附属第二医院举办。

●8—9日，市老龄办和泉州晚报社举办“多彩文都·幸福人生——2014年泉州老年文化节”。活动内容包括老年歌唱比赛、征文比赛、老年书画摄影展、名师健康讲座以及免费体检和咨询。

●桑莲居2014年秋季艺术品拍卖会在泉州世贸中心酒店开槌，300余件艺术珍品竞相拍场。其中，张瑞图《行书六言诗》经过八轮竞价后以160万元成功拍出。

第十五届中国（南安）水头石博会举行

8—11日，第十五届中国（南安）水头国际石材博览会（简称石博会）在南安水头国际石材展览中心举行。原国家建材局局长、中国建材联合会名誉会长张人为，中国建筑装饰协会会长李秉仁，泉州市市长郑新聪，中国石材协会会长邹传胜，泉州市副市长陈荣洲等，与国家级行业协会、省市有关部门负责人、国内外建材行业客商一起参加开馆式。开幕式上，全国首个石材指数——“中国·水头石材指数”向全球发布。该指数的主要内容为：系统描述和反映石材产业发展态势、产品价格行情及市场变化趋势的综合指数。它标志着南安石材产业步入“指数时代”，进一步掌握石材行业“话语权”。

该届石博会以“低碳、高端、文化、石都”为主题，分为主展区、常年展区和体验展区三大部分，共设有9693个展位，展示面积超过41万平方米，欧洲、中东、美国、巴西、韩国、印度等十几个国家和地区的500多家企业参展，参展商人数比上年增加近2倍。石博会专门设立“石在，为生活而展”主题馆，进一步推进石材工艺与海丝文化等有机结合，展示石材产业在创意石材、高端石材、循环利用以及装饰一体化等“智造”石材领域的转型升级新成果。石博会首次设立面积1.7万平方米的国际展区，以国家组团的展览形式，专属展示包括土耳其、意大利等近10个全球知名石材矿产国资源和产品。石博会期间还举办2014水头国际石材论坛、石材与建筑房地产行业对接会（石材新品种发布会）、石材矿山交易平台启动仪式等富有创新意义的活动。

博览会现场　　（图/陈长青）

新华网闽南文化网上线

新华网闽南文化网上线仪式暨泉州首届互联网高峰论坛在中国闽台缘博物馆举行。闽南文化网由新华网和泉州市委宣传部共同主办。该平台将在全世界大力传承和弘扬闽南文化，建设闽南人共同的网上文化家园，为地域文化传播构建起全球网络媒介，是“东亚文化之都”走向世界的又一强力抓手。在“闽南文化网”上线仪式上还举办“2014泉州首届互联网高峰论坛”和“闽南文化大讲坛”首场主题讲座。

全市各县（市、区）、市直各摄影家协会和摄影工作者代表座谈会召开

市文联和市摄影家协会召开全市各县（市、区）、市直各摄影家协会和摄影工作者代表座谈会，学习习近平在文艺工作座谈会上的讲话及全市文艺工作座谈会精神。会上启动大美泉州摄影展的筹备工作，泉州摄影工作者将深入基层，创作优秀作品讴歌时代，服务群众。近期，市摄影家协会将按市委宣传部、市旅游局和文联的具体要求，组织泉州市摄影家到全市各角落，拍摄反映东亚文都、海上丝绸之路的大美泉州优秀摄影作品，宣传泉州文化，歌颂家乡发展，展现美好景象，丰富群众生活。这些作品创作后，主办方将在春节前后举行大美泉州摄影展，向市民展示泉州最新发展成果。

张瑞图书法珍品拍出160万元

桑莲居2014年秋季艺术品拍卖会在泉州世贸中心酒店举行，300余件艺术珍品参加拍卖。其中，张瑞图《行书六言诗》经过八轮竞价后以160万元成功拍出。张瑞图是明代四大书法家之一，当时有“南张北董”之誉，是泉州书法史上最耀眼的明星之一，其作品传世稀少。该幅作品体现了“张派”鲜明的书法特征，落笔以拙为主，圆处悉作方势，富有遒力感，天真率性，是难得的传世佳作。拍卖会上，梁披云、李硕卿、潘受等泉州籍书画名家作品表现也不错，李硕卿《昆仑诗意》拍出12万元。拍卖会还创新设立泉州籍油画名家专场和巧生铜炉专场。巧生铜炉因此次拍卖的大多为精品，十分抢手。而传统的泉州籍书画名家专场、名人上款及出版原作专场和闽籍及部分中国书画名家专场表现平稳，但热度较春拍有所下降。

市领导与黎明职业大学董事长及会侨亲代表座谈

市领导黄少萍、陈庆宗、陈荣洲、周真平与黎明大学董事会董事长陈明金及侨亲代表座谈。市委书记黄少萍指出，黎明职业大学的建设和发展，凝聚着一大批海外侨亲及港澳同胞的心血和汗水，大家慷慨解囊、捐资兴学，为学校发展奠定了坚实基础。学校自创办以来，坚持与泉州创新转型同频共振、融合发展，形成以应用工科和现代生产性服务业为主体的专业结构，累计培养了4万名优秀人才，八成以上扎根泉州，为泉州经济社会发展做出积极贡献。新时期，中央大力支持福建跨越发展，要求泉州在全省发展中勇担当、打头阵、走前列，离不开海内外乡亲的关心关注，离不开地方高校的人才和智力支持。黎明职业大学董事会在新一届董事长陈明金的带领下，各项会务工作有力开展，影响进一步扩大。希望董事会诸位乡贤继续发扬情系桑梓、奉献社会的崇高精神，着力推动学校建设，让学校发展迈开更大步伐，为泉州产业转型升级培育更多人才。陈明金表示，梁披云、李尚大等前辈的办学理念和奉献精神令人钦佩，黎明职业大学新一届董事会将继承和发扬优良传统，团结进取、齐心协力，广泛凝聚各方力量支持和参与学校建设，为泉州经济社会发展做出更大贡献。市领导与董事会及侨亲代表一同参观梁披云纪念馆和黎明职业大学校史馆。

黄少萍向陈明金颁发捐赠公益事业功勋奖　（图/郭冰德）

黎明职业大学创办三十周年纪念大会召开

黎明职业大学举行办学30周年纪念大会。自1984年以来，黎明职业大学在高职教育办学历程中累计向社会输送4万多名毕业生。纪念大会开始前举行侨亲捐赠和颁奖仪式，多名侨亲及港澳代表慷慨解囊，捐赠额累计上千万元。其中，全国政协委员、澳门特别行政区行政会委员、澳门特别行政区立法会议员、黎明职业大学董事会董事长陈明金捐资人民币360万元，受到泉州市政府表彰，市领导向陈明金颁发了泉州市捐赠公益事业功勋奖金质奖章、奖匾和荣誉证书。是日，黎明职业大学还举行披云园、陈明金文化广场揭幕仪式以及校友楼奠基等一系列纪念活动。

相关链接：黎明职业大学办学渊源可追溯到1929年创办的黎明高中。1981年4月，在政府支持下，集技术培训与文化补习为一体的泉州黎明学园在黎明高中旧址上诞生。1984年，黎明职业大学创办，在30年办学历程中，倾注了梁披云、巴金、李尚大、梁灵光等先辈的心血，更凝聚了梁良斗、梁仲虬、胡平、陈明金等一大批董事和广大侨亲及港澳同胞的鼎力支持。

马来西亚雪隆安溪会馆举行85周年庆典

马来西亚雪隆安溪会馆在马来西亚吉隆坡举行成立85周年纪念庆典活动。来自新加坡、印度尼西亚、缅甸等国家以及中国香港、澳门、台湾和地区的30多个安溪籍代表团1500多人参加庆典。以泉州市政协副主席陈益为团长的泉州市访问团一行5人应邀参加有关活动。在马来西亚期间，泉州访问团拜访马来西亚永春联合会总会长郑永传、马来西亚槟榔州福建会馆主席骆南辉等。访问团向乡贤介绍泉州响应国家“一带一路”战略，全力打造“21世纪海上丝绸之路先行区”，“海上丝路”沿线国家和地区的华侨华人大有作为，希望在外乡贤常回家走走、看看，寻求投资机会，为家乡的经济社会发展做出更大贡献。

马来西亚雪隆安溪会馆85周年庆典　（李慧东供图）

11月9日
星期日
农历甲午年闰九月十七
温度：19℃—23℃
小雨转阴

●黄少萍、陈庆宗、陈荣洲、周真平与黎明大学董事会董事长陈明金等侨亲及港澳代表座谈。

●黎明职业大学建校30周年。该校校友楼正式奠基开工，披云园、陈明金文化广场、郑金敦教学楼、陈义明大楼、刘蓝田轻纺实训室揭牌，东方管理研究中心成立。

●第十一届市青少年科技创新大赛在市科技馆举行，全市各地选送的199项学生科技作品进入复评决赛，46个优秀科技实践活动和60幅优秀科幻画同场展示。

●由泉州市体育局主办，晋江SM国际广场承办，泉州市羽毛球协会协办的第四届泉州市业余羽毛球大赛闭幕。

●“全国青年雕塑家优秀作品展暨中国雕塑学会青年推介计划惠安站”活动在惠安举行，48位中国青年雕塑艺术家的96件作品参展。

●马来西亚雪隆安溪会馆举行85周年庆典。

11月10日

星期一
农历甲午年闰九月十八
温度：19℃—24℃
阴

●泉州市《关于促进房地产市场平稳健康发展的实施意见》出台。

●在2014年蹦床世锦赛上，泉州运动员杨松蝉联男子单跳金牌，此系其第四次获世锦赛冠军。

●是日夜，在北京鸟巢上空，为亚太经合组织领导人举行的焰火晚会上，晚会导演、泉州籍艺术家蔡国强以泉州的东西塔造型收尾，将故乡的双塔展现在全世界面前。

●泉州市青年商会工作经验交流会在石狮召开。

●由丰泽区政府、泉州晚报社主办的“丰泽区首届婚庆博览会”之“双十一”脱单派对活动在浦西万达广场举行，有80名单身男女参与。

泉州市出台《关于促进房地产市场平稳健康发展的实施意见》

在“闽八条”和央行房贷新政策的基础上，泉州市出台《关于促进房地产市场平稳健康发展的实施意见》，相关优惠政策有效期1年。意见规定，从2014年8月1日起，普通商品住房按以下标准认定：住宅小区建筑容积率在1.0以上、单套建筑面积在144平方米以下(含144平方米)。意见指出，首次购买普通住房是指居民家庭第一次以市场方式购买普通商品住房(含二手房)的行为，包括从省外引进的专家学者；总部经济企业派驻入闽人员；从省外投靠在闽子女的父母等人员；进城经商、务工的农业转移人口；大学毕业生；成年子女等首次购买商品住房。意见提出的契税优惠政策与“闽八条”保持一致。对家庭购买首套普通住房面积在90平方米以下(含90平方米)的，契税按1%税率征收；面积在90—144平方米(不含90平方米)的，契税按1.5%税率征收。实行货币补偿的被征迁户，购买一套商品住房的给予免征契税，购买多套商品住房的，其购房款与货币补偿金额等额部分给予免征契税。在营业税优惠上，个人转让购买超过5年(含5年)的普通住房，免征营业税。个人转让住房时，其转让住房的原购房时间按以下方式认定：购买新建商品住房转让的，以购买时的商品房备案时间为准；购买二手房再度转让的，以购买时申请办理房屋转移登记时间为准；根据生效法律文书取得房产的以法律文书中记载的合同订立时间或拍卖时间为准。在使用住房公积金购房上，意见提出，住房公积金管理中心要主动协调各业务承办银行，积极支持开办“公转商”贷款业务或住房公积金贷款资产证券化业务，强调银行应优先安排“公转商”或贷款资产证券化业务资金额度，优化流程；因上述业务产生的商业性贷款利息和个人住房公积金贷款利息差额部分由住房公积金管理中心负责给予贴息。意见提出，在全市范围内购房办理签约(网签)、贷款、产权登记等手续时，无需提供一定年限纳税证明或社会保险缴纳证明。港澳台机构、个人在泉州行政区域内购买房屋不受限制，不再提供在本行政区域内“工作、学习和居留的证明”。境外机构、个人(不含港澳台居民和华侨)在泉州行政区域内购买房屋不受限制，不再提供“在境内工作超过一年的证明”。

全市青年商会工作经验交流会在石狮召开

泉州市青年商会工作经验交流会在石狮召开，总结石狮青商会的典型工作经验，为泉州市青年社团有序健康发展夯实基础。至此，全市已有鲤城、石狮、晋江、南安、惠安、永春、德化7个县（市、区）成立县级青商会，晋江陈埭成立了全省首家乡镇一级青年商会。全市范围内各级青商会会员总数近3000名，成为泉州市规模最大、影响面广、最为活跃的经济社团综合体，会员企业中基本涵盖了泉州主要产业集群和新兴产业的龙头和代表性企业。

相关链接：作为泉州市青年社团组织中的典型代表，成立于2011年11月的石狮青年商会现有会员516名；2013年会员企业纳税总额25.8亿元，占石狮税收总额的52.3%。2013年，石狮由市财政设立每年500万元的青商创业贷款贴息基金，用于支持青商创业，并把贴息实施细则的制定权和贴息审批权转移给青商会，为政府简政放权、转变职能创造了条件和平台。石狮青商会还从青商创业贷款贴息中专项拨出200万元用于扶持孵化基地创业者，同时组建青商创业导师团，由优秀企业家为青年就业创业提供指导。

蔡国强在APEC会议光艺展示晚会“将故乡双塔带到全世界面前”

泉州籍艺术家蔡国强，一位以泉州文化为宝贵创作灵感的艺术家，将一场体现人与自然和谐相处的盛大主题焰火，带到正在首都北京举行的APEC会议光艺展示晚会。该场名为《自然颂》的主题焰火表演，以“序幕《摇篮曲》、春生、夏长、秋收、冬藏、尾声——永恒大道”六个章节，浪漫而诗意地表现四季变换、花草更替。焰火表演最后温情定格了与泉州城市相伴千年的东西双塔。（图/视频截图）

市委常委会研究部署全市政法工作

市委召开常委会，听取市委政法委和政法相关单位和部门工作汇报，分析政法工作形势，研究具体事项，部署下阶段全市政法工作。市委书记黄少萍主持会议。市委常委参加会议，市人大常委会党组主要领导列席会议。会议要求，全市政法系统要学习贯彻中共十八届四中全会精神和习近平关于深入推进平安中国建设的批示精神，领会全面推进依法治国的科学内涵，自觉运用法治思维和法治方式化解矛盾、维护稳定，提高法治意识、法治素养和依法办事能力。要贯彻依法治国新要求，全面总结泉州市法治建设经验成果，研究推进依法治市具体举措，探索实现司法公正、严格规范执法、弘扬法治精神、创新社会治理等工作的新思路、新举措，更好回应群众对公平正义、依法治市的新期待。会议指出，在全市科学发展跨越发展大局中，政法工作任务重、责任大。全市政法系统要深化平安泉州建设，抓住群众反映强烈的突出问题开展打击整治行动，密切关注、柔性化解各类商事矛盾纠纷，依法保障企业正常生产经营。要坚持源头治理，推动信访积案化解，加强医疗卫生、劳动关系、安征迁、环境保护等领域调解组织建设，确保矛盾纠纷化解在基层、在萌芽状态。

市人大常委会市纪委召开党风廉政建设座谈会

市人大常委会、市纪委召开党风廉政建设座谈会。市人大常委会主任陈海基，市委常委、市纪委书记沈耀钦，市人大常委会副主任陈万里、洪泽生、陈全顺、吕竞、王远东、张建生，秘书长吴春林，市纪委副书记和市人大常委会其他组成人员等参加座谈。沈耀钦通报2014年全市党风廉政建设和反腐败斗争情况。2014年各级纪检监察机关坚持转职能、转方向、转作风，加强以落实中央“八项规定”精神为重点的党风监督工作，加强政风行风监督，推动落实党风廉政建设责任制，保持查办案件的强劲势头，推动党风廉政建设和反腐败工作取得新进展。陈海基表示，十八届四中全会提出全面推进依法治国，市人大常委会作为国家地方权力机关的常设机关，要带头学法懂法守法，按章办事；要从官员腐败案中吸取教训，研究基层法治工作，探索有效的反腐措施，为制定法律法条、从法律层面杜绝腐败多提建议。各级各部门要加强自身建设，改进作风，明确责任，清除腐败滋生土壤。与会人员对泉州纪检监察机关工作表示肯定，并就重视警示教育、加大效能督查、加强惩防并举等提出意见建议。

座谈会现场　　（图/王虎文）

泉州晋江机场获准冠名“国际机场”

中国民航局正式批复同意泉州晋江机场更名为泉州晋江国际机场。这是继2012年该机场对外开放后，正式冠上“国际机场”的头衔。其实，2012年获批成为航空口岸时，泉州晋江机场实际上已经是国际机场了，经过两年时间的运作，确系实至名归。随着泉州对外交往的增多，由泉州晋江国际机场出入境的旅客也在不断增加。

相关链接：泉州晋江机场航空口岸的申请历时10年，2012年11月15日通过国家验收获批成为正式的航空口岸，事实上已成为国际机场。但由于机场没有更名，国内外许多航空公司不知道泉州晋江机场已是国际机场，误以为开通国际（地区）航班仍要进行烦琐的航线申报手续，影响了机场国际（地区）航线的拓展。该机场获准更名为泉州晋江国际机场，凸显“国际”两字，有利于机场开拓境外航空市场。境外航空公司只需向口岸管理部门和军方一次性申请报批，免去每3个月就要重复报批的麻烦，会吸引更多境外航空公司入驻。

泉州晋江国际机场　　（图/吴寿民）

11月11日

星期二
农历甲午年闰九月十九
温度：19℃—25℃
阴

●全国政协副主席、农工党中央常务副主席刘晓峰带队到泉州视察东亚文化之都建设和打造21世纪海上丝绸之路先行区进展情况。

●市委发出通知，要求各地各部门党委（党组）认真学习贯彻中共中央总书记习近平在福建考察工作时的重要讲话精神。

●市委召开常委会，听取市委政法委工作汇报，研究部署下阶段全市政法工作。

●市人大常委会、市纪委召开党风廉政建设座谈会。

●中国民航局批复同意泉州晋江机场更名为泉州晋江国际机场。

●省、泉州和晋江三级重点建设项目——沈海高速公路泉州机场连接线主线贯通。

●南益集团党组织成立三十周年纪念会暨党务干部培训班开学典礼在泉州市委党校举行。

11月12日

星期三
农历甲午年闰九月二十
温度：19℃—23℃
阴

●黄少萍到永春县就培育支柱产业、发展特色现代农业、建设美丽乡村、强化基层党建等工作开展调研。

●泉州海事部门对泉州湾水域重点水工施工作业情况和船舶锚泊秩序、冬防准备工作进行检查。

●市环保局、市政公用事业管理局组织开展小流域环境卫生检查考评。

●第五届中国书法兰亭奖泉州投稿作品点评会在泉州青年书法会馆举行，省书协有关负责人对泉州的投稿作品进行点评。

●报载，泉州市67家企业首次获得发明专利授权。

●由市交通运输委、市公路局等单位组织的泉州市"最美养路工"评选公众网络投票活动启动。

黄少萍到永春县调研

市委书记黄少萍到农业大县永春，就培育支柱产业、发展特色现代农业、建设美丽乡村、加强基层党建等工作开展调研，市委副书记周银芳参加调研。黄少萍一行走访永春彬达香文化创意园、桃城镇丰山村等处。在听取永春县工作汇报后，黄少萍指出，永春县要增强"小县大作为"意识，努力在全市科学发展跨越发展大局中凸显自己的特色，做出应有的贡献；要致力于落实跨越发展部署，做大推动经济发展的平台载体，狠抓"大招商、招大商"，服务企业创新等工作，全力完成2014年度目标任务；要在优化农业结构、转变农业发展方式上寻求新突破，取得新成效；要做大做响"香都"品牌，发挥生态优势，整合文化、旅游、特色产业等资源，打造"美丽香都"。黄少萍强调，从严治党、改进作风是各项事业发展的政治保证，要落实抓党建工作的主体责任，加强基层党组织建设，巩固扩大群众路线教育实践活动成果，推动经济社会发展再上新台阶。

黄少萍到永春县调研　（图/姚德纯）

全市小流域环境卫生检查考评启动

市环保局、市政公用事业管理局组织开展的小流域环境卫生检查考评，启动，指定由市城市管理综合考评中心具体负责检查考评。全市小流域环境卫生检查考评，近期以晋江市、石狮市的5条跨境流域和晋江、南安九十九溪、大盈溪及支流跨境流域，以及晋江西溪永春段（安溪剑斗镇上游）、黄塘溪（惠安—泉州台商投资区）跨境流域的环境卫生为重点，并逐步覆盖包括赛水质活动涉及的流域及其他列入重点整治的小流域的环境卫生。检查中，考评中心以乡镇（街道）为单位进行明察暗访及现场查验。

省书法家协会专家到泉州指导兰亭奖投稿作品

第五届中国书法兰亭奖泉州投稿作品点评会在泉州青年书法会馆举行，省文联副主席、省书法家协会驻会副主席兼秘书长柯云瀚等到场，对泉州书法家准备参加第五届中国书法兰亭奖的投稿作品逐一进行点评。中国书法兰亭奖是中宣部批准的唯一国家级书法艺术最高奖，也是中国书法艺术的最高专业奖。泉州作为福建书法重镇，有一批青年书法家具备冲刺这一奖项的实力。

泉州67家企业首获发明专利授权

泉州市67家企业首次获得发明专利授权，各获得2014年度福建省发明专利清零奖励资金1万元。此次福建省共有183家企业被列入发明专利清零奖励名单，泉州市获得奖励的企业数量占全省的36.61%。市知识产权局自2012年组织开展发明专利"清零"和"倍增"行动以来，贯彻落实国家、省有关工作部署，完善和落实专利政策措施，每年通过调查摸底，确定发明专利"清零"和"倍增"服务对象，并成立3个工作小组和专家支撑团队，定期走访企业，为企业提供"一对一"的知识产权服务。行动成效显著，企业发明专利数量逐年提高。2014年1—9月，泉州市发明专利申请量和授权量分别为1507件和388件，其中企业发明专利申请量和授权量分别为870件和241件，企业申请专利的主体地位正在显现。泉州市共有150家企业的首件授权发明专利被列入福建省发明专利清零奖励名单，获得奖励资金150万元。

泉州市"最美养路工"评选宣传活动启动

由市交通运输委、市公路局等主办的泉州市"最美养路工"评选宣传活动启动。活动旨在弘扬"团结、务实、开拓、奉献"的公路精神。经自下而上推荐，评审小组最后确定20名长期扎根基层一线的养路工为泉州市"最美养路工"候选人。活动采用网络投票、公众代表投票、评审小组投票等方式，20名候选人中评选出10名获奖者，由市总工会、市公务员局、市人力资源和社会保障局、市交通运输委和市公路局授予"泉州市最美养路工"称号，并由市总工会授予"泉州市五一劳动奖章"称号，由市人力资源和社会保障局授予"泉州市技术能手"称号。

全市宣传思想工作会议召开

泉州市召开全市宣传思想工作会议，学习贯彻习近平总书记系列讲话精神和全国、全省宣传思想工作会议精神，安排当前和今后一个时期全市宣传思想工作。 市领导郑新聪、周银芳、陈庆宗、周真平参加会议。会议由市委副书记周银芳主持。市委常委、宣传部部长、教育工委书记陈庆宗作工作报告。受市委书记黄少萍委托，市委副书记、市长郑新聪要求，各级各部门要深刻认识意识形态工作的极端重要性，继续把学习贯彻习近平总书记系列重要讲话精神作为当前一项重要的政治任务，研究制定深入学习、加大宣传的工作方案。全市各级党委（党组）理论学习中心组要带头学习，宣传思想部门的广大干部要发挥好意识形态工作主力军作用和统筹协调作用，努力开创全市宣传思想工作新局面。 就做好新形势下全市宣传思想文化工作，郑新聪指出，要把围绕中心、服务大局作为做好宣传思想工作的基本职责，牢记“两个巩固”使命，坚持“两手抓、两手都要硬”，以学习贯彻中共十八届三中全会精神为契机，组织策划以解放思想、深化改革、先行先试为主题的系列宣传报道，深入报道国家新一轮改革的方向、重点和先进地区的经验做法，宣传泉州市推动改革的做法和成效。要把握正确舆论导向，加强正面宣传，坚持党管媒体原则不动摇，赢得互联网主战场的主导权，着力营造积极舆论氛围。要增强文化自觉自信，打响“东亚文化之都”品牌，认真策划系列活动，加紧组织实施有关文化项目，提高城市管理和文化运作的专业化、市场化、国际化水平，谱写文化繁荣发展的新篇章。

华大讲堂第46讲开讲

华大讲堂第46讲开讲。中国社会学会会长、清华大学社会科学学院院长李强教授以《依法治国与全面深化改革》为题，对党的十八届四中全会决定要点进行解读。市领导杨俊峰、周银芳、陈沈阳、沈耀钦、许昆贞、林俊其等市委学习中心组成员，华侨大学党委书记关一凡，市直有关部门、在泉高校、各民主党派负责人等参加。党的十八届四中全会是党历史上第一次专题研究法治、第一次对全面推进依法治国作出重大决定、第一次确定全面推进依法治国总目标的中央全会。对于地方来说，完成好全会部署的任务，提升基层政府依法治理、依法办事的能力和水平，推进基层治理的法治化，既是一项政治任务，又是一项重要课题。李强结合自己多年的研究，旁征博引，深入解读十八届四中全会的主要精神，特别就全会提出的新思想、新论断、新要求进行了详尽分析，为听众展现一幅全面建成小康社会与全面深化改革、全面推进依法治国三个“全面”一体两翼、一脉相承地推动中国经济社会发展的宏伟蓝图。市政协主席杨俊峰为李强颁发“华大讲堂”主讲嘉宾纪念牌。该讲座同时通过新浪微博图文直播。

华大讲堂　　（图/吴天适）

澳大利亚维多利亚州福建同乡会访问泉州市侨联

澳大利亚维多利亚州福建同乡会会长林青松、常务副会长王毅彬，澳中企业家协会副会长王辉，厦门市漳州商会副会长叶明辉等一行5人访问泉州市侨联。双方进行深入交流，就社团工作、改革发展和对外交流等方面交换意见，表示今后将保持密切联系，加强交流，搭载平台，相互支持，寻求合作项目开展活动，为两地乡亲谋福祉。

双方互赠纪念品　　（图/杨文静）

11月13日

星期四
农历甲午年闰九月廿一
温度：17℃—20℃
阴

●全市宣传思想工作会议召开。

●泉州市召开新闻发布会，向各级各类媒体记者介绍泉州举办海上丝绸之路艺术节活动的有关情况。

●华大讲堂第46讲开讲。

●泉州3个乡村旅游休闲集镇项目和6个旅游特色村项目获得省级资金补助。

●泉州市科学技术协会第十二届年会在市科技馆举行。

●澳大利亚维多利亚州福建同乡会访问泉州市侨联。

●泉州师院图书馆向鲤城区江南街道南山小学捐赠价值2000多元的精美图书，该小学有学生320多人，其中到泉务工人员子女将近300人。

●泉州博物馆考古人员对鲤城区新塘社区明代中期夫妻合葬墓进行考古挖掘，出土一些墓志铭碎片、青花碗底碎片以及男女墓主人的部分残骨，发现二个墓室相连处凿有颇具特色的“恩爱窗”。

●鲤城区妇联联合鲤城区检察院等部门开展以“呵护幼苗、预防性侵”为主题的普法宣教活动。

11月14日

星期五
农历甲午年闰九月廿二
温度：15℃—21℃
阴转多云

●市政协、市纪委召开党风廉政建设座谈会。

●周银芳、林万明带队调研山美水库生态环境保护试点项目以及重点流域、跨境流域环境整治工作。

●14—25日，应波兰福建商会、新加坡南安会馆、菲华南安公会邀请，泉州市组团到波兰、新加坡、菲律宾参加交流活动，拜访海外泉籍乡亲，介绍泉州对接“一带一路”战略和建设“21世纪海上丝绸之路先行区”的构想，希望海外乡亲经常回乡访问，为泉州科学发展、跨越发展多做贡献。

●2014年中国国际旅游交易会在上海举办。泉州惠安女、提线木偶、鲤城拍胸舞、德化白瓷等亮相旅交会，向全球推介独特而多元的文化之旅。

●民革泉州市委员会召开学习蔡立忠先进事迹座谈会，多位曾与蔡立忠共事的民革党员和蔡立忠家属共同追忆“人民的好医生”。

●鲤城公安分局举行“剑盾”专项行动赃物发放暨宣传大会，向受害者返还笔记本电脑、电动车、手机等赃物。

市政协市纪委召开党风廉政建设座谈会

市政协、市纪委召开党风廉政建设座谈会。市政协主席杨俊峰，市委常委、市纪委书记沈耀钦，市政协副主席吴共湖、苏小青、骆沙鸣、李冀平、王瑞强、陈益，市政协秘书长洪川夫，市纪委副书记，部分政协委员和民主党派代表等参加座谈。沈耀钦通报2014年以来全市党风廉政建设和反腐败工作情况。沈耀钦指出，全市各级纪检监察机关深入转职能、转方式、转作风，加强以落实中央“八项规定”精神为重点的党风监督工作，聚焦中心，突出主业，加强执纪监督问责，全市党风廉政建设和反腐败工作取得新进展。与会人员就加强泉州市党风廉政建设和反腐败工作建言献策。杨俊峰肯定全市纪检监察工作,希望纪检监察机关继续坚持以法治思维、法治方式推进工作，围绕依纪依法查处腐败案件等课题开展探索研究，提升依法履职的能力和水平。就政协组织助推泉州市党风廉政建设工作，杨俊峰指出，要加强学习，筑牢政协组织拒腐的思想防线；要落实制度，加强政协组织的党风廉政建设工作；要认真履职，发挥政协助推党风廉政建设的积极作用，为推进依法治国、依法治市做出贡献。

座谈会现场 （图/陈　翔）

周银芳林万明调研山美水库生态保护试点项目

市委副书记周银芳、副市长林万明带队调研山美水库生态环境保护试点项目和重点流域、跨境流域环境整治工作，听取市生态办、市环保局以及石狮市、晋江市、南安市、永春县、德化县相关工作汇报，协调解决存在问题。周银芳肯定山美水库生态环境保护试点项目和流域整治工作所取得的成效，要求各级各有关部门强力推进滞后项目的整治，细化薄弱环节的完成时限和责任主体，建立“一月一通报”的工作制度；要保障资金到位，及时下拨市级资金，采用多重融资手段落实好县级配套资金，特别是晋江、洛阳江上游水资源保护补偿专项资金要及时足额缴纳到位，确保流域补偿机制运转顺畅；要抓好协同配合，共同推进项目建设，确保如期通过考核验收；建设廉政工程，时刻紧绷廉洁这根弦，严格执行资金管理规定，确保资金监管到位；要及早谋划2015年项目，做好前期工作，提前统筹资金拼盘，争取更多水利项目纳入国家、省级计划盘子。

泉州代表团赴波兰新加坡菲律宾参加联谊活动

应波兰福建商会、新加坡南安会馆、菲华南安公会邀请，14—25日，以泉州市人大常委会副主任吕竞为团长，市外事侨务办、市侨联、市海外联谊会代表等为成员的泉州代表团赴波兰、新加坡、菲律宾参加社团庆典和开展交流活动，拜访海外泉籍乡亲，传递乡音乡情，送去家乡人民的问候。

16日，波兰福建商会在波兰华沙举办波兰福建商会第二届庆典大会。会长丁建志（泉州晋江人）代表波兰福建商会向格但斯克福利基金会捐赠价值约49万兹罗提（相当于近100万元人民币）的物资。18日—21日，新加坡南安会馆在新加坡圣淘沙名胜世界会议中心举行以“南安精神，魅力狮城”为主题的“第十二届世界南安同乡联谊恳亲大会”暨“会馆成立88周年”庆典活动，并捐出88万新币（约440万元人民币）给新加坡华族文化中心。21—24日，菲华南安公会在菲律宾马尼拉举行第十三届理事会及东北吕宋分会第四届职员就职典礼，同时举行菲华南安公会大厦综合馆落成剪彩仪式。

每到一处，泉州代表团都热情拜访泉籍乡亲，向乡亲介绍福建省推进“一带一路”战略，泉州市获得国家级“金改区”“民综改革试点”和建设“21世纪海上丝绸之路”先行区所面临的大好发展机遇，在外各位乡亲组团回乡访问，增进交流沟通，寻找合作投资机会，为家乡泉州科学发展、跨越发展多做贡献。

吕竞参加菲华南安公会大厦综合馆落成剪彩仪式 （李慧东供图）

郑新聪到市信访局接访群众

市长郑新聪带领市直相关部门负责人到市信访局接访群众，市领导许昆贞、市政府秘书长吴友才参加接访。郑新聪强调，各级各部门要增强群众观点和责任意识，健全信访接访协调处理的制度和机制，逐件厘清旧访，及时处理新访；要加强基层基础工作，及时调解化解矛盾；要依法律、依事实处理信访事项，提高协调处理信访事项的效率。

十位体育运动冠军推介永春佛手茶

2014年秋季永春县茶王赛暨体育运动冠军永春佛手茶文化推介大会举行，10位奥运冠军、世界冠军、亚洲冠军到永春县，助力推介永春佛手茶。当天的活动包括：在该县人民会堂举行聘请10位冠军担任永春佛手茶文化推广大使仪式；冠军们为2014年秋季永春佛手茶王赛获奖者颁奖；邀请冠军见证佛手茶推广公司与永春佛手茶王合作签约仪式,到金斗洋茶场参观考察茶园等。今后该县将发挥10位奥运冠军、世界冠军、亚洲冠军的影响力，扩大佛手茶的知名度，打造佛手茶品牌，提高佛手茶的附加值，推广佛手茶文化，让佛手茶香飘四海。是日，冠军们还应邀到中国香都永春达埔品香，参观香产品制作；到大羽村参观美丽乡村建设，观看永春白鹤拳表演等。

相关链接：应邀担任永春佛手茶文化推广大使为：中国首位男子击剑奥运冠军（2008年北京奥运会）仲满，中国首位射箭奥运冠军（2008年北京奥运会）张娟娟，乒乓球世界冠军（2004年第四十七届世乒赛女团冠军）牛剑锋，柔道奥运冠军（2008年北京奥运会女子柔道78公斤以上级别冠军）佟文，体操奥运冠军（2008年北京奥运会）李珊珊，中国首位帆板奥运冠军（2008年北京奥运会）殷剑，体操奥运冠军（2004年雅典奥运会）滕海滨，花样游泳冠军（2000年第六届亚洲游泳锦标赛个人冠军）胡妮，竞走奥运冠军（2000年悉尼奥运会）王丽萍，举重奥运冠军（2008年北京奥运会）张湘祥。

冠军们参观永春佛手茶基地（图/姚德纯）

第十二届华东六省一市戏剧小品大赛在晋江举行

为期6天的第十二届“华东六省一市戏剧小品大赛”在晋江戏剧中心举行。参赛的很多作品以实现中国梦、传递正能量为主题，重民生、接地气、有生活，艺术地表现普通百姓寻梦、追梦的奋斗精神，内容健康向上，形式新颖多样，雅俗共赏，具有较强的思想性、艺术性和观赏性。大赛期间，福建、安徽、浙江、江西、山东、江苏、上海代表队轮番献艺。开幕式上，福建专场演出8个风格各异的戏剧小品：《找爹》（演出单位：厦门市湖里区文化馆）、《上下手》（演出单位：晋江市掌中木偶艺术保护中心）、《一诺千金》（演出单位：福州市群众艺术馆）、《牙签》（演出单位：福州市马尾区文化馆、福州市马尾区文化发展中心）、《判牛》（演出单位：厦门市同安区吕实力芗剧团）、《2月28日》（演出单位：龙岩市连城县文化馆、龙岩市艺术馆）、《闹离婚》（演出单位：南安市文化馆）、《带我起飞》（演出单位：福建省艺术馆）。

掌中木偶戏《上下手》获金奖（图/陈智勇）

泉州少林寺首批青年志愿讲解员上岗

泉州少林寺义务星期六青年志愿讲解活动启动仪式举行，华侨大学23名青年志愿者成为首批讲解员。青年志愿讲解员为游客讲解泉州少林寺的建筑布局、历史文化、人物典故、传统武术等。随着“东亚文化之都”泉州文化影响力的扩大，泉州少林寺游客与日俱增。为更好地推介泉州南少林文化，在团市委指导下，丰泽团区委、华侨大学团委、丰泽区文体旅游局、泉州少林寺联合招募并组成首支“泉州少林寺义务星期六青年志愿讲解员”队伍。

11月15日

星期六
农历甲午年闰九月廿三
温度：16℃—23℃
多云

●郑新聪到市信访局接访群众。

●国际南少林五祖拳联谊总会2014年年会在泉州举行，来自美国、菲律宾、马来西亚等国家和中国香港、澳门地区的六七十名代表参加活动。

●中国晚报工作者协会第二十九届年会公布2013年度赵超构新闻奖、中国晚报优秀新闻论文奖和中国晚报优秀专栏奖获奖名单，泉州晚报社11件作品获奖，其中3件获得一等奖。

●央视综合、新闻频道《焦点访谈》栏目播出《守护“舌头上”的安全》节目，着重报道安溪县在茶叶质量安全源头管控上的经济做法。

●2014年中韩群众体育交流活动网球友谊对抗赛在华侨大学举行。

●第十二届“华东六省一市戏剧小品大赛”在晋江举行。

●2014年秋季永春县茶王赛暨体育运动冠军永春佛手茶文化推介大会举行。

●泉州少林寺义务星期六青年志愿讲解活动启动仪式举行，来自华侨大学的23名青年志愿者成为首批少林寺义务讲解员。

●蔡琴2014年“新不了情”演唱会在泉州海峡体育中心体育馆举行。

●2014年泉州市少儿舞蹈比赛决赛在泉州市艺术馆举行。

11月16日

星期日
农历甲午年闰九月廿四
温度：17℃—26℃
阴转多云

●黄少萍会见到泉州考察的香港福建同乡会福建访问团。

●报载，泉州市全力破解“办证难”问题。

●报载，泉州市行政服务中心列入省“马上就办”活动示范点。

●来自希腊克里特省的旅游考察推介团与泉州旅游业界人士，互相推介旅游资源，探索建立资源共享、信息互推、市场共拓、客源互送的长效合作机制。

●2014年全国公开水域游泳邀请赛暨福建省第三届成人公开水域游泳锦标赛在厦门举行，泉州代表队获团体总分亚军。

●由丰泽区妇联等单位主办的泉州首届亲子公益主题活动在领SHOW天地举行。

黄少萍会见香港福建同乡会访问团

市委书记黄少萍会见到泉州考察的香港福建同乡会福建访问团一行，市领导周银芳、苏小青参加会见。黄少萍感谢香港福建同乡会长期坚持爱国爱港爱乡宗旨，促进香港繁荣稳定，支持家乡各项建设。希望同乡会乡亲抢抓中央支持福建加快发展的历史机遇，深化两地合作交流，推动泉州在跨越发展大局中勇担当、打头阵、走前列，实现家乡发展与自身事业的互利共赢。香港福建同乡会会长、访问团团长陈聪聪表示，将传承发扬爱国爱港爱乡的办会宗旨，积极维护香港团结稳定大局，主动牵线搭桥、穿针引线，为家乡发展提供更多支持。

泉州市全力破解“办证难”问题

2014年，全市纪检监察部门持续加强政风行风监督，把解决群众反映强烈的房产证、土地证、社会保障卡、驾驶证、结婚证“办理难、办理慢”问题作为推动“马上就办”的重要载体，组织开展专题督查调研，召开座谈会分析原因，协调41个政府部门，通过清单对账、精简办证环节、压缩办证期限、优化办证流程，全力破解“办证难”问题。1—10月全市已办理中心市区土地证6537宗，办结安置房土地证1152宗，办理社保卡559925张，办证时限压缩至40个工作日。前10个月，全市还办理中心市区商品房分户登记10268宗、二手房变更登记2656宗，办结安置房初始登记申请项目12个2021宗；办理汽车驾驶证81008本。全市预防腐败的新载体逐步发挥作用。市公共资源交易中心继续扩大交易范围，先后纳入水利工程、高速公路项目招投标，已有厦沙高速公路部分路段路基土建、施工监理及试验检测服务招标等5个项目入场交易。在市公共资源交易中心运用行政电子综合监察系统在政府采购、工程交易的标前、标中、标后设置14个监察点，实施监督，保障交易公开透明。前三季度全市通过公共资源交易中心完成政府采购215次，节约资金6727万元；完成工程交易项目234个，节约投资7.25亿元；公共资源交易中心里的产权交易中心进场项目成交470宗，增值总额3.3亿元。

市行政服务中心列入省“马上就办”活动示范点

福建省启动行政服务中心“马上就办”示范点创建活动，市行政服务中心被列为示范点。为此，市行政服务中心将对照国务院、省政府公布清理的行政审批项目，全面彻底清理市级行政审批项目，进一步取消和调整行政审批项目，编制目录和办事指南，向社会公开。对保留的审批项目，将按照“环节最少、时间最短”的要求，进一步减少审批环节。对不需要现场勘查的项目，审批环节一律压至三个（受理、审核、审批）以内；需要现场勘查的项目，审批环节不得超过四个（受理、审核、现场踏勘、审批）。将充分授权的服务窗口进行审批，简易项目推行“一审一核”制［受理（初审）、审核（审批）］或改为当场即办。对行政审批项目的审批时限将统一压缩至法定时限的40%以内，力争窗口当日办结率达60%以上。

希腊克里特省旅游考察推介团到泉州考察

希腊克里特省旅游考察推介团到泉州考察。考察团与泉州旅游业界人士互相推介旅游资源，探索建立资源共享、信息互推、市场共拓、客源互送的长效合作机制。考察推介团负责人、克里特省旅游发展顾问玛丽亚（音）女士表示，以丰富的滨海旅游资源与璀璨历史文化为突出优势，泉州与克里特省都是很棒的旅游目的地，相信彼此增进了解、深化合作、互相输送游客，将会拉动两地经济发展，同时也为两地民众带来更多出行旅游的选择。

泉州首届亲子公益主题活动举行

由丰泽区妇联等单位主办的泉州首届亲子公益主题活动在市区领SHOW天地创艺乐园举行。活动内容包括亲子手绘T恤、亲子公益才艺秀、亲子爱心跳蚤市场等，旨在让孩子们亲身体验公益事业，帮助孩子们感受生活，珍惜幸福，学会感恩。

11月17日

星期一
农历甲午年闰九月廿五
温度：17℃—22℃
阴

●按照省委统一部署，省委常委、组织部部长姜信治到改革联系点石狮市开展专题调研，强调要学习贯彻习近平到福建考察重要讲话精神，落实从严治党要求，保持党员队伍的先进性和纯洁性。

●市政府召开第56次常务会议，听取全市1—10月经济运行情况分析的汇报。

●“东亚文化之都·2014横滨”活动年举行闭幕式暨文艺演出，由副市长林万明带队的泉州代表团参加活动。

●全市文联主席会议召开，进一步学习习近平在文艺工作座谈会上的重要讲话，传达贯彻全市文艺工作座谈会精神，启动千名文艺工作者下基层活动。

姜信治到改革联系点石狮市开展专题调研

省委常委、组织部部长姜信治到改革联系点石狮市开展专题调研，强调要学习贯彻习近平到福建考察讲话精神，落实从严治党要求，加强党员教育管理，健全能进能出机制，保持党员队伍的先进性和纯洁性。姜信治到农村、企业和窗口单位，了解基层党建工作情况，并在石狮市永宁镇前埔村召开座谈会，与基层党员干部共同研究做好疏通党员队伍出口试点工作。

市政府第56次常务会议召开

市政府第56次常务会议召开，听取全市1—10月经济运行情况分析的汇报。市长郑新聪主持会议。市领导林伯前、陈荣洲、周真平、李建辉、陈灿辉、刘忠，市政府秘书长吴友才参加会议。市人大常委会副主任张建生、市政协副主席吴共湖列席会议。郑新聪指出，从当前情况看，全市经济运行总体平稳，但完成2014年目标任务的压力和难度依然很大。各级各部门要按照市委的部署要求，咬住年度目标不放松，严肃对待，攻坚冲刺。要采取超常措施，加强协调，做好服务，推动落实；要增强责任意识，守摊有责，把工作力量压到一线，针对滞后工作，加大力度，全力推进。就下阶段工作，郑新聪要求，要办好国家“数控一代”示范工程现场推进会、泉惠石化园区专题招商、海上丝绸之路艺术节、海上丝绸之路品牌博览会、江浙沪产业链专题招商等几场重要活动。加大企业服务扶持力度，紧抓政策落实、市场开拓、资金保障、难题排解。集中力量推进项目攻坚，抓好320个市级在建重点项目，加快实施深化五大战役行动计划、环湾规划建设年、第三产业发展年等专项行动。着手启动948个跨越发展项目，落实好2014年招商项目、“三维”对接项目。深入推进各项改革，牵头部门要负总责，相关部门要主动配合，各县（市、区）要抓好特色改革，特别要高度重视医改工作。加快对外开放的先行先试，重点抓好海丝先行区建设和自贸区两方面。抓好民生工作，抓紧推进省、市为民办实事项目，人大议案、代表建议、政协提案办理，社会事业发展，环境保护，石结构房改造，“两违”整治和计生工作。维护安定稳定，打击恶意欠薪，做好信访和安全生产各项工作。抓紧谋划2015年工作，及早研究、细化方案，打好提前量，掌握工作主动权。

泉州代表团在“东亚文化之都·2014横滨”活动年闭幕式演出

“东亚文化之都·2014横滨”活动年举行闭幕式暨文艺演出。由副市长林万明带队的泉州代表团参加活动。日本文化厅长官青柳正规、日本横滨市市长林文子，韩国光州市市长尹壮铉，中国驻日本大使馆文化参赞陈诤参加闭幕式。当晚的文艺演出在泉州代表团表演的《中国狮中国梦》中拉开序幕。由钢琴演奏、南音、舞狮组成的节目让观众再次领略泉州艺术的深厚底蕴。南音《枫桥夜泊》将唐诗中描绘的霜天、残月、枫树、渔火等意境融入曲中，演绎出夜半钟声的动人画面，引发现场观众经久不息的掌声。日本横滨、韩国光州的艺术家也表演最具本土文化特色的节目。

相关链接：中国泉州、日本横滨、韩国光州自2013年9月接受“东亚文化之都”授牌以来，通过一系列高密度的文化活动，将东亚文化的交流合作、传承保护和创新发展推向新的阶段。由日本文化厅、横滨市共同主办的2014年“东亚文化之都·横滨”活动年于2月25日在日本横滨会展中心开幕。

全市文联主席会议召开

全市文联主席会议召开，学习习近平在文艺工作座谈会上的讲话，传达全市文艺工作座谈会精神，贯彻市委关于加强新形势下文联工作的意见，启动千名文艺工作者下基层活动。启动千名文艺工作者下基层活动旨在发动文艺工作者深入基层，为更广泛的人民群众服务。即日起泉州市作家、书法家、美术家、摄影家、音乐家等协会，发动文艺家走进基层，全市各县（市、区）文艺家协会也迅速行动起来，送服务到基层。市文联主席表示，要以习近平讲话为指导，以中国梦为主题，以核心价值观为灵魂，以传统文化为根脉，创作有筋骨、有道德、有温度的作品，讴歌时代，赞颂人民；要深入基层，扎根群众，积累素材，丰富生活，抓好选题，潜心创作；要开展形式多样的惠民、为民、乐民的文化活动，把欢乐送到千家万户，愉悦身心，激发斗志，推动泉州科学发展跨越发展。

11月18日

星期二
农历甲午年闰九月廿六
温度：15℃—21℃
多云

●18—21日，根据省人大常委会安排，宁德市人大常委会主任谢仰俊带领宁德市省十二届人大代表一行到泉州，就泉州市经济社会文化发展情况进行视察。

●作为首届“东亚文化之都”当选城市，中国泉州、日本横滨、韩国光州三座城市为今后共同推动城市文化发展，在横滨签订友好合作协议。

●18—21日，2014年度泉州—曲靖文化综合执法交流协作暨全市文化市场综合执法培训班在安溪举办。

●泉州市“万家企业手拉手”系列活动之环卫设备现场推介会举行。

●泉州旅游协会旅行社专业委员会成立。

●第三届海峡两岸将军高尔夫球友谊赛在泉州举办。来自海峡两岸的34位少将以上退役将军及福建省高尔夫球界知名企业家同场竞技。

宁德市省十二届人大代表到泉州视察

18—21日，根据省人大常委会安排，宁德市人大常委会主任谢仰俊带领宁德市省十二届人大代表一行对泉州市经济社会文化发展情况，特别是重点项目、民营企业、城市建设、旅游设施等进行视察。市领导郑新聪、陈海基、林伯前、陈全顺、周真平、刘忠出席汇报会或陪同视察。

在泉州期间，宁德市省人大代表实地察看石狮市星期yi服饰创意博览园、石狮市钞坑旧城改造项目，晋江市城市展馆、晋江五店市传统文化街区、安踏公司、中化1200万吨炼油项目、中化青兰山油库和码头，聚龙小镇，中国瓷都·德化电子商务创业园、顺美陶瓷文化生活馆、陶瓷博物馆、雷峰镇雷峰村、南埕镇南埕村、水口镇村场村等“美丽乡村”、岱仙瀑布旅游项目，中国闽台缘博物馆、清源山国家AAAAA级旅游景区建设情况，并听取泉州市2014年以来经济社会发展情况的汇报。座谈中，视察组充分肯定泉州市经济社会文化发展所取得的成绩。代表们认为，泉州改革开放的良好氛围和发展态势，泉州人民敢拼会赢的勇气、大气豁达的性格、创新创造的活力和团结协作的精神，都给人留下了深刻的印象。泉州市委市政府提出“54321”计划，致力打造泉州经济升级版，从大产业、大企业、大服务、大市场四个方面入手，在品牌建设、产业集群发展、金融改革等方面紧跟市场需求，朝着科技引领、文化提升、城乡统筹、环湾城市建设等更高层次不断拓展，取得难能可贵的成绩。特别是在当前经济下行压力大的情况下，泉州在金融风险防范、政府与金融机构联手协作等方面采取许多有效措施，积累不少有益经验，值得宁德学习和借鉴。代表们表示，要把学到的新思路、好经验、好做法带回宁德，推动宁德的发展水平不断提升。

泉州横滨光州签订友好合作协议

作为首届“东亚文化之都”当选城市，中国泉州、日本横滨、韩国光州三座城市为今后共同推动城市文化发展，在横滨签订友好合作协议。泉州市副市长林万明、横滨市市长林文子、光州市市长尹壮铉分别代表三个城市签订协议。作为“东亚文化之都”，泉州、横滨、光州有着悠久的历史渊源。一年多来，三个城市开展以“共生、和谐、创新”为理念的系列文化活动，带动市民积极参与，促进文化的联动提升；三市之间展开文化交流和学术互动，对彼此的传统文化传承、城市文化建设规划有了更直观的了解，为东亚文化发展注入新的活力。

泉州曲靖开展文化综合执法协作

18—21日，2014年度泉州—曲靖文化综合执法交流协作暨文化市场综合执法培训班在安溪举办。来自泉州对口交流协作的云南省曲靖市文化综合执法机构及泉州市、县两级文化市场综合执法业务骨干73人参训。该培训班以授课讲解、案例交流、技能考试、实地巡查以及召开座谈会等形式进行学习交流，旨在提高泉州、曲靖两市文化综合执法人员法治思维、执法能力以及办案水平。培训班邀请省文物局原局长郑国珍教授作“海上丝绸之路及其普世价值”专题讲座；邀请法理、文物、版权（网络）、演出市场以及执法文书制作与规范等领域学术资深、办案经验丰富的文化部师资库讲师、省文化稽查总队领导和业务骨干授课；进行案件纠错技能考试和现场点评；巡查考察安溪县国家级文物保护单位和版权企业等。

泉州旅游协会旅行社专业委员会成立

泉州旅游协会旅行社专业委员会成立。该委员会将搭建政府与企业、企业与企业之间的交流、沟通平台，为政府服务，为企业服务。加强与周边城市、主要客源地城市旅游组织联系，重点加强与珠三角、长三角、动车沿线城市、飞机直达城市旅游同业组织的联系，加强厦漳泉、闽西南五市、闽粤赣十三地市等合作区域城市之间的深层次合作，沟通信息，交流经验，增进合作，共同发展。制定行业标准等服务公约，加强旅行社诚信体系建设，定期向社会发布旅游线路产品的指导性价格，让游客了解产品价格的合理构成，解决旅行社行业中存在的削价竞争、零负团费、虚假广告等问题，形成健康的竞争秩序，树立旅行社行业的良好形象。

相关链接：全市现有旅行社84家，旅行社分社4家，旅行社门市部153家。旅行社专业委员会的成立，将推动全市旅行社在规范竞争中不断发展壮大，使之真正成为泉州旅游业发展的中坚力量。

华中科大与泉州市政府签约共建智能制造研究院

华中科技大学与泉州市人民政府合作共建泉州智能制造研究院签约仪式在泉州举行。在中国工程院院长周济、副省长洪捷序的见证下，华中科技大学校长丁烈云和市长郑新聪分别代表华中科技大学和泉州市人民政府签订协议。省经信委党组书记林国耀、华中科技大学副校长杨勇、机械科学研究总院原副院长屈贤明参加签约仪式。副市长陈灿辉主持签约仪式。根据协议，泉州市将连续三年、每年投入专项资金1000万元推动该研究院发展。该研究院将面向泉州经济发展和“泉州制造2025”机械产品升级创新工程的需求，构建协同创新的机制和模式，聚集和培养高水平的智能制造技术开发及应用专业人才，打造具有强大的制造业技术创新、成果转化和产业化的科技公共服务平台，实现“政、产、学、研、用、金”有机融合、“无缝”对接，提升泉州制造业的综合竞争力，促进泉州产业转型升级。研究院自主立项研究的成果的所有权及所涉及的相关知识产权等均属于研究院，研究院的研究成果优先在泉州进行转化。

周银芳到泉港调研石结构房屋改造工作

市委副书记周银芳到泉港区，实地察看涂岭镇白潼村石结构房屋改造和小坝民族村建设项目，了解石结构房屋改造情况。周银芳充分肯定泉港区委区政府在石结构房屋改造过程中发挥群众主体作用、用足用好政策、培育示范点等有效做法。周银芳强调，石结构房屋改造是一项重大的民生工程、民心工程，利在长远，各级各部门要乘势而上，加快城乡石结构房屋全面改造步伐，确保按照目标和进度实施；要充分发挥广大群众主体作用，进村入户宣传发动，将省、市相关优惠政策讲清楚，做到家喻户晓，消除“等、靠、要”思想，调动群众参与改造的主动性和积极性，营造全民参与的良好氛围；要结合“美丽乡村”建设和新型城镇化建设，立足实际，高起点科学规划建设，既要大幅提升城乡面貌和人居环境，又要保护传统建筑，体现地方特色；要坚持试点先行、培育典型，认真开展调查摸底，优先启动基础比较完备、条件相对成熟的集中连片建设改造，集中力量重点突破，力争多拿出一批可学可用的示范试点，多创造一些可推广的有效经验；要谋划下阶段工作，进一步明确工作目标和任务措施，确保石结构房屋改造有序扎实推进。

全市第二届制香行业职工技能竞赛举行

由泉州市总工会、泉州市人力资源和社会保障局举办的泉州市第二届制香行业职工技能竞赛在永春县达埔镇举行。该次竞赛项目包括篾香传统手工制作技能和包装技能（表演），竞赛各工种设一等奖1名、二等奖2名、三等奖3名、优秀奖若干名，有9家香企47名职工参赛。经过角逐，篾香传统手工制作工艺技能方面，潘顺德（兴隆香业）获一等奖；包装技能（表演）方面，王桂花（兴全香业）获一等奖。根据竞赛规程，获得篾香传统手工制作工艺技能竞赛第一名的由市总工会授予的“泉州市五一劳动奖章”；获得前三名的由市人力资源和社会保障局授予“泉州市技术能手”称号。

竞赛现场　　（图/林铭珊）

首届泉州“十佳婚宴酒店”公布

由泉州网和泉州旅游协会举办的“2014年婚恋节”系列活动之首届泉州“十佳婚宴酒店”评选揭晓。该活动旨在推选品牌价值大、社会服务优、市场口碑好的婚宴酒店。评选活动于2014年8月7日启动，经过3个多月的网络展示、投票以及专家线下考评打分，主办方从报名参选的酒店中评选出“十佳婚宴酒店”。获此荣誉的酒店分别是：泉州鲤城大酒店、泉州金星大酒店、泉州华侨大厦、晋江宝辉大酒店、晋江金玛国宾酒店、泉州滨海大酒店、泉州湖美大酒店、晋江爱乐国际酒店、泉州华荣酒店（泉州康特华府大酒楼）、达利世纪酒店（排名不分先后）。

11月19日

星期三
农历甲午年闰九月廿七
温度：15℃—23℃
多云

●副省长徐钢到泉州实地调研油气管道安全工作。

●华中科技大学与泉州市人民政府合作共建泉州智能制造研究院签约仪式在泉州举行。

●杨俊峰率市政协丰泽区委员活动组和华侨大学委员活动组，到佳乐电器公司、桃花山公园、南威软件公司等，开展年度视察。

●周银芳到泉港区调研石结构房屋改造工作。

●市委宣传部透露，泉州市有95个单位设立新闻发言人。

●由泉州晚报社与中国移动泉州分公司联合打造的“泉州通”手机客户端上线。

●市总工会、市人力资源和社会保障局举办泉州市第二届制香行业职工技能竞赛。

●大连旅游推介会在泉州召开，两市旅游部门共同探讨合作发展之路。

●泉州市“2014年婚恋节”系列活动之首届泉州“十佳婚宴酒店”评选揭晓。

11月20日

星期四
农农历甲午年闰九月廿八
温度：15℃—23℃
多云

●泉州“数控一代”示范工程现场推进会召开。

●泉州市通过省绿化办组织的省级森林城市考评验收。

●华中科技大学泉州智能制造研究院揭牌。

●南安举行水暖厨卫等产业工程技术初级职称评审工作，九牧集团等16家民营企业的86名技术人员取得助理工程师、技术员职称。

泉州“数控一代”示范工程现场推进会召开

泉州“数控一代”示范工程现场推进会召开。会议总结经验、推广典型，部署加快传统产业转型升级和装备制造产业跨越发展。省长苏树林，科技部党组书记、副部长王志刚，中国工程院院长周济出席会议并讲话。副省长洪捷序主持会议。市领导黄少萍、郑新聪、陈灿辉等参加会议。苏树林代表省委、省政府，代表省委书记尤权，对科技部、中国工程院长期以来给予福建发展的大力支持表示感谢。苏树林提出，实施“数控一代”创新应用示范工程，具有里程碑意义。要紧紧抓住机遇，按照科技部、中国工程院的部署，坚持“需求牵引、技术引领、能力提升、全面带动”的原则，进一步加强引导和扶持，抓好数控技术装备创新和推广应用这两个关键环节，推进工业化与信息化深度融合，推动福建省进入国家“数控一代”工程示范省行列，做大做强做优产业，努力建设机制活、产业优、百姓富、生态美的新福建。苏树林强调，实施好“数控一代”示范工程，一要强化创新驱动，加快技术装备提升与产业转型升级。技术装备研发要突出重点、贴近需求。技术装备推广要面向市场、助力企业。政策扶持要切中关键、形成合力。二要着力先行先试，不断放大泉州示范效应。充分发挥企业的示范效应、产业的协作效应、平台的支撑效应，打开应用通道，促进转型升级，打造更多市场占有率高、竞争力强、具有自主知识产权的大型数控企业。王志刚在讲话中从建设制造业强国的高度，阐释了科技创新对提高社会生产力和综合国力的战略支撑作用，并对福建制造业发展提出指导意见。王志刚表示，科技部将一如既往地支持福建科技创新工作，继续大力支持泉州实施“数控一代”示范工程，做好服务保障，帮助解决实施示范工程中遇到的困难和问题，推动福建加快创新驱动步伐。周济指出，“数控一代”示范工程是推动泉州实现创新驱动、转型升级的重要抓手。要以两化融合作为主体、智能制造作为主攻方向，促进政产学研金紧密结合，推动有组织的创新驱动，集聚大量创新人才，把更多科技成果转化为现实生产力，努力打造泉州制造业升级版。市委书记黄少萍汇报泉州实施“数控一代”工程情况后表示，泉州将按照推进会工作部署和专家意见，有针对性地加强工作力量，扎实推进“数控一代”示范工程，加快迈向制造强市。泉州感谢科技部、中国工程院和省直部门对泉州的大力支持，希望今后进一步帮助泉州对接政策和资源，推动更多专家学者来泉州指导工作。会上，福建嘉泰数控有限公司负责人代表“数控一代”示范单位作发言，中国工程院“泉州制造2025”项目组负责人汇报项目进展情况。会前，与会者参观了泉州市“数控一代”科技创新中心、华中科技大学泉州智能制造研究院和佳友机械、嘉泰数控、特步、中宇、辉锐等企业。

泉州智能制造研究院揭牌仪式　　（图/吴寿民）

泉州市通过省级森林城市考评验收

省绿化委员会办公室对泉州市创建省级森林城市工作进行考评验收。泉州市以良好的建设成效通过省级森林城市考评验收，并在此基础上，争创国家级森林城市。近年来，泉州市以创建省级森林城市为载体，根据“两带三核多园多廊道”的泉州森林城市建设布局，组织实施绿色城市、绿色村镇、绿色通道、绿色屏障和生态文化五大工程，推进森林城市建设。全市森林覆盖率稳定在58.7%，超过“省级森林城市”创建标准。下阶段，泉州市将进一步修改、充实、完善《泉州市国家森林城市建设总体规划》，并以此为纲领，组织实施城市森林体系、产业体系、文化体系、支撑体系“四大体系”建设，让森林进城、下乡、入村、上路，构建以森林和树木为主体、总量适宜、分布合理、树种多样、景观优美的城市森林生态系统。按照规划，到2016年，全市森林覆盖率稳定在58.7%，建成区人均公园绿地面积达13.95平方米，道路绿化率提高至81%，水岸绿化率提高至80.9%，义务植树尽责率达100%，全面达到国家森林城市指标。

泉惠石化工业区开发建设座谈会举行

泉惠石化工业区开发建设座谈会在泉州举行。省长苏树林主持会议，与企业家亲切座谈，听取意见建议。市领导黄少萍、郑新聪、林伯前参加座谈。与会的企业家代表畅所欲言，各自介绍投资意向和具体项目，一致认为泉惠石化工业区坐拥天然良港，交通运输便捷，产业规划有序，园区发展潜力巨大。大家围绕实现标准化发展、延伸产业链、落实优惠政策、简化审批环节、注重环境保护、提升知名度等方面提出意见、建议。

苏树林详细了解泉惠石化工业区的整体规划和建设进展的情况，认真听取企业家发言，并不时插话与大家深入交流，现场协调解决有关问题。苏树林指出，福建港口岸线资源丰富，交通等基础设施完善，化工产品市场需求不断加大，发展石化产业的空间广阔。希望大家抓住机遇、抢占先机，早日进驻园区，在实现企业自身发展的同时壮大园区总量规模；要优化项目、突出特色，注重科学论证和自主创新，努力确立技术、质量、价格、服务等方面的优势，做到人无我有、人有我优、人优我惠；要加强合作、联合发展，降低生产成本，联手培育共同市场。各级政府及有关部门要加强园区配套建设，进一步完善园区功能；要改进审批监管，强化服务保障，建立快速审批机制，打造良好的投资环境；要争取各方支持，完善园区政策，加强项目建设要素保障，提升园区整体吸引力。

相关链接：泉惠石化工业区总面积33.8平方千米，是湄洲湾石化基地的重要组成部分。园区的港口、交通、物流、联检等配套服务完备，将建设成为以发展化工新材料为重点的大型炼化一体化、多产品链、多产品集群基地，25个下游项目投建。

“泉州制造2025”发展战略报告会举行

由中国工程院多位院士、专家参与编制的“泉州制造2025发展纲要”及“2020行动计划”初稿完成。一批制造领域的院士、专家到泉州，召开“泉州制造2025”发展战略报告会，介绍纲要规划编制情况，听取各方意见。会上，中国工程院院长周济作《中国制造2025》主题报告。国家自然科学基金委副主任、中国工程院院士姚建年参加会议。中国工程院院士李培根、郭重庆、李伯虎，国务院参事、国家质检总局原总工程师张纲，中科院软件所工业管理与设计中心主任韩永生，分别作题为《泉州制造2025发展战略纲要》《互联网将重新定义制造业》《智慧云制造》《中国制造的质量战略研究》《在信息技术和工业制造的高度融合下，企业商业模式如何进行创新》的主题报告。

相关链接：作为中国制造业的典型城市，泉州被确定为“中国制造2025”的延伸和唯一地区性示范城市，“泉州制造2025发展纲要”及“2020行动计划”，为未来十年“泉州制造”向“泉州创造”转型，设定了战略指南和行动纲领。

报告会现场　（图/戴涵琦）

泉州推广“以电代燃”防雾霾

泉州举行“电能替代”主题传播活动。近年来福建省积极倡导清洁能源消费，持续开展电能替代工作，以电代煤、代油、代柴，提高电能在终端消费的比重。泉州石湖港上年开始搞“油改电”，24台龙门起重机全部变燃油为电能驱动，一年多下来，集装箱单箱吊装能耗下降40%以上，运行成本节省70%以上。图为石湖港变燃油为电能驱动的起重机在作业。（晚报社供图）

11月21日

星期五
农历甲午年闰九月廿九
温度：16℃—26℃
多云

●泉惠石化工业区开发建设座谈会在泉州举行。

●2013年度省优秀社会工作专业人才表彰暨座谈会在泉州市召开。受到表彰的优秀社会工作专业人才10名，石狮市社会福利中心的林永红入选。

●市委召开2015年度全市重点党报党刊发行工作会议。

●市政协领导到挂钩联系的晋江市龙湖镇南浔村开展新农村建设试点示范村现场办公。

●21—24日，由省委宣传部、省旅游局等部门主办的全球华文电视媒体“清新福建行”大型联合采访团到泉州拍摄采访海丝文化和茶文化。

●由中国工程院多位院士专家参与编制的“泉州制造2025发展纲要”及“2020行动计划”初稿完成。一批制造领域的院士、专家到泉州，召开“泉州制造2025”发展战略报告会，介绍纲要规划编制情况，听取各方意见。

●2014年泉州—德国工业设计对接示范项目签约仪式举行，国家级工业设计中心—泉州迪特工业产品设计有限公司与德国IPDD、泉州微柏工业机器人有限公司合作建设泉州智能制造基地。

●石狮青年商会“新风行动”动员大会在石狮举行。

●21—25日，2014年第八届华夏南少林武术大赛在石狮举办。

11月22日

星期六
农农历甲午年十月初一
温度：17℃—27℃
多云

●22—23日，中国高等教育学会特殊教育研究分会2014年学术年会在泉州师院召开。来自北京、福建、江苏、浙江、新疆、台湾等地50多所高校的200多位特教专家学者参加会议。

●华侨大学第七届董事会第一次会议召开，原中共中央政治局委员、第十一届全国政协副主席王刚出任华侨大学新一届董事会董事长，第十二届全国政协副主席何厚铧连任名誉董事长。

●泉州晚报在头版显要位置刊发省长苏树林在石狮青商会“新风行动”动员大会上的讲话全文。

●“中国一日·重返泉州”——2014年国际海洋年特别节目在凤凰卫视中文台《皇牌大放送》栏目首播。节目介绍10月14至16日泉州文化代表团在法国巴黎参加由联合国教科文组织举办的“中国一日·重返泉州”系列活动的情况。

●“新丝路 新梦想”泉州市首届东亚文化之都辩论赛个人演讲赛举行。

●泉州首届小学生汉字听写大赛总决赛在泉州幼儿师范高等专科学校举行。

●泉籍艺术家吴达新个人最新作品展《飞天雅音》发布会在晋江举行。

中国高等教育学会特殊教育研究分会2014学术年会在泉州召开

2014年中国高等教育学会特殊教育研究分会学术年会开幕式在泉州师范学院孙中山学术报告厅举行。来自北京、福建、新疆等两岸25个省市、50多所高校的200多位专家学者参加会议。教育部特教办主任李天顺，福建省教育厅副厅长刘平，福建省残疾人联合会党组书记、副理事长柯少愚，泉州市副市长周真平，泉州师范学院党委书记游小波、中国高等教育学会特殊教育研究分会理事长方俊明等出席开幕式。

开幕式后举行论坛活动。李天顺就特殊教育的相关内容作了报告。李天顺指出，从党的十七大报告中提出关心特殊教育到党的十八大报告提出支持特殊教育，特殊教育由关心到支持，足见党和政府对支持特殊教育的决心。方俊明作题为《挖掘潜能，开创我国高等特殊教育发展的新局面》的报告。方俊明表示，特殊教育面临的问题主要的是专业人员不够。而研究热点主要在于特殊教育的理念和教学水平上，具体到特殊性儿童的教育，如智障儿童、自闭症儿童。与会专家学者分别围绕高等特殊教育的国际比较及中国残疾人高等教育发展、特殊教育师资培养问题、特殊教育学科与课程建设三个专题进行主题报告，从政策、学科建设、师资培养、残疾人高等教育等方面进行探讨，理清我国特殊教育改革与发展面临的挑战及机遇，旨在推进特殊教育院校间的深入交流与合作，促进中国特殊教育事业的发展。

相关链接：泉州师范学院教育科学学院特殊教育专业是福建省唯一的特殊教育本科专业。近年来，该院专业适应特殊教育事业发展的需求，得到了较快较好的发展。2012年，泉州师范学院特殊教育师资培养培训与闽台交流合作中心，获得教育部和国家发改委的支持，国家投入5000万元进行专项建设。

华侨大学第七届董事会第一次会议召开

华侨大学第七届董事会第一次会议召开，海内外董事共聚一堂，共商学校发展大计。原中共中央政治局委员、第十一届全国政协副主席王刚出任华侨大学新一届董事会董事长。第十二届全国政协副主席何厚铧连任名誉董事长。国侨办主任裘援平、香港中联办副主任王志民、国侨办副主任任启亮、福建省副省长李红、泉州市委书记黄少萍、华侨大学校长贾益民等校董参加会议。王刚表示，将与董事会全体成员一道，尽职尽责，为华侨大学的美好未来、为推动华侨高等教育事业的发展作出自己的努力。希望华侨大学抓住机遇，勇于开拓创新，立足于服务国家现代化建设、服务侨务事业发展、服务传播中华优秀文化、服务祖国统一大业，办出特色、办出水平，争当一流大学、培养一流人才、创造一流成果，把华侨大学建设成为在海内外有着重要影响的综合性大学，为实现中华民族伟大复兴的中国梦作出更大贡献。裘援平肯定华大办学成果，希望华侨大学紧扣国家和地方经济社会发展需要，紧扣国家侨务工作需要，坚持科研强校，深化教育改革，推进协同创新，优化师资队伍，提升人才培养质量，把学校建设成基础雄厚、特色鲜明、海内外著名的华侨高等学府，为国家侨务事业发展，为实现“两个一百年”的奋斗目标和中华民族伟大复兴的“中国梦”作出新的更大贡献。李红代表省委、省政府致辞，肯定华侨大学在福建经济社会发展中的地位和作用，希望华侨大学更加积极融入国家战略，更加融入福建地方经济和社会发展，更加有效地凝聚各方合力，做足侨的文章，把华大建设成为一所全球华人华侨向往的著名的华侨高等学府。福建将进一步与国侨办共建华侨大学，推动华侨大学在新起点上加快发展。会上还举行董事长、副董事长及董事聘书颁发仪式。

相关链接：华侨大学第七届董事会由海内外114名社会贤达组成。成立于1980年的华大董事会，是改革开放后中国最早成立的高校董事会之一。庄希泉、胡平、贾庆林、陈明义、宋德福等先后担任董事长。成立近35年来，华大董事会广泛联络海内外华侨华人，为学校筹款近5亿元，其中建设侨捐工程共79项，设立各类奖教、奖学、助学、助研基金等近100个。

泉州首届小学生汉字听写大赛总决赛举行

泉州首届小学生汉字听写大赛总决赛在泉州幼儿师范高等专科学校举行。大赛旨在弘扬中华传统文化，提升小学生规范使用国家通用语言的意识和水平。各县（市、区）130所小学约10万名学生参与。比赛历时三个月，举办18场分区决赛、2场复赛，通过选拔，8支代表队48名学生跻身全市总决赛。最终泉州市实验小学获团体冠军，泉州市实验小学的刘海宁获个人组一等奖。

泉州市三部作品获省微电影大赛奖项

由省综治委预防青少年违法犯罪工作领导小组办公室、团省委主办的福建省“为了明天——关爱青少年彩虹行动”微电影大赛揭晓，各地市报送39部微电影作品参赛，经过专家评审及网络投票，评选出8部获奖作品。惠安团县委报送的《向日葵花开》获特等奖（全省最高奖，唯一一个），洛江团区委报送的《少年》和安溪团县委报送的《因为有你在身边》分获三等奖。《向日葵花开》采用拟人手法将向日葵比喻为未成年人，把关爱失足少年和向日葵成长形象地结合在一起，抓住青少年违法犯罪的主要诱因，突出强调家庭教育和社会环境对青少年健康成长的影响。该片把枯燥的法制教育知识转化为青少年喜闻乐见的微电影形式，让人在沉浸于跌宕起伏的故事情节的同时，反思家庭、社会和学校在青少年成长过程中所应承担的重要责任。

泉惠石化工业区再添32个项目

石化产业是泉州市重点发展的成长性产业之一，也是全省重点培育的骨干产业集群。近年来，泉州市以建设国家级石化基地为目标，以泉港、泉惠石化工业区为主要平台，集中布局石化产业重大项目，发展中下游产业项目。近日，总投资近千亿元的32个项目落户泉惠石化工业区。这些项目规模大、质量优，符合国家产业政策，具有良好发展前景。此次集中签约的32个项目总投资923.3亿元，其中超百亿元项目两个，超十亿元项目14个。其中，承接中化中下游和配套的项目有31个，占签约项目总数近97%，。作为省级经济开发区，泉惠石化工业区总面积33.8平方千米，是湄洲湾石化基地的重要组成部分。该工业区已开发建设约6.7平方千米，正进行的用地回填工程将于2015年上半年完工。园区已投入约30亿元，对产品项目、公用辅助设施、物流传输、环境保护和管理服务进行一体化建设，水、电、供热、通讯网络、污水处理、应急救援等基础设施日益健全。下一步，园区将以炼油、乙烯项目为龙头和基础，以清洁燃料、合成材料和有机原料为主体，重点发展以化工新材料为特色的大型炼化一体化、多产品链、多产品集群基地。园区内已有25个石化下游项目投建。

泉州打击“三电”犯罪成效显著

近日，泉州市“三电”（电力、电信、广电）联席会召开。2014年以来，泉州市破坏“三电”案件212起，抓获犯罪嫌疑人49名，缴获赃款、赃物价值人民币90.5万余元；打掉犯罪集团7个、成员21人。泉州供电公司配合公安机关保持打击涉电犯罪高压态势，采取“露头就打”的方针，打击盗窃破坏电力设施犯罪。在严厉打击涉电犯罪的基础上，该公司加大电力设施隐患排查整治、用电安全宣传等活动，依靠泉州市经贸委组建电力行政执法队伍，配合公安机关开展“三电”设施的联防、布控和巡检，盗窃破坏案件得到有效控制。

永春启动知识产权质押贷款缓解企业融资难

永春县榜德工业园区内的泉州市邦正运动用品有限公司（下称“邦正运动”）从县信用联社贷到490万元。与普通贷款不同的是，这笔贷款是利用11项专利权抵押获得的，这也是该县发放的第一笔知识产权质押贷款。前段时间，邦正运动因资金紧张，导致许多国外订单无法承接。得知其困难后，永春县信用联社主动到邦正运动摸底调查，试着帮忙找寻解决资金困难的办法。调查发现，邦正运动拥有多项发明专利、实用新型专利，具备办理专利权质押贷款条件，于是帮助其向县人行、监管办、知识产权局等部门了解相关手续，主动联系评估机构、登记机关。在多方努力下，邦正运动终于成功办理首笔专利权质押贷款。为解决小微企业因贷款期限与生产经营周期错配引起的短贷长用、还旧借新、融资还贷等问题，化解小微企业融资的实际困难，永春县农信社等银行又在服务方式上大胆改革，创新小微企业贷款“整贷零还”的还款方式，即小微企业可根据自身经营发展需要灵活选择还款方式，如申请分期分笔归还贷款，期限最长可达5年。至10月底，已办理小微企业 “整贷零还” 贷款23笔，总金额约1亿元。6月，永春县出资2000万元，在全市率先设立应急保障周转专项资金（“过桥”资金），帮助企业解决贷款到期转贷资金。全县已帮助8家骨干企业解决贷款到期转贷资金（贷款企业还款“过桥”之用）109笔，总金额10.9亿元。

11月23日

星期日

农农历甲午年十月初二

温度：19℃—28℃

多云转晴

●泉州打击“三电”犯罪成效显著。

●报载，泉州市三部作品获省微电影大赛奖项。

●报载，泉惠石化工业区再添32个项目。

●2014年世界华侨华人篮球赛在厦门杏林体育馆排出座次，华侨大学环球联合男篮以五战全胜夺得冠军,澳大利亚华人队和澳门福建队分获第二和第三名。

●武警泉州支队三中队举行向警徽告别仪式，服役期满的老兵与警徽及战友告别。

●报载，永春县启动知识产权质押贷款，缓解企业融资难。

11月24日

星期一
农农历甲午年十月初三
温度：20℃—28℃
多云

●市委召开常委会，听取全市安全生产工作汇报，研究落实《福建省安全生产“党政同责、一岗双责”规定》的实施意见。

●全省城乡社区警务建设现场推进会在晋江市召开。来自全省各地公安系统负责人实地参观学习晋江社区民警专职化工作经验。

●24—25日，郑新聪、许昆贞、陈庆宗、陈荣洲、卢炳椿检查海上丝绸之路国际艺术节和海上丝绸之路国际品牌博览会筹备情况。

●由中央电视台、中国美协、中国书协、国家画院等联合举办，中央电视台书画院、东亚文化之都泉州建设发展委员会办公室、泉州市委宣传部承办的CCTV书画系列公益活动走进泉州。

●24—30日，第十八届亚洲象棋锦标赛在石狮举行，中国队包揽男团和女子组、少年组三项冠军。

●以“传承中华和谐文化，共谋两岸人民福祉”为主题的第六届海峡两岸和谐文化节在泉州华光职业学院举办。

●24—30日，晋江市文化产业园活动举行，数万市民逛该市四大文创园区，过六个主题日，体验三十二项文化活动。

市委常委会部署安全生产工作

市委常委会召开，听取全市安全生产工作汇报，研究泉州市贯彻落实《省委、省政府关于印发〈福建省安全生产“党政同责、一岗双责”规定〉的通知》的具体实施意见。

市委书记黄少萍主持会议，市委常委参加会议，市人大常委会党组、市政协党组主要领导列席会议。会议指出，各级各有关部门要树立“红线”意识、“底线”思维，按照中央、省委的部署要求，抓紧建立健全“党政同责、一岗双责、齐抓共管”责任体系；要把群众生命安全牢牢捧在手心上，“对号入座”、严格落实责任，从细节入手、毫不松懈抓好本地区、本领域的安全生产工作，确保监管责任、监督管理、安全措施全覆盖，为人民群众创造安全的生产生活环境。当前全市安全生产形势总体平稳，但依然存在一些薄弱环节，要引起高度重视。会议强调，要领会“党政同责、一岗双责”内涵，加强党委对安全生产工作的领导，把安全生产当作一件头等大事来抓，纳入党委工作全局和经济社会发展规划，纳入领导干部实绩考核范围。各级党委、政府“一把手”要主动担责，对重点工作、重大问题、重要环节要亲自抓、亲自部署。要发挥党委在安全生产工作中的政治核心作用，总揽全局、协调各方；各级政府要担起全面领导责任，认真组织实施，加强督促管理；各级相关部门要切实履职、齐抓共管，坚决杜绝出现责任空挡、监管空白点。要创新工作体制机制，提升“依法治安”的能力和水平。要树立法治意识和法治思维，严格规范执法，深化“七打七治”打非治违专项行动，依法从严铁腕治理、不讲人情、毫不手软；结合创建国家安全发展示范城市，加强薄弱环节，强化重点整治，对人员密集公共场所、电梯安全、道路交通、消防火灾、油气管道、车间粉尘治理等重点领域、行业、单位、环节紧盯不放，做到24小时全天候监督落实、防范到位；开展安全生产大检查，对查处的问题跟踪督办、限期整改，把安全隐患消除在萌芽状态，保障人民群众生命财产安全。

全省城乡社区警务建设现场推进会在晋江市召开

全省城乡社区警务建设现场推进会在晋江市召开。公安部、省公安厅、泉州市公安局及各设区市、平潭综合实验区公安局、派出所业务指导管理部门等相关负责人参加会议，实地参观、现场感受晋江开展社区民警专职化工作经验做法及成效。会议采取现场会和视频会相结合的方式举行。与会人员参观晋江市公安局三个社区阳光警务室、罗山派出所、灵水警务室。参观结束后，与会人员召开交流会，福州、厦门、泉州、漳州、莆田、三明、南平、龙岩、宁德9个设区市公安局和平潭综合实验区公安局分别介绍本地社区警务工作开展情况。

CCTV书画系列公益活动走进泉州

由中央电视台、中国美协、中国书协、国家画院等联合举办，中央电视台书画院、东亚文化之都泉州建设发展委员会办公室、泉州市委宣传部承办的CCTV书画系列公益活动走进泉州。当日下午，在泉州南少林国际学校举行CCTV书画系列公益活动捐助仪式，中国美协党组副书记徐里、黑龙江省美术家协会主席吴团良、福建省美术家协会主席王来文等8位著名书画艺术家无偿捐助艺术价值很高的书画作品，旨在推动书画艺术家深入基层，加强与基层书画爱好者、中小学生及群众性、社会性机构的交流，让书画艺术推广成为践行社会主义核心价值观的行动。该次公益活动紧紧围绕“践行社会主义核心价值观，文艺为人民服务”的主题展开，艺术家们深入生活，贴近群众，感受自然之美，人文之美。

第十八届象棋亚锦赛在石狮举行

24—30日，2014年第十八届亚洲象棋锦标赛在石狮举办。东道主中国队包揽男团和女子组、少年组的三项冠军。这是迄今在石狮举办的最高水平的体育赛事，也是福建省目前承接的最高规格的象棋比赛。首次组队参加国际重大象棋赛事的石狮队，在先失两场的不利局面下，最终以四胜一和两负积9分，获得男团第四名的好成绩。

相关链接：始创于1980年的亚洲象棋锦标赛是最早的洲际大赛，中国象棋梦之队从这里开始缔造华夏象棋“神迹”。象棋亚锦赛每两年一届，前五届均设男子团体和女子个人两项。从1994年第八届开始，赛事改设男团和女子组、少年组三项，一直延续至今。中国队在女子组和少年组的较量中偶有失手，男团在全部十八届亚锦赛中连续称霸。

闽粤赣十三市党政领导第十八次联席会议在泉州召开

闽粤赣十三市党政领导第十八次联席会议在泉州召开。泉州、厦门、漳州、龙岩、三明、汕头、潮州、揭阳、汕尾、梅州、赣州、鹰潭、抚州十三市党政领导齐聚一堂，共商推进区域文化交流合作大计。泉州市领导黄少萍、郑新聪、周银芳、翁祖根、陈灿辉参加相关活动。受市委书记黄少萍委托，市长郑新聪在致辞中指出，闽粤赣十三市经济合作区自设立以来，合作的领域不断向海西南翼、泛珠三角、海峡两岸等区域延伸，结出丰硕成果。特别是第十七次联席会议以来，区域交通体系进一步完善，项目园区建设成效显著，企业投资对接、跨区域旅游合作等工作富有成效，促进了区域繁荣发展，也助推泉州创新转型。希望闽粤赣十三市发挥各自文化优势，共同提升区域影响力；打响特色文化品牌，共同促进文化产业发展；深化推进互联互通，共同拉近合作时空距离，凝聚区域合作合力，助推区域经济发展。此次会议以“深化文化交流协作 助推区域经济发展”为主题，旨在发挥区域文化特色优势，深化区域文化交流协作，助推区域文化产业优化升级。会上，闽粤赣十三市经济合作区区域办主任、厦门市副市长李栋梁作区域合作工作报告，十三市党政领导就开展文化交流合作事宜发言。会议发布《深化闽粤赣十三市文化交流合作意见》。

市领导会见韩国光州和日本横滨代表团

韩国光州、日本横滨交流代表团到泉州共庆“文都”活动闭幕，共商未来的交流与合作。市领导陈海基、周银芳、陈庆宗等会见两市代表团。会见中，市人大常委会主任陈海基简要介绍泉州市情，并回顾泉州与韩日深厚的历史渊源。陈海基表示，一年来，泉州与光州、横滨一起，围绕“东亚意识、文化交融、彼此欣赏”主题，履行中韩日部长会议达成的框架协议，举办240多场文化活动。这一年的交流交往、互学互鉴、真诚互动，让大家印象深刻、友谊倍增。随着不久前“东亚文化之都·2014光州”闭幕式梦想嘉年华、“东亚文化之都·2014横滨”闭幕式的分别举办，以及海上丝绸之路国际艺术节的举行，首届“东亚文化之都”的交流互动暂告一个阶段，但三国“文都”交流合作不会随之结束。今后，泉州将落实三市友好合作协议，把2015年泉州的亚洲文化艺术节、光州的亚洲艺术殿堂正式对外开放以及横滨举办的相关文化活动，作为三市继续交流合作的新篇章，携手开创“互信、包容、合作、共赢”的美好未来。泉州将办好亚洲文化艺术节，肩负推动中国与亚洲其他国家文化合作与交流的新使命，扩大“东亚文化之都”影响力，打造“21世纪海上丝路先行区”，希望光州、横滨代表届时再相聚。

“文都”专用邮资图信封首发

“东亚文化之都·2014泉州”专用邮资图信封首发仪式在泉州市区新门街龙头山粮库举行。该专用邮资图信封包括邮资图和专用邮资信封两部分。其中，邮资图以东西塔为主图案，突出“东亚文化之都”泉州标识，配以现代泉州城市背景，展示文化泉州、魅力泉州、活力泉州的城市形象；专用邮资信封印有东西塔图案及“东亚文化之都、海上丝绸之路起点——泉州”字样。专用邮资图信封为泉州市企事业单位对外宣传文都泉州统一的形象标识，将广泛用于公务往来、文化交流、旅游活动、企业宣传、院校传递、海外传播等。

首发仪式　　（图/李芸生）

全国国画名家20人惠安女美术作品邀请展举办

“惠风和畅——全国国画名家20人惠安女美术作品邀请展”拉开泉州巡展帷幕，一幅幅以惠安女为题材创作的美术作品，在泉州画院二楼展出。该次画展为献礼海上丝绸之路国际艺术节，由福建省画院、福建省美协、泉州市文联主办，泉州市美协、泉州画院承办。主办方邀请全国20位国画名家创作了70件惠安女题材美术作品参展。这些作品都是画家长期坚持深入生活、亲身感受、有感而发的作品，表现出惠安女特有的人文风情气质。展览期间，画家们再次深入惠安的渔港、码头采风写生，诠释惠安经典文化遗产的魅力与时代风貌。

11月25日

星期二

农农历甲午年年十月初四

温度：16℃—21℃

小雨转多云

●闽粤赣十三市党政领导第十八次联席会议在泉州召开。

●韩国光州、日本横滨代表团到泉州共庆“文都”活动闭幕，共商未来的交流与合作。

●“文都”专用邮资图信封首发。

●25—29日，“泉州伴手礼”展销活动在市区西街旧面粉厂举行。

●由中国国家博物馆主办的“连紫华德化瓷雕艺术作品展”在该馆举行。连紫华是中国国家博物馆建馆以来首个在此举办个展的中国陶瓷艺术家，泉州德化人。

●泉州市提升公民旅游文明素质工作联席会议召开。

●“东亚文化之都·2014泉州活动年回眸展”和“县域活动周图片展”在西街“大麦仓”文化空间开幕。

●古港转型升级规划展在市区新门街龙头山粮库开幕。

●惠安县创建国家生态县活动通过技术评估。

●泉州市首个遗体器官捐献纪念碑在石狮永久墓园落成。

●“惠风和畅——全国国画名家20人惠安女美术作品邀请展”在泉州画院开幕。

●由福建新海丝文化发展有限公司与韩国MEM联手打造的亚洲最大裸眼3D灯光秀在市区西街旧面粉厂上演。

11月26日

星期三
农农历甲午年十月初五
温度：18℃—23℃
阴

●海上丝绸之路国际艺术节暨东亚文化之都·2014泉州丝海扬帆嘉年华系列活动开幕式在泉州海峡体育中心举行。

●2015年第十四届亚洲艺术节授旗仪式举行，郑新聪代表泉州接过亚洲艺术节会旗，意味着第十四届亚洲艺术节确定在泉州举办。

●泉州晚报刊发黄少萍署名文章——《我们的“东亚文化之都”》。

●中国铁塔股份有限公司泉州市分公司挂牌成立。

●泉州师范学院第三届董事会成立大会召开，黄少萍出任第三届董事会董事长，郑新聪任执行董事长，施永康任永远名誉董事长。

●26—30日，文都城市规划发展图片联展在泉州海交馆举行。该展显示泉州、光州、横滨的都市规划及设计实践，包括城市规划变迁、文化设施及场所设计、代表设计师和有特色实施案例。

●第十一届中国赏石展览在泉州侨乡体育馆开幕。

●泉籍旅菲华侨、国际书法家协会副主席陈敦三个人书法展在泉州华侨历史博物馆开幕。

海上丝绸之路国际艺术节开幕

海上丝绸之路国际艺术节暨东亚文化之都·2014泉州丝海扬帆嘉年华系列活动在市区海峡体育中心体育馆开幕。本次海上丝绸之路国际艺术节由文化部、省政府主办，省文化厅和市政府承办；东亚文化之都·2014泉州丝海扬帆嘉年华由文化部、省政府、市政府主办。全国政协副主席、台盟中央主席林文漪，文化部副部长丁伟，中国侨联副主席康晓萍，台盟中央副主席黄志贤；省委常委、宣传部长李书磊，副省长李红，省政协副主席陈向先；韩国光州代表团团长、东亚文化之都促进委员会委员长郑东采，日本横滨代表团团长、议会副议长仁田昌寿，泉州市领导黄少萍、郑新聪、陈海基、杨俊峰等，与驻华使节、国际友城代表、韩日嘉宾、海内外泉州乡贤、各界群众参加活动。林文漪宣布开幕。丁伟对首届“东亚文化之都”取得的成果，对海上丝绸之路国际艺术节的开幕表示祝贺。丁伟指出，“东亚文化之都”是中韩日文化合作的创新篇章。当选中国首个“文都”以来，泉州以“东亚意识、文化交融、彼此欣赏”为主旨，携手韩国光州、日本横滨开展一系列文化交流活动，带动中韩日三国的文化交流与合作，推动泉州城市经济文化建设，也让泉州古城源远流长的文化情怀在国际舞台上投射出耀眼光芒。在“文都”建设过程中，泉州紧抓国家实施“一带一路”战略的契机，建设21世纪海上丝绸之路先行区。为支持泉州打造海上丝绸之路文化品牌，文化部与福建省政府共同在泉州主办海上丝绸之路国际艺术节及第十四届亚洲艺术节，通过举办国际水平、亚洲风情、泉州特色的艺术盛会，为在世界范围内繁荣亚洲的文化与艺术，为推动各国之间的文化交流与合作、增进人民之间的理解与友谊做出更大贡献。市委书记黄少萍主持开幕式并致辞。黄少萍表示，当选中国首个“文都”以来，泉州与韩日文化交流蓬勃开展，展示闽南韵、中国风、东亚情。“东亚文化之都”建设只有起点，没有终点。作为历史上东西方经济文化的聚集地、交汇点，泉州将继续延伸“以文化促交流、促合作”的主题，建设“21世纪海上丝绸之路先行区”，推动与“海丝”沿线国家和地区的文化交融互鉴，促进民心相通，实现共同发展。开幕式上还举行2015年第十四届亚洲艺术节授旗仪式。市长郑新聪代表泉州从丁伟、李红手中接过亚洲艺术节会旗。开幕式后，泉州文艺工作者演出大型歌舞《蓝蓝泉州湾》。

海上丝绸之路国际艺术节　　（图/吴寿民）

中国铁塔泉州分公司揭牌

中国铁塔股份有限公司泉州分公司挂牌成立。泉州铁塔分公司成立后，中国移动、中国联通和中国电信泉州运营商将不再新建铁塔，转而以租赁的方式使用铁塔分公司的通信铁塔，腾出更多精力进行业务拓展和专业化市场运营。这标志着泉州市电信基础设施建设进入全新发展阶段。

相关链接：2014年7月18日，中国电信、中国移动和中国联通按照中央和国务院有关要求，联合出资100亿元，组建成立中国铁塔股份有限公司。铁塔公司主要从事铁塔、基站机房等配套设施和室内分布系统的建设、维护和运营，致力于成为国际一流的通信基础设施综合服务商。公司总部设在北京，在各省市设立分公司。福建铁塔公司于11月4日成立。

旅菲乡亲陈敦三书法作品在泉州展出

泉州华侨历史博物馆展出国际书法家协会副主席、菲律宾中华书法学会副会长、泉州籍乡亲陈敦三30年来陆续创作的117幅作品，展览持续到12月2日。此次展览由泉州市侨联、泉州市书法家协会、泉州历史文化中心主办，泉州华侨历史博物馆协办。市政协副主席李冀平与泉州文化界人士、泉州师院书法系师生代表等近百人参加开幕式。泉州黎明职业大学董事会向陈敦三赠送梁披云《番客谣》四条幅水印件。

展开幕式　　（图/吴寿民）

泉州市公共文化中心奠基

泉州市公共文化中心举行奠基仪式。该中心位于泉州市行政中心中轴线中段，包括泉州科技与规划馆、泉州东海工人文化宫、泉州图书馆、泉州大剧院，项目占地190多亩，总建筑面积30多万平方米，四大建筑建成后犹如“四片花瓣”绽放东海，成为泉州城市文化的新地标。文化部副部长丁伟，副省长李红，市领导郑新聪、陈海基、杨俊峰、陈庆宗、林俊其、周真平、李建辉等参加奠基仪式。

受市委书记黄少萍委托，市长郑新聪代表市委、市人大、市政府、市政协向市公共文化中心奠基致以热烈祝贺，向出席活动的领导嘉宾表示衷心感谢。郑新聪指出，泉州是我国首批历史文化名城、古代海上丝绸之路起点、世界多元文化展示中心、首届东亚文化之都。在文化部和省委、省政府的关心支持下，泉州市委、市政府历来高度重视文化建设。四座公共文化设施建设对完善全市文化基础设施，推进历史文化传承保护，深化闽南文化生态保护区建设，加快创建全国公共文化服务体系示范区，推进文化的繁荣发展和文化软实力的提升具有重大意义。

奠基仪式　　（图/李芸生）

泉州市公共文化中心规划效果图　　（资料图片）

2014年东亚文化之都城市书画联展举办

2014年东亚文化之都城市书画联展和“百诗颂泉州”书画展在中国闽台缘博物馆开幕。这次书画联展是中、韩、日又一次跨越千里的文化握手，也是三个城市又一次成功的文化交流合作实践和创举。中韩日三国书画家和宾客齐聚一堂共同见证这一文化盛会，展览持续至12月1日。此次活动作为“东亚文化之都·泉州”2014活动年的一项重要活动，由省炎黄文化研究会指导，“东亚文化之都·泉州”建设发展委员会主办，泉州市文学艺术界联合会、中国闽台缘博物馆、泉州信息工程学院、泉州市美术家协会、泉州市书法家协会共同承办。

此次书画展，涉及范围广，参展人数多，其中韩国20件，日本39件，福建省直63件，泉州80件。主办方表示，联展的举办，既是东亚文化交流的一件盛事，也预示着泉州书画创作正朝着多元、开放的方向发展，必将有力助推不同城市之间、艺术门类之间的交流与合作，为东亚文化的繁荣与发展作出积极的贡献。借助参加海丝国际艺术节的契机，中日韩书画交流笔会当天下午在泉州市青少年宫青年书法会馆举行。

开幕式　　（图/吴寿民）

台塑集团主要创办人王永在逝世

台塑集团主要创办人王永在在台北家中逝世，享年93岁。王永在，台塑企业集团副董事长，是王永庆之弟，祖籍安溪金田乡。早年王永庆开米店时，王永在就跟在身旁担任伙计；1954年两人共同创办台塑集团，两兄弟相伴超过80载，被称为台湾最契合的事业伙伴。台塑创立逾50年来，王永在长年担任总经理。王永庆在世时，王永在默默做事，扮演“绿叶”角色，最高头衔是集团副董事长。王永在长子王文渊目前担任台塑集团总裁职务。

11月27日

星期四
农农历甲午年十月初六
温度：18℃—23℃
多云转阵雨

●郑新聪代表泉州与丹麦霍尔拜克市、俄罗斯阿迪格共和国迈科普市签订建立友好城市关系意向书。

●泉州市公共文化中心奠基仪式举行。

●27—29日，来自阿拉伯国家联盟、缅甸、赛内加尔、韩国、秘鲁、埃及、爱沙尼亚、立陶宛、波兰、葡萄牙、中国东盟中心、智利、越南、毛里求斯、菲律宾15位驻华外交官到泉州参观访问。

●第三届阿拉伯艺术节泉州分场活动在泉州海外交通史博物馆启动。

●泉州市举行建设“21世纪海上丝绸之路经贸文化合作先行区”海外泉籍侨领座谈会。

●2014年东亚文化之都城市书画联展和“百诗颂泉州”书画展在中国闽台缘博物馆举办。

●“海丝”联合申遗九城文物联合展览在泉州开幕。

●海上丝绸之路音乐节开幕式在市区西街“大麦仓”文化空间举行。

●海上丝绸之路国际艺术节日本横滨艺术团，荷兰、马来西亚艺术团，英国、伊朗艺术团，韩国光州艺术团，非洲马里艺术团分别在石狮、晋江、南安、惠安、安溪举行专场演出。

●台湾台塑集团主要创办人王永在逝世。

11月28日

星期五
农农历甲午年十月初七
温度：19℃—24℃
小雨转阵雨

●28—30日，首届中国海上丝绸之路国际品牌博览会在南安福建成功国际会展中心举行。

●泉州市与香港贸易发展局签订《关于进一步深化合作的框架协议（补充协议）》。泉州与香港在电子商务、工业设计、现代服务业与中小企业服务、国际经贸和文化创意产业合作等方面达成新的共识。

●市政协组织视察环湾城市建设管理和重点项目建设情况。

●泉州市贸促会与斯里兰卡商会签订合作备忘录。

●海上丝绸之路与世界文化遗产申报学术研讨会举行，泉州、北海、广州等9座城市共同签署《联合推动“海上丝绸之路”文化遗产列入〈世界文化遗产名录〉——“泉州共识”》。

●“泉州中国知名品牌数据库”上线启动仪式举行。

●“丝路重光·万家灯火点亮光明城”公益行走活动举行。

●海上丝绸之路音乐节主场第二场演出在市区西街“大麦仓”文化空间举行。

●海上丝绸之路音乐节马来西亚、埃及艺术团，印度、土耳其艺术团，希腊、华大境外生艺术团以及泰国、缅甸、越南、老挝、印尼等国艺术团分别在泉港、永春、德化与本土艺术团举行合场演出。

首届海上丝路国际品牌博览会举办

28—30日，首届中国（泉州）海上丝绸之路国际品牌博览会在南安举办。中国贸促会副会长张伟，国家质检总局原副局长、中国品牌建设促进会理事长刘平均，省政协副主席张燮飞，市领导郑新聪、陈海基、杨俊峰、陈荣洲、李冀平，以及来自联合国工业发展组织，欧美、非洲、中东、东南亚等国家和地区的驻华使节、顾问及企业家、产业协会负责人出席开馆式，参加海上丝绸之路国际品牌发展论坛暨品牌权威评价平台发布会。该博览会由中国国际商会主办，中国贸促会经济信息部、中国品牌建设促进会、中国贸促会贸易推广交流中心、省贸促会和泉州市政府承办。博览会以“新丝路、新合作、新融合”为主题，由展览和论坛组成。展览设国际精品馆，国内精品馆（含泉州品牌展区），海上丝绸之路沿线国家商品展示区，中国品牌价值评估成果展示区，东亚文化之都中国泉州、韩国光州、日本横滨三座城市展示区，大唐西市展示区等；论坛包括中国（泉州）海上丝绸之路国际品牌发展论坛、品牌权威评价平台发布会、21世纪海上丝绸之路商务合作圆桌会及海外专题推介会等。展会期间有6265名专业买家到场，观展、采购人员达24825人次，共有31个国家和地区的386家企业参展，展位数1060个。其中，国际精品馆有12个国家及地区的136家企业参展，设336个展位；“海上丝绸之路”沿线国家商品展示区有19个国家及地区的97家企业参展，设153个展位；国内品牌精品馆有99家企业参展，设271个展位；泉州品牌展区有50家企业参展，设200个展位。展会期间还举行一系列经贸活动：建立海丝商务合作机制“泉州倡议书”发布、“泉州中国知名品牌数据库”上线、市政府和香港贸易发展局签订《关于进一步深化合作的框架协议（补充协议）》、市贸促会与斯里兰卡锡兰商会签订合作备忘录等。

博览会开幕式　　（图/吴寿民）

市政协组织视察环湾城市建设管理情况

市政协组织视察环湾城市建设管理和重点项目建设情况。市政协主席杨俊峰，副主席吴共湖、骆沙鸣，秘书长洪川夫参加视察或座谈。副市长李建辉应邀参加。杨俊峰指出，环湾城市建设和管理要坚持规划先行，做到“一张图纸管到底”，规划的调整要慎重，要更科学、合理；要充分听取群众意见，让城市管理更便民、更接地气；要到位执法，维护法律和规章制度尊严。重点项目建设要增强节约意识、质量意识、为民意识、管理意识和廉政意识，合理安排，有序推进，打造百年工程、民心工程；要加大社会事业项目建设力度，推进医疗、教育、卫生等民生项目的建设。

视察现场　　（图/陈　翔）

《“海丝”联合申遗——“泉州共识”》发布

海上丝绸之路与世界文化遗产申报学术研讨会举行，泉州、北海、广州、漳州、福州、宁波、南京、扬州、蓬莱九座城市代表签署《联合推动“海上丝绸之路”文化遗产列入〈世界文化遗产名录〉——“泉州共识”》。这是“海上丝路”捆绑申遗城市达成的首份九城合作方案。九座城市代表表示，将做好各自“海上丝路”文化遗产的保护和管理工作，共同推动将“海上丝路”文化遗产列入《世界文化遗产名录》。

学术研讨会现场　　（图/李芸生）

建立海丝商务合作机制“泉州倡议书”发布

“21世纪海上丝绸之路”商务合作圆桌会在泉州举行，来自新加坡、斯里兰卡、尼泊尔、埃塞俄比亚、塞浦路斯、土耳其、匈牙利、斯洛伐克、坦桑尼亚等国家及地区的与会嘉宾，以“促进‘海上丝绸之路’国家和地区之间的自由贸易发展”，“加强合作，促进双边、多边投资与贸易便利化”，“呼应‘海上丝绸之路’国家的经贸交流与合作发展需要，建立商务合作机制”为话题进行研讨，一致赞成建立“21世纪海上丝绸之路商务合作机制”，发布“泉州倡议书”，共同倡议：

一、建立常态经贸合作交流机制。建立“21世纪海上丝绸之路”常态化多边商务合作机制，成立“21世纪海上丝绸之路商务合作理事会”，为“海丝”沿线国家和地区的企业提供沟通交流平台，透过年会、研讨会、经贸对接会等活动开展经常性交流，拓展合作的内涵与外延，实现利益汇合，互利共赢。

二、努力营造良好的营商环境，促进贸易投资便利化。发挥沿线国家和地区资源、产业、市场互补优势，强化贸易、港口、物流、金融投资等领域合作，发挥商务促进机构代言工商的作用，共同提高投资贸易便利化水平，构建长期稳定、互利互惠的合作关系。

三、扩大多元文化交流。积极挖掘和培育“海丝”文化内涵，更多地开展文化、教育、科技、旅游等领域的交流活动，加强文化项目合作，互学互鉴，推动文化产业共同发展。

四、组建“21世纪海上丝绸之路商务合作机制”联络机构。成立“21世纪海上丝绸之路合作机制”秘书处，做好“21世纪海上丝绸之路商务合作理事会”的筹备工作，并在泉州设立筹备办公室。

圆桌会议现场 （图/吴寿民）

泉州10月空气质量居全省设区市第一

省环保厅公布2014年10月全省9个设区城市空气质量排名情况。根据空气质量综合指数排名，泉州、厦门、莆田分列前三名，南平、福州、宁德并列第四，其后依次为漳州、龙岩、三明。按照《环境空气质量标准》进行评价，10月全省9个设区城市环境空气质量平均达标天数比例为94.3%，较9月平均达标比例（100%）下降5.7个百分点，各项污染物月均浓度均有所升高。为进一步改善环境空气质量，泉州市不断强化机动车污染防治措施，促进高污染车辆淘汰。至11月，中心市区、泉港区、石狮市、晋江市、南安市、惠安县、永春县、德化县、安溪县和泉州台商投资区均全面完成机动车“绿标区”划定工作，并发布限行、禁行通告。泉州市在全省各设区市中率先完成2014年度黄标车和老旧车辆淘汰任务。

全市拥有国家一级文化场馆14个

近年来，泉州市实施文化兴市战略，全面建设公共文化服务体系，软硬件设施日臻完善，泉州市及所辖4个县被授予全国文化先进市县，成效显著。全市有公共图书馆11个，其中国家一级馆7个，包括泉州图书馆、鲤城区图书馆、石狮市图书馆、永春县图书馆、晋江市图书馆、南安市图书馆、南安市李成智公众图书馆；文化馆、艺术馆11个，国家一级馆5个；各类博物馆、纪念馆70多个，其中国家一级馆2个。全市有乡镇（街道）综合文化站163个，覆盖面达100%；公共电子阅览室乡镇（街道）覆盖面100%；村（社区）级文化活动室2349个，覆盖面100%。全市有村级文化广场总面积150多万平方米，完成61个省级文化激情广场示范点建设。全市建成农家书屋2349个，率先实现100%行政村（社区）都有“农家书屋”的目标。

11月29日

星期六
农农历甲午年十月初八
温度：19℃—24℃
阵雨

●“21世纪海上丝绸之路”商务合作圆桌会在泉州举行，来自新加坡、斯里兰卡、尼泊尔等国家及地区的与会者一致赞成建立“21世纪海上丝绸之路商务合作机制”，并联合发布“泉州倡议书”。

●由“东亚文化之都·泉州”建设发展委员会主办的“蓝蓝泉州湾”合唱节第二场演出在市区西街“大麦仓”举行，来自洛江区、泉州台商投资区、晋江市以及市直中小学校10支合唱队参加演出。

●报载，泉州10月空气质量居全省设区市第一。

●报载，全市拥有国家一级文化场馆14个。

●由泉州广播电视台主办、开元盛世广场总冠名、盛世南北文化承办的开元盛世2015海丝文化盛典启动暨媒体见面会在泉州酒店举行。

●鲤城区海滨街道办事处和新门社区在市区芳草园广场举办“12·1”世界艾滋病日系列宣传服务活动。

●全程13.5千米的惠安县城至高铁站的9路公交专线开通运营。

11月30日

星期日
农农历甲午年十月初九
温度：20℃—25℃
阴

●“蓝蓝泉州湾”合唱节专场音乐会在泉州广播电视台演播大厅举行。

●以“全民健身·倡导文明·欢乐骑行·探美泉州”为主题的“中国梦·海丝情”全民健身骑行活动启动仪式在市区锦绣庄民间艺术园举行，来自全市各地的20多个骑行俱乐部的500名骑行选手参加活动。

●第25期泉州市民音乐会在泉州五中邱季端体育馆举行。

●报载，石狮市通过国家生态市技术评估。

●晋江市安海镇梧山、玉楼、山兜、西畲、丙厝、安厝、塔兜、新陈山8个村的村委会负责人、老年协会负责人及村民代表百余人举行座谈会，会后发表公告，宣布相传400多年的8个村庄的年轻人互不通婚的陋习废止。

●报载，安溪县划定机动车“绿标区”。

“蓝蓝泉州湾”合唱节音乐会专场演出举行

由泉州广播电视台、市海洋与渔业局主办的“海上丝绸之路”国际艺术节“蓝蓝泉州湾”合唱节音乐会专场演出在泉州广播电视台演播大厅举行，十二支代表队参加演出。“蓝蓝泉州湾”合唱节为期三天，以唱响“海上丝绸之路”、唱响“家乡”为主题，共进行三场演出。惠安、德化等7个县（市、区）的合唱团与泉州师范学院、泉州幼儿师范高等专科学校的师生一起参加本次合唱节。参演队员来自各行各业，从古稀老人到豆蔻少年，用音乐用激情唱响泉州文都旋律。

“中国梦·海丝情”全民健身骑行活动启动

由市委宣传部、市体育局、团市委、市公安文联主办，市自行车运动协会承办的，以“全民健身·倡导文明·欢乐骑行·探美泉州”为主题的“中国梦·海丝情”全民健身骑行活动启动仪式在市区锦绣庄民间艺术园举行，全市各县（市、区）20多个骑行俱乐部500名骑行选手参加活动，其中年纪最大的87岁。该活动旨在将“绿色环保”理念与“宣传推介”泉州有效结合，宣传和弘扬泉州文化，在一定程度上增强市民对泉州特色文化的认知和了解，以利于泉州文化得到更好的保护和传承。骑行活动每两周一次、总计8场，在广泛联络各县市区自行车骑行爱好者的同时，走进当地最具历史韵味的景区景点和文化聚集地，穿插有关泉州历史文化知识问答等环节，增强骑行活动的趣味性。活动还特意开展线上线下互动，在网络上设置全民健身文化建设等内容的征答，扩大活动影响范围。

第25期泉州市民音乐会举行

第25期泉州市民音乐会在泉州五中邱季端体育馆举行。中央音乐学院钢琴家曹鹏与西安音乐学院钢琴家蒋志华，采用台上双钢琴，和泉州百余名琴童同台演绎迪士尼乐曲。800余名观众到场欣赏音乐会。此系泉州参与同台演出琴童最多的一场音乐会。

石狮市通过国家生态市技术评估

从石狮市创建国家生态市技术评估工作汇报反馈会上获悉，石狮市通过国家生态市创建工作的技术评估。多年来，石狮市把改善生态环境、提高百姓幸福指数作为生态市创建的出发点和落脚点，走出一条具有石狮特色的“机制活、产业优、百姓富、生态美”发展道路。2013年，石狮中心市区空气质量优良天数355天，优良率97.3%，污水处理率84.93%，生活垃圾无害化处理率100%。石狮推进近海水域、小流域环境污染综合治理项目60个；实施封山育林，重点建设和恢复沿海绿色屏障“一带五山”1.63万亩生态公益林；恢复境内11座水库周边的水源涵养林，使遭到破坏的生态系统逐步恢复良性循环。石狮全市7个镇均获国家级生态镇命名，建成泉州市级生态村83个、省级生态村16个，81.4%的行政村完成生态村创建工作，建成绿色社区16个、绿色学校54个，形成多层次、多领域的生态创建格局。

晋江市8个村废除延续400多年互不通婚陋习

晋江市安海镇梧山、玉楼、山兜、西畲、丙厝、安厝、塔兜、新陈山8个自然村的村委会负责人、老年协会负责人及村民代表百余人举行座谈会，会后发表公告，宣布废除400多年前先人定下的各村互不通婚的陈规，让所有村民抛开思想包袱，自由地恋爱、结婚。

安溪县划定机动车“绿标区”

安溪县环保局、公安局交通巡逻警察大队发布《关于在县城中心区实行机动车“绿标区”管理的通告》，自2014年12月1日起，禁止未取得绿色环保分类标志的机动车在安溪县县城城西大桥、南门大桥、颖如大桥、祥云路上山村部路口以内的旧城区内（包括大桥）通行。未在规定位置（机动车挡风玻璃右上角）张贴“绿色环保标志”或“绿色环保标志”过期的机动车，禁止在机动车“绿标区”通行，凡机动车违反“绿标区”通行规定的，将根据有关规定一律处以150元罚款、记3分。军车、警车、消防车、救护车、工程救险车、道路作业车等特种车辆不受此限。此举旨在改善城区环境空气质量，保障人民群众环境权益。

《泉州市县级公立医院医疗服务价格调整方案》开始执行

按照省、市公立医院综合改革总体工作要求，泉州市县级公立医院取消药品和医用耗材加成，经泉州市医药价格改革工作小组进行整体测算、审核、平衡，并报市政府同意，《泉州市县级公立医院医疗服务价格调整方案》即日起执行，《关于试点县（市、区）县级公立医院综合改革试点医药价格调整方案的复函》同时废止。该方案中医疗服务项目包括一般医疗服务、一般检查治疗、医技诊疗类、临床诊疗类和中医类等项目。一般医疗服务中，挂号费免收费，含门诊、急诊及其为患者提供候诊就诊设施条件、病历档案袋、诊断书、收费清单；取暖费、空调降温费免收费；普通门诊诊查费中，根据医务人员提供（技术劳务）的诊疗服务，分为住院医师、主治医师、副主任医师和主任医师等项，单次诊查费分别为6元、8元、12元和18元。在医技诊疗类中，属于医学影像的X线检查，多个项目价格在原价格基础上下降12%或18%；放射治疗相关各项目分别在原价格基础上下降12%或18%。临床诊疗类中，经血管介入诊疗、手术治疗等相关项目在原价格基础上上调20%。中医类中，中医外治、中医骨伤、针刺、灸法、推拿疗法等相关项目，在原价格基础上上调25%。

泉州监控抓拍交通违法首日近万人受罚

全省对被监控抓拍到的交通违法行为开始实行驾驶证扣分处罚。市交巡警支队通报，该条规实施首日，全市抓拍到近万条非现场交通违法行为，其中超速约为600起，闯红灯近2000起，逆向行驶近110起，不按道行驶约6500起。中心市区监控抓拍到的非现场交通违法较多的路口主要在田安路湖心街路口、刺桐路津淮街路口、东海大街经九路路口、田安路津淮街路口以及刺桐路宝洲街路口。这些路口的违法行为主要是车辆不按道行驶。

相关链接：按照规定，不按道行驶将被处罚100元，扣2分；闯红灯罚150元，扣6分；逆向行驶罚100元，扣3分。对超速行驶，中型以上载客载货汽车、危险物品运输车辆以外的其他机动车行驶在公路上，时速超过限定时速不到10%的，给予警告；超过规定时速10%以上未达20%的，扣3分；超过规定时速20%以上未达50%的，处以100元罚款、扣6分；超过规定时速50%以上未达80%的，处以500元罚款、扣12分；超过规定时速80%的，处以1500元罚款、扣12分。超过规定时速50%以上的，可并处吊销驾驶证。在限速低于每小时60千米的路段超过规定车速50%以下的违法行为，只给予警告，不罚款、不扣分。

“泉州通”手机客户端上线

泉州晚报社又一媒体“泉州通”手机客户端正式上线，为市民提供全新的信息资讯获取渠道。市委常委、宣传部部长、教育工委书记陈庆宗为“泉州通”启动上线。“泉州通”手机客户端由泉州晚报社和中国移动泉州分公司联袂打造，为政府、企业、市民提供新闻资讯、视频新闻、政务发布、生活服务等综合信息服务。它将把平面媒体的深度、高度、信任度，与新媒体的宽度、速度、互动度相结合，第一时间传递党和政府的声音，成为党委和政府与民众沟通的新平台。它“好看、好玩、好用”，让生活在各地的咱厝人能随时、随地了解泉州的经济社会动态，享受信息化时代带来的便利。

“泉州通”手机客户端展示　　（图/陈晓东）

丰泽德化启动山海党支部共建活动

丰泽区泉秀街道和德化县杨梅乡启动山海党支部共建活动，相互选派优秀社区、村干部交流挂职锻炼。杨梅乡挂职干部将由挂职所在社区安排其分管或协管相应工作，参与社区网格工作，以开阔视野，增长见识，提高能力。德化县杨梅乡地处泉州最北部，与三明尤溪和福州永泰交界，面积100多平方千米，人口仅有6300人。泉秀街道挂职干部将重点帮助规划建设杨梅乡至葛坑镇二级公路、杨梅路灯工程、杨梅老年服务中心、丁荣银杏山庄、镇区公园等项目；帮助整合资源，建设好农村党员干部现代远程教育点、乡村卫生室、农家书屋等场所设施。

12月1日

星期一
农历甲午年十月初十
温度：15℃—21℃
小雨

●《泉州市县级公立医院医疗服务价格调整方案》开始执行。

●即日起，全省对于监控抓拍到的交通违法行为开始实行驾驶证扣分处罚。该条规实施首日，泉州近万起交通违法行为受罚。

●泉州晚报社又一媒体“泉州通”手机客户端正式上线，为市民提供全新的信息资讯服务。

●由泉州网与厦门米力动漫有限公司联合制作的动漫短片《泉州海上丝路之旅》上线热播。

●在市区领SHOW天地创意园区举行的“圣诞跨年狂欢季”亮灯启幕。

●丰泽区泉秀街道和德化县杨梅乡启动山海党支部共建活动，相互选派优秀社区、村干部交流挂职锻炼。

12月2日

星期二
农历甲午年十月十一
温度：12℃—16℃
阴转阵雨

●《光明日报》刊发《“海丝”起点再扬帆》报道，介绍泉州打造“东亚文化之都”取得的成效。

●市十五届人大常委会召开第三十五次主任会和第二十次常委会会议。

●中共福建省委人才工作领导小组公布福建省第一批优秀人才“百人计划”，曾静萍、王景贤获“文化名家”称号。

●福建省人民政府立碑表彰蔡金榜捐赠公益事业揭碑仪式举行。

●泉州市最大海事执法船“海巡0803”船长冯荣松，随中国海军第十九批护航编队的指挥舰临沂舰赴亚丁湾执行长达数月的随舰护航任务。

●泉州市开展“12·2”全国交通安全日主题宣传教育活动，教育市民杜绝超速、超载、酒驾、毒驾、闯红灯、占用应急车道、不礼让斑马线七类交通违法行为。

●市交通委公布2013年度机动车驾驶员培训机构质量信誉考核结果，全市109家驾校，60家被评为精品驾校，2家被暂停招收学员。

●南安市公安局在柳城中心小学开展“12·4”宪法宣传日活动。

市十五届人大常委会第二十次主任会议召开

市十五届人大常委会先后召开第三十五次主任会和第二十次常委会会议。常委会会议审议通过泉州市人民政府提出的有关人事任免议案，决定任命黄国富为泉州市经济和信息化委员会主任，刘明亮为泉州市商务局局长，陈伟平为泉州市人力资源和社会保障局局长，魏山国为泉州市农业局局长，蔡丽静为泉州市卫生和计划生育委员会主任；决定免去曾焕楷的泉州市农业局局长职务，黄国富的泉州市经济贸易委员会主任职务，陈向荣的泉州市信息化局局长职务，刘明亮的泉州市对外贸易经济合作局局长职务，黄振奋的泉州市人口和计生委员会主任职务，邱银富的泉州市人力资源和社会保障局局长职务，陈伟平的泉州市公务员局局长职务，蔡丽静的泉州市卫生局局长职务。

会议现场　（图/王虎文）

曾静萍王景贤获福建省文化名家称号

中共福建省委人才工作领导小组公布福建省第一批优秀人才“百人计划”，获得第一批福建省文化名家共22人，曾静萍、王景贤获“文化名家”称号。据《福建省“海纳百川”高端人才聚集计划（2013—2017年）》规定，经过严格遴选，舒婷等78人入选福建省第一批优秀人才“百人计划”，除文化名家外，还有技能大师、优秀农村实用人才和优秀社会工作专业人才等。

相关链接：作为泉州梨园戏国家级传承人，曾静萍从艺30多年，传承《陈三五娘》《节妇吟》《董生与李氏》等二十几部梨园戏传统、新编剧目，曾两度获中国戏剧表演艺术最高奖项——梅花奖，获首届文化部文华表演奖、首届中华非遗传承人薪传奖、第二届全国中青年德艺双馨文艺工作者称号，其领衔主演的《董生与李氏》获2003—2004年度国家舞台艺术精品工程十大精品剧目。王景贤是国家一级编剧，自1992年11月起担任泉州市木偶剧团团长，兼任国际木偶联会中国中心副主席、中国木偶皮影艺术学会副会长，1995年入选“福建省百千万人才工程人选”；2009年获颁“全国文化系统先进工作者”；2012年获“全国五一劳动奖章”。由其主创的《古艺新姿活傀儡》《钦差大臣》《赵氏孤儿》等剧目拿遍国内外大奖。泉州提线木偶戏的影响力与日俱增，足迹遍及全球五大洲60多个国家和地区，在北京奥运会开幕式上领舞中国戏曲，入选人类非物质文化遗产优秀实践名册，成为全省对外文化交流最闪亮的名片。

省政府立碑表彰泉籍乡亲蔡金榜

福建省政府立碑表彰蔡金榜捐赠公益事业揭碑仪式举行，其碑文为：“蔡金榜先生，祖籍泉州。旅居香港，情系桑梓，慷慨捐资兴办公益事业。为颂扬公德，特立此碑。”上世纪70年代初，蔡金榜到香港寻求发展，终于闯出一片天地。1979年，携带资金回乡兴办实业，开创福建省外资投资客运的先河，随后又投资多个领域，并于1993年成立金威集团，打造集房地产、旅游业、五金工业、物业管理、星级酒店等于一体的综合型外资企业。在为家乡经济建设做出贡献的同时，蔡金榜积极投身公益慈善事业，主要善举有：捐款205万元建设洛江万安中心幼儿园教学楼；捐资250万元为四川汶川地震灾区人民送去温暖等。1998年以来，省、市、区政府先后17次表彰其慈善功德，其中省级表彰6次。2008年，泉州市政府为蔡金榜立功德碑。

泉州船长随舰赴亚丁湾执行护航任务

泉州市最大海事执法船“海巡0803”船长冯荣松，随中国海军第十九批护航编队的指挥舰临沂舰赴亚丁湾执行任务，开始长达数月的随舰护航任务。上午，由新型导弹护卫舰临沂舰、潍坊舰和综合补给舰微山湖舰，以及2架舰载直升机组成的中国海军第十九批护航编队从青岛某军港解缆起航，赴亚丁湾、索马里海域执行长达数月的护航任务。这期间，冯荣松将完成多项沟通协调和支持保障任务，除了要保持与交通部搜救中心和香港海事局之间的沟通联系，做好船舶护航申请接收、核实船舶信息、船舶编队组织等工作外，还将为海军护航舰艇制定详细护航行动方案。

西藏林芝地区党政代表团到泉州考察

西藏林芝地委书记赵世军带领林芝党政代表团到泉州参观考察，市领导杨俊峰、陈沈阳、翁祖根与考察团一行座谈。林芝地委副书记、行署常务副专员、福建省第七批援藏工作队领队李海波，林芝地区行署副专员达瓦参加座谈。座谈中，市政协主席杨俊峰表示，泉州高度重视对口援藏工作，扎实推动援藏工作有序、有效开展，同时锻炼了一批又一批泉州援藏干部。下一阶段，泉州将按照中央、省委部署，继续把援藏工作做好，希望两地有更广泛、更密切的往来，推动对口援建工作上新水平，造福藏区群众。赵世军表示，20多年来，泉州在人力、智力、财力方面给予林芝地区大力支持，有力地推动林芝地区经济社会发展。林芝地委、行署将继续关心好、照顾好泉州援藏干部，希望泉州提升援藏思路，继续向外推介林芝旅游业，推动两地产业友好协作发展。

全省安全生产应急管理培训班在泉州开班

2014年全省安全生产应急管理培训班在泉州开班。来自全省各县（市、区）安监系统的应急管理工作人员和相关企业负责人近100人参加培训，泉州有25家企业负责人参加培训。培训课程为：生产安全事故隐患排查与治理、生产安全事故的预防与处置、突发事件的预防与应对3个专题，由来自省委党校、省消防总队等单位的专家授课。参训人员还就安全生产应急管理工作的做法经验，工作中存在的主要问题、原因及意见建议，应急救援队伍建设等开展讨论。

“陈三五娘传说”入选国家级“非遗”

第四批国家级非物质文化遗产代表性项目名录和国家级非物质文化遗产代表性项目名录扩展项目名录公布，两项名录包括民间文学、传统音乐、传统舞蹈、传统戏剧、曲艺等十大类。按照《中华人民共和国非物质文化遗产法》的表述，将“国家级非物质文化遗产名录”名称调整为“国家级非物质文化遗产代表性项目名录”。泉州“陈三五娘传说”入选第四批国家级非物质文化遗产代表性项目名录，水密隔舱福船制造技艺（泉港区）和安溪竹藤编成功入选国家级非物质文化遗产代表性项目名录扩展项目名录。至此，全市国家级“非遗”项目有34个。

相关链接：“陈三五娘传说”在泉州流传久远，具有较高的文学价值和积极向上的精神内涵，成为传播于海内外同胞间的一段佳话。该故事广泛流传的数百年间，对众多青年男女冲破封建礼教束缚，争取婚姻自主，都有启迪作用。宋代以来，中国闽粤沿海地区一直流传着“陈三五娘”的爱情故事。南宋诗人刘克庄曾在诗中提到“相君未识陈三面”，可见这是其对该故事有所闻而作的。近代从日本、英国、德国图书馆发现的《明刊三种》，和以荔镜为缘的《荔镜记》《荔枝记》等五种戏曲孤本，都演绎“陈三五娘”的故事。新中国成立以来，泉州在华东地区获一等奖的第一台戏是《陈三五娘》，第一部彩色电影也是《陈三五娘》，足见“陈三五娘传说”的历史之悠久，传播之广泛，影响力之深远。

梨园戏《陈三五娘》舞台剧照　　（图/吴寿民）

永春成为全国农村改革试验区

永春县成为福建省唯一的全国第二批农村改革试验区，将用5年时间完成“深化集体林权制度改革”试验任务，为福建省乃至全国农村综合改革积累经验、提供示范。2014年8月，永春县向农业部申报国家级农村改革试验区，制定《永春县深化集体林权制度改革试点的试验方案》，明确工作目标、功能定位和阶段任务，积极深化集体林权制度改革试点。尝试深化集体林权制度新一轮改革创新，将林权等农民拥有的丰富资源盘活成为“活资产”，将信贷资源更多配置给林农，增加林农的财产性收入，推动美丽乡村建设；力争在体制机制创新上取得新突破，形成可看、可学、可推广、可复制的永春经验，打造深化集体林权制度改革样板。永春县将于2014—2015年，将桃城、五里街、湖洋、蓬壶、岵山、东关等乡镇作为试点先行试验；2016—2018年，将总结前两年试验成效、经验，将改革逐步推广到该县其余乡镇和大部分村庄，在制度创新上取得成果。

12月3日

星期三
农历甲午年十月十二
温度：12℃—17℃
阵雨转小雨

●新华社播发通稿，关注泉州文都建设和“海丝”国际艺术节盛况，标题为《福建泉州：千年古港重塑‘海丝’辉煌》。

●西藏林芝地委书记赵世军带领林芝党政代表团到泉州参观考察。

●2014年全省安全生产应急管理培训班在泉州开班。

●第四批国家级非物质文化遗产代表性项目名录和国家级非物质文化遗产代表性项目名录扩展项目名录公布，泉州“陈三五娘传说”入选第四批国家级非物质文化遗产代表性项目名录，水密隔舱福船制造技艺（泉港区）和安溪竹藤编入选国家级非物质文化遗产代表性项目名录扩展项目名录。

●3—5日，市城乡石结构房屋改造工作领导小组到泉州台商投资区张坂镇后蔡村、湖东片区，洛江区万安街道后埭片区、塘西片区，惠安螺阳镇联群村、黄塘松溪片区等地，对城乡石结构房屋改造工作情况进行调研督查。

●永春县成为福建省唯一的全国第二批农村改革试验区。

12月4日

星期四
农历甲午年十月十三
温度：12℃—17℃
中雨转阵雨

●市政府与富德集团就投资建设新能源化工产业园签订合作协议。

●中国首个国家宪法日，泉州市各级各部门开展活动，宣传宪法知识。

●汕头旅游推介会在泉州举行，两地旅游部门签订合作协议。

●29家泉州企业获评“省级企业工程技术中心”。

●由泉州旅游协会和泉州网举办的首届泉州“十佳婚宴酒店”评选颁奖典礼在泉州华侨大厦举行。

●鲤城区组织200余名法律工作者到海滨街道金山社区，举行法律咨询服务、“法律明白人”社区律师课堂等八项服务活动，向辖区居民宣传法律法规。

●马来西亚华裔青少年“中国寻根之旅”冬令营福建永春营在永春二中开营。

●石狮维多利亚大酒店董事长涉毒被捕。

市政府与富德集团签订投资合作协议

富德控股（集团）董事局主席张峻一行到泉州商洽投资能源化工项目。市政府与富德集团就投资建设新能源化工产业园签订合作协议。市长郑新聪代表市政府在投资合作协议上签字。根据协议，富德集团将在福建省湄洲湾石化基地的泉港石化工业区和泉惠石化工业区规划建设“富德（泉州）新能源化工产业园”，项目分三期建设，一期总投资约248亿元，重点建设与石化工业区规划建设的产业链相衔接的项目，以延伸拓展石化产业链，满足全省及周边市场的需求。签约仪式前，张峻一行到泉港石化工业区、泉惠石化工业区实地考察。市领导林伯前、刘忠参加签约、陪同考察。

相关链接：富德集团是一家金融实业一体化的综合性控股集团，具有一流的行业管控体系、较强的竞争力和良好的社会美誉度。该集团主要业务有金融保险、能源化工、矿产资源、产业投资、基础设施建设等，旗下的富德生命人寿保险股份有限公司是中国第七大寿险公司，宁波富德能源是国内重要的甲醇制烯烃生产基地，聚集着高端专业管理人才队伍和行业核心技术。

泉州各级各部门开展国家宪法日系列活动

中国首个国家宪法日，泉州市各级各部门开展活动，宣传宪法和法律知识。泉州市中级人民法院的300多名法官和干警，面向国旗和宪法，举行隆重的忠于宪法宣誓仪式，开展公众开放日、庭审观摩、普法宣传等一系列活动，向公众展示法院的办案程序。市人大常委会办公室和泉州市、洛江区两级依法治市办公室在洛江区开展国家宪法日暨全国法制宣传日宣传咨询活动，向群众分发普法读本等各种宣传资料，解答群众对有关法律问题的咨询。市委宣传部、市司法局等部门下发通知，专题部署开展国家宪法日暨全国法制宣传日系列活动。鲤城区举办纪念“12·4”首个国家宪法日暨全国法制宣传日大型宣传活动、党员先锋法律志愿服务队进社区系列活动等。丰泽区举行法治文艺会演；区人大常委会举办宪法知识竞赛。洛江区制作普法动画片《独角兽》。南安市举办“弘扬宪法精神，推进法治建设”主题征文比赛。永春县举办十八届四中全会精神专题辅导报告会。惠安县人民法院开展“12·4”国家宪法日暨法院开放日活动，法院干警面向宪法庄严宣誓，百余名人大代表、政协委员、廉政监督员、群众代表、学生代表参加观礼。仪式后，各界代表参观诉讼服务中心、青少年法制教育基地，全程旁听一起危险驾驶案件的庭审。主审法官庭后以案说法，上了一堂生动的法制教育课。该院还在基层法庭设立“宪法日”宣传和法律咨询服务站，向群众发放宪法知识手册、《十八届四中全会精神宣传专刊》、普法漫画书籍200余册，接受群众法律咨询120余人次。

晋江法院新任助理审判员任职宣誓（图/尤燕玲）

国家宪法日宣传活动（图/陈意鸣）

29家泉州企业获评“省级企业工程技术中心”

福建省科学技术厅公示2014年省级企业工程技术研究中心及科技公共服务平台评估结果。全省拟授牌的省级企业工程技术中心89家，省级科技公共服务平台4家。其中，泉州市有29家省级企业工程技术中心进入公示名单，包括福建百宏聚纤科技实业有限公司的差别化聚酯纤维企业工程技术研究中心、福建冠福现代家用股份有限公司的耐热陶瓷企业工程技术研究中心、福建清源科技有限公司的水煤浆企业工程技术研究中心等。省级企业工程技术研究中心是推进企业技术进步的一项战略措施，经认定的省级企业工程技术研究中心将获得50万元的资金补助。

泉州市青年志愿者协会第二次会员代表大会召开

第29个国际志愿者日，泉州市青年志愿者协会第二次会员代表大会召开，市委书记黄少萍向与会代表及全市青年志愿者致以诚挚的问候和由衷的敬意。黄少萍指出，多年来，市青年志愿者协会积极开展敬老助残、关爱农民工子女、环境保护、赛事服务等活动。广大青年志愿者坚持高扬理想、甘于奉献，在帮助他人、奉献社会中收获了成长和进步。全市青年志愿者行动已成为泉州群众性精神文明建设的一面旗帜。黄少萍希望，广大青年志愿者自觉践行社会主义核心价值观，大力弘扬"奉献、友爱、互助、进步"的志愿精神，用自己的热情参与、爱心接力，引领热心公益新风尚，努力在助推"三大战略"，建设美丽泉州、幸福泉州中绽放青春风采。大会听取市青年志愿者协会第一届理事会工作报告。大会向全市青年朋友发出"弘扬志愿服务精神，争当泉州科学发展跨越发展的生力军；弘扬志愿服务精神，争当创建文明城市的践行者；弘扬志愿服务精神，争当构建和谐泉州的奉献者"的倡议。大会审议通过《泉州市注册青年志愿者管理办法》，选举产生泉州市青年志愿者协会第二届理事会，聘请协会名誉会长、名誉副会长。

2014年泉州旅游商品设计创作大赛评选揭晓

2014年泉州旅游商品设计创作大赛评比结束，参赛作品在泉州锦绣庄民间艺术园集中展示。该大赛由泉州市旅游局于是年10月中旬启动，以"海丝起点 古韵泉州"为主题。活动组委会收到131件参赛作品，其中，商品类有陶瓷雕、木雕、石雕、影雕、漆线雕、木偶头雕刻；有惠女服饰、藤铁、熏香器具、油画、纸织画、漆篮；还有船模、印章拓本、毛笔、邮册、U盘、鼠标垫、冰箱贴等旅游纪念品。包装设计类吸引包括源和堂、洪濑鸡爪、湖头米粉等老字号食品、土特产企业参赛，其包装设计体现泉州地方特色与时代潮流的融合，成为大赛一大新亮点。该次大赛评选出金奖3名、银奖6名、铜奖13名、优秀奖48名。

相关链接：此次参赛作品紧紧围绕泉州历史文化旅游资源展开设计，结合泉州风土人情、地域特色、知名景点等元素。在题材上，不仅有泉州现代的人文景观，也有泉州历史的再现；在工艺上，不仅凸现泉州现代工艺的制作水平，也吸取传统工艺的长处；在材质上，既有木、石、瓷，也有纸、竹、布、金属等；在表现形式上，做到艺术与实用结合，创新与市场结合，传统与现代结合，将泉州历史文化与旅游商品属性和谐统一于作品中，突出作品的文化特点，提升文化品位，增强纪念意义，彰显了旅游商品的创新性、实用性、审美性、可行性和纪念性等属性。

泉港获评"中国北管音乐文化之乡"和"中国海港文化之乡"

泉港区获"中国北管音乐文化之乡"授牌仪式在该区文化中心举行。这是泉港继获得"中国长寿之乡""中国民间文化艺术（闽南戏曲）之乡"后获得的又一项国家级荣誉。北管音乐是广泛流传于泉港区的一种丝竹类音乐。泉港北管音乐有其历史、文化、地理和风俗的渊源，既保留江淮民间音乐遗风，又揉进闽南及莆仙戏曲音乐元素，同时兼有泉港海港文化特色。北管音乐独特的艺术风格、精湛的演奏技艺、持续的传承方式，深受泉港地区群众喜爱，并在丰富和活跃地方群众文化生活方面发挥积极作用。泉港北管音乐上承中原，下续台湾，远播日本及东南亚，与泉州南音并称"姐妹花"，享有"天子传音"的美誉，2006年被列入首批国家级非物质文化遗产保护项目。近年来，泉港北管音乐备受海内外音乐界专家学者关注，成为中国传统音乐学术研究的一个新热点，日本、英国以及台湾、香港等地区的考察团纷纷慕名而来，寻根溯源。

同日，泉港区被中国民间文艺家协会正式确认为中国首个"中国海港文化之乡"。作为福建省十大新增长区域、千亿产业基地之一，泉港拥有独特的港口优势，曾被誉为"世界少有、国内罕见、不冻不淤"的天然良港。泉港区地处泉州东北部，闽南文化、莆仙文化与海丝文化等多元文化在这里交融并汇，至今仍保存着颇具特色的方言、民俗。区内海洋信仰内涵丰富，海港文化传承有序，是中国东南沿海海洋文化较早形成的地区。泉港区将用好"中国海港文化之乡"的国字号招牌，加大文化建设投入，打造"六个一"文化产业品牌，扶持发展山腰闽南戏剧和北管演艺产业，促进峰尾福船制作产业化、规模化发展，推动山腰盐场的盐文化产业招商和开发，挖掘"海港文化"的深厚底蕴和丰富积淀。

12月5日

星期五
农历甲午年十月十四
温度：10℃—17℃
晴转多云

●国土资源部在晋江召开全国国土资源执法监察工作现场会。

●第29个国际志愿者日，泉州市青年志愿者协会第二次会员代表大会召开。

●2014年泉州旅游商品设计创作大赛评比揭晓，参赛作品在泉州锦绣庄民间艺术园集中展示。

●由泉州晚报社主办的第二届泉州地产城市推动力大奖榜单揭晓。

●"中国北管音乐文化之乡"授牌仪式在泉港区文化中心举行。

●泉港区被中国民间文艺家协会正式确认为中国首个"中国海港文化之乡"。

12月6日

星期六
农历甲午年十月十五
温度：10℃—17℃
多云转晴

●由中国新闻摄影学会主办，人民画报社、中共泉州市委宣传部承办的第十届国际新闻摄影比赛（“华赛”）颁奖典礼暨获奖作品展开幕式在中国闽台缘博物馆举行。

●18名日本旅行商与行业媒体记者到泉州访问，就“海上丝绸之路与世界遗产”专题旅游进行考察研修。

●首届东亚文化之都辩论赛总决赛举行。

●由泉州台商投资区管委会、泉州市体育局、泉州广播电视台、捷安特（中国）有限公司举办的以“低碳骑行游·乐享台商区”为主题的东亚文化之都海峡两岸“捷安特杯”自行车嘉年华举行。

●市文联、市作家协会召开市作协主席团、各县（市、区）作协主席会议，部署在文艺界开展“深入生活、扎根人民”主题实践活动。

第十届国际新闻摄影比赛（华赛）颁奖典礼在泉州举行

由中国新闻摄影学会主办，人民画报社、中共泉州市委宣传部承办，泉州晚报社等多家单位支持的第十届国际新闻摄影比赛（“华赛”）颁奖典礼暨获奖作品展开幕式在中国闽台缘博物馆举行。该届“华赛”收到来自60多个国家和地区的3000多名摄影记者及自由摄影师的作品3万余幅，其中，一半以上作品来自国外主流媒体的摄影人，内容涉及全球2013年重大新闻事件。最终的评选结果也彰显国际化品位，获奖国家达到创纪录的24个，15个金奖分别由10个国家的摄影师夺得。中国摄影师获得包括3个金奖在内的11个奖项。颁奖典礼结束后，第十届国际新闻摄影比赛（华赛）高峰论坛在泉州华光摄影学院举行。来自加拿大、伊朗、俄罗斯、中国等国家和地区的获奖摄影师讲述照片背后的故事。与会人员到德化陶瓷博物馆、顺美陶瓷公司、凤凰陶瓷雕塑研究所和月记窑陶艺村等地，用各自的视角记录“海上丝绸之路”起点泉州的陶瓷文化。

颁奖仪式　　（图/吴寿民）

日本旅行商与行业媒体记者到泉州访问

在国家旅游局驻东京旅游办事处的组织下，18名日本旅行商与行业媒体记者到访泉州，就“海上丝绸之路与世界遗产”专题旅游进行考察研修。考察研修团一行到洛阳桥、海交馆、开元寺、清净寺、关岳庙等历史文化遗产遗迹参观考察。国家旅游局驻日本东京办事处米田知华表示，泉州历史文化之深厚、古城保存之完好，深深吸引和打动人。《中国新闻周刊》日文版主编刘林认为，泉州包容多元宗教，世界上不同宗教在这里和谐共存，不愧为“世界宗教博物馆”。

首届东亚文化之都辩论赛总决赛举行

作为海上丝绸之路国际艺术节系列活动之一，“新丝路，新梦想”泉州市首届东亚文化之都辩论赛总决赛举行。该辩论赛由市委宣传部、市委教育工委、市总工会等单位联合举办，分为集体辩论赛和个人演讲赛两种形式，主要选取“东亚文化之都”及“21世纪海上丝绸之路”建设发展中诸如文都建设、海丝文化、闽南文化、戏曲文化、历史人物、城市名片、经济社会发展等具有思辨空间的热点话题作为辩题。参赛主体为市直机关事业单位干部职工和在泉高校大学生。大赛自4月启动以来，举办赛事30场，成为泉州史上规模最大的辩论活动。全市6所高校8支代表队和7支机关企事业单位代表队参加集体辩论赛，24名高校学生和4名机关企事业单位干部参加个人演讲赛。经过激烈角逐，华侨大学夺得高校组冠军，亚军、季军分别被泉州师范学院和仰恩大学夺得；机关企事业单位方面，泉州市检察院夺得冠军，泉港代表队（泉港一中）获得亚军，泉州山美水库管理处代表队获季军；个人演讲赛方面，解放军一八零医院、仰恩大学、泉州师范学院、华侨大学四个单位获得一等奖；国电泉州热电有限公司、福师大闽南科技学院、闽南理工学院等单位获优胜奖、组织奖等奖项。

海峡两岸自行车嘉年华举行

由泉州台商投资区管委会、泉州市体育局、泉州广播电视台、捷安特（中国）有限公司举办的以“低碳骑行游·乐享台商区”为主题的东亚文化之都海峡两岸“捷安特杯”自行车嘉年华举行。近1500名来自海峡两岸的骑手畅享低碳环保、健康骑行的乐趣。骑行起点设置在和谐光电科技（泉州）有限公司园区，以世茂·海上世界为终点，全程约25千米，沿途经过洛阳江、百崎湖、台商区最美海岸等地。比赛结束后，骑手们与观众一起参加各式趣味竞技游戏，如慢骑赛、倒推单车、定车擂台赛、自行车保龄球赛、自行车技巧耐力赛等，畅享自行车运动的乐趣。

骑行活动现场　　（图/陈小阳）

市政府出台《泉州市推进农村产权抵押融资的实施意见》

市政府出台《泉州市推进农村产权抵押融资的实施意见》，进一步扩大农村抵押担保物范围，主要是开展农村土地承包经营权、农村宅基地使用权及房屋产权、林权、海域使用权等四大类权限进行抵押融资。其中，开展农村土地承包经营权抵押融资方面，抵押当事人按照土地承包经营权（包括地上大棚、蔬果、畜禽、食用菌、花卉、苗木）和农机具等农业生产设施的市场评估价值或抵押当事人认可的价值签订抵押合同和贷款合同后，共同持有效材料到各县（市、区）农业行政主管部门办理抵押登记手续，金融机构据此发放贷款。

该意见指出，选择条件成熟的县市，经批准开展农村房屋产权抵押融资试点。农民在拥有合法取得的《集体建设用地使用权证》和《房屋所有权证》，在办理抵押时，能够保证并提供证明抵押的房屋一旦依法偿债后仍有适当居住场所；在不转移土地占有、不改变土地用途、保持土地所有权不变并征得所在农村集体经济组织同意的情况下，将房屋及其所占范围内的宅基地作为抵押担保，向金融机构申请贷款。

林权抵押融资方面，农户、农业经济合作组织或涉农企业及金融机构按照中国银监会、国家林业局《关于林权抵押贷款的实施意见》（银监发〔2013〕32号）开展林权抵押融资贷款。海域使用权抵押融资方面，农户、农业经济合作组织或涉农企业在不转移海域使用权（含滩涂使用权、水域滩涂养殖证、海域承包经营权）占有、不改变使用用途和不损害农民海域或滩涂承包权益的条件下，将海域使用权作为抵押担保，向金融机构申请贷款。

晋江陆地港获评“中国物流示范基地”

经过中国物流与采购联合会的严格评审，晋江国际陆地港被评定为“中国物流示范基地”。该港区创新的近海陆港“分段运输”“甩挂运输”“船公司返箱点”相结合的物流调配模式以及以港口物流为基础，结合信息服务、金融、专业交易市场的发展理念得到评审专家的一致肯定。这是福建省首个“中国物流示范基地”项目。

相关链接：晋江陆地港开创降低“拐点”成本损耗的三大创新运输模式——“分段运输”“甩挂运输”“船公司返箱点”。“分段运输”是指晋江陆地港将集装箱运输分成两段，根据船期和业务量的合理安排，将空箱提前运至陆地港，同时将已放行的重箱疏运至厦门各大口岸，结合进口重箱的疏运，实现“双重运输”。“甩挂运输”是晋江陆地港针对目标客户群体集群效应明显、距离陆地港距离短、库存少、装货时间长等特点推出的，能够实现周边30千米以内客户的1小时响应服务，充分提升拖车使用效率并且为客户提供了更优质的拖车服务。“船公司返箱点”则极大方便了进出口企业返还和使用集装箱。晋江陆地港充分发挥海丰仓堆场作用，引进大型船公司法国达飞（CMA）、太平船务（PIL）、东方海外（OOCL）、地中海航运（MSC）等8家船公司入驻堆场，并引导其将泉州地区的进口货物拆箱后返还至陆地港堆场，设立返箱点。一方面降低进口拆空后返程厦门或其他口岸造成的巨大成本损耗，另一方面也能满足进出口货物直接提箱至工厂装货的效应，加大船公司的集装箱利用率。

海峡两岸文化艺术交流基地落户泉州

“海峡两岸文化艺术交流基地”授牌仪式暨两岸文化艺术交流会在泉州举行。海峡两岸文化艺术交流基地的搭建，旨在增强两岸艺术家的交流合作，将台湾创新的艺术理念与福建传统的人文特色相融合，促进泉州本土文化艺术向专业化、规模化、品牌化道路发展。该交流基地还将带动其他艺术品类进行多方交流、共同发展，呈现文化艺术界的百花齐放；为年轻的艺术家提供学习提高的空间，分享创作经验，共同推进两岸文化发展。两岸文化艺术大师交流会、大师艺术作品展示、精彩的文艺表演同日举行。

“以孩子的名义·衣暖童心”公益捐赠活动举行

由泉州市市政公用事业管理局联合泉州市公园管理中心等单位举办的“以孩子的名义·衣暖童心”公益捐赠活动在市区东湖公园举行，有500多个家庭及童衣服装店、社会公益团体热心参与。捐赠现场人头攒动，有的市民“全家总动员”，带着小朋友参与爱心捐赠，以言传身教诠释感恩、践行善举。一些大一点的孩子，还主动帮忙分拣衣物装袋。该次募集的1万余件冬衣，将按类别分拣、消毒后，送给云南、贵州等偏远贫困山区儿童。

12月7日

星期日

农历甲午年十月十六

温度：11℃—19℃

多云

●市政府出台《泉州市推进农村产权抵押融资的实施意见》。

●晋江国际陆地港被评定为“中国物流示范基地”。

●“海峡两岸文化艺术交流基地”授牌仪式暨两岸文化艺术交流会在泉州举行。

●由泉州市市政公用事业管理局联合泉州市公园管理中心等单位举办的“以孩子的名义·衣暖童心”公益捐赠活动举行。

12月8日

星期一
农历甲午年十月十七
温度：13℃—19℃
多云

●泉州市首个国家级海洋公园——福建崇武国家级海洋公园获国家海洋局批准建立。

●泉州市新增12件中国驰名商标，泉州市共拥有中国驰名商标136件。

●8家泉企成为国家级农业产业化重点龙头企业。

●市政府发文认定第三批5家泉州市院士专家工作站名单。

●《中国文化报》刊登长篇通讯《丝海扬帆 书写东亚文化之都新篇章——海上丝绸之路国际艺术节暨东亚文化之都·2014泉州丝海扬帆嘉年华活动侧记》，介绍泉州海上丝绸之路国际艺术节盛况，以及建设东亚文化之都的成果及其带来的影响。

●来自台湾台北、嘉义、高雄等代表台湾北、中、南三地不同风格的掌中木偶剧团应邀到南安进行文化交流。

●泉州文创企业——福建省皇品文化传播股份有限公司在全国中小企业股份转让系统（新三版）成功挂牌。

●石狮市宝盖镇为该镇的20个村（社区）聘请法律顾问，成为泉州市第一个实现“一村一法律顾问”的乡镇。

崇武国家级海洋公园获国家海洋局批准建立

泉州市首个国家级海洋公园——福建崇武国家级海洋公园获国家海洋局批准建立。崇武国家级海洋公园位于泉州湾北岸、崇武半岛南侧，跨越惠安县的山霞、崇武两镇，岸线长度19.2千米，西起青山湾西侧，东至崇武国家级中心渔港；面积13.55平方千米，包含青山湾、西沙湾、半月湾的海域及其滨海陆域；划分为3个功能区，其中重点保护区1.37平方千米，生态与资源恢复区0.1平方千米，适度利用区12.08平方千米。公园重点保护区包括崇武古城和崇武石雕博览园毗邻海域2个区域。生态与资源恢复区位于半月湾沙滩。适度利用区包括青山湾高端度假区、西沙湾水上运动区、海洋文化展示区、半月湾休闲美食区和海洋科普基地五个区域。

泉州新增12件中国驰名商标

来自市工商局的消息，泉州市新增包括“裕园”等商标在内的中国驰名商标12件，占全省新增总数的36.3%。至此，泉州市拥有中国驰名商标136件，继续保持全国地级市首位。同时，新增省著名商标107件，总数997件，数量继续位居全省设区市首位。泉州市共有有效注册商标16.3万件，位居全国地市级第二位。本次被认定的12家企业分别来自机械、茶叶、服装、食品等多个行业，其中，福建省万华电子科技有限公司是全省数字对讲机行业首家获得中国驰名商标认定的企业，填补泉州市驰名商标品牌工作在数字对讲机行业的空白。

8家泉企成为国家级农业产业化重点龙头企业

农业部公布第六次监测合格农业产业化国家重点龙头企业名单，福建50家企业入围，泉州市8家农业产业化国家重点龙头企业名列其中。在本次监测中，泉州市共有福马咪咪食品、森美（福建）食品、中绿食品集团、晋江福源食品、福建乐隆隆食品科技5家食品类企业和八马茶业、华祥苑茶业、安溪铁观音集团3家茶业类企业监测合格，继续保留国家重点龙头企业资格。入选名单的龙头企业，将获得税收减免、贷款贴息、农业产业化补贴等诸多实质性支持。农业产业化龙头企业在获得政策扶持的同时，也要继续发挥带动产业发展、农民增收的重要作用，创新完善利益联结关系，有效带动普通农户、家庭农场、农民合作社共同发展，成为农业转型升级和新型农业经营体系的引领者。

市政府认定第三批院士专家工作站

市政府发文认定第三批5家泉州市院士专家工作站名单。至此，泉州市院士专家工作站达到22家。院士专家工作站既有一站一院士，也有一站多院士，既有一院士服务一企业或服务一地政府，也有一院士服务多企业等多种模式。新增的5家院士专家工作站为：泉州市天龙环境工程有限公司院士专家工作站、福建清源科技有限公司院士专家工作站、泉州市中医院院士专家工作站、泉州师范学院院士专家工作站、信和新材料股份有限公司院士专家工作站。

台湾掌中木偶剧团到南安演出交流

8—14日，来自台湾台北、嘉义、高雄等代表台湾北、中、南三地不同风格的掌中木偶剧团应邀到南安进行文化交流。在“走进文化南安讲坛暨两岸传统艺术交流会”上，台湾青年木偶联合发展交流协会理事长吴佳政、秘书长陈颖隽，高雄义大世界艺术总监蔡德生分别作主题交流。天宏园、长义阁两个台湾掌中木偶剧团连续三日分别到南安一中、南安市第一实验小学、毓元中学演出，晚上进社区活动。嘉义长义阁掌、台北兴洲园两个木偶剧团轮番在南安人民会堂广场公演。台湾青年木偶联合会还到专做电音三太子的南安晋福文化馆参观交流。

石狮宝盖实现“一村一法律顾问”

石狮市宝盖镇为该镇的20个村（社区）聘请法律顾问，成为泉州市第一个实现“一村一法律顾问”的乡镇。宝盖镇实行政府补助村（社区）购买公益法律服务的方式，镇财政每年补助各村（社区）5000元专项经费用于聘请律师担任村（社区）法律顾问。法律顾问既要为村（社区）基层组织担任法律顾问，又要为村（社区）民提供法律咨询和法律援助，其职责定位为法律事务的指导员、法律知识的宣传员、调解矛盾的协理员、法律援助的代办员、社情民意的信息员。法律顾问每月至少到村（社区）服务1天，每个季度至少在村（社区）举办1次法制讲座，对村（社区）组织和村（社区）民进行法律知识培训。

泉州市“数控一代”示范工程推进会召开

泉州市“数控一代”示范工程推进会召开，市政府下达“数控一代”示范工程项目23个、资金1595万元，帮助13家企业争取国家科技支撑计划项目资金500万元；争取省科技厅区域重大专项1000万元资金支持，其中对典型示范企业项目最高给予200万元资助；争取省经信委1000万元资金支持。2015年，市县两级按3：7比例配套扶持资金，其中县级配套资金2800万元，为推进“数控一代”示范工程提供必要的资金保障。在科研支持方面，泉州“数控一代”得到中国工程院的直接指导。中科院泉州装备制造研究所、泉州智能制造研究院、哈工大泉州晋江机器人研究中心、国防科大高精度数控制造研发平台、中国航天二院智慧云制造公共服务平台、泉州独联体技术转移中心等已在泉州市各县域和产业领域相继布局一批研发创新项目，形成产品技术研发和应用开发的强大态势。在金融支持方面，市政府与平安银行建立战略合作关系，未来三年内，双方合作项目的投融资意向金额预计不低于人民币100亿元，共同出资设立相关产业基金，重点支持“数控一代”产业升级项目。平安银行利用融银行、投资、保险于一体的全牌照综合金融服务优势，为泉州企业提供优质的跨境人民币、离岸结算及融资等金融服务，鼓励发展融资租赁、商圈融资、供应链融资，引导金融机构在风险可控的前提下，开展动产质押、仓单质押、应收账款质押等质押贷款业务。

企业代表观摩数控一代产品　（图/和　军）

第四批市级文化产业示范基地授牌

泉州市文广新局举行第四批市级文化产业示范基地授牌仪式暨文化创意产业主题讲座。在泉州市第四批文化产业示范基地中，27家本土企业上榜，福建泉州门里博物馆、泉州东艺雕刻有限公司、晋江五店市开发建设有限公司、石狮市中联文创控股有限公司、泉州英良石材有限公司等被授牌。仪式后，举行《泉州文创精英》新书首发仪式。

授牌仪式　（图/吴寿民）

泉州火车东站结束16年客运历史

7时30分，泉州火车东站最后一趟客运列车“泉州东—赣州5218次”列车启程，履行最后一次从泉州始发的使命，结束16年客运历史。根据铁路部门新的列车运行图，5218次列车缩短为漳平至赣州运行，泉州火车东站不再开行客运列车，而专门从事货物运输。

相关链接：1998年年底，泉州铁路总公司成立，泉州火车东站正式移交给铁路部门，开通泉州到龙岩的快速列车。1998年12月8日，该车站开通泉州到武夷山的列车，成为泉州第一趟列入全国列车运行图的车次，开启新的客运历史。2004年4月18日，泉州第一趟出省列车开通，直达湖北襄樊，泉州火车出省的“临客”身份终于转正，不久后又改终点为汉口。2006年7月，东站引进到赣州的列车。2013年9月底，因向莆铁路通车，泉州东至武昌的快速旅客列车K398停运。随着交通出行的选择多元化，2014年12月10日起，泉州到赣州的5218次列车停运。

1996年12月，漳泉肖铁路铺设开通运营，列车开进泉州城区　（图/吴刚强）

最后一趟由泉州驶往江西赣州的客运列车驶离泉州火车东站　（图/林劲峰）

12月9日

星期二
农历癸巳年十月十八
温度：14℃—17℃
多云

●2014年度市县两级人大常委会主任座谈会召开。

●郑新聪带领市直有关部门负责人到泉港区调研经济社会发展情况。

●周银芳到石狮市开展工作调研。

●泉州市“数控一代”示范工程推进会召开，市政府下达“数控一代”示范工程项目23个、资金1595万元。

●泉州市组织检查组到晋江、南安开展工业领域安全生产专项检查。

●市文广新局举行第四批市级文化产业示范基地授牌仪式暨文化创意产业主题讲座。

●41家企业的产品入选第三批泉州特色伴手礼名录，另有14家企业产品入选预备名录。

●上午7时30分，泉州火车东站最后一趟客运列车“泉州东—赣州5218次”列车启程，履行最后一次从泉州始发的使命，泉州火车东站结束16年客运历史。

●2014年泉州—德国工业设计对接示范项目签约仪式在泉州举行。会上，南方路机与德国Defortec签订全面合作协议。

12月10日

星期三
农历甲午年十月十九
温度：15℃—18℃
阴

●泉州市召开全国文明城市创建工作专题会议，部署测评迎检工作。

●省交通运输厅加快泉州市交通建设发展“一市一议”项目对接会在泉州举行。

●泉州市泉台民间交流协会2014年会员大会举行。

●泉州至长春直达快车开通。

●丰泽区丰泽街道东美社区举行“情暖冬衣，爱心传递”捐赠活动，组织辖区企业、个体工商户和居民把闲置衣物捐献出来，集中发给困难群众和外来流动人员。

泉州交通建设“一市一议”项目对接会举行

省交通运输厅加快泉州市交通建设发展“一市一议”项目对接会在泉州举行。省交通运输厅厅长张兆民，市领导郑新聪、林伯前，市政府秘书长吴友才，国家开发银行福建省分行、农业发展银行福建省分行、兴业银行有关负责人参加对接会。对接会共落实泉州交通运输项目73个，总投资576亿元。市委常委、常务副市长林伯前主持对接会。张兆民指出，中央支持福建加快发展，为全省交通基础设施发展带来大好机遇，省交通厅希望与泉州市政府、各大金融机构形成共识，共同发力，加快交通基础设施建设，为泉州乃至全省科学发展跨越发展提供交通支撑。市长郑新聪表示，“一市一议”项目对接是省交通厅服务各设区市的创新举措，政策很接地气，奖补措施科学，体现省交通厅主动服务地方发展的优良工作作风和机制。泉州将抓紧成立“一市一议”项目对接工作小组，全面统筹指导政策落实和项目建设，协调解决存在问题，做好项目用地、审批等服务保障，加大市、县两级财政的配套扶持，力促对接项目尽快落地、建设、完工，确保泉州交通事业发展持续走在全省前列。会上，市交通委汇报泉州市2014—2018年交通发展计划，省交通运输厅介绍对泉州市的政策支持情况，金融单位介绍金融服务工作。

相关链接：该对接会落实总投资576亿元的73个项目，具体为：普通公路41个项目152亿元，高速公路6个项目240亿元，港航22个项目174亿元，运输场站4个项目10亿元。普通公路，至2015年年底再新增7个乡镇通达三级及以上干线公路，全市95.5%乡（镇）实现“镇镇有干线”。水运方面，初步建成石湖内贸集装箱集散中心，建成泉州湾航道二期工程、泉州围头湾石井航道二期工程和湄洲湾航道三期工程，初步形成配套完善的湄洲湾南岸临港工业港区和石湖内贸集装箱集散中心；全面完成海岛交通便民工程“一县一议”项目。交通运输方面，建成泉州火车站、泉州北站2个综合客运枢纽，2个汽车客运站，建成投产晋江陆地港二期工程、南安盛辉公路港、新华旭汽车交通物流产业园等3个物流园区；实现泉州中心城区公交站点500米全覆盖，公交车辆夜间进场率100%，清洁能源、新能源公交车所占比例达30%以上；符合通车条件且有运营需求的建制村通客车率达到100%。力争在2015年年底前，建成出租汽车电召平台，中心城区出租汽车100%接入平台。

泉台民间交流协会2014年会员大会举行

泉州市泉台民间交流协会2014年会员大会举行。市领导周银芳、陈全顺、骆沙鸣、陈益参加大会，泉台民间交流协会会长傅圆圆主持会议。市委副书记周银芳肯定泉台民间交流协会密切同台湾社会各界的交流交往，做好台胞服务与联谊工作，推动台商在泉投资兴业，为泉台两地经济文化交流合作做出贡献。周银芳指出，泉州作为台湾汉族同胞主要祖籍地，“五缘”（地缘近、血缘亲、文缘深、商缘广、法缘久）优势得天独厚，是两岸交流的重要角色和闽台交流的前沿阵地。希望泉台民间交流协会胸怀大局，发挥优势，真情服务推动新发展，为泉州建设两岸人民交流合作先行先试区建言献策，更加热心地为会员和在泉州的台胞提供服务，加强与台湾基层民众的沟通联系；要把握机遇，锐意进取，注重发挥协会民间优势，注意新动向，研究新问题，适应新形势，拓展新领域，构建新平台，实现泉台民间交流合作再上新台阶，为两岸关系和平发展多做贡献。

泉州至长春直达快车开通

10时15分，由厦门高崎往长春方向开出的Z104次直达快车缓缓驶入福厦动车泉州站，在泉州站停留4分钟后，搭载117名乘客继续向北行驶。Z104次的开行，意味着泉州有了通往东北地区的直达快车。启用的新列车运行图中，设置有从厦门高崎站到长春站的直达快车线路。该线路全程约3142千米，设计时速160千米，比动车稍慢，全程运行时间为25小时55分，沿途经停15个站点。泉州开行时间为上午10点20分，到达长春为次日的12时15分。

泉州至长春直达快车开通 （图/戴涵琦）

张志南到泉州征求对省《政府工作报告》意见

省委常委、常务副省长张志南带领省直有关部门负责人到泉州举行座谈会，征求泉州社会各界对省《政府工作报告（征求意见稿）》的意见和建议。市领导郑新聪、陈海基、林伯前、吴共湖参加会议。与会人员认为，省《政府工作报告（征求意见稿）》全面客观、实事求是总结2014年以来的工作成效，对2015年工作的部署重点突出、措施可行，具有很强的操作性和指导性。与会人员结合实际，就建设海丝先行区、深化“金改区”和“综改区”建设、壮大产业集群、推进新型城镇化建设和农业农村工作、加强文化建设、加快石结构房屋改造、构建综合交通体系等提出意见和建议。张志南认真倾听和记录大家的发言，并就有关问题与大家互动交流。张志南表示，与会人员站位全省大局、结合泉州实际，提出许多富有针对性、建设性的意见。省政府对泉州的发展高度重视，对大家的意见、建议将认真研究，充分吸纳到报告中去，持续推动福建科学发展、跨越发展。

《泉州市中心城区养老服务设施布局规划》通过审查

《泉州市中心城区养老服务设施布局规划》通过市城乡规划局主持的技术审查。规划旨在积极应对泉州中心城区980平方千米范围内老龄化问题，加快发展养老服务产业，建立与经济社会发展相协调，与人口老龄化相适应的养老服务体系，不断提高泉州养老服务水平，使老年人“老有所养、老有所学、老有所乐、老有所为”。

规划范围包括泉州中心城区980平方千米，共涉及五区、三市、一县的18个街道17个镇1个乡；含鲤城区、丰泽区、洛江区（万安、双阳、河市、马甲）、泉州台商投资区、泉州开发区清濛园区、晋江市五镇（紫帽、磁灶、池店、陈埭、西滨）、南安市两镇（丰州、霞美）、惠安县三镇（黄塘、山霞、崇武）、石狮市两镇（蚶江、祥芝）的部分用地。

规划目标是到2020年，全面建成以居家为基础、社区为依托、机构为支撑的覆盖城乡的社会养老服务体系，初步实现85%老年人居家养老，11%老年人社区养老，4%老年人机构养老，建设和完善一批为老卫生和文化活动场所；到2030年规划期末，养老服务水平初步达到发达国家水平，实现80%老年人居家养老，14%老年人社区养老，6%老年人机构养老，养老与医疗、家政、保险、教育、健身、旅游等相关领域发展互动紧密，为老服务设施体系健全，老年人精神文化生活达到较高品质。

规划建议以老年人养老需求为导向，养老设施设置体现老年人特点，围绕老年人的生理、心理需求，与社区医疗卫生、文化体育等其他资源有机结合，按照“全面照顾、重点关怀”的理念，为老年人提供多层次多样化的养老服务设施，保证所有老年人享有养老服务；在设施布局上，以就近养老为原则，社区一级安排社区老年人日间照料中心、星光老年之家、社区居家养老服务中心（站）等社区养老设施，方便居民就近养老，养老设施布局考虑老年人对医疗设施、文化娱乐设施、公共空间等的需求，尽量就近布局。

崇武摩托文化旅游节举办

“崇武摩托文化旅游节”在惠安崇武文化广场举行，500多辆机车（摩托车）、500多名机车车友现场交流车技。参加该次摩托车文化旅游节聚会的，除了省内的泉州、厦门、福州等地的机车爱好者，还有从上海、河北、湖北、广西等地赶来的热心人。庞巴迪、宝马、哈雷、杜卡迪、阿古斯塔、雅马哈、川崎……这些平常人很少听闻、更是难得一见的豪华摩托车，陆续出现在崇武文化广场，其中现场最昂贵的要数两辆价值均为44万元的庞巴迪摩托车，而被誉为摩托中的“兰博基尼”的阿古斯塔、被称为“法拉利”的杜卡迪，也都价值不菲。这些机车有的具备定速巡航、防侧滑、自动胎压检测，是很多高档汽车才具备的功能；有的百米提速只需3.1秒。来自各地的车友交流玩车心得、用车方法、总结经验，共同促进机车文化的和谐、文明、健康发展。

摩托文化旅游节现场　　（图/戴涵琦）

12月11日

星期四
农历甲午年十月二十
温度：15℃—19℃
阴

●省委常委、常务副省长张志南带领省直有关部门负责人到泉州举行座谈会，征求泉州社会各界对省《政府工作报告》（征求意见稿）的意见和建议。

●《泉州市中心城区养老服务设施布局规划》通过审查。

●“崇武摩托文化旅游节”在惠安崇武文化广场举行。

12月12日

星期五
农历甲午年十月廿一
温度：12℃—17℃
阴转多云

●2014年泉州市江浙沪产业链项目推介对接会在上海举行，共对接50个项目，总投资690.3亿元。

●市政府与深圳航空有限责任公司签订战略合作框架协议。深圳航空将把泉州作为重要基地，开发泉州航空市场。

●安溪县公布第二批重新核准使用安溪铁观音地理标志证明商标企业名单，共有31家茶业企业上榜。

●梨园戏常态性公益演出在泉州第三实验小学举行，师生们欣赏到梨园戏压脚鼓、十八步科母、《节妇吟》傀儡舞蹈选段及《踢球》《莲花落》等精彩节目。

●12—21日，泉州华侨历史博物馆举办“蓝·共同的畅想——内蒙古大学艺术学院美术系教师作品展”。

●泉州迎来较大降温，德化九仙山的气温降到0℃以下，出现美丽的雾凇。

●100多名家长齐聚丰泽实验小学，就交通安全现场写一篇作文，以此提升家长的交通安全意识，言传身教保障孩子出行安全。

泉州市江浙沪产业链项目推介对接会举行

2014年泉州市江浙沪产业链项目推介对接会在上海举行，180多位客商和企业家代表，江浙沪地区各泉籍商会会长参加推介对接会。市长郑新聪、副市长陈灿辉、市政府秘书长吴友才出席推介对接会。会上共对接50个项目，总投资690.3亿元。其中，央企项目9个、总投资166.1亿元；民企项目41项、总投资524.2亿元。成功对接项目涵盖纺织服装、石化、五金建材、机械装备、包装印刷等制造业转型升级项目，以及服务外包、电子商务、商贸物流等现代服务业项目，还涉及新能源、新材料、海洋经济、文化产业等新兴产业领域。民企对接合同项目中，制造业项目26个，总投资266.4亿元；服务业项目15个，总投资257.8亿元。民企对接合同项目呈现三个特点：一是大项目比较多，其中30亿元以上的项目5个，总投资252.3亿元；10亿—30亿元的项目7个，总投资130.8亿元。二是全国民企500强和行业龙头企业青睐泉州，成功对接全国民企500强企业4个，总投资49.5亿元，如江苏金浦集团拟投建年产10万吨聚醚项目，双胞胎集团拟投建绿色饲料生产基地项目。三是产业结构优化，以石化、光电信息、机械装备和海洋生物等战略性新兴产业项目为主。环球联合化工有限公司投建年产13万吨聚碳酸酯及年产10万吨乙丙橡胶项目、芳源（中国）集团有限公司与台湾鸿昌机械工业股份有限公司合作拟投建高档数控机床生产项目等一批填补产业链关键环节、延长产业链的先进制造业项目，均为泉州产业优化的重点项目。

市政府与深圳航空签订战略合作框架协议

市政府与深圳航空有限责任公司签订战略合作框架协议。根据协议，深圳航空将把泉州作为重要基地，重点开发泉州航空市场，加大运力投入。

相关链接：作为中国第五大航空公司，深圳航空成立于1992年11月，主要经营航空客、货、邮运输业务。该公司在泉州晋江国际机场投放7架运力，其中2架过夜飞机，运营香港、北京、上海、广州、深圳、舟山、杭州、沈阳、成都、长沙、昆明11个航点，每天执行13个出港航班。2014年前11个月，深圳航空在泉州晋江国际机场完成航班起降7007架次，运送旅客约71万人次，市场占有率28.1%。

第二批铁观音地理标志证明商标准用企业名单公布

安溪县公布第二批重新核准使用安溪铁观音地理标志证明商标企业名单，31家茶业企业上榜。至此，共有91家茶业企业及合作社等经营实体获安溪铁观音地理标志“身份证”。按照新的准入必备条件，安溪对原有铁观音地理标志证明商标准用企业进行把关、提升，重新确定并公布第二批重新核准使用安溪铁观音地理标志证明商标企业名单，桃源有机茶、津香茶业、茗山茶业等31家企业上榜。而此前的3月21日公布的第一批名单，共有八马茶业、德峰茶业等49家茶业公司，新康茶厂、裕安茶厂等9家茶厂，以及举源茶叶专业合作社、天香魂茶叶专业合作社2家农民专业合作社获准使用该证明商标。

申请准用的茶企必须在安溪境内建有茶叶基地（自有或管控）200亩以上且管控规范良好；检测机构将随机抽取企业基地茶青和终端产品进行检测，样品均须符合质量安全及感官品质要求。安溪县出台配套政策，对使用地理标志证明商标企业实行严格监管考核机制和淘汰退出机制。对于上述91家安溪铁观音地理标志证明商标准用企业，以及后续得到核准使用的经营实体，主管部门将强化两个必备条件的审核。根据《安溪铁观音证明商标使用管理规则》，申请使用安溪铁观音证明商标必须满足的条件还包括：茶树品种必须是1984年11月全国茶树良种审定委员会审定的正丛安溪铁观音；产地在安溪县境内的西坪、虎邱、大坪、芦田、龙涓、祥华、长坑、蓝田、感德、剑斗、湖上、金谷、凤城、城厢、官桥等乡（镇）。安溪县将建设安溪铁观音信息公告平台和安溪铁观音地理标志证明商标官方网站两个专用平台，并建设“安溪铁观音地理标志证明商标品牌广场”，对准用品牌进行集中展示，消费者可认标消费、认牌选购。

相关链接：证明商标指能够证明商品达到一定品质质量标准的标志，又称“保证商标”。有些国家又称之为“担保商标”或“统一质量标志”。通常是由具有一定权威的商会、机关或其他团体申请注册，申请人对使用证明商标的商品具有鉴定能力并负保证责任，证明商标权归申请人所有。证明商标和其他商标的显著区别，即所有权和使用权的分离。

十一家泉企入选中国品牌价值评价榜单

国家质检总局、中国品牌建设促进会发布2014年中国品牌价值评价结果，泉州恒安、安踏、百宏聚纤等11家企业榜上有名。品牌价值是企业综合实力的体现。品牌价值评价采用材料数据打分制，并最终得出品牌强度系数和品牌价值向全球发布。此次共有18家闽企入选中国品牌价值评价榜单，其中，泉州11家、厦门2家，漳州、三明、莆田、南平、龙岩各一家。泉州上榜企业包括：福建恒安纸业有限公司、安踏（中国）有限公司、福建百宏聚纤科技实业有限公司、361°（中国）有限公司、乔丹体育股份有限公司、福建泉州匹克体育用品有限公司、福建鑫华股份有限公司、福建鸿星尔克体育用品有限公司、辉煌水暖集团有限公司、中宇建材集团有限公司、虎都（中国）男装有限公司。福建恒安纸业有限公司位列“纸业及其他”类榜单中的第一位，其品牌价值高达638.39亿元，超过格力、美的、吉利、农夫山泉等企业。安踏（中国）有限公司、361°（中国）有限公司也在“纺织服装”类榜单中排名靠前，两者的品牌价值分别为114.47亿元、38.42亿元。

相关链接：2014年中国品牌价值评价范围从过去的制造业扩展到一、二、三产业，即制造业、农业和服务业；品牌评价种类也从过去单纯企业品牌扩展到产品品牌、企业品牌、区域品牌（地理标志品牌）和自主创新品牌。此次评价由相关部门和五十多名专家对涉及机械制造、金属非金属制造、农业、石油化工能源、纺织服装鞋帽、电子电气、食品药品、汽车及配件、商贸零售、出版印刷造纸、交通运输、建筑建材、金融、信息技术、珠宝玉石等行业近500家企业或产品品牌进行品牌价值考核。

泉州各地同步举办十三场欠薪举报投诉活动

全市各县（市、区）同步举办13场“欠薪投诉举报、劳动法律咨询”专项宣传活动。各地人力资源和社会保障、住房和城乡建设、交通运输、铁路建设、公安、司法（法律援助）、信访、总工会等部门及人民法院相关人员到场宣传政策、接受咨询和受理劳动者欠薪投诉举报。现场接受咨询的专家指出，劳动者在择业时应认准有营业执照的用人单位，注意企业的规章制度；劳动者在离开用人单位时，应做好结算、移交等工作，避免企业以未完成移交工作为由克扣工资。在发生欠薪事件后，应及时投诉举报，以便劳动部门调查取证。近年来，泉州市推行劳动争议“基层预防、一线调解”工作法，通过乡镇、村级基层调解组织调解处理劳动争议案件，劳动者反映欠薪问题更为便捷。2014年，泉州继续加大打击恶意欠薪行为力度，全市人社部门向司法机关移送涉嫌拒不支付劳动报酬犯罪案件67件，其中立案58件，检察机关提起公诉11件，法院作出有罪判决7件。

“越野新丝路　中马一家亲”跨国公益宣传活动走进泉州

13—15日，由世界泉州青年联谊会与马来西亚福建社团联合会青年团主办的“越野新丝路 中马一家亲”跨国公益宣传活动在泉州举行。活动方为参加活动的车手颁发纪念证书，开通世界泉州青年联谊会网站。该次跨国公益宣传活动旨在纪念中马建交40周年，响应国家“一带一路”建设，宣传“海上丝绸之路”的重要内涵和意义，增进与“海丝”沿线国家民间交流和友好往来。11月底，马来西亚福建社团联合会40余名青年车友驾驶15辆越野车，从马来西亚吉隆坡出发，途经泰国、老挝等“海丝”沿线国家，由云南入境中国，经过广西、湖南、江西等地，最终抵达“海上丝绸之路”起点——泉州，并展开为期三天的公益宣传活动。此次活动历时20天，行程近7000千米，参与活动的青年车友沿途访贫问苦、扶学救困、宣传海丝。马来西亚车友与泉州欢乐车友会车友参观开元寺、洛阳桥等“海丝”遗迹，体验以茶叶和陶瓷为代表的“海丝”文化，并在九日山种下中马友谊之树，充分感受东亚文化之都、历史文化名城的独特魅力。马来西亚车友还开展慰问和寻根谒祖活动，在德化汤头镇汤头乡捐款助建“老年之家”；向安溪湖头镇慈毅小学捐助200多个书包和360多套文具。

活动现场　　（图/林劲峰）

12月13日

星期六
农历甲午年十月廿二
温度：9℃—16℃
多云

●十一家泉企入选中国品牌价值评价榜单。

●泉州各县（市、区）同步举办13场“欠薪投诉举报、劳动法律咨询”专项宣传活动。

●13—15日，由世界泉州青年联谊会与马来西亚福建社团联合会青年团主办的“越野新丝路，中马一家亲”跨国公益宣传活动走进泉州。

●中国瓷都——德化“九仙山”国际名校自行车赛在德化开赛，来自清华大学、哈佛大学、维也纳大学等国内外33所知名大学的大学生自行车队的130名选手参赛。参赛选手从德化县城出发，途经国宝乡、赤水镇，终点在海拔1653.5米的九仙山气象站，全程约38千米。

●第二十三届世界脑力锦标赛在海南省海口市闭幕，泉州人郑爱强、苏清波获得“世界记忆大师”称号。2014年10月，郑爱强与苏清波在世界脑力锦标赛中国总决赛中分获成年组冠亚军。

●由泉州市教育局与泉州市诚信促进会举办的泉州市中小学生“好家风给我的教育”演讲比赛在泉州培元中学举行。

●广西籍货船“新宝航87”轮从晋江围头湾水域向崇武方向航行，因风浪太大准备到崇武水域避风时失联，事发时船上有6名船员。

12月14日

星期日
农历甲午年十月廿三
温度：9℃—17℃
晴

●联合国教科文组织官方网站以《泉州，海上丝绸之路东段极重要的港口》为题，图文并茂地介绍泉州源远流长的海丝文化，肯定泉州海上丝绸之路重要港口城市的历史地位。

●《桃溪流域生态经济试验区规划》评审会在永春县举行。评审专家经过实地考察、探讨点评，一致同意通过评审。

●惠安县与广州美术学院合作设立雕艺人才工作站，并举行签约及授牌仪式。

●受国家体育总局委派，泉州体校国家级射箭教练员郭仁立与其他省、市受委派教练一道，从上海飞赴墨西哥，执行为期一年教练任务。

●87岁高龄的泉州籍知名漫画大师林平从自己毕生创作的上万幅漫画作品中精选出100幅精品原作，无偿捐赠给家乡晋江档案馆作为馆藏永久保存。

联合国教科文组织网站专页介绍泉州

联合国教科文组织官方网站以《泉州，海上丝绸之路东段极重要的港口》为题，图文并茂地介绍泉州源远流长的海丝文化，肯定泉州海上丝绸之路重要港口城市的历史地位。这不仅是泉州又一次精彩的国际亮相，也书写一段权威的国际"信史"，为泉州扩大国际影响力和推动海丝"申遗"再添砝码。点击进入网站，在"丝绸之路"栏目首页封面图片中，泉州清净寺、海交馆、开元寺、老君岩等图片，不仅位于打头醒目位置，而且独占近"半壁江山"。专页则用大篇幅文字，以大量可供考证的史实和权威学者的观点，系统介绍泉州古港发展概况，多种宗教并存的现象，以及至今仍然保留的遗迹等。

《桃溪流域生态经济试验区规划》通过评审

来自国家和省、市经济发展的专家学者在永春参加《桃溪流域生态经济试验区规划》评审会。专家组对《桃溪流域生态经济试验区规划》给予高度评价，一致同意通过评审，并对永春生态经济发展，试验区的创建提出很好的意见与建议，对永春更好地建设"升级版"新永春具有重要的指导意义。规划结合桃溪流域的空间分布，将呈祥等13个乡镇作为试验区主体范围，面积666.59平方千米，占县域面积45.8%。在此基础上，适当延伸、统筹和对接整个永春县域、山美水库以及晋江流域的发展。规划围绕建设"休闲养生之都、宜居幸福之城"的战略目标，以健康、富民为导向，按照"山川秀美、产业高效、宜居养生"的要求，提出"多源生态，永享红利"的发展理念，加快做活生态动脉、做靓生态景观、做强经济走廊，逐步将桃溪流域建设成为集自然禀赋、友好产业、创意生活为一体的试验区，成为省内外知名的优质"生态秀谷"、特色生态经济支撑的"富裕山区"。

相关链接： 近年来，永春县坚持实施"生态立县"战略，组织实施流域治理、美丽乡村建设等系列生态功能项目，成立永春县桃溪流域综合治理院士专家工作站，创建了不少全省乃至全国的示范典型，先后获得"国家主体功能区试点示范县""国家生态县""全国美丽乡村标准化试点县"等多项国家级生态名片。随着生态建设成效逐渐显现，如何在保护好青山绿水的基础上发展特色生态经济，推动实现"生态美、百姓富"的有机统一，对永春经济战略转型至关重要。因此，按照"加快拓展和提升桃溪流域综合治理成果，推动生态优势转化为经济优势"的要求，永春邀请人民大学区域所为该县编制出评审中的《桃溪流域生态经济试验区规划》。

惠安与广州美院合作设立雕艺人才工作站

惠安县与广州美术学院合作设立雕艺人才工作站，并举行签约及授牌仪式。此次校地双方本着"优势互补、资源共享、合作共进、共同发展"的原则，签订框架协议，加强在教育、培训、人才交流、学术研究等领域合作。人才工作站将充分发挥服务平台作用，开设惠安雕艺大讲堂，由广州美院选派老师到惠安举办各类学术讲座，传播前沿艺术理论；发挥广州美院学校资源与师资优势，在惠安招收雕艺行业学员，开展学历或非学历的教育培训、短期研修班；组织座谈、实地考察、艺术沙龙等活动，加强与雕艺业界的互动交流；每年组织师生到惠安开展各类教学实践活动；举办雕艺作品联展、个展等各类展览。

相关链接： 广州美术学院是华南地区唯一一所高等美术学府。1953年由广东华南文艺学院、湖北中南文艺学院和广西艺术专科学校三校合并而成立的中南美术专科学校是其前身。1958年学校南迁广州，更名为广州美术学院并开始招收本科生。据2014年4月学院官网显示，学院曾为文化部部属高校，现为广东省省属高校。据2014年学院官网显示，学院有昌岗和大学城两个校区，总占地面积37.6公顷，总建筑面积36.25万平方米。学校有各类在校生7761人，其中，全日制本科生5286人，全日制研究生493人。

泉籍漫画大师林平百幅作品捐赠晋江

87岁高龄的知名漫画大师林平从自己毕生创作的上万幅漫画作品中精选出100幅精品原作，无偿捐赠给家乡晋江档案馆作为馆藏永久保存。这是该馆首次接受艺术家捐赠的漫画作品。林平，祖籍晋江，1927年出生于福州，是中国美术家协会会员、福建省漫画研究会会长，从艺60多年来，一直致力于寻找一条继承与创新有机结合的漫画新路，从而形成自己独特的艺术风格。林平的作品画面简洁、线条流畅，既鞭挞假恶丑，也弘扬真善美，而且风格以柔为主，柔中见刚，在刚柔并济中现真理，给人以教育和启发。

华侨大学工业设计研究院挂牌

华侨大学工业设计研究院举行揭牌仪式。该研究院将结合福建产业集群发展，立足泉州，发挥闽台合作优势，打造成工业设计的“智囊库”，成为海西经济转型升级的助推器，以及两岸设计交流的桥头堡。近年来，华侨大学发挥多学科优势，组建工业设计团队，围绕福建、泉州重大关键环节进行技术攻关，为50多家的企业提供工业设计服务，带来相应的经济效益，为实现泉州市产业升级，推进新型工业化建设做出积极的贡献。华侨大学工业设计研究院的成立，在整合校内各方资源和原有工业设计团队基础上，将为业界输出更多的创新成果和实践模式，为经济社会发展和培养工业设计的专门人才。

揭牌仪式　　（图/郭冰德）

“戏神”雷海青文化学术研讨会在南安召开

“戏神”雷海青文化学术研讨会在南安罗东镇振兴村坑口宫举行，来自福建各地和台湾的上千名信众、专家学者参加活动。上午，台湾省新北市艋舺行德宫进香团等近百人到坑口宫拜谒。福建闽南地区及台湾有200多座奉祀田都元帅的寺庙。台湾的许多寺庙是罗东坑口宫分炉过去的。近年来，台湾艋舺行德宫、台南鹿港玉渠宫等宫庙多次到坑口宫谒祖进香。坑口宫每年都接待成百上千从台湾来的信众。两岸的信众都希望通过纪念“戏神”的活动，更好地促进两岸民间文化交流。

相关链接：坑口宫为祀奉雷海青的祖庙，始建于晚唐。据史料记载，雷海青生于公元716年，卒于公元755年，南安罗东人，畲族。雷海青自幼喜爱音律，善于弹奏琵琶，被唐玄宗选为乐工。安史之乱中，安禄山攻入长安，数百名梨园弟子成为俘虏。雷海青称病不愿为叛军演奏。一日，安禄山在长安西内苑重天门北凝碧池大宴，命梨园弟子奏曲作乐。雷海青忍耐不住，对着安禄山，举起琵琶，奋力往地上一摔，琵琶被砸得粉碎。安禄山暴跳如雷，下令将雷海青在试马殿前处死。由于雷海青身为乐工，于是民众尊奉其为“戏神”，在戏曲行业中享有崇高的地位。

泉州引进首个常态化夜间剧场

经过泉州市、晋江市两级文化部门对国内多地进行考察和比选，泉州引进的首个“天天有好戏看”的常态化夜间剧场落户晋江，市民每天都能欣赏“小春晚”的精彩。“天天有好戏看”节目包括书画拍卖、歌舞、魔术、杂技、小品、相声、二人转等，并组织本土的南音、木偶戏、梨园戏、高甲戏等表演。节目每半个月更新一次。

安南永德列入省县级公立医院改革试点

福建省扩大县级公立医院综合改革试点，在25个新增试点县（市）中，南安、安溪、德化、永春在列。试点县（市）县级公立医院，包括综合医院、中医医院、妇幼保健院、精神病医院等全部实行药品零差率销售。医疗服务价格方面，试点县（市）要以设区市为单位进行测算调整，在本辖区内形成统一的县级公立医院医疗服务价格。调整医保、新农合支付政策，将调整后的医疗服务项目收费按规定纳入医保支付范围，使价格调整政策与医保支付政策相互衔接；将公立医院因实行药品零差率销售而减少的收入中应由财政补助的部分，纳入财政预算安排，形成对取消药品加成后长效、可持续的财政补助机制，做到价格调整、医保支付、财政补助“三合一”政策同步实施。福建省还出台5条差别化政策，助推县级公立医院发展：实行差别化的财政投入政策，省、市、县逐级加大财政投入，向县级公立医院倾斜；实行差别化的医保支付政策，拉开不同级别定点医疗机构间的报销比例，引导群众合理就医；实行差别化的价格政策，各级财政对公立医院实施药品、耗材零差率销售进行补偿的原则是，越往基层，医疗服务价格调整幅度越小，财政投入越大，医院分担越少；实行差别化的人事政策，制定更符合县域医院特点的招聘政策、岗位设置政策和职称评定标准，引导人才向基层流动；实行差别化的绩效考评政策，合理确定省级、市级、县级公立医院服务功能。

12月15日

星期一
农历甲午年十月廿四
温度：11℃—20℃
多云

●华侨大学工业设计研究院举行揭牌仪式。

●泉州泉港石化工业园区南山片区空分项目开车试运行。该项目总投资4亿元，生产的氧气、氮气和氩气等产品，主要为入驻南山片区的石化下游企业提供工业气体配套，每小时供气量为3.3万标准立方米，预计年产值2亿元。

●“戏神”雷海青文化学术研讨会在南安罗东镇振兴村坑口宫举行。

●泉州引进的首个“天天有好戏看”的常态化夜间剧场落户晋江。

●南安、安溪、德化、永春被定为福建省县级公立医院综合改革试点。

●惠安籍医生、上海交通大学医学院附属仁济医院心内科主任兼党支部书记何奔当选“2014年全国十大口碑医生”。

12月16日

星期二
农历甲午年十月廿五
温度：12℃—17℃
多云

●16—23日，省综治领导责任书考评督导组一行到泉州，对泉州市2014年党政领导综治（平安建设）责任书落实情况进行考评督导。

●郑新聪到部分市属国有企业调研，协调解决企业发展存在的问题。

●十一届市政协第二十次主席会召开。

●16—17日，周银芳到鲤城区、丰泽区、洛江区、泉港区调研检查工作。

●16—17日，由中国劳动关系学院、省总工会主办，泉州市总工会、晋江市总工会承办的“2014年中国工会·劳动关系”论坛在晋江举行。

●第二届（2014年）泉州地产城市推动力大奖颁奖典礼举行。

●来自韩国光州、青州、首尔的56名林氏后裔代表到南安官桥内厝村、惠安东岭彭城古渡口，参加比干殉国3043周年的纪念活动。

●经过近半年的封闭修缮，泉州开元寺甘露戒坛重新开门迎客。

●丰泽公安分局召开的“剑盾”行动新闻发布会称，在市禁毒支队等部门支持下，该局成功破获公安部督办的“小朋”团伙贩卖毒品案，抓获四川人陈某（小朋）等犯罪嫌疑人10名，缴获毒品氯胺酮9855克、冰毒405克、麻古247克、“奶茶”630克、“开心粉”133克。

郑新聪到部分市属国有企业调研

市长郑新聪率队走访中侨集团、省五建公司、市国投公司、闽侨公司、中泉公司和集英保安集团，听取相关工作汇报，协调解决企业发展存在的问题。副市长李建辉，市政府秘书长吴友才参加调研。郑新聪指出，市国资委在国有资产监管、推进资产保值增值、防控企业经营管理风险等方面，做了大量工作；市属国有企业积极有为，稳中有进，在全市经济社会发展中发挥独特作用。但与先进地区相比，泉州市国有企业发展仍有较大差距，要保持清醒认识，采取有效措施，谋划和推动国有企业持续健康发展。郑新聪强调，要突出国企主业，把握自身优势，选准主营业务，将资源配置集中到主业上；突出创新转型，探索商业模式创新，围绕主业上下延伸、左右拓展，提升盈利水平和盈利能力；坚持有进有退，加强系统内的重组、合作和上下游联合，做专、做精、做好现有优质企业，做大做强老品牌，逐步从竞争力弱的行业退出，妥善处理改制重组企业职工安置等问题。要提升国企撬动能力，发挥“四两拨千斤”的作用，主动参与全市战略性项目建设，继续在基础设施、公共服务和民生工程领域发挥作用。要提升国有资产集中度，抓整合、促拓展、优布局，培育几家规模大、竞争力强、带动效应强的大企业大集团。要提升国企管理水平，坚持科学民主决策，创新经营方式，优化运营管理，健全国有资本经营预算制度，筑牢国有资本安全运行的防护墙。要加强国企领导班子和骨干队伍建设，完善企业经营管理者的薪酬和职工收入分配激励机制。

周银芳到鲤城丰泽洛江泉港调研检查

16—17日，市委副书记、市创建文明城市工作指挥部常务副总指挥周银芳带领市直有关部门负责人到鲤城区、丰泽区、洛江区、泉港区调研检查创建工作，市委常委、宣传部部长、教育工委书记、市创建文明城市工作指挥部副总指挥陈庆宗参加活动。调研检查组深入客运车站、农贸市场、医院、学校和居民社区等场所，了解创建全国文明城市工作进展情况。周银芳指出，各级各相关部门按照市委、市政府统一部署，有序推动创建工作开展，取得一定成效，但仍存在一些亟须解决的问题。周银芳强调，全国文明城市测评在即，创建任务十分繁重，各级各部门要层层落实工作任务，打好迎检攻坚战；要加强整体协作，部门之间、部门与各区之间要密切配合、上下联动，形成工作合力；要突出重点难点，坚持先难后易，抓好问题整改，确保不失分、少失分；要加强舆论宣传，运用各类媒体资源，发动市民群众广泛参与。

第二届泉州地产城市推动力大奖颁奖典礼举行

由泉州晚报社主办，《泉州晚报》、泉州网承办的第二届（2014）泉州地产城市推动力大奖颁奖典礼举行。200余名房地产开发商代表、代理公司代表等房地产业内人士、领导嘉宾出席颁奖盛典。该活动于11月启动，受到广大市民的热烈响应，经过网络投票和评委会测评，评选出“泉州地产城市推动力十大年度人物”及十三个片区“城市推动力楼盘”。单项的别墅品质推动奖、住宅品质推动奖、商业地产推动奖、旅游地产推动奖分别由宝珊花园、三盛四季公园、中骏·世界城、中骏·黄金海岸获得；三大年度优秀代理公司，由厦门大友富置业顾问有限公司、厦门聚贤庄房地产营销代理有限公司、立丹行机构泉州分公司共同分享；年度优秀营销团队由中骏置业、东海泰禾、建发房产、泉州星光耀、万科地产以及南益地产夺得。该届活动新增包括“空中看泉州——推动力地产航拍”专题报道、“把握黄金买点·2014泉州地产暖冬行动”等系列，旨在丰富推动活动的整体效果，分析楼市特点、形势，发挥权威媒体的桥梁平台作用，为市民及开发商服务，为泉州城市发展添砖加瓦。

韩国林氏后裔到南安寻根

来自韩国光州、青州、首尔的56名林氏后裔代表身着唐衣，到南安官桥内厝村、惠安东岭彭城古渡口，参加比干殉国3043周年纪念活动。比干的遗孤赐姓林，其后裔遍布海内外，发展至今在韩国的就有120多万人。据传比干后裔往韩国繁衍，就是从惠安东岭彭城古渡搭船去的，彭城古渡口即成为韩国 林氏后裔来中国寻根的纪念地。2014年是韩国林氏后裔第11次到泉州寻根。每年农历十月廿五，南安内厝的林氏子孙都举办盛大的比干殉国纪念日活动。在林氏的发源地河南卫辉，每年四月初四，当地政府都会主导举办比干诞辰纪念日活动。河南卫辉和福建泉州每年春秋两季纪念比干，一南一北，遥相呼应。

华大讲堂第四十七讲举行

“华大讲堂”第四十七讲举行。交通运输部水运科学研究院副总经济师、研究员汤震宇作题为《建设21世纪海上丝绸之路，构筑对外开放新格局》的报告。市领导杨俊峰、陈沈阳、翁祖根、陈庆宗等市委学习中心组成员，市直有关部门、在泉各高校、各民主党派负责人，华侨大学校领导和部分师生等参加报告会。汤震宇从国内发展和国际环境变化两大视角阐述确立“海丝”战略的时代背景和重大意义，详细梳理“海丝”战略的基本脉络。以翔实的数据为支撑，图文并茂地分析泉州在海上新丝路建设中面临的机遇和挑战，结合泉州发展情况及自身实地调研成果，对泉州推进21世纪海上丝绸之路先行区建设提出建议。市政协主席杨俊峰为汤震宇颁发“华大讲堂”主讲嘉宾纪念牌。报告会同时通过新浪微博图文直播。

省计生考核组到泉州考核

17—18日，省卫计委副主任陈辉率领省计生考核组到泉州考核2014年度人口计生工作。市委副书记周银芳主持召开汇报会，市委常委、常务副市长林伯前汇报相关工作，市领导张建生、吴共湖参加会议。2014年泉州市人口计生工作着力突出平稳实施“单独两孩”政策，深化计生依法行政工作；突出信息化建设和日常业务督导，夯实基层基础工作；突出促进计生家庭发展，保障计生民生；突出综合治理出生人口性别比，增强齐抓共管效力，坚持基本国策不动摇、坚持一把手亲自抓负总责不动摇、坚持“一票否决”不动摇，全面完成省委、省政府下达的年度主要责任指标。周银芳指出，泉州市是人口大市，抓好人口计生工作，就是促发展、惠民生。2014年以来，泉州多措并举，不断强基础、补短板、破难点、出亮点，做到思想重视没有因为政策的改变而放松，组织领导没有因为机构的改革而削弱，创新力度没有因为难度的增加而松懈。面对新形势，泉州将以此次考核为契机，按照国家和省卫计委的部署要求，加强领导，落实措施，推动全市人口计生工作再上新台阶。

国家茶叶质量安全工程技术研究中心落户安溪

国家茶叶质量安全工程技术研究中心启动暨安溪铁观音集团战略合作伙伴签约仪式，在安溪铁观音集团旗下的安溪茶厂举行。该中心是福建省首个由农业企业承建的工程技术研究中心，也是泉州首个国家质量安全工程技术研究中心。组建国家茶叶质量安全工程技术中心，利用先进科学技术提升茶叶产品质量，是安溪铁观音集团乃至整个茶产业发展的基础。中心启动后，将发挥安溪铁观音集团陈宗懋院士工作站及国内高校和科研机构的优势，把中心建设成为中国茶叶质量安全关键技术的综合研发中心、茶叶质量安全工程技术成果的孵化中心和示范辐射中心、茶叶质量安全工程技术人才的培训中心，加快产学研一体化，缩短科研成果转化周期，为全国茶产业发展提供科技支撑和产业服务。仪式上，安溪铁观音集团与兴业证券股份有限公司、和君集团有限公司、诺亚财富、泉州市斯兰金融控股有限公司等金融机构签订战略合作协议。

启动仪式　　（图/郭冰德）

“海丝泉州”推介团走进广州

17—20日，由市旅游局组织的“海丝泉州”推介团走进广州，开始在广东的旅游推介历程。该次推介活动，紧扣“海丝”旅游品牌，并结合广东市场特点，以宗教信仰和休闲度假旅游为主，采取形象推介与企业对接相结合的办法进行。除了传统的观光景区清源山、崇武古城等外，包括安溪志闽旅游、洛江后深溪、永春牛姆林、北溪文苑等休闲度假旅游景点也作重点推介。“海丝泉州”、“清新福建”旅游品牌的重要元素——惠女风情在推介会上精彩表演，为广东同行留下深刻印象。借助二维码送伴手礼等营销活动，惠女卡通玩偶、安溪茶叶、永春麻糬、德化陶瓷等泉州知名伴手礼引发旅游业界的更多关注。

12月17日

星期三
农历甲午年十月廿六
温度：7℃—14℃
晴

●《中国文化报》在第四版“地方文化”版上，以整版篇幅刊载黄少萍署名文章《我们的“东亚文化之都”》。

●17—18日，省卫计委副主任陈辉率领省计生考核组到泉州考核2014年度人口计生工作。

●“华大讲堂”第四十七讲举行。交通运输部水运科学研究院副总经济师、研究员汤震宇作题为《建设21世纪海上丝绸之路，构筑对外开放新格局》专题报告。

●国家茶叶质量安全工程技术研究中心启动暨安溪铁观音集团战略合作伙伴签约仪式在安溪举行。

●17—20日，由市旅游局组织的“海丝泉州”推介团走进广州推介泉州旅游。

●石狮“预防职务犯罪警示教育基地”建成启用。

●泉州市客运出租车燃油附加费征收标准由每车次2元调整为每车次1元。

12月18日

星期四
农历甲午年十月廿七
温度：7℃—15℃
多云

●十一届市政协常委会第十七次会议召开。

●市直机关迎接全国文明城市总评工作专题会议召开。

●“2014中国最具价值文化（遗产）旅游目的地推介活动”组委会发布公告，泉州市入选“最具价值目的地城市”。

●泉州市直机关“放飞巾帼梦想，展示文都魅力”职业风采大赛决赛举行。

●恒安集团与IBM（国际商业机器公司）和SAP（全球最大的企业管理和协同化电子商务解决方案供应商）分别签署信息化战略协议，打造适应大数据时代的企业信息化平台。

●18—20日，泉州市纺织服装数控一代应用办公会、福诚（中国）有限公司服装智慧生产2.0展示年会，在石狮服装城举办。

●恒安集团向设在晋江市慈善总会的恒安慈善基金捐款2亿元。

十一届市政协常委会第十七次会议召开

十一届市政协常委会第十七次会议召开。市政协主席杨俊峰，副主席吴共湖、苏小青、骆沙鸣、陈铭福、王祖耀、李冀平、陈益，秘书长洪川夫参加会议。副市长刘忠到会通报市政府关于市政协十一届三次会议以来提案办理情况。常委会协商讨论《十一届市政协常委会工作报告（征求意见稿）》和《提案工作报告（征求意见稿）》，协商通过有关人事事项。就下阶段市政协常委会工作，杨俊峰强调，要继续学习贯彻中共十八届四中全会和习总书记重要讲话精神，围绕全市改革发展大局，开展调研、视察、提案、反映社情民意等工作，引导政协委员和政协各参加单位，提高以法治思维和法治方式助推经济社会发展的能力，把政协各项工作纳入制度化、规范化、程序化轨道。要加强创新，注重实效，把协商民主贯穿于提案工作全过程。政协委员要加强调查研究，从源头上提高提案质量；承办单位要增强责任感，做好提案办理和转化应用工作。

相关链接：该次常委会通过市政协部分工作机构负责人任免名单：黄惠聪任社会和法制委员会主任；王小良任办公室副主任；孙丽珠任委员工作室主任（副处级）；免去黄阳辉委员工作室主任职务。十一届市政协常委会关于增补第十一届市政协委员名单：特邀一（1名）黄惠聪。十一届市政协常委会第十七次会议协商，李天居、丁辉因触犯法律，撤销李天居、丁辉政协第十一届泉州市委员会委员的资格。

会议现场　　（图/陈　翔）

市直机关迎接创建全国文明城市总评工作专题会议召开

市直机关迎接全国文明城市总评工作专题会议召开，会议要求，要加强宣传造势，采取有效措施，整改突出问题，创造良好的公共环境和公共秩序。各部门、各单位要认真对照要求，明确职责分工，加强协调联动，发挥协作效应，确保任务落实。在创城总评工作结束后，市委、市政府启动问责问效机制，对创城不力的相关责任单位和个人予以严肃追究问责。市文明委将把各单位参与创建全国文明城市工作列入精神文明建设考核内容，作为文明单位评选的前置条件。对工作不力而影响创建工作的，取消文明单位称号或申报文明单位的资格。

泉州入选“2014中国最具价值文化（遗产）旅游目的地”

“2014中国最具价值文化（遗产）旅游目的地推介活动”组委会发布公告，由中国文物保护基金会等单位主办的“2014中国最具价值文化（遗产）旅游目的地”推介活动结束。泉州市入选“最具价值目的地城市”，这是福建省唯一获此称号的城市。福建南靖土楼入选“最具价值目的地景区”，也是福建省唯一获此称号的景区。该活动经过初选入围、公众投票和专家委员会评审综合评定后，根据排名产生2014年入选目的地城市14名，目的地景区36名。

惠安女形象　　（市旅游局供图）

泉州市直机关职业风采大赛决赛举行

由泉州市直机关党工委、泉州市妇联主办的泉州市直机关“放飞巾帼梦想，展示文都魅力”职业风采大赛决赛在泉州广播电视台演播大厅举行。各参赛队伍以饱含深情的配乐朗诵、高亢昂扬的合唱串烧、欢快灵动的舞姿，展现新时期机关干部职工的激情与风采。各代表队围绕活动主题，结合行业特点，凸显市直机关女干部职工“爱岗敬业、无私奉献、拼搏进取、创先争优”的精神风貌，展现“东亚文化之都”新时代女性的魅力与风采。经过决赛角逐，泉州市直统战系统、泉州市委老干局、泉州幼儿师范高等专科学校获一等奖。

贾春旺到泉州调研见义勇为工作

19—20日，中华见义勇为基金会理事长贾春旺到泉州慰问见义勇为先进分子代表，调研泉州市见义勇为工作。贾春旺看望慰问泉州市全国见义勇为先进分子丁诗益、省见义勇为先进分子庄金坦等代表。贾春旺听取泉州市、晋江市见义勇为工作汇报，走访晋江市青阳街道阳光社区、磁灶镇东山村见义勇为工作站。贾春旺对泉州市、晋江市见义勇为工作成效予以肯定，对长期关心和支持见义勇为工作的各级党委政府、社会各界、群众表示感谢。希望各级党委、政府和各有关部门继续密切配合，加强见义勇为事迹宣传；着重在提高见义勇为人员的社会保障等待遇上再努力，想方设法让勇士们的家庭生活水平不下降；在全社会营造学英雄、当英雄、帮英雄的良好社会风气，维护社会稳定，促进社会和谐。

厦沙高速公路德化段开工建设

厦沙高速公路德化段项目召开第一次工地会议并下达开工令，这条贯穿德化南北的高速公路进入全面施工阶段。该项目起于永春县达埔枢纽互通，接莆永高速公路，利用泉三高速公路（9.9千米）及德化连接线，经德化县龙浔、浔中、国宝、赤水、上涌、汤头，终于德化县葛坑镇大岭村，顺接厦沙高速公路三明段。全程设德化、国宝、上涌3处互通立交，路线全长73.694千米，实际新建路线54.287千米，计划工期36个月，工程总投资概算48.3亿元。厦沙高速德化段桥梁与隧道长度合计30.37千米，占新建路线主线的55.95%。全线有大中桥梁27座10.88千米，隧道8座19.489千米，其中特长隧道就有2座，分别是5850米的戴云山隧道及3990米的大正隧道。项目建成后，德化北部的国宝、赤水、美湖、春美、大铭、上涌、汤头、桂阳、葛坑、杨梅等地的居民将有机会在家门口上高速。德化瓷都、戴云山、岱仙瀑布、云龙谷等旅游资源，也有望“借道”走出深山。项目通车后，泉州北上的车辆，可以从达埔枢纽互通进入，通达三明沙县，比经泉三高速公路可缩短80千米。

2014年首届闽南电商年会在泉州举行

由泉州市青年联合会、泉州市电子商务协会、厦门市网络零售企业协会、漳州市互联网电子商务协会主办的2014闽南电商企业年会在泉州举行。年会以“产业大势，电商破局”为主题，得到闽南三市各地电商协会及知名电商企业的支持，有800多位电商从业人士参与活动。年会上，众多电商业细分领域里的杰出代表企业，通过主题演讲、交流互动等方式对闽南地区电子商务的“下一个风口”做出预测判断。针对当前电商热门话题，年会设置三个议题互动环节：原创品牌、跨境电商、平台与服务。除了思想的交汇、产业的提升，本届年会还发布以“闽南电商风云人物扑克牌”为形式的闽南电商青年创业奖榜单。超过140家优秀的闽南地区企业参与52张扑克牌牌面竞争，产生52位电商风云人物，为闽南三地的电商创业青年打造一张独特的新名片。

第二届品牌鞋服国际采购节在晋江举行

19—28日，由晋江市政府主办的中国鞋都第二届品牌鞋服国际采购节在鞋都电商园举行。该届采购节吸引15万人次参加，销售额达6000万元。除了安踏、特步、361°、喜得狼、匹克、乔丹、贵人鸟等80余家国内一二线品牌参与外，入驻鞋都电商中心的400多家企业也到场向消费者展示最新产品。采购节邀请全国各地的鞋服下游经销代理、批发零售商参与盛会，拉动本土品牌年终大促销，推动企业库存批量销售。采购节的一大特色是线上线下互动销售模式的尝试，通过引入二维码扫码等方式，引导一部分线下消费者到线上去消费，体验线上购物方式，未来将逐步转型成O2O模式的采购节。在采购节现场，鞋都电商中心联合快递企业推出“邮费5折”的活动，不少消费者在现场通过二维码扫码等方式下单后，直接通过快递将商品寄回老家，体验一把O2O模式带来的便捷。采购节期间，主办方围绕跨境电商、移动电商、视觉推广等议题举办11场专业论坛，邀请各领域的专家、行业标杆介绍其经验与心得，学习人数累计达3000多人（次）。鞋都电商中心还与电信、邮政、银行、晋江电商协会等战略合作伙伴签约，为鞋都电商中心入驻的网商提供货源、快递、贷款等方面的优惠和便利。

12月19日

星期五
农历甲午年十月廿八
温度：10℃—14℃
阴转小雨

●19—20日，中华见义勇为基金会理事长贾春旺到泉州慰问见义勇为先进分子代表，调研泉州市见义勇为工作。

●贯穿德化南北的厦沙高速公路德化段开工建设。

●厦漳泉党风廉政建设和反腐败工作协作联席会议在泉州召开。

●泉州市组织收听收看全国全省机关事业单位“吃空饷”问题治理工作电视电话会议，并对相关工作作出部署。

●由市体育局和泉州师范学院举办的泉州市新型城镇化与体育场地建设研讨会举行。

●全市见义勇为工作现场会在晋江市公安局召开。

●泉州市青年电子商务协会成立。

●19—28日，由晋江市政府主办的中国鞋都第二届品牌鞋服国际采购节在鞋都电商园举行。

●由石狮市委宣传部牵头组织的“读有益书·做文明人”巡回讲堂在石狮市老干部活动中心启动。

●泉州培元中学的友好交流学校法国埃罗省阿学尔弗雷德·克鲁兹中学的四名学生和两名老师，在培元中学学习南音乐器。这是阿学尔弗雷德·克鲁兹中学首次派遣师生来培元中学交流。

12月20日

星期六
农历甲午年十月廿九
温度：10℃—19℃
阴转多云

●周银芳、陈荣洲会见中联办副主任杨建平和以中国和平统一促进会香港总会执行会长姚志胜为团长的中国和统会香港总会福建访问团一行。

●福建省中青年经济发展研究会2014年年会在泉州师院举办。

●泉州籍知名作家蔡崇达文艺分享会在泉州师院图书馆报告厅举行。

●泉州和南昌、抚州都市圈在泉州互相推介旅游资源，形成跨省的旅游同盟。

●由泉州市温州商会、福建日报报业集团东南网泉州站主办的泉州首届极地冰雪节在泉州浦西金街开幕。

市领导会见中国和统会香港总会访问团一行

受市委书记黄少萍、市长郑新聪委托，市委副书记周银芳、副市长陈荣洲会见中联办副主任杨建平和以中国和平统一促进会香港总会执行会长姚志胜为团长的中国和统会香港总会福建访问团一行。周银芳表示，中国和统会香港总会作为香港十大社团组织之一，为增进闽港台间的交流合作，架起沟通桥梁和联系纽带。当前，中央大力支持福建科学发展跨越发展，新批福建自由贸易园区，这也为泉州加快发展带来新的历史机遇。泉州真诚欢迎中国和统会香港总会常来访问交流、投资兴业，希望旅港乡亲继续发扬爱国爱乡的优良传统，一如既往地关注家乡发展，参与家乡建设。杨建平表示，中国和统会香港总会、闽籍香港社团、旅港乡亲在香港经济发展和社会事务中发挥积极作用，体现强烈的主人翁意识。姚志胜表示，将继续高举爱国旗帜，在中联办领导下，广泛团结在港爱国力量，为促进祖国和平统一大业贡献力量。在泉州期间，访问团还到泉州台商投资区和中国闽台缘博物馆、泉州开元寺考察访问。

福建省中青年经济发展研究会2014年会在泉州举办

福建省中青年经济发展研究会2014年会在泉州师院举办。年会邀请专家分别作《人民币国际化最终还要本土市场开放》《“优化中间，拓展两头”，打造福建产业升级版——福建赶超台湾的思考与建议》《福建融入国家“一带一路”战略研究》《区域金融生态构建与应用人才培养》《“新常态”与宏观经济政策的调整》等主题报告。来自台湾东海大学企业管理学系专任教授曾俊尧和高雄第一科技大学金融系专任教授洪志兴与大家分享《海峡两岸技术创新的比较与关系之探讨》和《金融理财技术与创造闽台金融人才》的报告。在自由发言环节，与会专家学者畅所欲言，围绕小微企业融资、泉州金融改革、发展“海丝文化遗产”等问题进行交流探讨。

年会现场　　（图/洪　旭）

泉州籍作家蔡崇达文艺分享会在泉州举行

知名作家蔡崇达文艺分享会在泉州师院图书馆报告厅举行，吸引数百名学生到场参与。蔡崇达是泉州师院的毕业生。该次其带回母校的新书《皮囊》，受到学弟学妹的喜爱。这场文艺分享会吸引青年作家蒋方舟参与。《皮囊》是蔡崇达首部散文集，本书由韩寒邀约三年促成结集，刘德华、李敬泽作序。这部有着小说般阅读质感的散文集，也是一本“认心又认人”的书。在书中，蔡崇达本着对故乡亲人的情感，用一种客观、细致、冷静的方式，讲述福建渔业小镇上的风土人情和时代变迁，一系列刻在骨肉间的温情而又残酷的故事——体现。书中收录有《皮囊》《母亲的房子》《残疾》《重症病房里的圣诞节》《我的神明朋友》《张美丽》《我们始终要回答的问题》《回家》等14篇作品。蔡崇达借用白岩松的话说：“写这本书就是为了回家。”此前，蔡崇达的《皮囊》突然走红，出版三天就售罄加印，当当、京东以及众多书店卖断货。

相关链接：蔡崇达现任《中国新闻周刊》执行主编，也是“南方国际文学周”联合发起人之一，曾任职于《新周刊》《三联生活周刊》《周末画报》，27岁任《GQ》中国版报道总监，为全球17个国家版本的《GQ》最年轻的报道总监。作为一名记者，蔡崇达的作品多次获得“《南方周末》年度致敬”、亚洲出版协会特别报道等大奖。

泉州首届极地冰雪节开幕

由泉州市温州商会、福建日报报业集团东南网泉州站主办的泉州首届极地冰雪节在泉州浦西金街开幕。冰雪节活动有开幕式、团队冰雪冲关挑战赛、雪地PARTY、极地冰雪科普展、快乐家庭智慧赛、冰雕雕企业赛、“冰雪情缘”情人节、冰雪酒会PARTY、冰雪“亲子嘉年华”等精彩游艺项目。市民可在本土欣赏到冰雕制作的泉州特色历史建筑，更有大学生创作的富含泉州文化内涵的冰雕作品。

全市水路总运力首次突破250万载重吨

来自市交通委的消息，泉州市引导外挂回迁和新增入籍船舶57.21万载重吨，全市运力规模达251.45万载重吨，首次突破250万吨大关，运力在全省设区市中位居第二位。按照“小船换大船、旧船换新船”的航运业转型发展思路，2014年交通部门鼓励航运企业规模发展，已新增船舶投资9.5亿元，是年度计划5亿元的1.9倍；引导外挂回迁和新增入籍船舶34艘57.21万载重吨，为年度目标任务的120%。航运业转型发展，带来的明显变化是一大批老旧船舶、高油耗船舶被淘汰，船舶运力朝着技术含量高、大型化、专业化的方向发展，提升航运业整体竞争力。全市营运货船单船平均吨位10098载重吨，成功突破万吨大关。其中，集装箱船舶数占全市营运货船总数的63.1%，集装箱货船载重吨占全市总载重吨的67.1%。大型船舶成为泉州航运业发展的主力军。

泉州市建章立制保障农村用水

市政府印发《泉州市农村小型水利工程建后管护规定》。规定指出，农村小型水利工程主要包括：大中型灌区末级渠系、小型灌区渠系及配套建筑物，管灌、喷灌、微灌溉设施及配套工程；小山塘（容量小于10万立方米）、小型灌溉排水泵站（装机容量小于1000千瓦）、灌溉机井、山地水利蓄水池（容量小于500立方米）、小型拦水堰闸等小型农田水利工程；日供水规模1000立方米（不含）的Ⅳ型集中式农村供水工程，日供水规模小于200立方米（不含）的Ⅴ型分散式农村供水工程；流域面积小于50平方千米的农村河道堤防工程；农村排洪沟渠等。工程产权所有者既是工程的管护主体，也是安全责任主体，负责管护工程的安全运行、用水调度、防汛抗旱、工程建设与改造、维修养护、水毁修复等工作。管护人员实行培训上岗制度。管护人员一般由年龄在18周岁以上的常住人员担任，农村供水工程管护人员应掌握相关管护知识。县级水利部门每年须至少组织一次业务技术培训。

规定明确日常巡查制度。小山塘工程在非汛期每10天至少巡查1次，汛期每周至少巡查1次，台风暴雨过后立即巡查1次，其中病险山塘在暴雨、台风期间每天至少巡查一次，溢洪、水位接近坝顶或出现险情的山围塘应有人员现场值守，管理单位应根据山塘病险情况限制水位运行或空库运行，对险情限期整改完成；渠道及配套建筑物非汛期每个月至少巡查1次，汛期每半个月至少巡查1次，台风暴雨过后立即巡查1次；分散式供水工程净水厂每10天至少巡查1次，水源地每个月至少巡查1次，集中式供水工程应参照乡镇水厂管理办法执行。每年冬春期间要组织一次除草和清淤，暴雨过后要及时清理渠道杂物。这意味着困扰农民长久的灌溉渠道淤积、堵塞问题将根治，全市农村灌溉渠道将全面疏通。

坝体为土坝或土石混合的小塘坝，每年至少开展2次坝体全面除草，每3年至少开展1次防治白蚁工作，每5年至少开展1次坝体灌浆。集中式供水工程、农村分散式供水工程的出厂水和管网末梢水，将按照相关标准进行水质检验项目及检验频率进行水质检测；生物慢滤池，非汛期每个月至少清洗1次，台风暴雨过后应立即清洗，每年应补砂1次；不锈钢净水设备，要根据原水浊度调整混凝剂投加量，台风暴雨过后应反冲洗；清水池每季度至少清洗1次；消毒药剂，每10天检查1次，并视实际消耗量进行添加，农村自来水水质将更有保障。

泉州通淮关岳庙关帝神尊首次赴台巡游

以“续接两岸源流 传承关帝文化”为主题的第三届海峡两岸关帝文化节在台湾新竹市举行。泉州通淮关岳庙建庙600年来关帝神尊到达新竹市，数百名来自泉州、香港以及台湾各地的关帝信众在新竹市普天宫内祭拜关帝爷。开幕式上，关帝主题歌曲DVD《关圣帝君》的首发式同时举行，《关圣帝君》光盘在台发行1万张，向两岸同胞进一步传播中华文化传统美德和忠、勇、仁、义、礼、智、信的关帝精神。

关帝文化节　（图/林朝阳）

12月21日

星期日
农历甲午年十月三十
温度：9℃—17℃
多云

●全市水路总运力首次突破250万载重吨。

●市政府印发《泉州市农村小型水利工程建后管护规定》。

●介绍泉州举办海上丝绸之路国际艺术节盛况的《扬帆“海丝”》特别节目在央视国际频道播出。

●以泉州市政府和鲤城区政府为指导单位，由台湾关圣帝君弘道协会和泉州通淮关岳庙董事会主办的第三届海峡两岸关帝文化节在台湾新竹市开幕。该届文化节主题为“续接两岸源流，传承关帝文化”。

●由泉州晚报社和福建省至真堂健身馆有限公司携手打造的“至真堂·东亚文化之都体验之旅”在泉州画院举行。

12月22日

星期一
农历甲午年十一月初一
温度：8℃—15℃
多云

●郑新聪到石狮、晋江五家纺织鞋服企业调研，与企业家和行业商会负责人商讨行业发展路子和举措。

●周银芳到泉州开发区调研企业生产经营、人才工作等情况。

●《泉州市人民政府办公室印发关于泉州河长制实施方案的通知》。

郑新聪与纺织鞋服企业家座谈

市长郑新聪到石狮、晋江五家纺织鞋服企业调研，并召开座谈会，听取企业家和行业商会负责人意见，共同商讨行业发展路子和举措。副市长陈灿辉、市政府秘书长吴友才等参加调研和座谈。郑新聪指出，纺织鞋服业在全市经济大盘中举足轻重，是泉州发展坚实的基础。在经济下行压力较大的宏观背景下，一些企业在加强产业链协作、建立快速反应机制、接轨国际品牌、开拓国内外市场等方面作出新的探索，取得新的成效。全行业要增强发展信心，既要有适应新常态的心态，又要有抢抓机遇的定力，牢固树立“升级是路子、创新是动力”的意识，主动适应个性化、小批量、快速反应等市场新需求，加强上下游产业链和企业间协同协作，大力推动技术设备、市场营销、商业模式、产品设计、运行管理等领域的创新转型，在新一轮大浪淘沙中做优做强。郑新聪强调，各级各相关部门要深入一线，了解企业的困难和需求，用心吸纳意见和建议。要主动上门宣传落实国家和福建省出台的各项优惠政策；结合各地实际，研究出台市、县两级有针对性、务实管用的扶持措施。要引导产业链上下游开展分工协作，持续推进企业“手拉手”活动，引导企业学习借鉴加快发展的方法途径。要支持企业抱团开拓市场，适时收购国际品牌，打通国际市场。要搭建人才对接平台，营造人才扎根发展的良好环境。要持续推进政银企互动，加大信贷支持力度，在守望相助中实现新一轮跃升。

周银芳到泉州开发区调研企业生产经营和人才工作情况

市委副书记周银芳到泉州开发区调研，与党工委、管委会有关负责人座谈，并深入锐驰电子科技有限公司等地，调研企业生产经营、人才工作等情况。周银芳指出，泉州开发区在市委、市政府的领导下，围绕“推动清濛园区转型提质，加快官桥园区开发建设”工作主线，实施存量提升工程，支持企业全方位创新，实施转型升级示范区和企业股权投融资服务平台建设两项试点工作，开发区经济社会和党的建设取得了新的成效。周银芳要求，开发区党工委、管委会要坚决贯彻执行市委、市政府的各项决策部署，加强班子建设，调动干部干事创业的积极性，打造一支善于学习、敢当敢为、奋发有为的干部队伍。要创新体制机制，积极探索支撑开发区转型升级、创新发展的运行机制，让开发区焕发青春、展现活力。要创新人才服务工作，着力推进人力资源产业化，打造人才高地。要加强党的建设，把抓好党建工作作为最大的政绩，推进非公基层服务型党组织创建。坚持党要管党、从严治党，以良好的精神状态和工作作风，加快开发区科学发展、跨越发展。

泉州市全面推行“河长制”

泉州市人民政府办公室印发《关于泉州河长制实施方案的通知》。“河长制”由市水资源管理委员会组织实施，并负责建章立制、监督、考核等,力争乱占乱建、乱排乱倒、乱采砂、乱截流等“四乱”问题得到有效遏制，突发水环境事件得以及时发现和妥善处置，河流断面水质、水生态、水环境面貌明显改善，饮用水水源地安全保障全面落实，基本实现“水清、河畅、岸绿、生态”的目标。

按照通知要求，福建省、市、县流域将由对应本级政府领导担任河长或河段长，并由对应本级部门作为联系单位。据悉，闽江泉州段、九龙江泉州段的河长分别为省委常委、常务副省长张志南，副省长陈荣凯。泉州市的晋江、洛阳江、九十九溪河长分别由市委常委、常务副市长林伯前，副市长李建辉、林万明担任。其他河流由河流所在地的县（市、区）政府确定河长、河段长及村级（居委会）专管员。河长、河段长是包干河流保护管理的第一责任人。市、县（市、区）河长、河段长具体组织开展辖区内河流调查建档、河流管养、水功能区监管、生态保护修复、水环境监管与治理、水环境安全隐患整顿及应急处置、联合执法等工作任务，明确各相关职能部门及责任人职责分工，协调各有关部门做好水生态水环境保护修复与治理工作。各地乡（镇）河长、河段长及村级（居委会）专管员的职责由县级政府明确。

相关链接：“河长制”，即由各级党政主要负责人担任“河长”，负责辖区内河流的污染治理。“河长制”是从河流水质改善领导督办制、环保问责制所衍生出来的水污染治理制度，目的是为了保证河流在较长的时期内保持河清水洁、岸绿鱼游的良好生态环境。

市政府召开迎接国家生态市创建工作技术评估动员会

市政府召开迎接环保部对泉州国家生态市创建工作的技术评估动员会，部署迎检工作。会议要求，各相关部门要抓整改落实，启动新一轮全市环境大整治，全面清理环境卫生死角。做好施工场地周边及沿途路面的植被绿化恢复工作，对短时间内无法完工的施工场地进行围栏封闭，减少施工扬尘和运输车辆滴、洒、漏现象。要加强对中心市区环境卫生的考评及市容市貌的管理工作，以优异成绩迎接环保部的技术评估。

香港泉州市同乡总会组团到泉州考察

香港泉州市同乡总会考察团在该会永远荣誉会长、全国政协常委林树哲和会长傅森林带领下到泉州考察。市领导郑新聪、陈海基、周银芳、翁祖根、陈全顺、陈荣洲、苏小青等会见考察团一行。郑新聪指出，泉州发展势头稳、后劲足，"海丝先行区"建设被列入国家"一带一路"战略，国家级"金改区""综改区"及"东亚文化之都"建设有声有色。全市上下正大力实施"三大战略"，建设机制活、产业优、百姓富、生态美的现代化泉州。希望旅港乡亲抓住泉州加快新一轮跨越发展的重大机遇，寻找商机，多做贡献；希望香港泉州市同乡总会继续发挥桥梁纽带作用，带动更多客商投资家乡，共创合作双赢新局面。傅森林表示，"一带一路"战略为泉州发展带来无限商机。手握"海丝起点"和"东亚文化之都"双引擎，泉州提出建设"海丝先行区"，为海内外泉州人构筑一个发展事业的新舞台。香港泉州市同乡总会将抓住机遇，到家乡寻找更多合作机会，为泉州、香港两地经济社会发展创造更丰硕成果。

泉州淘宝村增至17个

"第二届中国淘宝村高峰论坛"在浙江省丽水开幕，阿里巴巴集团发布最新的全国淘宝村名单、首批淘宝镇名单。《中国淘宝村研究报告（2014）》显示，至2014年12月，全国淘宝村数量增至211个，同时涌现19个淘宝镇。福建省有淘宝村28个，淘宝镇2个。其中，泉州市有淘宝村17个，总数仅次于广州，在全国各城市中居第二位，数量占全省的60.7%，占全国的8.06%。安溪县尚卿乡成为全省2个淘宝镇之一。大部分淘宝村与传统产业集群集合度紧密，安溪尚卿乡灶美村、灶坑村、新楼村等，形成藤铁产业与淘宝村互补发展的态势。德化的浔中村、宝美村则是依托陶瓷产业基地。晋江、石狮、南安的淘宝村也都是依托当地的运动鞋、服装等产业优势发展而来。

永春桃城镇洛阳村的农村淘宝服务站 （图/姚德纯）

《吉星高照》获全国"春晚奖"一等奖

由国家新闻出版广电总局中国广播电影电视联合会主办的第五届（2014）全国春节电视文艺晚会"春晚奖"在郑州揭晓。泉州广播电视台选送的《吉星高照——2014两岸闽南人春晚》获一等奖和最佳导演奖。"春晚奖"是全国最高规格的电视文艺奖项之一。《吉星高照》延续前四年春晚的剧情，由百余名两岸艺人参演，以海内外子孙返乡为104岁老太嬷贺寿拜年为背景，演绎出一场家庭伦理大戏。评委认为，"这是一台难得的充满孝道真情和爱国主义的春晚"。特别是在中央严禁"烧钱办晚会"的背景下，"这样小成本、精制作、大影响、广好评的春节晚会，可能会引领全国春晚制作的新方向、新思考"。

第四届安溪淮山王评选活动举行

第四届安溪淮山王评选活动在安溪县长坑乡山格村举行，来自长坑、剑斗、感德、祥华、龙涓、桃舟、蓝田、尚卿8个乡镇的淮山种植户展出145组作品，每组作品含10根淮山，创下历届参赛数量之最。经过几轮筛选，来自长坑乡凤山村的种植户陈来金获得第四届安溪淮山王金奖，其选送的一组淮山重逾30.5公斤，平均每根重3公斤，创下单根均重新纪录。该届评选活动共评出金奖1名、银奖2名、铜奖3名、优质奖5名。

12月23日

星期二
农历甲午年十一月初二
温度：8℃—18℃
多云

●市政府召开迎接环保部对泉州创建国家生态市工作的技术评估动员会。

●由市委宣传部、市文明办、市公安局、市交通委等单位举办的2014年泉州市"文明交通好司机"颁奖仪式举行。

●香港泉州市同乡总会考察团在该会永远荣誉会长、全国政协常委林树哲和会长傅森林带领下到泉州考察。

●泉州师范学院南音研究中心揭牌。

●阿里巴巴集团发布最新的全国淘宝村名单、首批淘宝镇名单，泉州市有淘宝村17个，总数在全国城市中居第二位，安溪县尚卿乡成为全省2个淘宝镇之一。

●"匹克杯"泉州市第六届大学生篮球联赛在泉州轻工职业学院开幕。

●庆祝泉港区建区十四周年——"画家走基层，丹青绘泉港"主题画展在泉港文化中心举行。

●第五届（2014）全国春节电视文艺晚会"春晚奖"在郑州揭晓。泉州选送的《吉星高照——2014两岸闽南人春晚》获一等奖和最佳导演奖。

●第四届安溪淮山王评选活动在安溪县长坑乡山格村举行。

12月24日

星期三
农历甲午年十一月初三
温度：10℃—20℃
阴转多云

●市人大常委会与市政府召开联席会议，征求对市政府工作和即将提交市第十五届人大五次会议审议的《政府工作报告》（征求意见稿）的意见及建议。

●周银芳到晋江市调研石结构房屋改造工作，实地察看陈埭镇鞋都片区、内坑镇砌坑村改造项目，研究解决存在的问题。

●市纪委监察局网站（www.qzcdi.gov.cn）开通。

●厦门海关监管场所验收小组到晋江国际陆地港，对泉州国际快件监管中心项目进行验收，并以“零整改”全票通过验收。

●由国务院侨务办公室主办的2014年“中国寻根之旅”福建冬令营暨“海丝情·桑梓梦”——福建省海外华裔及港澳台青少年海丝文化大赛预赛在泉州开赛。

●泉州市留学人员暨归国创业人员联谊会第二次会员代表大会召开，许清水当选新一届理事会会长。

●泉州市实验小学洛江校区揭牌。

●石狮市阳光太太志愿者协会成立大会暨第一届理事会就职典礼举行。

市人大与市政府联席会议召开

市人大常委会与市政府召开联席会议，征求对市政府工作和即将提交市第十五届人大五次会议审议的《政府工作报告（征求意见稿）》的意见及建议。市长郑新聪主持会议，市人大常委会主任陈海基，副主任陈万里、洪泽生、陈全顺、王远东、张建生，秘书长吴春林及各委（室、局）负责人参加会议。联席会对《政府工作报告（征求意见稿）》给予肯定，认为该报告客观地总结2014年全市经济社会发展成效和政府工作，提出的2015年政府工作主要目标任务和工作安排思路清晰、重点突出、务实可行。与会人员就适应经济发展新常态、保持经济稳步增长、建好“海丝先行区”、推动产业转型升级、提升城市规划建设管理水平、加快新型城镇化建设、发展现代农业、促进教育卫生事业发展、强化民生保障、建设生态文明、加强依法治市、优化政府服务等工作提出具体意见、建议。

会议现场　　（图/王虎文）

泉州国际快件监管中心通过验收

厦门海关监管场所验收小组到晋江国际陆地港，对泉州国际快件监管中心进行验收。验收小组根据《中华人民共和国海关监管场所管理办法》等相关要求，对项目进行实地检查、检测，听取陆地港公司的工作汇报，最终以“零整改”全票通过泉州国际快件监管中心的验收，并对2015年1月份的试运营事宜给予相关建议。

相关链接：泉州国际快件监管中心是福建地区第二个快件中心，投用后为具备收发跨境快件资质的快递企业提供便捷通关服务。泉州乃至周边地区的这类快递企业可通过国际快件监管中心，就近完成进出境 快件申报、查验、放行等手续。该快件中心首期规划面积2公顷，其中，主体占地6300平方米，建筑面积18000平方米，设有国际快件申报大厅、货物查验流水线及配套仓储区，采用“快件自动分拣，海关EDI信息联网通讯”等技术，可满足远程控制和图像处理，实现“管得住，通得快”的监管目标。

泉州晋江陆地港　　（晋江陆地港供图）

泉州市实验小学洛江校区揭牌

泉州市实验小学洛江校区揭牌仪式举行。市实验小学洛江校区是洛江区政府与泉州市教育局合作创办的市办区属全日制公办小学，位于洛江区万安街道，占地近3公顷，一期工程建成投入试用，近期服务片区为万盛社区，2014年秋招收一年级学生200名。市实小洛江校区实行“公办民助市管”的模式，即由洛江区政府出经费、提供用地创办，由洛江区慈善总会和民间资本投资建设，由市直学校——市实小管理。洛江校区在教学管理、师资培训、教育科研方面与市实小（本部）实行统一办学策略、办学模式，以“阳光教育”理念为引领，构建“阳光校园”。把洛江的名山、名桥、名人等文化优势引入校本课程，打造示范性、有特色的“龙头校”。两校教师实行互相流动、资源共享、共同培训，市实小选派部分校领导、学科带头人、骨干教师到洛江校区担任教学或管理工作，洛江校区选派部分教师到市实小跟班学习培训。

石狮市阳光太太志愿者协会成立

石狮市阳光太太志愿者协会成立大会暨第一届理事会就职典礼举行。该协会的前身系石狮阳光太太志愿者服务队，这支由石狮民营女企业家，机关、村居女干部职工组成的志愿者服务队成立以来，秉承“用阳光般的心，感动身边的每一个人”的理念，积极投身社区服务，从物质和精神上多方给予弱势群体关怀慰藉。“阳光太太”累计募集社会捐款、捐物500多万元用于扶贫济困、尊老敬老、助学兴教、抗震救灾等志愿服务活动。2014年9月，石狮阳光太太志愿者服务队作为石狮首支志愿服务组织，入选全省十大品牌志愿服务队伍之列。

市人大常委会第三十六次主任会议召开

市十五届人大常委会第三十六次主任会议召开。市人大常委会主任陈海基，副主任陈万里、洪泽生、陈全顺、王远东、张建生，秘书长吴春林参加会议。会议讨论人事免职事项；讨论市人大常委会视察组关于市十五届人大四次会议代表建议、批评和意见办理工作的视察报告。会议确定了市十五届人大常委会第二十一次会议召开日期和会议议程。

会议现场　（图/王虎文）

第五批187家企业在海峡股权泉州交易中心挂牌

海峡股权交易中心（泉州）有限公司举行第五批企业挂牌仪式，187家企业挂牌。至此，该中心累计挂牌企业307家，已有2家企业成功转到新三板挂牌，5家企业启动新三板转板工作。继省政府出台《关于推进海峡股权交易中心建设的若干意见》后，泉州市发文要求做大做强海峡股权泉州交易中心。2014年年初，泉州提出到年底海峡股权泉州交易中心实现挂牌企业突破300家的工作目标。之后，各县（市、区）纷纷出台推动当地企业进入海交所挂牌的政策措施，配合开展业务培训与市场推介活动，全市涌现一股争创海交中心挂牌企业的热潮。从县域分布上看，泉州开发区实现挂牌企业28家，超额完成年度挂牌计划数56%。德化县、洛江区、鲤城区、惠安县、永春县、泉州台商投资区和安溪县等均不同程度超额完成计划。德化县在交易板挂牌企业数量约占海峡股权泉州交易中心交易板挂牌企业总数的三分之一。

海峡金融资产交易中心在泉州挂牌

福建海峡金融资产交易中心开业仪式暨产品发布会在泉州举行。该中心的开业填补福建省金融资产交易要素市场空白。中心开业时即推出固收产品、私募债券、委托债权和不良资产四项金融资产交易产品，有各类挂牌上线项目55项，涉及金额20.1亿元。该中心是由海峡股权交易中心发起，经福建省金融工作办公室批准设立，专门从事金融资产登记托管和交易业务的金融资产交易场所，注册资本2000万元。设立福建海峡金融资产交易中心是贯彻落实泉州市金融服务实体经济综合改革试验区总体方案、建设两岸区域性金融服务中心的重大举措。它对完善福建省金融市场体系、增强金融服务实体经济功能、具有重要的助推作用。海峡金融资产交易中心业务包括：为金融资产、资产证券化产品、资产管理类产品及其他融资工具等提供登记、托管、交易、结算等服务；提供不良金融资产流转服务；其他金融创新产品的咨询、开发、设计、交易等服务；金融资产信息服务；法律、法规规定的以及相关部门许可或授权的其他业务。

泉州市统一战线专家服务团书画作品展开幕

泉州市统一战线专家服务团文体服务一团首届书画作品展举行，展出的45件书画作品，形式多样，立意新颖，主题突出，艺术特色鲜明。连续两年中国书法“兰亭奖”的泉州书法名人曾锦溪创作的精品力作《李商隐落花》格外引人注目。

相关链接：泉州市“统一战线专家服务团”成立于2014年6月，旨在践行“同心”理念，发挥党外代表人士人才荟萃、智力密集的优势，更好地服务基层、服务社会。其中，文体服务一团汇集泉州市民主党派成员中部分书法名家。在“东亚文化之都·泉州2014活动年”里，这些书法名家积极发挥自身书画优势，举办该次画展。展出的作品全部由民主党派书画家免费捐赠，是书画家近期创作的优秀作品的集中展现，充分表达其对家乡泉州的热爱之情。

泉州工业设计名师讲堂第五讲开讲

由泉州市经信委主办的泉州工业设计名师讲堂第五讲开讲。清华大学美术学院副教授石振宇，浪尖设计创始人、全产业链设计创新的主要代表人物陈汉良做客泉州工业设计名师讲堂，分别作《工业设计中的基础研究》《转型·模式·创新》的主题演讲。

12月25日

星期四
农历甲午年十一月初四
温度：11℃—16℃
多云转阴

●刘群英带队到泉州征求对省人大常委会工作报告和省人大工作的意见和建议。

●市十五届人大常委会第三十六次主任会议召开。

●周银芳到南安市调研，实地察看梅山镇鼎诚村、洪濑镇大洋村“美丽乡村”建设情况。

●海峡股权交易中心（泉州）有限公司举行第五批企业挂牌仪式，187家企业挂牌。

●福建海峡金融资产交易中心开业仪式暨产品发布会在泉州举行。

●来自台湾台北的吴女士成为2014年第十万名从泉金航线通关的旅客。

●泉州工业设计名师讲堂第五讲开讲。

●泉州市统一战线专家服务团文体服务一团首届书画作品展举行。

●安溪县公安局在中国茶都广场举行“猎狐捕鼠”行动赃物发还大会，将近期追缴的物品集中返还给受害群众。

●泉州市首届“我的中国梦·太空梦”青少年征文比赛启动。

12月26日

星期五
农历甲午年十一月初五
温度：11℃—15℃
阵雨

●永春境内发生一起致4人死亡的较大道路交通事故。黄少萍第一时间做出批示，要求各级各部门抓好安全生产工作，消除隐患，确保群众生产生活安全。

●全市经济工作会议召开，会议学习贯彻中央和全省经济工作会议精神，回顾总结2014年全市经济工作，部署2015年工作。

●全市安全生产工作会议召开，会议通报2014年以来全市安全生产形势，部署2015年特别是元旦、春节期间的安全生产工作。

●东南大宗商品交易中心的现货融通模式上线。泉州这一"金改"创新成果，意味着企业的原材料也可融资。

●泉州市文化传播协会成立。

●由市教育局和泉州晚报社主办，《东南早报》承办的泉州市学生记者团2014年度盛典暨优秀学生记者表彰晚会在泉州七中举行。

●晋江市举行生态文明建设千人动员大会。该市计划3年内投入127亿元，启动178个环境治理项目，加大生态保护力度。

●首届"福建十大醉美县城"颁奖仪式在福建会堂举行，安溪县、永春县、德化县入选"福建十大醉美县城"名单。

黄少萍对安全生产工作作出批示

永春境内发生一起致4人死亡的较大道路交通事故。事故发生后，市委书记黄少萍在第一时间做出的批示指出：这暴露出泉州市安全生产领域还存在许多不容忽视的问题。各级党委政府和相关部门要始终把人民群众的生命安全放在首位，牢记"安全生产永远在路上"，严格落实"党政同责、一岗双责、齐抓共管"责任体系，切实增强制度约束力和工作执行力。黄少萍强调，要严格按照中办、国办《通知》要求，做好2015年元旦春节期间有关工作，尤其是要抓好安全生产工作，有效防范各类生产安全事故和重特大火灾事故。

全市经济工作会议召开

全市经济工作会议召开，学习贯彻中央和全省经济工作会议精神，回顾2014年全市经济工作，部署2015年工作。受市委书记黄少萍委托，市长郑新聪对抓好下一阶段经济工作提出要求。市领导陈海基、杨俊峰、周银芳、陈沈阳、沈耀钦、许昆贞、翁祖根、陈庆宗、林伯前等参加会议。会议提出六点具体要求。一要稳增长、明导向，做到目标任务抓紧落实、政策帮扶更加到位、社会预期强化引导，全力营造积极向上氛围。二要抓项目、促跨越，抓重大项目组织推进，抓重大基础设施建设，抓大招商、招大商、招好商，发挥投资拉动的关键作用。三要转方式、调结构，通过突出创新驱动、推动工业提质增效扩规模，大力发展互联网经济，壮大现代服务业、加快建设特色现代农业，推动产业加快向中高端迈进。四要勇先行、求突破，持续深化"两项改革"，主动适应财税新政，抓好海丝先行区建设，完善外贸扶持机制，深化与台港澳侨合作，增创改革开放新优势。五要创特色、提品位，增强环湾城市辐射带动能力，统筹城乡一体发展，加强宜居环境建设，加快新型城镇化发展步伐。六要重统筹、增和谐，像抓经济建设一样抓民生保障，更加重视办好实事项目，提升社会保障能力，扩充优质教育卫生资源，保护生态环境，创新社会治理等工作。会议还就做好岁末年初项目建设、农业生产、防灾减灾、安全生产、社会稳定、节日慰问、廉洁自律、市场供应等工作提出具体要求。

会议现场　　（图/陈起拓）

泉州"金改"开通大宗商品现货融通业务

作为泉州"金改"项目之一，东南大宗商品交易中心的现货融通模式上线。现货融通利用先进的电子商务模式嫁接传统产业，带动产业链中的生产商、贸易商、物流商、质检机构、金融机构、培训机构等相关单位协同发展，并吸收民间资本参与稀贵资源的开发与储备，为产业链企业提供购销和供应链融资服务，推动稀贵资源集约化发展，从而提升稀贵资源产业链价值，提高商业收储水平与能力，形成具有全球影响力的稀贵资源国际定价中心。目前以上线稀贵资源为主，推出委托受托、回购、仓单质押融资三大业务，为参与企业提升盈利能力、品牌价值和市场影响力，实现从低附加值向高附加值升级，从高能耗高污染向低能耗低污染升级，从粗放型向集约型产业转型升级。现货融通业务的首个上市品种为锑锭。锑在实体经济中主要被用作阻燃剂，一般用于塑料、陶瓷等产品，泉州的玩具、陶瓷、机械等行业都有应用。

安溪永春德化入选首届"福建十大醉美县城"

由海峡都市报、福建广电网络集团主办，泰禾集团协办的首届"福建十大醉美县城"颁奖仪式在福建会堂举行。获得"福建十大醉美县城"称号的是：安溪县、长泰县、永春县、南靖县、长乐市、永定县、建阳市、德化县、福鼎市、泰宁县。首届"福建十大醉美县城"评选条件不以GDP论英雄，主要以"生态、宜居、整洁、文化传承"等几项指标为依据，全省推介43个候选县城（包括县级市，不含区）。评选活动分公众投票、评委投票两个阶段，各占50%分值。颁奖现场播放获奖县的VCR，优美的生态画面吸引观众频频拍照。

市委市政府出台安全生产监管职责规定

市委市政府出台《泉州市进一步明确各级党委政府及其部门安全生产监督管理职责的规定》，明确安全生产领域实行“党政同责、一岗双责”，并理顺65个部门的安全生产具体工作职责与各级党委、政府的安全生产工作职责，形成泉州市安全生产完整的责任体系。在安全生产领域，“党政同责”是指各级党委、政府对安全生产工作都负有领导责任，其班子成员按照职责分工分别承担相应的安全生产工作职责。“一岗双责”是指各级党政领导干部在履行岗位业务工作职责的同时，按照“管生产经营必须管安全、管行业必须管安全、管业务必须管安全”的原则，履行安全生产工作职责。规定要求，市县乡三级党委都将确定一位常委负责联系安全生产工作；还对各级党委、政府每年召开安全专题会议、领导带队检查安全生产工作的频率作出详细规定。规定附件进一步梳理、调整和明晰9个党委（党组）部门、43个负有安全生产监管职责部门和13个其他部门的安全生产具体工作职责，避免产生职责交叉和空档，解决缺位和越位问题。规定将安全生产纳入考核范围，对以下情形实行“一票否决”，相关单位和主要负责人年度不得参与评先评优。即：年度内发生重大以上生产安全事故的；年度内较大生产安全事故超过控制目标的；对发生较大以上事故负有责任的；年度安全生产目标责任制考核不达标的；谎报或瞒报生产安全事故，且造成恶劣影响的。

泉州非遗公众体验活动圆满收官

由“东亚文化之都·泉州”建设发展委员会指导，市委宣传部、市文广新局主办的“博能·泉州非遗展示公众体验系列活动”收官之作——“我是非遗传承人”专场活动在市区真武庙博能艺术馆开启。参与系列体验活动的学生带来亲手制作的“非遗作品”，有喜气洋洋的各式花灯，有精美的刻纸以及永春纸织画、妆糕人等，作品巧妙结合东西塔、蟳埔女、老君岩等泉州元素，独具闽南风情。活动现场，学生还带来南音演唱、南拳表演等。在系列体验活动中人气颇高的泉州市提线木偶剧团应邀献艺，为“博能·泉州非遗展示公众体验系列活动”画上圆满句号。经过评选，十件优秀作品脱颖而出，获奖者被颁授“我是非遗传承人”证书及纪念品。

南安市电子商务协会成立

南安市电子商务协会成立大会暨成辉国际电商中心启动仪式在南安成功国际会展中心举行。会上，该协会与闽南科技学院、工商银行、电信、联通等签订战略合作协议，建立长期稳定的合作关系。其中，中国工商银行南安支行授予南安市电子商务协会会员信用额度50亿元。同时，协会与福建成辉置业有限公司共同打造新型生态产业O2O电商平台——成辉国际电商中心。

永春县出台《现代农业产业人才聚集基地建设实施意见》

永春县出台《永春县现代农业产业人才聚集基地建设实施意见》，全面规划农业产业优秀人才的培训、培养、培育，通过实施人才培养、引进、激励、服务等政策，力争基本实现总量增长、结构合理、布局优化、素质优良，能够基本满足现代农业产业发展需要的高素质人才队伍。整合资源，做大做强新型农业经营主体，打造永春新型职业农民培育特色模式，着力培养一支有文化、懂技术、会经营的新型职业农民队伍，是该县举办新型职业农民培训的目的。永春已在全县范围内逐村逐户地开展规模经营职业农民调查，调查对象主要为生产经营达到一定规模、在永春县境内从事农(林)业生产经营的种植大户、林业大户、养殖大户、加工大户等。调查工作完成后，该县将建立规模经营职业农民信息库，筛选培育对象，择优推荐参加全县的新型职业农民培训。

为办好新型职业农民培训，永春县专门找了一些能够代表现代农业发展水平、体现农业产业特色、积极推广农业“五新”技术的农业科技示范园、示范场、农业龙头企业作为实训基地，创建“工学结合、校企合作”的新型职业农民培养模式，运用“学校授课+基地实习”“田间培训+生产指导”等形式，增强培训的针对性、实用性和规范性，提高培训成效。每期培训班除了组织学员参观县里的实训基地，还到武夷山、漳州、龙岩、厦门、安溪等地考察。该县对参加新型职业农民培训的对象，免费提供教材、师资和食宿，择优推荐学员接受现代农业产业人才培养，享受相关的人才政策优惠。经认定的新型职业农民申报现代农业生产发展项目、各级龙头企业认定或品牌认证的，在项目报批、土地流转、资金补助、信贷扶持等方面将给予优先安排。

12月27日

星期六
农历甲午年十一月初六
温度：12℃—14℃
小雨

●市委市政府出台《泉州市进一步明确各级党委政府及其部门安全生产监督管理职责的规定》，明确安全生产领域实行“党政同责、一岗双责”。

●由“东亚文化之都·泉州”建设发展委员会指导，市委宣传部、市文广新局主办的“博能·泉州非遗展示公众体验系列活动”收官之作——“我是非遗传承人”专场活动在市区真武庙博能艺术馆举行。

●在2014世界好功夫拳王争霸赛上，泉州南少林国际学校选手朱斌强获73公斤级搏击冠军。

●南安市电子商务协会成立大会暨成辉国际电商中心启动仪式在南安成功国际会展中心举行。

●中国农业发展银行石狮市支行挂牌成立。

●永春县出台《永春县现代农业产业人才聚集基地建设实施意见》，全面规划农业产业优秀人才的培训、培养、培育。

●永春县举行首届永春慈孝文化节暨第二届慈孝家庭楷模评选表彰活动，30户家庭当选慈孝楷模。

12月28日

星期日
农历甲午年十一月初七
温度：12℃—17℃
小雨转阴

●省绿化委员会、省林业厅授予泉州市“省森林城市”称号。

●市公安局、市工商联下发《关于建立联系通报协作机制的意见》。

●泉州市中小学教师资格定期注册改革在洛江率先启动。

●由刺桐里文化交流平台主办的“地衣·无尽的表面”泉籍画家吴允铁新水墨作品展在市区源和1916创意产业园开幕。

●由泉州市农业局、安溪县政府主办的“首届安溪淮山采收季体验游”活动在安溪剑斗镇圳下村淮山家庭农场举行。

●由文化部组织开展的2014—2016年度“中国民间文化艺术之乡”命名评选活动名单揭晓，德化县（陶瓷）榜上有名。

●由永春县香制品同业公会、泉州广播电视台主办的“香恋——中国香都文艺演出”进行现场录制。

泉州获“省森林城市”称号

省绿化委员会、省林业厅授予泉州市“省森林城市”称号。安溪县也获得“省森林县城”称号。近年来，泉州市树立“让森林走进城市、让城市拥抱森林”的新理念，加快造林绿化、大力发展城市森林，初步建成以森林为主体的健康稳定的生态系统，有力地推进城乡绿化美化和宜居环境建设。全市森林覆盖率稳定在58.7%。泉州市将按照“国家森林城市”的标准，开展创建“国家森林城市”活动。按照规划，到2016年，全市森林覆盖率将稳定在58.7%，建成区人均公园绿地面积13.95平方米，义务植树尽责率100%，全面达到国家森林城市指标。

市公安局市工商联建立联系通报协作机制

市公安局、市工商联下发《关于建立联系通报协作机制的意见》，意见旨在充分发挥公安机关和工商联的职能作用，加强工商界人士与公安机关之间的沟通联系，促进非公有制经济健康发展和非公有制经济人士健康成长。根据意见，市公安局、市工商联将通过建立联席会议制度、警企挂钩联系制度和服务保障联动工作机制，增强工商联会员企业防范经济犯罪的意识和能力。联席会议将定期或不定期在本市或各县（市、区）召开。公安机关、工商联商会会员企业间将加强日常沟通联系，共商解决难题的对策。市、县工商联将在会员企业中推荐具有行业代表性和规模代表性的企业与市、县两级公安机关相关部门挂钩联系。公安机关将坚持打击与防范相结合的原则，加强对已破案件的深度剖析，及时发现企业或行业普遍存在的管理漏洞，并通过本级工商联，共同制发《防范建议书》。相关部门还将建立服务保障联动工作机制。公安机关将做好警务信息公开工作，方便工商联会员企业及时了解掌握相关信息；工商联将协调会员企业协助公安机关开展信息收集工作，确保双方面重要信息及时交流。

泉州开始实行教师资格定期注册改革

泉州市中小学教师资格定期注册改革在洛江率先启动。洛江区作为泉州市唯一的福建省中小学教师资格定期注册改革试点单位，制定《福建省中小学教师资格定期注册洛江区试点工作实施方案》，该方案经洛江区政府和市教育局批复，并报省教育厅和省中小学教师资格指导中心备案，全区首次注册试点工作分两批推进。按规定，首次注册和定期注册合格者，可在教师资格定期注册有效期内，按照教师资格类别从事教育教学工作。暂缓注册者，原则上给予一年过渡期，特殊情况可适当延长。过渡期内，可以继续聘用在原岗位工作，不得晋升教师专业技术职务，不得评优评先。过渡期满仍未达到定期注册条件的，按注册不合格处理。注册不合格者，应调离教育教学岗位，或按规定予以解聘，其所持教师资格证书，不得再重新申请注册。

相关链接：中小学教师资格考试和定期注册是中国中小学教师资格制度的两项重大改革。教师资格定期注册是对教师入职后从教资格的定期核查。今后中小学教师资格将实行5年一周期的定期注册，教师资格将打破“终身制”，不符合教师任职资格条件的人员将被清退，定期注册不合格或逾期不注册的人员，不得从事教育教学工作。

安溪首届淮山采收季体验游举行

由泉州市农业局、安溪县政府主办的“首届安溪淮山采收季体验游”活动在安溪剑斗镇圳下村淮山家庭农场举行。结合参赛家庭孩子的年龄以及采挖淮山的难度，主办方综合筛选出10个家庭参加比赛。采挖淮山比赛吸引不少村民前来观赛。经过半个小时的比赛，4号家庭获得最佳淮山采收家庭，采收的淮山重21.25公斤。活动期间，第四届安溪淮山王颁奖仪式举行。11家淮山种植户被授予奖牌，并获得一千元到一万元不等的奖金。

德化获评“中国民间文化艺术之乡”

由文化部组织开展的2014—2016年度“中国民间文化艺术之乡”命名评选活动名单揭晓，德化县（陶瓷）榜上有名。“中国民间文化艺术之乡”是1987年文化部为推动民间文化艺术事业的繁荣发展、丰富活跃基层群众文化生活而设立的一个文化品牌项目，每三年评选一次。德化县连续4次获此殊荣。这是对德化挖掘保护和弘扬陶瓷民间文化遗产所取得成绩的肯定，对促进该县陶瓷优秀民间文化艺术的发展和繁荣意义重大。

泉州市通过国家生态市技术评估

泉州市通过国家生态市技术评估组考评，成为全省首个通过国家生态市技术评估的设区市。评估组指出，泉州市委市政府高度重视国家生态市创建工作，坚持生态立市发展战略，努力探索环境保护与经济社会协调发展之路，形成经济发展与生态保护、民生改善相互促进的良好局面。泉州市生态市创建5项基本条件和18项建设指标，均达到国家生态市考核标准，技术评估组所有成员一致同意泉州市通过国家生态市技术评估。建议泉州要抓紧划定并严守生态保护红线，继续加大城乡环境综合整治力度，深化生态创建工作，加强生态文明制度建设和基础创新，不断提高生态文明建设水平。市长郑新聪表示，泉州将以此为新起点，按照评估组的指导意见，逐项制定措施，抓好整改落实，确保完成创建考核目标要求；巩固完善，探索创新，拓展作为，形成特色，争取更大成效；举一反三，把技术评估成果转化为生态建设的工作思路和工作举措，抓好贯彻落实，提升生态文明建设水平。树立生态要素的理念，按照国家生态市的要求和标准，整治薄弱环节，改善人居环境，坚持绿色发展，坚守环保底线，提升重点工作水平。建立健全生态建设长效机制，抓紧编制并实施《泉州市生态文明示范区建设规划》，建立完善生态建设的考核指标体系，加强舆论宣传引导，将创建工作纳入规范化、制度化、常态化轨道。市委常委、常务副市长林伯前作创建工作汇报。市领导王远东、吴共湖，市政府秘书长吴友才等参加会议。

市委反腐办发出通知要求严格落实“六不准”

市委反腐败协调小组办公室印发《关于2015年元旦春节期间加强廉洁自律和厉行节约工作的通知》，通知重申、强调省委反腐办提出的“六个不准”。一是不准以任何名义、任何形式在任何场所，用公款大吃大喝；二是不准翻新花样，违规收送包括提货券、微信红包、电子礼品预付卡等各种形式的年货节礼；三是不准将探亲访友、外出旅游等非公务活动纳入公务接待、报销范围；四是不准接受可能影响公正执行公务的宴请和消费，以及转嫁、摊派各种费用；五是不准组织或参与铺张浪费、挥霍奢侈活动；六是不准组织或参与赌博活动，或以赌博为名变相收受贿赂。通知要求，立足泉州实际，当前必须严防并重点查处“五种行为”。一是机关事业单位，以创建经费补助、企业发展扶持或奖励资金、项目建设经费等各种名义转移公款接待费用支出的行为；二是机关部门之间、机关与基层之间、乡镇（街道）与村（社区）之间、挂钩帮扶部门与挂钩帮扶对象之间，以年终走访、联络工作等名义，变相公款大吃大喝的行为；三是国有企业单位以商务活动名义，变相搞抽奖、聚餐或滥发奖金补贴的行为；四是项目建设指挥部以工程验收、人员调整、年度庆功会等名义借机公款大吃大喝的行为；五是借战友会、同学会、老乡会等名义聚会吃喝，搞“小圈子”，造成不良社会影响的行为。通知明确，市纪委将组织有关部门派出监督检查组，采取明察暗访、专项督查等方式，对本通知贯彻落实情况进行检查。对情节严重，造成恶劣影响的，实行“一案双查”，严肃追究主要领导及相关人员的责任，并予以通报曝光。对监督工作不力，或者监督检查不严，发现问题隐瞒不报、拖延不查、追责不到位的，要严肃追究其监督责任。

闽台文化创意产业交流合作研讨会在泉州召开

闽台交流合作研讨会在泉州师院美术与设计学院举行。该次研讨会是两岸高校及企业在文化创意产业交流合作的一次积极尝试，台湾辅仁大学、鲁迅美术学院、福州大学厦门工艺美术学院、集美大学美术学院等高校的专家学者，与泉州文化界、产业界的代表深入研究闽台高校与文创企业合作模式。与会人士认为，两岸文化创意产业发展过程中的许多经验可以相互借鉴。两岸文化创意产业应该增进了解，加强合作，协同创新，携手助推福建文创产业发展。从全球范围看，文化创意产业正以前所未有的速度迅速崛起。两岸高校应利用一系列制度成果，配合两岸经济区域发展策略，拓展合作领域，推动两地文化创意产业大发展。专家们还认为，发展文化创意产业需要政府、高校、企业的共同协力。只有这样，闽台合作交流才可以延伸和拓展，才有广度和深度。

12月29日

星期一
农历甲午年十一月初八
温度：9℃—18℃
多云转晴

●泉州市通过国家生态市技术评估组考评，成为全省首个通过国家生态市技术评估的设区市。

●市委反腐败协调小组办公室印发《关于2015年元旦春节期间加强廉洁自律和厉行节约工作的通知》。

●闽台文化创意产业交流合作研讨会在泉州师院美术与设计学院举行。

●福建省卫生用品商会成立大会在泉州安海举行。

●泉州市聚氨酯产业技术创新战略联盟在泉港区成立。

●29—31日，市公安局组织开展“剑盾”5号交通整治统一行动，保障元旦前的交通出行秩序。

●德化县公安局在龙浔派出所举行“剑盾”行动赃物发还大会，对近期破获的各类案件所追回的赃物赃款进行现场发还。

●2014年海峡两岸青少年武术冬令营福建营在泉州南少林国际学校开营。

12月30日

星期二
农历甲午年十一月初九
温度：9℃—19℃
晴

●市政府与市总工会第十三次联席会议召开。

●沈海高速公路复线莆田仙游至南安金淘泉州段（沈海高速复线泉州段）通车运营。

●第四届泉州市道德模范推选大会举行，200名公众代表投票推选第四届泉州市道德模范正式人选。

●由市委宣传部、市文广新局和泉州画院主办的“泉州画院成立30周年优秀美术作品展”在泉州画院开幕。

●由市文联主办的纪念巴金诞辰110周年暨第三届泉州巴金文化节在黎明职业大学举行。

●南威软件股份有限公司在上海证券交易所成功挂牌上市，成为福建省首家登陆国内A股主板市场的软件企业。这是泉州市2014年第9家上市企业，也是泉州市第16家在A股上市的企业。

●国内首部金融题材的动画连续剧《财佰通钱庄》在泉州首映。

●南安、晋江、石狮、洛江、丰泽、鲤城六地公安巡特警应急处突队跨区域拉动集结演练举行。

●市海洋与渔业部门在泉州台商投资区浮山陆岛交通码头海域放流26万尾鲈鱼苗。

市政府与市总工会第十三次联席会议召开

市政府与市总工会第十三次联席会议召开，市领导郑新聪、陈沈阳、陈荣洲、李建辉、陈灿辉、林万明，市政府秘书长吴友才参加会议。市长郑新聪指出，全市各级工会组织围绕市委、市政府工作部署，在推进经济转型升级中抓一线、干在前，在构建和谐劳动关系中求创新、出亮点，在维护职工权益中敢担当、求实效，为泉州市经济社会发展做出重要贡献。希望全市各级工会组织和广大职工在经济发展新常态下，跟紧大局、融入大局，做好各项工作。要凝心聚力，引导职工群众支持改革，加快推进职工技能提升，鼓励职工群众立足岗位建功立业，尊重职工群众的首创精神，在促进改革、推动发展上更加有为。要牢记宗旨，维护好职工的劳动经济权益、民主权益、基本生活权益，在优化服务、维护权益上更加有力，积极发展和谐劳动关系。郑新聪强调，要完善政府与工会联席会议制度，推动解决职工群众关心的热点难点问题；要加强与工会的沟通配合，完善经常性的沟通协调机制，帮助工会解决实际问题，为工会履行职责创造有利条件；要支持工会加强自身建设，依法推动企业普遍建立工会组织，夯实工会基层基础，更好地服务职工群众，服务经济社会发展。

沈海高速复线泉州段通车

经省政府批准，沈海高速公路复线莆田仙游至南安金淘泉州段（沈海高速复线泉州段）通车运营，泉州境内设洛江北（罗溪）、南安乐峰、南安梅山三个收费站以及罗东一处服务区。至此，泉州的高速公路通车总里程突破500千米大关，达到532千米。沈海高速复线泉州段起于洛江区罗溪镇虎头山，接已通车的沈海高速公路复线莆田段，止于南安市金淘镇亭川村，通过亭川枢纽互通与已通车的泉三高速公路、南（安）厦（门）高速公路相连。全长35.34千米的该条高速公路，在泉州境内途经洛江区罗溪，南安市乐峰、罗东、梅山、金淘5个乡镇，双向6车道，设计时速为100千米。沈海高速复线通过南安北部四个乡镇，极大改善该区域出行问题和投资环境，对南安北部区域发展具有重大利好。该条高速与泉三高速、南厦高速相连，泉州人北上南下都将更加便捷。

泉州美术30年优秀作品展举行

由市委宣传部、市文广新局和泉州画院主办的“泉州画院成立30周年优秀美术作品展”开幕，省内外优秀画家和泉州画院新老特聘画师聚首畅谈泉州美术发展。该次展览展出数十幅泉州画坛名家作品，其中不少曾参加全国美展，包括国画、油画、水彩画、漆画、岩画等。这些参展作品创作的视角新颖独特，展现泉州画家娴熟的绘画技巧之余，更让观众看到泉州画家对美术创作的不懈追求和创新精神。

展览现场　（图/陈起拓）

第三届泉州巴金文化节举行

由市文联主办的纪念巴金诞辰110周年暨第三届泉州巴金文化节在黎明职业大学举行。文化节活动设有“巴金的泉州缘”图片展和“巴金与青年成长”学术研讨会等内容。

相关链接：巴金与泉州有着深厚的历史渊源。上世纪三十年代，巴金曾三次南下泉州访友写作，三次都住在黎明高级中学。在泉州的活动给巴金留下深刻的印象，并永久记录在其作品当中。巴金写过与泉州相关的文章就有近30篇，小说《春天里的秋天》就取材于来泉州时的生活见闻。散文《南国的梦》和《黑土》等作品也都记录着其在泉州生活的点点滴滴。小说中提到的榕树依旧枝繁叶茂地生长在黎明职业大学旧校区里荫及后人。

活动现场　（图/吴寿民）

郑新聪走访慰问银行系统员工

市长郑新聪带领市直有关部门和驻泉金融管理部门负责人，慰问泉州市银行系统员工。每年12月底，全国财税金融系统都进行年终决算。郑新聪一行先后到中国人民银行泉州市中心支行、泉州银监分局和工商银行、建设银行、中国银行、兴业银行、农业银行、泉州银行、交通银行等在泉金融机构，看望慰问坚守岗位的一线员工。在询问各金融机构经营情况、了解泉州市2014年金融运行状况后，郑新聪指出，面对经济新常态，在泉金融机构创新经营模式，加强风险防控，积极向上级争取政策和资源，有效服务、扶持小微企业，为泉州经济社会发展做出贡献。希望金融系统把握泉州发展的良好机遇，围绕市委市政府工作大局，增加服务意识，提升服务水平，维护金融稳定，在深化“金改区”建设中展现新作为。

泉州七库连通“主动脉”开工建设

泉州市举行七库连通工程“主动脉”——山美至惠女水库段开工仪式。市领导郑新聪、周银芳、陈万里、林万明、吴共湖，市政府秘书长吴友才参加相关活动。七库连通工程指的是连通彭村、龙门滩、山美、惠女、菱溪、陈田和泗洲7座大中小型水库，将实现闽江、晋江、洛阳江、菱溪、坝头溪5条水域的互连互通，形成“上蓄下引、资源互补、丰枯调剂、环境优美”的河库水系连通总体格局。该项目包括新建水源工程、引调水工程和流域综合治理三大类，项目估算总投资62.58亿元。山美水库至惠女水库连通工程是七库连通的龙头项目，概算总投资5.39亿元，由进水口、引水隧洞、引水管道及管道附属建筑物、出水口等组成，引水线路总长18.5千米，设计引水流量每秒12立方米，力争在2017年完工，并投入使用。工程以引水为主，将引山美水库汛期时段的余水至惠女水库，多年平均引水量1.55亿立方米。工程建成后，可将惠女水库的供水能力从每秒1.3立方米提升到每秒6.64立方米，将有效缓解晋江下游洛江、南安、泉港和泉州台商投资区水资源严重紧缺的问题。

沈海高速泉州机场连接线主车道通车

沈海高速公路泉州机场连接线工程试通车。该工程是省、泉州、晋江三级重点工程，也是沈海高速池店出入口的重要连接通道和泉州晋江国际机场的主要集散道路，路线全长5.54千米，起接于田安大桥、终接于和平路，路基宽度60米，设计行车速度60千米/小时，于2012年10月动工建设。连接线通车后，车辆可直接从泉州市区进入田安大桥，驶上机场连接线全线5.5千米至和平路，再走和平路约2.7千米到达泉州晋江国际机场，全程设4个红绿灯，行车时间最快10分钟左右，比原来节省一半时间以上。车辆从和平路驶上机场连接线，经田安大桥可进入泉州市区或经江滨北路至东海行政片区。机场连接线通车对促进滨江商务区、城北、池店南片区等组团融入泉州与晋江同城化发展具有明显的连通集聚效应，还可增强泉州晋江国际航空港辐射功能，促进航空客货和物流基地壮大发展。

泉州机场连接线鸟瞰　（图/王　蕾）

泉州书法名街启动仪式在新门街举行

由市文改办、市文联、泉州市书法家协会主办的创建“泉州新门”书法名街启动仪式在市区新门街举行。将新门街打造成泉州市首条书法名街，是泉州市创建“中国书法名城”的新举措，旨在打造新的文化品牌，进一步丰富和提升泉州文化名城内涵，配合做好泉州市创建“中国书法名城”工作，探索文化与经济和谐发展之路，推动泉州文化产业发展。启动仪式后，泉州10余名书法名家在现场举行创作笔会。

笔会现场　（图/陈智勇）

12月31日

星期三
农历甲午年十一月初十
温度：9℃—21℃
晴

●郑新聪带领市直有关部门和驻泉金融管理部门负责人，慰问泉州市银行系统员工。

●泉州市举行七库连通工程山美至惠女水库段开工仪式，七库连通“主动脉”正式开工。

●沈海高速公路泉州机场连接线试通车，泉州市区和晋江城区时空距离缩短至10分钟。

●泉州市组织检查组到洛江区开展安全生产专项检查。

●泉州籍乡亲刘赐贵任海南省委副书记，提名为省长候选人。刘赐贵此前任国家海洋局局长，曾在福建任职十几年。

●由市文改办、市文联、泉州市书法家协会主办的创建“泉州新门”书法名街启动仪式在市区新门街举行。

●由泉州市文改办、市文联和泉州华侨历史博物馆主办的“泉州市油画艺术协会作品展”在泉州华侨历史博物馆开幕。

●由市文广新局主办的泉州市2015年新年音乐会在市区梨园古典剧院举行。

●泉州市第一医院城东院区医务人员举行岗位练兵技能竞赛。

●上万市民在市区领SHOW天地举行的跨年活动中狂欢迎新年。

编　　后　　记

地方志是地情文献，是客观记录现实情况的载体，地方志将长久地留鉴后世。泉州市方志委多年来着力探索地情文献编纂新路，创新了以年鉴为主、日记为辅的地方综合性年鉴编纂办法，两者的资料组织体系不同，功能各有所长，既分工合作又有机联系，联袂反映丰富多彩的地方经济社会发展全貌。

《泉州年鉴》2015卷《泉州日记》分册以图文编年纪事的形式，按时序客观真实地记载2014年泉州地面上每一天发生的大事、要事、新事、特事，反映地方经济社会发展实况和城乡人民生活时态。该书实录2014年泉州市全面贯彻落实党的十八大精神，认真落实“五位一体”的总体布局，围绕“两个加快”，推进产业、港口、城市联动发展，突出集群发展、创新驱动、环湾建设、改革开放、民生优先，拓展“东亚文化之都”影响力，再现“海上丝绸之路”辉煌，打造金融服务实体经济综合改革试验区和民营经济综合配套改革试验区的实践进程。

《泉州日记》作为《泉州年鉴》的分册，较好地提升了年鉴反映现实的质量，其编纂水平随同年鉴不断提升，功能及实用性也不断拓展。《泉州日记》注重地情信息实录工作的项目带动作用，开发信息渠道，整合传媒资源，及时对有效资讯进行筛选、核实，将其转化为地方志的史实资料，使海量信息源源不断地充实到地方志资料库中，在建设文化强市，推动泉州文化大发展大繁荣的工作大局中，发挥了存史、资政和文化传承的积极作用。

值此书出版之际，特作此记。并借此向提供文字、图片等资料信息，以及所有关心、支持、帮助《泉州日记》编纂工作的各有关单位和各界人士表示衷心的感谢！

编　　者

陈泽銮
刘常标 江毅海
陈思增 石国和 郑福来 林海华 罗志涛
刘春荣 江和泉 吴奋武 徐清风 林光纪
陈世爱 房月英

福建现代渔业

福建省海洋与

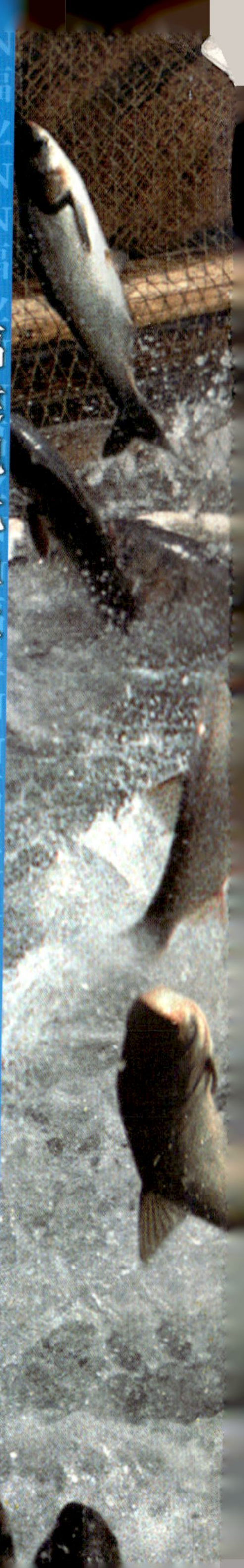